全国优秀畅销书

东北财经大学会计丛书

资本运营理论与实务

（第六版）

夏乐书 姜强 张春瑞 李琳 宋爱玲 编著

CAPITAL OPERATION Theory and Practice

东北财经大学出版社 大连
Dongbei University of Finance & Economics Press

图书在版编目（CIP）数据

资本运营理论与实务 / 夏乐书等编著．—6版．—大连：东北财经大学出版社，2019.7（2024.8重印）
（东北财经大学会计丛书）
ISBN 978-7-5654-3557-7

Ⅰ．资… Ⅱ．夏… Ⅲ．企业管理-资本经营-高等学校-教材
Ⅳ．F275.1

中国版本图书馆CIP数据核字（2019）第108188号

东北财经大学出版社出版
（大连市黑石礁尖山街217号 邮政编码 116025）
网 址：http://www.dufep.cn
读者信箱：dufep@dufe.edu.cn
大连东泰彩印技术开发有限公司印刷 东北财经大学出版社发行

幅面尺寸：170mm×240mm 字数：692千字 印张：33 插页：1
2019年7月第6版 2024年8月第30次印刷

责任编辑：时 博 责任校对：文 贺
封面设计：冀贵收 版式设计：钟福建

定价：52.00元

教学支持 售后服务 联系电话：（0411）84710309

如有印装质量问题，请联系营销部：（0411）84710711

第六版前言

本书第五版于2016年8月付印，至今已近3年。2017年10月习近平总书记在中共十九大宣示“中国特色社会主义进入了新时代”，我国取得了改革开放和社会主义现代化建设的历史性成就，人民生活不断改善。我国社会主要矛盾已经转化为人民日益增长的美好生活需要和不平衡不充分的发展之间的矛盾。为了正确解决这一矛盾，必须转变经济发展方式，重视发展的质量和效益，在推动经济发展的同时，全面推动国家各方面发展，实现平衡发展，充分发展，促进社会全面进步。2018年以来，国际环境发生明显变化，主要是美国大力推行保护主义、单边主义，对我国设投资限制，禁止中国企业投资美国技术公司，阻止对华技术出口，对我国发动贸易战，肆意提高进口关税，使我国付税激增，出口贸易减少，经济发展放缓。从国内来看，经济发展不平衡不充分的矛盾仍然存在，必须解决，经济结构和体制还须进一步改革，针对国际和国内的经济形势，我国的对策是坚持稳中求进工作总基调，坚持新发展理念，坚持推进高质量发展，坚持以供给侧结构性改革为主线，坚持深化市场化改革、扩大高水平开放，并要求进一步稳就业、稳金融、稳外贸、稳外资、稳投资、稳预期。

本书此次修订时，力求体现上述要求，总结资本运营的经验，增新删旧，本次修订的主要变动如下：

第1章第1节增加了马克思的《资本论》和《共产党宣言》对无产阶级革命和建设具有伟大的指导意义。第2节增加了阐述人力资本的内含、形成方式和提升人力资本服务水平的意义。第4节增加了阐述“一带一路”建设对中国和世界各国的重大意义，“一带一路”使资本运营更加国际化；增加了阅读资料，“一带一路”的详细内容。第8节增加了“海尔成功源自改革管理模式”；增加了“华为是5G移动通信网络技术的领导者”。第2章第1节增加了“我国的国有企业和民营企业”。第4节增加了“第十三个五年规划期间（2016—2021）资本市场的改革与发展”。

第3章，根据资本市场的变化，修订和增加了部分关于筹资基本要求的表述，并修订和更新了部分案例资料；在筹资渠道与方式部分更新了市场发展的最新数据；并进一步强调了在金融创新中对基础筹资渠道出资人的保护，防范欺诈、庞氏骗局和系统性金融风险。根据最新发展情况，精简和修订了KKP集团的案例资料；根据最新发展修订了滴滴出行案例，并强调了注意甄别“伪共享经济”对社会资源的浪费。

第4章，根据投资市场的发展变化，互联网、人工智能、数字经济时代的新变化，替换了原有的拉卡拉案例，增加“软银愿景”基金的案例介绍，以强调对数字经济时代的战略关注；根据最新的变化，修订了实业投资中“山东威高”的案例，以持续反映公司的战略投资调整对公司发展的影响；新增了“360私有化与借壳上市”案例，以反映在投资市场和二级资本市场的变化趋势和跨市场并购的投资价值，并通过案例给读者提供全貌的操作流程介绍。

第5章，增加了数字经济时代下资金周转管理的组织变革管理的内容，以反映新经济时代资金组织管理的可能变革。

第7章第2节改写了供给侧结构性改革，增加了进一步支持民营企业发展。

第8章第3节增写了2018年股市低迷的原因和对策。第5节改写为科创板市场股票的发行、上市和退市。原第5节改为第6节。

第9章，增加数字经济时代企业集团管理的部分内容，考虑了企业集团在数字经济时代管理向“管数据”的必要变革。

第12章对表格中的数字进行了更新。

经过此次修订，第六版又有不小的进步，即便如此，书中难免存在缺点和错误，诚请读者批评指正。

作　者

2019年6月

目 录

第1篇 资本运营的基本理论

第2篇 资本的筹措、运用和积累

第3篇　资本的重组、集中和结构调整

第1篇　资本运营的基本理论

第1章　资本运营概论

第1节　资本的性质

资本这一概念由来已久，资产阶级经济学和马克思主义经济学都对资本理论做过很多深刻的论述，但都没有“资本运营”这一概念。资本运营这一概念是在我国经济体制改革过程中，随着社会主义市场经济体制的建立而逐步形成的，是我国社会主义经济中的一个新的范畴。研究资本运营，首先要从资本的性质说起。

一、西方经济学家关于资本的论述

19世纪，资产阶级经济学家关于资本的观点，具有代表性的主要是：

萨伊·让·巴蒂斯特（Say Jean Baptiste，1767—1832）1803年在《政治经济学概论》中写道：“形成资本的，不是物质，而是这个物质的价值。”[①]他还提出“生产三要素”论，认为商品价值是由劳动、资本、土地这三个要素所提供的“生产性服务”共同创造的。工资、利息、地租是劳动、资本、土地这三要素各自创造的收入。

玛克里奥在《银行业务的理论和实际》一书中认为：“用在生产目的上的通货是资本。”[②]

詹姆士·穆勒（James Mill，1773—1836）在《政治经济学要义》一书中认为：“资本即是商品。”[③]西斯蒙第（Sismondi，1773—1842）在《政治经济学新原理》一书中指出：“资本……是永久的会自行增大的价值。”[④]

苏格兰经济学家麦克鲁德在《信用的理论》一书中写道：“资本是用于增殖目的的经济量，任何经济量均可用为资本。凡可以获取利润之物都是资本。”[⑤]他所说的经济量，是指其价值可以用货币计量并可用于买卖交换之物。

奥地利经济学家庞巴维克（Eugen von Bohm Bawerk，1851—1914）认为：“一般来说，我们把那些用来作为获得财货手段的产品叫作资本。”[⑥]

---

① 马克思. 资本论［M］. 中共中央马克思恩格斯列宁斯大林著作编译局，译. 中文2版. 北京：人民出版社，1963：142.

② 马克思. 资本论［M］. 中共中央马克思恩格斯列宁斯大林著作编译局，译. 中文2版. 北京：人民出版社，1963：143.

③ 马克思. 资本论［M］. 中共中央马克思恩格斯列宁斯大林著作编译局，译. 中文2版. 北京：人民出版社，1963：142.

④ 马克思. 资本论［M］. 中共中央马克思恩格斯列宁斯大林著作编译局，译. 中文2版. 北京：人民出版社，1963：143.

⑤ MACLEOD H D. The theory of credit［M］. London：Longmans，Green，and Co.，1872.

⑥ 庞巴维克. 资本实证论［M］. 陈端，译. 北京：商务印书馆，1964：73.

20世纪，现代西方经济学家中在全世界影响甚广的是美国的保罗·萨缪尔森（Paul A. Samuelson）[①]，他和威廉·诺德豪斯（William D. Nordhavs）合著的《经济学》，对资本做了比较具体的论述。书中写道："资本是三大生产要素之一。另外两种是土地和劳动，通常被称为基本生产要素。"

资本是"一种被生产出来的要素，一种本身就是由经济过程产出的耐用投入品"。"资本或资本品（capital or capital goods）包括那些生产出来的耐用品，它们在进一步的生产中被作为生产性投入。""资本与另外两种要素不同，它在使用之前必须首先被生产出来，例如，一些公司制造纺织机械，这些机械又被用来生产衬衫；一些公司生产农用拖拉机，这些拖拉机又用来帮助生产玉米。"他们指出："资本品主要有三类：建筑（如工厂和住宅）、设备（耐用消费品，如汽车；耐用生产设备，如机器工具及计算机）以及投入和产出的存货（如经销商推销过程中的汽车）。"他们还认为："资本在本质上意味着时间的消耗和间接的生产手段……间接的或者说迂回的生产手段通常比直接的生产手段更加有效。例如，最直接的捕鱼方法是下河用手抓鱼，但这只会使你感到沮丧，而不会抓到很多鱼，通过使用钓鱼竿（属于资本设备），捕鱼效率会有所提高。如果使用更多的资本品，如渔网和渔船，捕鱼的效率就会更加提高，足以满足许多人的需要。"[②]美国著名学者D.格林沃尔德主编的《现代经济词典》对资本的解释是：资本是"生产的三要素之一，从企业的角度来看，资本是一家公司的总财富或总资产，因而不仅包括资本货物（有形的资产），同时也包括商标、商誉和专利权等无形的资产。作为会计学的术语，它代表从股东那里得到的全部货币，加上留归企业用的全部利润"[③]。

从上述可以看出，资本一般具有下列特点：

1.增值性。资本在运动中能够产生大于自身的价值，这是资本的目的所在。

2.流动性。资本在运动中不断地改变形态，资本增值只能在运动中实现。

3.风险性。由于外部环境变化莫测，因而使资本增值具有不确定性。

4.多样性。资本具有货币资本、实物资本和无形资本等多种形态。

从上述还可以看出，无论是资产阶级古典的或现代的经济学家，都只言资本的自然属性，而讳言资本的社会属性，认为资本是货币，是商品，是物质的价值，是自行增大的价值，是可以获得利润之物，是生产要素之一，却避而不谈在资本主义生产方式下资本所反映的资本家剥削雇佣工人的经济关系的性质。

二、马克思关于资本的论述

马克思从19世纪40年代初开始研究政治经济学，耗时约40年撰写的不朽著作《资本论》中总结了资本主义生产方式产生和发展的实践，吸取了前人对资本问题研究成果的科学成分，对资本做了全面深刻的分析，其广度和深度是过去和现在的

---

① 保罗·萨缪尔森，美国麻省理工学院教授，1970年第二届诺贝尔经济学奖获得者，他撰写的《经济学》教科书于1948年首版发行，至1998年该书出版了16版，至今已60多年，畅销世界各国。该书1985年出版第12版，已由萨缪尔森和诺德豪斯合著。

② 萨缪尔森P，诺德豪斯W. 经济学［M］. 萧琛，等，译. 16版. 北京：华夏出版社，1999：26，204.

③ 格林沃尔德D. 现代经济词典［M］. 翻译组，译. 北京：商务印书馆，1981：62.

经济学家所望尘莫及的。马克思在经济学方面的伟大贡献之一在于他既承认资本的自然属性，又揭示了资本的社会属性。

（一）资本的社会属性

资本的社会属性是指资本归谁所有，资本在不同的社会经济形态中所具有的特性。马克思在《资本论》中，专门分析了资本主义生产方式下资本的生产过程、资本的流通过程和资本主义生产的总过程，但并不是说资本是资本主义的特有范畴。事实上，资本这一概念在资本主义生产方式形成以前很早就出现了。马克思指出："中世纪已经留下两个不同的资本形式，它们曾经成熟于极不相同的各种经济社会形态之内，并且在资本主义生产方式时期以前，还是作为资本本身来看，那就是高利贷资本和商业资本。"[①]高利贷资本是指通过贷放货币获取高额利息的资本。马克思说："我们可以把古老形式的生息资本叫作高利贷资本。"[②]它最初表现为一定数量的货币，通过贷放活动，获取利息，把货币转化为资本，即转化为一种手段，依靠这种手段占有别人的剩余劳动，它的运动公式是：G-G′。式中，G代表货币；G′代表增殖了的货币。商业资本是指在流通领域中发生作用的职能资本，它"分为两个形式或亚种，即商品经营资本和货币经营资本"[③]。通常说商业资本，即指专门从事商品买卖，以获取利润为目的的资本，其循环可用以下公式表示：G-W-G′。式中，W代表商品。远在奴隶社会初期，商业资本就已出现，以后在封建社会又得到发展。资本主义社会以前的商业资本与资本主义社会的商业资本是不同的。资本主义社会以前的商业资本依附于奴隶制和封建制的生产关系而存在，它以简单商品生产为基础，活动于简单商品流通领域，为买卖双方的直接消费服务，它的主要特点是贱买贵卖。商业利润的来源：一是瓜分奴隶主和封建主剥削奴隶和农奴所获得的剩余产品；二是攫取小生产者的剩余劳动和一部分必要产品。资本主义社会的商业资本则是从产业资本中分离出来的，它从属于产业资本，并为产业资本的运动服务。

马克思为了揭示资本主义生产方式是怎样产生的，详细地研究了资本的原始积累，他指出：资本的原始积累乃是资本主义生产方式的出发点，原始积累"是生产者和生产资料分离的过程，一方面把社会的生活资料和生产资料转化为资本，另一方面把直接生产者转化为工资雇佣劳动者"[④]。马克思在揭露了原始积累的野蛮掠夺和残酷压榨之后，他指出："资本来到世间，就是从头到脚，每个毛孔都滴着血和肮脏的东西。"[⑤]马克思在《资本论》中深刻地详尽地阐述了在资本主义生产方式下，货币转化为生产资本，资本家剥削工人的过程，"资本家把资本转化为各种商

---

① 马克思. 资本论［M］. 中共中央马克思恩格斯列宁斯大林著作编译局，译. 中文2版. 北京：人民出版社，1963：827.

② 马克思. 资本论［M］. 中共中央马克思恩格斯列宁斯大林著作编译局，译. 北京：人民出版社，1974：671.

③ 马克思. 资本论［M］. 中共中央马克思恩格斯列宁斯大林著作编译局，译. 北京：人民出版社，1974：297.

④ 马克思. 资本论［M］. 中共中央马克思恩格斯列宁斯大林著作编译局，译. 中文2版. 北京：人民出版社，1963：789.

⑤ 马克思. 资本论［M］. 中共中央马克思恩格斯列宁斯大林著作编译局，译. 中文2版. 北京：人民出版社，1963：839.

品，把它们当作一个新产品的物质形成要素，或当作劳动的要素来发生作用时，他使活的劳动力和各种死的物质相结合时，他就把价值，把过去的、已经物质化的、死的劳动转化为资本，为自行增殖的价值”[①]。马克思揭露资本主义生产的目的“就是增殖价值，创造剩余价值”[②]，而剩余价值是工人在生产中耗费的“剩余劳动时间的凝结”[③]。马克思在揭露了资本家剥削工人的经济关系之后，他指出：“资本并不是一种物品，而是一种以物为媒介而成立的人与人之间的社会关系。”[④]马克思分析了资本主义生产的产生和发展规律，揭示了资本主义社会的基本矛盾，结论是要推翻资本主义私有制，消灭剥削，只是说要“夺取资产阶级的全部资本”[⑤]，并没有说要消火资本，而是要把生产资料（它的价值形态是资本）“变为国家财产”[⑥]，即资本要由资本家私人所有变为全社会劳动者共同所有。但后来的人把资本这个范畴取消了。资本之所以在社会主义社会里仍然存在，有着不以人们意志为转移的客观必然性，是由于资本不仅仅是一种社会关系，更重要的是它是生产经营不可缺少的一种要素。在社会主义生产关系中，资本采取公有制形式为主，在公有制经济中，公有资本属于全体人民所有，劳动者为社会、为自己劳动，不存在剥削关系。资本增殖部分转化为资本是用来扩大整个社会生产，最终实现共同富裕的目标。在社会主义社会还存在私人资本，它对于发展社会经济，满足人民需要，是必不可少的，是很重要的。

从前述可以看出，资本实际上并不是资本主义特有的范畴，而是商品经济的必然产物，是企业进行生产经营活动的一个必要条件，它是客观存在的，始终寓于社会再生产的运动之中，并不断地实现价值增殖。但在不同的社会经济形态中，资本反映着不同性质的生产关系。

（二）资本的自然属性

资本的自然属性是指资本必然追求价值增殖，是资本在各种社会经济形态中所具有的共性。马克思指出：“资本的合乎目的的活动只能是发财致富，也就是使自身增大或增殖。”“对资本来说，任何一个物本身所能具有的唯一的有用性，只能是使资本保存和增殖。”[⑦]这就是说，追求价值增殖乃是资本的本质属性，这是商品经济共性的具体体现，不仅资本主义生产方式下的资本家的资本运动的目的是追求价值增殖，而且资本主义社会以前高利贷资本和商业资本运动的目的也是为了价值增殖，社会主义生产方式下的资本运动也应把价值增殖作为目的。资本的自然属性是

① 马克思．资本论［M］．中共中央马克思恩格斯列宁斯大林著作编译局，译．中文2版．北京：人民出版社，1963：191．

② 马克思．资本论［M］．中共中央马克思恩格斯列宁斯大林著作编译局，译．中文2版．北京：人民出版社，1974：233．

③ 马克思．资本论［M］．中共中央马克思恩格斯列宁斯大林著作编译局，译．中文2版．北京：人民出版社，1974：215-216．

④ 马克思．资本论［M］．中共中央马克思恩格斯列宁斯大林著作编译局，译．中文2版．北京：人民出版社，1963：845．

⑤ 马克思，恩格斯．共产党宣言［M］．中共中央马克思恩格斯列宁斯大林著作编译局，译．北京：人民出版社，1972：272．

⑥ 恩格斯．反杜林论［M］．中共中央马克思恩格斯列宁斯大林著作编译局，译．北京：人民出版社，1972：320．

⑦ 马克思．政治经济学批判［M］．中共中央马克思恩格斯列宁斯大林著作编译局，译．北京：人民出版社，1979：225-226．

不管资本归谁所有都具有价值增殖这一共同的属性，这一属性不会随社会生产关系的变革而改变。

资本的自然属性存在于资本的使用价值之中，属于生产要素方面的关系。企业的生产、技术和经营管理与资本的自然属性密切相关，可以认为企业的生产经营就是资本的使用、耗费与收回。资本具有追求价值增殖这一自然属性，但并不是说，资本可以自发地实现增殖，实际情况是，如果资本运用不好，不但不能增殖，反而可能亏损（资本损失、减少），因此，重视资本的自然属性，就要认真研究如何有效地运用资本，加速资本周转，降低资本耗费，增加资本积累等问题，在资本增殖方面下工夫。

马克思在《资本论》中论述资本主义生产方式时，是在阐述资本自然属性的过程中揭露资本的社会属性，是把资本的两种属性紧密结合在一起来阐述的。我们认为，资本的社会属性是由资本的自然属性决定的。正是由于资本具有价值增殖这一自然属性，人们才为资本的所有权而争斗，才有资本归谁所有这一社会属性。

恩格斯对《资本论》进行了编辑，并同马克思一起撰写了《共产党宣言》。马克思的《资本论》和《共产党宣言》对无产阶级革命和建设具有伟大的指导意义。毛泽东在领导中国革命和建设时曾说："指导我们思想的理论基础是马克思列宁主义，领导我们事业的核心力量是中国共产党。"他把马克思主义的理论与中国社会的实际情况结合起来指导新民主主义革命，建立了中华人民共和国，又继续进行社会主义革命和建设，取得了巨大成功，被中国共产党称为毛泽东思想。以后由邓小平领导中国进行改革开放，实行中国特色社会主义建设，经济迅速发展，使中国人民逐渐富起来。中共十八大以来，中国特色社会主义进入了新时代，在习近平新时代中国特色社会主义思想的指引下，中国经济更加迅速发展，国防日益巩固，使中国进一步富起来强起来。习近平新时代中国特色社会主义思想是对马克思列宁主义、毛泽东思想、邓小平理论、"三个代表"重要思想、科学发展观的继承和发展。为了纪念马克思诞辰200周年，中国赠送马克思雕像，安放在马克思的家乡特里尔，吸引了世界许多国家的人民去参观拜访。

三、在改革开放实践中对资本的重新认识

从中华人民共和国成立至改革开放前，人们普遍接受的是传统的政治经济学关于资本的观点，认为资本是资本主义社会特有的经济范畴，反映资本家对雇佣工人的剥削关系。因而在社会主义经济理论和实际工作中，"资本"一词被"资金"所代替，认为资本姓"资"而资金姓"社"，这种观点的误区在于没有区分资本的二重属性：自然属性和社会属性。

在我国改革开放过程中，许多实际问题都要求我们正确认识资本这一经济范畴。

（一）国有资产管理改革要求走出资本姓"资"的误区

我国过去实行计划经济体制，对国有资产管理，只注意实物形态、使用价值管理，忽视价值管理，企业对国有资产可以使用，但不能出售，也不注重保值增值，

因而使许多企业的国有资产闲置积压，效益低下。随着经济体制改革不断深化，有些人提出：国有资产是否可视为国有资本？企业的国有资产甚至某些国有企业能否出售？卖掉部分国有资产，出售某些国有企业，是不是会使国有资产流失？将国有资产或企业卖给私人，是不是搞私有化？通过讨论我们逐步认识到：

1.资本和工资、利润等都是资本主义经济中长期使用的，工资和利润在我国社会主义经济中一直被沿用，资本这一范畴为什么在社会主义经济中就不能沿用？现在来看，资本这一范畴与工资、利润等范畴具有相同的性质，它们既可包含资本主义生产关系，也可包含社会主义生产关系。资本除了它的社会属性（在不同的社会形态卜资本反映着不同的生产关系），还有它的自然属性（具有价值增值功能），它也应当与工资、利润等范畴一样在社会主义经济中沿用，国有资产应作为国有资本运用和经营管理。

2.认为国有资产（或企业）不能出售的观点，是一种自然经济实物占有观。它把实物视为财富的唯一形态，积聚财富只是实物的绝对占有和贮存，不讲周转和形态变化，因而在国有资产管理中，宁肯让各种实物资产闲置，也不愿出售，由此造成的损失浪费是十分惊人的。现在，我国正在建立社会主义市场经济体制，要求人们树立价值观念和市场观念，对国有资产进行商品化和价值化管理，重视国有资产的价值管理，将国有资产视为创造商品带来利润的手段，即把国有资产作为国有资本加以运营，按资本的机制进行管理，其中心问题是要实现国有资本的保值增值。在这种情况下，企业按照市场价值出售一些不需要的国有资产或出售一些不宜国家拥有的国有企业，只要符合等价交换原则，公正合法，对国家来说，这只是资本形态的变化，由实物形态变为货币形态，国有资本总量并没有发生变化，这里不存在国有资产流失，也没有什么私有化。如果把国有资产无偿分给私人，那才叫私有化。但“卖”与“分”是两种不同的概念。将出售国有资产（或企业）所得的货币资本向国家更需要、效率更高、收益更多的方面投资，乃是市场经济中一种合理的经济行为。

（二）引进外资，促进走出资本姓“资”的误区

20世纪70年代末，我国开始实行对外开放政策，大量引进外资，吸收外商直接投资，举办中外合资企业，我国企业在境外发行股票和上市，对外投资办企业。经济国际化要求我国在法律规章和会计制度等方面与国际接轨，其中一个重要问题是必须走出资本姓“资”、资金姓“社”这一误区。例如，在设立中外合资企业时，外商一般以外汇、设备、技术等各种形态的资本投入合资企业，我国的企业一般以厂房、设备等各种形态的资金（过去不能称为资本）投入合资企业。外方投入的资本与中方投入的资金合在一起，应当叫什么？这是遇到的一个实际问题。来自外方和来自中方的投资，只是具体来源不同，但这两部分投资投入企业后，在生产经营中的作用是相同的，都是作为企业生产经营的手段，能带来价值增值，因此合在一起可以统称为资本。基于这一认识，《中华人民共和国中外合资经营企业法》（1979年7月1日通过，1990年4月4日修订）及其实施条例（1983年9月）都明确

规定，中方和外方对合资企业的投资，统称为资本。“合营企业的注册资本，是指为设立合营企业在登记管理机构登记的资本总额，应为合营各方认缴的出资额之和。”

1985年，我国财政部发布的《中外合资经营企业会计制度》规定设立“实收资本”，核算企业根据合营合同的规定从合营各方实际收到的资本总额。1992年以来财政部发布的《股份制试点企业会计制度》、《外商投资企业会计制度》、《企业财务通则》、《企业会计准则》和《企业会计制度》等，建立了资本金制度，规定了“实收资本”“资本公积”等科目。上述法律和制度正确地解决了实践中提出的问题，为资本范畴在实践中的具体运用提供了法规依据。

（三）实行社会主义市场经济，彻底走出资本姓“资”的误区

1993年，我国开始建立社会主义市场经济体制，提出要建立和大力发展资本市场和其他要素市场。在我国社会主义经济中，资本可以分为国有资本、集体资本、非公有资本和从国外引进的外国资本等不同类别。随着我国市场经济的不断发展，人们更加深刻地认识到在社会主义市场经济中资本这一范畴的必然性和重要性。

第2节　资本的来源与形态

资本运营的对象就是资本及其运动。为了深入具体地了解资本，我们从资本来源和资本形态两个角度进行分析。

一、资本的来源

在经济理论和实践中，对资本有狭义和广义的理解。

（一）狭义的理解

狭义的理解认为企业资本的含义是指企业的资本金，即投资者投入企业的资本，是开办企业的本钱，也就是企业在工商行政管理部门登记的注册资本。我国坚持实收资本与注册资本一致的原则。资本金按投资主体的不同，分为国家资本金、法人资本金、个人资本金和外商资本金等。投资者可以用货币、实物、无形资产等形式投入资本。企业筹集资本金，可以采用吸收直接投资和发行股票等方式。企业对所筹集的资本依法享有经营权，可以长期使用。在经营期内，投资者对其投入企业的资本，可以依法转让，但不能任意抽回，这有利于企业的长期稳定经营。

办一个企业，首先必须要有一定数额的资本金，才能从外界取得借款，因为在市场经济条件下，企业是否可以取得借款以及能够取得多少借款，债权人往往要考虑企业资本金的规模和生产经营状况，要分析企业的偿债能力。如果企业没有一定数额的资本金，则很难取得借款，同时企业在市场竞争中经营发展总是有风险的，这就要有承担亏损的能力。企业有了资本金，才能以本负亏，从这个意义上来说，资本金是企业真正实现自主经营、自负盈亏、自我发展的前提条件。

（二）较广义的理解

较广义的理解认为企业资本是指企业所有者（股东）权益，即不仅包括资本金

（实收资本），而且还包括资本公积、盈余公积和未分配利润等。

所有者权益中的资本公积是一种资本储备形式，或者说是一种准资本，它包括多项内容，其中主要有：（1）投资者实际缴付的出资额超过其资本金的差额。例如，股份有限公司发行股票时，按股票面值和核定的股份总数的乘积计算的金额，记入“股本”科目，股票溢价部分记入“资本公积”科目。有限责任公司在增资扩股时，如有新投资者加入，新加入的投资者缴纳的出资额大于按约定比例计算的他在注册资本中所占份额的部分，作为资本公积入账。（2）资本汇率折算差额。境外上市公司、中国香港上市公司以及境内发行外资股的公司，在收到股款时，按收到股款当日的汇率折合的人民币金额，记入“银行存款”等科目，按确定的人民币股票面值和核定的股份总数的乘积计算的金额，记入“股本”科目，按其差额记入“资本公积”（资本溢价）科目。（3）接受捐赠的实物资产。例如，企业接受捐赠的固定资产，按其价值记入“固定资产”科目，按估计折旧记入“累计折旧”科目，按其差额记入“资本公积”科目。（4）资产评估增值。例如，企业以固定资产对外投资，如评估确认的固定资产净值大于该资产账面净值，其差额应记入“资本公积”科目。公司按规定可以将资本公积转增资（股）本，但资本公积中，接受捐赠的实物资产价值和资产评估增值等不能转作资本。

所有者权益中的盈余公积是企业从税后利润中提取的积累资金。它又分为法定盈余公积和任意盈余公积。法定盈余公积是指企业按规定从净利润中提取的积累资金。任意盈余公积是企业出于实际需要或采取审慎经营策略，从税后利润中提取的一部分留存利润。

所有者权益中的未分配利润是指未分配净利润，有两层含义：一是这部分利润尚未分配给企业投资者；二是这部分净利润未指定用途。在未分配之前，企业可以自主运用。

企业经营得越好，经济效益越高，实现的利润越多，就能提取更多的盈余公积，分配更多的股利，有更多的未分配利润，有更大的抗风险的能力，就能更快地发展。盈余公积和未分配利润都是企业通过经营、运用资本所实现的增值，可以作为资本加以运用。

（三）更广义的理解

更广义的理解认为企业的资本不仅包括企业所有者权益，而且还包括借入资本。“资本市场包括股票市场、债券市场、基金市场和中长期信贷市场等，其融通的资金主要作为扩大再生产的资本使用”①。企业通过中长期信贷市场借入的资本包括以下项目：

1.长期借款，指企业向银行或其他金融机构借入的偿还期在一年以上的各种借款。

---

①　周正庆．证券知识读本［M］．北京：中国金融出版社，1998：4．
1995年10月中国大百科全书出版社出版的《西欧金融市场》一书中介绍，英国伦敦、法国巴黎、瑞士苏黎世、德国法兰克福等国际金融中心的资本市场都包括证券市场和中长期信贷市场。

2.应付债券，指企业为筹措长期资金而发行的一年期以上的有价证券。该有价证券叫作债券，它是一种债务凭证，每张债券的面值通常都较小，以便利用其面值较小、较为分散的方式，向社会公众筹措巨额长期资金。

3.长期应付票据，指企业在购置资产或在某些特殊优惠条件下向对方融资而签发的一种书面凭证。

4.长期应付款，指上述三项以外的长期应付款项，例如通过补偿贸易方式引进设备应付款、融资租入固定资产应付款等。当企业采用补偿贸易方式引进设备时，按照设备的价款以及国外运杂费的外币金额和规定汇率折合为人民币数额记账，一方面企业增加了固定资产，另一方面企业增加了“长期应付款”，这种应付款按照合同分若干年用设备投产后生产出来的产品作价偿还。融资租入固定资产时，一方面是企业增加了固定资产，另一方面是企业增加了“长期应付款”（应付融资租赁费）。租入的设备投入使用后，应付融资租赁费按合同规定分若干年支付。这里所说的补偿贸易和融资租赁两种方式与银行借款和发行债券借款两种方式有所不同，不是先借款去买设备，以后再用货币还借款本息，而是先获得设备，形成长期应付款，以后再分期补偿或还款，但它们都是以信用为基础的资金融通，其实质是相同的。

企业通过中长期信贷，不仅能得到货币资金，而且还能获得设备等固定资产，与企业资本金等自有资本形成时获得的设备等资产，在长期生产经营过程中的作用是相同的，只是来源有别。

作为本书作者，我们认为企业资本不仅包括自有资本，而且还包括借入资本。自有资本也称权益资本，是企业资本运营的基础，是企业赖以自主经营、自负盈亏的本钱，也是企业获取借入资本的基本前提，因而企业首先必须要具有一定规模的自有资本。借入资本也称负债资本或他人资本，企业合理使用借入资本，可以扩大企业的生产经营规模，提高自有资本的经营效益。办企业不能没有足够的自有资本，而聪明的企业家还很重视充分合理利用借入资本，因为合理利用借入资本，可以提高企业自有资本利润率。例如，某企业自有资本600万元，借入资本400万元（利息率8%），合计1 000万元。本期息税前利润150万元，全部息税前资本利润率为15%，税前利润为118万元（150−400×8%），自有资本税前利润率为19.67%（118÷600×100%），比全部资本息税前利润率高出4.67%。从上例可以看出，该企业借入资本400万元，与自有资本一样参加生产经营周转，获得息税前利润60万元（400×15%），付出利息32万元（400×8%），付息后利润为28万元，使自有资本税前利润率提高4.67%（28÷600×100%）。但使用借入资本，必须按期还本付息，企业面临着财务风险。企业合理、巧妙地运用借入资本，既能提高经营效益，又能避免财务风险，乃是资本运营的艺术。

（四）营运资本的计算

营运资本是指与流动资产经营和运用有关的资本。流动资产包括货币资金、短期投资、应收票据、应收股利、应收利息、应收账款、预付账款、其他应收款和存货等。根据资产负债表的数据可计算出营运资本的数额，其公式如下：

营运资本=流动资产-流动负债

流动负债在资产负债表的右边，包括短期借款、应付票据、应付账款、预收账款、代销商品款、应付职工薪酬、应付股利、应交税费和其他应付款等。流动负债与资产负债表左边的流动资产相对应。

流动资产的资金来源：一是流动负债，是企业借入的短期资金，属于货币市场的项目，不是资本项目；二是长期负债，是企业借入的长期资金，是资本项目。例如，某企业的流动资产1 000万元，流动负债400万元，长期负债2 000万元，可以算出：营运资本=1 000-400=600（万元）。长期负债有600万元用于流动资产的营运资本，1 400万元用于融资购入（赊购）和融资租入固定资产。

二、资本的形态

新建立的企业，最初从各方面筹集的资本表现为货币资本、实物资本和无形资本等。企业投入生产经营以后，资本形态不断地发生变化，例如，货币资本转化为实物资本和无形资本，实物资本和无形资本再转化为货币资本。在资本运用过程中，还会出现对外投资和应收款等形式。资本的各种形态在资产负债表的左方表现为各种资产。

（一）货币资本（金）

货币资本（金）指处于货币形态的资本，具体包括企业的库存现金、银行存款和其他货币资金。其他货币资金包括企业的外埠存款、银行汇票存款、银行本票存款、信用卡存款和信用保证金存款等。

（二）实物资本

实物资本指表现为实物形态的各种资本，具体包括存货和固定资产。存货包括企业在库、在途和在加工中的各种材料、商品、在产品、半成品、包装物、低值易耗品、分期收款发出商品和委托代销商品等；固定资产包括房屋、建筑物、机器设备和运输工具等。

（三）无形资本

无形资本指不具有实物形态的各种资本，具体包括企业拥有的专利权、非专利技术、商标权、著作权、土地使用权等各种无实物形态的价值。

（四）对外投资

对外投资指企业对外投出的各种股权性质和债权性质的投资，按期限长短可分为短期投资和长期投资。短期投资指企业购入能随时变现并且持有时间不准备超过一年（含一年）的投资，包括各种股票、债券等；长期投资指企业投出的期限在一年以上（不含一年）的各种股权性质的投资，包括购入的股票和其他股权投资（企业以固定资产和其他实物资产以及无形资产和货币资金对外投资）以及企业购入的在一年以上（不含一年）不能变现或不准备随时变现的债券和其他债权投资。

（五）各种应收款

各种应收款包括应收票据（企业因销售商品、产品、提供劳务而收到的商业汇票)、应收账款（企业因销售商品、产品、提供劳务应向购货单位或接受劳务单位收取的款项)、预付账款（企业按照购货合同规定预付给供货单位的款项）以及应收股利（企业因股权投资而应收取的现金股利)、应收利息（企业因债权投资而应收取的利息）和其他应收款。企业应收款是企业的资本在经营过程中被其他有关单位、个人临时占用的部分。

在资产负债表的左方，企业资本的各种形态（资产）按其流动性由大到小排列，分为流动资产（包括货币资金、短期投资、各种应收款、预付账款、存货等)、长期投资（长期股权投资、长期债权投资)、固定资产（包括房屋、建筑物、机器、机械、运输工具以及在建工程等)、无形资产及其他资产（开办费、长期待摊费用等)。

关于企业的资本形态，目前还流行人力资本、智力资本和知识资本等概念，下面对人力资本加以说明。

人力资本表现为蕴含于人身上的各种知识、劳动与管理技能以及健康素质的总和，教育和健康投资是两种主要的人力资本形成方式。人力资本服务就是提升人力资本的各种方式及配套措施，就目前来说，加大对教育和健康的投资是提升人力资本服务水平的两大途径。

提升人力资本服务水平是促进经济增长的重要方式。一是通过教育、健康投资提升人力资本，可以提高劳动力质量，促进经济增长。相对于物质资本投资，人力资本投资带来的经济效益要大得多。二是保证物质资本高效运作，间接作用于经济增长。高技术含量的物质资本只有与高技能的劳动力相匹配，才能充分发挥经济效益。三是人力资本的积累和人才素质的提高，可以大大加快新技术研发及应用的速度，进而促进生产力发展和劳动生产率提高。

第3节　资本运营的含义

通过前面的论述，我们已经明确了资本就是能够带来增值的价值，因此，所谓资本运营，就是以资本最大限度增值为目的，对资本及其运动所进行的运筹和经营活动。目前，除了资本运营这一科学用语以外，还有资本经营、资产经营等不同的表述。

一、资本运营与资本经营

资本运营与资本经营这两个名词只有一字之差。根据《辞海》的解释，“运”有运动、运用、灵活使用、运筹、策划等意，“经”有规范、治理等意，“营”有建设、谋求、经营管理等意，“经营”本谓经度营造，引申为筹划营谋，专指经管办理经济事业。“运营”和“经营”都有筹划、管理和谋求之意，故二者含义是基本一致的，本书选用了资本运营这一概念，因为我们认为：

1.资本运营包含了运筹、谋求和治理等含义，强调对资本的筹措和运用必须要有事先的运筹、规划和科学决策，《史记·高祖本记》说：只有“运筹于帷幄之中”，才能“决胜于千里之外”。又强调对资本要灵活使用，巧妙运用，《宋史·岳飞传》说：“阵而后战，兵法之常，运用之妙，存乎一心。”

2.经营偏重于微观的经营管理，人们常说搞好企业经营管理，而运营则以微观的经营管理为基础，还重视宏观的筹划与管理。

二、资本运营与资产经营

有人认为企业的资产等于负债加资本（所有者权益），资产的范围宽，而资本的范围窄；还认为资产形态是不断地变化的，而资本投入企业后，其数额是不变的，因而主张采用“资产经营”这一概念。他们认为资产经营是指通过合理的资产配置、资产重组，使资产结构优化，资产得到有效使用，从而提高资产报酬率。也有人认为，资产经营主要是盘活现有存量资产。本书选用资本运营，而不是资产经营，是因为我们认为：

1.对于资本不仅要从其形态来看，而且还要从其来源来看。从广义来看，企业的资本不仅包括自有资本（所有者权益），而且包括借入资本（负债），我们在第2节已经详细分析了企业资本的各种来源和资本的各种形态（资产）。资本投入企业时，表现为各种形态的资产，例如，投资者投入企业的资本金1 000万元，其中货币资金50万元，材料物资100万元，房屋300万元，机器设备500万元，无形资产（专利技术）50万元；从银行借款300万元。在企业账簿和报表内，一方面要记录企业的自有资本1 000万元，借入资本（负债）300万元，总计1 300万元；另一方面要记录企业的流动资产450万元，固定资产800万元，无形资产50万元，总计1 300万元。资本来源总计与资本形态（资产）总计是相等的。在企业经营过程中，资本来源和资本形态（资产）发生变动（例如增加投资、增加或减少借款、购买材料设备、支付工资费用、销售产品等等），都不会影响上述总的平衡关系。基于上述认识，我们认为资本运营既要从资本形态看，包括资产的合理配置、重组和有效使用，又要从资本来源看，包括资本（自有资本和借入资本）的筹措和资本结构的调整等，在这方面需要考虑和解决的问题很多，例如，企业经营发展需要筹措多少资本？怎样选择资本来源渠道和筹资方式？不同渠道、方式的筹资成本和风险有什么不同？怎样才能做到既降低筹资成本又防范筹资风险？自有资本和借入资本各占多大比重为宜？怎样确定资本的最佳结构？企业是发行股票筹资还是向银行借款或发行债券筹资？发行股票筹集资本是私募配股还是公募发行？企业是否到境外发行股票和上市？因此，全面的资本运营不能只从资本形态（资产）方面进行工作，还必须从资本来源方面进行工作，把两个方面紧密地结合起来。

2.在过去的计划经济体制下，对资产管理往往强调实物形态、使用价值管理，而忽视资产的价值管理。本书书名不叫资产经营，而叫资本运营，意在强调资产的商品化和价值化管理，强调资本筹措、运用和分配的全过程。企业的资产不论表现为何种形态（货币资金、流动资产、固定资产、无形资产等），都是价值存在的表现形式。企业获得资产，在生产经营中资产形态不断地变化，从价值来看，就是企业的资本运动。对资产进行管理，应当强调加速资本运动，追求资本保值增值。当然，我们强调资产的价值管理，并不是忽视更不是否定资产实物形态、使用价值的管理，如果资产的实物形态不存在了，其价值就随之消失了；如果对各种资产使用不当、呆滞积压、损失浪费，连保值都做不到，就更谈不到增值了。我们主张的资本运营既重视资产的价值，又重视资产的使用价值，把两方面有机地结合起来。

三、资本运营与生产经营

为了进一步了解资本运营的含义，还须说明资本运营与生产经营的区别和联系。

（一）从历史发展来分析

从历史上看，资本运营与生产经营是同时出现的。在19世纪末以前，企业组织形式一般采用个人业主制或合伙制，企业的所有者和经营者是合一的。当某人办企业，从筹资、投资建设企业到进行生产、销售商品，其经营管理是由同一人进行的，其目的并不是仅仅要生产和销售商品，而是要通过生产销售商品获得利润，使投入的资本不断地增值，可以认为，他既在进行资本运营，又在进行生产经营。其中，为创办企业而进行的投资和筹资活动，以及在资本运动过程中为加速资本周转和提高资本效益而进行的资本调整（如增加借款、添置某项资产等）等活动，都属于资本运营范畴；在企业建立后，为获得利润而进行的材料采购、产品生产、改进技术、提高质量和产品推销等活动，则属于生产经营范畴。二者互为条件，进行生产经营活动，离不开投资、筹资、加速资本周转和增加资本积累等资本运营活动，而资本运营也不可能脱离生产什么、生产多少和怎样生产以及原材料采购和产品销售等生产经营活动。虽然上述过程可以分为两个方面，但二者相互联系、相互渗透，在投资者和经营者合一的情况下，没有必要将这一过程分为资本运营和生产经营。

19世纪末，股份公司和证券市场迅速发展，出现了所有权与经营权的分离，所有者原有的经营管理企业的权力改由职业经理行使，这时，企业的资本运营也分离为所有者对资本的运作和经营者对资本的运作两个层次。企业所有者的资本运作主要包括以下两方面：一是参与重大决策，决定公司经营计划和投资计划，决定增减资本和发行公司债券方案，对公司经营活动进行监督、审核以及参与股利分配等所有权运作；二是根据公司现实和预期收益大小进行追加投资或撤回投资等转让权运作。企业经营者应按资本运营的要求侧重于抓生产经营，具体组织执行公司的经营计划和投资计划，实施增减资本和发行公司债券方案，以及采取加速资本周转的措施等。总之，企业资本运营决策权要由股东会、董事会和经理人员根据公司章程所规定的职责范围和程序来行使。

20世纪初，由于证券市场进一步发展和产权市场形成，资本运营的内容和形式有了新的发展，许多企业通过法人购股、持股参与证券交易，通过企业兼并、收购等活动进行产权交易，迅速扩大了生产经营规模，进行了资本的重新配置，推动了生产经营迅速发展。

20世纪30年代以后，西方国家的企业普遍将资本运营原则和方法运用于生产经营管理之中，使资本运营与生产经营在更高层次上结合起来。资本运营原则就是资本效益最大化原则，将这一原则运用到生产经营活动中去，用资本利润率（税后利润与所有者权益的比率，反映资本增值情况）和资本回报率（股利与股本的比率，反映向股东支付股利情况）等指标来考核企业经营业绩。如果上述指标低于事先确定的水平或低于社会平均水平，就会产生以下后果：（1）所有者撤回或转移投资；（2）所有者减少对经营者的报酬，甚至撤换经营者；（3）公司面临被收购的危险。这必然促使经营者尽最大努力去搞好公司经营管理，最大限度地提高资本效率和效益。

我国企业正在实行现代企业制度，实行所有权与经营权分离，国有资本投入许多企业，国家作为所有者抓什么？每个企业都有各自的特点（个性），各企业的产品生产技术总是千差万别的，不可能去管每个企业的具体的生产经营，能够指导的只是企业的共性，各企业的共性就是每个企业都有资本，资本都要增值，都要实现资本效益最大化，因此，所有者只能侧重于抓资本运营，企业经营者应按照资本运营的要求侧重于抓生产经营。

（二）资本运营与生产经营的区别

1.经营对象不同。资本运营的对象是企业的资本及其运动，资本是可以带来增值的价值。投资者对企业投资，可以用货币、实物、技术、土地使用权等形式出资，企业对于投入的实物、技术、土地使用权等各种出资，都要评估作价以货币的形式统一表现出来。资本运营侧重的是企业经营过程的价值方面，追求资本增值。而生产经营的对象则是产品及其生产销售过程，经营的基础是厂房、机器设备、产品设计、工艺、专利等。生产经营侧重的是企业经营过程的使用价值方面，追求产品数量、品种的增多和质量的提高。

2.经营领域不同。资本运营主要是在资本市场上运作，资本市场既包括证券市场，也包括非证券的长期信用资本的借贷，广义上还包括非证券的产权交易活动。例如，某企业生产经营效益很好，为了扩大生产经营规模，在企业的自有资本不够的情况下，它可以向银行借款或通过证券市场发行债券借款，然后用这笔借入资本通过产权市场兼并、收购某个企业，经过资产重组以后，申请进入证券市场发行股票并上市交易，筹集更多的自有资本，用于技术改造，进一步发展生产经营，并还清借款。经过资本运营，企业的资本增多了，生产经营规模扩大了，实现的利润大大增加了。而企业生产经营涉及的领域主要是产品的生产技术、原材料的采购和产品销售，主要是在生产资料市场、劳动力市场、技术市场和商品市场上运作。

3.经营方式不同。资本运营要运用吸收直接投资、发行股票、发行债券、银行借款和租赁等方式合理筹集资本，要运用直接投资、间接投资和产权投资等方式有效地运用资本，合理地配置资本，盘活存量资本，加速资本周转，提高资本效益。而生产经营主要通过调查社会需求，以销定产，以产定购，技术开发，研制新产品，革新工艺、设备，创名牌产品，开辟销售渠道，建立销售网络等方式，达到增加产品品种、数量，提高产品质量，提高市场占有率和增加产品销售利润的目的。

（三）资本运营与生产经营的联系

由于资本运营和生产经营都属于企业经营的范畴，因而二者存在极为密切的联系。

1.目的一致。企业进行资本运营的目的是追求资本的保值增值，而企业进行生产经营，根据市场需要生产和销售商品，目的在于赚取利润，以实现资本增值，因此生产经营实际上是以生产、经营商品为手段，以资本增值为目的的经营活动。

2.相互依存。企业是一个运用资本进行生产经营的单位，任何企业的生产经营都是以资本作为前提条件，如果没有资本，生产经营就无法进行；如果不进行生产经营活动，资本增值的目的就无法实现。因此，资本运营要为发展生产经营服务，并以生产经营为基础。

3.相互渗透。企业进行生产经营的过程，就是资本循环周转的过程，如果企业生产经营过程供产销各环节脱节，资本循环周转就会中断；如果企业的设备闲置，材料和在产品存量过多，商品销售不畅，资本就会发生积压，必然使资本效率和效益下降。资本运营与生产经营密不可分，因此，应当把搞好资本运营与搞好生产经营密切结合起来。

近年来，资本运营或资本经营的概念很时髦。有些人认为资本经营是一种高级经营形式，企业要从生产经营转向资本经营，似乎不谈资本经营就跟不上形势，有些工商企业把资本经营理解为企业的一个独立业务领域，甚至盲目地进入金融业，热衷于证券、期货等金融交易，忽视自己的主业，忽视生产经营。我们认为，在市场经济条件下，企业家既要精通生产经营，又要掌握资本经营，并把二者密切地结合起来，生产经营是基础，资本经营要为发展生产经营服务。通过资本经营，搞好融资、并购和资产重组等活动，增加资本积累，实现资本集中，目的是要扩大生产经营规模，优化生产结构，提高技术水平，以便更快地发展生产经营。只有生产经营搞好了，生产迅速发展了，资本经营的目标才能实现。因此，如果以为抓了资本经营就可以不抓生产经营，或忽视生产经营，那就是大错特错了。

第4节　资本运营的内容

一、资本运营的基本内容

企业资本运营是指对企业资本及其运动的全过程进行运筹和经营，其内容可以分为以下几个方面：

（一）资本筹集

企业进行生产经营和资本运营的前提条件是要有足够数量的资本，因此，资本筹集是资本运营的首要环节。所谓资本筹集是指企业为了满足各项经营的需要，筹措和集中所需资本的过程。企业创建时，首先必须筹集资本金：企业为了扩大生产经营规模，增添新设备，开发新产品，进行技术改造，兼并收购其他企业等，都要筹集资本，用于追加投资；企业经营不善，造成资本积压，周转不灵或销售亏损，也需筹集资本，以补充资本的不足。

企业在筹资时，首先要正确进行筹资决策。一方面要准确确定企业经营对资本的需要量，资本过少不利于经营的顺利进行，过多会造成资本的闲置、浪费；另一方面要正确选择筹资来源渠道、筹资方式和筹资时机，测算筹资成本，衡量筹资风险。筹资的目标是在防范筹资风险的前提下，从多种来源渠道，以尽可能低的资本成本，用较灵活简便的方式，及时、适量地获得企业经营所需的资本，并保持资本结构的合理性。

我国企业的筹资来源渠道主要有国家财政资金、银行信贷资金、非银行金融机构资金、其他企业单位资金、民间资金和企业自留资金等。企业一般是在国内筹资，根据需要和可能也可以到境外筹集外资。企业可以采用吸收直接投资、发行股票、发行债券、银行借款、租赁、补偿贸易和企业内部积累等方式来筹集所需要的资本。

（二）投资决策和资本投入

投资是指将所筹集的资本投入使用，从事生产经营和资本经营活动，以达到经营目的并获得良好的经营效益。在资本筹集和投入使用之前，必须正确地进行投资决策。投资决策是资本运营的一个关键性环节，投资决策是否正确直接决定着资本运营的成败。投资决策应根据企业的发展战略，寻找投资机会，确定投资方式和投资项目，对投资项目进行可行性研究，测算投资费用、投资效益和投资风险，既要尽可能地提高投资效益，又要防范和降低投资风险。

投资方向主要是实业投资、金融商品投资和产权投资等。实业投资是指以实业（工业、农业、商业等）为对象的投资，通过建立和经营企业，从事生产、流通等经营活动；金融商品投资是指为了获得收入和资本增值而购买金融商品（货币商品，如证券、票据、外汇等）的投资活动；产权投资是指以产权为对象的投资活动。所谓产权是指法定主体建立在财产所有权基础上的、对构成企业生产经营要素的财产所拥有的占有、使用、收益和处分的权利。产权投资的主要形式有兼并和收购企业、参股、控股、租赁等。

（三）资本运动与增值

企业将筹集的资本按投资决策投入使用，开始了资本运动过程，资本在运动中实现增值。

1.实业资本的运动与增值

以生产企业为例，资本运动和增值过程表现为：$G-W<^{A}_{P_m}\cdots P\cdots W'-G'$。整个过程包括三个阶段，即购买阶段（G-W），货币资本转化为生产资本，经过生产阶段（W…P…W′），生产出新的产品，经过销售阶段（W′-G′），实现资本增值。G′可以表示为G+ΔG，G′大于G的数额即ΔG，就是资本增值额。

2.金融资本的运动与增值

金融资本主要包括股权资本和债权资本。前者是公司发行股票，投资者用货币资金购买股票，拥有公司股权；后者是公司发行债券，投资者用货币资金购买债券，拥有公司债权。当投资者购买某公司发行的股票、债券时，其货币资本转化为金融资本（以$G-G^0$表示，G^0表示金融资本），如果投资者长期持有股票、债券，可以定期获得股利或利息，如果将股票、债券卖出，可获得卖价超过买价的价差收益。卖出时收回的货币加持有期间所得收益（股利、利息）用G'表示，金融资本的运动和增值过程可以表示为：$G-G^0-G'$，G'大于G的数额即ΔG，就是资本增值额（包括持有期间的收益股利、利息和买卖的价差收益）。投资者购买股票债券怎样才能获得上述收益？原因是发行股票、债券的公司筹集了大量货币资本，扩大了生产经营，提高了质量，降低了成本，其个别利润高于社会平均利润，购买该公司股票、债券的投资者增多了，股票、债券的市场价就上升，投资者就能获得理想的收益。

投资者购买股票、债券的目的是追求资本增值的最大化，但此目的是否能实现有很大风险，如果发行股票、债券的公司由于多种主客观原因，实现的利润很少甚至亏损，购买该公司股票、债券的投资者得到股利、利息很少甚至没有股利、利息，该公司的股票和债券的市场价格就会下降，卖价低于买价，发生价差损失。

3.产权资本的运动与增值

产权资本运营的基本方式是产权交易。产权交易有企业产权整体交易（如企业兼并、企业出售等）、企业产权分割交易（如参股、控股等）和产权分期交易（如承包、租赁等）等多种形式。它们的资本运动和增值情况有些差别。以企业兼并为例，企业兼并的资本运动和增值过程包括以下两个部分：一是兼并的产权交易过程，兼并方按被兼并方产权价格支付现金或证券（债券、股票），获得被兼并方的产权；二是兼并一体化运营过程，兼并方和被兼并方的资产组合为一个企业，由兼并后的企业统一经营。这不仅使企业的资本及其运动的规模扩大了，而且能发挥1+1>2的协同效应，使资本实现更多的增值。

上述三种资本运营方式相互联系、相互促进。虽然有些企业是专门从事金融资本运营或产权资本运营，但大多数企业都是以从事实业资本运营为基础。在市场经济条件下，一个生产性企业，这三种资本运营形式都是存在的。一方面，实业资本运营是企业进一步从事金融资本运营和产权资本运营的前提和基础，只有当实业资本运营达到一定程度，企业资本有了相当多的盈余，企业才有能力和条件从事金融资本运营和产权资本运营；另一方面，金融资本运营和产权资本运营都是为更好地进行实业资本运营服务的。有时这三种资本运营形式是同时存在的，例如，收购某上市公司的股票，并达到控股，从购买股票来看，属于金融商品投资，从对该上市公司控股来看，又属于产权投资，如果该上市公司是从事工、农、商等实业，则这一投资又是实业投资。企业应当根据自己的经营战略，根据不同时机，将资本运营的上述三种形式有机地结合起来。本书以生产性企业作为资本运营的主体，阐述其资本运营的各主要方面。

（四）资本运营增值的分配

借入资本在运营中实现的增值，一部分以利息形式支付给贷款者，其余部分与企业自有资本运营实现的增值合并，作为企业投资者（所有者）的利润，按规定缴纳所得税，从税后利润中提取盈余公积，然后向投资者分配利润。股份有限公司除了以现金支付股利以外，还可以采用股票股利方式，即将应付普通股股利转作股本。企业还可以将盈余公积转增资本金，从而扩大资本运营的规模。

二、资本运营内容的分类

为了进一步认识资本运营的内容，我们将上述资本运营的内容从不同角度加以分类。

（一）从资本运动过程来看

1.筹资决策和资本筹集。

2.投资决策和资本投入。

3.资本运动过程与增值。

4.资本运营增值的分配。

（二）从资本运营的内容和形式来看

1.实业资本运营。

2.金融资本运营。

3.产权资本运营。

（三）从资本运营的状态来看

1.增量资本运营。它是指对新增投资所进行的运筹和经营活动，包括投资方向选择、投资决策、资本筹措和投资管理等。

2.存量资本运营。它是指对企业现有资产（以前投资形成的资产）所进行的运筹和经营活动。通过企业联合、兼并、收购、出售、资产剥离、企业分立、股份制、租赁、承包、破产等方式，促进存量资产合理流动、重组和优化配置，把存量资产盘活，充分发挥作用。例如，对某企业现有资产进行分析，可以分为三类：第一类资产现在能盈利；第二类资产现在不盈利，预测将来也不盈利；第三类资产现在没有盈利，但预测将来盈利潜力大。很明显，企业应该将第二类资产剥离出售，将所得货币投入第一类或第三类资产，从而改善企业资产结构，达到提高效益、资本增值的目的。

（四）从资本运营的方式来看

1.外部交易型资本运营。通过资本市场对资本进行交易，实现资本增值，包括股票的发行与交易、企业产权交易（如企业并购）以及企业部分资产买卖等。例如，投资者可以用货币资本去购买某一盈利水平很高的公司的股票，实现控股，参与该公司的经营决策与管理，定期分享该公司的股利。如果投资者预测某公司盈利不断下降，发展前景不好，就可将持有的该公司的股票卖出去，实现投资的转移。又例如，有的企业为扩大生产经营规模，提高经济效益，可以通过产权交易兼并某一相关企业；有的企业还可以将不需用的或无效的资产卖出去，获得货币，进行新的投资。

2.内部运用型资本运营。通过对资本使用价值的有效运用，实现资本增值，就是在生产经营过程中合理而有效地运用资本，不断地开发新产品，采用新技术，努力降低资本耗费，加速资本周转，提高资本效率和效益，增加资本积累。

我国经过长期的建设，取得了辉煌的成就。但由于多种原因形成资源配置不合理问题，例如，国有资本分布过散，企业规模小，行业结构不合理，许多企业资产积压闲置，企业技术改造和发展生产所需资本严重缺乏。因此，为了解决当前的突出问题，许多人强调要搞好外部交易型资本运营，我们认为这是很必要的。但我们还认为，全面的资本运营不仅包括资本的外部交易，而且必须包括资本的内部运用，把两个方面结合起来，因为资本的外部交易要以资本的内部运用为基础，资本外部交易的目的主要是更有效地运用资本，充分发挥资本的使用价值，实现资本更多的增值。

（五）从资本运营活动是否跨越本国国界来看

1.国内资本运营。它是指资本运营活动只是在本国范围之内进行，即企业在本国筹集资本，资本在国内运用，设备和原材料在国内购买，产品在国内销售，收支在国内结算，利润在国内分配，与外国的企业、单位、个人不发生经济和财务联系。

2.国际资本运营。它是指资本运营活动跨越本国国界，通过国际资本市场，从国外筹集资本，向境外投资，进行跨国并购，从国外进口设备、技术和原材料，向国外销售产品，从境外投资获得利润，与其他国家的企业、单位、个人发生经济和财务关系。现在已处于经济金融全球化时代，我国自实行改革开放政策以来，实行“引进来”和“走出去”战略，积极引进外资，引进先进技术、现代管理经验和专门人才，开展对外投资、工程承包和劳务合作，发展进出口贸易，企业的生产经营和财务活动日趋国际化，逐步融入世界经济体系。我国于2001年12月正式加入世界贸易组织，标志着对外开放进入了新的阶段。在新的形势下，资本运营更不应局限于本国范围之内，而应具有全球视野，重视在全球领域开展资本运营。

2013年9月和10月，习近平总书记在出访中亚和东南亚时，先后提出共建“丝绸之路经济带”和“21世纪海上丝绸之路”的倡议，进行“一带一路”建设，加强基础设施互联互通和海上通道互联互通建设，使世界各国经济联系更加紧密，相互合作更加深入、发展空间更加广阔，资本运营更加国际化，各地方和企业应该积极参加“一带一路”建设。“一带一路”的详细内容详见本节的阅读资料。

（六）从资本运营的范围和层级来看

1.宏观资本运营。它是指国家从全国的视野对资本运营所作的决策、安排和指导。例如：（1）建立社会主义市场经济体制，国有企业实行股份制改革；（2）建立健全社会主义市场体系，其中包括资本市场；(3) 加强多层次资本市场建设，实施股票发行注册制改革，健全股份有限公司上市和退市制度；(4) 将国有企业分为两类：商业类和公益类，实行分类改革、发展和考核，要求实现经济效益和社会效益有机统一；(5) 建立国有资本投资公司、运营公司，明确国有资本出资者和运营者的职责，提高国有资本运营效率；(6) 坚持公有制的主体地位，发挥国有经济的主导作用，支持、引导非公有制经济发展，推进国有企业混合所有制改革，使国有资本、集体资本、非公有资本交叉持股，各种所有制资本取长补短，共同发展；(7) 实施"引进来""走出去"的战略，积极有效地利用外资，加快发展对外投资，扩大资本市场对外开放。

2.微观资本运营。它是指以企业为单位开展的资本运营。企业是国民经济的细胞，要以上述理论、政策、制度为指导，结合本企业的具体情况，认真做好企业的资本运营，每个企业的效益都好了，就为全国经济发展奠定了良好基础。

☆阅读资料　　资本运营与"一带一路"

2013年，习近平总书记提出共建"一带一路"的倡议。"一带一路"包括两部分："丝绸之路经济带"和"21世纪海上丝绸之路"。其中，"丝绸之路经济带"有三条重点路线，即中国经中亚、俄罗斯至欧洲（波罗的海）；中国经中亚、西亚至波斯湾、地中海；中国至东南亚、南亚、印度洋。"21世纪海上丝绸之路"有两条重点路线，即从中国沿海港口过南海到印度洋，延伸至欧洲；从中国沿海港口过南海到南太平洋。

我国在传承与提升古丝绸之路基础上提出的"一带一路"倡议，是面对全球经济复苏缓慢、国际投资贸易格局和多边投资规则深刻调整做出的重大选择，具有划时代的意义。

(1) 推进"一带一路"建设，有利于加强沿线国家经济文化政治交流，建立和加强互联互通伙伴关系，深化区域合作，实现沿线国家多元、自主、平衡和可持续发展。

(2) 推进"一带一路"建设，有利于发掘沿线国家市场潜力，促进各种要素跨区域自由有序流动，实现资源有效配置，扩大投资和消费，增加需求和就业，提高沿线国家经济和社会发展水平。

(3) 推进"一带一路"建设，有利于扩大和深化我国对外开放水平，加强我国与亚欧洲非及世界各国的联系，树立国际新形象，提高国际影响力。

进行"一带一路"建设须遵循的原则：

(1) 坚持"三共"原则。"一带一路"建设是系统性工程，要坚持共商、共建、共享原则，即坚持共同协商方针政策、共同推进项目建设、共同分享建设成果。

(2) 实现"五通"目标。加强政策沟通、设施联通、贸易畅通、资金融通、民心相通。加强政策沟通是要加强政府间合作，积极构建多层次政府间政策沟通交流合作机制。加强设施联通是在尊重相关国家主权和安全关切的基础上，加强沿线国家基础设施建设规划、技术标准体系的对接，共同推进国际骨干通道、能源基础设施、跨境通信网络等的建设。加强贸易畅通是要消除投资和贸易壁垒，拓宽贸易和相互投资领域，推动新兴产业合作，优化产业链分工布局。加强资金融通是要推进亚洲货币稳定体系、投融资体系和信用体系建设，深化金融合作，加强金融监管合作。加强民心相通是要广泛开展文化交流、人才交流合作、媒体合作、旅游合作、科技合作等。

（3）建立良好的合作机制。积极利用现有双边合作机制，加强双边合作，推动双边关系全面发展；强化多边合作机制，发挥上海合作组织、中国—东盟“10+1”、亚太经合组织等多边机构的作用，鼓励更多国家参与“一带一路”建设；继续发挥沿线各国区域、次区域相关国际论坛、博览会、洽谈会等平台作用，促进区域深度交流。

“一带一路”建设坚持引进来和走出去并重。在引进来方面，扩大外资利用规模，优化外资结构，提高外资利用质量；大力引进尖端技术，注重消化吸收再创新；积极引进高水平、高素质人才和先进管理理念。在走出去方面，推动优势产能、装备制造、技术标准和服务走出去，支持我国企业扩大对外投资，深度参与国际市场竞争。

“丝绸之路经济带”要构建一个陆上经济带，把贯穿中亚、西亚、中东和欧洲的古丝绸之路沿线国家都包括进来，跨越中国、蒙古国、俄罗斯、白俄罗斯、波兰、德国和荷兰，延伸8 000多英里（1英里约1.6千米），创造一个长度约为地球赤道周长1/3的经济带。“21世纪海上丝绸之路”把中国沿海地区与亚洲、非洲和欧洲的港口设施连接起来。例如，中国与马来西亚决定合作建设马六甲海港，中国沿海港口的商船就可以经过马六甲海峡进入印度洋，经红海穿过苏伊士运河进入地中海，可到达希腊的比雷埃夫斯港，这是从中国出发的海运商品进入欧洲的第一站，再经大西洋，可到达西欧的荷兰等国。“一带一路”的基本原则是相关各国诚心合作，共商共建共同发展，互利共赢共享，实现政策互通、交通（设施）连通、贸易畅通、资金融通和民心相通。

2016年11月，中国国务院总理李克强访问拉脱维亚并出席在里加举行的第五次中国-中东欧国家（“16+1”）领导人会晤。中东欧16国包括阿尔巴尼亚、波黑、保加利亚、克罗地亚、捷克、爱沙尼亚、匈牙利、拉脱维亚、立陶宛、黑山、波兰、罗马尼亚、塞尔维亚、斯洛伐克、斯洛文尼亚和马其顿。2019年4月，希腊加入“16+1合作”平台，扩大为“17+1合作”。17个国家中有12个是欧盟成员国，其余5个国家也想加入欧盟。在“一带一路”60多个沿线国家中，中东欧国家占近1/4。以基础设施互联互通为主要着力点的“一带一路”建设，将提升中东欧国家的国际地位。自中国2013年提出共建“一带一路”倡议至今，中国与中东欧国家实施了一系列合作项目，取得了包括匈塞铁路、贝尔格莱德跨多瑙河大桥、“中欧班列”等早期收获。

截止到2017年末，已有100多个国家和国际组织积极参与和支持“一带一路”建设。我国同拉美共建“一带一路”起步较晚，但进展较快，并已取得可喜的积极效果。至2019年4月，拉美24个建交国中已有18国同我国正式签署了共建“一带一路”合作谅解备忘录。它们是：巴拿马、特立尼达和多巴哥、苏里南、玻利维亚、安提瓜和巴布达、多米尼克、圭亚那、乌拉圭、哥斯达黎加、委内瑞拉、格林纳达、多米尼加、萨尔瓦多、智利、古巴、厄瓜多尔、巴巴多斯、牙买加，其余国家也都表示支持和参与共建的努力。一大批合作项目取得成功或正在顺利执行中。欧盟的葡萄牙、奥地利和瑞士等国也参加了“一带一路”建设。

在“一带一路”建设进行中，我国有10个城市与国外的10个城市结成了密切关系，被称为“一带一路”10个“双城”。双城1西安与德国的汉堡；双城2广州与非洲肯尼亚的蒙巴萨市；双城3郑州与欧洲的卢森堡市；双城4福建的晋江与菲律宾的达沃市；双城5新疆的霍尔果斯与哈萨克斯坦的阿拉木图市；双城6成都与法国的蒙彼利埃市；双城7广西钦州与马来西亚的关丹市；双城8天津与巴基斯坦的拉合尔市；双城9义乌与西班牙的马德里市；双城10兰州市与意大利的罗马市。

中国城市与外国城市商品流转销售情况，以西安与德国汉堡为例：

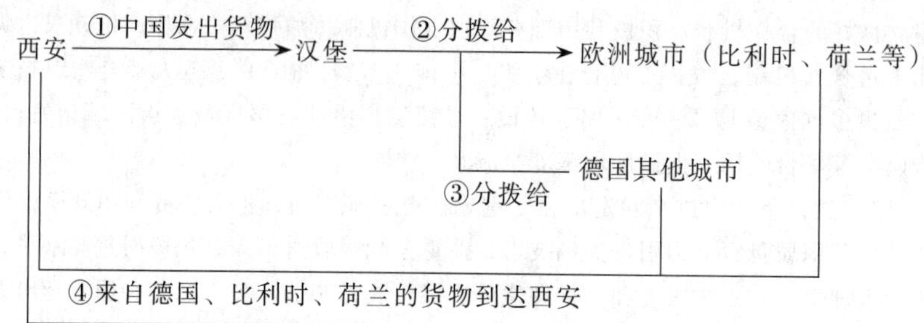

图1-1 西安与汉堡商品流转销售情况

“一带一路”需要进行许多基础设施建设，例如，修建高速公路、铁路、港口、航空机场、通信系统、发电设施、输配电网络及光纤网络、输送原油天然气管道等，也要进行许多大规模的基础设施建设，这就需要巨额资金，必须有相应的投融资来源。

（1）亚洲基础设施投资银行（简称亚投行）

为适应“一带一路”建设的需要，中国于2014年发起建立亚投行，由中国、印度、新加坡等24个国家共同组建，并设立丝路基金（丝绸之路基金），这二者专为“一带一路”各种基础设施建设项目提供融资。例如，中国要建设6条连接亚欧的经济走廊（包括中蒙俄、新亚欧大陆桥、中国-中亚-西亚、中国-中南半岛、中国-巴基斯坦、孟加拉国-中国-印度-缅甸），要建设一条以中国云南昆明为起点，与老挝、越南、柬埔寨、泰国、马来西亚和新加坡相连的高速铁路。亚投行和丝路基金主要为这些建设提供资金。

（2）中国政府投资

2016年9月末以前，中国已与56个“一带一路”沿线国家签署了双边投资协定。中国对“一带一路”相关国家的投资已累计达511亿美元，占对外直接投资总额的12%。例如，中国与巴基斯坦合作建设的中巴经济走廊，起点是中国新疆的喀什市，终点是巴基斯坦西南地区的瓜德尔港，其中包括公路铁路、油气管道和港口的建设，投资总额约460亿美元。商品经过这条经济走廊，可进入阿拉伯海、印度洋、波斯湾、红海、地中海，迅速到达非洲和中东欧的一些国家，再经过大西洋，可到达西欧国家。把陆上经济走廊与海上一些港口连接，可以使丝绸之路的交通运输更迅速，经济效益更好。2015年6月，中俄商定将中方倡议的丝绸之路经济带与俄方倡议的欧亚经济联盟对接，中俄签署的几项重大协议均与基础设施建设有关，其中包括中俄合建高铁、合建工厂和铺设原油管道，允许中国投资进入俄罗斯有关领域。2018年12月，意大利要求参加“一带一路”建设，欢迎中国投资参加该国铁路、航空、港口建设，商船可以通过苏伊士运河和印度洋，进入地中海，到达意大利北部的里雅斯特港。

（3）中国银行贷款

例如，中国国家开发银行于2015年向“一带一路”投资8 900亿美元，资金注入60个国家的900个项目，例如同白俄罗斯铁路公司签订关于开展长期全面合作促进白俄罗斯铁路发展的协议，中方向白俄罗斯铁路公司提供5亿美元贷款，以便该公司购买电力机车和实现铁路的电气化。国开行是参与其中的多家政策性银行之一。据国家媒体报道，截至2016年底，中国工商银行和中国银行分别已提供674亿美元和680亿美元贷款。

（4）成立合资公司，共同建设基础设施

例如，阿尔及利亚国有的阿尔及尔港务集团与两家中国企业签署了意向书，成立合资公司，共同兴建阿尔及利亚最大的商业港口。即将兴建的哈姆达尼耶港位于距首都阿尔及尔70千米处的舍尔沙勒。一名欧盟官员说："这是阿尔及利亚一直迫切需要的项目，因为该国的4个港口都已饱和。因此当局一直讨论在首都附近打造一项大工程。这对西班牙等国也是好消息，因为可以向新港口提供自己的服务。现在已经有西班牙人参与到中国人的建造项目中。"

2009年中国远洋运输（集团）总公司就获得了希腊最大港口35年的特许经营权。中远集团投资10亿美元用于基础设施现代化建设，在不到5年的时间里实现集装箱运输量增长6倍。

阿尔及利亚哈姆达尼耶港的目标是在7年内具备装卸650万标准集装箱的能力。

摩洛哥工程师纳吉布·谢尔法维认为，新港口是通过苏伊士运河进入大西洋的"关键点"，将成为商品从地中海向西非和北欧市场分销的海上平台。

几家中国银行将为新港口的建设融资约30亿欧元（1欧元约合7.13元人民币）。未来7年内工程将分两个阶段进行。中国是阿尔及利亚最大的进口来源国，超过了法国、意大利和西班牙。

（5）投资入股，共同建设和经营

例如，中国和希腊希望深化经济合作，两国谋求在造船、金融、高科技和旅游领域加深合作，比雷埃夫斯港将成为中国产品抵达欧洲的第一站。中国愿同希腊一道，努力将比雷埃夫斯港打造成地中海一流港口和物流中心。

希腊政府与中远海运集团在2016年4月份签署协议，同意中远海运集团控制比雷埃夫斯港管理局2/3的股权直到2052年。中远海运集团承诺以3.685亿欧元（1欧元约合7.42元人民币）的价格购买比雷埃夫斯港管理局67%的股权，另向希腊政府上交4.1亿欧元的收入，并在接下来10年对该港提供3.5亿欧元的投资。

比雷埃夫斯港位于希腊首都以南，是该国庞大航运业事实上的基地，也是地中海地区的最大港口之一。由于它靠近苏伊士运河，中远海运集团将其作为亚洲出口商品用集装箱船从中国运往欧洲的转运枢纽。

中远海运集团和希腊共和国资产发展基金会在北京人民大会堂签署了确认函，确认交易条件已得到满足。

（6）中国民营企业投资"一带一路"项目建设

"一带一路"建设除了基础设施，还有很多涉及民生的项目。目前，中国企业已在"一带一路"沿线国家建设了46个境外合作园区，其中23个在东盟国家，共吸引421家中资企业入驻，总投资约213亿美元。

随着中国国家战略"一带一路"进程的加速推进，日益壮大的私营企业也加入了浩荡的出海大军，与实力雄厚的国有企业一起，带动了中国新一轮海外投资热潮。

2017年5月，我国召开第一届"一带一路"高峰论坛，有29个国家的元首、政府首脑参加会议，推动"一带一路"建设迅速发展，越来越多的国家要求参加"一带一路"建设。2019年4月25日至27日，召开第二届"一带一路"国际合作高峰论坛，本届会议的阵容超过了上一届，37个国家的元首、政府首脑等领导人以及联合国秘书长、国际货币基金组织总裁出席本届高峰论坛。意大利、瑞士等西方国家领导人也出席了会议。

中国国家主席习近平在论坛开幕式上发表主旨演讲说："今天，来自世界各地的朋友再次聚首。我期待着同大家一起，登高望远，携手前行，共同开创共建'一带一路'的美好未来。"

高峰论坛强调多边主义，反对贸易保护主义。中国官方称"一带一路"项目促进了各国的经济发展，受到了普遍欢迎。

本次高峰论坛期间，各方达成了一些政府间的合作协议和企业合作协议，还发表了联合公报。

第二届"一带一路"国际合作高峰论坛的目的是，在总结自2013年"一带一路"倡议提出以来的经验的基础上，稳步推进“一带一路”建设。

从25日到27日，来自150多个国家和90多个国际组织的近5 000位外宾，与中方一起交换意见，分享经验，探讨“一带一路”取得的成果，以及面临的挑战和机遇。“一带一路”的目标是在共赢的基础上，打造一个利益、命运和责任共同体。

本届高峰论坛的活动包括举行12场分论坛和一场企业家大会等。所有的活动都聚焦“一带一路”未来的高质量发展。26日举行开幕式、高级别会议。27日举行领导人圆桌峰会。本届论坛发表一份联合公报，总结会议讨论的内容和与会领导人商定的行动计划，以保障“一带一路”倡议的成功实施。

习近平总书记在27日举行的论坛圆桌峰会上致开幕辞时说：“我们要共同推动建设开放型世界经济，反对保护主义，继续把共建‘一带一路’同各国发展战略、区域和国际发展议程有效对接、协同增效。”他补充道，要本着多边主义精神，扎实推进共建“一带一路”机制建设。要本着开放、绿色、廉洁理念，追求高标准、惠民生、可推续目标。要把支持联合国2030年可持续发展议程融入共建“一带一路”。

论坛会议通过的联合公报称，参会方决心促进贸易投资自由化和便利化，期待进一步开放市场，反对保护主义、单边主义和其他不符合世界贸易组织规则的措施。各方强调世贸组织协定中“特殊与差别待遇”的重要性。公报说，各方呼吁各国在符合各自国内法律和国际承诺的前提下，加强在促进外国直接投资和建立合资企业方面的合作。我们鼓励各方为促进投资和创造新商业机会营造有利和可预测的环境。公报还指出，各方将努力建设包容多元、普遍受益的全球价值链。我们鼓励在保护知识产权的同时，在创新领域加强合作。公报提到，支持各国金融机构和国际金融机构开展合作，为有关项目提供多元化和可持续的融资支持。习近平总书记对本周“一带一路”国际合作高峰论坛期间，签署了价值超过640亿美元的项目合作协议表示欢迎。

“一带一路”的伟大意义：

“一带一路”是造福人类的项目。习近平总书记说：“共建‘一带一路’为世界经济增长开辟了新空间，为国际贸易和投资搭建了新平台，为完善全球经济治理拓展了新实践，为增进各国民生福祉做出了新贡献。”“一带一路”成为共同的机遇之路、繁荣之路。事实证明，共建“一带一路”不仅为世界各国发展提供了新机遇，也为中国开放发展开辟了新天地。

“一带一路”建设工作领导小组办公室22日发表《共建“一带一路”倡议：进展、贡献与展望》报告。报告显示，大陆企业对沿线国家直接投资超过900亿美元。

报告称，2013年以来，共建“一带一路”倡议以政策沟通、设施联通、贸易畅通、资金融通和民心相通为主要内容扎实推进，取得明显成效，一批具有标志性的早期成果开始显现，参与各国得到了实实在在的好处。报告指出，2013—2018年，中国大陆与沿线国家货物贸易进出口总额超过6万亿美元，年均增长率高于同期中国大陆对外贸易增速，占中国大陆货物贸易总额的比重达到27.4%；中国大陆企业对沿线国家直接投资超过900亿美元，在沿线国家完成对外承包工程营业额超过4 000亿美元。报告称，2017年5月，首届“一带一路”国际合作高峰论坛形成了5大类76大项279项具体成果，这些成果已全部得到落实。

根据世界银行2018年的一份报告，“一带一路”沿线经济体正从中国的投资中受益。这份报告说：“位于开展‘一带一路’项目的走廊沿线的经济体收获最大。沿这些走廊的运输时间减少了11.9%，贸易成本减少了10.2%。”

除了从中国获得铁路、港口和其他基础设施项目的投资和融资之外，“一带一路”沿线国家还与中国有了更多的贸易，从中国大陆获得了更多的直接投资。

根据美国穆迪投资者服务公司2019年1月份发布的一份“一带一路”报告，中国与“一带一路”沿线国家的贸易总额在2018年前三个季度增长了8.3%，高于7.5%的中国全球贸易平均增速。

在此期间，“一带一路”沿线国家占中国出口额的37.5%，占进口额的41%。“一带一路”倡议让许多国家，尤其是中亚和非洲国家感受到了一种欣欣向荣的气象，而这在10年前还是无法想象的。

在“一带一路”合作中，中国的脱贫经验为贫困国家提供了“钥匙”，有助于其走出“贫困陷阱”。中国投资这些国家的项目，使其共享“一带一路”合作成果，实现共同发展。自中国2013年提出这项倡议已经过去了6年时间，这期间给非洲带来的独特机遇弥合了一个历史鸿沟，这一鸿沟一直以来挑战着泛非主义愿景以及区域一体化和建设规模经济的议程。该议程旨在通过促进实体和制度的基础设施互联互通来高效和富有竞争力地融入全球价值链。共建“一带一路”倡议提出以来，没有任何国家因为参与“一带一路”建设背上所谓的债务负担，落入所谓的“债务陷阱”。相反，凡是参与“一带一路”建设的国家，都得到了很快速的发展。所以，所谓的“债务陷阱”是个伪命题。

“一带一路”建设将促进经济贸易和投融资国际化，“一带一路”贸易和投融资更多将以人民币计价结算，因而将推动中国货币的国际化。

美国《时代周刊》网站刊载文章《“一带一路”可能改变全球经济》。该文指出，“一带一路”连接亚洲、欧洲、非洲和拉丁美洲。一系列的基础设施项目将产生全世界最大的经济走廊，中国和世界很多国家正专注于发展有史以来最大的经济发展项目，其推进可能对整个世界经济产生引人注目的连锁反应。该计划预计将持续数十年，耗资数以千亿美元计，这对世界经济和贸易的意义几乎是难以想象的。“一带一路”的收获和影响远远超出经济贸易和金融的变化，还有各国在知识、学术、发明、思想和文化等方面的交流。

☆案例　**海尔的国际化战略**

海尔集团将公司的发展历程总结为四个发展阶段：品牌战略阶段、多元化战略阶段、国际化战略阶段和全球化品牌战略阶段。

品牌战略阶段启动于1984年，标志是砸毁不合格冰箱，树立质量意识，使海尔成为中国白色家电第一品牌。

多元化战略阶段启动于1992年，标志是兼并合肥黄山电视机厂。海尔以跨行业资产重组方式进入黑色家电领域，从1984年仅生产冰箱一种产品发展到1998年生产几十种产品。

国际化战略阶段包括市场与投资战略和融资战略。

国际化之市场与投资战略启动于1998年，标志是海尔集团在美国南卡州建立美国海尔工业园，直接开拓海外市场。海尔集团此阶段的总体战略是“三个三分之一”，即本地市场、出口和海外生产各占三分之一。海尔在国际化过程中逐步形成了研产销“三位一体本土化”的战略模式，即海外研产销机构以自建为主，也有小规模的跨国并购。在美国，海尔的设计中心在洛杉矶，营销中心在纽约，生产中心在南卡州。海尔在美国建厂前，在美国的年销售额不到3 000万美元，由于建厂项目的带动，使得海尔在美国的年销售额3年内提高到2.5亿美元，增长了8倍多。在美国市场取得一定经验之后，海尔国际化目标转向欧洲、中东、亚太等全球市场。在欧洲，海尔的设计中心在法国里昂和荷兰阿姆斯特丹，营销中心在意大利米兰，并收购了意大利一家冰箱厂作为生产基地；在约旦、伊朗、叙利亚、巴基斯坦、马来西亚、印度尼西亚、孟加拉、越南等国建立工厂，在新加坡建立贸易公司。在2007年之前，海尔已在全球30多个国家进行了投资，以自建为主形成了全球业务布局。

国际化之融资战略。海尔是较早利用国内资本市场获得发展的企业之一。公司于1993年在上海证券交易所上市。青岛海尔首次公开发行股票募集资金3.69亿元，2001年公司实施A股增发募集资金18亿元，显然，仅靠国内资本市场难以支撑海尔的高速成长。海尔海外上市采取了"借壳"的方法。中建数码公司较早在我国香港上市（股票号码是1169HK），海尔公司多次将资本注入中建数码公司，借以在香港上市。当海尔公司在中建数码的股权比例达到22%时，中建数码更名为海尔中建，当股权比例达到50.3%时，海尔中建更名为海尔电器，此时，海尔公司拥有了境外融资平台。

全球化品牌战略启动于2006年。根据规划，公司将从"中国辐射海外"模式转变为"多中心"模式，即在每个国家创造本土化的海尔品牌，将海尔公司打造为多元化和持续发展的跨国企业。

今后，海尔集团将重点专注于公司品牌和服务建设，并逐步将生产型业务外包给部分代工企业。将部分生产型业务外包的原因是：现在海尔的家电产品成本较高，利润水平较低，例如，2007年营业收入利润率仅为1.5%。其利润水平明显地落后于韩国的三星、德国西门子这样的世界家电巨头，导致这一现象的根本因素是，像三星、西门子这样的家电业巨头除了拥有更多的最新核心技术以外，其重要的原因之一就是这些企业已经将利润附加值较低的加工组装型生产环节外包给了一些大型的代工厂家。现在海尔集团转向外包和部分外包的主要产品是3C、小家电产品。其中，海尔彩电部分产品生产已经交由我国台湾一家大型的专业代工厂家——冠捷公司来全权负责。该公司同时为日本索尼和荷兰的飞利浦这两家全球知名的彩电企业加工部分产品。这家台湾企业现在的规模制造优势是任何一家彩电品牌企业都不能比拟的。现代制造业的规模效应在冠捷公司身上得到了更好的体现，家电企业从而也获得了更低的制造成本和零组件采购上的优势。因此，海尔集团将部分生产型业务外包，有利于增强成本控制、降低成本、提高利润水平，还有利于进一步加强品牌建设、进行技术研究开发、提高技术水平。

资料来源：国务院发展研究中心.中国企业国际化战略［M］. 北京：人民出版社，2006：242-243，254-263.

第5节 资本运营的目标

资本运营的目标简言之就是实现资本的保值和增值。为了实现资本最大限度的增值，企业应当追求利润最大化、所有者权益最大化和企业价值最大化。

一、利润最大化

企业将资本投入生产经营以后，一方面发生各种耗费，另一方面获得收入，所得收入与耗费相比，如果收入大于耗费，企业实现利润，如果收入小于耗费，则发生亏损。企业有利润，意味着资本有了增值，企业亏损，则意味着资本出现了损失。因此，企业为了使资本保值增值，就必须千方百计地增加收入，降低成本费用，实现利润最大化。

企业是资本的载体，无论是出资者还是经营者，其共同目标都是追求利润最大化。以利润最大化为目标，其原因有四点：

1.人类进行生产经营活动的目的是创造更多剩余产品，在商品经济条件下，剩余产品可以用利润这一指标来衡量。

2.资本的自然属性和目的就是要实现价值增值，追求最大限度的利润。真实的利润代表着新创造的财富，利润越多，说明企业所创造的财富也越多。

3.在自由竞争的资本市场中，资本总是流向利润率最高的行业、企业和产品，利润率较高的企业能够从资本市场筹集到较多的资本。

4.每个企业都最大限度地获得利润，整个社会的财富才可能实现最大化，从而带来社会的发展和进步。

为了实现利润最大化目标，投资者总是把自己的资本投向社会最需要、利润率最高的部门、企业或产品上去，追求以最小的投入去获取最大的产出。

企业除了拥有自有资本以外，往往还使用借入资本。借入资本在投入生产经营以后，与自有资本一样发挥作用。我们不仅要考察自有资本的增值，而且要考察全部资本（包括自有的和借入的资本）的增值。企业的营业收入减去成本费用（借款利息除外）和流转税等支出，称为息税（这里的“税”指所得税）前利润，是企业全部资本运营所形成的增值。息税前利润除以全部资本额，就是全部资本利润率。息税前利润减去借款利息，称为税前利润，是企业自有资本运营所形成的增值。税前利润除以自有资本额，就是自有资本税前利润率（即自有资本利税率）。税前利润减去应纳所得税额，称为税后利润，是企业自有资本运营所形成的净增值。税后利润除以自有资本额，就是自有资本税后利润率。全部资本利润率超过借入资本利息率越多，则自有资本利润率就越高。企业应当合理地安排自有资本与借入资本的比例，千方百计地提高全部资本利润率，使它尽可能多地超过借入资本利息率，利用财务杠杆作用，使自有资本利润率更多地超过全部资本利润率。

在资本运营中，我们不仅要注意努力增加当期利润，而且要重视长期利润的增长，不仅要注意利润额的增多，而且要重视利润率的提高，因为利润的绝对额不能反映利润与投入资本额的对比关系。例如，上年某企业资本1 000万元，税后利润300万元，资本利润率为30%，投资者每投资100元，可得收益30元。今年增加资本200万元，这部分资本使用后，仅能实现税后利润36万元，税后利润总额达到336万元，但资本利润率却降为28%（336÷1 200×100%），投资者每投资100元可得收益只有28元，比去年下降了2元。由此可见，资本增值不能只看利润额的增多，而应重视利润率的提高。上例的资本由1 000万元增加到1 200万元，如以资本利润率30%为目标，其税后利润不应少于360万元；如以资本利润率32%为目标，则企业的税后利润应达到384万元。

二、所有者（股东）权益最大化

所有者权益是指投资者对企业净资产的所有权，包括实收资本、资本公积、盈余公积和未分配利润等。企业在一定时期实现的利润越多，从税后利润中提取盈余公积和向投资者分配的利润就越多。盈余公积可用于弥补企业亏损，也可用于转增资本，从而使投资者投入企业的资本增多。无论是国家还是集体、个人投资办企业，总是希望获得尽可能多的利润，尽可能多提取盈余公积，尽可能多分得利润，尽可能多增加企业的资本，从而使企业所有者权益最大化。

我们可以将企业期末所有者权益总额与期初所有者权益总额进行对比，如果二者相等，为企业自有资本保值，如果前者大于后者，则为企业自有资本增值。但在比较时，应注意期末所有者权益总额中如果包含有本期非损益原因导致的资本增减额，如投资者追加的投资、资本公积中溢缴资本、接受捐赠资产和资产评估增减值等，就应在计算资本保值增值时，减去（或加上）非损益原因导致的资本增减额。我们还可以将本期所有者权益增加额（期末数大于期初数）除以期初所有者权益额，即为本期所有者权益增加率（自有资本增值率）。

三、企业价值最大化

在市场经济条件下，不仅可以把企业生产的产品作为商品出售，而且往往还会出现把企业作为一个整体出售、合资等情况，这时，需要对整个企业的价值进行评估，以便确定企业出售价格或合资投资价值。因此，在企业资本运营中，不仅要注重企业利润最大化和企业所有者权益最大化，而且更要重视企业价值最大化。

企业的价值或价格能否由企业的各单项资产价值加总获得呢？回答是不能的，因为买入企业或合资的目的是为了通过经营企业来获取收益，因此，决定企业价值的基础是企业获利能力的大小。在评价企业获利能力时，着重关注的不只是企业当期的获利，更是企业未来获利潜力，即长期获利水平。企业获利能力越大，其价值就越高；反之，则价值就越低。企业获利能力与企业的各单项资产价值之和存在一定的联系，一般来说，企业的各单项资产价值之和越大，即生产规模越大，则企业的获利能力就越大。但是，企业获利能力的大小，不仅取决于企业的各单项资产价值之和的大小，它还受其他因素的影响。单项资产构成完全相同的两个企业，由于其经营方式、技术力量、人员素质以及企业信誉有差异，也会使两者的利润水平产生明显差别，因而使这两个企业的价值相差很大，由此可见，企业价值与企业各单项资产价值之和存在着差别。对企业价值测算评估，就是在企业单项资产评估的基础上，根据企业获利能力大小，对企业整体价值所作的综合性评估。企业价值测算评估采用收益现值法，它是企业在连续经营情况下，将未来经营期间每年的预期收益用适当的折现率折现，累加得出现值，据以估算企业价值。

经过评估，如果企业价值大于企业全部资产的账面价值，就说明企业的资本是增值了；反之，则是企业资本减值了。也可以将企业价值减去企业负债，然后与企业所有者权益的账面价值比较，前者大于后者，说明企业的自有资本增值；反之，则是企业自有资本减值。对于上市的股份有限公司，其价值可根据其股票价格来确定。公司的股票价格高低，主要决定于公司的盈利潜力。公司的盈利能力强，发展潜力大，很多投资者都购买该公司的股票，就会使其股票价格上涨；反之，则公司的股票价格下降。公司价值可根据发行在外的股票的股数乘以每股市价来计算。将用这种方法计算的公司价值与公司股东权益数进行比较，前者大于后者，说明公司的自有资本是增值了；反之，则是公司自有资本减值。

对股份有限公司来说，“企业价值最大化”（Maximization of the Total Value of the Firm）、“股东财富最大化”（Maximization of the Wealth of the Firm's Stockholders）和“普通股每股价格最大化”（Maximization of the Price per Share of the Common Stock）三种提法的实质是相同的。普通股每股价格最大化比企业价值最大化和股东财富最大化更简明，每股价格（市价）是公司经营好坏的晴雨表，也是投资者选择投资的指南。

企业价值是一个长期概念，企业不仅要注重当前盈利，而且更要注重长远盈利。如果企业的盈利能力大且能长期保持，企业发展前景好，则该企业的价值就会有较大的增加潜力。因此，追求企业价值增加，必须克服短期化行为，企业不仅要抓好当前的有效措施，而且要有正确的长远发展战略，追求投资的高效益和筹资的低成本，注意选择合理的资本结构，注重对产品寿命周期、市场变化和技术进步的预测与研究，适应市场需要搞好产品更新换代，有计划地进行技术改造，不断地降低成本费用，提高经济效益，保持企业长期的盈利能力。

上面所说的利润最大化、所有者权益最大化和企业价值最大化三者是一致的。只有实现利润最大化，才能实现所有者权益最大化，才能实现企业价值最大化。比较起来，企业价值最大化具有全面性，因为企业价值是根据企业未来各期的预期收益和考虑了风险报酬率的折现率（资本成本）来计算的，既考虑了货币时间价值，又考虑了投资的风险价值。利润最大化和所有者权益最大化两种目标比较易于衡量，而企业价值最大化目标的衡量则比较复杂。

第6节　资本运营的风险

资本运营的目标是实现资本的保值和增值，不断地增加利润，由于各种因素的影响，目标的实现必然存在着各种风险，为了防范风险，必须了解什么是风险？存在哪些风险？

风险是事前的预期结果与事后的实际结果不一致的可能性。例如，进行一次投资，事前预期资本利润率为10%，而事后的实际资本利润率可能高于预期，为11%、12%或更高，也可能低于预期，为9%、8%或更低。这种实际结果与预期结果不一致的可能性，就是风险。人们一般认为，风险主要是指不利可能性的出现。风险从发生的原因、来源来看，主要有以下几种：

一、经营风险

经营风险是企业经营过程的不确定性引起企业息税前利润率变动的可能性。经营风险主要来自以下几个方面：

（一）经营环境的变化

1.市场变化。这主要是指市场需求、市场价格的变化，例如，新的竞争对手加入市场，使市场供求发生变化，企业生产的产品变得供过于求，使销售受阻，价格下降，经营收入减少；被迫减少产量，由于产量不足，无法实现规模经济优势。市场上能源、原材料供应紧缺，价格上扬，使经营成本升高，导致经营利润下降，甚至出现亏损，使企业价值降低。

2.经济、自然环境等企业无法左右的因素变化。例如，外国发生金融危机和经济危机导致本国企业产品出口减少，进而迫使企业减产、停工，员工失业；发生地震、暴风冰雪等灾害引起运输事故。这些都会使企业的人、财和经营受到严重损失。

（二）经营决策失误

企业在经营决策时，由于缺乏深入的调查研究，脱离实际，做出错误决策。例如，有一公司在经营业绩取得相当成功之后，头脑不冷静，盲目扩张，不适当地兼并收购国外两个公司，战线拉得过长，缺乏资金和人才，管理跟不上去，结果不仅没有提高效益，反而造成人力、物力和财力的损失浪费，出现亏损，经过整顿之后，才摆脱被动局面。有些企业由于忽视技术改革和新产品开发，设备陈旧，事故多，生产效率低，产品生产多年不变，质量甚低，管理混乱，连年亏损，最终破产或被兼并。

二、财务风险

财务风险是企业因使用借入资本而引起自有资本利润率的不确定性，可能使自有资本利润率提高，也可能使它降低，甚至有可能使企业无力付息还本而陷入困境或有破产的危险。由于（借入资本的使用取决于企业的筹资决策，因此财务风险也称为筹资风险。下面用简例说明财务风险问题（见表1-1）。

表1-1 **财务风险情况** 金额单位：万元

项目 \ 四种情况	（1）	（2）	（3）	（4）
自有资本	1 000	800	600	400
借入资本	0	200	400	600
全部资本	1 000	1 000	1 000	1 000
全部资本息税前利润率（%）	12	12	4	2
借入资本利息率（%）	6	6	6	6
息税前利润	120	120	40	20
利息	0	12	24	36
税前利润	120	108	16	-16
自有资本税前利润率（%）	12	13.5	2.67	-4

表1-1中，第（1）种情况说明公司自有资本很富裕，未使用借入资本，全部

资本息税前利润率和自有资本税前利润率都是12%；第（2）种情况说明在效益比较好的情况下，可以少投入一些自有资本（将其用于其他需要的项目），适当使用一些借入资本，该公司投入自有资本800万元，使用借入资本200万元，全部资本息税前利润率和借入资本利息率未变，这时自有资本税前利润率变为13.5%，比第（1）种情况提高1.5%，是因为借入资本200万元创造了利润24万元（200×12%），只付了利息12万元，使公司净得利12万元（24−12），使自有资本税前利润率提高1.5%（12÷800×100%）；第（3）种情况是公司生产经营不良，效益下降，自有资本不足，只有600万元，不得已增加借入资本，此时借入资本为400万元，而且全部资本息税前利润率由以前的12%降为4%，在这种情况下，自有资本税前利润率比以前大为下降，只有2.67%；第（4）种情况是公司效益进一步下降，自有资本已只有400万元，借入资本增加到600万元，全部资本息税前利润率进一步下降为2%，此时，自有资本税前利润率变为−4%，公司已由盈利变为亏损。如果使用更多的借入资本，全部资本息税前利润率更低，甚至变为亏损率，那么，公司亏损将更大。上例假设借入资本利息率不变，如果利息率升高，公司亏损将进一步增多，假设第（4）种情况利息率由6%变为7%，则自有资本税前利润率将变为−5.5%。公司连年亏损，无法按期还本付息，就有破产倒闭的危险。

三、金融风险

金融风险主要包括信用（贷）风险、利率风险和外汇风险等。

（一）信用（贷）风险

信用，从广义来看，包括银行等金融机构的存款、贷款和企业之间的赊销、预付等信用活动。当银行等金融机构发放贷款时，不认真审查借款人的偿还能力和信誉，贷款到期时，借款人由于多种原因不能付息还本，这就是银行等金融机构（金融企业）的信贷风险。如果这种借贷活动多，数额相当大，存款户从银行提取现金，银行无力支付，会使不少银行倒闭，就会形成信贷危机。美国从2007年开始发生的次贷危机，其主要原因就是以前美国政府鼓励居民借款购房，银行等金融机构普遍向资信状况（水平）为次级的借款者发放购房抵押贷款，近几年美国经济情况不好，居民收入下降，无力偿还购房借款，银行收回作为抵押的房屋，由于这时房价已降低，银行拍卖抵押房屋所得远低于贷款额，大部分贷款收不回来，而且银行拍卖抵押房屋，很多卖不出去，成为银行的呆滞不良资产，银行陷于困境，不少银行倒闭，逐步发展为全面的金融危机，导致世界性的经济衰退。美国的次贷危机引发的全球性金融危机，其本质上是一场史无前例的信用危机与信用衍生品危机。关于美国次贷危机详见本节阅读资料。

企业赊销产品，购买者不按期付款或不付款，或者企业购货预付货款，而销货企业不按期发货或不发货，都是企业信用风险，这种情况多了，数额大了，就会使企业陷入困境，发生危机，使社会经济活动无法正常进行。

（二）利率风险

利率风险指因利率变动引起实际利润率发生变化而产生的风险。利率变化会影响公司股票的价格，当利率下降时，企业资金调度容易，利息负担减轻，盈利相对增加，会使公司的股票价格上涨；反之，当利率升高时，公司筹资困难，利息支出增多，盈利相对减少，会使公司股票价格下跌。利率对于投资者来说，当投资于固定利率债券时，所得利息额固定不变；当市场利率相对地上升时，投资者所得利息会少于市场标准，而使投资者有“机会上的损失”（可能获取较多利息收入的损失），同时债券本身的价格也会下降，此时出售债券会产生资本损失；当市场利率下降时，会产生相反的结果，即对投资者有利。

（三）外汇风险

外汇风险是因汇率变动可能受到的影响（损失或利得），特别是可能蒙受的损失。例如，我国某企业出口商品，以美元计价结算，货款100万美元，成交时汇率为1美元=7元人民币，折合为700万元人民币，收汇时汇率变为1美元=6.80元人民币，折合为680万元人民币，外汇风险损失为20万元人民币。上例中，收汇时如果汇率变为1美元=7.10元人民币，货款可折合为710万元人民币，在这种情况下，不是发生了外汇风险损失，而是得到了外汇风险收益10万元人民币。在实际工作中，人们谈到外汇风险时，主要是关注汇率变动可能遭受的损失。

如果企业的外汇风险损失很大，可能使企业陷入困境，如果是上市公司，可能引起公司股票价格下跌。例如，中信泰富公司2006年收购澳大利亚两个铁矿，对澳元有巨大需求。前几年澳元兑美元的汇率，澳元一直在升值，为了防范汇率变动带来的风险，2007年8月到2008年8月间，中信泰富与花旗银行和汇丰银行等签订了数十份外汇合约，其中美元买澳元的合约占最大比重。以累计目标可赎回远期合约为例，该合约规定，行权汇率为1澳元=0.87美元，当市场汇率高于0.87美元时，例如市场汇率为1澳元=0.90美元，中信泰富可以用低于市场汇率的行权汇率每天买入一个单位外汇（澳元）而获利，例如买入1 000万澳元，如按市场汇率计算需支付900万美元（1 000×0.90），而按合约规定的行权汇率计算只需支付870万美元（1 000×0.87），节省支出30万美元。当市场汇率低于0.87美元时，例如市场汇率为0.83美元时，合约规定，中信泰富不能按较低的市场汇率购买澳元，须按行权汇率每天买入两个单位外汇（澳元）而发生损失，例如买入2 000万澳元，如按市场汇率计算只需支付1 660万美元（2 000×0.83），而按行权汇率计算需支付1 740万美元（2 000×0.87），发生损失80万美元。在合约执行的前期，澳元对美元的汇率持续稳定在0.90以上，合约对中信泰富公司有利，但后来国际金融市场风云突变，澳元对美元汇率连续下降，澳元出现暴跌，最低达到1澳元=0.63美元，这时中信泰富买入2 000万澳元，就发生损失480万美元（2 000×（0.63–0.87））。

由于上述合约存在明显的不公平，主要是当汇率高于0.87美元，交易对中信泰富有利时，每天只能买一个单位外汇，而且当获利达到规定数额时，合约就自动终止；当汇率低于0.87美元，交易对中信泰富不利时，每天必须买两个单位外汇，而且发生损失的数额不论多大，合约都不能终止。由于中信泰富在签订合约时，对汇率变动的预测不正确，加之合约不公平，致使中信泰富公司在金融衍生品交易上出现巨额亏损。2009年3月中信泰富公布2008年全年业绩净亏损126.62亿港元，受此影响该公司股票价格一度暴跌，2008年10月21日开盘价下跌38%，盘中一度跌至6.47港元。在合约到期之前，如果澳元汇率逐渐反弹，达到1澳元=0.87美元以上，该公司此项外汇交易才能由损失变为获利。

四、政治风险

政治风险是指由政治方面的原因使企业的资财发生损失的风险，主要包括战争风险、国有化风险和转移风险等。

（一）战争风险

战争风险是指企业或投资项目所在国发生战争或暴动而使企业或投资项目遭受损失的风险。例如，2011年利比亚发生的内战和外国武装干涉，使中国在当地的企业和投资项目停工、遭到破坏、人员撤离，损失巨大。中国出口信用保险公司及时向承包利比亚工程项目的企业支付赔款2亿多元。战争风险还表现在我国企业出口商品方面，因进口商所在国发生战争，进口商遭到破坏无力支付货款而使出口商受损失。

（二）国有化风险

国有化风险是指在某国投资办企业，该国发生政变，政策发生变动，对外资企业加以没收或国有化，使投资者遭受损失的风险。

（三）转移风险

转移风险是指企业在外国投资办企业，其投资本金、利润和其他合法收益由于东道国的各种限制而不能自由汇出的风险。

☆阅读资料　　美国的次贷危机和投资银行的困境[①]

一、美国次贷证券化机制

次贷，是指贷款银行或公司向信用等级较低、偿还能力较弱的人士发放的住房抵押贷款。与信用等级较高的贷款相比，次贷的利息率较高，还款违约的可能性较大。贷款机构为了分散风险，通过投资银行创造房贷抵押债券出售给投资者。美国次贷证券化机制的基本关系如图1-2所示。

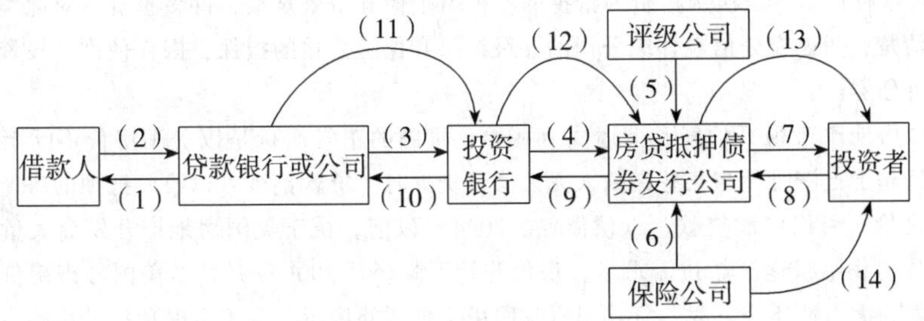

图1-2　美国次贷证券化机制的基本关系

① 葛奇. 次贷危机的成因、影响及对金融监管的启示［J］. 国际金融研究，2008（11）：12-19.

说明：

（1）经借款人申请，银行审核同意后发放住房抵押贷款；

（2）借款人向贷款银行分期支付还款额；

（3）贷款银行将住房抵押贷款的所有权转让给投资银行；

（4）投资银行将收购的许多住房抵押贷款的合同打包，形成以次级房贷为抵押的各种衍生债券，例如债权抵押证券（Collateralizid Debt Obligation，CDO），将这些债券转移至“房贷抵押债券发行公司”（以下简称债券发行公司），此公司通常由银行出资设立，独立运行，专门负责房贷抵押债券的发行；

（5）聘请证券评级公司为债券评定等级；

（6）请保险公司为债券进行担保，按规定支付保险金；

（7）向投资者发行房贷抵押债券，大型投资者包括保险公司、共同基金、养老基金、投资银行和其他金融机构；

（8）投资者向债券发行公司支付购买债券的款项；

（9）债券发行公司向投资银行支付债券款项；

（10）贷款银行转让住房抵押贷款从投资银行获得收入；

（11）由于上述第（3）和第（10）两项活动的完成，因此借款人向贷款银行分期支付的还款额（利息和本金）应转交给投资银行；

（12）投资银行分期向债券发行公司付息还本；

（13）债券发行公司分期向投资者付息还本；

（14）债券发行公司付息还本违约时，保险公司按规定比例对投资者进行补偿。

二、美国次贷危机的原因

1.美国长期实行宽松的货币政策，美元利率不断下降，2004年利率接近1%，人们愿意贷款购房买车，超前消费。

2.美国政府对次贷的政策导向，推出“居者有其屋”政策，鼓励向低收入人群提供住房抵押贷款，对拒绝发放这种贷款的金融机构予以罚款。

3.贷款银行对次贷借款人资格审查不严格，对借款人的收入调查不再像以往那样重视，这一工作有的已由贷款经纪商代做，有意或无意放松了对借款人的调查，并且降低了借款的条件。

4.债券评级公司对次贷债券的评级也不实事求是，债券发行者为了保证债券的顺利发行，希望获得尽可能高的评级，作为商业机构的评级公司为了追求利润最大化，在有保险公司担保的情况下，通常愿意给予此类债券较高的评级。

5.投资银行创造的以次级房贷为抵押的各种衍生债券纷繁复杂，许多投资者对此类衍生证券的实情不清楚，只是充分信赖评级公司的评级结果和保险公司的担保，因而使许多投资者踊跃购买次贷抵押债券。

6.美国房地产市场不景气。上述次贷证券化机制的正常运行是以美国房价不断上涨为前提的。在房价趋于上涨时，当某些借款人无力偿还贷款时，贷款银行可以收回抵押的房产，通过拍卖，卖得高价，可以偿清贷款，抵偿债务。2004年以前，由于美国房地产开发商大量兴建新型住房，使住房供给量逐渐超过需求量，房价开始下降，从2006年开始，美国楼市房价大幅度降低。当借款人无力偿还贷款时，贷款银行收回用于抵押的房屋，由于金融危机的影响，房屋很难出售，或只能降价出售，无力支付房贷抵押债券的利息和本金。当图1-1中的第（2）项借款人无力分期支付还款额时，就会引起第（11）、（12）、（13）三项之间的支付关系中断，并引起第

(14) 项的发生，于是次贷危机就形成了。

三、美国次贷危机中投资银行的困境

从上述可以看出，在次贷证券化过程中，投资银行扮演着重要的角色，它推出以次级房贷为抵押的衍生债券，通过专设的债券发行公司发售给投资者。在房价趋于上涨的时期，投资银行可以通过溢价发行债券，同时自己投资购买这种债券，获得高额收益。但在房价趋于下降时期，房贷抵押债券价格下跌，使投资者（包括投资银行）遭受巨大损失，同时图1-1中的第（2）和第（11）项的支付关系中断，使投资银行无力向债券发行公司进而向投资者分期支付债券的利息和本金，即图1-1中的第（12）和第（13）项的支付关系也中断，因而陷入困境。

在次贷危机中，华尔街五大投资银行遭受沉重的或致命的打击。2008年3月，第五大投资银行贝尔斯登倒闭，美联储安排摩根大通接管了它。2008年9月15日，华尔街第四大投资银行雷曼兄弟公司突然申请破产保护，其破产金额达到创纪录的6 390亿美元，成为美国历史上规模最大的破产案，迅速在全球产生多米诺骨牌效应，成为本轮金融危机全面爆发的标志性事件（2012年6月，这家百年老店在申请破产保护三年半后宣布走出破产保护期，进入最后清偿阶段，开始向债权人付钱）。紧接着，华尔街第三大投资银行美林证券以440亿美元贱卖给了美国银行，有人评价这对它们两个机构是“双赢”的。有人认为，这种“双赢”对美林来说，是它逃脱了死亡，也就是它死在了银行的怀里，对美国银行来说，负面的是它必须承担美林证券的经营性亏损和关联的法律责任，正面的是它通过这一收购，开始从过去以商业银行为主导的分业经营机构，一步进入了混业经营，扩大了这个机构的业务范围。高盛和摩根士丹利由投资银行改制为银行控股公司，转而像众多商业银行一样主要立足于传统储蓄业务，按照美联储的规定，上述两家投资银行转向银行控股公司，可以获得更多的流动性支持，免遭雷曼兄弟的噩梦。高盛和摩根士丹利此前只需接受美国证券交易委员会（SEC）的监管，而现在将面临着以美联储为首的多家联邦监管机构更为严格的监管。

在次贷危机中受到致命打击的只有雷曼兄弟公司，它在抵押贷款证券化方面比其他投资银行走得更激进。雷曼兄弟发明了一种信用抵押债券，从银行手中收来抵押贷款，如借款人信用不够，就找一个信用担保机构作信用补充，原来CCC级的债券就变成了高级别债券，并且打包之后重复卖出多次，循环融资。这种商业模式鼓励了银行拼命寻找信用很差的客户，把这些抵押贷款卖给雷曼兄弟，雷曼兄弟再进行信用补充，做成高回报的债券卖给华尔街机构和全球投资者。这些做法对次贷危机的发生起了极坏的作用，美国政府让雷曼兄弟公司破产，实际上是对次贷危机的一次清算，是为了让华尔街获得新生。

第7节 资本运营的原则

为了实现资本运营的目标，避免或减少企业可能遇到的风险，必须坚持实行可持续发展战略，重视企业的长期发展。在社会经济的长期发展过程中，总是有起伏变化，有时还会发生金融危机等情况，在危机中我们发现，坚持可持续发展的企业往往更容易走出低谷，有更多的发展机会和空间。可持续发展是企业发展的重要战略之一。根据党中央关于“四个全面”战略布局的要求，根据我国《宪法》《公司法》《证券法》的基本要求以及我国公司在经营实践中的经验教训，坚持实行可持续发展战略，提出资本运营的以下几项原则：

一、深化改革，坚持科学发展

科学发展就是要以马克思主义的唯物论辩证法来认识和处理问题，一切工作都要从实际出发，认真进行调查研究，实事求是，分析存在的各种矛盾，全面地、发展地看问题，按客观规律办事。过去在经济工作中，存在着追求高速度，不问社会需要，重复建设，盲目生产，实行高投入、高消耗、高污染，忽视安全、忽视质量、忽视效益和忽视对外开放等错误倾向，导致经济发展不平衡、不协调、不可持续的矛盾日益突出。因此，在资本运营中，为了发展经济，贯彻科学发展观，必须深化改革，转变经济发展方式，主要应正确处理以下问题：（1）必须以人为本。发展为了人民，发展依靠人民，发展成果由人民共享。公司必须全心全意依靠职工群众，提倡大众创业，万众创新，充分调动职工群众的积极性、主动性和创造性，关心职工的生产和生活，搞好劳动保护，建立科学合理的分配制度，在经济发展的基础上改善职工的物质文化生活。（2）必须遵循客观经济规律，按照国家的长远规划安排建设和生产经营计划，及时化解过剩产能，淘汰落后产能，优化产业结构，保证国家经济平衡协调发展。（3）必须牢固树立安全发展观，坚持人民利益至上，保证绝对安全，有些企业曾发生火灾等重大事故，造成资产极大损失和人员伤亡惨局，必须追查事故原因、责任，严肃处理，健全公共安全体系，完善和落实安全生产责任和管理制度，切实保护人民生命财产安全。（4）正确处理数量与质量、速度与效益的关系。企业的生产经营如果没有数量的迅速增长，没有物质财富的积累，就谈不上发展，但如果单纯地增加数量，片面地追求速度，而忽视质量和效益，就会造成巨大的损失和浪费。因此，必须做到数量、速度与质量、效益相统一，正确处理好和快的关系，坚持好字优先，做到好中求多、好中求快。（5）正确处理开发与环保的关系。不能以牺牲环境（污染环境）和健康为代价去换取一时的经济快速增长，绝不能走先污染、后治理的弯路。（6）正确处理增产与节约的关系。节约是社会主义经济的基本原则之一。要把节约资源作为基本国策，坚持增产与节约并重，不能以破坏资源为代价去求一时的经济快速增长。要十分重视资源节约，发展循环经济，实现低投入、低消耗、低排放和高效率的节约型增长方式。（7）正确处理科学技术和科学管理的关系。强调科技创新是提高社会生产力和综合国力的战略支撑，要把科技创新与制度创新、管理创新、商业模式创新、业态创新和文化创新结合起来。创新是引领发展的第一动力。我国经济发展进入新常态，传统发展动力不断减弱，粗放型增长方式难以为继，必须要以科技创新为核心带动全面创新，以体制机制改革激发创新活力，依靠创新驱动打造发展新引擎，培育新的经济增长点持续提升我国经济发展的质量和效益，开辟我国经济发展的新空间，实现经济保持中高速增长和产业迈向中高端水平“双目标”。（8）坚持对外开放发展，努力实现合作共赢。通过对外开放，实现生产经营国际化：一是贸易国际化，要提高传统优势产品的竞争力，巩固出口市场份额，同时实行积极的进口政策，向全球扩大市场开放。二是实行投融资国际化，要积极有效引进境外资金和先进技术，满足生产经营发展的需要，同时努力扩大对外投资，建设商品境外生产基地，建成跨国企业。

综上所述，我们要求的发展是创新发展、协调发展、绿色发展、开放发展和共享发展。

二、遵守法律和行政法规

企业的资本运营必须根据社会主义市场经济的客观规律来进行。国家为了保证社会主义经济又好又快地发展，根据对社会主义客观规律的认识，制定了各项法律和行政法规。法律是指国家立法机关（全国人民代表大会常务委员会）依照法定程序制定的人们必须共同遵守的行为规范，包括宪法、各项基本法和单项法，在财经方面的法律主要是税法、公司法、证券法、合同法、票据法、商标法和专利法等。行政法规是指国务院为实施行政管理职责，依据法律和国家立法机关的授权制定的人们必须遵守的行为规则，例如《首次公开发行股票并上市管理办法》《企业债券管理条例》等等。法律和行政法规广义上统称为法。社会主义市场经济是法治经济。公司资本运营的各项活动都必须依法进行，必须严格遵守公司法、证券法和其他各项有关法律、行政法规，这样，才能保证社会主义市场经济有序有效地进行。但是有些人为了公司或个人的私利，采取各种办法破坏法律和行政法规的实施，例如，通过造假账、虚假包装、行贿、官商勾结等手段，骗取银行贷款和资本市场的上市资格，在竞标中夺得暴利项目，逃避纳税，走私出口，在公司收购兼并中侵吞国有资产，等等，使社会主义经济受到严重损失。

三、遵守社会公德、商业道德

企业资本运营要讲求经济效益，只有不断地提高经济效益，企业才能不断地发展。但是，企业和企业家在讲求经济效益时，必须遵循社会公德和商业道德。社会公德是指社会全体成员必须遵循和维护的道德规范，商业道德是指从事商业活动必须遵循和维护的道德规范。必须坚持全心全意为社会服务的宗旨，提供优质廉价的产品或劳务；满足社会的需要，自觉维护社会公共利益，维护市场经济秩序，坚持公平交易，反对弄虚作假、欺行霸市、操纵市场、哄抬物价，反对唯利是图、以劣质含毒的产品坑害社会。例如，三鹿公司婴幼儿奶粉含有三聚氰胺化学物质，明知不能供人饮用，但为了公司眼前的局部利益，还大量生产销售，致不少人患病，多人死亡，引起社会公愤，最终使该公司破产，董事长、总经理和一些直接责任者受到不同程度的法律制裁，这是一次十分惨痛的教训。

四、诚实守信

市场经济既是法治经济，又是信用经济。公司在资本运营和各项经济活动中都必须讲诚实讲信用，才能得到有关单位或个人的信任，使对方自愿地长远合作。如果弄虚作假，不仅损害交易对方的利益，而且也为法律、道德所不容。人们认为：诚信即智慧，既是成本，更是资本。公司做到诚实守信，主要是：（1）在从银行借款或发行债券向社会公众借款时，讲明公司的真实情况，按规定用途使用借款，并做到按时还本付息；（2）公司从其他单位购货时，按时支付货款；（3）保证产品质量，销售合格商品，价格公平合理；（4）公司预收其他单位货款时，做到及时发货；（5）在证券发行和交易时，做到公开、公平、公正，反对欺诈、内幕交易和操纵证券市场的行为；（6）发行证券上报、公示的文件和公司定期的信息披露，必须真实准确，反对弄虚作假。

五、稳健经营

稳健经营是指在企业发展和资本运营中要从实际出发，实事求是，遵纪守法，严于自律，周密调查，科学规划，有计划、有步骤地向前发展。就是要不浮躁冒进，不急于求成，不草率从事，不盲目扩张。许多企业在这方面是有经验教训的。

有许多公司和企业家由于坚持稳健经营，从小到大，不断地发展，一直兴旺发达，长久立于不败之地。但也有一些公司和企业家在资本运营中急于求成，总是违规操作，或是在有了较大的成就之后，就急躁冒进，盲目扩张，甚至冒险投机，结果遭受巨大损失。

六、承担社会责任，接受公众监督

公司作为企业法人，虽然以营利为目的，但公司同时又是社会的成员，必须承担社会责任，主要有以下几个方面：（1）保护环境，避免对空气和水源的污染；（2）分担劳动就业；（3）不断增加企业员工工资性收入，使劳动报酬增长和劳动生产率提高同步，缩小企业内部成员之间的收入差距；（4）公平对待公司内部员工，同时尊重与企业相关的外部人员；（5）实现企业对经济发展的承诺与贡献，依法纳税，国有企业按规定上交利润，依法为员工办理社会保险；（6）保证较高的透明度，让企业所有的利益主体及时、全面获知公司运营的各项信息。

美国比较重视企业社会责任，建立了“美国商务社会责任国际协会”（BSR），要求企业撰写社会责任报告。现在，我国政府已开始要求一些大型企业发布企业社会责任报告。

公司在从事资本运营和生产经营活动中，对于是否遵守了法律和行政法规，是否遵守了社会公德和商业道德，是否做到了诚实守信，是否履行了社会责任，应当自觉地接受政府和社会公众的监督。通过监督，可以促使公司不断地改正错误和缺点，更好地维护国家利益、社会公共利益以及公司自身的合法权益，促进公司健康发展。

第8节　资本运营与互联网

一、互联网概述

什么是互联网？首先了解什么是网络。网络（Net Work）是将两台或多台计算机连接起来以共享数据或资源。再了解什么是网络互连。网络互连（Internet Working）是独立网络的连接，构成一个相互之间连接在一起的网络，其中每一个独立的网络还保留它自己的特性。

互联网（Internet）一词来自单词网络互连，指的是将保留了自己特征的独立网络连接组成互连的网络。

互联网是一个全球化的“网络的网络”，使用统一的标准来连接由遍布全球

200多个国家的3.5亿台计算机主机组成的几百万个不同的网络。据统计，截至2014年9月，互联网上共有约10亿个网站，由于不断有网站关闭和建立，这一数字始终在变化。截至2016年3月中旬，在线网页至少有46.6亿个，这只涵盖了可搜索到的网页，并不包括深层网络。

个人可通过两种方式访问互联网。大多数家庭通过与网络服务提供商签订服务协议获得连入互联网的途径。互联网服务提供商（Internet Service Provider，ISP）是一个与互联网永久相连，并向用户提供临时的网络连接服务的商业组织。电话线、电缆线或无线服务都支持这类网络连接。美国在线、雅虎和微软网络（MSN）等公司不仅是内容提供商，而且是网络服务提供商。个人也可以通过商业机构、大学或者研究中心来访问网络，这些机构被分配了网络域名，例如www.ibm.com。

1990年，世界上发明出第一款网页浏览器，使上网变得很容易，互联网开始走进普通大众的生活和工作。在互联网出现之前，大多数人的沟通方式是打电话或寄信，公司也一样，大公司内部各办公室之间的电话网络最普遍，这种网络是专网专用，价格昂贵，比较落后。进入互联网时代，人们通过上网，就能很快知道国内外的政治、经济、教育、科技、文化、艺术等各方面的信息，了解经济方面的先进技术、先进设备、先进经营管理方式等信息。因此，互联网从其作用来看，它是人类运用各种现代先进技术（现代电子技术、通信技术、数据技术等）建立的全球性信息交换系统，它连接了一切可连接的人与物，彻底改变了信息的流通和组织方式，企业的工作人员可以不再只待在办公室里，互联网使他们摆脱了地域的束缚，在哪里都能办公。互联网的信息不是片面的、零散的，而是全面的、系统的、科学的，各国一般都设有全国的、各部门、各行业、各大公司的智库（由经验丰富的专家组成），专门收集、研究、分析、整理实践中的先进经验，为网络提供信息资料。

21世纪，互联网已经成为人们生活中不可或缺的重要组成部分。短短数十年，互联网以惊人的速度发展着!正如习近平主席在腾讯集团参观时所言：“现在人类已经进入互联网时代这样一个历史阶段，这是一个世界潮流，而且这个互联网时代对人类的生活、生产、生产力的发展都具有很大的进步推动作用。”

二、中国互联网的发展

从1986年中国发出第一封国际电子邮件开始，经过30多年的发展，互联网在中国有了6.49亿用户，渗透率达到了47.9%，互联网逐步从城市向农村渗透。第一个10年里，互联网更多应用于学术科研领域。第二个10年里，互联网行业和传统行业和平共处，互联网催生了很多新经济行业，比如门户网站、旅游和电商等。第三个10年里，互联网逐步开始改变甚至颠覆了很多传统行业。2014年2月27日，习近平主席在中央网络安全和信息化领导小组第一次会议上说，信息化和经济全球化相互促进，互联网已经融入社会生活的方方面面，深刻改变了人们的生产和生活方式。我国正处在这个大潮之中，受到的影响越来越深。我国互联网和信息化工作取得了显著发展和巨大成就，网络走入千家万户，网民数量世界第一，我国已成为网络大国。同时也要看到，我们在自主创新方面还相对落后，区域和城乡差异比较明显，特别是人均带宽与国际先进水平差距较大，国内互联网发展瓶颈仍然较为突出。

李克强总理在2014年《政府工作报告》中首次提出“互联网金融”的概念；在2015年《政府工作报告》中又推出“互联网+”的概念，要求制订“互联网+”行动计划。《2015〈政府工作报告〉缩略词注释》认为：“互联网+”代表一种新的经济形态，即充分发挥互联网在生产要素配置中的优化和集成作用，将互联网的创新成果深度融合于经济社会各领域之中，提升实体经济的创新力和生产力，形成更广泛的以互联网为基础设施和实现工具的经济发展新形态。而对于“互联网+”行动计划，报告提出将重点促进以云计算、物联网、大数据为代表的新一代信息技术与现代制造业、生产性服务业等的融合创新，发展壮大新兴业态，促进电子商务、工业互联网和互联网金融健康发展，打造新的产业增长点，为大众创业、万众创新提供环境，为产业智能化提供支撑，增强新的经济发展动力，促进国民经济提质增效升级。

在阐述“互联网+”行动计划时，涉及物联网和工业互联网。所谓物联网，是指通过信息传感设备，按照约定的协议，把物理装置与互联网连接起来，进行信息交换和通信，以实现智能化识别定位、跟踪、监控和管理的一种网络。它是在互联网基础上延伸和扩展的网络。所谓工业互联网，是指通过互联网将人、数据和机器连接起来，所形成的智能制造系统。它是全球工业系统与高级计算、分析、感应技术以及互联网连接融合的结果。通过智能机器间的连接并最终将人机连接，结合软件和大数据分析，重构全球工业系统，激发更先进的生产力，创造出一种新型的工业模式。

美国塞缪尔·格林加德著，刘林德译的《物联网》（中信出版社，2016年1月，第1版）一书对物联网和工业互联网的关系做了简要说明。该书认为物联网的核心是工业互联网，而工业互联网的核心是装备了传感器从而变“聪明”的机器。在工业互联网内，通信通常通过三种方式进行：M2M（机器对机器）、H2M（人对机器）以及M2S（机器对智能手机）或其他设备，例如平板电脑。

为了促进互联网的顺利发展，国家完善财税投融资政策，坚持“放水养鱼”，将“两免三减半”和小微企业税收优惠政策以及高新技术企业认证覆盖到互联网跨界融合新创企业。采取后拨付、后补贴和代编预算等形式，增加物联网、云计算、大数据、智能机器人等信息技术研发和产业化应用投入。深化投融资体制改革，完善风险投资、私募和众筹等投资机制，引导社会资本投向“互联网+”项目。加快设立国家互联网投资基金，并与新兴产业创业投资引导基金、集成电路产业投资基金等携手配合，采取市场化运作方式，支持互联网新兴业态发展。

三、资本运营与互联网的关系

1.本章第3~5节阐述了资本运营的含义、内容和目标，认为资本运营主要是进行资本筹措、资本投放、资本周转和资本积累，实现资本增值，提高效益。为了实现资本运营的目标，必须十分重视互联网，经常进入互联网，寻找与本行业企业有关的先进技术、先进设备和先进的经营管理方式方法，学习、研究和在实践中运用，并且不断地创新，技术进步了，生产发展了，经营管理方式方法改善了，资本运营的目标就能实现。

2.互联网不断发展，为资本运营创造新条件。

（1）互联网让信息更为透明，有助于优化投资决策，让资本配置更为有效。它还可以推动劳动力技能提升、提高劳动生产率；通过降低成本，激发人们的消费潜力。

（2）互联网的发展对传统银行的挑战会更深远，这主要是在过去的间接融资和直接融资之外，会有第三种融资形式，就是互联网融资。2015年7月18日，中国人民银行、工业和信息化部、公安部、财政部、工商总局、银监会、证监会、保监会、国家互联网信息办公室联合发布《关于促进互联网金融健康发展的指导意见》，文件分三部分：（1）鼓励创新，支持互联网金融稳步发展；（2）分类指导，明确互联网金融监管责任；（3）健全制度，规范互联网金融市场秩序。文件中将互联网金融分为以下几类：互联网支付、网络借贷、股权众筹融资、互联网基金销售、互联网保险、互联网信托和互联网消费金融等。与资本运营直接相关的互联网融资主要是互联网支付、网络借贷和股权众筹融资等。

（3）互联网融资主要包括以下三项：

①互联网支付。互联网支付是指通过计算机、手机等设备，依托互联网发起支付指令、转移货币资金的服务。互联网支付应始终坚持服务电子商务发展和为社会提供小额、快捷、便民小微支付服务的宗旨。银行业金融机构和第三方支付机构从事互联网支付，应遵守现行法律法规和监管的规定。互联网支付业务由中国人民银行负责监管。

②网络借贷。网络借贷包括个体网络借贷（即P2P网络借贷）和网络小额贷款。个体网络借贷是指个体和个体之间通过互联网平台实现的直接借贷。在个体网络借贷平台上发生的直接借贷行为属于民间借贷范畴，受《中华人民共和国合同法》《中华人民共和国民法通则》等法律法规以及最高人民法院相关司法解释规范。个体网络借贷要坚持平台功能，为投资方和融资方提供信息交互、撮合、资信评估等中介服务。个体网络借贷机构要明确信息中介性质，主要为借贷双方的直接借贷提供信息服务，不得提供增信服务，不得非法集资。网络小额贷款是指互联网企业通过其控制的小额贷款公司，利用互联网向客户提供的小额贷款。网络小额贷款应遵守现有小额贷款公司监管规定，发挥网络贷款优势，努力降低客户融资成本。网络借贷业务由银监会负责监管。

③股权众筹融资。股权众筹融资主要是指通过互联网形式进行公开小额股权融资的活动，具体而言，是指创新创业者或小微企业通过股权众筹融资中介机构互联网平台（互联网网站或其他类似的电子媒介）公开募集股本的活动。由于其具有“公开、小额、大众”的特征，涉及社会公众利益和国家金融安全，必须依法监管。股权众筹融资业务由证监会负责监管。未经国务院证券监督管理机构批准，任何单位和个人不得开展股权众筹融资活动。目前，一些市场机构开展的冠以“股权

众筹”名义的活动，是通过互联网形式进行的非公开股权融资或私募股权投资基金募集行为，不属于《关于促进互联网金融健康发展的指导意见》规定的股权众筹融资范围。根据《中华人民共和国公司法》《中华人民共和国证券法》等有关规定，未经国务院证券监督管理机构批准，任何单位和个人都不得向不特定对象发行证券，向特定对象发行证券累计不得超过200人，非公开发行证券不得采用广告、公开劝诱和变相公开方式。

☆阅读资料1　　海尔成功源自改革管理模式

【美国《哈佛商业评论》双月刊11月1日（提前出版）一期报道】位于中国青岛的海尔目前是全球最大的家电制造商。凭借着350亿美元的年收入，它与惠而浦、LG和伊莱克斯等家喻户晓的产品进行竞争。目前，海尔在全球拥有约7.5万名员工，其中在中国境外有2.7万名员工。许多员工是在2016年加入公司的，当时海尔收购了美国通用电气的家电业务。

在过去的10年里，海尔核心的家电业务的毛利润年增长率达23%，而收入每年增长18%。该公司还通过新企业创造了20多亿美元的市场价值。这些壮举是海尔在中国国内或全球的竞争对手所无法比拟的。海尔在其迅速扩张的生态系统中创造了数以万计的新工作岗位，例如其遍布全国的物流网络，现在拥有超过9万名独立司机。

海尔的成功是对其曾经传统的管理模式进行彻底改革的结果。10年来，海尔首席执行官张瑞敏一直致力于建立一家企业，在这家企业中，每个人都对客户直接负责。他将其称“零距离”政策。员工是精力充沛的创业者，而用户、发明家和合作伙伴的开放生态系统取代了正式的等级制度。

☆阅读资料2　　华为是5G移动通信网络技术的领军者

2018年，美国对中国发动贸易战，首先是美国肆意提高关税，让中国多付款，中国被迫也提高关税，让美国多付款，美中两国的经济都在贸易战中受损。由于美方出尔反尔，中美贸易谈判迟迟不能签约。2019年5月22日，美国假借“国家安全”之名对中国发动技术战，打压中国企业华为，将华为列入贸易黑名单，切断谷歌及其他互联网公司与华为的联系，切断对其核心部件芯片的供应。美国还加紧胁迫德英等国不要使用华为的产品。德外长明确表达了不同看法。5月29日，习近平指出，当前，以互联网、大数据、人工智能为代表的新一代信息技术蓬勃发展，对各国经济发展、社会进步、人民生活带来重大而深远的影响。美国制裁华为是对市场秩序的“粗暴”干涉。他敦促美国政府停止对中国集成电路企业和电子企业的“无理打压”。

华为是中国一家优秀的民营大企业，它的创始人任正非在30年时间里，把一家3 000美元的企业变成了中国电信设备的龙头和跨国巨头。华为年收入达到1 050亿美元，在170多个国家开展业务，雇佣了18万名员工。它的财务部门有来自哈佛、剑桥、沃顿商学院和耶鲁的数百名毕业生。

华为之所以取得胜利，是因为其表现要好于此前控制着中国电信业的国有企业。华为的独立审计机构毕马威会计师事务所报告称华为没有获得大的国家补贴并证实了华为的私有制结构：其98.6%的股份属于员工，1.4%属于任正非。这种结构调动了全体员工的工作创新积极性。

如今，拥有2 000多项5G专利的华为在新一代5G宽带无线架构领域处于世界领先地位并提供了唯一可安装在工作网络中的交钥匙系统。

从大的方面来说，5G电信网络将像神经系统一样，在未来几年内帮助控制工业机器人、自动驾驶汽车，并管理经济活动。它对数字社会的发展将产生空前巨大的推动作用。

了解这些之后，就很容易理解这种新网络的控制者将拥有极大的权力，可以成为数字社会的主宰。正是在这种背景下，美国总统特朗普决定阻拦高速前进的中国技术企业。

面对美国的打压，华为记住了毛主席的教导，战略上藐视敌人，认为敌人是“纸老虎”，一定能战胜它，战术上重视敌人，想方设法战胜它。华为员工紧密团结，共同奋斗，不断深入地研究5G技术，每年都有新的发展。最近美国一些公司也公布了5G新技术，华为的技术仍然领先。现在，欧洲许多国家欢迎使用华为5G技术，由于价格便宜、品质良好，很多国家已经安装使用华为设备，尤其是对新兴市场国家而言，5G网络使用华为设备已成为他们的唯一选择。

新华社6月3日援引中国工业和信息化部的消息称，中国5G已经具备商用基础，近期将发放5G商用牌照，中国将正式进入5G商用元年。

工信部表示，中国一如既往地欢迎国内外企业积极参与中国5G网络建设和应用推广，共同分享中国5G发展成果。

☆案例　海尔致力打造物联网平台

如果10年前我告诉你，一家在美国人看来只会制造宿舍用冰箱的中国企业有一天会买下通用电气公司（GE）的家电业务，那么我猜你肯定会大笑。但6月6日，这件事发生了：海尔集团以55.8亿美元的价格完成了对GE家电业务的收购。

如果你觉得这件事很不可思议，那么海尔集团首席执行官张瑞敏在过去30年间运作企业的方式就会显得更不可思议。

我很早就告诉这个世界，张瑞敏是我们这个时代最无畏和最具革命性的管理者之一。昨天我在和他坐下来交流后，更加确信我的判断。张瑞敏在纽约，一是为了与GE完成交割；二是在耶鲁CEO峰会上接受获颁的“传奇领袖奖”。张瑞敏常常比他的竞争对手想得更加长远和超前。

他现在是这样想的：“在旧经济中，竞争存在于产品或品牌中。但在互联网时代，竞争是平台间的竞争。你或者成为平台，或者被平台终结。”为此，张瑞敏创造了物联网平台，这个平台涵盖了冰箱、烤箱以及其他产品。

他说：“这个概念并不新，但在现有经济中，还没有一个产品能真正体现它。”

除了海尔及其用户，这个平台还会吸引食品生产商和销售商。“广告商也可以用这个平台。”

张瑞敏说：“企业并不是一个独立的组织，它更像是互联网中的一个节点。”

目前为止，这些想法可以说是创新的，但并不具有革命性。在张瑞敏的思考中，下一步是这样的：“最前线的员工必须了解用户和他们的需求，所以我们要打破层级制。现在，我们所有员工都是创业团队中的成员，这些团队很像内部初创企业，我认为这是前所未有的。”

他们比你想象的更像内部初创企业。每个团队必须从企业外部吸引风投，团队成员也必须自己跟投。如果一个团队吸引不到外部投资，就必须解散。

谁是这些团队的成员？“原则之一就是这些团队必须对社会开放，不是仅对现有员工，”张瑞敏说道，“它必须是完全动态的。”

对于这些将给他留下什么？他说：“我不再是领导，最多，我会是这些团队的股东。”

现在，张瑞敏听起来更像是一个不同寻常的商业未来家。但他并不是，他运营着世界上最大的家电品牌，拥有6万名员工，加上整合GE电气家电后将是7.3万名。

张瑞敏并不强制购买的公司完全像他设想的那样运作，但他说，基于那些公司自己国家的文化和法律，"希望当地的管理者能够将这种理念运用到实际运营中"。

张瑞敏对接下来不抱任何幻想。"我们实施这么多变革的目标就是要创造真正具有革命性的东西，"他说，"现在必须实践我们想到的革命性的变化。"

你会说这是一个长期的事，但在张瑞敏存在的地方，这种想法真地在实践。

资料来源：科尔文 J.权力榜单［N］. 参考消息报，2016-06-13（5）.

第2章　资本运营的主体与市场环境

第1节　资本运营的主体

一、资本运营主体企业论

企业是国民经济中独立的基本经济组织，企业是资本的载体，企业是市场的经营主体，因此，我们认为资本运营的主体是企业。

什么是企业？这似乎是一个十分简单的问题，事实上我们往往对它知之甚少或在概念上模糊不清。过去人们对企业的研究较少，早期的经济学家认为，企业是将投入转换为产出的组织。到20世纪30年代末，一些市场经济发育较早的国家的经济学家才对企业的性质、特征进行研究。现在，人们普遍认为：企业是以营利为目的的，向社会提供产品和服务的经济组织。它具有下列基本特征：

1.企业直接为社会提供产品和服务。

2.企业是经济组织。它不同于政府机关、事业单位、社会团体等非经济性组织。

3.企业是营利性的经济组织。营利是企业的基本目的和动力，是企业存在和发展的基本条件。

4.企业是自主经营、独立核算、自负盈亏的经济组织。它不是政府的附属物，而是独立的经济实体，享有独立的经济利益，独立地承担经济责任，能够自我改造和自我发展。

根据上述认识，我们认为，在计划经济体制下，并不存在真正意义上的企业。我国过去搞了几十年的计划经济，取得过不少成绩。在特定的社会经济条件下，如建设规模小、发展目标单一、经济发展水平低、经济结构简单等，计划经济曾取得过相当的成功。但是，随着经济技术不断发展和社会经济条件不断变化，特别是当经济发展水平大大提高，经济结构日益复杂，计划经济体制的弊端就逐渐暴露出来。例如，在企业经营方面，政企不分，全民所有制经济单位直接由国家经营，称为国营企业，国家对企业管得过多，统得太死。国营企业的一切都由国家决定，生产任务由国家下达，产品由国家分配，人员由国家调派，资金由国家供给，设备由国家调拨，利润上交国家，亏损由国家弥补。这就是说，在计划经济体制下，国家不仅充当全民财产的所有者，而且行使国有资产经营者的职能，只讲服从国家计划，不讲企业自主经营，企业没有生产经营自主权，没有投资自主权，也不能自主筹措资金。企业对其所拥有的资产只能使用，无权转让和出售，因而不注重保值增值。在这种情况下，国营企业名为企业，实际上只是从事产品生产的工厂或从事商品流通的商店，只是依附于政府的附属单位，而不是独立的商品生产经营者，更谈不上是资本经营者。因此，企业要开展资本运营，就必须实现从计划经济体制向社会主义市场经济体制的彻底转变，把计划经济体制下的工厂、商店等转变为市场经济条件下真正意义上的企业。

我国自改革开放以来，对经济体制逐步进行了改革。企业改革一直是整个经济体制改革的中心环节，基本上是沿着所有权与经营权相分离、扩大经营自主权、改革经营方式、以市场为导向、搞活国有企业的思路向前推进。《全民所有制工业企业转换经营机制条例》的实施，进一步促进了企业经营自主权的落实；企业股份制的试点与推广，极大地促进了企业经营机制的转换和证券市场的发展。1993年11月中共十四届三中全会通过的《中共中央关于建立社会主义市场经济体制若干问题的决定》指出，建立和完善社会主义经济体制，基础在于企业，要进一步转换国有企业的经营机制，建立现代企业制度。此后，我国进一步加快了经济体制改革，向社会主义市场经济体制过渡，2003年3月我国第十届全国人民代表大会政府工作报告指出，现在我国社会主义市场经济体制已初步建立，大多数国有大中型骨干企业初步建立了现代企业制度，涌现出一批有实力、有活力和有竞争力的优势企业。以后中共中央历次重要会议都作出决定，强调要进一步完善社会主义市场经济体制。在《中共中央关于制定国民经济和社会发展第十三个五年规划的建议》中明确指出，要"健全使市场在资源配置中起决定性作用和更好发挥政府作用的制度体系，以经济体制改革为重点，加快完善各方面体制机制""深化国有企业改革""完善现代企业制度""限制政府对企业经营决策的干预"。现在我国企业已逐步进入社会主义市场经济轨道，按照市场经济规律运营。社会主义市场经济的建立和发展，为我国企业的资本运营创造了体制环境。在此，我们进一步明确：我国资本运营的主体是建立了适应社会主义市场经营机制、适应市场经济要求的企业。

二、市场经济条件下的企业制度

按照市场经济的要求，企业的组织制度形式不应按所有制性质划分，而是按照企业财产的组织形式和承担的法律责任划分。国际上通常有个人业主制企业、合伙制企业和公司制企业三种基本的企业制度。企业制度是对企业微观构造及其运作机制所作的规范，包括企业的产权制度、法人制度、组织制度和管理制度。

（一）个人业主制企业

个人业主制企业又称个人企业，由业主个人出资兴办，业主自己直接经营，业主享有企业的全部经营所得，同时对企业的债务负无限责任，如果经营失败，出现资不抵债时，业主要用自己的家财来抵偿。这种企业在法律上为自然人企业，不具备法人资格。

这种企业一般规模较小，内部管理结构简单。它的优点是：（1）建立和歇业的程序简单；（2）产权转让比较自由；（3）经营者和所有者合一，经营灵活，决策迅速；（4）利润独享，保密性强。它的缺点是：（1）企业本身财力有限，偿债能力弱，取得贷款的能力较差；（2）难于从事需要大量投资的大规模工商业活动；（3）业主要承担无限责任，风险太大；（4）企业管理水平有限，企业生命力弱，如果业主无意继续经营，或因业主死亡、犯罪或遇其他各种意外，企业的业务就会中断。

这种企业一般只适宜于投资额小、技术工艺比较简单、经营管理不太复杂的小型工商企业，我国近年大量出现的私营企业大多属于这类企业。在现代经济生活中，虽然大企业唱主角，但在企业数量上，个人业主制企业占大多数，例如，美国企业总数的75%属于这种企业形式。

（二）合伙制企业

这种企业是由两个或两个以上的个人共同出资、共同经营、共负盈亏、共担风险的企业。合伙制企业在建立时，合伙人必须签订“合伙经营协议”，其主要内容包括：各业主的责任（包括出资额、出资形式和出资期限，承担哪些无限责任或有限责任，以及主要业务的分工等）；原合伙人退出和新合伙人加入办法；利润分配办法；企业关闭后资产和负债的分配。

合伙人可以分为普通合伙人、有限合伙人和其他合伙人。普通合伙人在企业中实际从事经营管理工作，有权代表企业签订合同，对企业债务负无限责任。每个合伙企业至少应有一个普通合伙人。如果企业的全部合伙人都是普通合伙人，则该企业就称为普通合伙企业。有限合伙人对企业债务以出资额为限只负有限责任，有限合伙人在企业经营管理中不起大的作用，谁是有限合伙人应在合伙经营协议中指明。其他合伙人主要包括不参加具体管理的合伙人、秘密合伙人（在经营决策中起很大作用，但人们并不知道他是合伙人）、匿名合伙人（只出资，但不为人知，参加利润分配，但不参加企业管理）和名义合伙人（只是名义上参加合伙，但实际上既不出资，也不参加管理）。

合伙制企业在法律上也是自然人企业，不具备法人资格。与个人业主制企业相比，合伙制企业的优点主要是：（1）可以由多个合伙人筹集资本，创办较大的企业；（2）多个合伙人集思广益，共同决策，合理分工，使企业的决策能力和管理水平有所提高；（3）多个普通合伙人对企业债务负无限责任，有利于提高债权人对企业的信任程度，每个出资者的经营风险也相应降低。与公司制企业相比，合伙制企业的优点是设立程序比较简单。与个人业主制企业相比，合伙制企业的缺点主要是：（1）合伙制企业是根据合伙人共同签订的协议建立的，当某一原有的合伙人退出，或某一新的合伙人加入，都必须重新确定新的合伙关系，比较复杂、麻烦；（2）由于多个普通合伙人都有权代表企业从事经济活动，各项决策都需要得到各普通合伙人的同意，因而很容易造成决策上的延误；（3）产权转让比较困难，须经合伙人一致同意；（4）企业的发展不稳定，易于解体。发生下列某一情况都可能使企业解散：某一合伙人丧失行为能力或死亡、退出、犯罪；合伙协议规定的经营期限已届满，或预定的经营项目已完成；或者某一人要加入合伙企业，由于原合伙人意见有分歧而使合伙企业解散。与公司制企业相比，合伙制企业的缺点主要是：（1）普通合伙人对企业债务负无限清偿责任，风险太大；（2）企业规模有限。

合伙制企业一般只适宜于投资额不大、生产技术工艺不太复杂的中小型企业，这种企业的数量比个人业主制企业少。例如，在美国，合伙制企业只约占企业总数的7%。

（三）公司制企业

公司制企业是根据《中华人民共和国公司法》（以下简称《公司法》）的规定，依法成立、具有法人资格、以营利为目的的企业。它与个人业主制企业和合伙制企业的一个重要区别就在于，它是企业法人，有独立的法人财产，享有法人财产权。公司以其全部财产对公司的债务承担责任。公司制企业是现代企业制度的高级形式，我们所要建立的现代企业制度主要指的就是现代公司企业制度。

在经济发达国家，公司制企业虽然在数量上远远少于个人业主制企业，但却占据支配地位。例如，美国的大公司数量只占全部企业总数的15%，但其销售及营业收入却占85%以上，利润占70%以上。现在世界上的大企业几乎都是公司制企业。

与个人业主制企业和合伙制企业相比，公司制企业的优点主要是：

1.具有筹资优势。公司制企业，特别是股份有限公司，可以通过发行股票和债券等方式筹集巨额资本，把社会上分散的单个资本集中起来，形成规模巨大的企业，有利于企业有效地开展资本运营，提高企业规模经济效益。

2.拥有独立的法人财产。公司制企业虽然出资者是多元的、分散的，但出资者投入企业的财产经过法定程序成为法人财产后，就具有整体性、统一性和独立性。对出资者来说，任何一个出资者都不能直接支配企业的法人财产，只能按其投入企业的资本额享受所有者权益，并对企业负有限责任。对企业来说，公司制企业作为法人，拥有法人财产权，即依法享有对法人财产的占有、使用、收益和处分权。企业的法人财产由董事会统一支配，独立运用，形成了经营决策权的高度集中，有利于企业资源的统一使用和合理调配，有效地开展资本运营。

3.实行有限责任制度。由于公司是法人，拥有自己独立的法人财产，因此，公司自己的债务或亏损只应由公司本身负担，而不应由股东个人负担，股东个人对公司的债务和亏损只负有限责任，以他的投资额为限，即使公司破产，他个人的其他财产不受影响。对于出资者来说，从承担无限连带责任到只承担有限责任，是企业制度上的一个很大的变化。实行有限责任制度，使出资者的风险大为降低，解除了投资者的后顾之忧，使他们放心大胆地投资，这有利于公司筹集资本，大大促进了生产力的发展。

4.实现所有权与经营权分离。在个人业主制企业和合伙制企业中，所有者就是经营者，二者是合一的。但在大型的公司制企业中，所有者不一定必然成为企业法人财产的经营者，企业经营者也不一定就是其所在企业的所有者，而很可能是支薪的经理人员。由于科学技术进步和生产社会化，企业经营管理工作复杂化和科学化，企业经营管理已成为一种高级的劳动，需要由具有专门知识和特殊才能的专门人才来承担，那些拥有资本但无经营能力的人，就可雇用那些有经营能力但无资本的人，于是使所有者与经营者相分离，所有者聘请受过专门训练和有实践经验的专家（企业家）来经营管理企业，并对经营者实行有效的激励和约束，这有利于职业企业家阶层的形成，有利于提高企业的经营管理水平。

5.所有权转让方便。公司制企业有一套规范的、严密而灵活的产权转让制度。股份有限公司股东持有的股票可以随时通过证券交易所转让出去；有限责任公司股东的出资额也可以按公司法的规定予以转让。所有权转让越方便，就越有利于资本筹措和运用。

6.具有规范而严密的组织结构。在市场经济发展中，公司制企业已形成了一套完整的、科学的组织制度，由股东会（或股东大会）、董事会和经理及监事会组成，实行董事会领导下的总经理负责制，它们分别行使公司决策权、执行权和监督权，三权分立，相互制约，形成以资本效益为基础的激励与约束机制和风险规避制度，有利于企业的生产经营和资本运营的有效进行。

7.公司发展稳定。由于公司是法人企业而不是自然人企业，它拥有由股东出资形成的全部法人财产权，依法享有民事权利，承担民事责任，成为独立的有生命的主体，摆脱了对自然人的依附与束缚，无论股东自然人发生什么变化，都不会影响企业的主体和生命，其存在和发展不因股东的变动而变动。公司除了自愿终止或破产以外，其他因素都不会影响公司的续存和发展。

公司制企业也存在一些缺点，主要是：(1) 设立程序较复杂，创办期较长，开办费用较多。(2) 受国家法律法规的约束较严格。国家对公司的开办、股票发行与上市、产权转让、合并、分立、破产清算和财务制度都制定了一整套法律法规，公司必须严格执行。(3) 保密性较差。《公司法》规定，公司必须定期公布财务信息，向股东大会报告经营情况。

上面我们比较详细地阐述了三种基本的企业制度，它们在资本运营方面必然存在着差别。由于公司制企业具有规模较大、制度较先进、经营机制较灵活和组织较严密等优点，因而其资本运营的内容更丰富、方法更科学、效率会更高。本书主要阐述公司制企业的资本运营。

三、我国的国有企业和民营企业

我国宪法规定：国家在社会主义初级阶段，坚持公有制为主体，多种所有制经济共同发展的基本经济制度。国有经济，即社会主义全民所有制经济，是国民经济中的主导力量，国家保障国有经济的巩固和发展。在法律规定范围内的个体经济和私营经济等非公有制经济是社会主义市场经济的重要组成部分，国家保护非公有制的合法权利和利益，鼓励、支持和引导非公有制经济的发展。

上述政策已众所周知，并实践执行，但在实践中往往出现偏差，主要表现在忽视民营企业发展。我国国务院为了纠正偏差，曾于2005年和2010年两次发布文件鼓励和引导民营企业正确发展（文件内容见本书第7章第1节）

第2节　资本运营与市场体系

资本运营是市场经济的范畴。市场经济是一部复杂、精良的机器，它通过价格和市场体系对个人和企业的各种经济活动进行协调。市场是买者和卖者相互作用并共同决定商品或劳务的价格和交易数量的机制。在市场经济条件下，市场机制对社会资源（其中包括资本）的配置起决定性作用。市场是企业进行资本运营的客观环境，完善的市场体系是企业有效地开展资本运营的基本条件。

从投入和产出来看，市场可分为产品市场和生产要素市场。

一、产品市场

产品市场是指厂商所提供的一切产品和劳务的市场，在生产过程中创造的各种有用物品和劳务用于个人消费或用于进一步生产。一部分物品作为生活资料，用于满足个人和家庭的需要；另一部分物品作为生产资料，用于满足社会生产的需要。

世界贸易组织（WTO）将贸易分为货物贸易和服务贸易。货物贸易是指实物形态的各种物品的贸易，服务贸易包括商务服务①、通信服务、建筑和相关工程服务、分销服务、教育服务、环境服务、金融服务、健康服务、旅游服务、娱乐文化和体育服务、运输服务和其他服务等。与上述贸易分类相适应，就有货物市场和服务市场之分。货物市场是以实物形态的各种物品来满足消费者或用户的需要，而服务市场则是以劳务来满足消费者或用户的需要。服务业是随着商品经济和社会生产专业化分工的不断发展，从生产领域和生活领域独立出来的专门行业，20世纪50年代以来得到迅速发展，目前我国正在大力发展服务业，服务市场已成为现代市场的一个重要组成部分。

二、生产要素市场

生产要素市场包括土地市场、劳动力市场、技术市场、资本市场、产权市场和信息市场等。

（一）土地市场

土地市场是土地所有权或使用权转让或交易的场所。土地是一种自然资源，包括农业、住房、工厂和道路等使用的土地，它是生产要素之一。不同社会制度的土地产权归属不同，实行私有制的资本主义国家，企业不仅拥有土地的使用权，而且可以拥有土地的所有权，土地可以自由买卖，在会计账表中一般列作固定资产。《中华人民共和国宪法》规定：城市的土地属于国家所有。农村和城市郊区的土地，除由法律规定属于国家所有的以外，属于集体所有；宅基地和自留地、自留山，也属于集体所有。国家为了公共利益的需要，可以依照法律规定对土地实行征收或者征用并给予补偿。任何组织或者个人不得侵占、买卖或者以其他形式非法转让土地。土地的使用权可以依照法律的规定转让。一切使用土地的组织和个人必须合理地利用土地。

企业获得某一土地的使用权，须支付转让金。土地使用权在会计账表中只能列作无形资产。土地使用权的成本由取得土地使用权支付的出让金及相关费用决定，其成本一般应在确定的年限内平均摊销。

---

① 商务服务包括法律服务、会计审计和簿记服务、税收服务、计算及相关服务、广告服务、管理咨询服务、技术测试和分析服务、包装服务、维修服务等。

（二）劳动力市场

劳动力市场是劳动力这种特殊商品的交易场所和领域。劳动力具有特殊的使用价值，其使用价值的使用可以创造出更多的价值。我国已出现了“劳务市场”、“职业市场”和“人才市场”等，这些市场的建立和发展，使企业能够自主地选择录用劳动者，使劳动者可以自由地选择职业和工作单位，有利于促进人才自由流动，提高人力资源的使用效率，从而促进社会生产力的发展。

（三）技术市场

技术市场是技术这种智力产品交易的场所或领域。技术是指制造一种产品或提供一项服务的系统知识。技术转让可分为非商业性转让和商业性转让，前者包括无偿的技术援助和技术交流等，后者主要通过贸易途径和经济合作途径两种方式进行。技术贸易是指技术供求双方按照一定的商业条件买卖技术的活动。技术有不同的载体，既可存在于人们的头脑之中，又可以以书面表示或凝结在机器设备之中，因此技术贸易可以是软件技术买卖，或者是聘用掌握技术的科技人员，或者是购买含有某种技术的机器设备。技术贸易的内容包括工业产权（专利权、商标权）、专有技术和计算机软件等所有权的有偿转让或使用权的许可，在技术贸易实践中主要是使用权的许可使用。如果这种交易是在本国之内进行，就称为国内技术贸易；如果这种交易跨越国界，则称为国际技术贸易。从一个国家来看，国际技术贸易包括技术进口和技术出口。通过国际技术市场，引进先进技术，并将企业的优势技术输出，对于发展生产经营和提高资本运营效益，具有极为重要的作用。

（四）资本市场

资本市场是金融市场的重要组成部分。金融市场是进行资金融通和金融产品交易的场所或运营网络。金融市场包括：（1）货币市场，是经营一年以内（含一年）的短期资金融通的市场，包括银行短期信贷市场、银行同业拆借市场、短期证券市场和票据贴现市场等。（2）资本市场，是指证券融资和经营一年以上中长期资金借贷的金融市场，包括股票市场、债券市场、基金市场和中长期信贷市场等，其融通的资金主要作为扩大再生产的资本使用，因此称为资本市场。作为资本市场重要组成部分的证券市场，具有通过发行股票和债券的形式吸收中长期资金的巨大能力，公开发行的股票和债券还可在二级市场自由买卖和流通，有着很强的灵活性。资本市场和货币市场都是资金供求双方进行交易的场所，是经济体系中聚集、分配资金的“水库”和“分流站”。但两者有明确的分工，资金需求者通过资本市场筹集长期资金，通过货币市场筹集短期资金，国家经济部门则通过这两个市场来调控金融和经济活动。

金融市场除了上述货币市场和资本市场以外，还包括外汇市场、黄金市场、保险市场和金融衍生品市场等。

（五）产权市场

产权市场是产权有偿转让的场所或领域。产权是指法定主体建立在财产所有权基础上的，对构成企业生产经营要素的财产所拥有的占有、使用、收益和处分的权利。产权转让是指两个以上的法定主体之间所发生的财产所有权及其派生的占有权、使用权、收益权和处分权等各项权能的部分或全部有偿转让的法律行为。所谓有偿转让，是指按照市场机制，运用经济方式，通过市场交易进行的转让。产权转让可以是财产所有权及其派生的四项权能一起转让，也可以是在财产所有权不变的条件下，其他四项权能一起转让，即经营权的转让，还可以是在财产所有权不变的条件下，其他四项权能的部分转让，例如只转让使用权等。企业的财产包括固定资产、无形资产（如专利权、专有技术、版权、商标权、专营权、土地使用权等）、流动资产、金融资产（如股权、债权、基金等）。产权市场的内容包括各种财产的产权交易，产权市场的交易通过买卖、收购、拍卖、兼并、出让、转让、租赁、授权经营等具体方式进行。从产权是否证券化来看，产权市场包括证券化的产权市场（股票市场）和非证券化的产权市场，但在一般情况下，人们往往从狭义看，把产权市场理解为非证券化的产权交易市场。我国的产权交易市场萌芽于20世纪80年代末，目前全国大部分省市已建立了有形的产权交易市场，不同规模的产权交易所（中心）已达200多家。例如，北京产权交易所集团除了一般实物形态财产的产权交易所以外，还包括中国技术交易所、北京金融资产交易所等等。产权交易市场的功能在于建立产权卖方和买方的联系，使产权交易顺利进行。产权交易从形式上看是一种权利的转让，从实质上看则是一种生产要素的转移与重组。发育健全和完善的产权交易市场，有利于增强企业之间的联系和信息交流，推动生产要素合理流动，搞好资产重组，盘活存量资产，促进资源优化配置和企业规模效益提高。

美国经济学家保罗·萨缪尔森、威廉·诺德豪斯所著的《经济学》（第十六版）第26和27页写道："产权赋予资本所有者使用、交换、装修、挖掘、钻探或利用其资本品的权利。这些资本品也有市场价值，人们能够以物品的任何价格购买和出售资本品。"从广义来看，产权市场属于资本市场范畴。

（六）信息市场

信息市场是供需双方进行信息交换的场所。它把各种信息作为一种重要资源用来进行有偿服务。在市场经济条件下，每个企业都需要对投入和产出做出选择，例如，应该生产什么，生产多少，如何生产，采用何种技术、设备，从哪里购买原材料，怎样提高员工的劳动效率，从什么渠道采用何种方式筹集所需要的资本等，为了做出正确的决策，就必须通过各种渠道获得所需要的各种信息。有许多信息是通过信息市场有偿获得的。

从上述可以看出，在市场经济条件下，市场体系包括产品市场（货物市场和服务市场）、土地市场、劳动力市场、技术市场、金融市场（货币市场和资本市场等）、产权市场和信息市场等。各类市场之间相互联系，相互制约，相互促进，形成一个完整的有机体系，如图2-1所示。

上述各种市场都与企业资本运营有着密切的关系。企业通过各种要素市场，筹集到企业生产经营所需的资本，获得土地使用权，录用必要数量和素质的劳动者，使用现有的技术将投入转换为产出，通过产品市场将产品及时销售出去，完成商品

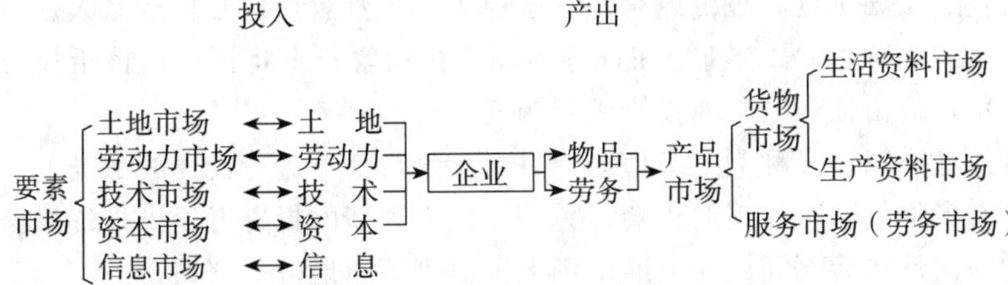

图2-1　市场体系基本状况

资本到货币资本的转化。企业的生产经营和资本运营还与产权市场、技术市场和信息市场直接相关，它们的作用前已阐述。有了健全完善的市场体系，可以使社会的各项资源得到优化配置，使企业的资本运营有序和有效地进行，加速资本周转，从而提高资本运营的效率。

应当指出，在经济全球化的时代，各种市场都可以分为国内市场和国际市场。在国际竞争日趋激烈的情况下，只有顺应世界发展潮流，坚持对外开放，才能更好地利用国内外两个市场、两种资源，加快发展壮大自己。

我国从1993年以来，全面开展现代市场体系建设，货物、服务、土地、劳动力、技术、资本、产权和信息等市场加快发展，现代流通和营销方式不断拓展，坚持不懈地整顿和规范市场经济秩序，使国民经济市场化程度进一步提高，市场在资源配置中起决定性作用，使企业资本运营的社会环境日趋完善。

第3节　资本运营与资本市场

资本运营与市场体系中的各种市场都有联系，而与资本市场的关系最为直接和最为密切。资本市场主要包括证券市场和证券投资基金市场，二者既有明显区别，又有密切联系。

一、证券市场

（一）证券市场的组成

证券市场交易的对象是各种有价证券，主要包括股票和债券两类。有价证券本身没有价值，但它是代表财产所有权的凭证，是一种虚拟资本，能为其持有者带来一定的收益，因而能在市场上买卖，具有价格。

证券市场是证券发行和流通的场所。按证券种类，主要分为股票市场和债券市场。按市场的功能，可分为发行市场和流通市场。

证券发行市场，又称为一级市场，是证券初次交易的市场，是通过发行证券进行筹资活动的市场，一方面为资本的需求者提供筹资的渠道，另一方面为资本的供应者提供投资场所。发行市场是实现资本职能转化的场所，通过发行股票、债券，把社会闲散资金转化为生产资本。

证券发行市场由发行者（筹资者）、购买者（投资者）和承销商组成。筹资者可以是企业、金融机构，也可以是国家政府等，投资者可以是机构法人，也可以是社会公众（自然人），承销商是在证券市场上协助筹资者将证券销售给投资者的中介机构，承销商由证券公司或投资银行担任。

证券流通市场，又称为二级市场，是对已发行证券进行转让的市场，它一方面为证券持有者提供随时变现的机会，另一方面又为新的投资者提供投资机会。与发行市场的一次性行为不同，在流通市场上证券可不断地进行交易。

发行市场是流通市场的基础和前提，流通市场又是发行市场得以存在和发展的条件。没有发行市场，流通市场就成为无源之水、无本之木。发行市场的规模决定了流通市场的规模，影响着流通市场的交易价格。在一定时期内，发行市场规模过小，会使流通市场供不应求，证券价格过高；发行规模过大，证券供过于求，对流通市场形成压力，使证券价格低落，市场低迷，进而影响发行市场的筹资。可见，发行市场和流通市场是相互依存、互为补充的整体。

根据市场的组织形式，证券流通市场又可进一步分为场内交易市场和场外交易市场。

证券场内交易市场是证券集中交易的场所，证券交易所是根据《中华人民共和国证券法》（以下简称《证券法》）注册登记，经政府批准设立的，有严密的组织、严格的管理，有进行集中交易的固定场所。在证券交易所内买卖证券所形成的市场，就是场内交易市场。证券交易所作为证券交易的组织者，本身不参加证券的买卖和价格的决定，只是为证券买卖双方创造条件，提供服务，并进行监督。

证券场外交易市场是在证券交易所以外的各证券经营机构的柜台上进行证券交易的市场，也叫柜台交易市场。在柜台交易市场中，证券经营机构既是交易的组织者，又是交易的参与者。由于柜台交易市场非常分散，不便于投资者及时掌握时刻变动的证券交易行情，20世纪60年代末以来，一些国家利用电子计算机系统将全国各地的柜台交易市场联结起来，建立全国范围的自动报价系统，例如，美国的全国证券商协会自动报价系统（NASDAQ）。

（二）证券市场的作用

1.融资、投资功能

在证券市场建立之前，企业的资本外部来源单纯依靠财政拨款和银行贷款，主要依赖间接融资。资本市场为企业开辟了直接融资渠道。公司可以通过发行股票、债券，筹集大量资本，满足生产经营发展的需要，企业融资中直接融资的比重增大。公司可以在境外发行证券和上市，筹集和利用外资。企业可以通过证券市场进行证券投资，获得投资收益。企业还可以通过股票市场采用一定方式购买某一上市公司的全部或大部分股票，实现对其他公司的购并。总之，公司在证券市场上进行资本运营，可以使公司做大做强。例如，苏宁电器公司2004年上市首发和2006年增发共筹资16亿元，迅速扩大连锁店的规模和覆盖范围，上市后至2006年年底净利润增长了6倍。

2.资源配置功能

在证券市场上，资本不断地流动，投资者总是把资本从发展前景不好、经济效益低的企业抽出，投向那些发展前景好、经济效益高的企业，证券市场发挥着社会资源合理配置的功能，使资源向优势企业集中，促使一批企业壮大，促进一些重点行业的发展，推动着企业重组和产业结构的调整。

3.公司价值反映功能

证券市场还有一个重要的作用，那就是股票价格反映公司价值的功能。在我国证券市场出现以前，衡量企业价值通常是基于企业的净资产。买卖某一企业的价格由买卖双方以企业账面净资产为依据协商确定，这种做法很难获得与企业价值基本相符的价格。在股票市场上，企业的价值主要由其未来盈利能力而非净资产决定，未来盈利能力强，预期产生的现金流量大，企业价值就高，由此确定的企业价值往往数倍于企业的净资产。在股票市场上，股票价格正确地、灵敏地、综合地反映企业生产经营的好坏和盈亏状况，从而反映着公司的价值。股票价格是企业价值的货币表现，股票价格越高，企业的价值就越大。公司全部股票的市值反映着公司的价值。股票价格反映公司价值这一功能，能够促使公司千方百计搞好生产经营，加强管理，扭转亏损，提高效益。

二、证券投资基金市场

（一）证券投资基金的概念与组成

根据2003年10月我国制定的《中华人民共和国证券投资基金法》（对下简称《证券投资基金法》）第二条的规定："在中华人民共和国境内，通过公开发售基金份额募集证券投资基金，由基金管理人管理，基金托管人托管，为基金份额持有人的利益，以资产组合方式进行证券投资活动，适用本法。"证券投资基金的参与者主要由以下几个部分组成[①]：

1.基金投资者。基金投资者即基金份额持有人，其通过购买基金管理公司发行的基金份额，将钱交给基金管理公司管理运作，基金赚了钱分享收益，基金亏了承担损失，同时负担基金运作的各项费用，是基金资产的所有者和基金的受益人。

2.基金管理人。基金管理人即基金管理公司，其最主要的职责就是按照基金合同的约定，负责基金资产的投资运作，在控制风险的基础上为基金投资者争取最大的投资收益。基金管理人在基金运作中具有核心作用，具有基金产品设计、基金资产的管理、基金份额的销售与注册登记等重要职能。

3.基金经理。基金经理代表基金管理公司来投资运作基金，其主要职责是按照基金合同的约定，根据市场变化情况，做出适当的投资决策。

4.基金托管人。基金托管人由取得基金托管资格的商业银行担任，故又称托管银行。为了保证基金资产的安全，基金的投资管理与资金保管是分离的。基金管理公司只负责基金的管理与操作，下达买卖指令。基金的资产实际由托管银行负责保

① 宋国涛. 股票基金投资入门［M］. 北京：地震出版社，2011：265.

管，买卖的交割、基金的申购与赎回资金都要通过这个独立的第三方，并不经基金管理公司的手。这样一来，就不会出现基金公司卷走客户资金的情况。

（二）证券投资基金的特点和优势[①]

1.集合理财，专业管理

基金将众多投资者的资金集中起来，由基金管理公司进行投资运作，表现出集合理财的特点。通过汇集众多投资者的资金，积少成多，有利于发挥资金的规模优势，降低投资成本。基金管理公司一般拥有众多的专业投资研究人员和强大的信息网络，能够更好地对证券市场进行全方位的动态跟踪与分析，使中小投资者也能享受到专业化的投资管理服务。

2.组合投资，分散风险

为了降低投资风险，我国《证券投资基金法》规定，基金必须以组合投资的方式进行投资运作，从而使“组合投资、分散风险”成为基金的一大特色。组合投资、分散风险的科学性已被现代投资学所证明，中小投资者由于资金量小，一般无法通过购买很多种股票分散投资风险。基金通常会购买几十种甚至上百种股票，投资者购买基金就相当于用很少的资金购买了一篮子股票，某些股票下跌造成的损失可以用其他股票上涨的盈利来弥补，因此可以充分享受到组合投资、分散风险的好处。

3.利益共享，风险共担

基金投资者是基金的所有者。基金投资者共担风险，共享收益。基金投资收益在扣除由基金承担的费用后的盈余全部归基金投资者所有，并依据各投资者所持有的基金份额比例进行分配。为基金提供服务的基金托管人、基金管理人只能按规定收取一定的托管费、管理费，并不参与基金收益的分配。

4.严格监管，信息透明

为切实保护投资者的利益，增强投资者对基金投资的信心，中国证监会对基金业实行严格的监管，强制基金进行充分的信息披露，并对各种有损投资者利益的行为进行严厉的打击。在这种情况下，严格监管与信息透明也就成为基金的一个显著特点。

5.独立托管，保障安全

基金管理公司负责基金的投资操作，本身并不经手基金资产的保管。基金资产的保管由独立于基金管理公司的基金托管人（银行）负责。这种相互制约、相互监督的制衡机制为投资者的利益提供了重要的保障。

（三）证券投资基金的分类[②]

证券投资基金主要有以下几种分类方法：

1.根据基金份额在基金合同约定的时间内是否可增加或赎回，投资基金可分为开放式基金和封闭式基金。开放式基金是指基金设立后，投资者可以随时申购或赎

① 于雷．投资基金251问［M］．北京：西苑出版社，2008：5.
② 宋国涛．股票基金投资入门［M］．北京：地震出版社，2011：265.

回基金，基金规模不固定的投资基金；封闭式基金是指基金规模在发行前已确定，在发行完毕后的规定期限内，基金规模固定不变的投资基金。

2.根据组织形态的不同，投资基金可分为公司型投资基金和契约型投资基金。公司型投资基金是指依《公司法》成立的、以营利为目的的、通过发行股票的方式将集中起来的资本投资于各种有价证券的投资机构。公司型投资基金在组织结构上与股份有限公司较类似，目前国内尚无此类基金。契约型投资基金也称信托型投资基金，是基金的另一种组织形态，它是按信托契约，通过发行基金受益凭证的方式而组建的投资基金。目前国内的基金均为契约型投资基金。

3.根据投资对象的不同，可将基金划分为股票基金、债券基金、货币市场基金和混合基金。

《证券投资基金运作管理办法》中规定如下：

（1）60%以上的基金资产投资于股票的，为股票基金。

（2）80%以上的基金资产投资于债券的，为债券基金。

（3）仅投资于货币市场工具（如央行票据、短期债券、债券回购及同业存款和现金等）的，为货币市场基金。

（4）投资于股票、债券和货币市场工具，并且股票投资和债券投资的比例不符合第（1）项、第（2）项规定的，为混合基金。

在上述四种基金中，股票基金的风险相对来说是最高的，其次是债券基金、货币市场基金。混合基金属于中等风险基金品种，其风险虽高于债券基金，但比股票基金低。

4.根据募集基金的方式和对象的不同，可将基金分为公募基金和私募基金。

5.根据资本来源和运用地域的不同，可将基金分为国内基金、国际基金、国家基金和区域基金等。

（四）证券投资基金的收益

1.投资上市公司股票时，配发的股票股利和现金股息。

2.投资债券、银行存款等时的利息收入。

3.投资上市公司股票或债券时，由买卖价差产生的资本利得收入。

4.其他收入。例如，因运用基金资产带来的成本或费用的节约计入收益等。

投资者购买开放式基金，通常可以通过以下三种方式获利：

1.净值的增长。由于基金所投资的股票或债券升值或获取红利、股息、利息等，使基金单位净值增长，投资者卖出基金时所得到的净值差价就是投资的毛利，将毛利减去购买基金时的申购费用和赎回费用，就是投资净收益。

2.现金分红的收益。

3.红利再投资的收益。

三、资本市场中的投资银行（或证券公司）

（一）投资银行与商业银行

现代意义的投资银行起源于欧洲，到19世纪后半叶，美国的投资银行才开始从证券承销中逐渐发展起来。美国的金融投资专家罗伯特·库恩曾对投资银行下过以下定义：只有经营一部分或全部资本市场业务的金融机构才是投资银行，包括证券承销、公司资本金筹措、兼并与收购、咨询服务、基金管理、创业资本及证券私募发行等业务。

为了进一步了解投资银行，先来说明投资银行与商业银行的区别。

商业银行是从事存款贷款业务，以取得利润为主要经营目标的金融企业。它是存贷双方的信用中介，一方面，它将社会上的闲置货币资本以存款形式集中起来，用于贷款，满足工商企业对资本的需求，使资本得到有效使用，实现全社会范围内的资本集中与分配；另一方面，它将社会各阶层的分散、零星的货币收入，通过储蓄形式集中起来，贷放出去，将消费基金转化为生产基金，扩大了社会资本总量，加速经济发展。

商业银行运作的资金90%以上来自借入资本，它的主要负债项目包括存款（主要业务）和借款（包括同业拆借，以政府公债和银行承兑汇票做抵押向中央银行借款，向其他银行借款以及发行长期资本债券与信用债券）。商业银行的资产包括现金资产、贷款、证券投资和固定资产，其中主要是贷款。证券投资（买卖有价证券）主要是政府债券和公司债券投资，各国对商业银行从事股权投资限制较严或完全禁止。商业银行除了国内业务以外，还有国际业务，主要是外汇买卖及汇兑、国际贷款和国际贸易服务。除了上述主要业务之外，商业银行为了增加利润，还利用其机构、资金、信誉、技术、信息等方面的优势，开展其他业务，例如，应与银行分账管理的信托业务、租赁业务、代理融通业务、结算业务、现金管理、咨询业务、发放银行卡业务以及表外业务（包括贷款承诺、担保以及包销、分销和代理买卖国库券）等。

投资银行是以证券承销（以及在承销基础上的证券经纪业务）为本源，其他的投资银行业务都是在这一业务的基础上形成和发展起来的。投资银行的业务主要有以下几项：

1.证券承销。证券发行市场是由证券的发行者（发行主体）、认购者（投资主体）和承销者三方构成的。承销者是指联系发行主体和投资主体的金融中介机构，它们本身并不从事投资业务，仅仅是协助政府或企业发行证券，并帮助投资者获得这些证券。投资银行从事证券承销业务，其承销过程包括：（1）投资银行对证券发行者提出发行证券种类、时间和条件等方面的建议；（2）当证券发行申请经国家证券管理机关批准后，投资银行与证券发行者签订证券承销协议；（3）协议签订之后，投资银行组建销售网络，将证券销售给广大社会公众。

投资银行承销证券获得的报酬，一种是差价，即承销商支付给证券发行者的价格与承销商向社会公众出售证券的价格之间的差价；另一种是佣金，按发行证券金额的一定百分比计算。

2.证券交易。投资银行的证券交易活动包括：（1）在证券承销之后，投资银行要为该证券创造一个流动性较强的二级市场，并尽量在一段时期内使该证券的市场价格稳定。(2) 证券经纪业务。投资银行接受客户（证券的买方或卖方）的委托，按照客户的指令，促使证券买卖双方达成交易，并据此收取一定的佣金。(3) 投资银行利用本身拥有的大量资产和接受客户委托管理资产进行证券交易，通过选择买入和管理证券组合并卖出证券，获得投资收益。

3.私募发行。前面所说的证券承销，实际上就是证券的公募发行。私募发行是将证券配售给少数特定的投资者。其发行的对象主要有两类：一类是个人投资者，如公司的股东、职工和重要客户等；另一类是机构投资者，如大的金融机构或与发行者有密切业务往来的企业等。证券私募发行者一般是一些风险较大的新企业、小企业以及投机性的公司。投资银行在证券私募发行方面的作用主要是：(1) 与证券发行者、投资者共同商讨证券的种类、定价和条件等事宜；(2) 为证券发行者寻找合适的机构投资者，并按优劣排列顺序，供发行者选择；(3) 充当证券发行者的顾问，提供咨询服务。投资银行办理上述证券私募发行业务，一般按私募证券金额的一定比例收取报酬。

4.企业兼并与收购。企业并购是企业产权交易的重要内容，投资银行在企业产权交易双方（买方和卖方）中充当中介，为企业并购双方提供服务。投资银行参与企业并购的主要方式是：(1) 寻找兼并与收购的对象；(2) 向并购者和被并购者提供买卖价格或非价格条款的咨询；(3) 帮助并购者采取行动抵御恶意性吞并企图；(4) 帮助并购者筹措必要的资金，以实现并购计划。

投资银行在企业兼并、收购方面发挥很大作用，企业兼并、收购业务为投资银行带来巨额收益，已成为投资银行的一项主要业务活动。

投资银行办理企业兼并、收购业务应收取的报酬（咨询费或聘请费），应根据并购交易金额大小、交易的复杂程度、投资银行提供服务的水平等因素决定。

5.基金管理。基金是一种大众化的投资方式，它由基金发起者通过发行投资受益凭证，吸收许多投资者的资金，形成基金，聘请有专业知识和投资经验的专家，运用基金进行证券组合投资，定期将收益按投资受益凭证分配给投资者。在美国称为“共同基金”，在英国称为“单位信托基金”，在日本称为“证券投资信托基金”。投资银行在基金管理方面的业务包括：(1) 投资银行可以作为基金发起者发起和建立基金，并管理自己建立的基金；(2) 投资银行可以作为承销者帮助其他基金发起者向投资者发售投资受益凭证，也可以接受基金发起者的委托，帮助其管理基金，从基金发起者那里获得一定报酬。

6.风险投资。风险投资即创业投资，是指为新兴公司在创业期和拓展期融通资金。新兴公司运用新技术生产新产品，其市场潜力大，预期利润很高，但风险也很大，很难从商业银行获得贷款，也不能公开发行股票融资。而投资银行的风险投资业务能够帮助新兴公司解决困难，其办法是：(1) 投资银行向新兴公司投资，成为该公司的股东。有些投资银行设有风险基金或创业基金，用于向新兴公司提供创业资本。(2) 通过私募发行证券（股票）为新兴公司筹集资本。投资银行为新兴公司私募发行证券时，常用其风险基金购买证券。由于新兴公司风险很大，因而投资银行往往要求证券发行者支付很高的私募发行报酬。投资银行还要求证券发行者提供认股权证，一般规定在私募后5年内，投资银行有权按私募发行价的120%购买该认股权证所代表的股票。如果获得风险资本的新兴公司发展很好，利润水平迅速提高，投资银行就会积极地帮助该公司发行股票，并上市交易，这类股票上市后，市价将会成倍地上涨，这时，投资银行就可以用较低的价格购买到市价很高的股票，从而获得巨额利润。如果该公司经营不善，股票价格低，投资者就可以不使用认股权证。

此外，投资银行还有项目融资、衍生产品、租赁、咨询服务、现金管理、证券保管与抵押等业务。

（二）投资银行的实质与作用

从上述可以看出，投资银行和商业银行都有多方面的业务，其中某些业务有雷同或交叉，商业银行是以存款、贷款为主要业务，而投资银行是以证券承销与证券经纪为主要业务，因此，从最本源上说，商业银行就是存贷款银行，而投资银行则是证券推销商。既然如此，为什么要称它为银行？可从以下两方面来理解：

1.历史上的原因。欧洲15世纪出现的“商人银行”，不仅从事货币市场业务，而且还在资本市场上从事包销企业股票、债券及政府公债，参与投资管理、投资咨询和开办股票经纪业务。后来，由于证券业务迅速发展，过去的“商人银行”分为两个部分，从事货币存贷业务的叫作商业银行，从事证券推销和买卖业务的叫作投资银行，实为证券公司，但习惯上还叫作银行，因为它是从“商人银行”分离出来的。在美国，投资银行业务发展初期的回报很高，高额利润驱使商业银行也进入投资银行领域，争夺企业发行证券的承销权。证券经济的扩张和膨胀潜伏着萧条和危机，1929—1933年经济大危机爆发。1934年美国《证券法》明确规定商业银行必须与投资银行分开。分开之后，证券推销商不能再办理存贷款业务。从20世纪70年代末开始，世界各国放松金融管制，商业银行盈利水平下降，导致商业银行进入证券市场，将资金转投向证券市场。利益的驱动和市场竞争使投资银行也跳出证券承销和证券经纪的业务范围，努力开拓其他各种业务。

2.现实的原因。从各国来看，美国和其他一些国家采取商业银行与投资银行分离型模式，以德国为代表的一些欧洲国家采取商业银行与投资银行综合型模式（又称“全能银行制度”），如德意志银行集商业银行和投资银行为一身。

应当指出，投资银行是理论上一种概念的总称，在实践中，投资银行并不一定都要冠以“投资银行”四字，往往被叫作“×××证券公司”或“×××公司”，例如，美国的美林证券公司、雷曼兄弟公司等。反之，有的名称叫作“投资银行”的金融机构，并不一定是真正意义上的投资银行，例如，我国原来的“中国投资银行”已于1998年末并入国家开发银行，是国家政策性金融机构，其任务是支持国家基础设施、基础产业和支柱产业项目建设。

从前述还可以看出，要建立和发展资本市场，没有投资银行是不可能成功的。

开展投资银行业务，对于构造证券市场、充当资本供需媒介、优化资源配置和促进产业集中等方面具有十分重要的作用。从投资银行的主要业务证券承销来看，投资银行作为资本供给者（投资者）和资本需求者（筹资者）之间的中介者，为资本供需双方服务。它为筹资者开辟新的筹资渠道，扩大资本来源，降低筹资成本，保证证券信用和金融稳定；为投资者开辟新的投资途径，降低投资风险，增强投资信心，促进资本增值；也为国家引导投资方向，合理配置资源，促进产业结构合理化和经济高速发展。在市场经济高度发展的国家里，投资银行尤其是那些具有国际影响的大投资银行的一举一动牵动着资本市场的每一根神经，没有它们，资本市场的运作将失去生机。因而有些人说，证券市场是资本市场的核心部分，而投资银行则是资本市场的灵魂。美国著名金融专家罗伯特·索贝尔说过：投资银行业是华尔街的心脏，确实也是华尔街存在的最重要原因。

（三）我国的投资银行

投资银行在我国被称为证券公司，随着我国证券市场的建立和发展，证券公司纷纷成立，经过多年证券市场的实践，我国的一些证券公司从代理和自营买卖证券、代理发行和销售国库券起家，逐步进入了承销股票、企业兼并、收购和基金管理等投资银行业务领域。

我国《商业银行法》第一百二十五条规定证券公司的业务包括：（1）证券经纪；（2）证券投资咨询；（3）与证券交易、证券投资活动有关的财务顾问；（4）证券承销与保荐；（5）证券自营；（6）证券资产管理；（7）其他证券业务。

第4节 我国资本市场的产生与发展

中国证券监督管理委员会于2008年发表了《中国资本市场发展报告》，2012年2月又编著了《中国资本市场二十年》，对中国资本市场发展的历史、主要经验、各项建设、发展战略和远景展望，做了全面、系统、正确的阐述。将1978—2015年资本市场的发展分为四个阶段。

一、我国资本市场的产生（1978—1992）

（一）进行股份制改革试点和股票债券的出现

1978年我国实行改革开放政策，有些地区的农民采用“以资带劳”或“以劳带资”方式集资，创办了一批股份制乡镇企业。

1984—1986年间，北京、广州、上海等城市选择少数企业进行股份制试点。1986年后，许多企业，包括一些大型国营企业纷纷进行股份制试点，公开或半公开发行股票，股票的一级市场开始出现。股票一般按面值发行，且保本、保息、保分红，到期偿还，具有一定债券的特性，发行对象多为内部职工和地方公众。这一时期还出现了债券，主要是国债，还有一些金融债券和企业债券。

（二）证券流通市场的出现和证券交易所的建立

由于证券发行增多和投资者队伍扩大，客观上需要证券流通转让，于是股票和债券的柜台交易陆续在全国各地出现。1986年9月，上海市信托投资公司静安证券业务部率先对其代理发行的飞乐音响公司和延中实业公司的股票开展柜台挂牌交易，标志着股票二级市场雏形的出现。

1990年年初，我国政府允许在有条件的大城市建立证券交易所。上海证券交易所、深圳证券交易所分别于1990年12月和1991年7月开始营业。

（三）证券中介机构和自律组织的成立

1987年9月，中国第一家专业证券公司——深圳特区证券公司成立。1988年，为适应证券转让在全国范围内的推广，中国人民银行在各省组建了30多家证券公司。财政系统也成立了一批证券公司，主要业务是从事国债的经营。1991年8月，中国证券业协会在北京成立，它是证券业的自律组织、非营利性社会团体法人。证券经营机构必须成为协会的会员。证券业协会的主要职责是：向证券监督管理机构反映会员的建议和要求；制定会员自律规则，组织从业人员培训与资格考试；调解会员间及会员与客户间的纠纷，等等。

（四）初期分散形成的市场需统一规范和监管

股份制改革初期，股票发行和交易缺乏全国统一的法律法规和统一的监管，急需加强统一管理。1990年3月，我国政府允许上海、深圳两地公开发行股票，两地分别颁布了有关股票发行和交易的管理办法。

（五）股票发行试点正式推广至全国

1992年10月召开的中国共产党第十四次全国代表大会通过决议，明确了我国经济体制改革的目标是“建立社会主义市场经济体制”，股份制成为国有企业改革的方向，更多的国有企业实行股份制改造并开始在资本市场发行股票和上市。1993年，股票发行试点正式由上海、深圳推广至全国，打开了资本市场进一步发展的空间。

二、全国性资本市场的形成和初步发展（1993—1998）

（一）建立统一监管的体制

1992年10月，国务院证券管理委员会（简称国务院证券委）和中国证监会成立，标志着我国资本市场开始实行全国统一监管，全国性市场由此形成。

1997年11月召开的全国金融工作会议进一步确定银行业、证券业、保险业分业经营、分业管理的原则。1998年4月，国务院证券委撤销，其全部职能划归中国证监会（全称中国证券监督管理委员会）。中国证监会成为全国证券期货市场的监管部门，在全国设立了36个派出机构，建立了集中统一的证券期货市场监管体制。

（二）资本市场法规体系初步形成

中国证监会成立后，开展了一系列证券期货市场法规和规章的建设。1993年4月颁布《股票发行与交易管理暂行条例》，1993年6月颁布《公开发行股票公司信息披露实施细则》，1993年8月发布《禁止证券欺诈行为暂行办法》，1994年7月实施《公司法》，1996年10月颁布《关于严禁操纵证券市场行为的通知》，1997年11月，国务院证券委发布《证券投资基金管理暂行办法》，监管机构还陆续出台了

《股票发行审批制度》、《证券经营机构股票承销业务管理办法》和《证券经营机构证券自营业务管理办法》。上述法律法规和规章的颁布实施使资本市场的发展走上规范化轨道，为相关制度的进一步完善奠定了基础。

（三）建立股票发行审批制度

1990—2000年，我国资本市场处于建立和发展初期，股票发行实行审批制。当时，各方对资本市场的规则、市场参与者的权利和义务的认识不全面，为防止一哄而上以及因股票发行引起投资过热，监管机构采取了额度指标管理的审批制度，即将额度指标下达至省级政府或行业主管部门，由其在指标限度内推荐企业，再由中国证监会审批企业发行股票。在发行方式方面，当时为了充分体现公开、公平、公正的原则，自1993年开始相继采用了无限量发售认购申请表、与银行储蓄存款挂钩、“上网定价”等方式，向公众公开发行股票。在发行定价方面，在交易所市场形成以前，大部分股票按照面值发行，定价没有制度可循。交易所市场形成以后，由于当时发行人、投资者和中介机构等市场参与者尚不成熟，也由于机构投资者的缺失，基本上根据每股税后利润和相对固定的市盈率来确定发行价格。

（四）证券交易所的建设与发展

上海、深圳证券交易所逐步采用了无纸化交易平台，按照价格优先、时间优先的原则，实行集中竞价交易、电脑配对、集中过户，在市场透明度和信息披露方面远远优于以往的区域性柜台交易，交易成本和风险明显降低。两个交易所的登记结算公司都建立了无纸化存托管制度以及自动化的电子运行系统。在这一阶段，上海、深圳交易所交易的品种逐步增加，除了股票以外，陆续增加了国债、企业债、可转债、封闭式基金等。两个全国性证券交易所的上市公司数量、总市值和流通市值、股票发行筹资额、投资者开户数、交易量等都有了快速增加。

（五）证券中介机构的迅速发展

1992年10月，华夏、南方、国泰三家全国性证券公司成立。此后，证券公司数量急剧增加，其业务包括证券承销、经纪、自营和实业投资等。此外，信托投资公司也经营证券业务，商业银行也参与国债的承销和自营。到1998年年底，全国有证券公司90家，证券营业部2 412家。其他从事证券业务的服务机构也不断发展，其中从事证券业务的会计师事务所107家，律师事务所286家，资产评估机构116家。

（六）证券投资基金的出现和规范

1991—1996年陆续建立了一批投资于证券、期货、房地产等市场的基金（称为“老基金”）。它们依托于地方政府或银行分支机构，向公众募集资金，1996年年末共有78只基金，均为封闭式，总规模约66亿元。1997年11月，颁布《证券投资基金管理暂行办法》，规范证券投资基金的发展，同时清理“老基金”。到1998年年末新设立6家基金管理公司，共发行6只封闭式证券投资基金，总规模达120亿元。

（七）证券市场对外开放

1.B股市场。我国公司发行的股票有A股和B股之分，A股的正式名称是人民币普通股票，它是由我国境内公司发行的，供境内投资者用人民币买卖的，在上海、深圳证券交易所上市交易的股票。20世纪90年代初，在外汇短缺和外汇管制的背景下，为了引进外资，我国于1991年推出人民币特种股票（简称B股），又称境内上市外资股，以人民币标明面值，以美元或港元认购和交易，投资者为境外法人或自然人。1991年11月，上海真空电子器件股份有限公司向海外投资者发行面值100元人民币、总共100万股的人民币特种股票，并于1992年2月在上交所上市。这是中国证券市场的第一只B股。至1998年年底，B股共筹资616.3亿元人民币，在一定程度上解决了企业的生产资金短缺问题，促进了B股公司按照国际惯例运作。后来由于国家批准许多企业直接到美国、新加坡、我国香港等国家和地区发行股票和上市，B股的重要性变得很小了。2000年10月后，B股市场暂停发行。2001年2月，中国允许境内居民以合法持有的外汇开立B股账户，交易B股股票。2003年一度恢复B股发行，当年11月，上工股份（900924，SH）向14家战略投资者定向增发不超过1亿股B股。各公司B股存在问题的具体情况不同，解决问题的办法也有差异。例如，中集集团公司当前总股本26.62亿股，其中A股12.32亿股，B股14.30亿股。B股交易一直处于极度不活跃状态，成交额、成交量日渐萎缩，融资能力逐步丧失。该公司发布公告称：拟将已发行的B股转换上市地，以介绍方式在香港联交所上市挂牌交易，若此方案能顺利实施，该公司将成为首家A+B转A+H上市公司。又例如，闽灿坤B股已连续18个交易日股价低于面值，公司已停牌。深交所表示：对于纯B股公司因触发市场指标而非财务原因引发退市的，一方面鼓励公司通过大股东增持、公司回购、缩股等方式维持上市地位；另一方面支持公司选择自愿退市，以后符合重新上市条件的，可安排其重新上市或转上A股。

2. 1993年6月，境内企业开始试点在中国香港上市，国际证券界、投资界对此反响强烈，投资踊跃。1994年8月，《股份有限公司境外募集股份及上市的特别规定》实施。此后，不仅越来越多的中国境内企业到香港上市，还逐渐开始在美国、伦敦、新加坡等证券市场发行上市。1993—1998年我国境内企业在境外共筹资811.6亿元（美元折算为人民币）。在我国内地注册的公司，其股票在香港发行和上市，由于香港的英文为Hong Kong，其第一个字母是H，因而就叫作H股，依此类推，在我国内地注册的公司，其股票在纽约（New York）、伦敦（London）、新加坡（Singapore）发行和上市，分别叫作N股、L股和S股。此外，还有一种红筹股，是指由中资企业控股，在中国境外注册、在香港上市的公司的股票。

3.外国公司来华购买中国公司的股份，例如，1995年8月，日本五十铃自动车株式会社和伊藤忠商事株式会社通过协议方式购买“北京北旅”法人股4 002万股（占总股本25%），成为其第一大股东。这是首个外商通过协议购买法人股成为中国上市公司第一大股东的案例。同时，一些中外合资企业陆续在中国境内上市。

（八）期货市场初步发展

1992年12月，上交所首先向证券公司推出了国债期货交易。1993年10月进一步向社会公众开放。1995年国债期货得到迅速发展，全国国债期货交易场所从2家增加到14家。

三、资本市场的进一步规范和发展（1999—2010）

（一）法律和执法体系逐步完善

1999年实施的《证券法》，是我国第一部规范证券发行与交易行为的法律，以法律形式确认了资本市场的地位。为了适应经济和金融体制改革不断深化及资本市场发展变化的需要，从2003年起，全国人大着手对《证券法》《公司法》进行修订。2006年，修订后的《证券法》和《公司法》同时实施。与《公司法》《证券法》的修订相适应，全国人大、国务院各部委对相关法律法规和规章进行了梳理和调整。全国人大通过了《刑法修正案（六）》，修订了《中华人民共和国企业破产法》。2008年，国务院颁布《证券公司监督管理条例》和《证券公司风险处置条例》。2009年，《刑法修正案（七）》设置利用未公开信息交易罪，围绕着《证券法》、《公司法》和《基金法》的落实，监管部门对市场运行领域和参与主体的法规制度进行了整体性重构。2009年和2010年，中国证监会制定修订规章、规范性文件68件，清理、废止77件。证券期货法制体系进一步健全。

中国证监会不断加强稽查执法基础性工作，严格依法履行监管职责，集中力量查办了一大批大案要案，坚决打击各类违法违规行为，切实保护广大投资者的合法权益，维护“公平、公正、公开”的市场秩序。

（二）推进资本市场改革和稳定发展

1998年《证券法》颁布以来，相关法规体系和会计规则日益完善，上市公司数量快速增长，二级市场交易日趋活跃，我国资本市场得到较快发展。但是，资本市场发展过程中积累的遗留问题、制度性缺陷和结构性矛盾也逐步开始显现，从2001年开始，市场进入四年的调整期。当时存在的主要问题是：股权分置问题；上市公司改制不彻底，治理结构不完善；证券公司实力较弱，运作不规范；机构投资者规模小、类型少；市场产品结构不合理，交易制度单一，缺乏适合于机构投资者避险的交易制度等。为了促进这些问题的解决，国务院于2004年1月发布《关于推进资本市场改革开放和稳定发展的若干意见》，提出了下列改革措施：（1）进行股权分置改革；（2）提高上市公司质量；（3）对证券公司进行综合治理；（4）改革股票发行体制；（5）进行基金业市场化改革，大力发展机构投资者。

（三）进行股权分置改革

股权分置是指A股市场上市公司的股份被分为两类：一类是社会公众购买的公开发行股票，可以在证券交易所挂牌交易，称为可流通股；另一类是上市公司公开发行前股东所持股份（其中绝大多数为国有股，此外还有法人股、外资股、自然人股等）只能通过协议方式进行转让，称为非流通股。

2005年4月29日，中国证监会发布《关于上市公司股权分置改革试点有关问题的通知》，启动股权分置改革试点。8月23日，中国证监会、国资委、财政部、中国人民银行和商务部联合发布《关于上市公司股权分置改革的指导意见》，中国证监会发布《上市公司股权分置改革管理办法》，股权分置改革全面推进。经过改革，使非流通股都转变为流通股。2011年4月，股权分置改革已经完成。从此，我国股市的各类股东享有相同的股份上市流通权和股份收益权，各类股票按统一市场机制定价，并成为各类股东共同的利益基础。因此，股权分置改革为我国资本市场优化资源配置功能的进一步发挥奠定了市场基础，使我国资本市场在市场基础制度层面上与国际市场不再有本质的差别。

（四）全面提高上市公司质量

上市公司是资本市场的基石。1990年以来，我国的上市公司不断地发展壮大，但有相当一些上市公司法人治理结构不够完善，运作不规范，质量不高，严重影响了投资者的信心，制约了资本市场的健康稳定发展。2005年1月，国务院批转了中国证监会《关于提高上市公司质量的意见》，从2006年3月起，中国证监会采取了进一步提高上市公司质量的措施：（1）完善上市公司监管体制。从2006年开始，对上市公司实行属地管理，即由中国证监会派出机构对其辖区内的上市公司进行监管，提高了监管工作的及时性、针对性和有效性。（2）强化信息披露。2007年2月，中国证监会颁布了《上市公司信息披露管理办法》，促使上市公司提高了信息披露的质量。（3）规范公司治理。中国证监会颁发了《上市公司章程指引》、《上市公司股东大会规则》和《上市公司治理准则》等规章，使上市公司治理走上了规范发展的轨道。（4）建立股权激励制度，调动公司高管和员工的积极性。（5）推动上市公司市场化并购重组，促使上市公司做大做强。

（五）综合治理证券公司

证券公司是资本市场重要的中介机构，对资本市场的健康发展极为重要。证券公司在发展过程中存在不少问题，例如，有些证券公司随意挪用客户交易结算资金和证券、违规委托理财、账外经营和财务信息虚假等。中国证监会对证券公司采取了一系列措施：（1）从2004年起，积极稳妥地处置了一些严重违规的证券公司，探索出多样化重组并购模式，例如，对濒临破产或处于危机边缘的证券公司进行托管和重组，对危机类证券公司注资重组，优质证券公司通过并购整合行业资源，引入外资参与并购等；（2）依法追究了有关人员的责任；（3）实行客户交易结算资金第三方存管制度；（4）改革国债回购、资产管理、自营等基本业务制度；（5）建立证券公司财务信息披露和基本信息公示制度；（6）加强对证券公司高管人员和股东的监管，规范高管和股东行为；（7）完善投资者保护机制，改变证券公司的市场退出模式，成立了投资者保护基金有限责任公司。2007年证券公司综合治理工作成功结束。

（六）新股发行体制改革

新股发行体制是指首次公开发行股票时的新股定价、承销和发售的一系列制度及相关安排，其中定价机制是新股发行体制的核心。新股发行体制改革的进程概述如下：

1.1990—2001年3月，股票发行实行审批制，1993年的《公司法》和1998年的《证券法》均规定，新股发行价格须经证券监管部门批准。2001年3月，新股发行实施主承销商推荐及核准制，2004年2月，《证券发行上市保荐制度暂行办法》实施，发行上市主承销商推荐制正式过渡到保荐制度，建立了保荐机构和保荐代表人问责机制。

2.2004年修订的《证券法》取消了新股发行价格须经监管部门核准的规定。中国证监会依据法律调整，对股票发行方式进行了重大改革，于2005年初推出了询价制度。询价制采用累计投标询价方式向机构投资者（网下）配售一部分股票以确定新股发行价格，同时按该价格向公众（网上）发售其余股票。累计投标询价是国际上新股发行的主要方式，基本做法是发行人和承销商向机构投资者进行询价，并对询价中所有投标结果进行汇总登记，根据不同价格下相应的申购数量确定最能反映市场需求的发行价格。

3.2006年，《上市公司证券发行管理办法》《首次公开发行股票并上市管理办法》《证券发行与承销管理办法》及相应配套规则先后推出，形成了全流通模式下的新股发行体制。为了进一步健全新股发行体制、强化市场约束机制，2009年6月10日，中国证监会发布《关于进一步改革和完善新股发行体制的指导意见》，启动了新一轮新股发行体制改革。这次改革继续坚持市场化改革方向不动摇，紧紧围绕定价和发行承销方式两个关键环节，完善制度安排，强化市场约束。

4.在具体实施上，第一阶段主要推出四项具体措施：完善询价和申购的报价约束机制，设定最低申购的底限；将网下、网上申购参与对象分开；网上单个申购账户设定上限；加强新股认购风险提示。截至2010年6月底，共有295家企业按照新办法发行新股，新股发行有序进展，各项改革要求逐步落实，达到了第一阶段改革目标。第二阶段的改革主要考虑在前期改革的基础上进一步完善询价过程中报价和配售约束机制，促进新股定价进一步市场化。

5.新股发行体制改革从“政府主导型”向“市场主导型”方向转变，是一个不断完善和深化的过程。在国际上，一些发达市场股票发行普遍实行注册制，程序更为便捷和标准化，定价机制更加市场化。为了进一步提高发行效率、充分发挥资本市场的功能，仍需进一步深化对发行体制的改革。

（七）进行基金业市场化改革，大力发展机构投资者

在我国资本市场发展初期，投资者以散户为主，没有真正意义上的机构投资者。2000年中国证监会提出要“超常规发展机构投资者”，为此，借鉴国际市场基金发展的经验推动基金业的发展。2002年对基金审核制度进行市场化改革，监管部门简化审批程序，引入专家评审制度，使基金产品的审批过程趋于制度化、透明化、专业化和规范化。2003年以后，审批制度进一步简化，逐步与国际通行的注册制接轨。基金业市场化改革促进了该行业不断的发展，基金管理公司迅速增加，基金业对外开放，允许外资参股基金管理公司，允许经批准的合格境外机构投资者（QFII）投资于中国证券市场。

机构投资者除了上述证券投资基金以外，还有其他一些基金，主要是以下

几种：[①]

1.企业年金。我国的企业年金产生于20世纪80年代末90年代初，2004年5月《企业年金试行办法》和《企业年金基金管理试行办法》开始实施，确立了我国企业年金的基本框架，企业年金开始市场化运作，逐步成为资本市场主要机构投资者之一。劳动和社会保障部（现国家人力资源和社会保障部）于2005年8月、2007年11月先后两次公开选择企业年金基金管理机构，先后共选定61家机构，其中，受托机构12家，账户管理机构18家，托管机构10家，投资管理机构21家（其中基金管理公司12家）。截至2009年年底，全国有3.35万户企业建立了企业年金，参加职工人数为1 179万人。截至2010年年底，21家具有投资管理人资格的机构管理企业年金基金2 809亿元，其中，基金管理公司参与管理的规模达1 088亿元。

2.全国社保基金。全国社保基金由2000年8月成立的全国社会保障基金理事会统一管理，根据2003年7月实施的《全国社会保障基金投资管理暂行办法》和《全国社会保障基金境外投资管理暂行规定》等规定，通过直接投资和委托投资两种方式进行市场化运作，成为资本市场主要机构投资者之一。资本市场为社保基金提供了资产保值增值的渠道，为社会保障体系的完善提供了有力支持。

社保基金理事会通过公开评选，前后3次选出16家基金及2家券商，共计18家机构为境内委托投资管理。截至2010年年底，社保基金理事会管理的基金持有已上市流通A股市值1 430.32亿元，占全部已上市流通A股总市值的0.74%。

3.保险类机构投资者。2002年，中国证监会联合中国保监会批准保险机构进入A股股票市场。截至2010年年底，保险机构账户合计3 380户，持有流通A股市值为6 879.59亿元，占全部已上市流通A股总市值的3.55%。

4.QFII。为了有序稳妥地开放证券市场，增强机构投资者力量，2003年，中国证监会推出了QFII制度。截至2010年年底，共有106家外资机构获得QFII资格，合计持有流通A股市值2 358.15亿元，约占我国A股流通市值的1.24%，给境内投资者带来了新的观念，同时对促进资源有效配置、提高上市公司治理水平，产生了积极的影响。

5.一般机构投资者。伴随着证券市场的发展，特别是股权分置改革之后，一般机构在市场上的影响日益扩大。2005年年底，一般机构投资者持有流通A股462.04亿元，占当时市场全部流通市值的4.52%。2006年股权分置改革后，原非流通股股东经改革转变为流通股股东加入到一般机构行列，体现了产业资本在全流通时代证券市场上的特殊地位。截至2010年年底，一般机构持有已上市流通A股市值为105 131.18亿元，占当时市场全部流通市值的54.22%。

机构投资者一般都是长期投资者，注意遵循市场规则，是资本市场运行的稳定力量，是长期投资的样本。进一步发展机构投资者，对于促进股市正常运行、健康发展，具有重要意义。

---

① 中国证券监督管理委员会．中国资本市场二十年［M］．北京：中信出版社，2012：150-153．

（八）建立多层次市场体系，推出多样化产品

截至2010年年末，我国资本市场包括4个层次：

1. 主板市场。主板包括上海证券交易所主板市场和深圳证券交易所主板市场。上市公司达1 379家，其中上交所894家，深交所485家。

2. 中小企业板市场。深圳证券交易所中小企业板市场于2004年6月建立，上市公司531家。

3. 创业板市场。2009年10月创业板正式推出，到2010年末创业板公司达153家。

4. 场外市场。[①]我国的场外市场始于20世纪80年代，当时的股份制改革催生了股票的私下交易和柜台交易。90年代末，上海和深圳证券交易所开业，此后，交易所市场在我国资本市场体系中占据主导地位。所谓场外市场就是指在证券交易所之外进行证券交易的市场。在证券交易所市场迅速发展的同时，有组织的场外市场也在不断地发展，全国各地先后建立了地方证券交易中心，经国家有关部门批准建立了STAQ系统（全国证券交易自动报价系统）和NET系统（全国电子交易系统），这些证券交易中心和两个系统为非上市股份公司提供证券交易服务。2001年6月，为了解决上述两个系统挂牌公司股份转让的历史遗留问题，经国务院同意、中国证监会批准，中国证券业协会设立了“代办股份转让系统”，开始了在证监会统一监管下建立场外市场的探索与实践。代办系统的实质就是证券公司柜台交易系统。此后，该系统又承担了从上海、深圳证券交易所退市公司的股票的流通转让功能，2006年1月，中国证券业协会发布了《证券公司代办股份转让系统中关村科技园区非上市股份有限公司股份报价转让试点办法（暂行）》（以下简称《试点办法》）及相应配套规则。2007年1月，北京时代和中科软定向增资成功，表明代办系统开始具备了融资功能。代办系统开办后陆续建立了公司挂牌备案制度、主办券商制度、地方政府合作监管制度，定向增资制度和合格投资者制度等，确立了两方面业务：一是股份转让业务，主要为历史遗留问题公司、退市公司股份转让提供服务；二是股份报价业务，为高新技术园区非上市公司股份报价转让提供服务。这两方面业务的交易制度的区别是：前者采用交易日下午3点集合竞价一次的交易方式，与交易所连续竞价均属于集中交易方式，每笔委托最低数量100股，与主板相同，故称为“老三板”；后者利用交易所的大宗交易系统，采用协议转让方式，每笔委托最低数量为3万股，由投资者委托证券公司报价，通过交易系统寻找买卖对手方，达成转让协议后，再进行确认和股份过户，被称为“新三板”。截至2010年末，共有126家公司在代办系统挂牌，其中原两个系统的公司8家，上海、深圳证券交易所退市公司44家，股份报价公司74家。以后“新三板”进一步扩容发展。

（九）债券市场的发展

近几年来，中国债券市场规模有所扩大，市场交易规则逐步完善，债券托管体

① 中国证券监督管理委员会．中国资本市场二十年［M］．北京：中信出版社，2012：78-80.

系和交易系统等基础建设不断加快。债券市场包括交易所债券市场、银行间债券市场和银行柜台交易市场。

（十）金融期货市场的发展

1999年发布的《期货交易管理暂行条例》及后续有关期货交易所、经纪公司、经纪公司高管资格和从业人员资格四个配套管理办法的实施，使期货市场法规体系初步建立，步入规范化运行的轨道。2006年9月，中国金融期货交易所在上海成立，准备推出金融衍生品。2007年3月，修订后的《期货交易管理条例》发布，将规范的内容由商品期货扩展到金融期货和期权交易，扩大了期货公司的业务范围，进一步强化了风险控制和监督管理。

（十一）放宽分业经营限制

2005年修订的《证券法》第六条规定，证券业和银行业、信托业、保险业实行分业经营、分业管理，证券公司与银行、信托、保险业务机构分别设立，国家另有规定的除外。放宽分业经营限制，就是在坚持分业管理的前提下，放宽对证券业和银行业、信托业、保险业互相融合的限制。

（十二）进一步对外开放

自2001年12月我国加入世界贸易组织后，资本市场对外开放步伐明显加快，推进了我国资本市场的市场化、国际化进程，促进了市场的成熟和发展壮大。

1.合资证券期货经营机构的设立。我国于2002年发布了《外资参股证券公司设立规则》和《外资参股基金管理公司设立规则》，截至2010年底，我国共有10家中外合资证券公司，35家中外合资基金公司，其中16家的外资股权已达到49%。2006年银河期货经纪有限公司和荷兰银行合资成立了国内第一家合资期货公司。

2.合格境外机构投资者（Qualified Foreign Institutional Investor，QFII）制度的建立。在人民币资本项下未实现完全自由兑换的情况下，我国于2002年12月实施允许经批准的境外机构投资者投资于我国证券市场的QFII制度。截至2010年底，已有106家境外机构获得QFII资格，获得总计197.2亿美元的投资额度。QFII的发展有利于筹集和利用更多外资，提高我国资本市场的国际影响力。

3.合格境内机构投资者（Qualified Domestic Institutional Investor，QDII）制度的建立。我国于2006年5月实施允许经批准的境内机构投资于境外证券市场的QDII制度。截至2010年底，有31家证券投资基金管理公司和9家证券公司获得QDII资格。QDII的引入，使我国的投资者有机会投资更广阔的国际资本市场。

4.继续推进大型国有企业集团重组境外上市。1999年以来，国内大型企业境外上市融资额逐年上升，2006年高达3 136.7亿元。1999—2007年共筹资7 809亿元。截至2010年末，共有288家境内公司在境外发行股票和上市，2010年筹资2 363.5亿元。

四、第十二个五年规划期间（2011—2015）资本市场的改革与发展

2010年10月中共中央《关于制定国民经济和社会发展第十二个五年规划的建议》中提出："加快多层次资本市场体系建设，显著提高直接融资比重。积极发展

债券市场，稳定发展场外交易市场和期货市场。”加快多层次资本市场体系建设，提高直接融资比例，为各类企业提供与其风险状况相匹配的融资工具，为居民个人和社会保障机构的资金提供对应的投资渠道，提高资本市场运行质量，这对于更好地服务实体经济，促进经济发展方式转变，保持经济社会稳定发展，具有重要的战略意义。

（一）大力进行多层次股票市场的建设

1.进一步发展主板市场。继续采取措施，将主板上市公司做优做强，推动更多代表我国经济的大盘蓝筹公司上市，扩大市场的规模；采用多种并购重组方式，推动上市公司的整合；建立健全上市公司股权激励机制，完善内控机制和公司治理结构，提高上市公司规范运作水平；加强对控股股东、高管人员及董事的监管，加强对违规信息披露行为的惩罚力度。

2.继续搞好中小企业板市场建设。完善中小企业板的各项制度，不断扩大规模；建立适应中小企业特点的快捷融资机制，提高再融资的灵活性；不断改善上市公司行业结构；完善符合中小企业特点的交易制度，提高市场的流动性，增加市场的广度和深度。

3.积极推进创业板市场建设。为创新型和高成长性企业提供融资渠道，为创业资本提供退出渠道；实行更加市场化的发行上市制度，建立相应的交易制度和信息披露监管制度，防范风险，保护投资者合法权益。

4.进一步发展场外市场。

（1）全国中小企业股份转让系统（“新三板”）发展迅速，据平安证券研究所统计，2012年8月，北京中关村有高新技术企业15 026家，武汉东湖有356家，上海张江有395家，天津滨海有344家。2016年7月7日，“新三板”挂牌公司数增至7 724家。企业为了争取在“新三板”挂牌，必须按照前述“试点办法”和有关规定的要求认真创造条件，主要是：①主营业务要突出；②同业竞争要正确处理；③持续经营要有保障；④高新技术企业的身份要真实，要符合《高新技术企业认定管理办法》的规定；⑤资金占用要正确解决，不能把关联企业的资金算作自有资金；⑥财务处理要真实，不粉饰业绩，不进行利润操纵；⑦股权激励要合理有效，要精选激励对象，激励股份要分期授予，激励对象每年必须完成相应的考核指标；⑧企业的生产经营必须规范，并切实承担社会责任。

为更好地发挥金融对经济结构调整和转型升级的支持作用，进一步拓展民间投资渠道，充分发挥全国中小企业股份转让系统（以下简称全国股份转让系统）的功能，缓解中小微企业融资难问题，国务院于2013年12月作出关于全国中小企业股份转让系统有关问题的决定。

①充分发挥全国股份转让系统服务中小微企业发展的功能。

全国股份转让系统是经国务院批准，依据《证券法》设立的全国性证券交易场所，主要为创新型、创业型、成长型中小微企业发展服务。境内符合条件的股份公司均可通过主办券商申请在全国股份转让系统挂牌，公开转让股份，进行股权融资、债权融资、资产重组等。申请挂牌的公司应当业务明确、产权清晰、依法规范经营、公司治理健全，可以尚未盈利，但须履行信息披露义务，所披露的信息应真实、准确、完整。

②建立不同层次市场间的有机联系。

在全国股份转让系统挂牌的公司，达到股票上市条件的，可以直接向证券交易所申请上市交易。在符合《国务院关于清理整顿各类交易场所切实防范金融风险的决定》（国发〔2011〕38号）要求的区域性股权转让市场进行股权非公开转让的公司，符合挂牌条件的，可以申请在全国股份转让系统挂牌公开转让股份。

③简化行政许可程序。

挂牌公司依法纳入非上市公众公司监管，股东人数可以超过200人。股东人数未超过200人的股份公司申请在全国股份转让系统挂牌，证监会豁免核准。挂牌公司向特定对象发行证券，且发行后证券持有人累计不超过200人的，证监会豁免核准。依法需要核准的行政许可事项，证监会应当建立简便、快捷、高效的行政许可方式，简化审核流程，提高审核效率，无需再提交证监会发行审核委员会审核。

④建立和完善投资者适当性管理制度。

建立与投资者风险识别和承受能力相适应的投资者适当性管理制度。中小微企业具有业绩波动大、风险较高的特点，应当严格自然人投资者的准入条件。积极培育和发展机构投资者队伍，鼓励证券公司、保险公司、证券投资基金、私募股权投资基金、风险投资基金、合格境外机构投资者、企业年金等机构投资者参与市场，逐步将全国股份转让系统建成以机构投资者为主体的证券交易场所。

⑤加强事中、事后监管，保障投资者合法权益。

证监会应当比照《证券法》关于市场主体法律责任的相关规定，严格执法，对虚假披露、内幕交易、操纵市场等违法违规行为采取监管措施，实施行政处罚。全国股份转让系统要制定并完善业务规则体系，建立市场监控系统，完善风险管理制度和设施，保障技术系统和信息安全，切实履行自律监管职责。

⑥加强协调配合，为挂牌公司健康发展创造良好环境。

国务院有关部门应当加强统筹协调，为中小微企业利用全国股份转让系统发展创造良好的制度环境。市场建设中涉及税收政策的，原则上比照上市公司投资者的税收政策处理；涉及外资政策的，原则上比照交易所市场及上市公司相关规定办理；涉及国有股权监管事项的，应当同时遵守国有资产管理的相关规定。各省（区、市）人民政府要加强组织领导和协调，建立健全挂牌公司风险处置机制，切实维护社会稳定。

股票在全国股份转让系统挂牌的公司，简称挂牌公司。

证监会在作出上述决定的同时，还制定了《全国中小企业股份转让系统有限责任公司（简称全国股份转让系统公司）管理暂行办法》，该公司负责组织和监督挂牌公司的股票转让及相关活动，此办法规定了该公司的职能、组织结构、自律监管和监督管理。

(2) 区域性股权交易市场（俗称“四板市场”）。

中国证监会2012年8月23日发布《关于规范区域性股权交易市场的指导意见》。

①区域性股权交易市场（以下简称区域性市场）是多层次资本市场的重要组成部分，对于促进企业特别是中小微企业股权交易和融资，鼓励科技创新和激活民间资本，加强对实体经济薄弱环节的支持，具有不可替代的作用。区域性市场经所在地省级人民政府批准设立。

②区域性市场是为市场所在地省级行政区域内的企业，特别是中小徽企业提供股权、债券的转让和融资服务的私募市场，接受省级人民政府监管。区域性市场原则上不得跨区域设立营业性分支机构，不得接受跨区域公司挂牌。

③区域性市场已经建立投资者适当性管理制度，要求参与区域性市场的投资者为具备一定风险承受能力的合格投资者，明确合格的机构投资者和个人投资者的标准并予以公示。

④区域性市场已经建立健全的信息披露制度中明确了各参与主体的信息披露要求，并指定适当的信息披露途径，提高了信息披露质量。区域性市场应当要求挂牌公司作为信息披露的第一责任人。

⑤证券公司参与区域性市场的方式，由证券公司与区域性市场协商确定。

⑥证券公司参与区域性市场应符合中国证监会的相关监管规定，并在中国证券业协会备案。

5.建立适应不同层次市场的交易制度和转板机制。根据企业和投资者的不同特点，建立差异化的制度，实现风险分层管理，建立不同层次市场间的转板机制，形成各层次市场间有机联系的市场体系。

（二）加快债券市场的发展

1.建立集中统一的监管体制，制定债券发行、交易规则；加快公司债券发行制度改革，建立发行利率、期限、品种的市场化选择机制。

2.建立发债主体的信息披露制度，确保投资者及时、准确获得信息；规范债券市场中介服务机构，提高其管理和服务质量；健全债券信用评级制度，增加投资者对债券投资的风险意识，保障债券持有人的合法权益。

3.积极推进交易所债券市场和银行间债券市场的相互联通，建立安全、高效、统一、互联的债券市场；逐步形成由交易所市场和场外交易平台共同组成的多层次债券市场，为不同类型的投资者提供最优交易场所和平台。

4.建立健全以市场为主导的创新体制，推动债券市场产品发展；扩大具有风险识别能力和承担能力的机构投资者队伍，创造有利于债券市场发展的外部环境。

（三）积极稳妥地发展金融衍生品市场

1.完善期货品种体系，稳步发展各类金融衍生品。

2.健全期货市场交易机制。完善期货保证金监控机制和期货公司净资本安全监管制度，继续推进金融期货交易所建设，完善期货交易结算制度，维护市场稳定运行。

3.优化投资者结构。促进以机构投资者为主的投资者队伍的形成；在风险可控的前提下，推动各类机构合规运用金融衍生品进行风险管理；推动相关企业在期货市场套期保值；推动各类金融机构参与金融衍生品业务。

（四）大力提高上市公司质量

1.不断完善上市公司治理结构，提高公司治理水平，进一步完善独立董事制度，加强内控制度建设，提高风险防范能力，建立有效的激励约束机制，鼓励机构投资者参与公司治理。

2.加强上市公司信息披露，提高信息披露的质量，提高信息披露的及时性。

3.推动公司并购重组市场规范发展，促进上市公司做大做强，完善市场化的优胜劣汰机制。

4.完善上市公司退市制度及退市标准，明确退市指标，完善退市程序，严格恢复上市条件，认真执行退市制度。

（五）继续推进证券期货经营机构的发展和规范运作

1.进一步放松对证券期货经营机构（证券公司、证券投资基金管理公司、期货公司等）的管制，简化审批程序，把经营决策权更多地交给市场参与主体，营造有利于创新和公平竞争的环境，使证券期货经营机构在竞争中不断增强核心竞争力。

2.完善证券期货经营机构的治理结构。

3.完善风险管理制度，拓宽业务范围，推动证券公司不断提高其国际竞争力。

4.继续大力发展机构投资者。继续发展证券投资基金，扩大基金规模，拓展基金公司的业务范围，推动基金业的产品创新和业务创新；吸引保险资金、社会保障资金和其他机构投资者增加在资本市场的参与程度；稳妥发展具有私募性质的投资基金，形成多元化、多层次的专业机构投资者队伍。

（六）稳步推进对外开放

1.在循序渐进、防范风险、保障金融安全的前提下，采取“引进来”的方式。根据市场发展需要逐步提高合资证券期货经营机构外资持股比例，扩大经营业务的范围；吸引国际资本，逐步加大外资投资于中国资本市场的比例和范围；推动境外企业在境内证券交易所上市，探索建立上海证券交易所国际板市场（国际板是指境外注册企业在境内发行人民币股票，并在境内上市的交易所市场板块），使证券交易所逐步向全球企业开放，提升中国资本市场的全球竞争力。

2.在风险可控的前提下，有选择性地探索“走出去”的路径。鼓励更多符合条件的境内证券公司、基金公司、期货公司等在境外设立分支机构或合资公司，有选择性地在一些领域开展国际业务，推动符合条件的机构投资者投资于国际市场，通过参与国际竞争与合作，熟悉和掌握国际资本市场的规则和技术，积累管理经验，提高国际竞争力。继续组织部分优质企业到境外股票市场发行和上市。

3.2014年，金融对外开放力度较大，步伐加快。人民币国际化快速推进，“沪港通”试点正式启动，人们币合格境内机构投资者（RQDII）制度出台，人民币合格境外机构投资者（RQFII）试点扩大到10个境外国家和地区。2015年进一步扩大金融对外开放，做好以下工作：一是继续扩大资本市场对外开放。优化“沪港通”

机制，增加交易产品，适时启动“深港通”。推动A股纳入国际基准指数，扩大境外机构投资银行间债券市场规模，实现内地与香港基金产品互认。扩大合格机构投资者的主体、投资范围和额度，开展个人投资者境外投资试点。二是扩大人民币国际使用范围。鼓励境内机构使用人民币对外贷款、投资和赴境外发行人民币债券。2016年适时启动“深港通”。

（七）新股发行体制改革和上市公司新的退市制度

1.2012年4月，中国证监会发布了《关于进一步深化新股发行体制改革的指导意见》，要求在过去两年减少行政干预的基础上，推动各市场主体进一步归位尽责，促使新股价格真实反映公司价值，实现一级市场和二场市场均衡协调、健康发展，切实保护投资者的合法权益。2013年12月2日，中国证监会发布《关于进一步推进新股发行体制改革的意见》。2015年3月5日，国务院总理在第十二届全国人民代表大会第三次会议上做政府工作报告时提出，要实施股票发行注册制改革。

2.为了促进资本市场的健康发展，建立完善的上市公司退市制度，2012年2月，深圳证券交易所发布了《关于完善创业板退市制度的方案》，2012年6月，上海证券交易所和深圳证券交易所分别发布了《关于完善上海证券交易所上市公司退市制度的方案》《关于改进和完善深圳证券交易所主板、中小企业板上市公司退市制度的方案》。

3.2014年6月17日，中国证监会发布《关于改革完善并严格实施上市公司退市制度的若干意见》。

4.2014年7月，深圳证券交易所对原有的创业板股票上市规则进行了修改，制定了《深圳证券交易所股票上市规则》，包括退市条款。

5.2015年，中国股市出现了异常波动，针对存在的问题，中国发改委、中国证监会等22家单位联合签署了《关于对违法失信上市公司相关责任主体实施联合惩戒的合作备忘录》。

（八）完善法律和监管体系

1.完善法律体系，加大执法力度。完善现有法律法规，推进资本市场法律体系建设，建立健全资本市场执法体制。

2.加强监管队伍建设，提高监管效率。深化监管机构自身改革，加强监管的独立性，调整和优化内部机构设置，建立更加灵活的人才管理机制，使监管机构和人员更好地服务于资本市场的发展。

3.加强监管协调，防范金融风险。加强各监管机构间的协调与合作，建立和完善针对各种金融风险的快速决策和反应机制，维护资本市场的稳健运行。

五、第十三个五年规划期间（2016—2021）资本市场的改革与发展

（一）坚持引进来和走出去并重、引资和引技引智并举

（二）发展天使、创业、产业投资，深化创业板、新三板改革

（三）促进科技与经济深度融合，促进科技成果资本化、产业化

（四）加快形成有利于创新发展的市场环境、产板制度、投融资体制、分配制

度、人才培养引进使用机制

（五）加快形成统一开放、竞争有序的市场体系，促进人才、资金、科研成果等在城乡、企业、高校、科研机构间有序流动

（六）积极培育公开透明、健康发展的资本市场，推进股票和债券发行交易制度改革，提高直接融资比例，降低杠杆率。推进高收益债券及股债相结合的融资方式。推进汇率和利率市场化，提高金融机构管理水平和服务质量，降低企业融资成本。规范发展互联网金融

（七）推进资本市场双向开放，改进并逐步取消境内外投资额度限制

第2篇　资本的筹措、运用和积累

第3章　资本筹措

第1节　资本筹措的内涵与要求

一、资本筹措是资本运营的起点

占有一定量的资本是企业从事生产经营活动的基本条件。所谓资本筹措，是指企业从自身生产经营现状和资本需求情况出发，根据企业的经营策略和发展规划，经过科学的预测、决策，通过一定的渠道和方式经济有效地筹集一定数额资本的行为。

企业筹集资本，并使占有的可供运用的资本具有相对稳定性是其生存和发展的关键。

首先，不论是创建一个新企业，还是维持现有企业的正常运转，或者开发新产品、进行技术改造，或者对其他企业进行兼并、收购、控股等，企业都必须预先筹集一定数额的资本。

其次，资本筹措关系到资本运营其他各环节的正常进行。资本筹措、投放、运用和分配构成了企业资本运营的主要内容，其间紧密衔接、密不可分。资本筹措直接制约着资本的投放和运用，并且资本筹措本身就是资本投放决策的一个重要方面；资本投放与运用的效率又关系到资本的增值和分配；资本增值的积累和分配又制约着资本的再筹集和投放。

最后，资本运营的目标在于资本增值，而要寻求资本的增值又必须首先有资本。当资本运营主要以企业为载体而展开时，企业的资本筹措就必然是应当首先解决的问题，而且以较低的成本获取资本是实现企业资本增值的关键问题。

因此，资本筹措是企业开展资本运营的前提和基础。

二、资本筹措的基本要求

为了提高资本运营的效率与效益，在企业筹资这一环节应遵循如下基本要求：

（一）科学确定资本需要量，合理安排资本的筹措时点

企业再生产过程的实现以资本的正常周转为前提，如果资本不足，企业的正常经营就难以维持，资本增值必然会受到影响；相反，如果资本过剩，则会影响资本的使用效率，造成稀缺资源的浪费。因此，筹资决策的首要问题是根据企业生产经营的具体情况，以及成本、费用和销售规模等，采用科学的方法预测资本需要量以保证企业正常经营和发展的资本需求。同时，在企业生产经营和发展过程中，各个

阶段、各个时期的资本需要量并非完全相同。资本的不足或过剩具体是指企业占有的资本在某一时期内低于或高于正常经营的资本需求。因此，为了保证正常周转的资本需求和扩大资本增值，不仅应对筹资的数量进行合理的预测和决策，而且应对资本的筹措时点进行合理的安排，使筹资时点和资本的增量需求时点相一致，以尽可能在保证正常周转需要的前提下，降低资本成本，扩大资本增值。

（二）合理组合筹资渠道与方式，降低资本成本

无论是企业的设立，还是在经营过程中，其可以选择的筹资渠道和方式均是多种多样的，不同资本来源的难易程度、资本成本和风险各不相同。因此，资本筹措应综合考虑各种筹资渠道和方式，选出最佳的资本来源结构，以降低资本成本。

（三）注意资本结构的优化，降低筹资风险

在筹资决策中，资本结构是指各种资本来源占全部资本的比重；筹资风险是指筹资中各种不确定性给企业带来损失的可能性。在市场经济条件下，企业从不同渠道以不同的方式筹集的资本，由于使用时间、筹资的条件限制、筹资的成本各不相同，给企业带来的风险大小也不相同，只有在筹资过程中，合理选择和优化筹资结构，做到长期资本和短期资本、债务资本和自有资本的有机结合，才可以有效地规避和降低风险。

（四）诚信守法，认真签订和执行筹资合同

市场经济的基石是信用，在资本所有权和使用权分离的企业治理架构下，企业和企业实际控制人诚信守法是资本所有者权益的核心保障。企业筹资实际上是企业的实际控制人在筹资，其诚信和守法意识是维持企业长期发展的基础，更是资本所有者资金安全和收益的保障。因此在进行筹资成本、资本结构和投资效益可行性研究的基础上，拟订好筹资方案，是筹资开始的前提。在筹资方案的实施过程中，筹资者与出资者应按法定手续认真签订合同、协议，明确各方的责任和义务。此后，必须按照企业筹资方案和合同、协议的规定执行筹资和后续用资，维护企业信誉。

（五）关注资本流向，适时调整筹资策略和时机

从资本供给角度来看，资本作为稀缺资源，因逐利目的而进行市场流动。企业处于不同的发展阶段，其盈利能力、盈利风险和盈利增长率会有较大的差别，对资本的吸引力也会完全不同。因此，企业筹资在以提高资本的使用效率和效益的前提下，还应关注资本的流向，适时调整筹资策略和时机。尤其对于处于发展期的企业来讲，不要过度关注资本的效率和效益，而应在具备筹资能力时尽量以占有更多的资本为核心筹资策略。对稀缺资源的过度占有虽然会降低资本的社会效益，但也会大幅提升企业主体的竞争力和安全边际。

第2节 资本需要量的预测

企业资本筹措的数量依据是企业的资本需要量。因此，筹资额的确定必须依据

资本需要量来确定。由于资本在形态上主要表现为长期资产和流动资产，而这两类资本占用的特点是不同的，因此应分别测算。

企业长期资本需要量的预测主要是通过投资决策、编制资本预算来完成。

在企业日常的经营中，主要是对短期流动资本的占用量进行预测，短期流动资本在占用形态上具体体现为货币资本占用、存货资本占用、应收款和预付款资本占用以及其他应收款占用等，上述占用通常称为营运资本。无论哪种形态的营运资本占用，其预测的方法大致可分为两类：定性预测法和定量预测法。

一、定性预测法

定性预测法主要是利用有关资料，依靠个人经验、主观判断和分析预见能力，对企业未来的资本需要量所做的测定。这种方法一般是在企业缺乏完备、准确的历史数据和资料的情况下采用。其一般过程为：首先，由熟悉企业所在行业的经营特点、企业的生产经营状况和财务状况的专家，根据以往所积累的经验进行分析和判断，提出资本需要量的初步预测值；然后，通过召开座谈会、专题会或者信函调查等方式，在与相近企业进行对比的基础上，对初步预测值进行有根据的修订，得出最终的预测结果。定性预测法使用简便、灵活，但它难以揭示资本需要量与有关因素之间的数量关系，因此，预测的结果缺乏准确性，在可能的情况下，应和定量预测法结合运用。

二、定量预测法

定量预测法是指以资本需要量和有关因素的关系为依据，在掌握大量的历史和同行业相关资料的基础上，采用一定的数学方法加以计算，并将计算结果作为预测值的一类预测方法。根据相关因素和计算方法的不同，定量预测法又可以划分为许多种，如趋势预测法、销售百分比法、资金习性法等。

（一）趋势预测法

这种方法是以时间为相关因素，根据资本需要量发展变化的趋势和有关资料推算未来预期值的方法。采用这种方法的两个假设是：（1）假定已经掌握资本需要量目前的发展变化趋势，且这种趋势在预测的时间段内将会持续下去；（2）假定有关因素的变动不会改变这种趋势。例如，甲企业2008—2012年资本需要量平均每年以10%的速度增长，2012年资本占用量为600万元，若运用趋势预测法，则2013年的资本需要量为660万元（600×（1+10%））。趋势预测法通常适用于企业的生产经营比较稳定、增长比较恒定、资本需要量的发展变化呈现长期的上升趋势的情况。随着企业经营环境的变化、竞争的加剧，这种方法的适用范围也受到限制。

（二）销售百分比法

这种方法是以销售额为相关因素，根据资本需要量和销售额之间的关系进行预测的一种定量预测方法。这种方法假定资本需要量和销售额之间的关系为正相关，且这种相关关系在预测期内保持稳定。例如，根据历史资料统计，甲企业每增加100万元的销售收入，占用在流动资产上的资本增加20万元，2015年销售收入为

1 200万元，流动资产上占用的资本为240万元，预计2016年的销售收入为1 450万元，则2016年预计追加的资本需要量为50万元（（1 450−1 200）÷100×20）。销售百分比法的主要优点是简便易行。其缺点表现为假定资本需要量和销售额之间的关系为正相关与现实不符。一般来说，由于管理经验的增多、新的管理技术和方法的应用、生产组织及销售政策的变动都会使二者之间的关系发生变化，且从生产经营的现实情况来看，由于资本占用规模效应的存在，在一定范围内销售量（收入）的增长率会高于资本需要量的增长率。因此，在使用这种方法时应注意其假设的关系是否成立。

为了尽量防止预测的失实，可以对销售百分比法的假设进行修订，即假设资本需要量和销售收入之间存在线性关系。这种线性关系可以用下式表示：

$$Z=a+bS$$

式中，Z——资本需要量；a——直线的截距；b——直线的斜率；S——销售收入。

则资本需要量对销售收入的比率为：

$$\frac{Z}{S}=\frac{a}{S}+b$$

式中，a、b的值可以通过统计回归分析得出（见资金习性法）。当预计的销售收入已知时，可以通过上式计算资本需要量，从而进行预测。

（三）资金习性法

所谓资金习性，是指资本占用量和产销量之间的依存关系。按照这种关系可以将资本占用划分为固定占用资本、变动占用资本和半变动占用资本。

固定占用资本是指在一定的产销规模内，不随产销量变动的资本，主要包括为维持正常的生产经营而占用的最低数额的现金、原材料、包装物、低值易耗品的保险存量以及必要的产成品库存和应收款。

变动占用资本是指随产销量变动而成同比例变动的资本，主要包括在最低储备以外的现金、存货、应收款等占用的资本。

半变动占用资本是指虽受产销量变动的影响，但不成同比例变动的资本占用，如一些辅助材料上占用的资本。半变动占用资本可以采用一定的方法分解为固定占用资本和变动占用资本。

资金习性法就是根据上述原理，预测资金需要量的方法。其模型为：

$$y=a+bx$$

式中，y——资本需要量；x——产销数量；a——固定占用资本；b——单位产销量所需要的变动占用资本。

运用上式，在a、b已知的条件下，就可以求出一定产销量x所需的资本量。运用这种方法的关键是利用历史数据，合理区分资本占用习性。区分的方法主要有高低点法和回归分析法。下面举例加以说明：

［例］甲企业产销数量和资本占用量的历史数据如表3−1所示。假定2×19年的

预计产量为8万件。

表3-1 **甲企业产销量与资本占用量表**

年度	产量x（万件）	资本占用量y（万元）
2×04	5.5	400
2×05	6.0	420
2×16	6.5	440
2×17	7.0	460
2×18	7.4	475

1.高低点法

在高低点法下，运用下式来区分固定占用资本和变动占用资本，从而预测资本需要量。

$$b=\frac{\text{产量最高时的资本需要量}-\text{产量最低时的资本需要量}}{\text{最高产量}-\text{最低产量}}$$

按此公式：

$$b=\frac{475-400}{7.4-5.5}=39.47\text{（万元）}$$

由 $y=a+bx$，代入2×18年的数据得到：

$a=y-bx=475-39.47\times7.4=182.92$（万元）

预测2×19年产量为8万件时的资本需要量为：

$182.92+39.47\times8=498.68$（万元）

2.回归分析法

回归分析法是运用统计学上的最小二乘法原理，用回归直线方程求出a、b的值，然后预测资本需要量。其过程为：

（1）根据历史数据编制回归直线方程数据计算表，如表3-2所示。

表3-2 **回归直线方程数据计算表**

年度	产量x（万件）	资本占用量y（万元）	xy	x^2
2×08	5.5	400	2 200	30.25
2×09	6.0	420	2 520	36.00
2×10	6.5	440	2 860	42.25
2×11	7.0	460	3 220	49.00
2×12	7.4	475	3 515	54.76
合计	$\sum x=32.4$	$\sum y=2\ 195$	$\sum xy=14\ 315$	$\sum x^2=212.26$

（2）联立方程组：

$$\sum y = na + b\sum x$$

$$\sum xy = a\sum x + b\sum x^2$$

解得：

$$b=\frac{n\sum xy - \sum y\sum x}{n\sum x^2 - (\sum x)^2}$$

$$a=\frac{\sum y - b\sum x}{n}$$

将表中数据代入上列方程组，得：

2 195=5a+32.4b

14 315=32.4a+212.26b

解得：

a=182.38

b=39.6

（3）将a、b的值代入y=a+bx，得到回归方程为：

y=182.38+39.6x

（4）将2×19年的预测产量8万件代入上式，预测的资本需要量为499.18万元（182.38+39.6×8）。

资金习性法是根据历史数据资料进行测算，并且假定其他因素无变化。当价格、消耗量等发生变化时，资本需要量也会发生变化，这时在预测中应注意对相关因素的变动对资本需要量的影响进行估计，并对预测值加以修订。

无论哪一种方法都有其自身的优点和缺点，在实际工作中应结合实际历史数据的多少和准确性、生产工艺特点、竞争状况、价格变动等因素，综合各种方法进行预测。

应该注意的一点是，在企业的实际经营中，可以按照上述方法就每一种资本占用形态分别预测，然后汇总求和计算总营运资本需要量，也可以按营运资本总量进行预测。由于营运资本在企业内部具有动态更替和静态共存的特点，因此，在资本筹措过程中预测营运资本需要量最好基于营运资本总需要量进行预测，而不是按照占用形态预测之后进行加总。在按照总需要量预测之后，扣除手中的现有货币资本存量，就是企业在预测期内对外的营运资本筹资需要量。该筹资需要量并非企业在预测期内的实际货币筹资额，而是企业为完成预测期目标收入而应有的“潜在筹资需要量”，是企业应该从筹资渠道和方式上预先考虑的。

在互联网+的时代背景下，企业经营的传统思维和传统经济理论受到了越来越多的挑战，企业经营的空间场景、运营发展的优先级、盈利模式和资金需求模式等都发生了较大的变化，传统企业的供、产、销、研，人、财、物组合方式和配置方式发生了较多的变化，企业的边界越来越模糊。连接、共享、开放是互联网+业态下企业长期发展的重要因素。资源组织方式和配置方式的变革，对资金需求量的要求和预测方式产生了巨大的影响，企业在用户、连接、人力资本上的投入越来越占据资金消耗的主体。因此，在互联网+的大背景下，除了传统意义上的固定资金和流动资金外，用于获取和实现用户、人力资源、生产能力、研发能力、物流能力、推广能力等“连接”的触网资金是企业资金筹集管理的重要组成部分。随着移动互联网成的普及和5G时代的临近，大数据、人工智能、云计算的高速发展，产业+互联网已经成为传统产业发展的新的基础设施，几乎所有的传统产业都必须考虑如何构筑在这一新的数字经济基础设施之上，可以预见，传统产业的互联网化触网资金安排和筹集将会成为传统产业在数字经济时代生存和发展的核心。

第3节　资本筹措的渠道和方式

一、筹资渠道

筹资渠道是指资本从谁那里取得，确定筹资渠道是筹资的前提。企业筹资渠道受制于国家的经济体制和资金管理政策，并与企业的所有权形式和企业的组织形式密切相关。随着经济体制的改革和资本市场的建立，企业的筹资渠道逐步由单一渠道向多渠道发展，由纵向渠道为主向横向渠道为主转变。随着企业经营机制的转换和现代企业制度的确立，企业为了生存和发展，客观上要求不断扩大筹资规模，开拓更多的筹资渠道。开拓更为广泛的筹资渠道是国家、企业、中介机构在企业改革和市场经济建设中必须首先加以解决的问题。从现实来看，我国企业的基础筹资渠道主要有以下几种：

（一）财政资金

财政资金是指中央或者地方政府以财政拨款的形式投入企业的资本。它过去是国有企业自有资本的主要来源。企业改革之后，原有企业的固定基金、流动基金和专用基金中的更新改造基金转作国家资本金。因此，财政资金在一定时期内仍将是国有企业的主要资金来源。对于国家或地方的重点建设项目，可以申请中央财政或地方财政投资，通过国有资本金的形式投入企业。对于过去“拨改贷”政策时期的国家财政贷款，在符合当前政策的前提下，也可申请实现“贷改投”，转为国有资本金。

（二）企业积累资金

企业积累资金是指企业在生产经营过程中形成的资本积累和增值，主要包括资本公积、盈余公积和未分配利润等。在管理实务中，未分配利润既是企业积累资金的核心，也是企业其他筹资渠道的基础，如果企业长期内不具备持续提供积累的能力，其他筹资渠道的资金筹集能力将会最终受到限制，直至枯竭，长期内不具备自身积累、盈利、现金回流能力的企业是没有资格存在下去的。企业积累资金能力或者其他渠道筹资总能力通常用EBITDA（企业息税折旧摊销前利润）来表示，这一指标表明：折旧、摊销是企业前期预付资本的回笼，用于实现预付资本的保值和未来重置；利息和税金是企业对债权人和政府的义务，这一部分是企业能够实现债务融资的基础。如果EBITDA对利息的倍数大于1，企业债权人的收益（利息）就是有保障的，所以在国际贷款中，贷款合同中一般约定在贷款期内要求企业维持贷款总额不得超过EBITDA的一定倍数（通常最高到6），这就表明，积累能力是其他筹资能力的基础。

（三）金融机构资金

金融机构资金是指各种商业银行和非银行金融机构向企业提供的资金，它包括银行信贷资金和其他金融机构资金。目前，我国的国有商业银行主要有中国银行、工商银行、农业银行、建设银行、交通银行等，它们资金雄厚，是企业经营资金的主要来源渠道。此外，世界银行、亚行及外国银行在中国境内的分支机构为我国企业及外商投资企业提供的外汇贷款，也是企业重要的资金来源。各级政府和其他组织主办的非银行金融机构主要有信托投资公司、经济发展投资公司、租赁公司、保险公司、财务公司等，虽然其资金实力不及国有商业银行，融资额有限，但其资金供给方式灵活方便，可以作为企业补充资本的来源渠道。此外，随着中国金融机构的改革，中小金融机构近几年快速发展，股份制银行、农村商业银行、农村合作银行、村镇银行、农村信用社、农村资金互助社、贷款公司及小额信贷公司、代表金融新业态的P2P、互联网银行等金融机构不断涌现，形成了对大型金融机构的有利补充，为中小企业的融资提供了更多的渠道。

（四）其他企业和单位的资金

其他企业和单位的资金是指其他企事业单位、非营利的社团组织等，在组织生产经营活动和其他业务活动中暂时或长期闲置，可供企业调剂使用的资金。企业可以通过接受投资、联营和商业信用等方式加以使用。

（五）职工和社会个人资金

职工和社会个人资金是指企业职工和社会个人以个人的合法财产向企业提供的资金。改革开放以来，随着居民收入的增加，我国国民财富的积累正发生由国家积累为主向居民积累为主的转变，居民手中有大量的闲置资金，但缺乏有效的投资渠道。长期以来只能以储蓄的形式投放。因此，建立企业和居民之间的直接融资渠道是企业拓宽融资渠道的主要出发点和整个社会资本良性循环的关键。

（六）境外资金

境外资金是指国外的企业、政府和其他投资者以及我国港、澳、台地区的投资者向企业提供的资金。利用外资的方式主要有吸收外商投资和借用外资两大类，是我国企业在改革中不可忽视的资本来源。

（七）资本的创新组织形式

随着资本市场的进一步发展和国际化，筹资渠道呈现进一步拓宽和多样化的发展趋势，尤其是创新金融机构资金的组织形式越来越多，已经从传统的银行、租赁公司、信托公司等向多样化发展。但从资本的基础来源，也就是从到底谁是资本的最终所有者角度来看，仍旧是上述几个方面，只不过组合的形式越来越多样化。这些创新的组织形式包括了眼花缭乱的术语：基金（Fund）、私募股权（PE）、风险投资（VC）公司、互联网银行、P2P等等。不管其组织形式和名称如何，均是指专门用于某种特定目的并进行独立核算，依照法律或者契约组织起来的特定资金组织形式。如按照法律组织起来的各国共有的养老保险基金、退休基金、救济基金、教育奖励基金等，也包括中国特有的财政专项基金、职工集体福利基金、能源交通重点建设基金、预算调节基金、住房公积金等等。这种资本组织形式，可以是非法人机构（如财政专项基金、高校中的教育奖励基金、保险基金等），可以是事业性法人机构（如中国的宋庆龄儿童基金会、孙冶方经济学奖励基金会、茅盾文学奖励基金会，美国的福特基金会、霍布赖特基金会等），也可以是公司性法人机构。

从现实来看，各种各样的基金、私募股权、风险投资公司等组织形式已经成为我国金融资本创新和发展的主流，也为调动和整合更大资本提供了可能。这些创新的金融资本组织形式在资本所有者和资本的需求者之间充当了中介，基于这些创新组织形式专业化的管理可以在一定程度上降低资本所有者的投资风险，并由于其专业化的管理和广泛的信息渠道拓宽了资本所有者的投资范围，有利于调动资本流向收益较高的领域；从资本需要者的角度来看，各种创新的资本组织形式可以降低资本需求者的找寻成本。因此，金融工具创新是资本市场发展的主流，并逐渐成为筹资渠道的主流。

1.私募股权投资（PE）和创业投资（VC）

广义的PE为涵盖企业首次公开发行前各阶段的权益投资，即对处于种子期、初创期、发展期、扩展期、成熟期和Pre-IPO各个时期的企业所进行的投资，相关资本按照投资阶段可划分为天使投资、创业投资（Venture Capital）、发展资本（Development Capital）、并购基金（Buy out/Buy in Fund）、夹层资本（Mezzanine Capital）、重振资本（Turnaround）、Pre-IPO资本（如Bridge Finance），以及其他如上市后私募投资（Private Investment in Public Equity，PIPE）、不良债权（Distressed Debt）和不动产投资（Real Estate）等等。

狭义的PE主要是指对已经形成一定规模的，并产生稳定现金流的成熟企业的私募股权投资部分，主要是创业投资后期的私募股权投资部分，而这其中并购基金和夹层资本在资金规模上占最大的一部分。在中国，PE主要是指这一类投资。其特点是：

（1）在资金募集上，主要通过非公开方式面向少数机构投资者或个人募集，它的销售和赎回都是基金管理人通过私下与投资者协商进行的。另外，在投资方式上也是以私募形式进行，较少涉及公开市场的操作，一般无需披露交易细节。

（2）多采取权益型投资方式，较少涉及债权投资，PE投资机构也因此对被投资企业的决策管理享有一定的表决权。反映在投资工具上，多采用普通股或者可转让优先股，以及可转债的工具形式。

（3）一般投资于非上市企业，很少投资于已公开发行公司，不会涉及要约收购义务。

（4）比较偏向于已形成一定规模和产生稳定现金流的成型企业，这一点与VC

有明显区别。

（5）投资期限较长，一般可达3~5年或更长，属于中长期投资。

（6）流动性差，没有现成的市场供非上市公司的股权出让方与购买方直接达成交易。

（7）资金来源广泛，如富有的个人、风险基金、杠杆并购基金、战略投资者、养老基金、保险公司等。

（8）PE投资机构多采取有限合伙制，这种企业组织形式有很好的投资管理效率，并避免了双重征税的弊端。

（9）投资退出渠道多样化，有IPO、售出（Trade Sale）、兼并收购（M&A）、标的公司管理层回购等等。

私募股权投资活动总的来说可分为四个阶段：项目寻找与项目评估、投资决策、投资管理、投资退出四个阶段。每个阶段又细化为许多操作实务，比如，第一个阶段项目寻找与项目评估具体又包括：项目来源、项目初步筛选、尽职调查、价值评估等内容。由于私募股权投资期限长、流动性低，投资者为了控制风险，通常对投资对象提出以下要求：

①优质的管理，这对不参与企业管理的金融投资者来说尤其重要。

②至少有2~3年的经营记录、有巨大的潜在市场和潜在的成长性，并有令人信服的发展战略计划。投资者关心盈利的"增长"，高增长才有高回报，因此对企业的发展计划特别关心。

③对行业和企业规模（如销售额）的要求。投资者对行业和企业规模的侧重各有不同，金融投资者会从投资组合分散风险的角度来考察一项投资对其投资组合的意义。多数私募股权投资者不会投资房地产等高风险的行业和他们不了解的行业。

④对估值和预期投资回报的要求。由于不像在公开市场那么容易退出，私募股权投资者对预期投资回报的要求比较高，至少高于投资于其同行业上市公司的回报率，而且期望对中国等新兴市场的投资有"中国风险溢价"，要求25%~30%的投资回报率是很常见的。

⑤3~7年后上市的可能性。这是主要的退出机制。

由于该类投资周期较长，投资者还要进行法律方面的调查，了解企业是否涉及纠纷或诉讼、土地和房产的产权是否完整、商标专利权的期限等问题。很多引资企业是新兴企业，经常存在一些法律问题，双方在项目考察过程中会逐步清理并解决这些问题。

鉴于这种投资的战略性，投资方案除了包括估值定价外，董事会席位、否决权和其他公司治理问题、退出策略等均构成投资方案的重要组成部分。由于投资方和引资方的出发点、利益、税收考虑不同，双方经常在估值和合同条款清单的谈判中产生分歧，解决这些分歧要求有很高的技术，所以不仅需要谈判技巧，还需要会计师和律师的协助。

截止2018年11月，中国股权投资市场资本管理量达到9.8万亿元，新募的基金

4 071支，募资总额1.15万亿元，从机构类型来看，早期机构募集基金108支，募资金额为169.97亿元，VC机构募集基金730支，募资金额为2 702亿元，PE机构募集基金3 233支，募资金额为8 606.55亿元。

在机构投资上，投资数量9 773起，投资总额1.03万亿元。项目最多的是IT、互联网、医疗健康，其中医疗健康无论是投资数量还是投资金额都是2018年增长最多的行业。

无论从管理规模和数量来看，机构投资者已经成为我国企业创新与发展的重要资金来源渠道。

2.QFII和RQFII

自2002年起，中国证监会颁布《合格境外投资者境内证券投资管理办法》，标志着我国正式施行QFII（Qualified Foreign Institutional Investors）制度，标志着中国证券市场逐步向境外投资者开放。该制度的引进可以有限度地扩充我国资本市场的参与群体，增加资金供给量，为我国证券市场的国际化积累经验和奠定基础。

2012年7月27日，中国证监会网站公布了《关于实施〈合格境外机构投资者境内证券投资管理办法〉有关问题的规定》(以下简称“新规定”)。该新规定降低了QFII资格要求，简化审批程序，放宽了QFII开立证券账户、投资范围和持股比例限制，进一步完善了监管制度。与原《关于实施〈合格境外机构投资者境内证券投资管理办法〉有关问题的通知》相比，上述新规定修改的主要内容为：一是降低QFII资格要求，鼓励境外长期资金进入；二是满足QFII选择多个交易券商的需求，增加运作便利；三是允许QFII投资银行间债券市场和中小企业私募债，扩大投资范围；四是将所有境外投资者的持股比例由20%提高到30%。

RQFII（RMB Qualified Foreign Institutional Investors）是指人民币合格境外投资者。RQFII一词来源于QFII（即合格的境外机构投资者制度），是指允许合格的境外机构投资者，在一定规定和限制下汇入一定额度的外汇资金，并转换为当地货币，通过严格监管的专门账户投资当地证券市场，其资本利得、股息等经批准后可转为外汇汇出的一种市场开放模式。这是一种有限度地引进外资、开放资本市场的过渡性制度。在一些国家和地区，特别是新兴市场经济的国家和地区，由于货币没有完全可自由兑换，资本项目尚未开放，外资介入有可能对其证券市场带来较大的负面冲击。而通过QFII制度，管理层可以对外资进入进行必要的限制和引导，使之与本国的经济发展和证券市场发展相适应，控制外来资本对本国经济独立性的影响，抑制境外投机性游资对本国经济的冲击，推动资本市场国际化，促进资本市场健康发展。

3.P2P

P2P金融又叫P2P信贷，是互联网金融（ITFIN）的一种。意思是：点对点。P2P金融指不同的网络节点之间的小额借贷交易（一般指个人），需要借助电子商务专业网络平台帮助借贷双方确立借贷关系并完成相关交易手续。借款者可自行发布借款信息，包括金额、利息、还款方式和时间，自行决定借出金额，实现自助式借款。

P2P金融模式自诞生以来，从欧美迅速扩展，在世界范围内得到广泛应用发展。这种模式有以下几个方面的积极意义：

第一，有闲散资金的投资人能够通过P2P金融信息服务平台找到并甄别资质好的有资金需求的企业主，获得比存款到银行更高的收益；

第二，有资金需求的企业主在P2P金融信息服务平台仅靠点击鼠标输入相关信息就可完成借款申请、查看进度以及归还借款等操作，极大提高了企业主的融资效率；

第三，对于政府相关部门来说，这种模式都是网上公开进行的，所有平台交易数据随时透明可查，在利息税收和借贷利率方面更能轻松监控和监管；

第四，对于社会来说，这种模式提高了资金利用率，遏制了高利贷的滋生和蔓延，有利于经济发展和社会稳定。

过去几十年，国内外金融资本和金融创新高速发展，各种组合形式层出不穷，创新不断，尤其近年来，互联网+金融使得创新速度进一步加快。但由于监管的滞后、信息的不对称和道德风险的泛滥，金融创新带来了越来越多的“金融欺诈”和“风险不对称”，尤其是2008年全球金融危机、2015年以来中国P2P大量跑路，使得资本的基础所有人遭受了巨额的损失，这为金融创新进一步敲响了警钟。金融创新的步伐不会减速，尤其是互联网与金融的结合，的确提升了社会闲置资本的使用效率，能有效调动资本对产业的支持。这其中的核心问题是监管的持续创新能力。如果监管能力创新跟不上金融产品创新的步伐，这种创新的破坏力也是显而易见的。

因此，进行企业资本筹措，必须明确“谁是资本的最终所有者”，不管其组织形式如何创新，筹资渠道也不会由于组织形式的变化而改变，金融精英可以创造资本的创新组织形式，提升社会资本的整合和使用效率，但创造不了基本筹资渠道，也改变不了资本最终所有者的地位。

从发展的角度来看，资金的提供者和资金的需求者之间将会越来越多地通过各种形式的中介机构进行资金的交易。在这个意义上，资本市场就是资金提供者和资金需求者之间的交易平台，该平台的存在和创新有利于整合资本，降低交易成本或者交易风险。因此，银行、信托公司、租赁公司等传统的金融机构和证券发行市场，如上海和深圳证券交易所、创业板、各种基金、风险投资公司、私募股权投资机构等等，均是现代资本交易的组织形式，均是联系最终的资金需求者和资金提供者的纽带。当然，在资金市场化、证券化、互联网化的过程中，会衍生各种基于基础证券的资金工具或者金融工具，其存在可以进一步增加资本的流动性，降低资本交易中的风险和资本成本，但无论如何演化，都可以创新筹资的渠道，增加资本的流动性。

筹资渠道的选择是筹资决策中的一个重要环节，筹资渠道的分析包括以下几个方面：（1）各种渠道资本存量和流量的大小；（2）各种渠道提供资本的使用期的长短；（3）每种渠道适用于哪些筹资方式；（4）本企业可以利用哪些渠道，目前已经利用了哪些渠道；（5）每种渠道适用于哪些经济类型的企业。

二、筹资方式

（一）筹资方式与筹资渠道的联系与区别

筹资渠道是指从哪里取得资本，即取得资本的途径。从资金的供给与需求关系来说，则是指供给者是谁。而筹资方式则是指如何取得资金，即取得资金的具体方法和形式。两者既有联系又有区别。筹资渠道展示出取得资本的客观可能性，即谁可以提供资本；筹资方式则解决用什么方式将客观存在的可能性转化为现实性，即如何将资本筹集到企业。为适应筹资渠道多元化的特点，筹资方式也是多种多样的。一种筹资方式，可能适用于多种筹资渠道，也可能适用于某一特定的渠道；同一渠道的资本可以采用不同的筹资方式来筹集。

企业的筹资方式可以分为两大类：短期资本筹集方式和长期资本筹集方式。

短期资本筹集方式主要有银行和各种非银行金融机构短期借款、商业信用、票据贴现、应付费用、存货抵押贷款等。

基本的长期资本筹集方式可以分为长期借入资本筹集方式和自有资本筹集方式。前者主要包括长期借款、发行债券、租赁等。后者主要包括吸收国家投资、联营、合资、发行股票等。随着资本市场的发展和金融创新，各种基于上述基本筹资方式的组合筹资方式不断涌现，为资本筹集方式的创新提供了路径和方向。但创新的资本筹措组合方式是以基本筹资方式为基础的，并没有改变资本的基础来源渠道，也就是筹资方式的创新并没有改变资本的基础所有者关系。因此，掌握基础筹资方式，并明确筹资的基础来源，对于资本市场的健康发展和保护基础出资人的利益是至关重要的。尤其是金融危机和网贷大批跑路后，我们发现在实务上存在着大量对基础出资人利益的损害，已经影响了出资人的积极性，对于调动社会资本参与产业和经济建设是不利的。因此，筹资方式的创新随着资本市场的发展是无止境的，但任何筹资方式的创新均应基于保护基础出资人的利益，不能隐含欺骗和严重的风险不对等。

长期资本筹资方式和筹资渠道的一般配合情况如表3-3所示。

表3-3　**长期资本筹资方式与筹资渠道的一般配合情况**

方式渠道	长期借款	发行债券	发行股票	联营	租赁	吸收国家投资	合资
国家财政资金			√			√	
银行资金	√	√	√				
非银行金融机构	√	√	√		√		
其他企业单位资金		√	√	√			
职工和个人资金		√	√				
境外资金	√	√	√		√		√
企业自留资金			√				

（二）长期资本筹措方式

长期资本的筹措具有占用时间长、筹资风险大、资金成本高、筹资影响深远、筹资频率低等特点。因此，企业应按照经营方向，以长远战略性的发展规划为依据，科学合理地进行筹集和管理。

1.长期借款

长期借款是指银行及非银行金融机构对企业发放的长期贷款。银行及非银行金融机构通过各种渠道集中资金，具有雄厚的资金基础，其贷款形式也灵活、多样，是我国企业筹措长期资本的重要方式之一。

为了保证信贷资金的完整性，促进金融机构对各种贷款的管理，提高借款的经济效益，金融部门都相应地制定了一系列的借款管理办法，这些规范详细规定了申请借款的企业应具备的条件和应履行的程序。一般来说，银行及非银行金融机构的贷款原则为：择优扶植、有偿还保证、按期归还。借款人应具备的条件包括：（1）具有法人资格；（2）企业经营方向和业务范围符合国家政策、法令的规定；（3）企业具有一定的物资和财产保证，担保单位具有相应的经济实力；（4）借款单位具有偿还本金的能力；（5）借款单位财务管理和经济核算制度健全、资金使用及经济效益良好；（6）借款单位应在贷款机构开立账户、办理结算。一般来说，借款企业的条件越充分，申请贷款越容易，资本成本越低。

长期借款是企业筹措长期资本的重要方式之一，它的一般程序如下：

（1）贷款前的准备。重点是对企业自身的信誉、经营状况、发展潜力等进行评估，判断自身条件是否符合放款银行的有关要求，及早做好贷款准备，以便企业能顺利取得贷款。

（2）提出贷款申请书。贷款申请书是企业向银行申请贷款所出具的书面材料，根据贷款的种类、规模和贷款银行要求的不同，贷款申请书的内容与详简有别。

（3）洽谈贷款事宜，签订贷款合同。银行审查了贷款申请书并有初步的贷款意向后，企业应积极主动地与银行联系，洽谈具体的贷款金额、贷款期限和贷款的条件，一切有关条款商谈完毕，则企业与银行应签订贷款合同，以明确双方的责任和义务。

（4）贷款的发放。贷款合同生效后，企业便可以按合同约定的条款支用款项。企业应严格按照贷款计划使用贷款，提高资金的使用效率。

（5）贷款的偿还。一般来说，贷款的偿还方式均在合同中约定，主要的方法有完全分期等额偿还法、部分分期等额偿还法、分期付息到期还本法以及分期等额还本余额计息法等。企业应按合同规定的日期和方法还本付息，如果在约定的日期无法支付，应及时与银行取得联系，采取有效的方法加以协调和处理。

从借款企业的角度来讲，长期借款筹资既有其优点，也有不足之处。其优点表现为如下几个方面：

（1）长期贷款利息可以抵减所得税；

（2）长期借款筹资所涉及的关系人较少，因而筹资的手续简单、速度快、资金使用的弹性较高；

（3）长期借款筹资有利于企业实现负债到期时间与资产使用时间的有机配合。

长期借款的缺点表现为：风险较大，企业如不能按期履行借款的合同条款，就可能陷入财务困境，以致破产；长期贷款常常附有较苛刻的限制性条款，在一定程度上会影响企业的再筹资能力和经营政策的自由度。

随着资本市场的发展，借款来源越来越多，既可以从传统的银行机构借贷，也可以从各种各样的创新金融机构借贷，这些创新的金融机构包括各种风险投资公司、夹层基金等等。当企业在这些创新金融机构借贷时，往往要背负附加条款，如业绩完成计划、转股计划、上市计划等等，一旦企业未能达到计划中的附加条款，往往会丧失股权或者被迫拍卖。因此，企业从创新金融机构借款时，一定要聘请专业的律师审核附加条款，记住“天下没有免费的午餐”。

2.债券筹资

（1）债券基础知识

债券是一种长期债务证书，是企业为筹集长期资本，而承诺在将来一定时日支付一定金额的利息，并于约定的到期日，一次或多次偿还本金的信用凭证。债券面额固定，可以转让和继承，是企业筹集长期资金的常用方式。债券的划分标准和种类很多，具体见表3-4：

表3-4　**债券的划分标准与种类**

划分标准	种　类
发行方式	记名债券、无记名债券
还本期限	短期债券、中期债券、长期债券
发行条件	抵押债券、信用债券
可否转换	可转换债券、不可转换债券
偿还方式	定期偿还债券、随时偿还债券

我国的《公司法》规定：股份有限公司、有限责任公司发行公司债券，由董事会制订方案，股东（大）会做出决议；国有独资公司发行债券，应由国家授权投资的机构或者国家授权的部门做出决定；公司根据决议向国务院证券管理部门提请批准。此外《证券法》还规定发行债券的公司必须具备如下条件：

①股份有限公司的净资产不低于人民币3 000万元；有限责任公司的净资产不低于人民币6 000万元。

②累计债券总额不超过公司净资产的40%。

③最近3年平均可分配利润足以支付公司债券1年的利息。

④筹集的资金投向符合国家产业政策。

⑤债券利率不得超过国务院限定的利率。

⑥国务院规定的其他条件。

由此可以看出，在我国，除公司制企业或者国务院规定的企业之外的其他企业是不具备独立发行债券的资格的。就发行公司而言，长期债券筹资既有优点也有不足。其优点为：

①公司债的利息支出可以计入损益抵减所得税；

②一般公司债的利息均是固定的，如果企业经营得力，可以提高股东的资本报酬率；

③公司债的发行成本和资本成本都低于其他长期筹资方式。

其缺点为：公司债有固定的到期日和利息负担，一旦企业经营状况不好，易使企业陷入财务困境；公司债经常附有多种限制性条款，可能对企业财务的灵活性产生不利影响。

可转换公司债券是指发行人依照法定程序发行、在一定期间内依据约定的条件可以转换成股份的公司债券。可转换公司债券在转换股份前，其持有人仍为债权人，不具有股东的权利和义务。上市公司发行可转换公司债券，应当经省级人民政府或者国务院有关企业主管部门推荐，报中国证券监督管理委员会审批；重点国有企业发行可转换公司债券，应当由发行人提出申请，经省级人民政府或者国务院有关企业主管部门推荐，报中国证监会审批，并抄报国家计划委员会、国家经济贸易委员会、中国人民银行、国家国有资产管理局。

上市公司发行可转换公司债券，应当符合下列条件：①最近3年连续盈利，且最近3年净资产利润率平均在10%以上；属于能源、原材料、基础设施类的公司可以略低，但是不得低于7%。②可转换公司债券发行后，资产负债率不高于70%。③累计债券余额不超过公司净资产的40%。④募集资金的投向符合国家的产业政策。⑤可转换公司债券的利率不超过银行同期存款的利率水平。⑥可转换公司债券的发行额不少于人民币1亿元。⑦国务院证券委员会规定的其他条件。

重点国有企业发行可转换公司债券，除应当符合上述③、④、⑤、⑥、⑦项条件外，还应当符合下列条件：①最近3年连续盈利，且最近3年的财务报告已经具有从事证券业务资格的会计师事务所审计；②有明确、可行的企业改制和上市计划；③有可靠的偿债能力；④有具有代为清偿债务能力的保证人的担保。

我国可转换公司债券采取记名式无纸化发行方式，最短期限为3年，最长期限为5年。可转换公司债券的发行，应当由证券经营机构承销，证券经营机构应当具有股票承销资格。发行可转换公司债券，发行人必须公布可转换公司债券募集说明书，说明书应当包括以下内容：发行人的名称；批准发行可转换公司债券的文件及其文号；发行人的基本情况介绍；最近3年的财务状况；发行的起止日期；可转换公司债券的票面金额及发行总额；募集资金的用途；可转换公司债券的承销和担保情况；可转换公司债券偿还方法；申请转股的程序；转股价格的确定和调整方法；转换期；转换年度有关利息、股利的归属；赎回条款和回售条款；转股时不足一股金额的处理；中国证监会规定的其他事项。可转换公司债券募集说明书的有效期为6个月，自可转换公司债券募集说明书签署之日起计算。

转股价格的确定是可转换公司债券筹资中的关键，按照《可转换公司债券管理暂行办法》的规定，上市公司发行可转换公司债券，以发行可转换公司债券前1个月股票的平均价格为基准，上浮一定幅度作为转股价格。重点国有企业发行可转换公司债券，以拟发行股票的价格为基准，折扣一定比例作为转股价格。在可转换公司债券发行后，因发行新股、送股及其他原因引起公司股份发生变动的，发行人应当及时调整转股价格，并向社会公布。

上市公司发行的可转换公司债券，在发行结束6个月后，持有人可以依据约定的条件随时转换股份。重点国有企业发行可转换公司债券，在该企业改建为股份有限公司且其股票上市后，持有人可以依据约定的条件随时转换股份。

可转换公司债券作为一种新的资本筹措方式，在我国当前的情况下，有助于拓宽企业的筹资渠道，推动国有企业的改制和上市。其主要优点为：

①可转换公司债券在转换之前是企业的一项负债，债券的利息支出可以抵扣所得税，因此资本成本较低；

②可转换公司债券的可赎回性给企业增加了筹资的灵活性，有利于降低资本成本，增加企业的价值；

③可转换公司债券筹资作为一种间接权益资本筹措方式，在转换之前不会增加股票的数量，使得企业可以在不稀释控股权的情况下筹集到长期资本；

④可转换公司债券转股的客观要求的存在，有利于推动我国重点国有企业的改制，实现企业经营机制的转换，进而推动国有经济的战略性改组。

可转换公司债券筹资的缺点主要有：

①如果企业经营情况不好，使得股票价格大幅度下跌，债券持有人在转换期内不转股，则可转换公司债券的本息偿还会加重企业的财务负担；

②可转换公司债券转换后，会稀释公司原有股东的控制权；

③可转换公司债券的发行需要经过严格的审批，手续较为复杂，且必须履行必要的公告和披露义务，在一定程度上会增加公司的费用支出。

（2）融资债券

①融资性商业本票（CP）和中期票据（MTN）。近几年来，中国企业融资债券品种不断创新，并获得了前所未有的快速发展。2005年5月24日，中国人民银行颁布了《短期融资券管理办法》，融资性商业本票（CP）——短期融资券第一次在中国出现。短期融资券市场的健康发展，不仅有利于改变直接融资、间接融资的比例失衡问题，更有利于完善货币政策传导机制。为了进一步完善银行间债券市场管理，促进非金融企业直接债务融资发展，中国人民银行制定了《银行间债券市场非金融企业债务融资工具管理办法》，自2008年4月15日起执行，该办法也适用于短期融资券，并废止了《短期融资债券管理办法》。依据本办法，另一种创新型非金融企业债务融资工具——中期票据（MTN）第一次在中国诞生。中期票据的出现结束了企业中期直接债务融资工具长期缺失的局面，对扩大企业直接融资和完善金融市场具有标志性意义。

②集合债券与集合信托债券。2007年3月19日，国家发改委下发了“深圳市中小企业集合债券”的发行规模，这是中国发行的第一个专门针对中小企业的集合债券品种，共20家中小企业作为联合发行人。2008年9月19日，一个名为“平湖秋月”的中小企业集合信托债券在杭州西湖区正式发行，这是中国发行的第一个专门针对中小企业的集合信托债券，共有30家中小企业作为联合发行人。集合债券和集合信托债券的出现打破了大企业发行债券的垄断，为中小企业的筹资打开了新的思路。

目前，企业的融资债券已经初步形成了短期、中期和长期相结合的融资体系。

（3）垃圾债券

2012年6月8日，东吴证券承销了我国首单“中小企业私募债券”的发行，这标志着我国垃圾债券市场的启动，虽然用了一个隐讳的名字，但其实质是国外普遍流行的垃圾债券。证券的发行主体是苏州东华镀膜玻璃有限公司，承销商为东吴证券，担保方为苏州国发中小企业担保有限公司。债券总额5 000万元，期限两年，年利率9.5%，每年付息一次。

垃圾债券是国外企业筹资普遍使用的方式，其特点是收益高、等级较低、违约风险较高。但对于筹资企业来讲，能够扩大筹资范围，快速筹集资金。上述我国的第一单垃圾债券发行具有重大意义，将快速扩大我国的垃圾债券市场，扩充融资方式。

在我国，债券市场还处于发展阶段，按照统计来看，2018年，债券市场共发行各类债券43.6万亿元，较上年增长6.8%。其中，银行间债券市场发行债券37.8万亿元，同比增长2.9%。截至2018年12月末，债券市场托管余额为86.4万亿元，其中银行间债券市场托管余额为75.7万亿元。2018年，国债发行3.5万亿元，地方政府债券发行4.2万亿元，金融债券1发行5.3万亿元，政府支持机构债券发行2530亿元，资产支持证券发行1.8万亿元，同业存单发行21.1万亿元，公司信用类债券发行7.3万亿元。根据国际清算银行的统计数据，中国债券市场在全球债券市场的余额的排名是第3位，余额大概是美国的1/4，日本的3/4，其中公司信用债券也成为仅次于美国的全球第二大的债券市场。这说明我国债券市场和企业债券市场存在巨大的发展机会。但由于我国债券市场起步较晚，至今尚未形成统一的债券市场，在发行监管、交易流通、评级鉴定、主体资格各方面均不统一，制约了债券筹资工具的使用和发展。

单纯从企业作为主体发行债券来看，存在着金融企业和非金融企业、上市公司和非上市公司的划分，商业银行发行债券由银监会审批，保险公司发行债券由保监会审批，上市公司发行债券的监管机构是证监会，非上市公司发行企业债券的监管机构是国家发改委，可见其复杂和不统一；在流通上，存在着交易所市场、银行间市场的区分；在托管层面存在着中央国债登记有限公司（银行间债市）和中国证券登记结算有限公司（交易所债市）之分。彼此的划界、划分、政出多门对建立统一的债券市场是极为不利的。随着改革的深入，债券市场统一既是必然趋势，也是我国扩大筹资渠道、支持中小企业发展的必然趋势。

3.租赁融资

一般来说，租赁是一种契约性协议，它规定出租人在一定时期内，根据一定条件，将资产交给承租人使用，承租人在规定的期限内，分期支付租金并享有对租赁资产的使用权。租赁是融通实物资本的有效方式。租赁形式多种多样，从不同角度、按不同标准可以做出许多分类。在此仅介绍几种主要的租赁业务：

（1）经营性租赁

经营性租赁又称使用租赁、管理租赁等。它具有如下特点：

①可解约性。这是指在合理的条件下，承租人有权在租赁期内预先通知出租人后解除租赁合同或要求更换租赁物。

②租赁期较短。租赁期一般短于租赁资产的经济寿命期；出租人需反复租赁多次，才能收回全部投资。

③租金较高。经营性租赁出租人要承担设备的维修、保养等支出，且承担承租人中途解约和设备过时的风险，所以租金相对于融资性租赁的同期租金来说要高。

④设备的选择由出租人选定。经营性租赁的设备不是针对某一个用户选定的，而是出租人根据自己对市场的调查、判断和经验选定的，一般具有通用性、先进性。

⑤经营性租赁的关系人只涉及出租人、承租人两方。

此外，对承租人来说，经营性租赁等于获得一次试用设备的机会，可以减少设备陈旧过时的风险，以及可以利用出租人提供的一些低费用技术服务等好处。一般来说，适用于经营性租赁的设备通常有汽车、电脑、工程建筑设备等。

（2）融资性租赁

融资性租赁又称资本租赁，是一种以融通资本为主要目的的租赁方式。其基本程序为：由承租人自行向设备制造商或销售商选定货样后，与出租人签订协议，由出租人从供应商处购进设备，然后出租给承租人使用。这种租赁方式，由于由出租人支付设备的全部价款，等于向承租人提供了百分之百的长期信贷，故称为融资性租赁。它的基本特征为：

①不可解约性。在合同的有效期内，双方均无权单方面撤销合同，只有在租赁设备损坏或证明丧失使用功能的情况下方可中止合同。

②租期长。以承租人对租赁物的长期使用为前提，租赁期一般与设备有效寿命期基本相同，或者为资产使用年限的大部分。

③租赁物一般由承租人亲自挑选，然后由出租人购买。

④租赁期满承租人有权按较低的价格购买设备的所有权，或者低租金续租，或者退还出租人。

⑤租赁期内的设备维护、保养、管理等支出由承租人负担。

⑥融资性租赁业务一般涉及三方面关系人，即承租人、出租人、供应商。

由此可见，融资性租赁可以给承租人带来根据自己需要选定最适合的生产设备的便利、解决企业在资金上的困难，以及在需要继续租赁或想拥有该设备时具有较灵活的选择权等好处。

一般来说，适用于融资性租赁的资产有不动产、办公设备、医疗设备、飞机等。

（3）回售租赁

回售租赁又称售后回租，它是融资性租赁的一种特殊形式。它有两种含义：一是当企业资金不足而又急需某种设备的情况下，先出资从供应厂家购入所需的设备，随即将设备转让给租赁公司取得现款，企业再从租赁公司租回设备使用；二是当企业进行技术改造或扩建时，如资金不足，可将本企业原有的设备或生产线先卖给租赁公司取得现款，以解决急需，企业在卖出设备的同时即向租赁公司办理租赁手续，设备由企业继续使用，直到租金付清之后，以少量代价办理产权转移，设备仍由企业所有。

（4）杠杆租赁

杠杆租赁又称平衡租赁或借贷式租赁，也是融资性租赁派生出来的一种特殊形式。当出租人不能单独承担资金密集项目（如飞机、火车车厢、船舶、海上钻井设备等）的巨额投资时，以所购设备作为贷款抵押品，以转让收取租金权利作为贷款的额外保证，从银行、保险公司、信托公司等金融机构获取设备60%~80%的价款，其余的20%~40%由出租人自筹解决，最后由出租人购进设备，供承租人使用；承租人按期支付租金，出租人以租金归还贷款。这样，出租人以小的资本可以带动巨额的租赁业务。它具有如下特点：

①设备价值大，单个出租人一般无力承担。

②手续复杂。涉及多方关系人，包括出租人、承租人、贷款人、供贷人等，需签订多个协议。

③租金低。在国际上，杠杆租赁的出租人可以按全部资产价值享受多种投资减税、免税待遇，可以获取较高的利润。在正常情况下，出租人愿意把优惠的好处以低租金的形式转移给承租人。

无论哪一种租赁方式，就承租人而言均既有优点又有缺点。其优点主要包括：

（1）增加了筹资的灵活性。租赁可以避免长期借款筹资中的多种限制性条款，为企业经营提供了更大的弹性空间；租赁是融资与融物的统一，比举债购置设备速度更快，更为灵活。

（2）百分之百筹资。绝大部分购买固定资产的贷款协议都要求借款人支付部分购货价以作为定金。其结果是，借款实际上只收到相关价款的一定百分比（通常为90%~95%）的款项而不是全部。而租赁，承租人只需定期支付一系列租金，不必支付定金，就可以使用一项资产，这相当于是100%的融资。

（3）避免设备过时陈旧的风险。在租赁安排上，企业对于租赁的资产先使用，后付款，如果设备更新很快，企业就可以预先安排租赁的方式，比如经营性租赁，这样企业就可以较好地防范设备陈旧过时的风险，但这一点常被出租人通过提高租金而抵减。

租赁融资的缺点为：①租金较高。尽管租赁没有明显的利息成本，但出租人是靠租金获取报酬的。一般来说，许多租赁的隐含利息要高于债券利息，因此在做出租赁决策时要对此加以评价，测算其合理性。②难于改良资产。对于经营性租赁来说，承租人未经出租人同意，不得擅自对资产加以改良。

4.联营

企业联营是指企业在自愿互利的基础上，由两个以上具有法人地位的企业，共同出资组成一种“利益均沾、风险共担”的经济联合体。联营之所以成为一种资本筹措方式，主要在于从联营企业角度考虑，各投资者的投资本身就是联营企业的筹资，而且从任何一个出资人的角度来看，相当于用一个小的出资额获取了大的资本使用权，使得单个资本不能完成的业务得以展开，从量上来看对任何一个出资人都可以认为筹措到了资本。

企业联营具有简便、灵活、快捷的特点。企业联营各方在自愿互利的基础上，平等协商，决定出资方式和数额。出资可以用设备、物资形式入股联营，也可以以现金、专利、技术和土地使用权或者劳务入股经营；既可以多家企业共同出资联营，也可以实行企业与专业银行、金融信托机构联营，形成银企财团；联营项目可大可小，出资额也可大可小。由于联营各方“利益均沾、风险共担”，因此，联营是企业生产经营权的重新分配与组合，所以采用联营方式进行筹资，是对企业生产经营自主权的一种削弱。

5.股票筹资

股票是股份有限公司签发的证明股东所持股份的凭证，是有权取得股利的有价证券。通过发行股票进行筹资，其意义在于：①有利于开拓更为广泛的筹资渠道。股票作为一种筹资工具，客观上具有高收益率、高风险、流动性强的特点。它可以更好地满足社会各类不同投资者对金融资产选择的要求，从而更加吸引社会各个层次的投资者，开拓更为广泛的资金来源。②有利于投资管理体制的改革。企业运用股票筹资，打破了旧体制下单一的银行信用体制，使企业有了自主筹资的渠道、能力和权力，有利于建立健全企业自主筹资、自我发展、自担风险的投资体制。③有利于促进横向经济联合。股票筹资促进了资金横向流通，可以实现资金供求双方的自愿结合。无论是企业、单位还是个人，均可以通过购买股票而参股入股，这不仅可以促进不同所有制企业之间的联合，而且可以促进跨地区、跨部门的经济联合。④有利于改善宏观经济管理。股票具有不用还本的特点，因此，一经购买，资金就退出消费领域而转化为资本积累，并形成比较稳定的资本来源，这有利于国家控制货币发行和抑制通货膨胀。此外，由于受资本边际收益递减的约束，企业发行股票的筹资量自动受企业经营状况的制约，从而有利于国家对投资规模的宏观控制和社会资源的合理配置。

股票的发行实行“公开、公平、公正”的原则，必须同股同权、同股同利，同次发行的股票，条件和价格应相同。同时，发行股票还应接受国务院和中国证券监督管理委员会的管理。公司发行股票应具备的条件、发行程序和发行价格等应遵循《公司法》《证券法》等有关法律法规的规定。

股票发行方式包括公开间接发行和不公开直接发行两种：公开间接发行是指公司通过中介机构，公开向社会公众发行股票。我国股份有限公司采用募集设立方式向社会公开发行新股时，需由证券经营机构承销或包销的做法，就属于此种发行方式。这种发行方式的发行范围广，发行对象多，易于足额筹集资本，股票变现性强、流通性好，有助于提高公司的知名度。但这种发行方式手续复杂、发行成本较高。不公开直接发行是指公司不公开对外发行股票，只向少数特定的对象直接发行，因而不需经中介机构承销或包销。我国股份有限公司采用发起式设立和以不向社会公开募集的方式发行新股，即属此种方式。这种发行方式弹性较大、发行成本低，但发行范围小、股票变现性较差，不利于足额筹资和大规模筹资。

股票的销售方式主要有自销和承销两类：自销方式是指发行公司自己直接将股票销售给认购者。该方法可以由发行公司直接控制发行过程，实现发行意图，并节省发行费用，但筹资时间较长，发行公司要承担全部发行风险，要求发行公司有较高的知名度、信誉和实力。承销方式是指发行公司将股票销售业务委托给证券经营机构代理。该方式是发行股票所广泛采用的方式。我国《公司法》规定，股份有限公司向社会公开发行股票，必须与依法设立的证券经营机构签订承销协议，由证券经营机构承销。承销方式又可以分为包销和代销两种具体方法：包销是指发行公司与承销机构签订协议，由后者出资全部购进发行的股票，然后由承销机构再将所购股票转售给社会公众。发行公司采用此种方式发售股票，能及时得到所需的资金，不必承担发行风险。但是，股票以较低的价格售给承销机构会损失部分溢价，承销机构要求的较高佣金会使发行成本增加。代销是指承销机构仅替发行公司代售股票，并由此获取一定的佣金，但不承担股款未缴足的风险。该方式发行成本较低，但发行公司的发行风险较大。

一般来说，股票筹资可以分为普通股筹资和优先股筹资。它们各自的优缺点如下：

普通股股东具有企业管理权、利润分配权、财产分配权和优先认股权，公司运用普通股筹资的优点表现为：①筹集的资本具有永久使用权，无到期日，不需偿还，这对保证公司的最低资本需求、维持公司的长久发展极为有利；②无固定的股利负担和还本压力，故筹资风险小；③增强公司的实力和信誉，可作为其他筹资方式的基础，尤其是为债权人提供了保障，增强公司的举债能力；④预期收益高，在一定程度上具有保值功能，可以抵消通货膨胀的影响，故易于吸收资金。其缺点主要表现为：①资本成本较高；②增发新股会稀释公司的控制权。优先股股东不具有企业的管理权，但具有股利分派和财产分配的优先权，其筹资优点表现为：①不需还本，无固定到期日，故筹资风险较小；②能增加公司的自有资本，提高公司的举债能力；③无投票表决权，不会使控制权分散和稀释；④股利一般固定，因此会因杠杆效应而增加普通股股票的盈利。其缺点主要有：①成本虽低于普通股，但高于债券；②优先股筹资限制较多，如支付普通股股利的限制、举借贷款的限制等，这会减少公司经营的灵活性；③在公司盈利下降时，优先股股利的支付会加重公司的财务负担。

如果把上述几种筹资方式称之为基础筹资方式的话，随着资本市场的发展和金融的创新，各种创新的组合融资方式日益涌现，下述方式是比较典型的组合融资方式。

6.BOT（项目融资）

BOT（Build Operate Transfer），中文意思为建设-运营-转让。它是指由政府对继续建设的基础设施项目，通过招标或者议标的方式，将项目委托给特定的投资者建设，项目建成后，授予投资者在一定期限内特许运营管理该项目，并获取回报的权利，待特许期满后，将该项目完好地、无条件地移交政府。在该模式下，项目公司是灵魂，它发起、主办该项目，同政府机构、贷款金融机构、建设承包商、运营承包商、股东和保险公司等分别签订合同，并在合同的基础上运作。

在BOT方式下，贷款方及任何一方均无权向项目所在地政府提出索赔，项目本身是对各方的唯一保证，如果项目失败，只能从所投的保险中获得相应的赔偿。在实务中，其通常有两种变种：BOOT（Build Operate Own Transfer，建设-运营-拥有-转让）和BOO（Build Operate Own，建设-运营-拥有）。在当前的BOT理论和实践中，纯粹的BOT项目的特许期一般在15~20年，如果其特许期限在20~50年，则此项目就可以成为一个BOOT项目；如果其特许期限是无限长的，则不必移交。如果其特许期限超过50年（或者当地政府规定的某一年限），或者届时所移交的设施已经没有经济价值、商业价值，则此项目为BOO项目。

BOT项目的运作程序一般包括如下步骤：

（1）提出项目建议书。由项目发起人进行项目的前期可行性研究，并将研究结果、建设项目的准则、资金来源、项目股本来源、项目整体计划方案提交给当地政府建议立项，并提出希望的特许期限、收费标准和政府在政策、管理方面的支持。

（2）签订项目谅解备忘录。发起人提出的项目建议被政府接受后，进行正式的可行性研究，形成报告，达成合作意向，签订备忘录。

（3）签订特许权协议书。项目发起人或者其代理机构就有关特许经营的期限、条件、建设、运营等问题与当地政府进一步磋商，签订特许权协议书，正式获得该项目。

（4）项目的组织管理。获得特许权的项目发起人或者中标公司成立项目公司，并就项目的建设、运营、贷款、设备、原材料、销售等分别与合作方商谈，签订不同的合同。

（5）建设施工。

（6）设施运营。

（7）设施移交。在特许权到期后，由项目公司将项目和设施移交给政府指定的公司，此时设备按照设计仍具有运营的能力。

该方式作为一种大型项目的运作方式，在我国自20世纪80年代开始，已经进行了20多个，并从中积累了丰富的经验和教训。我国拉动内需和西部大开发可以借鉴该类运作模式，以补充资金，加快基础设施的建设步伐。

7.存托凭证（DR）

存托凭证（Depository Receipts），又称存券收据或存股证，是指在一国证券市场流通的代表外国公司有价证券的可转让凭证，属公司融资业务范畴的金融衍生工具。存托凭证一般代表公司股票，但有时也代表债券。1927年，美国人J.P摩根为方便美国人投资英国的股票发明了存托凭证。

以股票为例，存托凭证是这样产生的：某国的上市公司为使其股票在外国流通，就将一定数额的股票委托某一中间机构（通常为一银行，称为保管银行或受托银行）保管，由保管银行通知外国的存托银行在当地发行代表该股份的存托凭证，之后存托凭证便开始在外国证券交易所或柜台市场交易。存托凭证的当事人，在国内有发行公司、保管机构，在国外有存托银行、证券承销商及投资人。从投资人的角度来说，存托凭证是由存托银行所签发的几种可转让股票凭证，证明一定数额的某外国公司股票已寄存在该银行在外国的保管机构，而凭证的持有人实际上是寄存股票的所有人，其所有的权利与原股票持有人相同。

按其发行或交易地点之不同，存托凭证被冠以不同的名称，如美国存托凭证（American Depository Receipt，ADR）、欧洲存托凭证（European Depository Receipt，EDR）、全球存托凭证（Global Depository Receipts，GDR）、中国存托凭证（Chinese Depository Receipt，CDR）等。中国企业通过存托凭证从美国市场融资已有10多年的历史，其中有中国电信股份公司、中芯国际集成电路制造公司、中国联通股份公司、携程旅行网等数十家公司，通过ADR方式在纽交所、美国自动报价股市等上市，在国际资本市场取得的资本高达70亿美元。关于美国存托凭证（ADR）详见第8章第5节。

8.REITs（房地产投资信托基金）

REITs（Real Estate Investment Trusts）即房地产投资信托基金。其实际上是一种证券化的产业投资基金，通过发行股票（基金单位）集合公众投资者资金，由专门机构经营管理，通过多元化的投资，选择不同地区、不同类型的房地产项目进行投资组合，在有效降低风险的同时将出租不动产所产生的收入以派息的方式分配给股东，从而使投资人获取长期稳定的投资收益。

1960年，世界上第一只REITs在美国诞生。正如20世纪60—70年代的其他金融创新一样，REITs也是为了逃避管制而生。随着美国政府正式允许满足一定条件的REITs可免征所得税和资本利得税，REITs开始成为美国最重要的一种金融方式，一般情况下REITs的分红比例超过90%。目前美国大约有300个REITs在运作之中，管理的资产总值超过3 000亿美元，而且其中有近2/3在全国性的证券交易所上市交易。

以在中国香港上市的领汇REITs为例，其基础资产为香港公营机构房屋委员会下属的商业物业，其中68.3%为零售业务租金收入，25.4%为停车场业务收入，6.3%为其他收入（主要为空调费）；租金地区分布为港岛7.2%，九龙33.8%，新界59%。领汇允诺，会将扣除管理费用后的90%~100%的租金收益派发股东。因此，如果领汇日后需要收购新物业的话，只能通过向银行贷款从而提高财务杠杆（资产负债率最高可达45%）的方式实现。

REITs最早的定义为“有多个受托人作为管理者，并持有可转换的收益股份所组成的非公司组织”，由此将REITs明确界定为专门持有房地产、抵押贷款相关的资产或同时持有两种资产的封闭型投资基金。此后，伴随着税法的演变，REITs在美国经历了数次重大的调整，同时REITs在各国推广的过程中也存在许多差异，但都没有改变REITs作为房地产投资基金的本质。不过REITs与一般的房地产投资基金有显著区别：REITs通常可以获得一定的税收优惠，但需要满足一定的设立条件等。

从本质上看，REITs属于资产证券化的一种方式。REITs典型的运作方式有两种：其一是特殊目的载体公司（SPV）向投资者发行收益凭证，将所募集资金集中投资于写字楼、商场等商业地产，并将这些经营性物业所产生的现金流向投资者还本归息；其二是原物业发展商将旗下部分或全部经营性物业资产打包设立专业的REITs，以其收益如每年的租金、按揭利息等作为标的，均等地分割成若干份出售给投资者，然后定期派发红利，这实际上给投资者提供的是一种类似债券的投资方式。相比之下，写字楼、商场等商业地产的现金流远较传统住宅地产的现金流稳定，因此，REITs一般只适用于商业地产。

REITs代表着目前全世界房地产领域最先进的生产力。房地产投资信托基金是基于房地产行业细分的科学规律，随着房地产六大环节（资本运作、设计策划、拆迁征地、建设施工、销售租赁、物业服务）的分工合作、政府执政能力逐渐加强、房地产行业的逐渐规范而出现的。它可以最大限度地保证政府利益，并能有效地实现整个房地产行业的规范。

另外，从REITs的国际发展经验看，几乎所有REITs的经营模式都是收购已有商业地产并出租，靠租金回报投资者，极少有进行开发性投资的REITs存在。因此，REITs并不同于一般意义上的房地产项目融资。

由中国人民银行牵头拟订的房地产信托投资基金（REITs）试点管理办法，已经在打造适合中国国情的简化版香港REITs模式的思路下，形成了初步的试点总体构架，但其出台暂无明确时间表。该试点管理办法的推行原则是：制度先行、试点并行。REITs将以依托信托制度的形式，发行主体以持有物业或出租型自有物业为主，后者包括商业地产、写字楼、商铺。中国人民银行正与很多商业机构进行深入的全面接触，拟在管理办法出台之后选择几个成熟的试点方案并行推出。

如果该模式推出，将对我国盘活商业房产、增加商业房产的再筹资能力提供助益，并对上海浦东两个中心的建设起到一定的借鉴作用。

9.各种形式的资产证券化（AS）

上述的房地产信托投资基金是资产证券化的一种形式，在实务中，各种创新的资产证券化筹资方式还有很多。资产证券化（Asset Securitization）是指将缺乏流动性的资产，转换为在金融市场上可以自由买卖的证券，使其具有流动性的行为。

（1）广义的资产证券化是指某一资产或资产组合采取证券资产这一价值形态的资产运营方式，它包括以下四类：

①实体资产证券化，即实体资产向证券资产的转换，是以实物资产和无形资产为基础发行证券并上市的过程。

②信贷资产证券化，是指把欠流动性但有未来现金流的信贷资产（如银行的贷款、企业的应收账款等）经过重组形成资产池，并以此为基础发行证券。

③证券资产证券化，即证券资产的再证券化过程，就是将证券或证券组合作为基础资产，再以其产生的现金流或与现金流相关的变量为基础发行证券。

④现金资产证券化，是指现金的持有者通过投资将现金转化成证券的过程。

（2）狭义的资产证券化是指信贷资产证券化。按照被证券化资产种类的不同，信贷资产证券化可分为住房抵押贷款支持的证券化（Mortgage - Backed Securitization，MBS）和资产支持的证券化（Asset-Backed Securitization，ABS）。

概括地讲，一次完整的证券化融资的基本流程是：发起人将证券化资产出售给一家特殊目的机构（Special Purpose Vehicle，SPV），或者由SPV主动购买可证券化的资产，然后SPV将这些资产汇集成资产池（Assets Pool），再以该资产池所产生的现金流为支撑在金融市场上发行有价证券融资，最后用资产池产生的现金流来清偿所发行的有价证券。

举例简单通俗地了解一下资产证券化：

A——在未来能够产生现金流的资产。

B——上述资产的原始所有者；信用等级太低，没有更好的融资途径。

C——枢纽（受托机构）SPV。

D——投资者。

资产证券化——B把A转移给C，C以证券的方式销售给D。

B低成本地（不用付息）拿到了现金；D在购买以后可能会获得投资回报；C获得了能产生可见现金流的优质资产。

投资者D之所以可能获得收益，是因为A不是垃圾，而是被认定为在将来的日子里能够稳妥地变成钱的好东西。

SPV是个中枢，主要是负责持有A，实现A与破产等麻烦隔离开来，并为投资者的利益说话做事。SPV进行资产组合，不同的A在信用评级或增级的基础上进行改良、组合、调整，目的是吸引投资者、发行证券。

过去有很多资产成功地进行了证券化，例如应收账款、汽车贷款等，现在出现了更多类型的资产，例如电影特许权使用费、电费应收款单、健康会所会员资格等。但核心是一样的，这些资产必须能产生可预见的现金流。

10.众筹

众筹翻译自Crowdfunding一词，即大众筹资或群众筹资，由发起人、跟投人、平台构成，具有低门槛、多样性、依靠大众力量、注重创意的特征，是指一种向群众募资，以支持发起的个人或组织的行为。一般而言是通过网络上的平台连接起赞助者与提案者。群众募资被用来支持各种活动，包含灾害重建、民间集资、竞选活动、创业募资、艺术创作、自由软件、设计发明、科学研究以及公共专案等。Massolution研究报告指出，2013年全球总募集资金已达51亿美元，其中90%集中在欧美市场。世界银行报告更预测2025年总金额将突破960亿美元，亚洲占比将大幅成长。其特征是：

1.低门槛：无论身份、地位、职业、年龄、性别，只要有想法、有创造能力，就可以发起项目。

2.多样性：众筹的方向具有多样性，在国内的众筹网站上的项目类别包括设计、科技、音乐、影视、食品、漫画、出版、游戏、摄影等。

3.依靠大众力量：支持者通常是普通的草根民众，而非公司、企业或是风险投资人。

4.注重创意：发起人必须先使自己的创意（设计图、成品、策划等）达到可展示的程度，才能通过平台的审核，而不单单是一个概念或者一个点子，要有可操作性。

众筹作为互联网和资本结合的一种创新筹资方式，正在引起越来越多的关注，必将成为创意项目筹资方式创新的主要方向。

（三）短期资本筹措方式

对于资本需求的短期增加，一般应用短期融资来解决，短期融资方式主要包括：银行短期贷款、商业信用、商业票据、票据贴现和抵押贷款等方式。企业在选择不同短期融资方式时，其核心问题是成本的大小，同时应注重考虑资本来源的可靠性和灵活性等。

1.商业信用

商业信用是指在商品交易中由于延期付款或预收账款而形成的企业间的借贷关系。它是商品交换时由于钱、物在空间、时间上的分离而产生的直接信用行为，属于自然性融资。它应用广泛，在短期融资中占有相当大的比重。商业信用的具体形式包括应付账款、应付票据和预收账款等。

商业信用筹资的优点在于：（1）取得简便及时。因为商业信用和交易同时进行，不需办理任何附加手续，一般也不附加其他限制条款。（2）使用灵活、有弹性。通过商业信用取得的资本可随购销额的变动而变动，期限由双方约定。（3）取得便宜。如果没有现金折扣或企业不放弃现金折扣，或者使用无息票据，则商业信用筹资不负担成本。

商业信用筹资的缺点表现为：

（1）在放弃现金折扣时，其机会成本较高。放弃现金折扣的机会成本可以用下式计算：

$$放弃现金折扣的机会成本=\frac{折扣率}{1-折扣率}\times\frac{360}{信用期-折扣期}$$

比如，信用条件为（2/10，n/30），则放弃现金折扣的机会成本为：36.73%（$\frac{2\%}{1-2\%}\times\frac{360}{30-10}$）。该结果表明：如果企业放弃10天内支付货款享受2%的现金折扣，相当于以承担36.73%的年利率为代价，融通可以延期20天的资本使用权。假如应付款金额为10万元，放弃2%的折扣意味着该企业可向卖方企业融通9.8万元资本使用权20天。由此可见，放弃现金折扣的资本成本是较高的。企业是否应放弃现金折扣取决于与其他短期资本筹措方式的比较，如果其他融资的成本低于这一水平，就不应放弃这一折扣，企业可以通过其他渠道融通成本较低的资金来支付这笔付款，实现资本成本的调换。

（2）在体制不健全的情况下，企业如果缺乏信誉感，容易造成企业之间互相拖欠，形成三角债，影响资本周转。

2.票据贴现

票据贴现是指企业将未到期的应收商业承兑汇票或银行承兑汇票向银行或其他金融机构提前转让，以获取现金的行为。在贴现中，银行要按一定的贴现率收取贴现息，但一般来说，贴现率会低于银行贷款利率，是比借款优先的短期融资方式。贴现时的资本成本可以按下式计算：

$$汇票到期值=票面金额\times（1+票面利率\times\frac{汇票期限}{360}）$$

$$贴现息=汇票到期值\times贴现率\times\frac{贴现期}{360}$$

$$贴现实收金额=汇票到期值-贴现息$$

$$贴现的机会成本=\frac{贴现息}{贴现实收金额}\times\frac{360}{贴现期}\times100\%$$

比如，3月1日A企业从B企业购进原材料一批，价款总计10万元，合同约定双方以年利率8%、期限6个月的附息银行承兑汇票结算。B企业因急需现金，于7月1日持票向银行申请贴现，贴现率为年息6%，则计算如下：

$$汇票到期值=100\,000\times（1+8\%\times\frac{180}{360}）=104\,000（元）$$

$$贴现息=104\,000\times6\%\times\frac{60}{360}=1\,040（元）$$

$$贴现实收金额=104\,000-1\,040=102\,960（元）$$

$$贴现的机会成本=\frac{1\,040}{102\,960}\times\frac{360}{60}\times100\%=6.06\%$$

票据贴现筹资的优点是简便、及时，资金成本较低；其缺点表现为难以找到与筹资额相近的票据，筹资额受限。

3.短期借款

短期借款是指企业向银行或其他非银行金融机构借入的期限在一年以内的借款。按借款的目的和用途可以分为生产周转借款、临时借款和结算借款；按有无担保可以分为抵押借款和信用借款等。企业举借短期借款，首先必须提出申请，经银行审查同意后借贷双方签订借款合同，注明借款的用途、金额、利率、还款方式、违约责任等；然后企业根据借款合同办理手续，借款手续办理完毕，企业便可取得借款。

按照国际通行做法，银行开展短期借款，往往会带有一些信用条件，主要包括：

（1）信用额度。信用额度是指周转信用协定的无担保贷款的最高数额。其有效期限为一年，一般来说，企业在批准的信用额度内可随时使用银行借款，但银行并不承担必须提供全部信贷额度的义务。

（2）周转信用协定。周转信用协定是银行具有法律义务地承诺提供不超过某一最高限额的贷款协定。在协定的有效期内，只要企业的借款未超过最高限额，银行必须满足企业任何时候提出的借款要求。企业享用周转信用协定时，通常要对贷款限额的未使用部分支付给银行一笔承诺费用。承诺费用的存在会加大企业的利息支出，增加资本成本。

（3）补偿性余额。补偿性余额是指银行要求企业在银行中保持按信用额度或实际借用额一定百分比（一般为10%~20%）计算的最低活期存款余额。对企业来讲，补偿性余额的存在会提高借款的实际利率。一般来说，实际利率与名义利率的关系为：

$$借款的实际利率=\frac{名义利率}{1-补偿性余额百分比}$$

（4）抵押。如果借款者具有不可靠的信用风险，或者企业的借款需求超过了银行所认为的不用抵押的谨慎金额，则企业需提供某种形式的抵押。抵押物通常为企业的应收账款、存货、股票和债券等有价证券。有抵押的借款一般为抵押品价值的30%~90%，这取决于抵押物的变现能力和银行的风险偏好，有抵押的利息支出一般高于无抵押的利息支出，且提供抵押之后，企业经营的灵活性会受到限制。

（5）其他承诺。银行有时会要求企业为取得借款而做出其他承诺，如及时提供财务报表、保持适当的流动比率等。

短期借款的利息支付方式有收款法、贴现法和加息法三种。收款法是指利息在到期时支付；贴现法是指利息在借入时直接扣抵，到期时偿还全部本金；加息法是银行发放分期偿还贷款时的利息收取方法，即每期偿还借款时，加收这一时期的利息。不同方法下企业借款的实际利率不同。

收款法：名义利率=实际利率

贴现法：$实际利率=\frac{名义利率}{1-名义利率}$

加息法：$每期等额还款数=\frac{本金}{年金现值系数}$

$$每期付息数=\frac{期初本金\times名义利率}{年度内付款次数}$$

每期还本数=每期等额还款数-每期付息数

在加息法下，由于贷款分期等额偿还本息，借款企业实际上只平均使用了贷款本金的半数，而却要支付全额利息，这样企业承担的实际利率大约相当于名义利率的大约2倍。

短期借款筹资作为目前我国企业一种主要的短期融资手段，其优点表现为：筹资充裕，有保障；弹性好，便于灵活运用。其缺点为：资本成本较高，限制条件较多。

4.应付费用

应付费用是指企业各种应付未付的税金、工资、福利费等。这些费用一般形成在先、支付在后，结算期固定，占用量较稳定，故又称为定额负债。其占用不需支付任何代价，是一项短期资本来源。但其使用的时期较短，且拖欠易给企业造成信誉损失。

任何一种短期筹资方式均有其自身的优缺点，企业在使用中应结合自身的特点和各种方式的成本大小、使用难易等因素综合选择，做到既满足经营需要又保持应有的经营灵活性和高效益。

第4节　资本成本

企业资本运营的目标在于资本的保值和增值，这种增值来源于资本正常周转情况下利润的增加和积累。而利润表现为收入超过成本的余额，资本成本作为成本的一部分，是筹资过程中需要研究的重要问题。

一、资本成本的内涵

从企业内部的资本运营来说，资本是指为购置全部资产所需筹措的全部资金来源，它包括负债和所有者权益。由于短期负债的形成和流动资产的取得相关，且资本成本较低，因此在考察资本成本时，我们仅关注长期资本来源的资本成本。资本成本是指企业为筹措和使用资本而付出的代价，它包括资本筹集费和资本占用费两部分。资本筹集费是指在资本筹集过程中支付的各种费用，如发行股票、债券所支付的印刷费、手续费、发行费等，这些费用的存在使企业实际筹措和可支配的资本量减少，它相当于企业为筹措资本而预付的代价。它的大小取决于筹资方式、筹资环境和财务关系的优劣。资本占用费是指企业在特定时期内占用资本而需支付的代价，如负债的利息、租赁中的租金、股票的股利等，其大小取决于企业经营和获利的风险大小、资本占用时间的长短、筹资额以及企业的财务信誉等。资本成本在本质上是资本的价格，它是资本供求双方资本使用权转让的基础。从投资者来说，它是投资者提供资本所要求的报酬；从筹资者来说，它是企业为获取资本使用权而需支付的代价。

资本成本是资本运营中的一个重要范畴，其作用表现在如下几个方面：

1.资本成本是选择资本来源、进行企业筹资决策的依据。企业筹措和使用任何资本都要付出代价，而在不同的资本来源渠道和方式下，资本成本是不同的，因此，在企业存在多种筹资渠道和方式可供选择时，应选择资本成本较低的筹资方式。

2.资本成本是评价投资项目的可行性、确定投资项目的依据。企业投资于任何项目都必须有一定的资本来源，投资项目的资本收益率是不同的，这就决定了只有投资收益率高于资本成本的项目才是可以接受的，否则将无利可图。

3.资本成本的客观存在，能够促使资本的使用者注重内部挖潜，压缩资本占用量，用好用活存量资本，从而提高资本的使用效率，增加积累。

4.资本成本也是政府调节经济、进行社会资源配置的重要手段。政府财政部门和中央银行根据资本市场的供求状况，运用利率手段，就可以调节资本市场上资本成本的高低，从而控制资本的流向和流量，实现社会资源的合理配置和产业结构的调整。

二、个别资本来源的资本成本

如前所述，我们在考察资本成本时，主要关注长期资本来源的成本。从企业来说，长期资本主要有长期负债和所有者权益，前者主要包括长期借款、长期债券和长期应付款；后者主要包括优先股、普通股（或者实收资本）及保留盈余。不同资本来源，其资本成本的计算方法也不尽相同，以下分别就各长期资本来源的成本计算做一简述。此外应予说明的一点是，为了保证不同筹资方式资本成本的可比性，一般对资本成本的计算用百分数表示。

（一）长期借款

长期借款的资本成本大小受筹资费的高低、借款期限的长短、限制性条款、所得税税率、借款年利率、还本付息方式等因素的影响。综合各影响因素，借款成本的估算模式如下：

$$P_0(1-f)=\sum_{t=1}^{n}\frac{P_t}{(1+K)^t}+\sum_{t=1}^{n}\frac{I_t}{(1+K)^t}$$

式中，P_0——长期借款的本金；f——筹资费率和借款限制条款中的补偿性存款保障余额比例；P_t——第t次还本付息时支付的借款本金；I_t——在第t次付息时偿还的利息；K——所得税前的资本成本；n——还本付息次数。

还本付息次数与借款期限N的关系为n=S·N，其中S为每年还本付息次数。

所得税后的长期借款资本成本为：

$$K_b=K(1-T)$$

式中，T——所得税税率。

［例］假设某企业向银行借款200万元，借款期限为3年，年利率为9%，每年付息两次，到期一次还本，借款协议中规定企业应保持20%的存款余额，存款利率为5%，所得税税率为25%。

（1）借款的实际年利率$=\frac{\text{借款年利率}-\text{补偿性余额率}\times\text{存款利率}}{\text{借款净所得率}}=\frac{9\%-20\%\times5\%}{80\%}=10\%$

（2）税前长期借款成本的计算公式为：

$$200\times(1-20\%)=\sum_{t=1}^{6}\frac{200\times 9\%\div 2-40\times 5\%\div 2}{(1+\frac{K}{2})^{t}}+\frac{200}{(1+\frac{K}{2})^{6}}$$

采用插值法测算K：设 $f\left(\frac{K}{2}\right)=\sum_{t=1}^{6}\frac{8}{(1+\frac{K}{2})^{t}}+\frac{200}{(1+\frac{K}{2})^{6}}-160$

取 $\frac{K_1}{2}=8\%$，得：f（8%）=8×4.623+200×0.630−160=2.984

取 $\frac{K_2}{2}=9\%$，得：f（9%）=8×4.486+200×0.596−160=−4.912

所以当 $f\left(\frac{K}{2}\right)=0$ 时：$K=16\%+\frac{2.984}{2.984+4.912}\times 2\%=16.76\%$

（3）税后长期借款成本K=16.76%×（1−25%）=12.57%

（二）长期债券

长期债券资本成本的影响因素与长期借款相似，其资本成本的计算公式如下：

$$P_0(1-f)=\sum_{t=1}^{n}\frac{I_t}{(1+K)^{t}}+\sum_{t=1}^{n}\frac{P_t}{(1+K)^{t}}$$

式中，P_0——债券发行价；f——筹资费率；P_t——在第t次还本时的偿还数；I_t——第t次付息时的付息数；K——税前长期债券成本。

税后长期债券的成本 $K_B=K(1-T)$，其中T为所得税税率。

［例］某公司拟发行面值为1 000元、年利率12%、5年期的公司债券，债券按1 200元的溢价发行，筹资费率为8%，所得税税率为25%。债券每年付息一次，到期一次还本。

（1）税前长期债券的资本成本计算公式为：

$$1\,200\times(1-8\%)=\sum_{t=1}^{5}\frac{120}{(1+K)^{t}}+\frac{1\,000}{(1+K)^{5}}$$

采用插值法测算得：K=9.31%

（2）税后债券的资本成本KB=9.31%×（1−25%）=6.98%

此外，在债券按面值发行时，债券税后的资本成本还可以按静态公式测算，即：

$$K_B=\frac{\text{年利率}\times(1-\text{所得税税率})}{1-\text{发行费率}}$$

（三）优先股

优先股的一般特点是：定期支付固定股利，无到期日，股利从税后利润中支付，不能抵扣所得税。由于在企业清算时，优先股的求索权位于债权人之后，所以其资本成本要高于债券和借款。由于优先股可以理解为股利现金流量的永续年金，股价可以理解为永续年金的现值，因此，优先股的资本成本与股价之间的关系为：

$$P_0(1-f)=\sum_{t=1}^{\infty}\frac{D}{(1+K_p)^{t}}$$

当n→∞时：$P_0(1-f)=\frac{D}{K_p}$

由此可得：$KP=\frac{D}{P_0(1-f)}$

式中，P_0——股票的发行价格；D——优先股的年股利；K_p——优先股的资本成本；f——发行费率。

（四）普通股（实收资本）的资本成本

就一个公司而言，普通股股东承担的风险比优先股股东和债权人承担的风险要大，因此其资本成本也较二者高。鉴于企业的组织形式不同，影响其资本成本的因素较多，普通股或实收资本的资本成本计算也有多种模式：

1.资本资产定价模型（CAPM）

资本资产定价模型是在马科维兹的投资组合理论发现之后，由美国的夏普等学者发展而来的。尽管这一模式是以众多的假设为前提，但其在逻辑上的高度严谨，使其被广泛采用，这一模式的假定包括如下几个方面：

（1）投资者力图回避风险，并追求期终财富的最大化；

（2）投资人是价格的接受者，他们对具有联合正态分布的资产报酬率具有同质的预期；

（3）存在无风险资产，使投资人可以不受限制地按无风险利率借入或贷出资金；

（4）资产的数量固定，且所有资产均畅销，并完全可分；

（5）资本市场有效，信息可为所有投资者共享，且信息成本低廉，可忽略不计。

在上述假定的基础上，资本资产定价模式为：

$K_e=R_f+\beta(K_m-R_f)$

式中，K_e——普通股的资本成本；R_f——无风险利率（通常以政府债券利率替代）；β——某公司股票收益相对于市场上所有股票收益的变动幅度；K_m——市场上所有股票的平均收益率。

上述各变量中，R_f可以用政府债券利率来替代，β值和K_m可由股票市场的股价变动数据得出。β值的估算公式为$\beta=\frac{\delta_{im}}{\delta_m^2}$，其中$\delta_{im}$为某一股票i的收益率变动和市场上所有股票收益率变动之间的协方差；δ_m^2为所有股票收益率变动的方差。当股票市场处于均衡状态时，普通股股东要求的收益率等于期望收益率，即为发行者的资本成本。由于不同人员对β值和K_m值的估算不同，加之K_m值和β值一般只能用历史数据估定，因此用CAPM估算的普通股成本仍需做进一步的分析和判断。在实务中，对特定股票的成本估值，β值和K_m也可以选取目标公司所在行业的行业值来测算，在今天的资本市场上，有独立的第三方机构提供整体市场和不同行业市场的参数值以供参考。

2.折现现金流量法

这一方法的出发点是，普通股的市场价格等于预期每股股利现金流量序列的现值之和：

$$P_0=\sum_{t=1}^{\infty}\frac{D_t}{(1+K_e)^t}$$

按此推理，如果已知股票的市场价格和股利现金流量序列，则可以算出普通股要求的收益率，即预期的资本成本K_e。如果预期股利比较有规律，且按某一固定比率g增长，则该式右边可以表示为一个收敛级数，即收敛值为$\frac{D_1}{K_e-g}$，此即“戈登公式”。由此可以得出：

$$K_e=\frac{D_1}{P_0}+g$$

式中，K_e——资本成本；D_1——预期第一年股利；P_0——股票市场价格或发行净所得；g——预期股利增长率。

用此公式估计股票的资本成本的困难在于g的确定，某一股票的市价或发行净所得均可以从历史资料中直接取得，下一期的预期股利D_1也容易测算。而增长率g稳定的假设是很难保证和合理确定的，而g对于K_e的影响又较大，因此，此法仅可以估计K_e的预期范围，很难做到准确，但只要能合理估计K_e的上、下限，对于筹资决策来说已经足够了。

对于新发行的股票，筹资费率f存在时，普通资本成本的估算可用下式表示：

$$K_e=\frac{D_1}{P_0(1-f)}+g$$

3.债务成本加风险报酬率法

从现实的企业组织形式来看，非上市企业和非股份制企业是居多数的，这就使得以上两种方法均难以适用，这时对于实收资本的资本成本的测算可以采用债务成本加风险报酬率法，即首先估计企业的平均债务成本，在此基础上，估计权益资本的风险报酬率，这一报酬率可以采用平均的历史风险报酬率法测算。下面举例说明权益资本成本的估算。

［例］某企业股票市价为20元，下一期预计股利为每股1.75元，预期未来股利将按9%增长，市场上平均股票的收益率为18%，政府债券利率为11%，企业股票的β值为1.05，企业债券的成本为13%，股份风险比债务风险要高，其收益率增量在2%~5%之间，本题选5%。

（1）按CAPM测算：

$K_e=R_f+\beta\ (K_m-R_f)\ =11\%+1.05\times\ (18\%-11\%)\ =18.35\%$

（2）按折现现金流量法：

$$K_e=\frac{D_1}{P_0}+g=\frac{1.75}{20}+9\%=17.75\%$$

（3）按债务成本加风险报酬率法：

$K_e=13\%+5\%=18\%$

综合以上三种方法，该普通股的成本在17.75%~18.35%之间，其平均值为：

$$K_e=\frac{18.35\% + 17.75\% + 18\%}{3}=18.03\%$$

（五）保留盈余

在权益资本中，保留盈余的成本表现为一种机会成本，其数额大小与普通股（或实收资本）的数额相近，只是不存在筹资费用，其具体计算可参照普通股的成本计算。

三、加权平均资本成本

企业的资本来源有多种筹集渠道和方式，不同来源的资本成本不同。企业总体的资本成本是各种资本来源资本成本的加权和，即综合资本成本：

$$WACC=\sum_{i=1}^{n}K_iW_i$$

式中，K_i——第i种资本来源的资本成本；W_i——第i种资本占总资本的比重。

加权平均资本成本与某一投资项目或企业整体的资本报酬率相比较，可以判定某一筹资方案或项目的取舍，即只有投资报酬率大于资本成本的项目才是可以接受的；只有综合资本成本小于投资报酬率的筹资方案才是可行的。

此外，W_i的不同决定了企业资本结构的不同，如果规定了目标资本结构，由此可以确定各种新筹集资本的比例和金额，为增量筹资提供决策的依据。

四、边际资本成本

（一）边际资本成本的概念

企业无法以某一固定的资本成本来筹措无限的资金，当筹集的资金额超过一定限度时，原有的资本成本就会增加。当面对筹资额存在不确定的变动区间或者追加筹资时，企业需要知道筹资额在不同的区间变动时，在什么数额上变化会引起资本成本怎样的变化。这就需要使用边际资本成本的概念。

边际资本成本是指资金每增加一个单位而增加的成本。边际资本成本也是按照加权平均法计算的，是追加筹资时所使用的加权平均资本成本。

（二）边际资本成本的计算与应用

以下举例说明边际资本成本的计算和应用。

［例］假设某企业拥有长期资金400万元，其中长期借款为60万元，资本成本为3%；长期债券为100万元，资本成本为5%；普通股为240万元，资本成本为10%。目前平均的资本成本为7.7%。由于扩大经营规模的需要，拟筹集新的资金，企业计划按照目前的资本结构筹集资金，即长期借款占15%，长期债券占25%，普通股占60%，并测算了随着筹资额的变化，各种资本来源的资本成本的变化（如表3-5所示）。

1.计算筹资突破点

由于花费一定的资本成本只能筹集到一定限度的资金，超过这一限度，出资人会出于风险的考虑而要求更高的报酬率，从而筹资成本会随之增加。因此，我们把

在保持某一资本成本不变的情况下可以筹集到的资金总量称为在现有资本结构下的

表3-5 **筹资额与资本成本的变化**

资金种类	目标资本结构（%）	新筹资额	资本成本（%）
长期借款	15	4.5万元以内 4.5万~9万元 9万元以上	3 5 7
长期债券	25	20万元以内 20万~40万元 40万元以上	6 7 8
普通股	60	30万元以内 30万~60万元 60万元以上	11 12 14

筹资突破点。在筹资突破点范围内筹资，原有的资本成本不会改变，当筹资总量超过该突破点金额时，即使维持原有的资本结构不变，资本成本也会增加。筹资突破点的计算公式如下：

$$筹资突破点=\frac{可用某一特定资本成本筹集到的某资金额}{该种资金在资本结构中的占比}$$

在花费3%的资本成本时，取得长期借款的限额为4.5万元，其筹资突破点为30万元（4.5÷15%）。同理，按照上述公式，本例中各筹资突破点如表3-6所示。

表3-6 **筹资突破点计算表**

资金种类	目标资本结构（%）	新筹资额	资本成本（%）	筹资突破点（万元）
长期借款	15	4.5万元以内 4.5万~9万元 9万元以上	3 5 7	30 60
长期债券	25	20万元以内 20万~40万元 40万元以上	6 7 8	80 160
普通股	60	30万元以内 30万~60万元 60万元以上	11 12 14	50 100

2.计算筹资区间

根据上一步计算的筹资突破点，我们可以把筹资总额划分为7个区间：

（1）30万元以内：在该区间内，长期借款的资本成本维持在3%，长期债券的资本成本维持在6%，普通股的资本成本维持在11%。

（2）30万~50万元：在该区间内，长期借款的资本成本上升到5%，长期债券的资本成本维持在6%，普通股的资本成本维持在11%。

（3）50万~60万元：在该区间内，长期借款的资本成本维持在5%，长期债券的资本成本维持在6%，普通股的资本成本上升到12%。

（4）60万~80万元：在该区间内，长期借款的资本成本上升到7%，长期债券的资本成本维持在6%，普通股的资本成本维持在12%。

（5）80万~100万元：在该区间内，长期借款的资本成本维持在7%，长期债券的资本成本上升到7%，普通股的资本成本维持在12%。

（6）100万~160万元：在该区间内，长期借款的资本成本维持在7%，长期债券的资本成本维持在7%，普通股的资本成本上升到14%。

（7）160万元以上：在该区间内，长期借款的资本成本维持在7%，长期债券的资本成本上升到8%，普通股的资本成本维持在14%。

从上述划分来看，在每一个区间之内，各种资本来源的资本成本维持不变，在区间之间，至少有一种资金来源方式的资本成本发生变化。如果把各种筹资方式的筹资突破点从小到大进行排序，由筹资突破点划分的筹资总量范围就称为筹资区间。一般来说，存在n个筹资突破点，就会存在（n+1）个筹资区间，在每一个筹资区间内，各种资金来源的资本成本维持不变。

3.计算边际资本成本

根据上述对筹资区间和边际资本成本的定义可以知道，每一个筹资区间的加权平均资本成本就是边际资本成本，因为只要筹资总额突破筹资区间上限，资本成本就会变化。边际资本成本就是在现有筹资区间内，追加1元增量筹资应负担的成本，所以称为边际资本成本。按照上述分析，本例中各筹资区间的加权平均资本成本即为边际资本成本，计算结果如表3-7所示。

表3-7　**边际资本成本计算表**

筹资区间	资金种类	目标资本结构	个别资本成本	边际资本成本
30万元以下	长期借款	15%	3%	3%×15%=0.45%
	长期债券	25%	6%	6%×25%=1.5%
	普通股	60%	11%	11%×60%=6.6%
				8.55%
30万~50万元	长期借款	15%	5%	5%×15%=0.75%
	长期债券	25%	6%	6%×25%=1.5%
	普通股	60%	11%	11%×60%=6.6%
				8.85%

续表

筹资区间	资金种类	目标资本结构	个别资本成本	边际资本成本
50万~60万元	长期借款 长期债券 普通股	15% 25% 60%	5% 6% 12%	5%×15%=0.75% 6%×25%=1.5% 12%×60%=7.2% 9.45%
60万~80万元	长期借款 长期债券 普通股	15% 25% 60%	7% 6% 12%	7%×15%=1.05% 6%×25%=1.5% 12%×60%=7.2% 9.75%
80万~100万元	长期借款 长期债券 普通股	15% 25% 60%	7% 7% 12%	7%×15%=1.05% 7%×25%=1.75% 12%×60%=7.2% 10%
100万~160万元	长期借款 长期债券 普通股	15% 25% 60%	7% 7% 14%	7%×15%=1.05% 7%×25%=1.75% 14%×60%=8.4% 11.2%
160万元以上	长期借款 长期债券 普通股	15% 25% 60%	7% 8% 14%	7%×15%=1.05% 8%×25%=2% 14%×60%=8.4% 11.45%

边际资本成本经常用于确定投资规模和筛选投资机会，其做法是将各备选投资项目按照投资报酬率由高到低进行排序，按照微观经济学的原则，当边际报酬率和边际资本成本相等时的投资规模为最优投资规模。

接上例，假定该企业预计的投资项目有四个，分别为A、B、C、D，预算投资报酬率分别为13%、12.5%、11%、9%，投资额分别为20万元、35万元、30万元和25万元，则投资报酬率和边际资本成本的变化如图3-1所示。这表明选择A、B、C三个项目时，累计投资总额为85万元，边际资本报酬率为11%，该累计投资额处于80万~100万元的筹资区间，边际资本成本为10%，边际资本报酬率大于边际资本成本，投资截止在C项目均有利可图。如果在此基础上继续上马D项目，累计投资额达到110万元，边际资本成本达到11.2%，边际报酬率小于边际资本成本，继续投资D项目在经济上不利。因此，最优的筹资额和投资额为85万元，上马A、B、C三个项目。

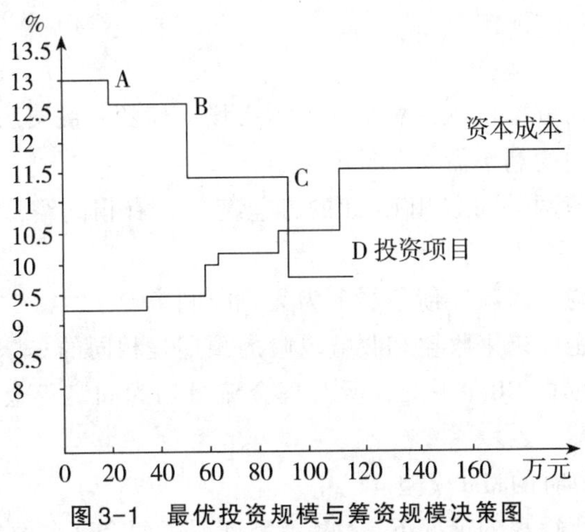

图3-1　最优投资规模与筹资规模决策图

第5节　资本结构与筹资决策

无论是经何种方式筹集进入企业中的资本，一旦进入企业便形成不同的资产占用，这些资产的使用效果与其具体的来源方式无关。资本实物形态上的差异和结构上的不同，即资产结构的差异，会影响企业的资本报酬率，也会影响企业的经营风险和全部资本的保值和增值，而预期的全部资本的报酬水平会制约资本筹措决策中企业综合资本成本的选择，即制约加权平均资本成本权重的决策。而这一权重亦即资本筹措中广义上的资本结构，指企业不同筹资方式下资本来源的组合结构。所有的筹资方式和资本来源从本质上可以划分为权益资本和借入资本，借入资本和权益资本在性质上是不同的，具有不同的制度规定性，因此可以把企业借入资本和权益资本之间的比例关系称为狭义的资本来源结构。

从借入资本与权益资本的制度安排来看，借入资本所有者的收益分配权和清算财产的求偿权优先于权益资本所有者的权利，这种制度安排就保证了权益资本的保值和增值要以借入资本的保值和增值为基础，如果要做到权益资本的保值和增值，也就必然要求首先做到借入资本的保值和增值，即全部资本的保值和增值。正是这种制度安排，使我们在研究资本结构问题时，可以仅关注权益资本的保值和增值，而把借入资本的保值和增值作为已知条件设定，这样做与全部资本的保值和增值的资本运营目标是无差异的。

一、资本结构理论述评

早期的资本结构理论是建立在经验和判断基础上的，缺乏严格的推理和证明。直到1958年，美国的F.Modigliani和M.H.Miller两位教授在一系列的假设下建立并证明了资本结构的MM理论，才使得资本结构的理论研究走上了规范的轨道。

（一）早期的MM理论

1.基本假设

（1）完全有效的资本市场，意指在资本市场上债券和股票的交易无成本，投资者和公司可以按相同的利率借入和贷出资金。

（2）企业的经营风险可以用EBIT的方差衡量，有相同经营风险的企业处于同一风险等级上。

（3）所有债务均无风险，债务利率为无风险利率。

（4）投资者对企业未来收益和收益风险的预期是相同的。

（5）投资者预期的EBIT不变，所有现金流量均为固定年金，即企业的增长率为零。

2.无公司所得税时的MM模型

在假设公司无所得税的情况下，MM模型证明了两个著名的命题：

命题I：企业价值与企业资本结构无关。

这一命题可以建立在套利定价的基础上，即在市场均衡状态下，同等资产按同样的价格出售，而不论资产的来源方式如何，这是价值可加性法则的直接运用。该命题表明，无论你如何组合一组现金流，其价值不变，比如两股现金流A和B，A和B的现值应等于A的现值加B的现值，即（A+B）的现值=A的现值+B的现值。否则，偏离这种均衡，就会存在套利的可能，而当所有人都参与到套利过程中的时候，它们之间的差异便会被自动削平。

为了把这一理论应用到企业的资本结构研究中，我们可以考虑两个公司除资本结构外，其他方面均相同。公司M有100%的权益资金，而公司N有100万美元的债务，利息率为10%，两公司的EBIT均为50万美元，而且经营风险等级相同，由于对EBIT的分配债权人优先于股东，因此可以假设K_{em}=15%，K_{en}=16%，则两个公司的估价过程如表3-8所示。

表3-8 **估价过程** 金额单位：美元

项目	公司M	公司N
EBIT	500 000	500 000
利息	0	100 000
股息	500 000	400 000
股本成本（%）	15	16
股份市值	3 333 333	2 500 000
债务市值	0	1 000 000
公司市价	3 333 333	3 500 000

基于上述的分析，公司N的市价大于公司M的市价。MM认为，套利的可能性

不允许这种状态持续下去，在不增加风险的条件下，公司N的股东可以卖出高价的N公司的股票，而购入价值较低的M公司的股票，从中获取套利利润。这样的结果会导致公司N的股票价格下降而公司M的股票价格上升，直到两公司的市价相同。也就是说，达到均衡时，套利交易停止。因此，不论投资者的偏好如何，都会同意$V_m=V_n$。只要投资者像公司一样，在同一条件下能够自由借贷资金，就能够以个人的杠杆变化抵消公司的杠杆变化，这就是命题Ⅰ的基础。

命题Ⅱ：对于利用债务筹资的公司，股份资本成本等于公司资本成本常数加上一个风险贴水，该风险贴水等于公司资本成本和债务资本成本之差乘以公司的债务权益比率，即：

$$K_e=K_0+(K_0-K_d)\frac{D}{E}$$

这一点可以这样来理解：在债务没有拖欠的情况下，股份资本成本随债务比重上升而提高，这是由于财务风险随着债务权益比率的增加而增加，如果用β_0表示公司总资本的风险，而β_e表示公司普通股的风险，β_d表示公司债务风险，则有：

$$\beta_0=\frac{\beta_d D}{D+E}+\frac{\beta_e E}{D+E}$$

在债务无拖欠风险时可以认为$\beta_d=0$，由此可得：

$$\beta_e=\frac{\beta_0(D+E)}{E}$$

这个公式表明，当债务额在资本结构中上升时，公司股价风险增加，这时股东的必要收益率K_e可以表示为：

$$K_e=R_f+\beta_e(K_m-R_f)$$

即当债务无风险时：

$$\beta_d=0$$

$$\beta_e=\beta_0+\beta_0\frac{D}{E}$$

债务收益率：

$$K_d=R_f$$

3.有公司所得税时的MM模型

由于税收是客观存在的，债务利息在税前支付，而股利则为税后支付，这种差别导致了负债资本和权益资本对企业的价值的影响不同，在存在公司所得税时MM模型为：

命题Ⅰ：负债企业的价值等于相同风险的无负债企业的价值加上因债务融资少纳税而增加的价值，即：

$$V_n=V_m+TD$$

命题Ⅱ：负债企业的股本成本等于同一风险等级中无负债企业的股本成本加上风险报酬，此风险报酬与债务权益比率、无负债企业的股本成本和债务成本之差及所得税税率有关，即：

$$K_{en}=K_{em}+(K_{em}-K_d)(1-T)\frac{D}{E}$$

按此命题，企业资产全部由债务资本构成时，企业价值最大，这与企业经营的现实相去甚远。其关键就在于MM的假设在现实中是不可能存在的，企业和个人不可能按同一无风险利率自由借贷。当企业债务增加时，新债权人要求的报酬率会上升，即债务资本成本在现实中是不可能固定不变的，因此MM模型在现实中的应用是有缺陷的。

（二）加入财务拮据成本和代理成本之后的有公司税的MM模型

1.财务拮据成本。当企业由于债务过重，经营中资金周转不灵，效益下降而处于财务拮据时，将会产生财务拮据成本。此时，企业虽陷入财务困境，但破产尚未发生，这时企业的权益所有者和债权人为了债务清偿和破产等问题而进行的谈判和争执将会迟延现存资产的清偿和分配，这种迟延不可避免地会导致企业资产价值减损，如固定资产因失修而破损、存货的变质过期等。此外，为达成协议而支付的律师费用、法庭收费和其他行政管理支出也会减少企业的价值，即交易成本是客观存在的。企业负债越多，固定的利息支出越多，则企业因经营风险导致企业收益下降时，财务拮据的概率越大，这样，财务拮据成本的客观存在和人们的预期会抵消因利息扣税而增加的企业价值。

2.代理成本。在现代企业的治理结构中，存在广泛的委托代理关系，其一是股东和经理人员之间的委托代理关系，为了激励经理人员为股东谋利而必须花费一定的代价。其二是股东和债权人之间的关系，债权人把资金贷给公司只能获取固定的利息，如果企业经营得好，则债权人获取固定收益后的剩余收益全部归股东所有；若企业经营得不好，投资失败而还不起债务时，则高负债企业的亏损也必然转移到债权人身上，亦即企业负债的增加会增加债权人的风险。而股东通过经理人员利用现实中的信息不对称就可以将风险转移给债权人，这种动机的存在，就使得债务合同中会存在各种各样的保护性条款来约束企业的行为，这样为监督保护性条款的执行不可避免地产生监督成本，且企业因保护性条款的限制会降低经营中的灵活性，因而代理成本的存在也会提高负债的成本，降低企业负债融资给企业带来的价值增量。

3.权衡模型。根据MM理论，在存在所得税的情况下，有负债企业的价值V_n由同一风险等级的无负债企业的价值V_m和负债减税收益现值TB两部分组成。但由于财务拮据成本和代理成本的存在，当负债比率超过D_1时，负债的减税效应逐渐被与破产相关的财务拮据成本和代理成本的现值（FA）所抵消；当负债比率增大到D_2时，负债的边际减税收益等于边际的财务拮据和代理成本，此时负债企业的价值最大。如果超过该点，则增加负债引起的边际成本将超过边际减税收益，企业价值开始下降（见图3-2）。因此，在考虑财务拮据成本和代理成本的情况下，MM模型由权衡模型替代。

$V_n=V_m+TB-$预期财务拮据成本现值$-$代理成本现值

按此模型，企业存在着最优负债规模，即存在着最优资本结构。

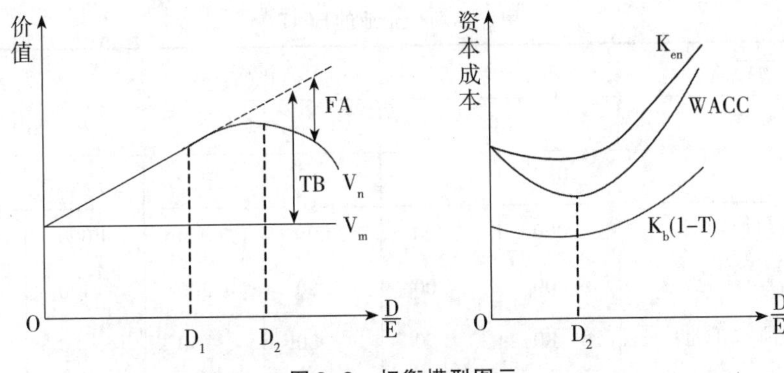

图3-2 权衡模型图示

（三）CAPM和有税MM模型的结合——哈莫达公式

企业自身的经营风险和财务风险可以分别用δ（EBIT）和δ（EPS）来衡量，而企业的总风险可以用股东收益的标准差来衡量。美国学者罗伯特·哈莫达将CAPM和有税的MM模型相结合，得出举债企业的预期股本收益率为：

$$K_{en}=R_f+\beta_m(K_m-R_f)+\beta_m(K_m-R_f)(1-T)\frac{D}{E} \tag{1}$$

式中，β_m——无负债企业的β系数。

这一公式表明，负债企业的期望股东收益率由三部分组成：

K_{en}=无风险报酬率+经营风险贴水+财务风险贴水

如果考虑在一个有效的证券市场均衡中，企业的期望收益率和股东所要求的报酬率一致，而股东要求的报酬率可以用CAPM模型来得到，即：

$$K_{en}=R_f+\beta_n(K_m-R_f)$$

令其与（1）式相等，则有：

$$\beta_n=\beta_m+\beta_m(1-T)\frac{D}{E}$$

它表明，有负债企业的β系数取决于无负债企业的以β_m反映的经营风险和以财务杠杆D/E、税率T反映的财务风险。β_n可以用来反映企业的市场风险。由此可以得出，负债企业资本结构D/E的不同会导致企业价值的不同，企业存在最优的资本结构，即β_n最小时的资本结构。

二、资本结构的实务分析

（一）经营风险和经营杠杆

企业经营环境的变动增加了企业收益的不确定性，而收益率的不同制约资本结构的选择，因此企业的经营风险是影响筹资结构安排的一个重要因素。经营风险是指由于企业的销售量、价格和成本构成的变动而导致的企业EBIT的不确定性，它可以用EBIT的概率分布来描述。

［例］甲、乙两个企业的EBIT分布如表3-9所示。

E（甲）=0.3×60+0.4×130+0.3×200=130（千元）

E（乙）=0.3×70+0.4×130+0.3×190=130（千元）

δ^2（甲）$=0.3\times(60-130)^2+0.4\times(130-130)^2+0.3\times(200-130)^2=2\,940$

表3-9 甲、乙两个企业的EBIT

市场环境	一般		中等		好	
概率	0.3		0.4		0.3	
	甲	乙	甲	乙	甲	乙
销量（件）	2 000	2 000	3 000	3 000	4 000	4 000
销售额（千元）	200	200	300	300	400	400
固定成本（千元）	80	50	80	50	80	50
变动成本（千元）	60	80	90	120	120	160
EBIT（千元）	60	70	130	130	200	190

δ^2（乙）=0.3×（70−130）^{2}+0.4×（130−130）^{2}+0.3×（190−130）^{2}=2 160

δ（甲）=54.22

δ（乙）=46.48

比较甲和乙两个企业，在相同的市场环境下，仅因为其成本构成不同，所以导致了EBIT的分布不同。其期望的EBIT均为130千元，但标准差δ（甲）>δ（乙），说明企业甲的经营风险大于企业乙的经营风险。由此我们可以看出，成本构成是影响企业经营风险的重要因素，而成本构成受企业的资产结构（即长期资产与流动资产之比）的影响较大。因此，企业的资产结构是影响资本来源结构的重要因素，此外影响经营风险的因素还包括：

1.企业销售量对经济波动的敏感性。企业的销售量对经济波动越敏感，经营风险越大。

2.企业产品的市场占有率和客户的稳定程度。如果企业市场占有率较高，客户比较稳定，则其经营风险较小。

3.经营投入物价格的稳定性。原材料、辅助材料、燃料、人工成本价格的不稳定会造成变动成本的波动，进而引致EBIT的变动，使经营风险加大。

4.企业产品所处的生命周期阶段和替代品的威胁。

5.产品价格受政府管制的程度。产品价格受政府管制越严格，则改变销售政策越困难，经营风险也就越大。

经营风险的大小还可以用经营杠杆来衡量，经营杠杆是指企业固定成本占总成本的比重。在其他条件不变的情况下，经营杠杆大的企业，销售额的微小变化会导致EBIT的大幅度变动，即杠杆作用的效应，这一点可以用企业盈亏平衡点来分析。企业盈亏平衡时的销售量Q的计算公式如下：

$$Q=\frac{FC}{P-VC}$$

式中，Q——盈亏平衡时的销售量；FC——固定成本总额；P——单价；VC——单位变动成本。

在前例中，甲企业盈亏平衡点为1 143件$\left(\frac{80\,000}{100-30}\right)$，乙企业的盈亏平衡点为833件$\left(\frac{50\,000}{100-40}\right)$，显然有Q（甲）>Q（乙），这说明甲企业的经营风险要高于乙企业，这与前面概率分析的结果是一致的。

经营杠杆对企业EBIT的影响可以用经营杠杆度来衡量，记为DOL，它是指在某一销售水平上销售量变动引起的EBIT变动的程度，用公式表示即为：

$$DOL=\frac{\text{EBIT变动的百分比}}{\text{销售量变动的百分比}}=\frac{\frac{\Delta EBIT}{EBIT}}{\frac{\Delta Q}{Q}}$$

当$\Delta Q \rightarrow 0$时：

$$DOL=\frac{Q(P-VC)}{Q(P-VC)-FC}$$

按此式计算，在不同的市场环境下，甲、乙企业的经营杠杆度如表3-10所示：

表3-10 **甲、乙企业的经营杠杆度**

市场环境	经营杠杆度	
	甲	乙
一般	2.33	1.71
中等	1.62	1.38
好	1.40	1.26

由此可以得出，其他条件不变的情况下，销售额越大，经营杠杆度越小，市场环境变动对EBIT的影响越小，经营风险也就越小。

经营风险高的企业，其EBIT的变动较大，从而会影响企业的预期资本报酬率，而预期资本报酬率的高低又会制约资本成本和资本结构的选择，即筹资决策。因此，经营风险大的企业应注重运用权益资本筹资，提高资本结构中权益资本的比重。

（二）财务风险与财务杠杆

对某一企业的特有风险，包括经营风险和财务风险来说，经营风险的高低会影响投资者对企业全部资本报酬率的预期，进而会影响企业全部资本的保值和增值。而财务风险是指企业由于负债筹资而导致的权益资本收益的变动，它会影响权益资本的保值和增值。财务杠杆则是指债务权益比率的不同对企业权益资本收益的影响度，可以用来刻画财务风险的大小。

［例］仍以前述甲企业为例，其有三种资本结构安排，资本总额为40万元，债务年利率为10%，所得税税率为30%。不同资本结构下权益资本收益的概率分布如表3-11所示。

由表3-11可以看出，当债务比重加大时，权益资本报酬率的标准差加大，亦即权益资本收益的风险加大。

表3-11　　不同资本结构下企业的权益资本报酬率

项目	方案Ⅰ			方案Ⅱ			方案Ⅲ		
债务/总资本	0%			20%			40%		
债务（千元）	0			80			160		
权益资本（千元）	400			320			240		
概率分布	0.3	0.4	0.3	0.3	0.4	0.3	0.3	0.4	0.3
EBIT（千元）	60	130	200	60	130	200	60	130	200
I（千元）	0	0	0	8	8	8	16	16	16
T（千元）	18	39	60	15.6	36.6	57.6	13.2	34.2	55.2
权益资本获利额（千元）	42	91	140	36.4	85.4	134.4	30.8	79.8	128.8
期望值	91.00			85.40			79.80		
权益报酬率（%）	22.75			26.69			33.25		
权益报酬率标准差（%）	9.49			11.86			15.82		

为了衡量杠杆作用的大小，我们可以引入财务杠杆度的概念，记为DFL，它是指每股收益变动（非股份制企业则为权益资金报酬率）的变动对息税前利润EBIT变动的反应程度，用公式表示即为：

$$DFL=\frac{\text{EPS的变动百分比}}{\text{EBIT的变动百分比}}=\frac{\frac{\Delta EPS}{EPS}}{\frac{\Delta EBIT}{EBIT}}=\frac{EBIT}{EBIT-I}$$

前例中不同资本结构下财务杠杆度分别为：

债务比率	0%	20%	40%
财务杠杆度	1	1.07	1.14

财务风险的存在告诉我们，利用债务融资具有提高权益资本报酬率的可能，当企业全部资本报酬率大于债务利率时，财务杠杆的正效应可以提高权益报酬率；当全部资本报酬率小于债务利率时，财务杠杆的作用会使权益资本的获利率大幅度降低。也就是说财务杠杆具有正、负两方面的效应，全部资本的报酬率水平受经营风险的影响，而经营风险是客观存在的，这就说明财务杠杆的负效应是可能发生的。对于筹资来说，债务比率并不是越高越好。

（三）经营杠杆和财务杠杆的联合作用

当企业利用债务融资之后，由于财务杠杆的作用，使得权益资本报酬的变动大于息税前利润的变动，而息税前利润的变动主要由经营风险引起，这样经营杠杆和财务杠杆的联合作用，就使得由于市场环境的变动而引起的企业销售的变动经过两级放大而使权益资本的报酬产生更大的震荡。综合杠杆度（DCL）表示了这一传递过程：

$$DCL=DOL\cdot DFL=\frac{Q(P-VC)}{Q(P-VC)-FC-I}$$

由以上分析可以看出，企业的特有风险对筹资的影响过程如下：经营风险的客观存在会影响企业综合资本成本的决策，会影响企业各种筹资方式的选择；当企业运用债务筹资时，财务风险的存在会使企业权益资本报酬率发生更大的波动，负债比率越高，这种波动越大。因此，经营风险大的企业，其资本来源中的权益比重应较大；而经营风险较小的企业，其资本来源中的债务比重可以适当加大。在资本筹措的决策中，应首先评价企业的经营风险，以此为基础确定企业可以达到的资本来源结构方案，并从中最终选择综合资本成本最低的筹资方案。

三、企业的融资决策：EPS-EBIT分析或者R-EBIT分析

在前面的分析中，我们知道财务杠杆具有双面效应，这一点为我们寻求最佳的资本结构和不同筹资方案提供了依据。通过对EPS-EBIT或R-EBIT的分析，可以做出较为合理的筹资决策。

$$EPS=\frac{(EBIT-I)(1-T)-D_p}{N}$$

$$ROE=\frac{(EBIT-I)(1-T)}{E}$$

式中，EPS——每股盈余；D_p——优先股股利；N——普通股股数；ROE——权益资本报酬率；E——权益数额；I——债务利息。

如果我们分别以下标1和下标2反映不同筹资方案下的债务筹资量和权益筹资量，则对EPS无影响的EBIT的临界点为$EBIT^*$，则：

$$\frac{(EBIT^*-I_1)(1-T)}{E_1}=\frac{(EBIT^*-I_2)(1-T)}{E_2}$$

由此可得：$EBIT^*=\frac{I_1E_2-I_2E_1}{E_2-E_1}$

这一关系可以用图3-3来表示。这一关系对筹资决策的影响是：当企业有多个筹资方案可供选择时，首先应分析经营风险，预测预期的销售收入和EBIT的大小，如果$EBIT>EBIT^*$，说明选择债务比重较大的筹资方案是有利的，如果$EBIT<EBIT^*$，说明利用权益资本较大的筹资方案是有利的，即：

（1）EBIT预期$>EBIT^*$，选择方案为$I_1:E_1$；

（2）EBIT预期$<EBIT^*$，选择方案为$I_2:E_2$；

（3）EBIT预期$=EBIT^*$，两方案EPS无差别，应综合其他因素进行比较。

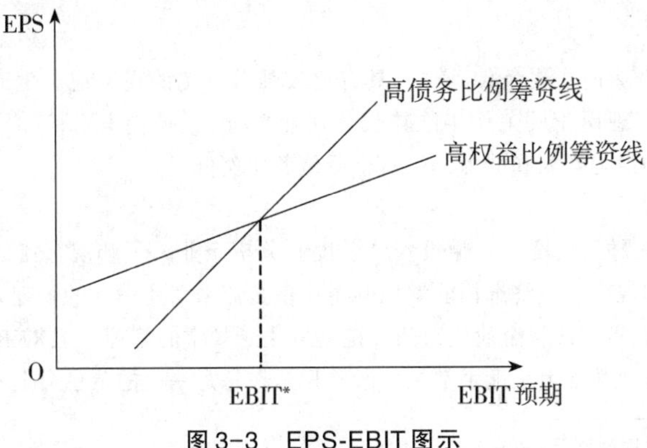

图3-3　EPS-EBIT图示

☆案例1 KKR集团——值得信赖的筹资伙伴[①]

KKR集团（Kohlberg Kravis Roberts & Co.L.P.，简称KKR集团）。1976年，克拉维斯（Henry Kravis）和表兄罗伯茨（George Roberts）以及他们的导师科尔博格（Jerome Kohlberg）共同创建了KKR公司，公司名称正源于这三人姓氏的首字母。KKR公司是以收购、重整企业为主营业务的股权投资公司，尤其擅长管理层收购。KKR的投资者主要包括企业及公共养老金、金融机构、保险公司以及大学基金。

KKR在1988—1989年以310亿美元杠杆收购RJR.Nabisco（当时美国的巨型公司之一，业务范围为烟草和食品），是其巅峰之作，也是世界金融史上最大的收购之一。

一、KKR的投资体系

在KKR的投资模式中，有两个要点至关重要：一是寻求价值低估、低市盈率的收购对象；二是创造足够的现金流，未来的现金流足以偿还债务又不至于影响公司的生产经营。KKR的高杠杆收购虽然充满风险，但是在这两条铁律的制约下，他们抵制了无数充满诱惑的收购。

1.基本形式

KKR与目标公司管理层联手完成杠杆收购（LBO/MBO），并在收购后赋予目标公司管理层极大的自主权，在目标公司竞争实力增强、价值上升后，通过上市等方式退出公司，取得高额回报。

KKR在LBO/MBO交易中具有三重角色：（1）财务顾问；（2）投入自己的资本，本身也是所有者，成为其中的一个合伙人，与参与LBO/MBO股权投资的其他有限责任合伙人（通常是机构投资者）共担风险；（3）作为LBO/MBO股权投资团体的监管代理人。

2.管理模式

KKR在追求利润的过程中，使用公司治理机制——债务、经理持股和董事会监督。

债务的硬约束作用能使管理层经理吐出企业中“闲置的现金流量”，使他们无法把这部分资金用于低效率的项目上；KKR通过管理层经理的大量持股，使他们像所有者一样决策；同时，通过强化企业内部的约束机制——董事会，KKR向人们展示了作为股东和大股东以及债权人的代表，是如何妥善处理董事会和管理阶层之间职能分离的。

KKR通过强化公司的治理结构，降低了公司两权分离所带来的代理成本。从某种意义上说，KKR的利润正是来源于代理成本的降低。正由于这一点，KKR展现了它作为一个经济机构、一种经济模型所独具的魅力。

3.投资条件

KKR设定目标企业的主要条件：（1）具有比较强且稳定的现金流产生能力；（2）企业经营管理层在企业经营管理岗位的工作年限较长（10年以上），经验丰富；（3）具有较大的成本下降、提高经营利润的潜力空间和能力；（4）企业债务比例低。

4.投资优势

KKR的优势是从财务角度（金融投资者角度）分析企业，了解现金流的能力，从而判断企业承受债务的能力和规模，最终选择能够控制企业现金流来偿还债务的管理人员。

一旦LBO/MBO交易完成，企业成败的关键就取决于日常的管理，但KKR并不参与LBO/MBO企业的实际经营管理，基本上是甩手掌柜，通常只是在每月一次的董事会上和经营管理层见面。

---

① KKR集团官方网站网址：http：//www.kkr.com/。

5.投融资结构

KKR参与企业LBO/MBO后，股权结构通常分为三部分：（1）一般合伙人，通常由KKR充当，负责发起LBO/MBO交易，作为LBO/MBO企业经营业绩的监管人；（2）有限合伙人，负责提供LBO/MBO所需要的股权资本，并主持LBO/MBO企业的审计委员会以及管理人员薪酬委员会；（3）LBO/MBO企业高层人员，持有一定比例的公司股份。

KKR和管理层经理们在开始时就有明确的认识，所谓的“交易”并不仅仅是融资交易本身，它是管理层、债权人和收购者之间就公司在今后5~7年试图实现目标的一系列的计划和协议，这些规划以偿付时间和债务条款的形式包含于融资结构中，共同使债务约束、股权和高绩效标准三者环环相扣。

二、KKR的典型操作程序

操作程序通常可以分为四个阶段：

第一阶段，资金的筹措。首先由公司的最高层管理人员或接管专家们领导的收购集团以少量资本组建执行收购的空壳公司。他们提供约占收购总资金的10%的资金作为新公司的权益基础，所需资金的50%~60%通过以目标公司资产为抵押向银行申请有抵押的收购贷款实现。该贷款一般由数家商业银行组成的贷款提供（这有利于分散和控制风险），也可以由保险公司或专门进行风险资本投资和杠杆收购的有限责任合伙企业提供。其他资金由各种级别的次等债券形成，通过私募（面向养老基金、保险公司、风险投资企业等）或公开发行高收益率债券（即垃圾债券）来筹措。到90年代，由于垃圾债券声名狼藉，使这一部分的资金转为主要依靠投资银行的桥式贷款提供（这些贷款通常在随后的几年被公司发行的长期债券所替代）。

第二阶段，在成功筹措资金后，组建起来的收购集团购买目标公司所有发行在外的股票并使其转为非上市公司（购买股票式）或购买目标公司的所有资产。

第三阶段，管理人员通过削减经营成本、改变市场战略，力图增加利润和现金流量。他们整顿和重组生产设备，改变产品的质量、定价，甚至是改变生产线和经营方向。

第四阶段，如果调整后的公司能够更加强大，并且该收购集团的目标已经达到，那么该集团可能使公司重新变为上市公司（即反向杠杆收购），以降低公司过高的财务杠杆率，并使收购者的利益得以套现。

KKR之所以能引起众人的关注，与其开创的杠杆并购（Leveraged Buyout，简称LBO）不无关系。对劲霸电池（Duracell）的收购就是KKR运用这种并购方式最为成功的案例。

在收购前，劲霸电池仅是食品加工巨头克拉福特的一个事业部。经过众多买家5个月的角逐，KKR于1988年5月得到了劲霸电池。当时的分析普遍认为劲霸总值不超过12亿美元，但KKR出价18亿美元，至少高出竞争对手5亿美元。KKR的方案也十分有利于劲霸的管理层，公司的35位经理共投入630万美元购买股份，而KKR给每一股分配5份股票期权，这让他们拥有公司9.85%的股权。这大大出乎管理层的意料。买断后，劲霸的第一年现金流就提高了50%，以后每年以17%的速度增长。在这个基础上，KKR把CEO坎德的资本投资权限从收购前的25万美元提高到500万美元的水平，同时把管理下级经理报酬的权力完全交给了他。

1991年5月，劲霸的3 450万股票公开上市，IPO价格是15美元，KKR销售了它投在公司的3.5亿美元资本金的股票。1993年和1995年，劲霸又进行了二次配售股票，加上两年分红，KKR在1996年的投资收益达13亿美元，并将收购劲霸时借贷的6亿美元债务偿清。1996年9月，KKR把劲霸卖给了吉列公司，每1股劲霸股票可得到1.8股吉列股票，总价值相当于72亿美元。交易结束时，KKR仍拥有劲霸34%的股权。

三、具有长期附加价值的投资合作伙伴

经过长期的积累，KKR已经形成了成熟的投资理念和方法体系：首先，KKR注重合作。不仅是公司内部的运营管理、客户与合作伙伴关系、资本市场等团队与投资专业人士进行通力合作；更是与优秀的、具有丰富管理经验的企业家密切合作。通过对投资行业的专业知识、投资经验以及运营专场的有机结合，KKR能够捕捉更好的投资机会并创造价值。KKR的战略是除了作为被投公司管理团队的财务合作伙伴，还充分利用已有的全球资源去协助被投公司的运营。另外，KKR的私募股权专业人员被分配到各个行业团队，并作为各自领域的专家开展工作。他们还按区域划分，团队在具有全球性视角的同时，还具有本土专识、经验和关系网络。依托于全球经验，本土关系网络和对当地的了解，KKR能够获得更多机会并带来更高的回报。最后，作为长线投资者，KKR致力于为投资合作伙伴、被投公司及其员工还有其所在社区创造价值，从而获得长期回报。

KKR公司全球一流的资源网络、丰富的并购经验、深厚的行业知识和管理专识、卓越的金融专识、知名的品牌效应不仅可以为企业带来持续的资本，更可以为企业的发展提供额外的、不可多得的附加价值。在金融创新日益发展的今天，之所以选择KKR公司作为案例材料介绍，只想说明筹资渠道和方式的创新是无止境的，作为融资主体的企业，我们必须了解这些创新的资本组织形式是如何运作的，他们的投资条件是什么，只有这样，我们才能够更好地进行筹资决策。综合合理地运用各种渠道的资金寻求发展。筹资不仅要关注“筹到钱”，更要关注“筹钱的同时带来了什么附加价值”或者“带来了哪些约束”。尤其是在金融危机之后，我们越来越多地看到，筹资条款存在着“潜在的风险不对称”，这些都会给企业带来灾难性的后果。

☆案例2　滴滴出行——互联网和共享经济思维下的企业融资

一、融资历程与资金来源构成

滴滴出行，隶属于2012年6月6日成立的北京小桔科技有限公司，是中国的一款打车平台。它称为手机“打车神器”，是受用户喜爱的打车应用。应用系统原名滴滴打车，最早于2012年9月9日在北京上线。2015年9月9日，公司名称正式变更为“滴滴出行”。目前，滴滴已从出租车打车软件，成长为涵盖出租车、专车、快车、顺风车、代驾及大巴等多项业务在内的一站式出行平台。

（一）融资历程

2012年12月，滴滴打车获得了A轮金沙江创投300万美元的融资。

2013年4月，完成B轮融资：腾讯集团投资1 500万美金。

2014年1月，完成C轮1亿美金融资：中信产业基金6 000万美金、腾讯集团3 000万美金、其他机构1 000万美金。

2014年12月，完成D轮7亿美金融资，由国际知名投资机构淡马锡、国际投资集团DST、腾讯主导投资启动亿元专车品牌推广——“今天坐好一点”。

2015年7月，宣布完成了30亿美元融资，投资方为中国平安、阿里资本、腾讯、淡马锡、中投公司等。

2016年6月16日，滴滴宣布已完成新一轮45亿美元的股权融资，新的投资方包括Apple、中国人寿及蚂蚁金服等。腾讯、阿里巴巴、招商银行及软银等现有投资人也都参与了本轮融资，使之成为全球未上市企业单轮最大规模股权融资之一。除股权投资外，招商银行还将为滴滴牵头安

排25亿美元的银团贷款，中国人寿则对滴滴进行20亿元人民币（约3亿美元）的长期债权投资。这意味着，滴滴本轮实际融资总额达73亿美元。

（二）资金来源构成

加之与快的合并前，快的公司超过7亿美元以上的各轮次融资，滴滴出行累计的融资总额已经近120亿美元。其中股权筹资总额近90亿美元，长期债券筹资总额接近30亿美元。

二、取得的成绩及资金用途

滴滴出行是迄今为止全球发展最快的科技初创公司，创立至今已多次刷新行业融资纪录。我们关注的是资金的用途：

庞大的用户和交易量：经过长期的补贴大战，改变用户的使用习惯，成立4年的滴滴已经成为全球最大的移动出行平台，已拥有3亿注册用户，近1 500万注册司机，服务涵盖出租车、专车、快车、顺风车、代驾、巴士、试驾和企业级等多个垂直领域。凭借大数据驱动的智能匹配调度体系以及领先的规模优势，滴滴出行目前日完成订单已突破1 400万。CNNIC的数据显示，滴滴专车在中国专车行业中已占据87.2%的市场份额。多家权威调研机构的数据也显示，滴滴出行在顺风车、代驾、试驾等垂直领域也都处于市场领导地位。

对外投资构建生态：滴滴试图用投资的方式打造一个“滴滴系”。从2015年8月开始，滴滴官方公布入股的公司有：东南亚打车软件GrabTaxi、印度打车软件Ola、美国打车软件Lyft、国内的饿了么、公交车查询APP“车来了”。

滴滴围绕着其业务展开对外投资：一方面，试图通过以资本为基础建立联盟，拓展国际业务，接二连三地海外布局中更重要的是增加国际化概念；另一方面，滴滴想围绕“出行”布局，打造出一个类似小米的出行生态链。除投资饿了么、车来了之外，滴滴还接手了考拉班车的业务，但并不涉及公司层面的并购。“我们会拓展更多的场景和服务形态，围绕汽车和出行形成一个生态链。”滴滴方面如此表态。

三、本案例的启事

（一）持续、巨额融资的经济理论基础

1.中国移动出行市场的渗透率不足1%，未来持续高增长的想象空间巨大，滴滴以高增长率的GMV（成交总额）支撑的高估值就有了基础。当市场份额达到一定水平时，定价权优势就会显现，就会进入垄断经济状态，其后续强大的盈利能力将会是惊人的。

2.滴滴的产品策略一向是放火烧荒，力图把火从打车领域延烧到出行的每个角落，这意味着产业链足够长，未来构筑的商业增值服务空间巨大。

3.持续扩张国际市场。滴滴注资了3家海外出行公司，美国Lyft、东南亚GrabTaxi和印度摩的应用Ola，选择注资控股而非自建子公司当然是为了快速进入当地市场。互联网产品的国际化扩张能力远高于传统产业。

因此，在共享经济和互联网+时代，互联网企业更容易通过持续、庞大的资金投入击败竞争对手，获取垄断优势，在未来获取垄断利润。在客户群可以共享的互联网业态下，产业横向和纵向扩展能力强大，可以在客户渠道领域大幅度降低营销成本，进入新的产业的前期市场投入成本就会趋近于零，这可以称之为成本领先优势。如果从固定成本和变动成本的角度来看，固定成本投入包括两部分：获客成本和系统开发成本，这需要靠庞大的投资和融资来支撑。变动成本表现为为支持每一笔交易需要付出的运营成本，在大数据累计和智能化的基础上，这部分成本极低。因此，当完成固定成本投入之后，获取了足够多的用户和交易量时，公司就会面临单笔交易的固定成本可以忽略不计、变动成本极低的状态。这意味着，如果我们把这种固定成本全部当作沉没成本看待，其累计一定量的客户后，保本点极低，其盈利能力是巨大的。

由此来看，支持滴滴和所有高成长互联网企业持续高融资的传统经济理论基础是垄断经济优势、成本领先战略，因此，在共享经济的思维中，是以流量、用户、份额而非早期盈利来诠释成功的。成长主要依赖大量投资的持续拉动，这已经不是传统意义上健康的商业模式。各类企业在面临互联网、大数据时代，用户至上和持续链接都是长期发展的基础。

（二）长期成功的标准

在共享经济思维和互联网+时代下，企业发展的模式在变化，流量、用户、份额是核心。但能符合传统的经济理论，只不过是在海量交易的基础上，放大了传统经济理论上各参数的边界，在用户维度上的量级是传统企业的无穷大倍、在成本维度上的量级趋近于无穷小，在交易量维度的量级上趋向于海量、在市场份额维度量级上接近垄断。但获取这一系列参数突破传统企业和经济理论边界的前提条件是持续、海量、多主体参与的投融资。因此，最终在海量的投融资后，其最终的成功还应回归到盈利。

1.服务的持续提升。互联网用户的迁移成本较低，企业长期成功的关键是留住用户，留住用户的根本还在于产品的品质，这种品质就是服务。如果用户服务和体验不好，导致用户批量的迁移和流失，构筑起来的竞争优势就会轰然倒塌，所有前期的海量投入也会荡然无存。2018年随着滴滴出行安全事件的频发，政府监管部门加大了对互联网出行服务平台的管理力度，出行领域野蛮、无序生长的时代结束了，一切都要回归到服务的质量上来，我们看到，作为服务业平台，在服务的持续提升上还有很长的路要走。

2.利润。滴滴像一架超音速战斗机，持续大仰角爬升有失速危险，能否及时改出取决于利润这台矢量发动机，大量的触网企业都面临这一问题，处于融资—烧钱—融资的循环之中。因此，以滴滴为代表的一批创业公司接下来很可能掀起中国互联网行业第一轮去产能化高潮，在这波洗牌中，那些赔钱吸引用户的产品和服务将被淘汰，市场将驱使经营者回归本源，即企业经营比的不是谁会赔钱，而是谁会赚钱。BAT之所以能成为中国互联网高山仰止的三座巅峰，不是因为它们动不动就弄死或收购创业公司，而是因为他们拥有完整的产品体系和健康的商业模式。滴滴的未来取决于它能否赢得C2C市场的垄断地位，取决于未来政策的走向，取决于它在体量更大，也更难撬动的汽车衍生品市场上的表现，但最核心的是能否建立起一个健康、可持续发展的商业模式。

3.要对“共享”进行深度的思考。从滴滴发展的历史来分析，其以共享经济故事为起点，构筑了持续融资发展的基础。时至今日，共享的概念或者以共享思维为出发点的创业公司越来越多，都在试图构筑和复制滴滴的神话，共享单车、共享充电宝等等。但我们需要冷静思考，什么是“共享”？什么是真共享？为什么要共享？共享是否为参与共享的主体均创造了价值增值？可以肯定地说，大量打着共享旗号的公司，如共享单车、共享雨伞、共享充电宝等等，只是披着共享外衣的、搭着互联网+旗号的“租赁业务”，并不是参与主体“闲置资源”的充分利用，并没有创造和改进存量资源的社会价值再利用实现和增加产出，相反造成了巨大的社会资源浪费。

第4章　资本投放

第1节　投资的意义与原则

“投资”这个名词在金融和经济方面有多个相关的意义。它涉及财产的累积，以求在未来得到收益。从技术上说，这个词意味着“将某物品放入其他地方的行动”。从金融学角度来讲，相较于投机而言，投资的时间段更长一些，更趋向于是为了在未来一定时间段内获得某种比较可靠、稳定的现金流收益并进行未来收益的累积而进行的经济行为。在西方发达资本主义国家，投资通常是指为获取利润而投放资本于企业的行为，主要是通过购买国内外企业发行的股票和公司债券来实现的。所以，在西方，投资一般是指间接投资，主要介绍如何计算股票和债券的收益、怎样评估风险和如何进行风险定价，帮助投资者选择获利最高的投资机会。而在我国，投资概念既包括股票、债券投资，也指购置和建造固定资产、购买和储备流动资产（包括有价证券）的经济活动。因此，“投资”一词具有双重含义：既用来指特定的经济活动，又用来指特种资金。简而言之，可以把投资定义为：经济主体为获得经济效益而垫付货币或其他资源用来从事某项预期可以带来增值的经济活动。当社会的生产和资本增值主要以企业的形式而展开时，投资成为企业这一市场主体和资本所有者的共同行为，而且企业的投资是资本所有者投资行为的延续，它在投资的动机、目标、决策模式上和资本所有者的投资行为具有一致性。

一、资本投放的意义

企业投资是指企业为获取所筹集资本的增值，而将资本投放到特定的项目中，以经营某项事业的经营行为。它包括厂房、机器设备的新建、改建、扩建和购置等活动，也包括购买股票、债券和以联营方式向其他单位投入资本等活动。

投资决策的正确与否关系到企业的兴衰存亡，对企业的生存和发展以及资本的保值具有决定性作用。首先，投资是维持企业生产经营的重要手段，企业组织生产经营就必须具有一定数量和质量的劳动资料、劳动对象和劳动力，而生产经营表现为三者的有机结合，在市场经济条件下，获取这些生产要素必须依靠交易进行资本投放。其次，企业投资是调整现有生产能力和结构，开发新产品，寻求新的经济和效益增长点的手段。最后，在我国当前情况下，以企业为主体的投资是实现资本重组和企业重组，调整产业结构，实现存量资本流动，推动国有资产管理体制改革和企业内部治理结构完善的重要手段。改革开放前我国一直执行的计划经济体制，使得投资主要是一种政府行为，企业缺乏自主投资的动力和机制，形成了国有资本布局结构中的突出矛盾：一是有限的国有资本过度分散，严重损害现有国有企业的竞争能力和国民经济的整体效益；二是国有经济的行业分布结构与市场经济下国家应有的功能严重错位，在国有资本大量分布于一般性工商业的同时，许多政府必须办的事情却因为没有资金而无力去办。在资本运营中强调企业为主体的自主投资，推动企业间的相互投资，才能实现存量资本的流动和重组，实现经济的战略性改组。因此，企业投资是资本运营的重要环节，是寻求资本保值和增值的关键。

二、企业投资的分类

企业投资，可以从不同角度加以分类，分类的目的在于寻求不同类型投资的特点和规律，以便更好地做出投资决策。

（一）按投资的性质，可以分为实业资本投放、证券投资和产权资本投放

实业资本投放是指将资本投放于特定的经营项目，以形成满足生产要求的生产能力。如建造厂房、购置机器设备、技术改造等劳动资料的投资；原材料、燃料、动力等劳动对象的投资；职工的培训、教育、职业训练等劳动力的投资等。

证券投资是指将资本投放于各种债券、股票、基金等有价证券，以获取收益或控制效应等。对于一个生产企业来说，证券投资有助于增加收益与拓展生存和发展的空间。

产权资本投放是指以产权为对象的投资。实业资本投放的投资要素是劳动力、生产资料、技术和信息等；证券投资的投资要素是各种有价证券；产权投资则是以实业资本投放的投资要素的部分或整体集合为投资要素。产权资本投放的主要形式有兼并、收购、参股、控股等。

这三种投资是资本运营中的主要分类，本章主要阐述前两种，而把产权资本投放放在第7章以后的各章中分别阐述。

（二）按投资回收期的长短，可以分为长期投资和短期投资

长期和短期的界定只是相对的，关键的差异在于其性质和目的。长期投资一般指不能够或不打算随时变现的投资，它包括固定资产投资、长期有价证券投资和联营投资；而短期投资一般具有高流动性，其目的在于充分利用闲置的资金以创造更多的收益，通常是指短期证券投资。

（三）按投资风险程度，可以分为确定性投资和风险性投资

任何投资都会有风险，差别仅在于风险的大小和可控程度。确定性投资是指风险较小、未来收益可以准确预测的投资，这类投资在决策时可以不考虑风险；风险性投资是指风险较大、未来收益难以准确估计的投资，在进行决策时，应注重对风险的研究，并采用相应的方法加以防范，以做出正确的决策。

（四）按投资发生作用的地点和资本增值的方式，可以分为对内投资和对外投资

企业占有的资本的增值渠道不外乎通过内部的生产经营而获取利润和让渡资金的使用权而获取租金、利息、股利等两种方式。从投资来说，则可以划分为对内投资和对外投资。企业对内投资是指把资金投入企业内部的生产要素，以提高生产能力；对外投资则是指将资本投入企业外部的债券、股票或其他企业等，其目的是获利或控制其他企业的经营。

三、企业投资的基本原则

投资对企业的资本保值和增值具有重大影响，优化投资决策必须遵循一定的原则：

（一）利益兼顾原则

企业作为整个国民经济的细胞，它的持续发展是一国经济持续发展的前提。而从经济的角度来说，任何经营行为都具有外部性，外部性具有正、负两方面的效应，正的效应，如增加就业、带动相关产业的繁荣等；负的效应，如污染、生态破坏、非理性竞争等。因此，企业在做出投资决策时，应注重外部性的研究，注重企业利益服从社会利益、局部利益服从全局利益、眼前利益服从长远利益。

（二）兼顾外延和内涵两种扩大再生产方式

外延扩大再生产是指增加人力、设备的投入，新增生产能力以扩大生产规模；内涵扩大再生产是指挖掘企业自身现有的生产能力，在不增加人力、物力、财力投入的情况下，提高生产能力和效益水平。外延扩大再生产主要以扩建和新上项目为主；内涵扩大再生产主要靠技术改造和更新来完成。在我国当前资金紧张的情况下，企业应注重内部挖潜、苦练内功，以效益促发展，以效益求生存，以内涵扩大再生产为主。

（三）结构优化和配套原则

任何生产能力的正常发挥，必然要求劳动资料、劳动对象和劳动力的有机结合和相互适应，如果技术水平极高，而工人的生产素质和技能达不到要求，生产肯定是不能正常进行的。这就在客观上要求资本的投入必须在三者之间合理分配。如果结构失衡，必然会影响效益的发挥。

（四）适度多样化经营的原则

按照投资组合理论，多样化投资可以分散和降低经营风险，从而稳定收益水平。然而，如果把资本作为一种稀缺性资源来看待，资本的增值又会受到规模经济效应的约束，在一定时期内企业所能筹集和运用的资本是有限的，这就决定了企业投资应以一业为主，在满足基本经营的资本需求之后，在资本充裕的条件下再注重多角化经营，以降低风险。此外，多角化经营会要求更高的管理水平和运筹能力与之相适应，在企业的管理水平未提高到一定程度时，盲目多角化经营不仅不会得到分散风险的效果，反而会影响企业的正常经营和获利。

（五）以人为本的投资原则

人是各生产要素中最活跃和能动的因素，只有注重人才的投资和储备才能使企业的资本增值有充分的保障。这要求企业在投资过程中不仅要注重生产性的投资，更应注重对人的教育、培训，提高全员素质，激励员工的创造性和积极性，时刻以人为本是投资中应注重的一个重要原则。

（六）正确处理投资与消费的关系

坚持扩大内需的战略，把扩大消费需求作为扩大内需的战略重点，把优化投资结构的重点放在投资促进消费上，使投资进一步向保障和改善民生倾斜，建设一批有利于改善消费环境的项目，大力发展服务业和中小企业，增加就业机会，把扩大投资与增加就业、改善民生有机结合起来，创造更多最终需求，实现投资与消费之间的良性互动，以投资带动消费，以消费促进投资。

（七）企业自主投资原则

由于计划经济的影响，企业的投资自主权一直没有落到实处，在社会主义市场经济条件下，投资的主体应是企业，强化企业的投资自主决策权尤为必要。可喜的是我国政府对投资体制的改革已经取得了实质性的进展：（1）明确了政府和企业在投资体制中的职责范围，政府主要投资于公益性项目和部分基础设施项目，一般不对竞争性项目进行直接投资；企业是竞争性项目的投资主体，对项目立项、筹资、建设、经营负全部责任。（2）在扩大投资审批自主权的同时，对项目进行了重新分类。对竞争性项目将以登记备案制代替项目审批，实行项目法人责任制和资本金制度；垄断性基础项目改为专家评议制；政府选定的项目，推行项目法人公开招标制。国家在密切结合产业政策的前提下，按产业性质和特点，把所有项目划分为鼓励、允许、限制和禁止四大类，属于鼓励之列的下放审批权，而对限制项目则严格审批。（3）国家对固定资产投资的宏观调控，将从直接控制规模转到利用货币、财政和税收政策进行间接管理，用产业政策和经济信息进行引导。在国家进行投资体制改革的同时，作为资本运营主体的企业必须转变观念，树立自主投资、自负责任、自担风险的投资意识。

改革开放以来，我国非公有制经济从无到有、由小到大，快速发展，在经济社会发展中的地位和作用日益突出，已经成为促进经济发展、推动科技创新、调整产业结构、繁荣城乡市场、扩大社会就业的重要力量。鼓励和引导民间投资健康发展，直接关系到坚持社会主义初级阶段基本经济制度，关系到维护平等、保护物权的法律制度，关系到真正建立公平竞争的市场环境，关系到激发社会活力、促进社会进步。特别是2012年以来，各有关部门贯彻落实国务院部署，着眼于降低准入门槛、创造公平竞争条件，制定出台了42项“新36条”的实施细则。这些实施细则涉及与经济社会发展和人民生活相关的各行各业，在消除制约民间投资发展障碍方面迈出了实质性步伐，为包括民营经济在内的各类市场主体创造公平、透明、可预期的市场环境和营造各种所有制经济依法平等使用生产要素、公平参与市场竞争、同等受到法律保护的体制环境提供了保障。实施细则在铁路、市政、能源、电信、金融、卫生、教育等传统上以政府为主导的领域推出一批引导民间投资参与的重点项目，发挥了示范带动作用。

因此，企业投资自主权和市场化是推进投资有序发展的基础，更是保证投资效益和效率的前提。深入推进行政审批制度改革，进一步清理、取消和调整行政审批事项，理顺政府和市场的关系将是我国持续提升投资效率和政府经济体制改革的长期任务。

☆案例　　软银愿景基金：未来已来

自2016年10月宣布组建计划以来，软银愿景基金一直占据着各新闻媒体的头条。关注的焦点主要是由于其规模庞大：2017年5月，该基金首轮募集资金达到930亿美元，而该基金的目标是募集到1 000亿美元，预计将在6个月内关闭。毫无疑问，愿景基金已经成为历史上规模最大的风险投资或私募股权投资公司，甚至是最大的并购基金，其雄心勃勃的投资行动将值得长期关注。未来几年，软银对“下一代信息革命”的初心将推动其成为全球最活跃的科技投资者之一。同时，该基金对于软银这家电信巨头抓住先机，获取全球科技创新的制高点将产生非常重要的推动作用。

一、基本信息

基金启动：2016年10月，软银集团宣布将组建愿景基金，并开启大规模投资计划

首次募集：2017年5月，软银集团宣布，愿景基金首轮募资超过930亿美元，此次募资预计将于2017年底之前结束，总目标为1 000亿美元

基金全称：SoftBank Vision Fund L.P.

投资期限：自募资结束后算起，基金的投资期限为5年

投资额度：对于符合目标的项目，基金将给予至少1亿美元的投资

基金存续期：自募资结束后算起，基金存续期最低期限为12年

一般合伙人：软银集团设立于海外的全资子公司

有限合伙人：SBG，PIF，Mubadala，Apple，Foxconn，Qualcomm，Sharp（当前）

财务处理：基于会计目的，愿景基金将合并到软银集团财务报表核算

管理收益：愿景基金建立了一个传统的私募基金结构，基金管理者将通过管理费和附带权益实现收益

二、基金投资方

愿景基金的投资方（一般合伙人）是一个非常豪华的团体，其中包括：

软银集团：280亿美元

沙特阿拉伯主权财富基金：约450亿美元

阿联酋Mubadala投资基金：约150亿美元

苹果公司：10亿美元

其他投资人包括：高通公司、富士康科技、夏普（富士康所有）、拉里埃里森的家族办公室（family office）等40亿美元

三、投资战略

软银表示，愿景基金的创立是由于软银坚信，下一代信息革命正在来临，而要建立起实现这一目标的业务，需要前所未有的长期投资。此外，软银集团的全球化、规模化运营经验，及其已有的业务组合将帮助被投资公司加快发展速度。

基金致力于寻求下一个创新时代的公司和基础平台业务，并对其进行长期投资。从新兴技术企业，到需要巨额增长资金的价值数十亿美元的公司，该基金将投资于各类私营公司和上市公司。孙正义表示：“技术有潜力解决当今人类面临的最大挑战和风险。为解决这些问题而努力的企业将需要有长期资本和有远见的战略投资伙伴资源来帮助他们成功。软银集团长期以来一直在转型技术方面进行大胆投资，并支持破坏性创新的企业家。软银愿景基金与这一战略保持一致，

将有助于建立和发展创造信息革命下一阶段基础平台的企业。”

1.“制造王者”是策略

一方面，对机器人、无人驾驶、虚拟现实、人工智能、卫星通信、生物技术等前沿技术领域保持了较大的投资力度；另一方面，对互联网金融、共享出行等依托大数据的消费领域也保持了持续的投资。此外，软银对芯片巨头ARM、NVIDIA的收购则体现了它在基础技术与硬件领域的大胆布局。梳理愿景基金现有的投资组合发现，已涵盖芯片、共享办公空间、生物医疗、SaaS、农业等多个领域，到底什么样的公司才能被愿景基金看上？Jeffrey Housenbold毫不避讳，愿景基金就是“制造王者”的策略（Kingmaker strategy）。

2.投资背后：数据很关键

按照孙正义所希望的，愿景基金投资的公司，每一家都是未来能支撑起全球变化的支点。它们把人工智能带入交通运输、食品、医药、金融领域等多个领域，其中“数据”就扮演了非常重要的角色。因为，数据对于创造机器的“大脑”至关重要，这样机器才能创造出与人们更好地共存的工具。

而孙正义所相信的，正是机器人会不可避免地改变劳动力，机器会变得比人们更聪明，这也被称为“奇点”（singularity）。

Jeffrey在会议上证实，愿景基金每一笔投资背后捕获的的确是“数据”，这些数据是能够被打通在下游，乃至在全球使用的。像共享汽车，并不是载人从一个地方到另一个地方，而是看中背后的出行数据，这未来或许就能用在自动驾驶。

分析愿景基金更多的投资可以发现，这些公司背后确实都有一个共同特点：数据。更准确地说，它们都参与收集大量的数据。

3.如何改变行业：跟时间做朋友

愿景基金不是局限在一家公司的三五年，而是至少未来5年、10年、15年甚至至25年。愿景基金会希望是所有风投资本中，最有耐心的一个，有耐心等待下一个阿里巴巴、Facebook、苹果、富士康等类型公司的出现。

第2节 实业资本投放

实业资本是直接服务于增值的资本，实业资本的保值和增值是整个社会资本增值和财富积累的基础。本节主要阐述实业投资机会的定性研究和评价、实业投资效益的评价和决策模式。

一、实业投资的基本程序

由于实业投资一般具有投资金额大、回收时间长、变现能力弱、发生次数少、风险较大等特点，因此进行实业资本投放应做详尽的分析，以科学的方法进行论证，并按一定的程序进行有效管理。其基本程序为：

1.投资机会的选择和界定。

2.组织专家进行详细的可行性研究和论证，主要包括：市场前景的详细调查和研究，做出预期销售预测、投资规模和资金来源的界定；生产和组织流程的设计；项目周期内现金流量的预测；选用一定的方法进行投资效益评价和国民经济效益评价。

3.投资风险的预测与防范方法的研究和评价。

二、实业投资机会的界定和选择

在做出一项投资决策时，企业首先面临的问题是该投资项目是什么，只有明确了这一点，才能进一步做出该项目效益如何的评价。具体到任何一个实业投资项目来说，它都可以归入某一特定的行业之中，因此实业投资机会的界定和选择问题实质上是选择进入哪一行业、经营哪一项目的问题。

一般来说，界定和选择某一投资机会应考虑如下因素：

（一）市场前景和竞争状况

任何一项实业投资都有其特定的产出，该产出有没有市场以及市场有多大是影响该项目收益的关键。因此，在评价某一投资机会时，首先应明确现有的和潜在的顾客是谁。一般来说，在确定现有的顾客时，应回答如下问题：

（1）谁是顾客：它包括界定顾客分布在哪？顾客为什么要购买？

（2）顾客购买的是什么？

（3）顾客的价值观如何？

在确定潜在顾客时，应回答如下问题：

（1）市场发展趋势和市场潜力如何？

（2）随着经济的发展、消费时尚的改变和竞争的推动，市场结构会发生怎样的变化？

（3）环境的哪些变化会影响顾客的购买力？

通过对市场状况的研究能够使投资者明确某一投资项目的产出是否有市场，该投资是否值得进一步研究。

此外，项目的产出会受到各方面竞争的影响，而竞争状况直接影响到项目的效益。在投资机会的研究中应充分考虑各种可能的竞争对项目的影响。按美国学者波特的理论，竞争来自五个方面：

（1）现存的企业之间的竞争；

（2）替代品或替代服务的威胁；

（3）供应商的讨价还价能力；

（4）预期客户的讨价还价能力；

（5）预期新进入厂商的威胁。

这五个方面在不同的行业中并非同等重要，企业在考虑某一投资机会时，应对五个方面做出有侧重的权衡和评价。

（二）宏观政策的变动

国家作为国民经济的管理者，对特定行业的限制和鼓励政策、新的环保法规的出台，以及经济的波动和宏观调控政策的变动都会对项目投资的效益产生影响，因此对于政策的变动可能带来的影响应做出合理的估计。尤其对于民营资本来讲，随着改革的深入，民营资本投资的发展空间会越来越大。

1.民营资本投资的发展空间越来越大

2010年5月13日，《国务院关于鼓励和引导民间投资健康发展的若干意见》提出了36条鼓励和引导民间投资健康发展的意见（以下简称“新36条”），为民企发展打开新空间提供了法律依据。早在2005年，国务院就出台了鼓励“非公经济36条”（以下简称“旧36条”），但在实践中却形成了隔离民间资本的“玻璃门”，尤其是金融危机下的“国进民退”浪潮，加速了民间资本的败退。在当时相对复杂的经济调控氛围中，推出“新36条”有着特殊的历史意义。首先，相比“旧36条”，“新36条”的内容更细化了，鼓励民间资本进入的产业领域也扩大了。尤其是在第一条开宗明义地强调“鼓励和引导民间资本进入法律法规未明确禁止准入的行业”，如商品批发零售、现代物流领域，鼓励民间资本参与市政公用事业、电信、石油天然气、电力和水利工程。同时，鼓励和引导民营企业通过参股、控股、资产收购等多种形式参与国有企业的改制重组，并利用产权市场组合民间资本，开展跨地区、跨行业兼并重组，支持有条件的民营企业通过联合重组等方式发展成为特色突出、市场竞争力强的集团化公司。

“新36条”明确界定政府投资范围，进一步拓宽民间投资的领域和范围，基调比“旧36条”更积极，从“放宽”转变为“鼓励和引导”，对鼓励民间投资进入的具体措施作了更具体的规定，提出明确鼓励的领域包括交通运输、水利工程、电力、石油天然气、电信、土地整治和矿产资源开发、市政公用、政策性住房建设、医疗服务、教育和社会培训、社会福利、金融、商贸流通、物流、国防科工、国企重组。

2.十大产业振兴计划出齐，产业品牌着眼长远发展

2009年，国务院常务会议先后审议并原则通过汽车、钢铁、纺织、装备制造、船舶、电子信息、石化、轻工业、有色金属和物流业十个重要产业的调整振兴规划。相关统计显示，除物流业之外，其他九大产业工业增加值占我国全部工业增加值的比重接近80%，占中国GDP总额的比重约为1/3。十大产业的运行状况，直接关系中国经济能否实现平稳较快发展。从出台的产业振兴规划可以看出，政府的长远目标应该还希望通过淘汰落后生产，鼓励科技创新、兼并重组来最终实现多年来一直倡导的产业提升和优化布局，从而使中国经济真正既大又强。

3.战略性新兴产业发展规划指明了投资方向

当今世界，新技术、新产业迅猛发展，孕育着新一轮产业革命，新兴产业正在成为引领未来经济社会发展的重要力量，世界主要国家纷纷调整发展战略，大力培育新兴产业，抢占未来经济科技竞争的制高点。2012年，《国务院关于印发“十二五”国家战略性新兴产业发展规划的通知》（国发〔2012〕28号），对加快转变经济发展方式，推进中国特色新型工业化进程，推动节能减排，积极应对日趋激烈的国际竞争和气候变化等全球性挑战，促进经济长期平稳较快发展提供了明确指引。站在战略和全局的高度，科学判断了未来需求变化和技术发展趋势，通过政策支持大力培育发展战略性新兴产业，加快形成支撑经济社会可持续发展的支柱性和先导

性产业，优化升级产业结构，对提高我国经济发展的质量和效益具有重大意义。这些新兴产业规划的出台为投资者指明了方向。现在，进一步优化产业投资结构，要引导投资更多地向战略性新兴产业、现代服务业和高技术产业倾斜。

“十二五”时期是我国战略性新兴产业夯实发展基础、提升核心竞争力的关键时期，既面临难得的机遇，也存在严峻挑战。从有利条件来看，我国工业化、城镇化快速推进，城乡居民消费结构加速升级，国内市场需求快速增长，为战略性新兴产业发展提供了广阔空间；我国综合国力大幅提升，科技创新能力明显增强，装备制造业、高技术产业和现代服务业迅速成长，为战略性新兴产业发展提供了良好基础；世界多极化、经济全球化不断深入，为战略性新兴产业发展提供了有利的国际环境。同时也要看到，我国战略性新兴产业自主创新发展能力与发达国家相比还存在较大差距，关键核心技术严重缺乏，标准体系不健全；投融资体系、市场环境、体制机制政策等还不能完全适应战略性新兴产业快速发展的要求，必须加强宏观引导和统筹规划，明确发展目标、重点方向和主要任务，采取有力措施，强化政策支持，完善体制机制，促进战略性新兴产业快速健康发展。

战略性新兴产业是以重大技术突破和重大发展需求为基础，对经济社会全局和长远发展具有重大引领带动作用，知识技术密集、物质资源消耗少、成长潜力大、综合效益好的产业。根据“十二五”规划纲要和《国务院关于加快培育和发展战略性新兴产业的决定》（国发〔2010〕32号）的部署和要求，为加快培育和发展节能环保、新一代信息技术、生物、高端装备制造、新能源、新材料、新能源汽车等战略性新兴产业，我国政府提出的战略性新兴产业的发展目标是：

（1）产业创新能力大幅提升。企业重大科技成果集成、转化能力大幅提高，掌握一批具有主导地位的关键核心技术，建成一批具有国际先进水平的创新平台，发明专利质量、数量和技术标准水平大幅提升，战略性新兴产业重要骨干企业研发投入占销售收入的比重达到5%以上，一批关键核心技术达到国际先进水平。

（2）创新创业环境更加完善。重点领域和关键环节的改革加快推进，有利于创新战略性新兴产业商业模式、发展新业态的市场准入条件，以及财税激励、投融资机制、技术标准、知识产权保护、人才队伍建设等政策环境显著改善。

（3）国际分工地位稳步提高。涌现一批掌握核心关键技术、拥有自主品牌、开展高层次分工合作的国际化企业，具有自主知识产权的技术、产品和服务的国际市场份额大幅提高，在部分领域成为全球重要的研发制造基地。

（4）引领带动作用显著增强。战略性新兴产业规模年均增长率保持在20%以上，形成一批具有较强自主创新能力和技术引领作用的骨干企业、一批特色鲜明的产业链和产业集聚区。到2015年，战略性新兴产业增加值占国内生产总值比重达到8%左右，对产业结构升级、节能减排、提高人民健康水平、增加就业等的带动作用明显提高。到2020年，力争使战略性新兴产业成为国民经济和社会发展的重要推动力量，增加值占国内生产总值比重达到15%，部分产业和关键技术跻身国际先进水平，节能环保、新一代信息技术、生物、高端装备制造产业成为国民经济支柱产业，新能源、新材料、新能源汽车产业成为国民经济先导产业。

战略性新兴产业主要包括：

（1）节能环保产业（高效节能产业、先进环保产业、资源循环利用产业）；

（2）新一代信息技术产业（下一代信息网络产业、电子核心基础产业、高端软件和新兴信息服务产业）；

（3）生物产业（生物医药产业、生物医学工程产业、生物农业产业、生物制造产业）；

（4）高端装备制造产业（航空装备产业、卫星及应用产业、轨道交通装备产业、海洋工程装备产业、智能制造装备产业）；

（5）新能源产业（核电技术产业、风能产业、太阳能产业、生物质能产业）；

（6）新材料产业（新型功能材料产业、先进结构材料产业、高性能复合材料产业）；

（7）新能源汽车产业。

这些战略性新兴产业具体到投资项目来看，可以分为如下重大工程：重大节能技术与装备产业化工程；重大环保技术装备及产品产业化示范工程；重要资源循环利用工程；宽带中国工程；高性能集成电路工程；新型平板显示工程；物联网和云计算工程；信息惠民工程；蛋白类等生物药物和疫苗工程；高性能医学诊疗设备工程；生物育种工程；生物基材料工程；航空装备工程；空间基础设施工程；先进轨道交通装备及关键部件工程；海洋工程装备工程；智能制造装备工程；新能源集成应用工程；关键材料升级换代工程；新能源汽车工程。

这些新兴产业和重大工程是未来投资项目的核心领域。

4.“一带一路”

本书第一章第4节阐述了“一带一路”建设的基本内容。“一带一路”建设是一项系统工程，要坚持共商、共建、共享原则，积极推进沿线国家发展战略的相互对接。为推进实施“一带一路”重大倡议，让古丝绸之路焕发新的生机活力，以新的形式使亚欧非各国联系更加紧密，互利合作迈向新的历史高度，中国政府特制定并发布《推动共建丝绸之路经济带和21世纪海上丝绸之路的愿景与行动》。

共建“一带一路”顺应世界多极化、经济全球化、文化多样化、社会信息化的潮流，秉持开放的区域合作精神，致力于维护全球自由贸易体系和开放型世界经济。共建“一带一路”旨在促进经济要素有序自由流动、资源高效配置和市场深度融合，推动沿线各国实现经济政策协调，开展更大范围、更高水平、更深层次的区域合作，共同打造开放、包容、均衡、普惠的区域经济合作架构。共建“一带一路”符合国际社会的根本利益，彰显人类社会共同理想和美好追求，是国际合作以及全球治理新模式的积极探索，将为世界和平发展增添新的正能量。

共建“一带一路”致力于亚欧非大陆及附近海洋的互联互通，建立和加强沿线各国互联互通伙伴关系，构建全方位、多层次、复合型的互联互通网络，实现沿线各国多元、自主、平衡、可持续的发展。“一带一路”的互联互通项目将推动沿线各国发展战略的对接与耦合，发掘区域内市场的潜力，促进投资和消费，创造需求和就业，增进沿线各国人民的人文交流与文明互鉴，让各国人民相逢相知、互信互敬，共享和谐、安宁、富裕的生活。

当前，中国经济和世界经济高度关联。中国将一以贯之地坚持对外开放的基本国策，构建全方位开放新格局，深度融入世界经济体系。推进“一带一路”建设既是中国扩大和深化对外开放的需要，也是加强和亚欧非及世界各国互利合作的需要，中国愿意在力所能及的范围内承担更多责任义务，为人类和平发展做出更大的贡献。

“一带一路”是国家级的开放合作，为企业的战略投资和国际化指明了投资方向，是未来相当长一段时期内的投资重点。

（三）预期的成本构成和投资的转向能力

企业产品成本构成中固定成本的比重越大，一般要求投资中固定资产的投资比重越大，资本的固化程度越高，越会加大企业经营风险，因此成本构成是影响企业投资机会获利的又一重要因素。此外，如果投资项目的通用性高，即可以用于生产不同的产出，当预期的产出市场前景变坏时，则可以较容易地转向其他产品的生产，这样企业投资的风险也较小。

（四）产品寿命周期阶段和变化趋势

一般认为，某一行业和产品的发展要经历导入阶段、增长阶段、成熟阶段和衰退阶段四个时期。这些阶段的划分可以用行业中销售增长率的拐点加以描述和界定。在增长平坦的导入期要克服买主的惰性和加大促销，一般来说，支出较大，利润较低。一旦证明产品是成功的，随着众多的买主进入市场，行业销售会迅速增长，当产品的潜在买主进入完毕，已形成消费倾向时，行业销售的高速增长会停滞下来，并达到与买主集团的增长同步的水平。最后，随着新的替代品的出现，销售增长率将出现负数。产品的寿命周期处于不同阶段，会对企业投资的回收速度和获利带来重大影响，在导入期投资风险较大，但是有长远的发展前景；在增长期投资具有较高和快速的回报，但竞争一般趋于激烈；在成熟期投资收益较稳定，但新进入者往往会受到排挤和替代品的威胁。在衰退期一般不能再追加新的投资，只能尽量避免进入。

当然，寿命周期作为行业发展的预报者也是有缺陷的，它只是行业变化的一种模式，并不能代表全部。这一点告诉我们在投资机会的研究中应注意各因素的全面考虑，以免以偏概全，错过好的投资机会。

三、投资额的预测

在此所说的投资额是指企业在一定的时期内所需的实业投资总额。正确预测企业的投资额，对于合理安排资本筹措、提高投资效果、增强投资决策的正确性，具有重要意义。

（一）投资额预测的基本程序

企业实业投资额的预测是一项比较复杂的工作，必须按照一定的程序来进行，这一程序一般包括以下几个步骤：

1.界定所有可以投资的项目。可以投资的项目是指依照企业的发展战略和近期规划已经列入企业投资计划的投资项目。这些项目可能是多种多样的，既有比较大的项目，又有比较小的项目；既有近期急需的项目，又有具有长期战略影响的项目；既有改造投资项目，又有新产品开发项目。因此，企业在进行投资额预测时，应对所有投资项目进行研究，不能遗漏。

2.预测各个项目的投资额。在明确了各个可投资项目之后，要根据各投资项目的特点和其他有关因素来预测每个投资项目的投资额，以便为投资总额的预测打下基础。

3.确定一定时期内的企业投资额。将各个项目的投资额测算出来之后，把各个项目的投资额进行汇总，便得出企业一定时期内的投资总额。实际工作中由于各种不可预见因素的影响，在投资总额的基础上应加上一定的数额，以便当意外情况出现时，仍能进行投资。

（二）投资额的构成

实业投资的投资额的构成内容主要包括以下几个方面：

1.各投资项目的投资前支出。它是指在正式投资之前为做好各项准备工作而花费的各种支出，主要包括：市场调研费、技术资料费、土地购入费、勘察设计费、咨询费等。

2.设备购置支出。它是指为购买投资所需的各项设备而花费的支出，主要影响因素为设备的数量、规格、型号、生产能力、性能、技术含量、采购费用等。

3.设备安装费用。它是指为安装各种设备所需的支出，主要根据安装设备的多少、安装的难易程度、安装的工作量、安装的收费标准来预测。

4.建筑工程费。它是指进行土建工程所花费的支出，主要影响因素有建筑类型、建筑面积、建筑的地点、当地的造价标准和工费标准等。

5.垫支的营运资本。投资项目建成后，必须垫支一定的营运资本企业才可以运营，营运资本主要用于购买原材料和辅助材料、支付工资、垫支应收账款等，主要影响因素有生产工艺特点、销售规模、生产能力、成本构成、预计的信用政策等。

（三）投资额预测的基本方法

投资额预测的方法有很多，现主要说明几种常用的方法：

1.逐项测算法。这一方法是指对构成投资额的各项内容分别测算，然后进行累加得出投资总额。这一方法是投资额预测中的主要方法，其预测的准确性较高，但由于分项测算，因此需要的时间较长，且对于资料的要求较多。

2.单位生产能力估算法。这一方法是根据同类项目的单位生产能力投资额和拟建项目的生产能力来估算投资额的一种方法。生产能力是指投资项目建成后每年达到的产量。例如，生产乙烯20万吨、发电量50万千瓦时、生产服装3万套等。一般来说，生产能力越大，所需的投资额越多，二者之间存在一定的数量关系。这一方法的预测公式如下：

拟建项目投资总额=同类企业单位生产能力投资额×拟建项目生产能力

利用该方法测算投资额应注意以下几个问题：

（1）同类企业单位生产能力投资额可以通过有关统计资料得出，如果没有可供参考的资料，可以以国外的有关资料为参考标准，但应做出一定的调整。

（2）如果通货膨胀比较明显，应对物价变动的影响做出必要的调整。

（3）作为对比的同类项目的生产能力应和拟建项目的生产能力比较接近，否则会有较大的误差。

（4）要考虑投资项目在地理环境、交通条件、配套设施等方面的差异。

3.装置能力指数法。这一方法是根据有关项目的装置能力和装置能力指数来测算投资额的一种方法。装置能力指数是指以封闭性的生产设备为主体所构成的投资项目的生产能力，如化肥生产设备、炼钢生产设备等。装置能力越大，所需的投资额越多。装置能力与投资额之间的关系如下：

$$\text{拟建项目投资额}=\text{类似项目投资额}\times\left(\frac{\text{拟建项目装置能力}}{\text{类似项目装置能力}}\right)^{T}\times\text{调整系数}$$

式中，T——装置能力指数，根据经验取得。比如根据经验，装置压力较高并带有较多台数的大中型压缩机泵及工业炉的指数取0.85；压力较低的取0.7；一般情况下取0.8。

四、实业投资项目效益评价的要素

实业投资项目效益评价是一个定量分析的过程，包括评价模型的选择和模型各变量的界定两部分内容。而模型各变量的界定是一个基础性工作，无论采用何种评价模式，在对一个项目的效益进行评价时都应考虑如下几个因素：

（一）货币时间价值

货币时间价值是指货币在使用过程中由于时间推移而带来的价值增量，其实质在于货币资本进入生产领域经过资本周期而创造的价值。正是因为货币具有广泛购买力，在资本投放的决策中我们更为关注现金的流动过程，由于再投资的存在必须以货币资本的回收为前提，所以我们进行投资效益评价时，必须合理预计货币资本流入和流出的时间分布。

计算货币时间价值涉及现值和终值两个概念：现值是指某一货币流量（序列）目前的价值；终值是指某一现金流量（序列）未来的价值，即本利和。货币时间价值的计算有三种模式：

1.单利计算模式。单利计算模式是指在特定的期限内，只就本金计算增值的方法。这种方法下，现值和终值之间的关系为：

$$S=P(1+i\cdot n)$$

式中，S——终值；P——现值；i——利率（报酬率）；n——期限。

2.复利计算模式。复利计算模式是指在选定的期限内，每年都以年初的本利和为基础计算增值的方法，即“利滚利”模式。它的基本理论依据是利息和本金一样可以按相同的利率进行再投资。此法下，现值和终值的关系为：

$S=P(1+i)^n$

3.年金模式。年金是指在一定期间内每期金额相等的系列收付款项。在现实生活中，年折旧额、等额分期收款、等额的股利等均为年金的表现形式。年金按其每期收付的时点不同，可以划分为普通年金（年末收付）、即付年金（年初收付）、递延年金和永续年金。

在投资决策中，最为常用的是普通年金，即每年年末收付的系列款项。年金的终值是指年金的复利终值和，年金现值是指每期款项的复利现值之和。其计算公式为：

$$S_A=\sum_{t=0}^{n-1}A(1+i)^t=A\frac{(1+i)^n-1}{i}$$

$$P_A=\sum_{t=1}^{n}\frac{A}{(1+i)^t}=A\frac{1-(1+i)^{-n}}{i}$$

式中，A——年金；$\frac{(1+i)^n-1}{i}$——年金终值系数；$\frac{1-(1+i)^{-n}}{i}$——年金现值系数。如果知道了n和i，可以查表求得相应的现值、终值。

（二）现金流量

现金流量是投资项目整个寿命周期内现金流入量和现金流出量的统称。在实业投资评价中，现金流量一般地表现为项目引起的现金流入和流出的增量。现金不仅包括货币资金，还包括投入项目中的非现金资源的变现价值。

对于一个实业投资项目来说，现金流出主要包括如下项目：

1.直接投资支出。它是指为使项目达到生产能力而投放在固定资产和无形资产上的支出。如房屋、建筑物的建造支出、设备的价款、安装费、运费等费用支出，支付的技术培训费、专利费支出。这些支出可能是一次性的，也可能是分期付出的。

2.增加的付现成本。它是指由于投资而形成的生产能力在实际利用时，每期由于销售增加或产品结构变动而增加的材料、人工和其他费用的付现支出。

3.垫支的流动资金。它是指在项目投产时，用于原材料的储备、产成品的储备和雇用工人等而发生的各种投资。由于追加的流动资金是由投资项目引起的，所以也作为现金流出的一部分。一般假定垫支的流动资金在项目结束时一次性收回。

现金流入量一般包括：

1.增加的销售收入或降低的付现成本。增加的销售收入是指在投资项目的寿命期内，由于增加产量、品种或提高质量而增加的现金流入。当投资仅提高效率、降低消耗时，投资的现金流入是指节约的付现成本。

2.固定资产的残值收入。它是指项目期满或固定资产报废时，变现回收的价值或残值收入。

3.收回的垫支流动资金。项目终了，期初垫支的流动资金可以用于别处，因此这部分资本也视为项目的现金流入。

(三)折现率

由于在项目的整个寿命期内，现金流入和流出发生在不同的时点，由于货币时间价值的存在，就使得不同时点上的现金流量不能直接相加减，必须折算到同一时点才有比较的可能，才能正确评价项目的效益。所谓折现率是指把不同时点的现金流量折算到现在时点所采用的报酬率。一般来说，折现率采用企业项目资本来源的综合资本成本，之所以这样做，就在于资本成本是投资项目能否被接受的最低报酬率，任何投资项目如果它的预期获利水平不能达到这个报酬率都将被放弃。

五、实业投资项目的效益评价方法

实业投资项目的效益评价方法有很多，大致可以分为两类：一类是不考虑货币时间价值的静态分析法，具体包括静态回收期、投资报酬率；另一类是考虑货币时间价值的动态分析法，又称贴现现金流量法。由于实业投资项目经营期长，因此在决策时应以动态分析法为主。

(一)基本投资决策评价方法

1.净现值法(NPV)

所谓净现值，是指投资方案未来期间内现金流入量的现值和现金流出量的现值之差。净现值法就是根据项目的净现值大小判定投资项目可行性的方法，它首先要预测项目周期内现金流入量和流出量的时间分布和数额大小，然后根据一定的折现率(一般用资本成本)将其折现加总算出净现值。如果净现值大于0，则项目可行；如果净现值小于0，则项目不可行。在实业投资评价中，一般认为净现值越大，项目的效益越好。

计算净现值的基本公式如下：

$$\text{净现值(NPV)} = \sum_{t=m+1}^{n} \frac{R_t}{(1+i)^t} - \sum_{t=1}^{m} \frac{C_t}{(1+i)^t}$$

式中，R_t——第t年年末的现金流入量；C_t——第t年年末的现金流出量；i——折现率；m——建设期；n——项目寿命期。

净现值法由于考虑了货币的时间价值，因此其可靠性相对较高，但也有一定的缺陷，即不便于对投资额相差较大的投资方案进行比较，这是由于在投资额相差较大时，投资额大的方案可能有较大的净现值，但却不能说明单位投资的经济效益的好坏。所以用净现值法来评价投资额不同的项目时，容易产生错误。

2.现值指数法(PI)

现值指数法又称贴现后的投资收益率法。现值指数是指投资方案在未来期间现金净流入量的现值与初始投资额的现值之比，亦即单位投资额在未来期间可获得的收益现值的水平。当现值指数大于1时，方案可行；在若干个方案的比较中，现值指数大者优先。现值指数的计算公式为：

$$\text{现值指数} = \frac{\text{未来现金净流入量的现值}}{\text{初始投资额的现值}}$$

现值指数有利于投资额不同的投资方案的比较，但在投资相差较大的互斥方案评价中，单位投资额的报酬高（现值指数大）的项目并不一定对企业总体财富的增加具有绝对优势。

3.动态投资回收期（TP）

动态投资回收期是指用投资项目投产后所得的现金净流入量现值来回收初始投资所需的时间。若用C_0表示初始投资额的现值，C_t表示第t年的税后现金净流入量，TP表示回收期，则有：

$$\sum_{t=1}^{TP}\frac{C_t}{(1+i)^t}-C_0=0$$

由于在实际计算时，TP很难取整，一般采用插值法测算，即令：

$$f(T)=\sum_{t=1}^{T}\frac{C_t}{(1+i)^t}-C_0$$

若$T=T_1$时，$f(T_1)<0$；$T_2=T_1+1$时，$f(T_2)>0$

则有：

$$TP=T_1+\frac{|f(T_1)|}{|f(T_1)|+f(T_2)}$$

回收期表明了初始投资的回收速度，一般来说，投资早期收益大的项目，回收期短。投资的尽早回收可以避免环境变动造成的风险，但回收期的长短仅和项目前期的现金流量有关，它并不能反映投资回收后的效益状况，因此在实务中，投资回收期多作为衡量项目风险和变现能力的指标。

4.内含报酬率

内含报酬率是指使项目周期内现金净流入量的现值等于初始投资现金流出量现值的折现率，即项目净现值为零时的折现率，用IRR表示，即：

$$\sum_{t=1}^{n}\frac{R_t}{(1+IRR)^t}=C_0$$

求解一般采用插值法测算，即设定：

$$f(r)=\sum_{t=1}^{n}\frac{R_t}{(1+r)^t}-C_0$$

若$r=r_1$时，$f(r_1)>0$，$r=r_2$时，$f(r_2)<0$，且(r_2-r_1)在2%~5%之间，则有：

$$IRR=r_1+\frac{f(r_1)}{f(r_1)+|f(r_2)|}(r_2-r_1)$$

此方法的判断规则是：当IRR大于项目的资本成本或要求的投资报酬率时，项目可行；当IRR小于资本成本或要求的投资报酬率时，项目不可行。

（二）基本投资项目评价方法的比较和进一步研究

上面的各评价方法均有自身的一套判定规则，但在实际应用中，这些方法针对同一组方案的评价可能会产生不尽相同的结果，这就会导致决策的矛盾，因此有必要考虑项目评价方法的质量特征问题，即一个好的评价方法应具备哪些特征。针对资本运营的目标——资本的保值和增值来说，一个好的投资评价方法应具备如下特征：

（1）全面考虑整个项目寿命周期内的现金流量；

（2）充分考虑货币的时间价值；

（3）在互斥方案的比较中，应能够选出资本增值最大的项目。

很显然，回收期法不符合特征（1），而其他方法对特征（1）和（2）均满足，但对特征（3）来说，却是有差异的。

1.NPV和IRR在互斥方案比较中的差异和评价

互斥项目决策是指在多个投资项目的选择中，只能选取其中的一个项目，也就是说，资本的投放具有排他性，按照前述的各方法，NPV大者和IRR大者是最佳选择，但在实际中，两种评价方法的决策结果在互斥方案的评价中可能不一致。比如两个投资项目M和N的现金流量分布如下：

项目M：初始投资1 481万元，经营期3年，每年年末现金净流入量分别为1 000万元、600万元和400万元。

项目N：初始投资1 529万元，经营期3年，每年年末现金净流入量分别为400万元、600万元和1 200万元。

若按10%折现率测算，NPV（M）=224.46万元，NPV（N）=232.04万元，按净现值法应选择项目N。而内含报酬率IRR（M）=20.07%，IRR（N）=17.04%，按IRR法，则项目M优于项目N，产生了决策的矛盾。产生这一矛盾的根源在于两方案现金流入量的分布不同，因而使得两方案的净现值对折现率的敏感性不同。这一点可以从理论上得到证实：

假设两个互斥投资方案，其现金流量分布和初始投资额不同，但寿命期相同，A方案前期现金流量大，B方案后期现金流量大。设定C_a和C_b表示两方案的初始投资额，且有$C_a>C_b$，RA_t和RB_t表示两方案投产后的净现金流入量，则有：

$$NPV(A)=\sum_{t=1}^{n}\frac{RA_t}{(1+r)^t}-C_a$$

$$NPV(B)=\sum_{t=1}^{n}\frac{RB_t}{(1+r)^t}-C_b$$

随着r的变化，NPV表现为r的连续递减函数，即随着r的增大，NPV递减。当NPV=0时的折现率r即为内含报酬率IRR。由于r的取值介于0和+∞之间，则NPV-r函数的两个极限点为：

$$\lim_{r\to 0}NPV(A)=\sum_{t=1}^{n}RA_t-C_a \qquad \lim_{r\to\infty}NPV(A)=-C_a$$

$$\lim_{r\to 0}NPV(B)=\sum_{t=1}^{n}RB_t-C_b \qquad \lim_{r\to\infty}NPV(B)=-C_b$$

这样两条连续递减的函数如果有交点，即NPV（A）=NPV（B）的充要条件为$C_a>C_b$，且$\sum_{t=1}^{n}RA_t-C_a>\sum_{t=1}^{n}RB_t-C_b$。净现值相等时的折现率我们记为$r^*$，称为费氏利率。如果$r^*$存在，则有当$r>r^*$时，NPV（A）<NPV（B）；当$r<r^*$时，NPV（A）>NPV（B）。所以NPV和IRR出现相悖的结果有三种情况：

（1）r^*存在，且$r^*<$IRR（A）<IRR（B），如图4-1所示。

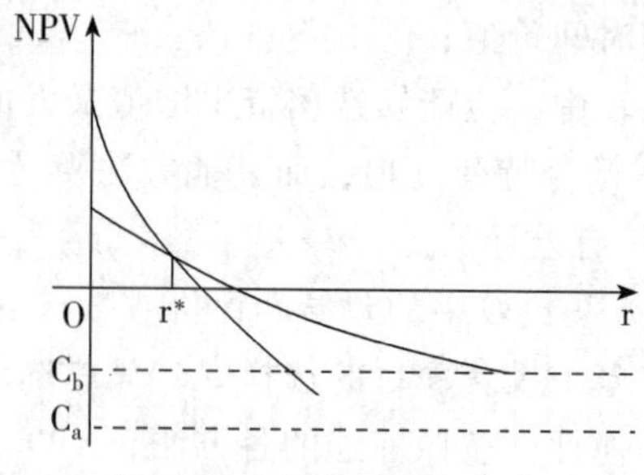

图4-1 NPV-r图示（1）

此时，如果计算净现值时所选择的折现率为r，则：

①当$r>r^*$时，IRR和NPV的结论一致，均为B方案较优；

②当$r=r^*$时，NPV法则失效，应以IRR决策为准；

③当$r<r^*$时，NPV和IRR结论相悖，但按照资本增值最大的要求，以NPV决策结果为准，即A方案较优于B方案。

（2）r^*存在，且r^*=IRR（A）=IRR（B），如图4-2所示。

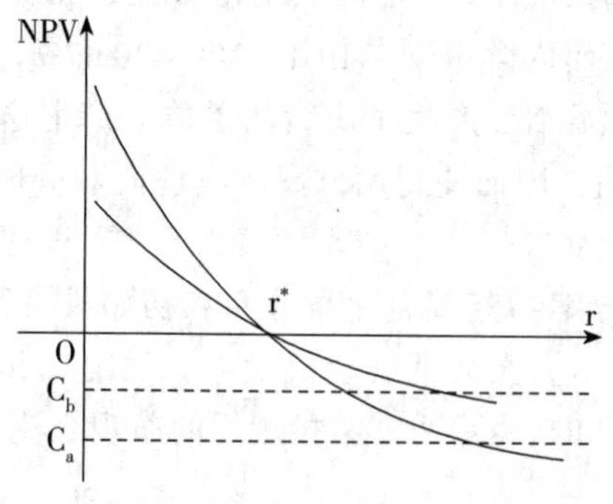

图4-2 NPV-r图示（2）

此时，IRR决策失效，当$r<r^*$时，NPV（A）>NPV（B），方案A优于方案B；当$r>r^*$时，两方案NPV均为负值，两方案均为不可行。

（3）r^*存在，且有r^*>IRR（A）>IRR（B），如图4-3所示。

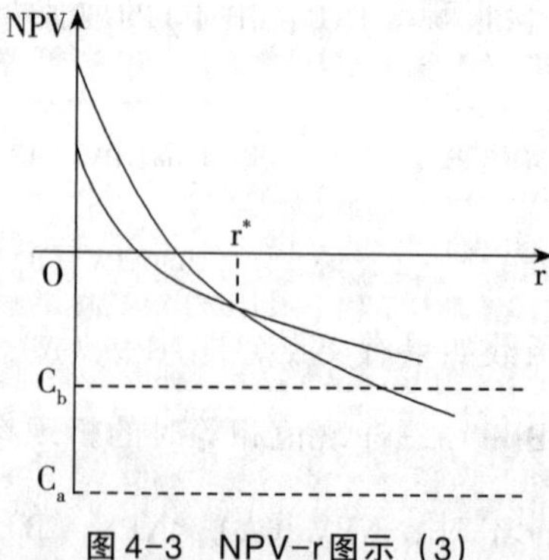

图4-3 NPV-r图示（3）

此时，当$r<r^*$时，NPV和IRR的结论一致，且只有r<IRR（B）时两方案均可行；当$r>r^*$时，NPV和IRR结论一致，两方案均不可行。

由以上分析可以看出，NPV和IRR决策相矛盾的情况只在（1）中出现，这时应以NPV决策结果为主。这一点可以用差额现金流量来分析，仍以前例M和N项目的决策为例，可以把项目N分解为项目M和项目（N-M），则增量现金流量（N-M）如图4-4所示。

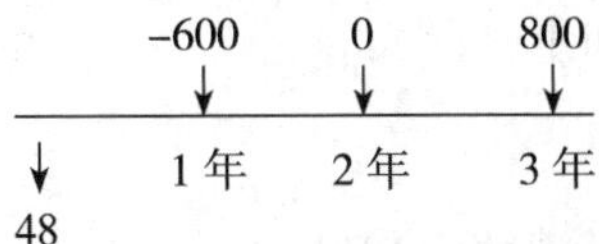

图4-4　项目（N-M）现金流量图

这时项目（N-M）的净现值ΔNPV=7.58万元>0，这说明项目（N-M）也是可以接受的，此外项目M的NPV>0，说明项目M可接受，由于项目M和（N-M）均可以接受，所以如果单纯选择项目M就会放弃（N-M）项目的现金流量的正净现值，这不符合公司资本增值量最大的经营目标。因此，在互斥方案的比较和评价中，应选择NPV大的项目。

2.净现值和现值指数的比较与评价

利用净现值法和现值指数法评价互斥项目投资时，也可能出现矛盾的结论。以项目H和I为例，它们的现金流量分布如表4-1所示。

表4-1　**项目H和I的现金流量**　金额单位：万元

项目	现金流量		NPV	现值指数
	C_0			R_t
H	-500	1 000	409	1.818
I	-10 000	15 000	3 636	1.364

当资本成本均为10%时，NPV（H）<NPV（I），按此应选择I，而同时PI（H）>PI（I），应选择项目H，可见二者的结论是相矛盾的。但可以把项目I分解为项目H和项目（I-H），由于NPV（I-H）=3 227万元，这对公司价值的增加显然是有利的，因此应选择项目I。从以上分析可以看出，按绝对数的NPV来判断项目的可行性比用比率值的现值指数更符合企业资本增值最大的目标。综合上述1、2的分析，可以看出IRR和PI在项目决策时，主要考虑的是单位投资额的报酬率，这对于投资少、见效快的项目来说是正确的，从投入产出比来看，项目的效益较好，这样决策有助于提高资本的获利水平。但其在互斥方案的评价中与公司资本增值最大的目标是相悖的。所以可以得出一个一般性的结论：如果资本供给紧张，为了提高企业的积累能力，加速资本的周转，在投资决策中应以IRR和PI的决策方法为主；如果资本来源渠道较为广阔，可利用的资本较为充裕，且追加资本投入不会影响资本成本的情况下，在互斥方案的选择中应以NPV为优先选择方法。

3.项目寿命期不等时的决策

当互斥项目的寿命期不等时，若用净现值法来判断，必须保证项目在相同的年限下进行比较，也就是说要求出项目寿命期的最小公倍数，寿命短的项目要按相同的收益重复多次。这样做比较烦琐，可行的替代方法是采用等值年金法。即将互斥方案的净现值按资本成本等额分摊到各年，求出每个项目的等值年金进行比较，年金较大的项目为优选项目。由于化成等值年金仅是净现值的一种转换，因此它与净现值法是等价的，转换方法如下：

$$NEA=\frac{NPV}{PVA(i,n)}$$

式中，NPV——项目的净现值；PVA（i，n）——年金现值系数；NEA——等值年金。

这种方法计算简单，在寿命期不等的互斥方案决策中较常用。

（三）EVA投资评价模式

经济附加值（Economic Value Added，简称EVA）又称经济增加值，是美国思腾思特咨询公司（Stern Stewart）于1982年提出并实施的一套以经济增加值理念为基础的财务管理系统、投资决策机制及激励报酬制度。它是基于税后营业净利润和产生这些利润所需资本投入总成本的一种企业绩效财务评价方法和投资评价方法。公司每年创造的经济增加值等于税后净营业利润与全部资本成本之间的差额。其中资本成本包括债务资本的成本，也包括股本资本的成本。目前，以可口可乐为代表的一些世界著名跨国公司大都使用EVA指标评价企业业绩。

从算术角度说，EVA等于税后经营利润减去债务和股本成本，是所有成本被扣除后的剩余收入（Residual Income）。EVA是对真正“经济”利润的评价，或者说，是表示净营运利润与投资者用同样资本投资其他风险相近的有价证券的最低回报相比，超出或低于后者的量值。一般认为，用EVA作为投资评价和业绩考核标准，有如下优势：

（1）EVA是股东衡量利润的方法，资本成本是EVA最突出、最重要的一个方面。在传统的会计利润条件下，大多数公司都在盈利。但是，许多公司实际上是在损害股东财富，因为所得利润是小于全部资本成本的。EVA纠正了这个错误，并明确指出，管理人员在运用资本时，必须为资本付费，就像付工资一样。考虑到包括净资产在内的所有资本的成本，EVA显示了一个企业在每个报表时期创造或损害的财富价值量。换句话说，EVA是股东定义的利润。假设股东希望得到10%的投资回报率，他们认为只有当他们所分享的税后营运利润超出10%的资本金的时候，他们才是在“赚钱”。在此之前的任何事情，都只是为达到企业风险投资的可接受报酬的最低量所做的努力。

（2）EVA使决策与股东财富一致，思腾思特咨询公司提出了EVA衡量指标，帮助管理人员在决策过程中运用两条基本财务原则。第一条原则，任何公司的财务指标必须是最大限度地增加股东财富。第二条原则，一个公司的价值取决于投资者对利润是超出还是低于资本成本的预期程度。从定义上说，EVA的可持续性增长将会带来公司市场价值的增值。这条途径在实践中几乎对所有组织都十分有效，从刚起步的公司到大型企业都是如此。EVA 的当前的绝对水平并不真正起决定性作用，重要的是EVA的增长，正是EVA的连续增长为股东财富带来连续增长。

思腾思特咨询公司提出的“Four M's”的概念可以最好地阐释EVA体系，即评价指标（Measurement）、管理体系（Management）、激励制度（Motivation）以及理念体系（Mindset）。

（1）评价指标

EVA是衡量业绩最准确的尺度，对无论处于何种时间段的公司业绩，都可以做出最准确恰当的评价。在计算EVA的过程中，我们首先对传统收入概念进行一系列调整，从而消除会计运作产生的异常状况，并使其尽量与经济真实状况相吻合。举例来说，GAAP 要求公司把研发费用计入当年的成本，即使这些研发费用是对未来产品或业务的投资。为了反映研发的长期经济效益，我们把在利润表上做为当期一次性成本的研发费用从中剔除。在资产负债表上，我们作出相应的调整，把研发费用资本化，并在适当的时期内分期摊销。而资本化后的研发费用还要支付相应的资本费用。思腾思特咨询公司已经确认了多达160多种对GAAP所得收入及收支平衡表可能做的调整措施。这些措施涉及诸多方面，包括存货成本、货币贬值、坏账储备金、重组收费，以及商誉的摊销等等。尽管如此，在保证精确性的前提下，也要顾及简单易行，所以通常建议客户公司采取5~15条调整措施。针对每个客户公司的具体情况，会确认那些真正能够改善公司业绩的调整措施。基本的评判标准包括：调整能产生重大变化，有确切的可得数据，这些变化可为非财务主管理解。还有最重要的一条，就是这些变化能够对公司决策起到良好的影响作用，并且节省开支。

（2）管理体系

EVA是衡量企业所有决策的单一指标。公司可以把EVA作为全面财务管理体系的基础，这套体系涵盖了所有指导营运、制定战略的政策方针、方法过程，以及衡量指标。在EVA体系下，管理决策的所有方面都囊括在内，包括战略企划、资本分配、并购或撤资的估价、年度计划，甚至包括每天的运作计划。总之，增加EVA是超越其他一切的公司最重要的目标。

从更重要的意义来说，成为一家EVA公司的过程是一个扬弃的过程。在这个过程中，公司将扬弃所有其他的财务衡量指标，否则这些指标会误导管理人员做出错误的决定。举例来说，如果公司的既定目标是最大限度地提高净资产的回报率，那么一些高利润的部门不太会积极地进行投资，即使是对一些有吸引力的项目也不愿意，因为他们害怕会损害回报率。相反，业绩并不突出的部门会十分积极地对几乎任何事情投资，即使这些投资得到的回报低于公司的资本成本。所有这些行为都会损害股东利益。与之大相径庭的是，统一着重于改善EVA将会确保所有的管理人员为股东的利益做出正确决策。

EVA公司的管理人员清楚地明白增加价值只有三条基本途径：一是可以通过更有效地经营现有的业务和资本，提高经营收入；二是投资预期回报率超出公司资本成本的项目；三是可以通过出售对别人更有价值的资产或通过提高资本运用效率，比如加快流动资金的运转，加速资本回流，从而达到把资本沉淀从现存营运中解放出来的目的。

（3）激励制度

如今许多针对管理人员的激励报偿计划过多地强调报偿，而对激励不够重视。无论奖金量是高还是低，都是通过每年讨价还价的预算计划确定的。在这种体制下，管理人员最强的动机是制定一个易于完成的预算任务，并且因为奖金是有上限的，他们不会超出预算太多，否则会使来年的期望值太高，甚至使其信誉受损。

EVA使经理人为企业所有者着想，使他们从股东角度长远地看待问题，并得到像企业所有者一样的报偿。思腾思特咨询公司提出现金奖励计划和内部杠杆收购计划。现金奖励计划能够让员工像企业主一样得到报酬，而内部杠杆收购计划则可以使员工对企业的所有者关系真实化。我们坚定不移地相信，人们按照所得报酬做相应的工作。以EVA增加作为激励报偿的基础，正是EVA体系蓬勃生命力的源泉。因为使得EVA的增加最大化，就是使股东价值最大化。在EVA奖励制度之下，管理人员为自身谋取更多利益的唯一途径就是为股东创造更大的财富。这种奖励没有上限，管理人员创造EVA越多，就可得到越多的奖励。事实上，在EVA制度下，管理人员得到的奖励越多，股东所得的财富也越多。

EVA奖金额度是自动通过公式每年重新计算的。举例来说，如果EVA值提高，那么下一年度的奖金将建立在当前更高的EVA水平增长的基础之上。不仅如此，他们还推荐“蓄存”一定量的额外奖金，并分几年偿付。蓄存奖金可以在EVA下降的时候产生一种“负”奖金，并且确保只有在EVA可持续增长之时才发放奖金。因为奖金没有上限，并且脱离了年度预算，EVA管理人员更有动力进行全面经营（Home Runs），不再单打独斗（singles），并且会在进行投资时考虑到长远利益（Long-run Payoffs）。采取EVA激励机制，最终推动公司的年度预算的是积极拓展的战略方针，而不是被保守预算限制的战略方针。

（4）理念体系

如果EVA制度全面贯彻实施，EVA财务管理制度和激励报偿制度将使公司的企业文化发生深远变化。在EVA制度下，所有财务营运功能都从同一基础出发，为公司各部门员工提供了一条相互交流的渠道。EVA为各分支部门的交流合作提供了有利条件，为决策部门和营运部门建立了联系通道，并且根除了部门之间互有成见、互不信任的情况，这种互不信任特别会存在于运营部门与财务部门之间。

Harnischfeger公司的CFO弗朗西斯·科比（Francis Corby）说，自从公司采用EVA之后，管理层并没有拒绝一个可行的资本投资要求。生产管理人员明白，如果新投资项目的收益低于资本成本，他们的奖金将受到影响，所以他们不会为了使项目通过而故意夸大项目的预期回报。实际上，EVA是一套由公司法人治理的制度。这套制度自动引导所有的管理人员和普通员工，鼓励他们为股东的最大利益工作。EVA制度还帮助决策权的有效下放和分散，因为它使得每个管理人员有责任创造价值，并且对他们这样的做法给予奖励或惩罚。

把EVA写入企业文化的关键在于使其成为汇报、计划和决策的共同关注焦点。这就要求做到以下两点：首先，因为EVA是全部生产要素的衡量指标，人们必须认识到EVA能够，也必须处于高于其他财务和营运指标的地位。如果EVA只是作为许多其他业绩衡量指标的附加手段实施，那么混乱的、本可解决的复杂情况仍将继续存在。其次，决策过程必须采用EVA指标。根据具体情况将EVA应用于广泛的决策活动中，在诸多重要程序中，比如制定预算和战略方针时，使用这些方法。还可以为员工培训设计许多典型范例进行讲解。

对我国企业来讲，坚持以科学的理念建立决策评价体系是一个长期探索的过程，该评价体系不仅应用于投资决策时点，更应贯穿于经营的所有环节，成为全员的理念，尤其在当今所有权和管理权分离的情况下，建立一套保证所有者利益和管理者利益一致的评价体系是必要的，我们可以考虑从EVA评价体系寻求借鉴，对此，企业应考虑以下几点：

首先，我们应当明确企业存在的根本目的，即为股东创造最大的经济价值。也就是说，企业应当应用其筹集的资金创造高于资金成本的附加价值。这为企业的经营管理活动设定了目标并提供了衡量尺度。公司的董事会和管理层可以将EVA增加作为核心的计划工具。

其次，企业的经营管理者可以运用EVA作为战略及财务管理的上佳工具。由于EVA综合反映公司的经营活动，管理者可以通过对EVA驱动杠杆的分析和调节，有效地制定经营战略和企业的财务管理方案。例如，企业可以通过加快资金周转速度提高资金回报率，或通过调整资本架构，降低资本成本。

再次，企业股东和管理层可以运用EVA制定经营者和员工的激励报酬体系。由于EVA比会计核算方法更真实地反映了企业经营的经济绩效，通过EVA管理系统可以设计一套真正有效的激励机制，把企业经营者员工的利益和股东利益完全广泛地统一起来，也只有这样，才可能把企业“内部人”变成股东“自己人”。

最后，企业股东和管理者可以通过EVA基础知识培训加强与员工的沟通和对员工的管理，改善企业文化。企业管理者进而还可以用EVA作为与投资者交流的最好语言。

EVA概念简单易懂，同时又揭示了企业经营活动的本质，通过EVA管理体系的实施，企业管理者可以有效地制定目标、激励员工，将企业的资源和精力集中到财富的创造上去。

（四）研发投资的决策模式

随着我国经济的快速发展，技术创新已是我们不能回避的课题。我国政府提出，要用15年时间使我国进入创新型国家行列，而企业正是创新的主体。因此，加强对企业层面研究开发（Research & Development，R&D，或研发）投资决策模式及其效果的研究具有重要的现实意义。国外学者从20世纪60年代就开始对R&D的经济效果和决策模式进行研究，定量地判断企业R&D投资是否合理，而我国对该主题的研究尚处于起步阶段。①

1.委托代理理论对研发投资研究的影响

现代企业的典型特征是其所有权与控制权的分离，这种分离是假设可以给公司带来更高效率的，它允许投资者分散其风险与收益，而经营者可以从事更专业化的管理。但由此却带来了现代公司的委托代理问题，公司经营者（代理人）与投资者（委托人）的利益不一致和信息不对称使经营者在进行公司战略决策时未必以公司的长远发展为目标，从而对公司研发投资决策产生影响。学者们在这方面进行了大量的研究，但他们并没有形成一致的结论。作为基本逻辑，一般认为：研发投资预期可创造无形资产，其在市场上是有价值的，但由于其自身固有的风险和产出的不可预知性，使研发项目意味着巨大的雇佣风险，代理人难以分散它。加之研发投资的周期长，对当期利润或许有负面影响，所以管理者不愿意投资于长期的有风险的研发项目。Bange、Bondt和Shrider通过对美国数据的实证研究，发现公司高管会着眼于年度利润目标来推进或降低研发支出，研发预算调整的幅度依赖于公司价值在股市上被高估还是低估。这一类观点认为研发活动的特征会激励管理者的机会主义行为和增加代理成本，从而导致研发投资少于股东们所希望的应投资项目。

一般来说，公司的投资都会造成信息不对称，外部人获得的仅是关于投资效率的高度概括的、不及时的信息，而与研发相关联的信息不对称程度更大于其他投资。由于研发投资比有形资产投资的未来收益更具不确定性，收益变动的增加使研发公司内部人员可利用其垄断权力获利，其内部人收益持续大于无研发的公司，内部人也有信息优势来改变研发预算，研发费用于是成了信息不对称和内部人收益的重要促进因素。从这个角度来看，在内部人收益的驱动下，研发投资应高于股东希望的水平。

2.研发投资与公司价值的相关性

关于研发投资对公司价值的影响，学者们看法不一，一种观点认为研发投资与公司业绩正相关，如Scherer（1965）、Grabowski和Mueller（1978）以美国公司为样本，Klette（1996）以挪威制造业公司为样本，都发现R&D与企业业绩之间是正相关的。而另一种观点认为R&D与公司业绩之间不存在这种正相关，有代表性的是冯·布朗（1999）提出的研发投资的“加速化陷阱”（Acceleration Trap）概念，即研发项目投资额的不断增加与企业产品销售收入和利润增长之间的非正相关关系所引发的高风险。冯·布朗通过对30家来自美国、欧洲及日本的电子电气公司的研发投入与销售收入和利润的数据研究发现，在1978—1990年间，这些高科技公司的研发费用分别增长了3~5倍，但同期这30家公司的总销售额年均增长率仅为10%，即公司研发投入的增加与产品销售收入的增长之间并不存在正相关关系。

研发投资的价值能否在资本市场上得到有效的揭示，学者们也见解不一。如Hall（1993）认为，投资者的视野有限，他们不能从长期的研发投资中预测其回

① 中国论文网，http：//www.studa.net/touzi/090501/11270923.html。

报，如果他们直接接受财务报表所显示的收益，而不会结合会计准则中研发投资的会计处理方法，对研发的预期收益进行调整，就很有可能导致对研发公司的股票定价偏低。相反，另一些学者却认为投资者高估了研发的价值，他们的推理是投资者视研发支出为投资，认为它会带来预期收益，所以投资者在确定股价时会考虑到这种收益。Chan、Lakonishok和Sougiannis（2001）研究发现，从事研发的公司，其股票的历史收益要超过不从事研发的公司，高研发投入的公司在权益市场上获得超常收益。Pemman and Zhang（2002）认为当期和近期研发投资的变化与随后的超额回报正相关，他们对该现象的解释是投资者被保守的研发成本的会计处理误导了，这使研发投资上升时低估收益，而研发投资下降时夸大收益。另有学者的解释是超额回报是对风险的补偿，如Chambers、Jennings和Thompson II（2002）。Charles Shi（2002）则从债权人的视角考查了研发收益（平均收益）与其风险（收益变动）之间的关系，认为关于研发价值的现存研究倾向于夸大研发的收益。

3.公司研发投资决策的影响因素

关于研发投资决策的影响因素的实证文献可以从公司财务结构、公司特征、公司外部监管力度和经理人特征等几个方面加以概括：

（1）公司财务结构与研发投资的关系

公司不同的所有权结构对其研发决策的影响是不同的，但实证研究的结论并不统一。Francis和Smith（1995）研究发现，股权分散的公司与管理层持股高或者有重要外部大股东的公司相比，创新较少，股权分散的公司获得较少的专利权，他们倾向于购买而不是内部研发。Berrone、Surroca和Tribó（2005）研究了所有权结构中大股东的存在对公司研发强度的影响，其结论是：银行所有权对公司的研发强度有负面影响，非金融公司所有权对公司研发强度有正面影响，对个人所有权的影响是不明确的；而大股东的数量（单个或合计持股达50%）对公司研发强度的影响是负面的。

关于研发公司债务政策的研究结果则相对一致。Baldwin et al.（2002）研究了财务结构、研发强度与创新之间的关系，发现研发强度高的公司显示为较低负债的财务结构，财务结构中负债的比重对研发投资有约束。Nam、Ottoo和Thornton（2003）认为高负债的公司会倾向于低水平的研发投资。这些结论应与研发活动的特点相关联，研发活动的不确定性增加了债券的风险，而债券持有人或许不愿意承担高风险，从而形成研发强度大的公司具有低负债水平的财务结构。当然，研发需要大量的现金流，低负债也可以减少利息的支付，所以高成长、承担高研发投入的公司会有低负债率和低股利支付率。Halletal（1998）通过对来自法国、日本和美国科技公司的考察，研究了不同制度背景下销售收入和现金流对研发投资的影响，发现研发投资对公司现金流和销售收入的敏感度，美国公司高于日本公司和法国公司。在美国，研发投资与公司的现金流和销售收入正相关，而在日本和法国，这种影响是混合的。Bond et al.（2003）用英国和德国公司的面板数据检验了现金流对固定资产投资和研发投资的重要性，其结论是德国公司的研发投资水平对现金流不敏感，而英国公司相反。这或许与不同国家公司间的财务结构不同有关。

(2) 公司特征与研发投资的关系

不同规模、处于不同成长期的公司，它们在研发决策上也表现出不同的风格。Fishman和Bob (1999) 认为大公司获取更高的利润，它们比小公司在研发上投入更多，从而可将公司的边际成本控制在较低的水平，进而可以吸引更多的价格敏感顾客，带来更多的利润。与此相反的是，Holmstrom (1989) 认为大公司倾向于较少的创新，因为它们多从事公开交易且从市场受到较多的监管，市场监管依赖于可见的产出，如利润等指标，由于真正的管理者行为难以观察，不能带来现时回报的研发投资不被市场看好。Berrone、Surroca和Tribó (2005) 对西班牙公司的研究认为，处于高成长期的新兴公司，其特征是公司经营较不稳定、风险性更高，机构投资者，如银行会避免投资于这类公司，而个人投资者，如风险资本家则会进入，支持研发风险投资。低成长的成熟型企业多面临稳定的环境和可靠的经营，机构投资者，如银行多对这类企业有兴趣，会支持它们的生存和发展，因此，预期个人投资者对高成长型公司更有影响，而银行和非金融公司机构投资者对成熟型（低成长）企业更有影响，进而影响公司的研发策略。

(3) 经理人激励与研发投资的关系

学者们研究发现，经理人的人力资本特征对公司的研发投入有不同的影响，而经理人薪酬设计则可对这种影响予以调节。Bushee (1998) 认为经理人可能会由于短期的会计绩效的年度奖金计划而机会主义地降低研发费用。Baber et al. (1991) 发现当CEO接近退休时，或者公司面临小的收益下降或小的损失时，这种倾向更为明显。这些应该是由于收益基准所导致的短视问题。Dechow和Sloan (1991) 也证实研发费用的增长率对于接近退休的CEO是下降的，但对于持有较多股份的CEO，却没有发现这一效应。Shijun Cheng (2004) 以1984—1997年福布斯500强的160家公司为样本，研究了研发费用与CEO薪酬的关系，结果证实当存在道德风险和短视问题时，研发费用变化与CEO年度股票期权价值变化显著正相关；不存在道德风险和短视问题时，则关系不显著。研究还发现薪酬委员会可通过调节研发费用变化与CEO年度权益变化来阻止潜在的对研发费用的机会主义削减，而且是有效的。Barker和Mueller (2002) 发现研发投入与CEO年龄负相关，而与CEO任期同增，他们推断是因为CEO用研发支出塑造自己的业绩。Nam、Ottoo and Thornton (2003) 以1996年279家美国上市公司为样本，研究了管理层风险激励对公司资本结构和研发投资的影响，结论是CEO持股比例高会倾向于选择高水平的研发投资，CEO股票期权组合对股票收益变动敏感度高的会倾向于选择高水平的研发投资。

(4) 公司外部监管对研发投资的影响

公司的研发投资与公司价值相关，但研发支出不会自动带来公司价值的增加，它依赖于对支出使用的效率和对收益的预期，当缺乏有效监管时，公司管理层也许会做出不恰当的投资决策，以最大化自己的效用。因此，也许不能仅凭研发支出水平来判断其对公司价值的影响，还要看监管的力度和水平。Chung、Wright和Kedia（2003）采用财务分析师的关注、董事会的构成和机构持股作为公司治理的替代变量，实证研究发现，研发支出的产出预期与分析师关注程度和董事会中外部董事比例均为正相关，而与机构持股比例无关。Nam、Ottoo和Thornton（2003）指出，无效的激励机制和低监管将导致研发决策无效。他们似乎认为低监管水平的公司会过度投资于研发，而高监管水平的公司会对研发投资不足，但他们并未直接检验这一观点。

4.国外研究状况对我国的启示

我国学者对于研发投资的研究宏观层面较多，如利用国家统计年鉴的数据对研发与区域经济、产业经济的发展进行研究，也有从技术经济角度研究研发投资的溢出效益、跨国公司在华研发状况等方面的内容，而利用资本市场数据对企业微观层面研发状况的研究，还处于起步阶段。从目前的研究成果来看，对该主题的研究还没有引起我国学术界足够的重视，结合我国企业发展技术创新的定位，我们应该在以下方面加大研究的力度：

第一，研发投资的影响因素。研发不是一项孤立的决策，它是企业整体战略的有机组成部分，是企业外部环境与内部机制共同作用的结果，政府财政、税收政策的导向，市场竞争的驱动，企业产权结构、内部治理机制的建设，都可以从不同维度对企业的研发与创新提供制约与支持。通过对研发投资影响因素及其影响力度的研究，可为研发决策的制定提供可靠的指导。

第二，研发投资中的代理问题。在自主创新的思想指导下，人们倾向于认为研发投资越多越好，尤其是在与发达国家相比较后，发现我国研发投入力度的不足。但资源的稀缺性要求我们不仅要重视研发投资的量，更要关注投资的质。因此，在我国目前的制度背景下，企业研发支出究竟是增加未来收益的有效投资，还是更大程度上沦为内部人进行盈余管理的手段呢？

第三，研发投资的经济效果。对研发投资与公司核心竞争力的培植、竞争优势的获取以及研发投资对公司可持续发展的作用力的探讨，直接关系到企业进行研发投资的意义。

世界知识产权组织于2011年11月14日在日内瓦首次就全球知识产权状况发表了题为《变化中的创新》的报告。据该报告披露，近年来中国在科学研究和试验发展（R&D）方面进展较快，截至2009年，中国的研发总体投入资金规模已经超过日本，一跃成为排名仅次于美国的世界第二大研发投资国。虽然投入规模上去了，但这充其量只能算是一种量变，在衡量R&D实力最为关键的专利数量、研究人员密度等核心指标方面，我国与美欧发达国家仍存在不小的差距，还需不断努力追赶。在未来岁月中，要想使中国成为真正意义上的世界R&D大国，实现我国R&D事业由量变到质变的根本转化，除了要继续贯彻实施科教优先发展的战略，不断加大相应的资金投入外，还应当秉持统筹兼顾、协调发展的原则，工作的重点应当放到充分调动和发挥企业、政府所属研究机构、高等院校这三大社会研发主体的主动性和积极性方面，推动产学研立体化、协同化、市场化运作模式，实现投入资金规模的有序扩充，以及R&D资金的合理配置和有效利用。

六、实业投资的风险分析方法

投资风险是指一项投资所取得的结果与决策时预期结果之间的差异而给企业造成的损失。由于投资风险是客观存在的，因此在投资决策中应注重研究风险的来源和影响，采用一定的方法在决策中加以防范和规避。

从决策的要素来说，投资风险主要来源于两个方面：一是现金流量的变动；二是资本成本（折现率）的变动。具体表现为：

（一）影响现金流量变动的因素

（1）投资量的变化。引起投资总额变化的原因有很多，如通货膨胀造成的工程物资、工费的上涨，投资规模、范围的扩大，设备购置成本的上升等。

（2）建设期发生变化。建设工程期的延长，配套工程的非同步完工均会导致项目不能按预定期限投产。这会导致预期的市场环境和竞争地位发生变化，必然会影响到现金流量。

（3）实际生产能力与设计生产能力的变化。在施工过程中，由于诸多因素的影响，实际生产能力往往脱离设计生产能力，这会引起预期销量的变化，引起现金流量的变动。

（4）价格的变化。由于销售价格受市场供求关系和竞争的影响，难免会偏离预期，而价格的波动会造成现金流量的变化。

（5）产品成本的变化。成本的主要构成要素包括原材料、燃料动力、工资等，这些要素会因价格上涨而使成本增加，增大现金流出量。

（二）资本成本（折现率）的变动

影响折现率变动的主要因素是资金来源的稳定性和可靠性，如果以预期的资本成本作为折现率，将会受到国家的财政政策、金融政策、税收政策、通货膨胀和市场资金供求关系的影响。

上述因素的存在，势必会导致投资预期与实际发生偏离，因此，必须采用一定的方法对风险进行分析，做到投资风险的事前防范。一般来说，投资风险分析的常用方法有风险调整贴现率法和肯定当量法。

（一）风险调整贴现率法及评价

这一方法的基本思路是针对决策中折现率的选择加以调整，对于高风险的项目，采用较高的贴现率计算净现值，然后根据净现值法的规则来选择方案。这一方法的关键是根据风险的大小来确定包括了风险因素的风险调整贴现率，公式如下：

$$K=i+bQ$$

式中，K——风险调整贴现率；i——无风险报酬率；b——风险报酬斜率；Q——风险程度。

一般来说，无风险报酬率可以用国债利率来代替，为了确定K，需要选定b和Q。

［例］某企业投资所要求的最低报酬率为8%，现有3个方案，有关数据如表4-2所示。

1.风险程度计算

先来考察A方案，初始投资6 000元是确定的，各年现金流入的金额有三种可能，且概率可以估计（本案例的设计是假定全部风险体现在现金流入中）。

E_1=4 000×0.25+3 000×0.40+1 000×0.35=2 550（万元）

E_2=3 000×0.30+5 000×0.40+1 000×0.30=3 200（万元）

E_3=3 000×0.20+4 000×0.40+2 000×0.40=3 000（万元）

各年现金流入的风险程度可用期望现金流入的标准差来衡量。

$d_1=\sqrt{(4\,000-2\,550)^2\times0.25+(3\,000-2\,550)^2\times0.40+(1\,000-2\,550)^2\times0.35}$=1 203.12（万元）

d_2=1 661.32万元

d_3=894.43万元

表4-2　　各方案现金流量分布　　金额单位：万元

年	A方案		B方案		C方案	
	概率	现金流量	概率	现金流量	概率	现金流量
0	1	6 000	1	3 000	1	3 000
1	0.25 0.40 0.35	4 000 3 000 1 000				
2	0.30 0.40 0.30	3 000 5 000 1 000	0.20 0.60 0.20	3 000 4 000 5 000		
3	0.20 0.40 0.40	3 000 4 000 2 000			0.20 0.60 0.20	3 000 4 000 4 000

三年现金流入的总的离散程度，即综合标准差：

$D=\sqrt{\sum_{t=1}^{n}\frac{d_t^2}{(1+i)^{2t}}}$=1 942.60（万元）

综合标准差可以反映项目不确定性的大小，但其是一个绝对数，不便于比较不同规模项目的风险大小。为了解决这一问题，引入变化系数的概念：变化系数是标准差与期望值的比值，是用相对数表示的离散程度即风险的大小。为了综合各年的风险，对具有一系列现金流入的方案用综合变化系数来反映，即：

$Q=\frac{\text{综合标准差}}{\text{现金流入预期现值}}=\frac{D}{EPV}$

EPV（A）$=\frac{2\,550}{1+8\%}+\frac{3\,200}{(1+8\%)^2}+\frac{3\,000}{(1+8\%)^3}$=7 486.09（万元）

Q（A）$=\frac{1942.60}{7\,486.09}$=0.2595

2.确定风险报酬斜率

风险报酬斜率是方程K=i+bQ的系数b，它的大小反映了风险程度的变化对风险调整最低报酬率产生的影响程度。b的取值来源于经验数据，可依据历史资料或直线回归法测出。

一般认为，中等风险程度的项目变化系数为0.5，假定含有风险报酬的最低报酬率为12%，无风险报酬率为8%时，则有：

$$b=\frac{12\%-8\%}{0.5}=0.08$$

由于A方案的综合变化系数Q（A）=0.2595，所以A方案的风险调整贴现率K（A）=8%+0.08×0.2595=10.08%。

同理可得B、C方案的风险调整贴现率分别为：

K（B）=9.26%，K（C）=8.84%

根据不同的风险调整贴现率计算的净现值：

$$NPV（A）=\frac{2\,550}{(1+10.08\%)}+\frac{3\,200}{(1+10.08\%)^2}+\frac{3\,000}{(1+10.08\%)^3}-6\,000=1\,206.32（元）$$

$$NPV（B）=\frac{4\,000}{(1+9.26\%)^2}-3\,000=350.72（元）$$

$$NPV（C）=\frac{3\,800}{(1+8.84\%)^3}-3\,000=-52.74（元）$$

由此，以上三个方案的优劣顺序为A>B>C。

此方法的着眼点是按风险调整折现率，对于高风险的项目取较高的折现率。这样做的弊端在于提高折现率后，要把所有以后各年的现金流入按高折现率折现，对于那些新设立的企业、新的产品来说，一般前期风险较大，现金流入较少，而后期收益和现金流量较稳定，这种方法与现实投资的现状不符，有可能错失好的投资机会。此外，该方法的关键在于测定风险报酬斜率，而此值须以经验进行估计或用历史数据统计得出，难免会有偏差。虽然有这些缺陷，该方法的思路对于投资决策中的风险分析仍是有益的。

（二）肯定当量法

这一方法的基本思路是着眼于现金流量的调整，先用一个合理的系数把有风险的现金流量调整为无风险的现金流量，然后用无风险的贴现率去计算净现值，以便于用净现值法的判定规则来决策项目。其公式为：

$$NPV=\sum_{t=0}^{n}\frac{a_t CFAT_t}{(1+i)^t}$$

式中，a_t——t年现金流量的肯定当量系数，它在0~1之间；$CFAT_t$——t年的现金流量；i——无风险的贴现率。

所谓肯定当量系数，是指不肯定的现金流量的期望值相当于使投资者满意的肯定的金额，它可以把各年不肯定的现金流量换算成肯定的现金流量。其公式为：

$$a_t=\frac{肯定的现金流量}{不肯定的现金流量}$$

若以变化系数表示现金流量的不确定性，变化系数与肯定当量系数的经验关系如表4-3所示。

表4-3　**变化系数与肯定当量系数的经验关系**

变化系数	肯定当量系数
0.00~0.07	1.0
0.08~0.15	0.9
0.16~0.23	0.8
0.24~0.32	0.7
0.33~0.42	0.6
0.43~0.54	0.5
0.55~0.70	0.4

依上例资料，A方案各年现金流入的变化系数为：

$$q_1=\frac{d_1}{E_1}=\frac{1\,203.12}{2\,550}=0.47$$

$$q_2=\frac{d_2}{E_2}=\frac{1\,661.32}{3\,200}=0.52$$

$$q_3=\frac{d_3}{E_3}=\frac{894.43}{3\,000}=0.30$$

查表得：$a_1=0.5$　　$a_2=0.5$　　$a_3=0.7$

同理可得B、C方案的肯定当量系数为：$a_b=0.8$　　$a_c=0.9$

由此各方案的净现值为：

$$NPV（A）=0.5\times\frac{2\,550}{1+8\%}+0.5\times\frac{3\,200}{(1+8\%)^2}+0.7\times\frac{3\,000}{(1+8\%)^3}-6\,000=-1\,780.65（万元）$$

$$NPV（B）=0.8\times\frac{4\,000}{(1+8\%)^2}-3\,000=-256.52（万元）$$

$$NPV（C）=0.9\times\frac{3\,800}{(1+8\%)^3}-3\,000=-285.09（万元）$$

各方案的优先顺序为：B>C>A。

肯定当量法的主要困难是确定合理的当量系数，肯定当量系数可以由经验丰富的分析人员凭主观判断确定。这一方法克服了风险调整贴现率法的缺陷，在投资风险分析中较常用。

☆案例　山东威高集团医用高分子制品股份有限公司

——战略导向性投资是公司持续健康发展的根本

一、公司简介与战略发展历程

山东威高集团医用高分子制品股份有限公司（威高股份）及其附属公司（威高集团）主要从

事研发、生产及销售医用耗材、骨科材料、心脏支架等，为在香港上市（01066.HK）的医疗器械企业，为国家高技术研究发展（863）计划成果产业化基地、国家级高新技术企业。其前身为1988年成立的威海市医用高分子制品总厂——一家在威海市田村福利院成立的集体企业。

经过30多年的发展，到2012年该集团已经成为国内产品范围最广、销售网络最为广泛、研发实力最强的医疗器械专业制造商。

1.2012年以前：战略导向投资推动公司高速发展

2012年以前该集团的发展历史可以分为五个阶段：

第一阶段，创业阶段：1988年5月—1998年12月。在该阶段，该集团由创始人陈学利先生以25 000元人民币借款创建，经过10年的发展和受制于集体企业的出身，虽然在医疗器械领域已经具备了上亿元的销售规模，但由于政府的“拉郎配”、强制归并，企业的经营范围涉及药品、地产、建筑、原料、商业等等，产业结构极为庞杂，多数产业处于严重亏损状态，严重拖累了医疗器械主业的发展。当时，公司下属将近20多个分、子公司，资源不共享、生产设施和销售渠道不共享，由于分散投资使得整个企业处于生死边缘。

第二阶段，整顿重组阶段：1998年12月—2000年12月。在该阶段，面临企业经营的日益困难，陈学利先生带领管理团队在1998年采用增量出资的方式，对企业实施了MBO，并根据企业的优势和劣势分析，用2年的时间对企业进行大规模的“关、停、并、转”手术，将与主业不相关的产业进行了全面的清理，并打开人力资源平台，专注于医疗器械领域引进人才，寻求专业化发展。经过2年的清理整顿，企业仅剩下医疗器械、药品和卫生材料三个领域，企业在重组中盘活了资产、管理层和员工MBO后，增加了活力，企业快速从困境中得到了解脱。

第三阶段，自主发展阶段：2000年12月—2005年年底。在该阶段，为了巩固清理整顿的结果，并为了医疗器械主业的发展，2000年12月，陈学利先生带领管理层对企业进行了第二次重组，将原企业改造为企业集团——威高集团有限公司，并联合管理层针对威高集团有限公司的医疗器械资产发起设立了山东威高集团医用高分子制品股份有限公司，专注于医疗器械产业发展。在此时，威高股份的主要业务集中在一次性使用注射器、输液器、血袋制品，产品种类单一，与中国市场本土竞争对手无差距可言。

进入2001年，市场竞争日益激烈，中国的高端医疗器械市场完全被跨国公司垄断，本土企业蜷缩在低端耗材市场苦苦拼杀，价格战达到了白热化的程度，全行业面临亏损境地。由于没有利润，企业难以积累和再投资更新装备，中国医疗器械行业面临全面倒闭。

针对此特殊情况，在2001年年初，陈学利先生带领管理层在长岛开了四天的封闭会议，班长以上的管理干部全部参加，会议的主题就是如何活下去。会议通过讨论形成了威高股份第一个5年发展规划，在公司内部称为长岛会议决议。在该决议中明确提出了“一个中心，三个调整”的战略规划，并就“3W”形成了一致意见。概括来说，就是“以人力资源为中心，用5年的时间构建能够吸引人才、留住人才的人力资源体系，打造国内一流的人力资源平台；通过向研发和装备领域战略投资，调整产业结构、产品结构、管理体制结构，避开国内低端市场的恶性竞争”。所谓“3W”就是所有威高人都必须知道的威高的市场战略是：服务于中国的高端市场（客户的定位问题，Who are Weigao's customers?）；研发和生产高档次、高附加值的产品（产品定位问题，What products Weigao should provide to target customers?）；通过战略投资达到上述转变的目的（路径定位问题，Where is the road?）。要实现向高端客户进军，避开低端市场的恶性竞争，就必须增加研发和装备投资，不投资就没有出路。

经过会议决议后，管理层最大的压力就在于上哪去筹钱？为此，高管层进行了广泛的讨论和分工，进一步提出分工负责、稳步推进的发展思路。首先以借贷满足投资要求，到2003年年底，公司能用的资产全都抵押了。在此期间，公司共筹集了将近1亿元人民币，相当于当时销售收入的50%，运用借贷资金引进了大量的现代装备，完成了常规产品的自动化和半自动化生产，使得常规产品的稳定性大幅度提升，产品质量实现了质的飞跃，为开拓高端用户市场奠定了基础。与此同时，加大了研发投入，解决了常规产品的品种扩充和工艺改进，并通过战略性研发投资，完成了心脏支架产品、骨科系列产品、血液净化产品关键技术的研发，为产业扩充奠定了基础。

经过广泛的讨论和艰苦的努力，2004年，威高股份在香港创业板成功上市，发行26 450万股，实现净融资约15 000万元人民币，股票发行价格0.62港币，PE为11.95。

第四阶段，外延扩张阶段：2005年年底到2008年。该集团逐渐走向国际战略合作。由于上市地位的优势，该集团在2005年以后，进行了三次融资，分别发行5 290万股、3 000万股和85 624万股，每股发行价格分别为1.35港元、13.62港元和20.6港元，分别筹集约7 000万港元、4亿港元和17亿港元。

进入2005年以后，由于战略性投资的投入，该集团的产品结构极大改变，由传统的以注射器、输液器为主的一次性耗材逐渐转变为以高档输注器材、高档针制品、现代采血技术为主的耗材部类，并累计投资上亿元成功进入了心脏支架产业，累计投资3亿元成功进入骨科材料产业，累计投资4亿元进军血液净化产业，成为国内品种最全、档次最高的专业医疗器械企业。

在2006年年初，陈学利先生带领管理团队，在公司成功完成第一个5年计划的基础上，提出了“由竞争转向合作；由国内为主转向国内与国际同步发展，参与国际分工；由自主发展转向战略并购发展和自主发展兼顾”的第二个5年计划。

基于上述战略，在此期间，该集团成功兼并常州邦德骨科器械公司、北京亚华人工关节公司、山西华鼎血液净化制品公司等，在新的产业内实现了快速发展。

第五阶段，合作发展阶段：2008年至2012年上半年。面临中国医疗行业与国际的差距和国际巨头的本土化竞争加剧的现实，该集团研发能力的不足已经成为持续发展的瓶颈。合作是唯一的出路。

2008年12月，与国际医疗器械巨头——美敦力公司实现了战略合作，美敦力公司采用旧股转让和定向增发方式投资17亿元港币获得了威高股份15%的股权，成为威高股份的第二大股东。同时，双方在骨科领域成立了合资公司，负责双方骨科产品在中国市场的分销。

2011年5月，与全球第二大透析机生产商日本日机装公司成立合资公司，由威高股份占51%的股权，日机装公司持有49%的股权。合资公司在中国设立工厂，生产透析机，技术由日机装公司提供。威高负责中国市场的销售，日机装公司负责中国以外市场的销售。这一合作奠定了威高在血液净化装备领域的优势地位，完善了产品线，是一个“市场换技术”的国际合作典范。

2011年9月，该集团将下属心脏支架合资公司的股权，通过股权置换换取合作伙伴的股权，一举成为新加坡上市公司百盛国际的第一大股东，迅速弥补了该集团在该领域研发能力的不足，并通过成为更大平台的股东，实现了该部类的跨越式发展。截至目前，百盛公司已经成为国际心脏支架领域全球排名第四位的公司。

2012年3月，与亚洲最大的医疗器械公司日本泰尔茂株式会社签订战略合作协议，双方出资在中国设立腹膜透析合资公司，双方各占50%的股权。该合资公司在中国设厂生产腹膜透析产品，由威高全面负责中国市场的销售，又是一个“市场换技术”的合作典范。这一合作将极大拉开威高与本土竞争对手的差距，实现该集团在透析产品领域的领军地位。

在这一阶段，该公司通过系列的“市场换技术”的合资合作，快速奠定了在多条产品线上的本土市场领导地位，弥补了在研发领域的发展短板，为持续发展奠定了坚实基础。

2.2012年至2017年：战略导向投资偏移

进入2012年以后，随着公司各业务线的高速发展，公司在业界取得了骄人的市场地位和声望。合作业务的推进加速了公司新产品上市的步伐，整个集团开展了大规模基建扩张和造城运动，大量资金沉淀进了房产和土地，侵占了公司的战略扩张资金。公司自身的创新研发能力不足、营销渠道下沉不深、生产基地“两头在外”、决策团队战略决策能力不足的问题，随着市场竞争的加剧而日益凸显出来。决策者的“诚信合作”意识随着公司的高速发展而变得无足轻重，导致众多的战略合作在2012年下半年后陆续解体，百盛国际的战略合作和美敦力的战略合作后续均以解体而告终。资本市场股价的持续下跌宣告了公司高速发展的终结。

这一时期公司的投资重心在基建，而错过了三个重要的战略发展窗口期：一是没有适时借助资本优势，从中高端市场利用并购切入未来发展最快的县级市场。错过了布局中国医疗市场中县级市场的战略窗口期；二是全面的国际合作，打通了与国际市场的接口和国际化的合作平台，这些合作平台有巨大的机会将集团的产品推向国际市场，但基于决策层的视野和格局，囿于合作的短期和国内市场利益，而没有将该等合作推向国际，加之诚信合作的价值观问题，最终导致各主要合作的解体，使得公司错过了借助合作走向国际化的战略窗口期；三是主要资金投向了基建和产能扩张，进行了大规模、没必要的工厂搬迁，投资浩大，而没有将资金用于战略性并购和产业链内的延伸投资。基于公司的实力和能力，公司有足够的资金和渠道，快速向下游布局与产品相关的医疗服务行业，例如透析中心、导管中心、专科手术中心等，随着竞争对手在这一战略窗口期加速布局下游的整合与合作，公司在产品领域的领先优势逐渐减弱，这是导致其2012年后净利润增长和积累能力匮乏、资本市场股价暴跌丧失再筹资能力和资金优势的关键。没有适时调整战略投资的方向，使得公司错过了产业链延伸的战略窗口期。

3.2017年至今：回归产业布局主战场

随着公司大规模在生产制造基地的投资高潮期结束，自2017年起，公司在组织机构、管理队伍年轻化、国际化布局上取得了长足的发展。尤其以2017年9月启动，并于2018年1月完成的总代价8.44亿美元对ARGON的收购为代表，公司战略投资发展重新回归主业。但这一国际化布局延后了5年，错过了中国市场最好的发展期。进入2017年后，中国医疗市场改革进入了深水期，大医院扩张到了瓶颈期、医保控费、两票制等等政策限制了大医院的持续增长，整体医疗向分级诊疗布局、向强基层倾斜。国际化战略因基建投资的巨额资金占用而大幅延后，错过了国际并购发展的黄金期，渠道下沉时机的错失赶上了医改强基层的加速，这两方面的不利因素使公司面临巨大的考验。但随着公司组织调整、人员年轻化调整的加速，我们有理由期待公司加速推进以人为本的价值观，全速回归主战场。

二、该案例的启示

从该集团发展历程中，我们可以得到如下企业投资发展的启示：

1.企业投资要有明确的战略指导

从该集团的发展来看，在2010年以前每一步的投资都是在明确的战略指导下进行的，均是围绕着主业发展的核心进行的。2010年前后随着国内房地产市场的火热，公司投资重心转向了大规模、非必要的基建，从2010年到2012年，战略并购和产业延伸的投资几乎没有。战略投资的提前布局和时刻抓住窗口期是公司持续发展的关键。当前，国内很多企业采取多元化的投资策略，进入了资源非共享的多个领域，没有注重核心业务的扩张，导致了较多的失败。该集团能够长期坚持以主业为核心，在资源，尤其是市场资源共享的前提下投资，实现了快速发展。在2010年后，随着公司发展而生的盲目自大，非战略指导、非核心的投资占据了主流，严重影响了公司的资金投资配置效率，导致了其后续发展能力不足。因此，无论企业多大、多强，战略导向投资永远是公司健康发展的核心。

2.以人为中心的决策机制优化是保证投资项目成功的关键

从该集团的发展来看，体制结构和管理体制处于持续的优化过程中，敢于在新的业务部类引进人才，并大胆放权聘请专业的管理者运营新的部类，高层管理者更多地承担组织协调、调动资源，为新的管理者服务的角色。该集团支架业务、骨科业务、血液净化业务全是新的团队，而且是中国业界最优秀的团队，该集团之所以能够吸引高素质的团队加盟，就在于其管理体制的开放。从每一个新部类的投资来看，该集团敢于让新的团队在新的业务公司持有大量的股份，从而实现了投资和新团队激励的有效结合，这是保证投资项目成功的关键。从组织架构来看，在该集团有专业的战略发展部评价每一个投资机会，并进行专业的投资评价，这保证了项目论证的科学性；在项目决策上，该集团充分引入独立董事决策机制，充分发挥董事会在重大投资决策中的作用，为项目的成功提供了保证。所以，以人为中心的决策机制是该集团发展前期投资成功的基础。而发展后期，核心决策层的盲目自大、决策的个人主义倾向是其后期发展迟滞的根源。

3.持续注重研发投资是企业持续发展的基础

该公司自2000年起，便在明确的战略方向指导下加大了研发投入，到2011年年研发投入超过2亿元，这为公司的发展提供了坚实的后续保障。该集团在实业投资之前，投入大量的财力在研发上进行前期研究，不仅在工艺、技术上保证了投资的安全，更在投资前完成市场进入策略、产品持续优化策略的研究，在广泛的论证和战略性研发的基础上才开始投资，这进一步降低了投资的风险。我国很多企业在研发上的投入不足，跟风上，别人搞什么自己就搞什么，没有坚实的前期战略性研发投入，很难保证仓促上马的产业投资安全。所以，战略性研发投资先行，而后是产业固定资产投资，应该是所有企业应该仔细考虑的。该集团2012年之后的发展明显带有盲目性，看不清其战略重心，虽然该集团实现了收入的持续增长，但利润增长率近年来持续低迷。这表明战略级别的研发和投资是不足的。这种发展的结果在资本市场的股价表现上得到了充分体现，也进一步影响了公司的筹资能力，自2011年后，公司再没有实现资本市场的再融资。

4.管理权与决策权的适度分离有利于保证投资项目的顺利实施

从该公司的投资案例来看，投资决策由集团公司负责，而决策后的项目实施完全由专业管理团队进行，此时决策者更多地发挥监督、组织协调、调动资源的作用。决策权和管理权的适度分离和有机结合是该集团投资持续成功的保障。在发展后期，企业不敢放权，决策权和管理权不能做到有机结合，经常导致门外汉指挥专家，所以导致了众多项目的失败。

威高股份历年业绩增长情况如图4-5所示。

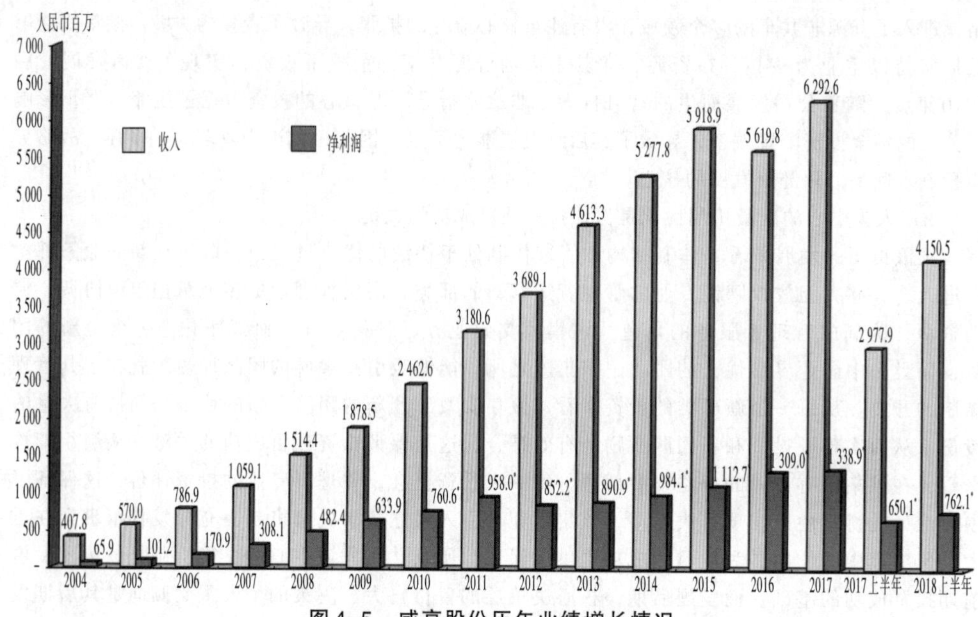

图4-5 威高股份历年业绩增长情况

第3节 证券投资

由于企业的资本筹集和投放的非同步性会导致企业生产经营过程中的资本占用具有波动性，出于转移风险或者获取较大利润的目的，企业往往会将一部分资本投放于有价证券，称为证券投资。证券投资按其目的和期限的不同可以划分为短期证券投资和长期证券投资，短期证券投资具有流动性强、投资频率高、回收期短的特点，所以一般认为是资本周转中现金管理的重要手段，在此节所要探讨的投资仅指长期有价证券投资。

一、证券投资的目的

（一）资本保值和增值的需要

企业经营中由于折旧的计提和未分配利润的存在会使资本在一定时期内闲置，若把这部分资金存放于银行，其收益较小，因此把这部分资本投放于收益较高的公司债券、政府债券和股票，不仅不失其流动性，而且可以获取较高的收益而达到资本保值和增值的目的。

（二）控制其他企业

这是基于股票投资者具有企业管理决策权这一特征而产生的，一般认为，当拥有一个企业20%以上的股份时，就可以控制该企业的重大生产经营决策。若不足20%，也能建立起一定的联系，在原材料供应、产品销售、技术开发和工艺上提供一定的便利和优惠。

（三）积累整笔资金

企业要扩大生产经营规模或者兼并、收购其他企业都需要有一定的资金积累，而有价证券投资可以积累整笔资金以备随时调用。

（四）转移和分散风险

把企业的闲置资本投放于有价证券，有利于实现企业收益的多样化，从而可以有效地分散和转移风险，稳定收益和利润水平。

二、单一证券投资的决策

（一）债券投资

债券是发行者为筹集资本，向债权人发行的，在约定的期间内支付一定数额的利息和偿还本金的有价证券。按发行主体的不同，可以分为政府债券、金融债券和公司债券。

对债券投资的决策可以运用现金流量分析的方法。投资于债券，其现金流入量包括两部分：一是在持有期间内收到的利息；二是债券的转售价格或到期收回的本金。两部分现金流入量的现值之和即为债券的价值，它是债券投资决策所用的主要评价指标。一般来说，影响债券价值大小的因素有如下几个：（1）债券的还本付息方式；（2）债券的面值和预期转售价格；（3）市场利率；（4）票面利率。典型的债券是固定利率、到期一次还本、每年付息的，其市场价格的估计模式为：

$$债券的价格=\sum_{t=1}^{n}\frac{P\cdot R}{(1+K)^{t}}+\frac{P}{(1+K)^{n}}$$

式中，P——债券的面值；K——市场利率（折现率）；R——票面利率；n——债券到期前的年数。

不同投资者对债券估价的差别在于对折现率的确认不同，喜欢冒风险的投资者一般要求较高的报酬率，而规避风险的投资者则倾向于回避风险，要求较低的投资报酬率。由此，我们可以得出不同的投资者针对同一债券的估价是不一致的，而债券的市场价格是不同投资者估价和投资及转让投资时的均衡价格。这样对于某一投资者而言，如果按其所要求的报酬率折现的债券现值超过债券的市场价格，则投资是可行的；如果按其所要求的报酬率折现的债券现值低于债券的市场价格，则一般认为投资是不可行的。

（二）股票投资

股票投资的决策也可以采用现金流量分析法，但由于股票（指普通股）的股利支付具有非强制性，且无到期日，这就使得用现金流量进行分析时产生困难。从理论上讲，股票的价格是其未来现金股利的现值之和，即：

$$股票价格=\sum_{t=1}^{\infty}\frac{D_{t}}{(1+K)^{t}}$$

式中，D_t——预期第t年的现金股利；K——市场利率（折现率）。

如果把折现率用投资者要求的报酬率来替代，则上述模式也可用来计算不同投资者对某一股票的估价。这样对于某一投资者来讲，如果其估价金额大于股票的市场价格，则该投资者会投资于该股票；如果其估价金额小于股票的市场价格，则该投资者会认为投资于该股票是不值得的。但对于投资者而言，很难较为准确地预期

D_t的变化和金额，从长期来说更为困难，这使得该理论模式在实际应用中较为困难。

一般认为，股票的预期市价受市场环境和企业自身因素的影响，从市场来说，主要因素有：经济状况、通货膨胀水平、货币供给量、利率等；从企业自身来说，主要影响因素有：企业的获利能力、成长性、每股盈余和公司的管理者素质等。综合这些因素，并辅之以实证分析是预测企业股利变动和支付能力的常用方法。因此，定性分析和定量分析相结合，市场分析与企业自身特质分析相结合是做好股票投资决策的关键。

（三）可转换证券投资

可转换证券是指可以按发行时所附的条件进行转换的一种证券，即将来某一特定的时期，按特定价格及相关条件可以转换成其他证券（如普通股）的债券和优先股。可转换证券价值存在着三种形式，即转换价值、非转换价值和市场价值。

1.转换价值

转换价值是可转换证券转换成普通股时的价值，转换价值是同普通股转换价格相联系的。在转换价格不变的条件下，转换价值同普通股市场价格成正比关系变动；在普通股市场价格稳定的情况下，转换价值与普通股转换价格成反比关系变动。

$$转换价值=转换比率\times普通股市场价格$$

$$转换比率=\frac{证券面值}{转换价格}$$

2.非转换价值

可转换证券在持有者不行使转换权或发行者不行使强制赎回权时，它同时具有债券或优先股原有的本身价值。一般来说，可转换债券的非转换价值是证券的本金和利息按一般投资者要求的收益率折现的现值之和，即：

$$非转换价值=\sum_{t=1}^{n}\frac{I_t}{(1+i)^t}+\frac{P_n}{(1+i)^n}$$

式中，I_t——债券年利息；P_n——债券到期本金；i——投资者要求的收益率；n——可转换债券尚余期限。

可转换优先股的非转换价值可按同样方法求得。但由于优先股是所有权证券，无到期日，因此其非转换价值为：

$$非转换价值=\frac{年股利额}{股东所要求的收益率}$$

3.市场价值

市场价值是指可转换证券在市场上的交易价格。

三种价值的关系如图4-6所示。

图4-6表明，按照一般规律，可转换证券不会在低于非转换价值时出售，即非转换价值是可转换证券的最低交易价值。否则，投资者将认为有利可图而争相购买，最终驱使其价值回升到非转换价值。同样，可转换证券也不会在低于转换价值

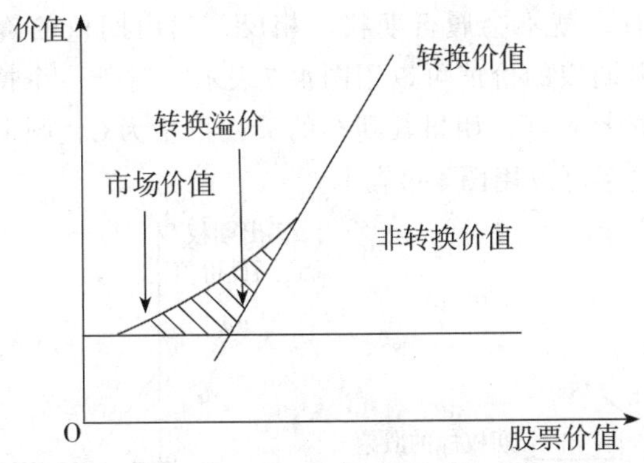

图4-6　三种价值的关系

时出售，那样投资者会通过套购活动，即购进可转换证券并即刻换成普通股，而后抛售以获取套购利润。由于存在套购利润，人们也会争相购买，促使其价格回升。因此，可转换证券市场价格不会低于转换和非转换价值中的任一较高者。

（四）期权投资

期权是给予投资者在给定时期按一固定价格购买或不购买，出售或不出售某种资产的选择权利。期权只是给予期权投资者的一种权利，而不是强迫持有者必须去做某事；投资者只有在对自己有利时才会履行期权，否则他就可以放弃期权。关于期权，应认识如下一些概念：

（1）履行期权：利用期权合约在特定时期以特定价格执行购买或销售特定资产的行为。

（2）履行价格：指在期权合约中规定的执行价格。

（3）到期日：指期权合同的最终有效期。过了到期日，期权所有者则丧失相应的选择权利。

（4）美式期权和欧式期权：欧式期权规定的履行时间只有一个，即到期日；美式期权则包括到期日以及到期日之前的时间，在这段时期里期权所有者都可以履行期权。

（5）买入期权和卖出期权：买入期权是给予投资者在一特定时期，以某一固定价格买入某种资产的选择权利；卖出期权是买入期权的对立面，卖出期权给予持有人在特定时期以约定价格卖出某种资产的选择权利。期权对于资产形式并没有限制，但是交易所中最经常交易的资产形式则是债券或股票等基础证券，因此通常认为期权资产标的即为各种普通股。由于期权是依托基础证券（或资产）而存在的，所以期权又称衍生金融工具。

普通股买入期权到期日价值取决于相应股票到期日的市场价值。定义S_T为买入期权标的股票到期日的市场价值，这在到期日前不能确定。但该买入期权的履行价格已知，假定为50元/股，如果到期日标的股票市价S_T大于50元/股，该股票期权价值就为两者之差，即（S_T-50）×股数。当然，标的股票市场价格也可能小于买入期权规定的履行价格，即$S_T<50$元/股，在这种情况下，由于期权持有人没有强制执

行的约束，因而持有人就不会履行期权。相反，卖出期权的价值和此正相反。因此，买入期权和卖出期权的价值可以用图4-7表示。对于一个持有（购入）买入期权或卖出期权的投资者而言，如果其期权的买权价格为C，则期权持有人的收益与到期日股票价格的关系可以用图4-8表示。

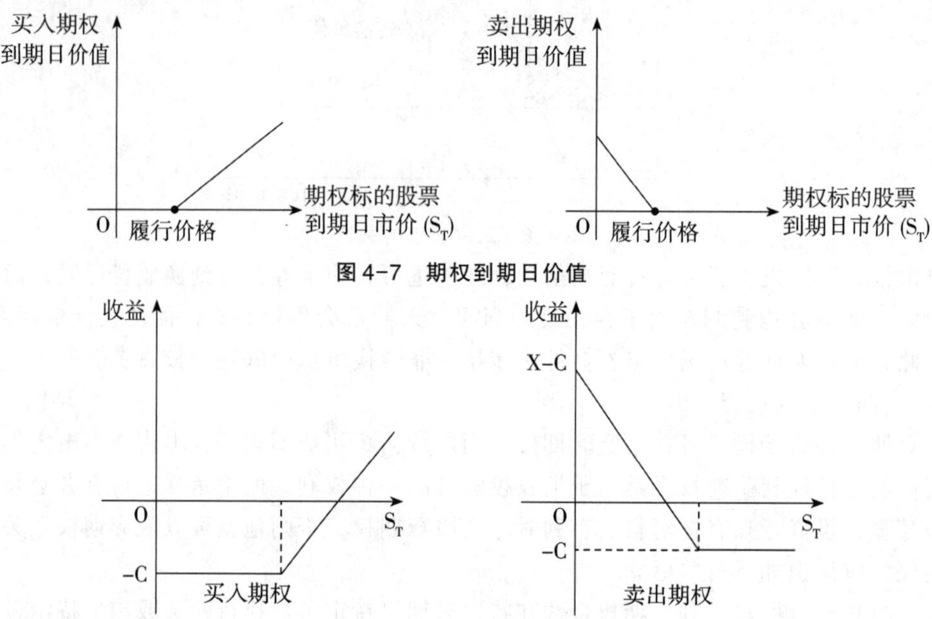

图4-7 期权到期日价值

图4-8 期权投资收益

1.欧式买方期权的定价

期权估价问题的研究在1973年由Fischer Black和Myron Scholes取得突破性进展，他们提出了不付红利股票的欧式买方期权的定价模型。

（1）基本假定。

①股票价格是随机变量，服从对数正态分布，股票收益期望值和均方差为常数μ和δ；

②无交易费用和税收，所有证券均无限可分；

③在期权有效期内股票不付红利；

④不存在无风险套利机会；

⑤证券交易是连续进行的；

⑥投资者可以按无风险利率r借或贷，r为常数。

以上假设可以适当放松。

（2）Black-Scholes模型。

$$C=SN(d_1)-Xe^{-rt}N(d_2)$$

式中，C——买方期权的价格；t——期权距到期日时间（年）；S——股票现价；X——期权履行价格；e——自然对数的底；r——连续计利的无风险利率。

$$N(d)=\int_{-\infty}^{d}\Phi(0,1)\,dx$$

$$\Phi(0,1)=\frac{1}{\sqrt{2\pi}}e^{-x^2/2}$$

Φ（0，1）是均值为0，方差为1的标准正态分布函数。

$$d_1=\frac{\ln\frac{S}{X}+(r+0.5\delta^2)t}{\delta\sqrt{t}}$$

$$d_2=d_1-\delta\sqrt{t}$$

式中，δ——股票收益率概率分布的年度标准差。

2.欧式卖方期权的定价

对于不付红利股票的欧式卖出期权的定价，可以运用买权与卖权的平价关系解出。欧式买权与卖权的平价关系为：

$$C+Xe^{-rt}=P+S$$

式中，C——买入期权价格；X——期权履行价格；S——卖出期权价格。

由此综合买入期权的定价可以得出卖出期权的定价公式为：

$$P=C+Xe^{-rt}-S=Xe^{-rt}N(-d_2)-SN(-d_1)$$

上式各参数的含义与买方期权相同。

3.美式期权的定价

由于美式期权可以在到期日之前行使，因此美式期权的价格从欧式期权的时间函数中可以得出。对于距到期日为t的欧式买权的价格可以被分解为两个部分：

（1）底价：即max{0，S−X}，当S>X时，底价大于0。底价的意义是：如果买权在当时可以被行使，则行使买权所得收益即为底价。所以欧式买权到期当天（t=0）的价格恰好与其底价相等。

（2）时间溢价：只要t>0，欧式买权的价值就要高于底价，其价格高出底价的部分称为时间溢价。

图4-9所示为欧式买权价格C、执行价格X、股票价格S以及距到期日时间t的关系曲线。

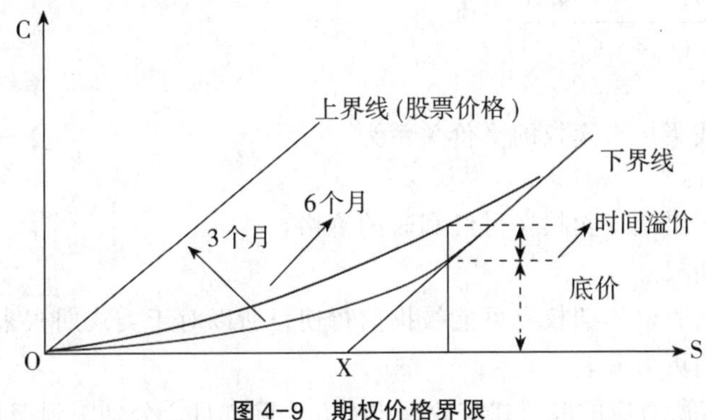

图4-9 期权价格界限

欧式买权的时间溢价总是正的，而且距到期日时间越长，时间溢价越大。买权价格不会高于上界线，否则出售买权者可获得无风险套利机会而获利C–S，因此，欧式买权的价格总是处在股票价格和底价之间。

上述分析可以为美式不付红利股票买权定价提供依据，美式不付红利股票买权价格不低于欧式不付红利股票买权价格。这是由于其他条件相同时，而美式买权可以提前行使。但美式买权一般不会被提前行使，因为提前行使将使买权持有者只获得底价而丧失时间溢价部分，这亦表明：美式不付红利股票买权不会被提前行使，但可在市场交易，使持有者可以同时获取底价和时间溢价，这样其价格应和欧式不付红利股票欧式买入期权价格相同。

但美式卖权则可以被提前行使，这可以从平价关系得出，即行使卖权可以获取底价和时间溢价，因此，美式卖权价格总是高于欧式卖权价格。

4.支付红利对期权价格的影响

（1）欧式期权

在股票期权有效期内，如果向股东分派红利，则可以将股票的现价看作由两部分组成：一部分是付已知红利给股东的无风险部分；另一部分为价格随机波动的有风险部分。无风险部分是红利的现值，即在期权有效期内发放的红利从除红日起用无风险利率贴现的价值记为V_d，则对B–S模型的参数作如下修订后，对于股价的风险部分仍然有效。

修订方法：首先计算V_d，则风险部分股价：

$$S^*=S-V_d$$

对标准差的修订则取决于对δ的理解，如果股票一向不付红利，则股价中不含对红利的期望在内，则应对δ加以修正；反之，若股东一向支付稳定水平的红利，则δ中已经包含了对红利的期望在内，则无须对δ加以修正。修正的方法为：

$$\delta^*=\frac{\delta S}{S^*}$$

这样，其他参数不变，把S^*和δ^*代入，则有付红利股票欧式期权买权价格为：

$$C=S^*N(d_1)-Xe^{-rt}N(d_2)$$

其中，$d_1=\dfrac{\ln\dfrac{S^*}{X}+(r+0.5\delta^{*2})t}{\delta^*\sqrt{t}}$

$$d_2=d_1-\delta^*\sqrt{t}$$

此时，欧式买权与卖权的平价关系为：

$$C+V_d+Xe^{-rt}=P+S$$

据此可以求出欧式卖权在付红利时的价格。

（2）美式期权

由于付红利股票的期权有可能被提前行使，所以对于美式期权来说支付红利对期权价格的影响更为显著。

设美式期权所对应的股票在有效期内有几个除红日，分别距到期日为t_1，t_2，…，t_n，所付红利为D_1，D_2，…，D_n。对于最后一个除红日，如果买权在距到期日时间

t_n行使，则买权持有者的所得为S（t_n）-X，S（t_n）为临近除红日前的股票价格；若买权不被行使，则股价跌为S（t_n）-D_n，而买权的价格C必须满足不等式：

$$C>S(t_n)-D_n-Xe^{-rt_n}$$

这是因为在无套利机会的情况下，一个买权加Xe^{-rt_n}现金总是不会低于一股股票的价格，这时股价为S（t_n）-D_n。因而，不提前行使买权的条件为：

$$S(t_n)-D_n-Xe^{-rt_n}\geqslant S(t_n)-X$$

即：

$$D_n\leqslant X(1-e^{-rt_n})$$

而提前行使美式买权的条件为：

$$D_n>X(1-e^{-rt_n})$$

类似地，对于$t_{(n-1)}$，如果：

$$D_{n-1}\leqslant X(1-e^{-r(t_{n-1}-t_n)})$$

则提前行使是不利的。更为一般地，如果：

$$D_i\leqslant X(1-e^{-r(t_i-t_{i+1})})$$

则提前行使不利，反之如果：

$$D_i>X(1-e^{-r(t_i-t_{i+1})})$$

则提前行使有利。上式可以近似为：

$$\frac{D_i}{X}>r(t_i-t_{i+1})$$

当X=S时，该式说明只有当红利收益率高于无风险利率时，提前行使买权有利，而这是很少见的。但由于t_n可能很小，所以买权有效期内的最后一个除红日的情况例外。

在目前，可以采用B-S模型来估值的美式期权并不多，尚无解析估计模型，一般只能用数值方法。在实际计算美式买权时，可以采取由Black所建议的近似方法，首先求出可能被提前行使的t_i，再依次按欧式买权计算，如果距到期日时间为t_i的价格和距到期日为t_{i+1}的欧式买权价格可以得到，取其中最大者即为美式买权价格。

期权估价理论的思想方法不限于对公开交易期权的估价，也可以被广泛地应用于公司的投资、融资决策，是值得更为深入研究的领域。

三、证券投资的风险控制与证券组合投资

证券市场价格的波动是客观存在的，这就很难保证实际收益与预期结果相一致，因此，证券投资应注重风险的防范，其主要方法有：分散投资法和套期保值法。分散投资法是把资金投放于不同种类的有价证券，以使风险小的证券和风险高的证券风险相抵，以稳定收益。此法下最有效的手段是组合投资。套期保值法，即运用各种衍生金融工具，进行现货市场和期货市场的同时操作，以稳定收益和降低风险。

（一）证券投资组合理论的发展脉络

现代投资组合理论主要由投资组合理论、资本资产定价模型、APT模型、有效市场理论以及行为金融理论等部分组成。它们的发展极大地改变了过去主要依赖基本分析的传统投资管理实践，使现代投资管理日益朝着系统化、科学化、组合化的方向发展。

1952年3月，美国经济学家哈里·马科维茨发表了《证券组合选择》的论文，作为现代证券组合管理理论的开端。马科维茨对风险和收益进行了量化，建立了均值方差模型，提出了确定最佳资产组合的基本模型。由于这一方法要求计算所有资产的协方差矩阵，因此，严重制约了其在实践中的应用。

1963年，威廉·夏普提出了可以对协方差矩阵加以简化估计的单因素模型，极大地推动了投资组合理论的实际应用。

20世纪60年代，夏普、林特勒和莫森分别于1964年、1965年和1966年提出了资本资产定价模型（CAPM）。该模型不仅提供了评价收益-风险相互转换特征的可运作框架，也为投资组合分析、基金绩效评价提供了重要的理论基础。

1976年，针对CAPM模型所存在的不可检验性的缺陷，罗斯提出了一种替代性的资本资产定价模型，即APT模型。该模型直接导致了多指数投资组合分析方法在投资实践上的广泛应用。现代投资组合理论的主要贡献者如表4-4所示。

表4-4 现代投资理论的主要贡献者

贡献者	简介	主要贡献	代表作
托宾（James Tobin）	1981年诺贝尔经济学奖，哈佛博士，耶鲁教授	流动性偏好、托宾比率分析、分离定理	“Liquidity Preference as Behavior toward Risk”，RES，1958
马科维茨（Harry Markowitz）	1990年诺贝尔经济学奖，曾在兰德工作	投资组合优化计算、有效疆界	“Portfolio Selection”，JOF，1952
夏普（William Sharp）	1990年诺贝尔经济学奖，曾在兰德工作，UCLA博士，华盛顿大学、斯坦福大学教授	CAPM	“Capital Asset Pricing: A Theory of Market Equilibrium Under Condition of Risk”，JOF，1964
林特勒（John Lintner）	美国哈佛大学教授	CAPM	“The Valuation of Risk Assets & Selection of Risky Investments in Stock Portfolio & Capital Budget”，RE&S，1965

综合证券投资组合理论的发展脉络，可以基本理顺如下的证券投资组合思想：

（1）传统投资组合的思想——Native Diversification

①不要把所有的鸡蛋都放在一个篮子里，否则“倾巢无完卵”。

②组合中资产数量越多，分散风险越大。

（2）现代投资组合的思想——Optimal Portfolio

①最优投资比例：组合的风险与组合中资产的收益之间的关系有关。在一定条件下，存在一组使组合风险最小的投资比例。

②最优组合规模：随着组合中资产种数增加，组合的风险下降，但是组合管理的成本提高。当组合中资产的种数达到一定数量后，风险无法继续下降。

下面对证券组合投资理论作以简述。

1.证券组合的收益和风险

证券组合中任一证券均可以视为一随机变量，有其期望值和方差。一个证券组合的收益表现为该组合中各种证券收益期望值的加权和，即：

$$E(K_p)=\sum_{j=1}^{n}W_jE(K_j)$$

式中，$E(K_j)$——证券j的期望收益率；W_j——证券j在组合中的投资比重；n——组合中证券的种数。

由于K_j的不同，$E(K_p)$的值介于组合中证券最高收益率和最低收益率之间。

证券组合中总体的风险，通常用期望收益的方差表示。但组合总体的方差并不是单个证券方差的加权和。当证券组合由n种证券组成时，按数理统计的理论，组合总体的方差由n^2个项目构成，即n个方差和n（n−1）个协方差组成。即：

$$\delta_p^2=\sum_{j=1}^{n}W_j^2\delta_j^2+\sum_{i=1}^{n}\sum_{j=1}^{n}W_iW_j\delta_{ij}\quad(i\neq j)$$

式中，W_j——证券组合中证券j的权重；δ_{ij}——证券i和证券j的协方差，当i=j时即为证券j的方差，它用来表示两个随机变量之间的相关程度，是方差概念对两个随机变量的推广。其公式为：

$$\delta_{ij}=\sqrt{\sum_{t=1}^{n}P_t[K_{it}-E(K_i)][K_{jt}-E(K_j)]}\qquad(t=1\sim n)$$

式中，n——两证券的联合分布的概率值个数；P_t——某一情况下的概率；$E(K_i)$——证券i的期望收益率；$E(K_j)$——证券j的期望收益率。

此外，两个随机变量的相关程度还可以用相关系数来表示，它和协方差之间的关系为：

$$\delta_{ij}=\rho_{ij}\delta_i\delta_j$$

由证券组合总体方差δ_p^2的公式可以看出，随着证券组合中证券数目的增加，单个证券对组合总体的方差的影响越来越小，而证券之间的协方差的影响力度趋于增大。如果协方差为正，说明两个证券的收益变动具有同向性，反之如果协方差为负，则说明证券收益反向变动。实际上无论协方差是正还是负，组合总体的方差都要比各方差简单加权平均值要小。这一规律性的关系可以用如下简例证明：

设投资组合中包含了N种资产。每种资产在组合中均占1/N，并假定每种资产方差均为δ^2，并以δ_{ij}^*代表平均的协方差，则有：

$$\delta_p^2=\frac{\delta^2}{N}+\left(1-\frac{1}{N}\right)\delta_{ij}^*$$

由此可以看出，当N趋近于无穷大时，1/N趋近于0，同时δ_p^2趋近于δ_{ij}^*，这意味着通过多种证券的组合，可使隐含于单个证券中的风险得以分散，从而降低投资组合总体的风险水平。

2.证券组合中各证券权重对分散风险的影响

为了说明证券组合的风险分散效果，我们可以假设某一证券组合中仅有两种证券，企业将一笔资金中的α比重部分投资于A证券，另外（1-α）部分投资于B证券，则该组合的期望收益K_p和方差δ_p^2分别为：

$$K_p=\alpha K_A+(1-\alpha)K_B$$

$$\delta_p^2=\alpha^2\delta_A^2+(1-\alpha)^2\delta_B^2+2\alpha(1-\alpha)\rho_{AB}\delta_A\delta_B$$

现在抛开ρ_{AB}的取值不说，我们看一下方差最小时的证券组合权重。用δ_p^2对α求导可得：

$$\frac{d(\delta_p^2)}{d\alpha}=2\alpha\delta_A^2-2(1-\alpha)\delta_B^2-4\alpha\rho_{AB}\delta_A\delta_B+2\rho_{AB}\delta_A\delta_B$$

令其等于0，则有：$\alpha^*=\dfrac{\delta_B^2-\rho_{AB}\delta_A\delta_B}{\delta_A^2+\delta_B^2-2\rho_{AB}\delta_A\delta_B}$

且有$\dfrac{d''(\delta_p^2)}{d\alpha}=2(\delta_A^2+\delta_B^2-2\rho_{AB}\delta_A\delta_B)$，因为$\rho_{AB}\in[-1, 1]$，所以$\dfrac{d''(\delta_p^2)}{d\alpha}\geqslant 0$，由此可以推知当$\alpha=\alpha^*$时，$\delta_p^2$有最小值。这说明无论证券A和B之间相关程度如何，通过有效的证券组合，可以使风险降到最低。在存在n种证券可供选择时，风险最小的证券组合可以通过如下方法得出。设每种证券权重为W_i，期望收益率为K_i，标准差为δ_i，则：

$$\delta_p^2=\sum_{i=1}^{n}W_i^2\delta_i^2+\sum_{i=1}^{n}\sum_{j=1}^{n}W_iW_j\delta_{ij}\quad(i\neq j)$$

由于$W_1+W_2+\cdots+W_n=1$，所以利用拉格朗日乘数λ可以构筑函数：

$$f(W_1, W_2, \cdots, W_n, \lambda)=\sum_{i=1}^{n}W_i^2\delta_i^2+\sum_{i=1}^{n}\sum_{j=1}^{n}W_iW_j\delta_{ij}-\lambda(W_1+W_2+\cdots+W_{n-1})\quad(i\neq j)$$

分别用f对W_1，W_2，…，W_n和λ求导，并令其为0，则可得一组方程：

$$\frac{df}{dW_n}=2W_n\delta_n^2+2\sum W_j\delta_{nj}-\lambda=0\quad(j=1-n, j\neq n)$$

$$\frac{df}{d\lambda}=W_1+W_2+\cdots+W_{n-1}=0$$

此方程组运用线性代数的方法可以求出W_1，W_2，…，W_n和λ，按此组合可以得到n种证券组合时最小方差的各证券权重。

3.相关系数对投资组合风险和收益的影响

在权重的分析中，我们仅关注风险的最低化，而没有考虑收益的变化，而在一般情况下，收益越高，风险越大。那么在投资证券组合的选择中，我们仅关注风险是不够的，必须进行风险和收益的联合分析，而证券组合中各证券的相关系数是影响风险和收益的根源。由于相关系数的取值介于-1和1之间，因此，我们分析时也是从两种证券来展开的。

（1）$\rho_{AB}=+1$，即两证券完全正相关。此时有：

$K_p=\alpha K_A+（1-\alpha）K_B$

$\delta_p=\alpha\delta_A+（1-\alpha）\delta_B$

考察K_p和δ_p之间的关系，我们可以得到：$\frac{dK_p}{d\delta_p}=\frac{K_A-K_B}{\delta_A-\delta_B}$为一常数，说明$K_p$和$\delta_p$之间是线性关系。即在此时，无论证券A和B如何组合，证券组合的收益率相对于标准差的变化是一个常数，投资者欲想承担低风险，必须以降低一定比率的收益为代价。

（2）$\rho_{AB}=0$，即A、B不相关，则：

$K_p=\alpha K_A+（1-\alpha）K_B$

$\delta_p=\sqrt{\alpha^2\delta_A{}^2+(1-\alpha)^2\delta_B{}^2}$

此时：$\frac{dK_p}{d\delta_p}$为非常数，说明K_p和δ_p之间的关系为非线性，δ_p最小时的α为$\alpha=\frac{\delta_B^2}{\delta_A^2+\delta_B^2}$，组合投资存在着风险最小的证券组合。

（3）$\rho_{AB}=-1$时，即A、B完全负相关，则：

$K_p=\alpha K_A+（1-\alpha）K_B$

$\delta_p=\pm［\alpha\delta_A-（1-\alpha）\delta_B］$

①当$\alpha>\frac{\delta_B}{\delta_A+\delta_B}$时，$\delta_p=\alpha\delta_A-（1-\alpha）\delta_B$。此时$\frac{dK_p}{d\delta_p}=\frac{K_A-K_B}{\delta_A+\delta_B}$，其中不含$\alpha$项，说明$K_p$和$\delta_p$之间为线性关系。即在$\rho_{AB}=-1$且$\alpha>\frac{\delta_B}{\delta_A+\delta_B}$时，证券组合的收益相对于标准差的变动率为一常数。

②当$\alpha=\frac{\delta_B}{\delta_A+\delta_B}$时，$\delta_p=0$，这说明存在风险为0的证券组合。

③当$\alpha<\frac{\delta_B}{\delta_A+\delta_B}$时，$\delta_p=（1-\alpha）\delta_B-\alpha\delta_A$，此时$\frac{dK_p}{d\delta_p}=-\frac{K_A-K_B}{\delta_A+\delta_B}$，这说明$\delta_p$和$K_p$的关系为线性。

④当$-1<\rho_{AB}<0$或者$0<\rho_{AB}<1$时：

$K_p=\alpha K_A+（1-\alpha）K_B$

$\delta_p^2=\alpha^2\delta_A^2+（1-\alpha）^2\delta_B^2+2\alpha（1-\alpha）\rho_{AB}\delta_A\delta_B$

此时$\frac{dK_p}{d\delta_p}$为非常数，这说明K_p和δ_p之间的关系为非线性，据前面的论述有$\alpha=\frac{\delta_B^2-\rho_{AB}\delta_A\delta_B}{\delta_A^2+\delta_B^2-2\rho_{AB}\delta_A\delta_B}$时，证券组合的风险最小。

将上述几种情况通过数值模拟，描出K_p和δ_p的关系曲线如图4-10所示。

从图4-10中可以看出：针对不同的相关系数，证券组合的预期报酬率、标准差与α的取值存在着规律性的关系：对于相同的预期报酬率，相关系数越小，证券组合的风险越小；对于相同的风险水平，相关系数越小，可获取的预期报酬率越大。

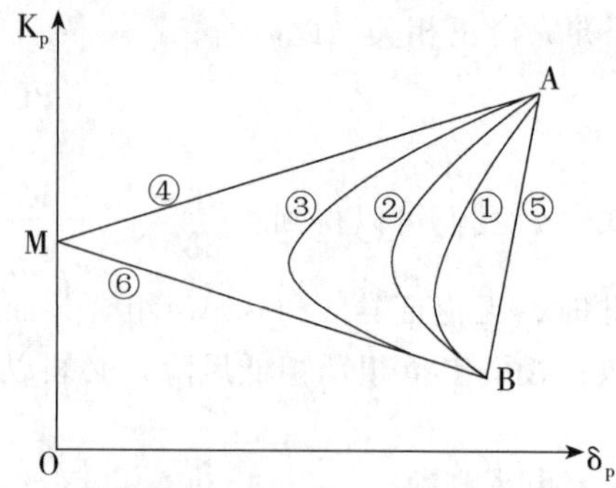

图4-10　证券组合收益、风险、权重和相关系数的综合关系

当两种证券的相关系数一定时，投资者可以按 K_p 和 δ_p 的曲线选择投资组合的证券权重。此外，从图中还可以看出：如果相关系数一定，位于 $K_p-\delta_p$ 曲线左边的点均是达不到的，而位于曲线右边的点相对于曲线上的点，从风险和收益均衡的角度来讲，均是不可取的，因此称为无效组合。

M：$\rho_{AB}=-1$　且 $\alpha=\frac{\delta_B}{\delta_A+\delta_B}$

A：$\alpha=1$　　B：$\alpha=0$

① $0<\rho_{AB}<1$

② $\rho_{AB}=0$

③ $-1<\rho_{AB}<0$

④ $\rho_{AB}=-1$　且 $\alpha<\frac{\delta_B}{\delta_A+\delta_B}$

⑤ $\rho_{AB}=1$

⑥ $\rho_{AB}=-1$　且 $\alpha>\frac{\delta_B}{\delta_A+\delta_B}$

因此，任何一个理性投资者都会选择由p确定的 $K_p-\delta_p$ 曲线上的投资组合，故 $K_p-\delta_p$ 曲线称为投资组合的效率边界。上面的分析是基于两种证券的组合，但这一分析很容易推广到N种证券，即把其中的任一证券组合看成是（N-1）种证券的投资组合，而整个N种证券的组合就变成了（N-1）种证券的组合和另一种证券的组合。这一转化就把N种证券的组合变成了两种证券的组合，如果可以求出N种证券的均值、方差和协方差，我们就可以画出N种证券组合的效率边界，由于相关系数为±1的情况极少，所以N种证券的效率边界如图4-11所示。

4.投资者的最佳决策

从效率边界的形状来看，投资者可以选择的证券组合仅限于最小方差点（E）的上方，即图4-11的EH段，这是由于针对相同的风险，EH段的投资组合能提供更高的收益。在EH段上我们可以看到，要想获取高收益，必须承担更高的风险，风险和收益之间的转换关系由 $dK_p/d\delta_p$（MRT）决定。现在的问题是，如果所有投资者对证券组合的预期一致，即认为效率边界是给定的，且不存在无风险资产，那么对风险偏好不同的投资者，如何优化其投资组合，以最大化其效用。

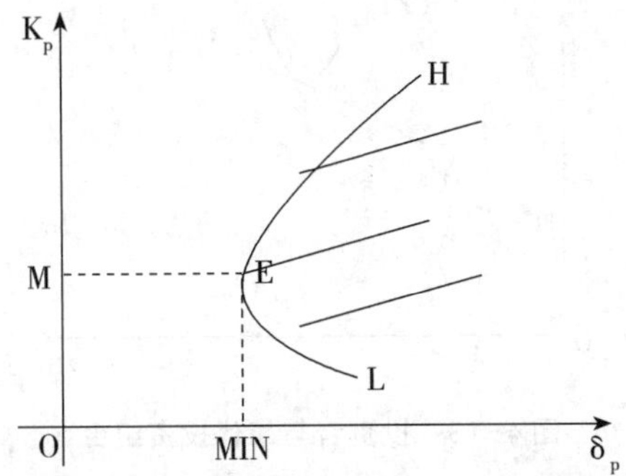

图4-11 N种证券组合的效率边界

如果从现实来考察，投资者要求的报酬率上升，则其承担的风险会逐渐加大，投资偏好的不同就表现为在不同的投资组合下，投资者要求的报酬率的增量与风险的增量之间的边际替代率的不同。因此，我们可以用无差异曲线来刻画不同投资者的投资偏好，在投资者的无差异曲线上，任何两点的收益和风险均是投资者认为无差异的，可替代的。如果我们把效率边界和投资者的无差异曲线作在一张图上则如图4-12所示。

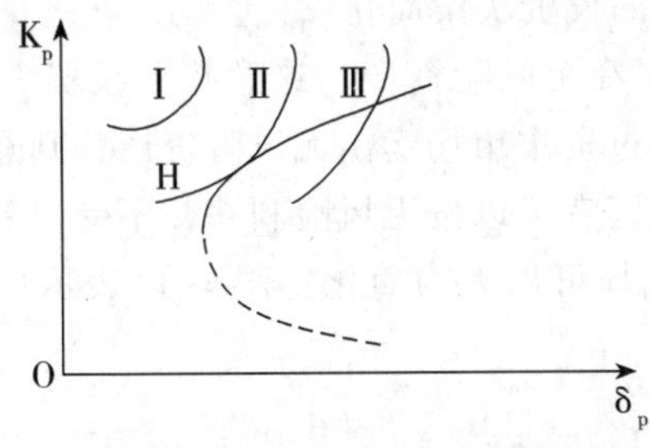

图4-12 最优投资组合的确定

图4-12中，Ⅰ、Ⅱ、Ⅲ表示某一投资者的一组无差异曲线，无差异曲线从左到右效用逐渐变小。从图中我们可以看出，投资者效用最大的无差异曲线在Ⅱ，即无差异曲线和效率边界的交点H。

这是因为，Ⅰ虽然有较高的效用，但与效率边界无交点，从而达不到；Ⅲ的效用明显低于Ⅱ。那么由此可以得出：效用最大的资产组合是无差异曲线上风险和收益的边际替代率（MRS）与效率边界上风险和收益的边际转换率（MRT）相等时的投资组合，即无差异曲线和效率边界的切点H。由无差异曲线和效率边界的形状，我们可以推之切点是唯一的。亦即达到效用最大的投资组合是唯一的。不同投资者对风险和收益的偏好不同，表现为无差异曲线上风险和收益的替代率不同。如图4-13所示，三个投资者的风险厌恶程度，从大到小为Ⅲ、Ⅱ、Ⅰ，与无差异曲线交点为A、B、C，则他们选择的最优组合也不同。

如果我们把投资者的人数扩大，则对投资证券的收益和风险预期相同的所有投资者的无差异曲线的外包络线即为效率边界。这样，如果投资者面临一条相同的效率边界，无论其风险偏好如何，其最大化效用的最佳投资组合可以归纳为两类：

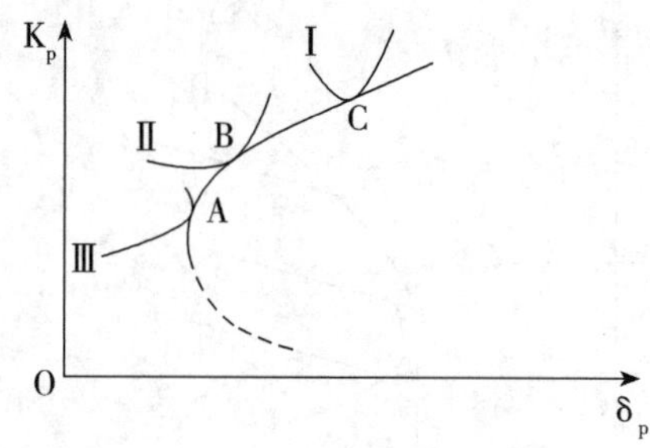

图4-13 投资者与最优投资组合

第Ⅰ类：线性规划：MIN δ_p^2

约束条件：Kp=K（常数）

第Ⅱ类：线性规划：MAX Kp

约束条件：$\delta_p^2=\delta_0^2$

第Ⅰ类投资者希望获取稳定的收益，在此条件下追求风险最小的投资组合；第Ⅱ类投资者希望稳定风险水平，在此基础上追求收益最大化。通过运筹学的软件均可以对上述两类规划加以求解，而且解是唯一的，并一定在效率边界上。

5.存在无风险资产时的投资决策简化

如果证券市场上存在着无风险资产，这意味着投资者可以按无风险利率 R_f 将资金贷出；他们也可以通过资本市场卖出无风险资产，则意味着投资者可以按无风险利率借入资金。如果投资者可以按无风险利率，不受限制地借入和贷出资金，则他所面临的投资组合的选择可以大为简化。图4-14表示加入无风险资产这个因素后的效率边界。

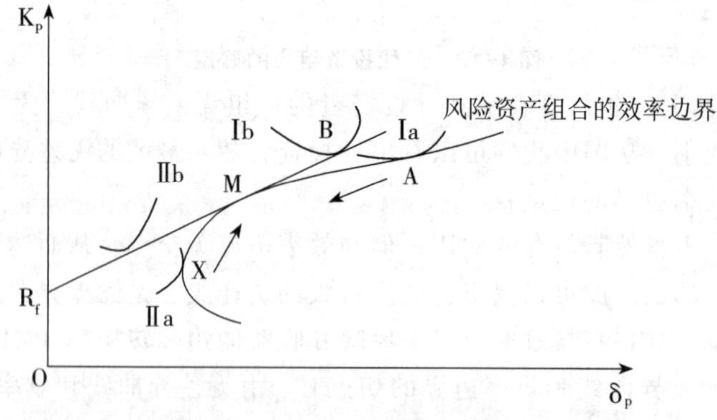

图4-14 加入无风险资产后的效率边界

图4-14表明，当无风险借贷机会不存在时，风险回避程度较低的投资人Ⅰ将会选择组合A；风险回避程度较高的投资人Ⅱ会选择投资组合X。但是，如果投资人可以通过资本市场自由地按无风险利率借贷，他们将会获得更高的效用。例如，如果投资人Ⅰ沿着原效率边界，由A点下移到M点，在通过资本市场借入资金后，上移到B点，则他所获取的效用将在风险/收益转换率不变的情况下由Ⅰa上升到Ⅰb，同样投资者Ⅱ贷出资金后也可以把效用由Ⅱa提升到Ⅱb。可见在加入无风险

资产这个因素之后，投资人的效率边界将是由R_f和M确定的一条直线。这条线性效率边界称为资本市场线（CML），位于资本市场线上的每一点，都是在无风险资产存在时的最优组合。在这种情况下，所有投资人将会持有由风险资产组合成的M与无风险资产R_f的组合。投资组合M称为“市场投资组合”，它由所有风险性证券组合而成，每种风险性资产的比重为：

$$W_i=\frac{V_i}{\sum_{i=1}^{n}V_i}$$

式中，W_i——第i种风险资产在市场投资中的比重；V_i——第i种风险的市场价值；$\sum_{i=1}^{n}V_i$——所有风险资产市场价值总和。

资本市场线如图4-15所示。

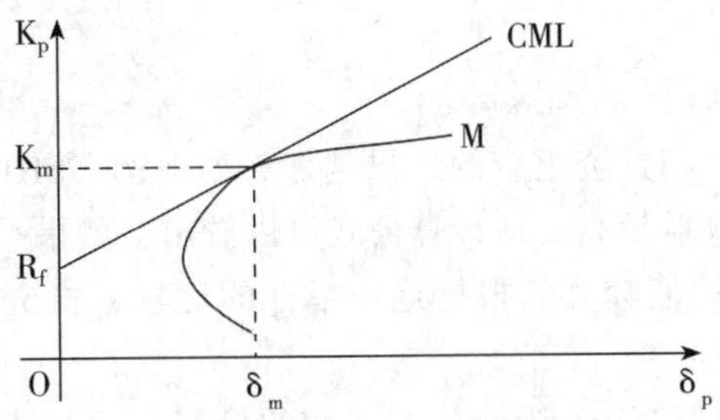

图4-15　资本市场线

图4-15表明，资本市场线的截距为R_f，而其斜率为：

$$斜率=\frac{K_m-R_f}{\delta_m}$$

式中，K_m——市场投资组合的预期报酬率；R_f——无风险利率；δ_m——市场投资组合报酬率的标准差。

由无风险资产和市场投资组合形成的效率投资组合的预期报酬率K_p为：

$$K_p=R_f+\frac{K_m-R_f}{\delta_m}\delta_p$$

由此，在存在无风险资产的情况下，投资人只要根据其投资报酬率和风险的偏好，沿着资本市场线上下移动，就可以找到适当的效率投资组合，从而最大化其效用。

证券组合投资的理论虽然建立在诸多的假设基础上，而且各变量的确定也相对复杂，但这并不影响这一理论的可取之处，即通过分散投资，选择合适的证券组合可以最大化投资者的效用，这一点对于任何偏好的投资者均是适用的；有效地运用计算手段和工具可以找出效用最大时的证券组合。

6.夏普性能测试（SHP）指标

夏普性能测试（SHP）的计算公式为：

$$SHP=\frac{R-R_f}{\delta}$$

式中，R——证券组合的平均收益率，可以用一段时期内投资组合的总收益除以总投资额得到；R_f——无风险利率，可以用同期的国库券利率代替；δ——证券组合收益率的标准差，可以用连续几个时期的收益率的离差进行估计。比如2008年1—6月某一投资组合的收益率如表4-5所示。

表4-5 **投资组合收益率（%）**

月份	1	2	3	4	5	6
平均收益率	0.80	0.65	0.70	0.72	0.73	0.74

国库券利率为4.67%，则：

$$R=(0.80\%+0.65\%+0.70\%+0.72\%+0.73\%+0.74\%)\div 6=0.72\%$$

$$\delta^2=[(0.80\%-0.72\%)^2+(0.65\%-0.72\%)^2+(0.70\%-0.72\%)^2+(0.72\%-0.72\%)^2+(0.73\%-0.72\%)^2+(0.74\%-0.72\%)^2]\div 6$$

$$=2\times10^{-7}$$

$$\delta=0.045\%$$

$$SHP=(0.72\%-4.67\%\div 12)\div 0.045\%=7.35$$

SHP的值越大，说明投资组合的效果越好，如上例，SHP的值为7.35，表明该组合的风险较小，而收益较高。从计算公式可以看出：如果平均收益率较高，而风险水平较低，则SHP的值较大。根据这一指标的比较，投资者可以确定持有什么样的投资组合。

此外，该指标还可以用于评价单一证券的投资，比如A证券的SHP值为0.8，而B证券的SHP值为1.2，则投资于B证券的效用较高。

7.投资组合理论的后续发展

现代投资组合理论是在严格假设条件下发展起来的，其核心假定是市场的有效性理论和不考虑交易成本，而现实是，市场不一定有效，交易成本客观存在。所以，大量的学者在现代投资组合理论的基础上，对这两个架设的释放进行了大量的学术和实证研究，主要的研究结果并没有对核心理论框架提出颠覆性的改变，只是不断完善和更具有实用价值。主要理论包括：基于交易费用存在和流动性限制的投资理论；基于风格投资的投资组合理论；基于连续时间的长期投资组合理论；基于非效用最大化的投资组合理论；基于VaR的投资组合理论；行为金融和行为投资组合理论。这些理论均试图揭示投资的最优组合策略和方法，但在变化的市场中，没有一个理论或者公式可以指导某一特定的投资者，在特定的试点和时期内，自由地调整投资组合，持续实现收益的最大化或者风险的最小化。从现实来看，也不可能存在这种永远立于不败之地的投资组合，再精密的理论公式也不可能永远应对变化无穷的市场。作为一个聪明的投资者，重要的是性格而不是智力和公式。

（二）证券投资组合理论的应用问题

马科维茨的投资组合理论不但为分散投资提供了理论依据，而且也为如何进行有效的分散投资提供了分析框架。但在实际运用中，马科维茨模型也存在着一定的局限性和困难：

（1）马科维茨模型所需要的基本输入包括证券的期望收益率、方差和两两证券之间的协方差。当证券的数量较多时，基本输入所要求的估计量非常大，从而也就使得马科维茨模型的运用受到很大限制。因此，马科维茨模型目前主要被用在资产配置的最优决策上。

（2）数据误差带来的解的不可靠性。马科维茨模型需要将证券的期望收益率、期望的标准差和证券之间的期望相关系数作为已知数据从而作为基本输入。如果这些数据没有估计误差，马科维茨模型就能够保证得到有效的证券组合。但由于期望数据是未知的，需要进行统计估计，因此这些数据就不会没有误差。这种由于统计估计而带来的数据输入方面的不准确性会使一些资产类别的投资比例过高而使另一些资产类别的投资比例过低。

（3）解的不稳定性。马科维茨模型的另一个应用问题是输入数据的微小改变会导致资产权重的很大变化。解的不稳定性限制了马科维茨模型在实际制定资产配置政策方面的应用。如果基于季度对输入数据进行重新估计，用马科维茨模型就会得到新的资产权重的解，新的资产权重与上一季度的权重差异可能很大。这意味着必须对资产组合进行较大的调整，而频繁的调整会使人们对马科维茨模型产生不信任感。

（4）重新配置的高成本。资产比例的调整会造成不必要的交易成本的上升。资产比例的调整会带来很多不利的影响，因此正确的政策可能是维持现状而不是最优化的。

我们相信随着信息加工技术和相关学科技术方法的大量引进，可以找到能够更有效指导实践的理论方法，在当前，我们仍然相信现代投资组合思想是有效的：

①存在最优投资比例：组合的风险与组合中资产的收益之间的关系有关。在一定条件下，存在一组使得组合风险最小的投资比例。

②存在最优组合规模：随着组合中资产种数增加，组合的风险下降，但是组合管理的成本提高。当组合中资产的种数达到一定数量后，风险无法继续下降。

第4节　跨国投资经营

在全球经济一体化的今天，投资的概念无论在内涵上还是在外延上都在发展，从现代意义来看，只要有益于现有存量资本增值的一切活动都可以理解为投资活动。这包括对人力资本的投资，如员工培训、带薪休假等；对市场拓展的投资，如广告宣传，参加博览会、订货会，开拓海外市场等等。为了适应经济全球化的需要，我国的企业应该更新投资观念，参与国际竞争，在现代观念上参与跨国投资，实施跨国投资经营战略。跨国投资在决策的基本理论上可以参照本章前两节的内容，其决策模型和最终着眼点都是围绕着在收益和风险平衡的基础上寻求资本更大的增值展开的。本节的目的在于讲述跨国投资区别于单纯境内投资的特殊性。这些特殊性将会影响投资决策的风险因素评估办法，而不会影响决策的评价模式。

一、跨国直接投资理论的发展

理论界认为，现代跨国直接投资理论产生于20世纪60年代，从海默的垄断优势理论开始，至今提出了约20种不同理论以解释对外直接投资行为。从发展的角度来看，外国直接投资理论沿着两条线路逐渐演进：一是以国家的经济利益为分析的出发点，研究直接投资的变化规律及其对东道国和母国影响的宏观理论，其重要假设之一是完全竞争。其有代表性的学说包括：麦克道格尔和肯普的国际利益分配模型、小岛清的比较优势投资理论、阿利伯的货币区域理论、邓宁的投资发展阶段论。二是以企业的经济利益为中心，研究跨国公司对外直接投资的动因、途径、地点的微观理论，其代表性假设是不完全竞争。其主要理论有：海默和金德尔伯格等人的垄断优势理论、弗农的产品生命周期理论、巴克利和卡森等人的内部化理论、邓宁的国际生产折中理论、约翰森和瓦德协姆的企业国际化渐进论。

西方以发达国家作为投资主体的国际直接投资理论的研究成果最为丰富。在众多的关于发达国家境外直接投资的理论流派中，影响较大、被奉为经典性理论的有垄断优势理论、内部化理论、产品生命周期理论、边际产业扩张理论和国际生产折中理论五大学派。经典投资理论从不同角度或侧面阐释了企业跨国投资的动因或条件，但其研究结论的一般性不足。

对发展中国家对外直接投资的关注和理论探讨，是从20世纪70年代中期开始的，特别是美国哈佛大学研究跨国公司的著名教授刘易斯·威尔斯1983年出版了《第三世界跨国企业》一书，被认为是研究发展中国家跨国公司的开创性成果，威尔斯提出了著名的小规模技术理论，分析了发展中国家跨国公司特殊的技术优势。此后，拉奥提出了技术地方化理论，强调形成竞争优势所需要的企业创新活动；英国里丁大学坎特威尔教授和其博士生托兰惕诺共同提出了技术创新产业升级理论，认为发展中国家企业主要是利用特有的“学习经验”和组织能力，掌握和开发现有的生产技术，还指出发展中国家对外直接投资的产业分布和地理分布是随着时间的推移而逐渐变化的。

近年来，随着跨国公司对全球政治经济的影响日益扩大，国际直接投资理论也在不断完善和发展当中，比如，新出现的著名的战略管理理论、竞争优势发展阶段理论以及投资诱发要素组合理论等，在一定程度上修正、检验和发展了原有的理论，并推动研究更贴近现实。

（一）垄断优势理论

垄断优势理论（Monopolistic Advantage）的奠基人是美国经济学家海默（S. Hymer）。1960年，“垄断优势”最初由他在其博士论文《国内公司的国际经营：对外直接投资研究》中首先提出，以垄断优势来解释国际直接投资行为，后经其导师金德尔伯格（C.Kindleberger）及凯夫斯（R Z.Caves）等学者补充和发展，成为研究国际直接投资最早的、最有影响的独立理论。

1.垄断优势理论的前提假设条件

垄断优势理论的前提是：企业对外直接投资有利可图的必要条件，是这些企业应具备东道国企业所没有的垄断优势；而跨国企业的垄断优势，又源于市场的不完全性。这一理论的假设条件和逻辑推理如下：①不完全竞争导致不完全市场，不完全市场导致国际直接投资。海默和金德尔伯格提出并发展了“结构性市场非完美性理论”（Structural Market Imperfection）。不完全竞争问题表现为四个方面：商品市场的不完全竞争；要素市场的不完全竞争；规模经济所造成的不完全竞争；经济制度与经济政策所造成的不完全竞争。②垄断优势是对外直接投资的决定因素。

2.垄断优势理论的优势要素分析

根据凯夫斯的分类，这些静态优势要素主要由两部分组成：①知识资产优势，具体包括技术优势、资金优势、组织管理优势和原材料优势；②规模经济优势。

3.垄断优势理论的贡献与局限性

该理论的贡献主要体现在：①提出了研究对外直接投资的新思路；②提出了直接投资与证券投资的区别；③主张从不完全竞争出发来研究美国企业对外直接投资；④把资本国际流动研究从流通领域转入生产领域，为其他理论的发展提供了基础。该理论的局限性主要体现在：①缺乏动态分析；②该理论无法解释为什么拥有独占技术优势的企业一定要对外直接投资，而不是通过出口或技术许可证的转让来获取利益；③该理论虽然对西方发达国家的企业的对外直接投资及发达国家之间的双向投资现象做了很好的理论阐述，但它无法解释自20世纪60年代后期以来，日益增多的发达国家的许多并无垄断优势的中小企业及发展中国家企业的对外直接投资活动；④垄断优势理论也不能解释物质生产部门跨国投资的地理布局。

（二）内部化理论

1.内部化理论的由来及含义

所谓市场内部化，是指由于市场不完全，跨国公司为了其自身利益，以克服外部市场的某些失效，以及由于某些产品的特殊性质或垄断势力的存在，导致企业市场交易成本的增加，而通过国际直接投资，将本来应在外部市场交易的业务转变为在公司所属企业之间进行，并形成一个内部市场。也就是说，跨国公司通过国际直接投资和一体化经营，采用行政管理方式将外部市场内部化。

2.市场内部化理论的基本假设

在不完全竞争的市场条件下，追求利润最大化的厂商经营目标不变；当中间产品市场不完全时，促使厂商对外投资建立企业间的内部市场，以替代外部市场；企业内部化行为超越国界，就形成了跨国公司。

3.市场内部化的动因和实现条件

市场内部化的动因包括：防止技术优势的流失；特种产品交易的需要；对规模经济的追求；利用内部转移价格获取高额垄断利润、规避外汇管制、逃税等。市场内部化条件主要包括：通讯成本、管理成本、国际风险成本、规模经济损失成本。

4.内部化理论的贡献与局限性

内部化理论的贡献主要是：①这种不同的研究思路，提供了另外一个理论框架并能解释较大范围的跨国公司与对外直接投资行为。②内部化理论分析具有动态性，更接近实际。③内部化理论研究和解释了跨国公司的扩展行为，不仅较好地解释了第二次世界大战以来跨国公司的迅速增加与扩展，以及发达国家之间的相互投资行为，而且成为全球跨国公司进一步发展的理论依据。它被称为跨国公司的综合理论之核心理论。该理论的局限性主要是：①内部化理论与垄断优势理论分析问题的角度是一致的，都是从跨国企业的主观方面来寻找其对外投资的动因和基础。内部化的决策过程完全取决于企业自身特点，忽视了国际经济环境的影响因素，如市场结构、竞争力量的影响等。因而对于交易内部化为什么一定会跨国界而不在国内实行，仍缺乏有力的说明。②在对跨国公司的对外拓展解释方面，也只能解释纵向一体化的跨国扩展，而对横向一体化、无关多样化的跨国扩展行为则解释不了，可见还存在很大的局限性。

（三）产品生命周期理论

1966年美国哈佛大学教授雷蒙·维农（R.Vernoon），从动态角度，根据产品的生命周期过程，提出“产品生命周期”直接投资理论。

1.产品生命周期理论的内容

根据产品生命周期理论，跨国公司建立在长期性技术优势基础上的对外直接投资经历的过程有以下三个阶段：①产品的创新阶段。在该阶段具有影响的是高知识的研究与开发技能和潜在高收入的市场条件。维农认为美国最具有这些条件。②产品的成熟阶段。在该阶段市场对产品的需求量急剧增大，但产品尚没有实行标准化生产，因而追求产品的异质化仍然是投资者避免直接价格竞争的一个途径。③产品的标准化阶段。进入标准化阶段，意味着企业拥有的专利保护期已经期满，企业拥有的技术诀窍也已成为公开的秘密。进入标准化阶段，市场上充斥着类似的替代产品，竞争加剧，而竞争的核心是成本问题。

2.产品生命周期理论的发展

在维农的产品生命周期三阶段模型的基础上，美国学者约翰逊进一步分析和考察了导致国际直接投资的各种区位因素，认为它们是构成对外直接投资的充分条件，这些因素主要包括：劳动成本、市场需求、贸易壁垒、政府政策。

3.对产品生命周期理论的评价

从应用范围来讲，产品生命周期理论不能解释非替代出口的工业领域方面投资比例增加的现象，也不能说明今后对外投资的发展趋势。该理论没能解释清楚发展中国家之间的双向投资现象。此外，该理论对于初次进行跨国投资，而且主要涉及最终产品市场的企业较适用，对于已经建立国际生产和销售体系的跨国公司的投资，它并不能做出有力的说明。

（四）国际生产折中理论

国际生产折中理论（Eclectic Theory of International Production），是由英国经济学家约翰·邓宁（John Dunning）教授于1977年提出的理论。他认为，一国的商品贸易、资源转让、国际直接投资的总和构成其国际经济活动。然而，20世纪50年代以来的各种国际直接投资理论只是孤立地对国际直接投资做出部分解释，没有形成一整套将国际贸易、资源转让和国际直接投资等对外经济关系有机结合在一起的一般理论。

1.综合理论的基本内容

邓宁认为，跨国企业所拥有的所有权优势、内部化优势以及区位优势的不同组合，决定了它所从事的国际经济活动的方式。

（1）所有权优势（Ownership Advantage）

它是指一国企业拥有或能够得到别国企业没有或难以得到的生产要素禀赋（自然资源、资金、技术、劳动力）、产品的生产工艺、发明创造能力、专利、商标、管理技能等。

跨国企业所拥有的所有权优势主要包括两大类：一类是通过出口贸易、资源转让和对外直接投资能给企业带来收益的所有权优势，如产品、技术、商标、组织管理技能等。另一类是只有通过对外直接投资才能得以实现的所有权优势，这种所有权优势无法通过出口贸易、技术转化的方式给企业带来收益，只有将其内部使用，才能给企业带来收益，如交易和运输成本的降低、产品和市场的多样化、产品生产加工的统一调配、对销售市场和原料来源的垄断等。跨国企业所拥有的所有权优势大小直接决定其对外直接投资的能力。

（2）内部化优势（Internalization Advantage）

它是指企业为避免不完全市场带来的影响而把企业的优势保持在企业内部。内部化的起源，同样在于市场的不完全性。市场的不完全性包括两方面内容：①结构性的不完全性。这主要是由于对竞争的限制所引起的，在这种情况下，交易成本很高，相互依赖经济活动的共同利益不能实现。②认识的不完全性。这主要是由于产品或劳务的市场信息难以获得，或者要花很大代价才能获取这些信息。由于市场的不完全性，企业所拥有的各种优势有可能丧失殆尽，企业本身就存在对优势进行内部化的强大动力。只有通过内部化将企业的优势保持在一个共同所有的企业内部，并实现供给与需求的交换关系，用企业自己的程序来配置资源，才能使企业的垄断优势发挥最大的效应。

（3）区位优势（Location Advantage）

它是指跨国企业在投资区位上所具有的选择优势。区位优势包括直接区位优势和间接区位优势。所谓直接区位优势，是指东道国的某些有利因素所形成的区位优势，如广阔的产品销售市场、政府的各种优惠投资政策等。所谓间接区位优势，是指由于投资国和东道国某些不利因素所形成的区位优势，如商品出口运输费用过高等。区位优势的大小决定着跨国企业是否进行对外直接投资和对投资地区的选择。

2.综合理论关于国际生产方式选择的结论

邓宁认为，所有权优势和内部化优势只是企业对外直接投资的必要条件，而区位优势是对外直接投资的充分条件。因此，可根据企业对上述三类优势拥有程度的不同来解释和区别绝大多数企业的跨国经营活动。

邓宁据此列出了一个表，以说明三类优势与经营方式选择的关系（见表4-6所示）。

表4-6 优势与经营方式选择的关系

经营方式	优势		
	所有权优势	内部化优势	区位优势
对外直接投资	有	有	有
出口贸易	有	有	无
技术转移	有	无	无

3.国际生产折中理论的贡献与局限性

该理论的贡献在于：①国际生产折中理论克服了以前对外直接投资理论的片面性，吸收了各派理论的精华，运用多种变量分析来解释跨国企业海外直接投资应具备的各种主、客观条件，强调经济发展水平对一国企业对外直接投资能力和动因起决定作用，都是符合实际的。因此，相对于其他传统的对外直接投资理论，它具有较强的适应性和实用性。②该理论为跨国公司运作的全面决策提供了理论依据。要求企业有全面的决策思路，指导企业用整体的观点去考虑与所有权优势、内部化优势和区位优势相联系的各种因素，以及诸多因素之间的相互作用，以便把握全局，减少决策失误。

该理论的局限性表现在四个方面：①国际生产折中理论所提出的对外直接投资条件过于绝对化，使之有一定的片面性。邓宁强调只有三种优势同时具备，一国企业才可能跨国投资，并把这一论断从企业推广到国家，因而解释不了并不同时具备三种优势的发展中国家迅速发展的对外直接投资行为，特别是大量向发达国家的直接投资活动。②该理论也还是局限在从微观上对企业跨国行为进行分析，并且微观分析也没有摆脱垄断优势理论、内部化理论、区位优势理论等传统理论的分析框架，换句话说是对这三种理论的简单综合，缺乏从国家利益的宏观角度来分析不同国家企业对外直接投资的动机。因此，该理论对实行自由企业制度的发达国家来讲是恰当的，而对于一些发展中国家特别是社会主义国家的国有制企业，这些分析并不恰当，缺乏解释力。③对三种优势要素相互关系的分析停留在静态的分类方式上，没有随时间变动的动态分析。④邓宁所论述的决定依据是建立在成本分析基础上的，但它假定不同进入方式的收入是相同的，这不符合实际。一般来说，对外直接投资产生的收入流量最大，出口次之，而许可证贸易最低。事实上，企业在对最盈利的进入方式进行决策时是考虑收入差别的。

（五）比较优势理论

日本一桥大学教授小岛清于20世纪70年代中期研究发展了比较优势理论，称其为边际产业扩张论。小岛清认为，分析国际直接投资产生的原因，应从宏观经济因素，尤其是国际分工原则的角度来进行。

1.比较优势理论的核心

这一理论的核心是，对外直接投资应该从投资国已经处于或即将陷于比较劣势的产业部门，即边际产业部门依次进行；而这些产业又是东道国具有明显或潜在比较优势的部门，但如果没有外来的资金、技术和管理经验，东道国的这些优势就不能被利用。

（1）对外投资的产业

日本对外投资是按照比较成本原则，以资源开发、纺织品、零部件等标准化的劳动密集型产业为主。美国对外投资则是逆比较成本的，以美国拥有比较优势的汽车、电子计算机、化学产品、医药产品等资本和技术密集型产业为主。美国对外投资，由于把具有比较优势的产业过早地移植到国外，容易导致美国经济的空心化倾向。

（2）对外投资的主体

日本根据国际分工原则进行对外直接投资，决定了日本对外投资的承担者以中小企业为主；美国对外投资是贸易替代型的，那些从事对外直接投资的企业正是美国最具比较优势的产业，由于产品创新和直接投资周期仅限于寡占的工业部门，导致了美国对外直接投资基本由垄断性大跨国公司所控制。

（3）投资国与东道国在投资产业上的技术差距

日本对外直接投资是从与东道国技术差距最小的产业依次进行；美国对外直接投资则是凭借投资企业所拥有的垄断优势，从而造成在东道国投资产业技术上的巨大差距。

（4）对外直接投资的企业形式

日本对外直接投资一般采取合资经营的股权参与方式和诸如包括产品分享等在内的非股权参与方式；美国对外直接投资的股权参与方式中，大多采用建立全资子公司的形式。

因此，按照边际产业依次进行对外投资，所带来的结果是：东道国乐于接受外来投资，因为由中小企业转移到国外东道国的技术更适合当地的生产要素结构，为东道国创造了大量的就业机会，对东道国的劳动力进行了有效的培训，因而有利于东道国建立新的出口工业基地。与此同时，投资国可以集中发展那些它具有比较优势的产业，结果，直接投资的输出国的产业结构更趋合理，促进了国际贸易的发展。

2. 比较优势理论的推论

根据边际产业扩张理论，对外投资应能同时促进投资国和东道国的经济发展，因此，小岛清从宏观经济角度来考虑，把对外直接投资划分为以下几种类型：自然资源导向型、劳动力导向型、市场导向型、交叉投资型。

3. 比较优势理论的贡献与局限性

该理论的贡献在于：①从投资国的角度而不是从企业或跨国公司角度来分析对外直接投资动机，克服了以前传统的国际投资理论只注重微观而忽视宏观的缺陷，能较好地解释对外直接投资的国家动机，具有开创性和独到之处。②用比较成本原理从国际分工的角度来分析对外直接投资活动，从而对对外直接投资与对外贸易的关系作了有机结合的统一解释，克服了垄断优势理论把二者割裂开来的局限性，较好地解释了第二次世界大战后日本的对外直接投资活动。

该理论的局限性在于：①理论分析以投资国而不是以企业为主体，这实际上假定了所有对外直接投资的企业的动机是一致的，都是投资国的动机。这样的假定过于简单，难以解释处于复杂国际环境之下的企业的对外投资行为。②小岛清提出的对外直接投资和国际分工导向均是单向的，即由发达国家向发展中国家的方向进行，作为发展中国家总是处于被动地位。这无法解释发展中国家对发达国家的逆贸易导向型直接投资。③比较优势理论产生的背景是第二次世界大战后日本的中小企业对外直接投资的状况，而今天日本的对外直接投资情况早已发生变化，对外直接投资的大企业大幅度增加，同时对发达国家的逆向投资迅速增加，以进口替代型的投资为主。因此，边际产业扩张理论无法解释这些投资行业的投资行为，具有极大的局限性，不具有一般意义。

（六）国际直接投资发展阶段理论

1.邓宁的国际直接投资发展阶段理论

20世纪80年代初，邓宁在一篇论文中研究了以人均GNP为标志的经济发展阶段与一个国家的外国直接投资（外资流入）以及一个国家的对外直接投资（资本流出）与一国净的对外直接投资之间的关系，同时也对对外直接投资阶段的划分以及各阶段国际直接投资的特征和国际直接投资发展阶段顺序推移的内在机制进行了较为全面的解释。其主要内容如下：

第一阶段（人均GNP低于400美元）。这一阶段不会产生直接投资净流出的现象，这是由于一个国家的企业还没有产生所有权优势。同时这一阶段外资总的流入量不大，也是由于东道国各种条件的制约。

第二阶段（人均GNP在400~2 500美元（不含2 500美元）之间）。在这一时期，外资流入量增加，但主要是利用东道国原材料及劳动力成本低廉的优势，进行一些技术水平较低的生产性投资。在对外投资方面，东道国的投资流出仍停留在很低的水平上，只是在附近国家进行了一些直接投资活动，并通过引进技术及进入国际市场等形式来实现进口替代投资的经济发展战略。

第三阶段（人均GNP在2 500~4 000美元之间）。由于东道国企业所有权优势和内部化优势大大增强，人均净投资流入开始下降，对外直接投资流出增加。这标志着一个国家的国际直接投资已经发生了质的变化，即专业化国际直接投资过程的开始。

第四阶段（人均GNP在4 000美元以上）。这一时期是国际直接投资净流出的时期。随着这些国家经济发展水平的提高，这些国家的企业开始具有较强的所有权优势和内部化优势，并具备发现和利用外国区位优势的能力。

从总体上看，一个国家的国际直接投资状况和该国人均GNP之间的关联性是就该国企业相对于其他国家企业的三类优势变化而言的。

2. 国际直接投资发展阶段理论的发展

包括邓宁对其上述理论做了一定的修改，还有波特的竞争阶段论，都对国际直接投资发展阶段理论的发展做出了一定贡献。其中最具代表性的是日本的小泽辉智（1992）。

小泽辉智提出了国际直接投资模式，可以称之为新的综合的国际投资阶段发展论。其理论核心是强调世界经济结构特点对经济运行特别是对投资的影响。

（1）世界经济结构的特点

它主要表现在：①每一个经济实体内部的供给方和需求方有着差异；②企业是各种无形资产的创造者和交易者；③各国经济发展水平和实力的科层结构明显；④各国经济结构升级和发展具有相应的阶段性和继起性；⑤各国政策中有一种从内向型向外向型转变的趋势。

在以上这些内容中，小泽辉智认为③和④最重要。前者说明经济发展水平的差异决定了利用外资和对外投资的形式和速度；而后者则说明一个国家的产业结构升级是一个循序渐进的过程，这一过程是利用外资和对外投资经验积累的过程。

（2）波特的竞争发展理论

波特的竞争发展理论提出了四个特征明显的国家竞争发展阶段：资源要素驱动阶段、投资驱动阶段、创新驱动阶段以及财富驱动阶段。

（3）国际直接投资模式

根据世界经济结构的特征，结合波特竞争阶段论，小泽辉智认为，国际直接投资模式应是一种与经济结构变动对应的资本有序流动，具体表现为：①要素（资源与劳动）驱动阶段的国家，吸引的一般都是属于资源导向型或劳动力导向型的外国投资。②当一个国家处于劳动驱动阶段向投资驱动阶段过渡时期时，主要在资本品和中间品产业中吸收外资；与此同时，在劳动密集的制造品产业中，会产生向低劳动成本国家的对外直接投资。③从投资驱动阶段向创新驱动阶段过渡时期，将会在技术密集产业吸引国外直接投资；与此同时，在中间品产业中会发生对外直接投资。

（七）投资诱发要素组合理论

1. 理论要点

直接诱发要素是对外直接投资产生的主要要素。它主要是指各类生产要素，包括劳动力、资本、技术、管理及信息等。间接诱发要素在当代对外直接投资中起着重要作用。它是指除直接诱发要素之外的其他要素。

间接诱发要素包括：①投资国政府诱发和影响对外直接投资的因素：鼓励性投资政策和法规；政治稳定性及政府与东道国的协议和合作关系。②东道国诱发和影响对外直接投资的因素：投资硬环境状况（交通设施；通信条件；水、电、原料供应；市场规模及前景；劳动力成本等）；投资软环境状况（政治气候、贸易障碍、吸引外资政策、融资条件及外汇管制、法律和教育状况等）；东道国政府与投资国的协议和关系。③世界性诱发要素和影响对外直接投资的因素：经济生活国际化以及经济一体化、区域化、集团化的发展；科技革命的发展及影响；国际金融市场利率及汇率波动；战争、灾害及不可抗力的危害；国际协议及法规。

发展中国家的对外直接投资在很大程度上是间接诱发要素在起作用，而且这种作用在当代对外直接投资中越来越重要。

2.理论贡献与局限

投资诱发要素组合理论从综合投资国与东道国双方的需求、双方所具有的条件这一新的角度阐述对外直接投资的决定因素，同时着重强调间接诱发要素在当代对外直接投资中所起的重要作用。该理论在阐述对外直接投资的决定因素时注意了东道国的需求和条件所产生的诱发作用，以及国际环境条件对对外直接投资所起的作用，克服了先前理论中只注重投资目的、动机和条件，忽视东道国和国际环境的因素对投资决策的影响作用的片面性。

投资诱发要素组合理论的局限性主要体现在：它仍然是局限于在静态上对对外直接投资决定因素的分析，没有从动态上对对外直接投资的发展过程及发展规划进行分析，故而对投资活动实践的解释力必然是有限的。

（八）补充性的对外直接投资理论

（1）小规模技术理论。这一理论是美国经济学家威尔斯提出的。他认为，发展中国家跨国企业有三个方面的相对比较优势：①拥有为小市场需求提供服务的小规模生产技术。②发展中国家在民族产品的海外生产上颇具优势。③低价产品营销战略。

（2）技术地方化理论。这一理论是英国经济学家拉奥提出的。他认为，发展中国家跨国企业“特有优势”的形成，是由四个条件促使和决定的：①在发展中国家，技术知识的当地化是在不同于发达国家的环境下进行的，这与一国的要素价格及质量相联系。②发展中国家生产的产品适合于它们自身的经济和需求。③发展中国家企业竞争优势不仅来自于其生产过程与当地的供给条件和需求条件紧密结合，而且来自于创新活动中所产生的技术在规模生产条件下具有更高的经济效益。④在产品特征上，发展中国家企业仍然能够开发出与名牌产品不同的消费品，特别是国内市场较大、消费者的品位和购买能力有很大差别时，来自发展中国家的产品仍有一定的竞争能力。

（3）规模经济理论。

（4）市场控制理论。

（5）国家利益优先取得论。

从国家利益的角度来看，大多数发展中国家，特别是社会主义国家的企业，其对外直接投资有其本身的特殊性。对外直接投资给国家带来的利益是综合性的，可大致概括为以下几个方面：资源转移效果、产业结构调整效果、国际收支效果的获得、市场竞争效应。

二、跨国投资决策的特殊性

国际投资环境是指在国际投资过程中影响国际资本运行的东道国（资本输入

国）的综合条件。投资环境的不同是跨国投资与国内投资的重要区别之一。与国内投资环境相比，国际投资环境更为复杂、多变，对投资的效益和风险产生的影响更大、更直接。为了正确地做出投资决策，必须对有关国家的投资环境进行分析评价。

国际投资环境一般由硬环境和软环境两个基本因素组成。

（一）硬环境因素

硬环境是指那些具有物质形态且影响国际投资运行效果的各种外部条件和因素，主要包括基础设施和自然地理条件。

1.基础设施

它包括工业基础设施的结构与状况和城市生活服务设施的结构与状况。它是吸引国际直接投资的基本条件，具体包括：能源、交通、通信、原材料供应、仓储、厂房、供水供电供热系统、金融信息、生活设施、文化卫生和其他服务设施条件等。

2.自然地理条件

它包括地理位置、面积、地形、人口、城市的分布状况、自然资源、气候、自然风光等因素，其中人口因素是投资者评价东道国投资环境及市场规模的重要因素之一。

（二）软环境因素

软环境是指那些没有具体物质形态且影响国际投资运行效果的一些社会因素，主要包括政治法律因素、经济因素、社会文化及教育因素等。

1.政治法律因素

它是直接关系到国际投资安全性的一个重要方面，政治稳定、立法完善是投资者投入资本安全性的保障，也是获取利润的基础。政治法律因素包括一般政治观念、政治体制、法律体制、国防政策、外交政策、政治机构和政治稳定性，对外国企业的法律规定，对进出口贸易的限制情况，对国际投资的鼓励与限制，对盈利汇回本国的限制情况，外汇管理规定等。其中，能直接影响海外投资的因素是政治体制、政治稳定性、政府对外资的态度和法规。

2.经济因素

它是影响国际直接投资的最直接、最基本的因素。它主要包括：

（1）经济政策。对国际直接投资有较大影响的经济政策有贸易政策（包括自由贸易政策和保护贸易政策）、工业化政策、地区开发政策、外汇管理政策和关税政策等。

（2）经济发展水平和市场规模。这是投资者衡量投资机会和获利程度的重要指标。它包括反映市场总规模的国民生产总值、影响市场消费水平的人口和城市人口状况、反映东道国购买力水平的人均国民收入、综合反映经济发展水平和市场规模的制造业产值等。不同经济发展水平的国家和地区，市场规模也不相同。一国的经济发展水平越高，就意味着有越大的市场。

（3）市场消费水平。这是衡量市场规模的细分指标。它包括：各收入阶层的分布、个人收入及其分配、个人消费水平、个人消费支出的构成、家庭收支的平衡和主要商品的普及率等。一般来说，收入水平决定市场消费水平，不同的市场消费水平直接影响着投资者的投资策略和投资机会的选择。

（4）市场的健全程度和开放程度。投资项目的运行需要一套完善的市场机制和开放的市场结构。完善的市场机制是指有健全的商品市场、金融市场、劳动力市场和信息交流市场。市场体系是否完善，决定着投资者获得经营资源的难易程度和经营利益。市场的开放程度是指一国允许国外资本进入当地市场经营的程度。很多国家，虽然国内市场庞大，具有较强的购买力，但市场的开放程度低，开放层次少，因而对外资的吸引力较弱。

（5）经济与物价稳定状况。它是保证国际资本运行的基本条件之一。它包括外债规模、通货膨胀率、利率水平、商业信用等。外债规模过大，可能会引发国际支付危机，导致国内经济的混乱；通货膨胀率过高，容易导致外资投入资产的贬值，不利于其在投资地的生产经营活动；商业信用程度低，会引起经济秩序混乱，影响经济和稳定性。

3.社会文化及教育因素

各国的社会文化环境不尽相同，这将直接影响到东道国消费者的生活方式、消费倾向、购买动机和购买种类等，从而影响海外投资的国别与项目的选择。社会文化因素包括宗教制度、教育和劳动力的素质、社会心理因素、国民感情和民族意识等。如果外来投资者所处的文化环境与投资地的文化环境有较大冲突，则会给投资者带来许多不便，在投资过程中产生种种的不协调现象，必将会对投资的经济效益产生不良影响。

跨国投资环境的特殊性，会增加投资项目的风险因素，这些区别于国内投资的新的风险因素可能是导致投资失败的关键。因此，就跨国投资的决策而言，国内投资的决策模式和方法仍然有效，只不过要将国际投资环境带来的新风险因素纳入决策模型，通过调整现金流量和折现率来决策。

三、跨国投资风险管理

在中国对外直接投资快速发展的同时，风险问题日益突出。跨国投资者处在不断变化的全球市场中，需要随时关注和管理业务拓展中面临的各种特定风险；要使投资取得成功，就必须在投资决策和业务经营过程中全面考量存在的各种风险，并采取有效措施规避和控制风险。具体而言，海外投资项目面临的风险可以分为两大类：

一是商业风险，主要包括：①市场风险，如利率风险、汇率风险、股票价格风险和商品价格风险等；②信用风险，如违约风险；③流动性风险，如不能按时支付各种费用、债务、采购款等；④操作风险，如内部腐败、员工失职、设备故障、技术不成熟、存在欺诈等；⑤法律风险，如违反中国或东道国的相关法律法规；⑥环境风险，如造成严重污染引发抗议或冲突。商业风险发生概率较高，投资者往往会在考量商业风险后做出投资决策，而且商业风险的管理手段和措施与国内投资项目风险管理的手段和措施差异不大。

二是政治风险，如战争、动乱、国有化、政府违约等。政治风险发生概率相对较小，容易为投资者忽视，但是风险一旦发生，投资者面临的损失非常严重。近年来中东和北非局势的动荡让更多的人开始关注政治风险。利比亚爆发的武装冲突和内乱，属于典型的政治风险，它让中国部分投资者遭受了惨重损失。

因此，在投资风险管理领域，跨国投资与本土投资的最大区别在于政治风险。

（一）政治风险的定义

政治风险是指由一国政治体制、政策、某些特定组织的存在或某些行为引起的项目可行性和盈利性波动的风险。这些特定组织可能是合法的、在政府控制之下的，也可能是非法的、不受政府控制的。这些风险可能使项目变得不可行或盈利能力下降，甚至使投资者彻底失去已经建成的项目。

政治风险无法逃避，任何国家的任何项目都会面临政治风险，但是，这并不意味着政治风险无法规避。政治风险的表象纷繁复杂，不同国家、不同行业的政治风险程度差异很大，根据项目的具体情况寻求正确的风险规避方法，对于某些特定行业来说至关重要，油气、矿产、公用事业和基础设施行业尤其如此。

很多境外投资项目都具有项目金额大、投资周期长的特点，这就决定了对项目长期进行风险管理的重要性。资源的短缺与其价格的高涨，民族主义和投资保护主义的盛行，政府的频繁更迭，政策和法律的变幻莫测，贫富差距的扩大，当地分裂分子的袭扰，种族、宗教和观念冲突，环境污染的加重以及各种形式的内战等让很多境外投资项目在东道国面临极大的政治风险。

经验表明，使用诸如分散投资、存货管理、套期保值等传统商业风险管理方法来管理政治风险的效果很差。加强对政治风险的理解，并将其纳入企业管理信息系统是摆在投资企业面前的首要问题。

（二）政治风险的来源

对于一个海外投资项目，一旦投资者通过各种调查手段和可行性研究认定项目可行，就应着手评估各种方案伴随的政治风险，并找到可行的风险规避措施。

政治风险并不直接来源于一国的政治体制，很多西方国家的大型跨国公司在各种政治体制国家（包括社会主义国家、资本主义国家、民族主义国家、独裁国家等）都有良好运行的记录，政治风险经常来源于东道国政治和社会经济环境在项目协议签署后的改变。美国安然（Enron）公司20世纪90年代在印度马哈拉施特拉邦（Maharashtra）遇到的麻烦就是明显例证。当时马哈拉施特拉邦新一届政府单方面取消了安然公司28亿美元的电站投资合同，重新谈判未果后终止了该项目。在这个事例中，新政府采取了抵制外国投资的态度，这与前届政府欢迎外国投资的态度截然相反。

位于动荡国家或冲突地区的项目，一般面临较高的政治风险，最典型也最为人熟知的动荡地区和国家就是尼日尔三角洲地区和阿富汗、伊拉克、利比亚等国家。

禁运和内战也常常导致项目因无法获得生产所需的机器设备或电力缺乏而中断。民族主义、极端主义以及恐怖主义的活动已经成为跨国运营面临的另一主要风险。全球经济自由化进程持续几十年之后，民族主义在21世纪死灰复燃。而且，这种政治风险也不是仅仅局限在发展中国家，发达国家像英国、法国和意大利等也存在民族主义思维抬头的现象。随着资源价格和民族主义的持续高涨，一些政府改变了游戏规则，它们重新选择了短期机会主义路线，通过重新审查项目合同、税收优惠或特许权协议等损害投资者权益的方式来增加政府收入，这种隐蔽的做法也称为“蚕食性征收风险”（Creeping Expropriation）。

（三）政治风险的分类与评估

东道国不同政治力量的消长会对项目的经营产生相当大的影响，有时候很小的政治变化就会严重影响投资环境；同时，投资者资质、投资地区、投资方式等公司层面的因素也与政治风险紧密相关。为了判断一项特定的政府行为是否会对项目产生威胁，就要分辨清楚该政治风险的类型。

首先，要区分公司特定政治风险和国家特定政治风险。公司特定政治风险是指那些针对特定公司的政治风险，例如，东道国政府宣布与某公司签署的合同无效，或者恐怖分子针对某公司的袭击，这类政治风险很容易识别。而国家特定政治风险并不是针对某一个公司，而是涉及整个国家，例如，国家禁止汇兑或者东道国爆发内战。虽然投资者可以通过在合同或协议中设定仲裁条款、加强项目现场安全保障等措施来减少公司特定政治风险带来的损失，但是，投资者往往无力控制国家特定政治风险，只能在国家特定政治风险发生后终止运营，退出该国市场。

其次，要区分政府风险和不稳定风险。政府风险源于与政府权力相关的行为，这种权力可以是合法的，如通过一定法律程序提高税率的行为，也可以是非法的，如当地警察局的勒索行为。很多政府风险，特别是具有公司特定风险性质的政府风险，既包含合法成分，也具有非法性质。不稳定风险则来源于政治斗争，如竞选时不同政治力量之间的冲突、对社会环境不满引发的骚乱等。

对政治风险的敏感度大小依公司不同而不同。例如，如果项目所生产的产品在国内销售，那么，东道国宏观经济状况对该项目影响巨大；反之，如果产品全部销往国外市场，那么，东道国的宏观经济对项目的影响要相对较小。要评估特定国家的政治风险，投资者需要观察很多指标，比如东道国中央政府和地方政府的变化趋势、征收或国有化的历史记录、其他公司在该国经营的历史、东道国所在地区的政治活动和趋势、东道国整体经济状况以及政府当前活动可能对社会稳定性的影响等。如东道国不合理的货币金融政策、恶化的经济状况可能导致大量债务的违约，东道国还可能实施汇兑限制政策。

在评估政治稳定性时，应主要关注：政府权力行为的合法合理性、政府制定和执行法律的能力、政府机关的腐败情况、当前政治分裂情况。在评估经济政策时，应重点关注：政府参与经济活动的广度和深度、政府的外债负担、利益集团之间斗争的程度和这种斗争影响决策制定的程度。有效的政治风险管理要求从表面上的各种政治事件或指标中分辨出哪些风险会实际影响公司的运营，并迅速做出决策。

（四）政治风险管理

严重的政治风险会导致整个项目的停止或被彻底放弃。政治风险管理要谨记两点：及时性和前瞻性。及时性就是要及时管理和降低可能对项目产生负面影响的政治风险；前瞻性则是指提前做好准备，为防止未来可能发生的政治风险制订方案并采取措施。善于对政治风险做出预测，不仅能够防范其发生带来的不良后果，还能带来意想不到的收益。要管理好政治风险，还须坚持在初期项目决策中将政治风险作为是否投资的重要参考，一旦决定投资该项目，就要在整个项目的周期内持续监测和管理政治风险。

假设一家公司确认要投资某个项目，并且项目的技术和财务均可行，该公司就可以采取“自我管理”和“购买政治风险保险”这两种方法来管理政治风险。

1.自我管理

自我管理的目的是通过战略合作或细致计划防止损失发生。通常要做好两方面的工作：一是在投资决策时进行充分评估，聘请专业的投资机构出具意见，将风险量化在可控范围之内。二是要注意与东道国签署各种协议和合同，以便在政治风险发生时，可以依据这些协议或者合同通过国际仲裁等方式获得赔偿。重要的是，自我管理政治风险的强有力手段是寻找一个多边机构参与到项目中来，比如国际金融公司（IFC）、国际开发协会（IDA）、亚洲开发银行（ADB）、泛美开发银行（IADB）和非洲开发银行（AFDB）等机构入股或者提供债权资金。显然，东道国政府面对这些机构时会有所顾忌。

2.购买政治风险保险

政治风险保险既可以向商业保险公司购买，如Lloyds、AIG、CHUBB，也可以从官方出口信用保险机构或投资保险机构获得，如中国的中国出口信用保险公司（Sino-sure）、英国的ECGD、日本的NEXI，还可以通过多边组织获得，如世界银行集团的多边投资担保机构（MIGA）和亚洲开发银行（ADB）等。大部分国家的官方出口信用保险机构或投资保险机构都为本国投资者或对本国有益的投资项目提供保险服务，这些国家包括中国、澳大利亚、比利时、加拿大、丹麦、法国、德国、意大利、日本、荷兰、挪威、瑞典、英国、美国等。不同机构提供的政治风险保险或投资保险服务的内容各不相同，形式也多种多样。

政治风险保单的核心内容是承保范围和损失计算。承保范围主要列明何种事件导致的损失在保险范围内，也就是明确损因。损失计算就是确定损失金额，并根据赔偿比例确定相应赔偿金额。投资者在购买保险前须明确保单的承保范围以及损失发生后如何获得赔偿。典型的政治风险保单一般承保征收、汇兑限制、战争和政治暴力、政府违约四类风险。投资者可以根据情况在上述四类风险中自由选择承保风险组合，即可将上述四类风险部分投保或全部投保。

（1）征收

征收指东道国政府采取国有化、没收、征用等未经适当法律程序的行为，直接或间接导致投资者对被保险投资项目的所有权和经营权的减少或终止，或导致投资者对被保险投资项目财产和资金的使用权和控制权的减弱或受损，从而使投资者遭受损失，且东道国政府对上述征收行为对投资者造成的损失未给予及时、足额和有效的补偿。除了完全的国有化、没收外，逐步征收（指在一段时间内采取一系列行动而产生征收的效果，也称为蚕食性征收）一般也属于征收风险范围。东道国政府在运用合法管理权力过程中所采取的公正、无歧视性措施一般不在征收风险承保范围。2006年和2007年相继发生的玻利维亚和委内瑞拉石油行业国有化事件就是征收风险的典型表现。征收项下的损失金额一般是被保险投资的净账面价值。在确定账面价值时，会计准则的选用十分重要。比如在美国，对油气资产计价存在两种普遍接受的会计方法。石油公司既可以使用成果法，也可以使用完全成本法，在很多征收索赔案例中，被保险人和保险人争论的焦点就是账面价值的确定问题。因此，投资者在投保之前应与保险人商定计算账面价值依据的准则。一般而言，征收风险承保范围可以包括以下情况，并在保单上列明：

①征收固定资产和银行账户。众多公司以全资子公司或合资公司形式在海外拥有资产。为了吸引外国直接投资，东道国政府一般会给予投资者特许权或者签署其他特定协议，这种特许权协议和其他协议或合同成为投资者海外运营的基本保障。

②征收动产。很多公司经常在海外项目现场配置大量贵重的专业化可移动设备，比如油气公司的钻井平台、勘探船等，矿产公司的掘进机、装载设备等，当项目建设完毕后这些设备将会被运送回国或者到另外一个项目现场。这样，海外公司就需要提前获得东道国政府关于运送和转移这些设备的许可。如果这种许可被撤销，那么，投资者就面临不能转移设备的潜在损失。保险公司一般承保投资者设备被封锁在东道国的损失，特别是当东道国发生战争或政治暴乱时，投资者不得不放弃项目和相关的设备。同样，保险公司一般也承保由于类似事件导致的投资者存货的损失。

（2）汇兑限制

汇兑限制包括两个方面：兑换的限制和汇出的限制。汇兑限制承保投资者不能将当地货币兑换为保单货币（一般为美元或欧元、日元等国际硬通货）或投资者母国货币并汇出东道国而导致的损失。禁止汇兑的损因包括：过分拖延（一般设定一个具体的时间段）、当地法律或法规的变更、汇兑条件的变更等。2002年，金融危机迫使阿根廷政府出台《国家危机与汇兑制度改革法案》，直接引发了汇兑限制风险，当地货币贬值的风险不予承保。投资者应当明确该风险的损失日为汇兑限制发生日，而不是等待期结束日，所以损失日之后的货币贬值风险由保险人承担，而不是由投资者承担。

（3）战争和政治暴力

战争和政治暴力承保由于东道国战争或政治暴力而导致投资者的有形资产遭受损失、毁坏、破坏、消失或导致整体营业中断（完全失去开展可维持项目整体财务可行性的必要业务的能力）的风险。承保的行为一般包括内战、革命、起义、暴动、叛乱、政变、蓄意破坏、恐怖主义袭击以及其他类似战争的行为，这不仅包括针对东道国政府的东道国动乱，还包括针对外国政府（包括投资者的政府和国家）或外国投资的东道国动乱。这里一般包括两个方面：一是战争造成资产有形损害；二是因战争造成整体营业中断而遭受的损失。因此，提起索赔并不意味着项目资产的实际损坏或灭失，可能是由战争和政治暴力导致的营业中断，在这种情况下，损失金额就是被保险股权投资的净账面价值或由于承保范围内的战争和动乱而直接造成拖欠的本金和利息中已投保的部分金额。如果投资者提出申请，暂时性业务中断也可以被某些机构承保，覆盖范围为以下3种原因导致的业务中断：资产损失、强制放弃和丧失作用。对于短期的业务中断，投资保险机构支付无法避免的持续费用、恢复营业所需的非常费用和业务收入损失或到期未还款项（在有贷款的情况下）。

（4）政府违约

政府违约承保是针对由于东道国政府单方面改变、否定、非法违反或不履行项目协议造成的重大损失，这里所指的协议是指东道国政府协议（HGA）、政府间协议（IGA）、勘探开发协议（EDA）、产品分成协议（PSA）、电力购买协议（PPA）等，这些长期协议面临着以后被宣告无效的风险。一般情况下，这类协议或证书包含违约赔偿条款（LD条款），规定未来的纠纷或争议通过纠纷解决机制（如外部仲裁程序或司法程序）解决。这些协议包含的仲裁条款规定如何向政府寻求赔偿。一旦发生所声称的违约或否定合约的情况，投资者应该能够启动基本合同中规定的纠纷解决机制并取得对损失的最终裁决或司法裁决。经过一段规定的时间后，如果投资者未收到根据裁决应得到的赔偿，则保险人将支付赔款。

3.降低政治风险的其他方法

除了自我管理和购买政治风险保险这两种主要的管理政治风险的方法外，与当地公司合资经营也是降低政治风险的一个有效办法。本国投资者的信息比较全面，可以更好地评估当地的政治风险，还可能对政府的政策制定施加影响；更重要的是，东道国一般不会对本国投资者或与政府有着密切政治、经济或军事关系的投资者资产采取没收或国有化措施，由此形成的保护伞也可以为其他合作投资者遮风挡雨。通常情况下与当地政府合作是一个不错的主意，但不能一概而论，很多公私合营公司的运营效率还不如纯粹的国有企业，而且政府同时兼有项目投资者、所有者和监管者的多重身份，这容易导致出现较高的征收风险。营造友好的政治环境是降低政治风险的另一个方法，包括与当地社区和劳工建立良好的关系，帮助当地改善教育和医疗卫生条件，持续跟踪和监测东道国政治环境的变化，通过践行社会责任保持公司良好的形象和声誉。总之，让当地居民和政府感受到外国投资带来的各种好处至关重要。

四、跨国直接投资方式

跨国直接投资的特点在于对投入资本拥有所有权、资本使用过程中的经营权和决定权。其投资方式主要有两种：一是在国外建立新企业；二是通过跨国购并获得国外企业的控制权。

在国外建立新企业是由投资者独立自主经营、独立承担风险的一种国际直接投资方式。新企业按所有权性质可分为合资经营企业、合作经营企业和独资经营企业三类。对于合资经营的企业，出资方式一般有三种，即现金、实物和工业产权，出资比例由合资各方协商确定。对于合作经营企业的形式，可以是法人式，也可以是非法人式，企业可通过折旧和产品分成收回投资，合作期满，资产全部留归东道国所有。对于独资经营企业，许多东道国都对外国投资者在该国设立的独资企业进行一些限制，比如，军事、通信等行业一般不允许外国投资者独资经营。一般来说，发展中国家限制条件较多，发达国家限制条件较少，如美国、日本和西欧等一些国家和地区，除一些国民经济主要部门和行业限制外资企业外，一般都允许独资企业经营。

通过跨国购并获得外国企业的控制权，是指通过协议或者产权交易市场购买外国现有某企业的部分或全部产权，或购买外国公司相当数量的股票以掌握控制权的行为。它是国际直接投资的主要进入方式。

（一）购并与创建方式的比较

进入20世纪90年代以来，国际直接投资除采取传统的设立合资、合作、独资企业等形式外，更多地通过跨国兼并和收购形式。跨国购并的投资者通过一定的程序和渠道依法取得东道国某企业部分或全部所有权，将其直接纳入自己海外子公司的组织体系。

1.购并方式的利弊分析

购并方式的优点主要体现在以下几个方面：一是有利于投资者利用被购并企业在当地市场已建立的良好商誉、广泛的客户关系及完善的产品销售渠道，快速进入市场；二是有利于投资者利用被购并企业现成的管理和技术人才，可以极大地减轻投资者在管理方面的压力；三是有利于实现产品多元化，当购并企业跨越原有产品的范围而实行多种经营时，购并方式不仅可以迅速增加产品的种类，还可使企业获得有关新产品的产销技术和经验；四是有利于投资者规避政治风险，当企业有可能被本国政府收归国有时，投资者通常利用购并方式，迅速进行资本转移，躲避政治风险。

但是，购并方式也存在一定的缺点：（1）容易受到东道国政府及社会的限制，如果东道国政府担心外商购并当地企业不利于民族工业的发展，购并方式通常受到东道国的限制。（2）对被购并企业的价值评估存在一定的困难。因为不同国家有不同的会计准则，一些被购并企业的财务报表中的错误和粉饰，增加了购并价值评估的难度。同时，由于有关国外的信息搜集较难、可靠性差，以及无形资产的评估难以像物质资产那样用数字准确地表达，也将增大对收购该企业后销售潜力和预期利润估计的难度。（3）风险较大，由于被购并企业和购并企业在经营管理的体制、理念、方法上存在一定的差异，而且购并企业欲在被购并企业内推行新的信息系统和控制系统需要一个缓慢而艰难的过程，这是导致购并方式失败的主要原因。此外，购并方式需要对被购并企业一次性投入巨额的资本，且需要现金，对于那些不具有资本优势的企业来说将成为一种沉重的资本负担。

2.创建方式的利弊分析

创建方式的优点主要体现在以下几个方面：一是受东道国政府及社会限制较少，有利于发挥投资者在资本、技术、管理经验等方面的优势，避免投资者拥有的先进技术等发生流失和外泄；二是有利于增加东道国工人的就业机会及该国、该地区的财政收入，避免经营风险；三是有利于投资者选择适当的地点并按自己所希望的规模筹建新的企业，按长远发展规划来妥善安排工厂布局，实现对资本投入和资本支出的完全控制。

但是，采用创建方式一方面增加了东道国当地市场的竞争，破坏了原有的供需均衡状态；另一方面东道国政府出于对本国利益的考虑，可能会对投资者做出种种限制，如限制内销率、利润汇出以及撤资等。特别是发展中国家，为维护本国经济独立，常采用更加严格的控制方法，必将对投资者的生产经营活动产生极大的不良影响。此外，创建新企业一般要比购并慢得多，它除了需要组织必需的资源外，还要选择工厂地址，修建厂房和安装生产设备，安排管理人员、技术人员和工人，制定企业的经营战略等。

由此可见，购并方式与创建方式的优点与缺点表现为互补的性质，购并方式的突出特点是投资周期短、见效快，从企业组织控制的角度来看，创建方式的风险比购并方式要小。企业对外进行直接投资时，应该根据企业实际，做出正确的选择。

从目前我国从事对外直接投资的实践来看，跨国购并成为我国对外直接投资的战略选择，它不仅是推动国有企业战略性重组的重要内容，也是我国企业参与国际竞争、进行跨国理财的重要手段。我国改革开放三十多年来，已有一批企业具备了开展跨国购并业务的条件。有的企业集团以实业经营为基础，具有较强的经济实力、出口创汇能力和直接参与国际竞争能力。有的企业集团以贸易为龙头，通过强大的国际性经营与销售体系，开拓国际市场，促进商品、资本和技术的输出，同时还以互相持股的方式把力量薄弱的中小企业组织起来，形成规模大、经营品种多、具有一定实力的跨国集团，具有遍及全球的跨国经营网络。有的企业以金融业务为主体，以资本为纽带，全方位发展在金融、贸易、生产、技术、服务、航空、信息等众多领域的投资。另外，我国企业在海外“买壳上市”活动逐步开展，其成功经验为我国跨国购并打下了良好的基础。

（二）国际直接投资股权策略的选择

企业在国外建立其拥有股权的分支机构时，将面临是直接投资建立一个拥有全部股权的独资子公司还是与东道国政府或经济组织合作建立一个合资子公司的选择问题。股权策略的选择不仅涉及出资各方出资额的多少，还涉及利益分配和国家主权等一系列问题。为对国际直接投资的股权策略做出正确选择，需要对不同所有权性质的对外直接投资方式的利弊进行分析。

1.独资经营的利弊分析

从企业经营发展的历史来看，早期的西方国家跨国公司主要采用独资经营的形式，其优点主要体现在以下两个方面：一是投资者可以有效地控制和独占市场。因为这些跨国公司在资本方面具有较大的优势，通过独资经营可以保护其技术与经营方面的秘密，维护其市场垄断地位。二是独资经营有助于投资者实现全球经营战略。投资者采用独资经营，不仅能达到有效控制生产过程、占领市场、增加利润的目的，还能避免投资者与子公司的对立，保证其全球经营战略的实现。

在国外设置分公司和子公司是独资经营的主要形式。设立分公司的优点是：手续简便，只需要缴纳少量的登记费就可在东道国取得分公司的营业执照；分公司所在国对分公司在外国的财产没有法律上的处理权；母公司能够全面控制分公司的经营活动；分公司对总公司在亏损抵税和免缴利润汇出税等纳税上具有一定的优惠。但是，设立分公司，母公司要对分公司的债务负无限连带责任，可能会对作为投资者的母公司产生不利影响；分公司是作为外国企业在东道国进行生产经营活动的，其影响面较小，开展业务活动较为困难。

设立子公司的优点是：母公司只对其负有限责任；子公司被视为东道国当地企业，受到的经营限制较少，可享受到东道国当地政府的税收减免等优惠政策；可以独立地在东道国申办银行贷款，不必像分公司那样必须由母公司担保；子公司在其东道国营业终止时，可利用出售其股份、与其他公司合并或变卖其资产等方式收回其投资。但是，设立子公司的手续较复杂，费用较高，审批手续较为严格，产品进入东道国市场的竞争较为激烈。

2.合资、合作经营的利弊分析

第二次世界大战以后兴起的跨国公司更多地采取了合资、合作经营的方式。其优点主要体现在以下几个方面：一是可获得政治上的优势。因为与当地企业或政府进行合资或合作，可以突出本地身份，减少被排挤的危险，当地的合作伙伴也会利用其政治影响来抵御国家控制，保护企业。二是可以获得财务上的利益。通常母公司将先进技术、专利权、商标等作为公司的投资资本，这样可以极大地减少其实际投资额，同时，利用与当地合作伙伴的关系网和信誉，可进入当地金融市场筹资。三是可以获得当地企业现有的资源。由于当地合作伙伴拥有适应于本地企业的技术、营销或其他管理技能，采用合资、合作经营方式使这些管理资源的取得成为一种可能。它比新建独资企业要节省时间和费用。

合资经营企业和合作经营企业均是对外直接投资的主要形式，但是，由于二者有着本质上的区别，因此，应对其利弊进行具体分析。

合资经营企业的优点是：有利于取得多重投资优惠待遇和国民待遇；有利于减少或避免企业的投资风险；有利于了解东道国情况，开拓新市场。其缺点是：举办合资经营企业审批的手续比较复杂，所需要的时间较长，因外资股权受到一定比例的限制，国外投资者往往不能对合资企业进行完全控制。

合作经营企业投资的优点是：合作经营的方式较为灵活并具有多样性；举办合作经营企业审批手续比较简易，所需要的时间较短。其缺点是：不如合资企业规范，在合作过程中容易对合同上的有关条款发生争议，给合作经营企业的正常发展带来不利影响。

我国企业在对外直接投资股权策略的选择中，除要考虑独资、合资和合作方式本身的优缺点外，还要根据我国国情和跨国经营企业的现状进行具体分析。一般来说，如果从我国自身经济技术条件来看，我国对外直接投资应以合资为主。从投资目的来看，如果投资的目的是利用外方资本、先进技术和管理经验及销售渠道，或是避开非贸易壁垒而进入东道国市场，则应采用合资方式；如果投资的目的是利用资本和技术上的优势控制与独占市场，并继续保持优势地位，进而实现全球化战略，则应以独资方式为好。从投资产业来看，我国已形成自己相对优势的传统产业，如纺织、轻工、一般机械、金属冶炼、医药、食品加工、化工等，对于一些发展中国家具有较强的吸引力，为保护企业的特有资产和增加资本收益，应以独资经营为主；在制造业、服务业投资中，虽然我国在某些高新技术领域处于世界领先地位，但就总体而言，还落后于发达国家，因此，应采用合资经营方式，以学习国外先进的技术，提高我国的科学技术水平。

为选择最佳的国际直接投资进入方式，除需要了解各种方式本身的特性外，还必须对企业的内部和外部因素进行分析和评价。如产品在企业发展战略中的地位、产品生命周期、技术水平、商标和广告开支、对外直接投资的固定成本等内部因素，以及东道国的政治环境、经济环境、社会文化环境和法律环境等外部因素，它们都对国际直接投资进入方式的选择有着重要的影响。

五、跨国投资项目决策示例

跨国投资决策是通过跨国资本投资预算实现的，跨国投资预算是对投资项目的投资总额、资本来源、项目投入生产经营后的成本费用、收入和利润（投资回报）等进行全面系统的预测，计算项目的净现值和内含报酬率等指标，进行财务可行性分析研究，为财务决策提供科学依据的一种预算体系。

（一）跨国直接投资项目的资本预算

跨国直接投资项目的资本预算一般包括以下三项内容：

1.项目投资总额和资本来源预算

在国外投资办企业的费用包括厂房、设备等固定资产投资，以及原材料和现金等流动资产投资。各项费用要按当时的汇率折算，用东道国货币来表示。各项投资费用总额确定之后，应规划其资本来源，确定自有资本投资与各种借入资本的比例。投资总额和资本来源确定以后，就可以编制预计资产负债表，对长期负债还应编制还本付息预算。

2.项目损益预算

为了预测国外投资项目的损益，需要编制以下预算：

（1）销售预算。预测投资项目在生产经营期间各年的产品销售量、销售价格和销售收入。在预测销售价格时，应考虑计价货币的通货膨胀率，各年的价格应随通货膨胀率水平的变化而升降。如果产品对其他国家销售，其外币销售收入应按各年预测汇率折算，以东道国货币表示。

（2）成本费用预算。预测国外企业在生产经营期间各年的产品生产量、单位变动成本、销售费用和行政管理费用、折旧费，确定各年总成本费用。在确定各年变动成本时，应考虑通货膨胀率水平的变化。

(3) 损益预算。根据预测的销售收入、销售成本及税负情况，编制预计损益表，计算经营利润（息税前利润）、税前利润和税后利润。

(4) 贷款还本付息计划。归还投资贷款的资本来源主要是项目投产后新增的利润和提取的折旧。因此，要根据"损益预算"和"固定资产折旧额预算"，预测贷款还本付息的进度和时间。

3.项目现金流量预算

现金流量预算即对国外投资项目计算期内各年的现金流入量、现金流出量和净现金流量进行预计。在制订现金流量计划时，先要预测生产经营期各年净营运资本的需要量、各年追加净营运资本数，以及生产经营期结束时资产终值。各年追加净营运资本数列作现金流出，生产经营期最后一年净营运资本需要（占有）量和资产终值列作现金流入。

应当指出，如果是在国内投资办企业，只编制一个现金流量预算即可。如果在国外办一子公司，首先要从子公司的角度对投资项目的效益进行预测、分析和评价，子公司效益的好坏是母公司对外投资效益好坏的基础。子公司的利润汇给母公司时，要按当时的汇率折算为母公司所在国的货币，要向东道国（子公司所在国）缴纳预扣税，东道国还可能会对子公司汇出的利润加以限制。母公司收到子公司汇回的利润还要向本国政府缴纳所得税。母公司对外投资效益的好坏，不仅取决于子公司效益的好坏，而且还受到汇率、预扣税税率高低、利润汇出限制和本国所得税税率高低等因素的影响，因此，就需要编制以下两种现金流量预算：

(1) 国外子公司现金流量预算。按子公司所在国的货币计算，反映国外子公司在建设期和经营期间各年的现金流入量、现金流出量和净现金流量，据以计算内部报酬率和净现值（以东道国类似项目的税后投资报酬率作为折现率）。当净现值大于或等于零，内部报酬率大于或等于在东道国类似项目的税后投资报酬率时，投资项目在财务上是可行的。

(2) 母公司与国外子公司有关的现金流量预算。其现金流入主要是子公司付给母公司的股利和许可证费等。现金流出主要是母公司从子公司得到的投资收益应缴纳给本国政府的各种税款。现金净流量是现金流入量与现金流出量之差，是母公司可以运用的净收益，是据以计算母公司进行国外投资的净现值和内部报酬率的基础。当净现值大于或等于零，内部报酬率大于或等于在国内类似项目的税后投资报酬率时，投资项目在财务上是可行的。

（二）跨国投资项目资本预算的编制案例①

我国CHE公司对A国投资环境进行评估后，决定向A国投资建一独资子公司，生产A种产品，由甲公司提供专有技术，该子公司向CHE公司（母公司）按销售

① 夏乐书，王满. 国际财务管理［M］. 2版. 北京：中国财政经济出版社，2008.

额的5%缴纳许可证费。生产产品所需的原材料和零部件有20%从中国母公司进口，其余在A国当地解决。子公司的厂房是在A国购买一幢闲置的厂房加以改造的，共需1 200万A元，其中50%由A国银行贷款。子公司的筹建期为1年，投产后计划经营5年，5年后，母公司将子公司卖给A国的投资者。子公司在A国的所得税税率为20%，我国所得税税率为25%。在我国该种产品的投资报酬率为14%，在A国该类产品的投资报酬率为15%。该项目的投资费用、资本、损益和现金流量的预测如下：

1.投资费用和资本来源

经过财务预测可编制项目所需投资费用预算（如表4-7所示）。

表4-7　**子公司原始投资费用预算**

项目	万A元	万元人民币（当年汇率1A元=8元人民币）
1.购买和改造厂房	1 200	9 600
2.在A国新购设备	200	1 600
3.从中国运来设备	200	1 600
4.由CHE公司提供原材料、零部件	200	1 600
5.由A国银行供给现金	100	800
6.原始投资合计	1 900	15 200

根据表4-7的项目投资费用预算可编制子公司的预计资产负债表（如表4-8所示）。

表4-8　**预计资产负债表**　单位：万A元

资产	金额	负债	金额
现　金	100	应付账款	—
应收账款	—	银行借款（当地银行）	100
存　货	200	长期借款（当地银行）	600
厂　房	1 200	资本	1 200
设　备	400		
合计	1 900	合计	1 900

根据表4-8所示的预计资产负债表，在该项目投资总额1 900万A元中，产权筹资1 200万A元，占63.16%，债权筹资700万A元，占36.84%。

子公司长期借款600万A元，期限5年，年利率6%，与银行商定分5年等额偿还。短期借款假设各年借款额都是100万A元，每年年末偿还，次年年初再借，年利率4%。编制还本付息计划，如表4-9所示。

表4-9 **借款还本付息计划** 单位：万A元

年份	长期借款				短期借款		利息合计
	年初余额	还本	年利息（6%）	年末余额	借款额	年利息（4%）	
1	600	120	36	480	100	4	40
2	480	120	28.8	360	100	4	32.8
3	360	120	21.6	240	100	4	25.6
4	240	120	14.4	120	100	4	18.4
5	120	120	7.2	0	100	4	11.2

2.汇率预测

预测未来5年人民币对A元的汇率，A元将升值，每年递升1%。子公司的产品除了在A国销售以外，还销售给B国，因此还需预测A元对B元的汇率变动。经预测，A元每年递升1.818%，5年中汇率变动情况如表4-10所示。

表4-10 **汇率预测表**

各年末	1A元=X元人民币	1A元=X元B元
0	8.0000	5.0000
1	8.0800	5.0909
2	8.1608	5.1835
3	8.2424	5.2777
4	8.3248	5.3736
5	8.4081	5.4713

3.项目损益预算

（1）销售预算。根据市场调查，预计子公司投产后第一年在A国销售产品8 000台，单价2 000元，在B国销售4 000台，单价1万B元。通过采取各种促销手段，A国需求量每年递增5%，B国需求量每年递增8%。由于通货膨胀原因，销售价格A国每年递增10%，B国每年递增12%。根据5年中各年销售量和销售收入编制销售预算表（如表4-11所示）。

（2）成本费用预算。生产成本中单位变动成本分为两部分：一部分是在A国采购原材料和人工费用，预计每单位产品为1 000 A元，以后随通货膨胀率的上升而上升；另一部分是从中国进口原材料、零部件，预计单位产品3 000元人民币，以后随中国通货膨胀率水平的变化而变化，并按汇率折成A元，两者合计为总的变动成本费用。给中国母公司的许可证费用为年销售收入的5%，销售和行政管理费第

表4-11　　　　　　　　　　　　**销售预算表**

项目 \ 年份		第一年	第二年	第三年	第四年	第五年
在A国销售	1.销售量（台）	8 000	8 400	8 820	9 261	9 724
	2.单价（A元）	2 000	2 200	2 420	2 662	2 928
	3.销售收入（万A元）	1 600	1 848	2 134.44	2 465.28	2 847.19
在B国销售	4.销售量（台）	4 000	4 320	4 666	5 039	5 442
	5.单价（B元）	10 000	11 200	12 544	14 049	15 735
	6.汇率	5.0909	5.1835	5.2777	5.3736	5.4713
	7.销售收入（万A元）	785.72	933.42	1 109.01	1 317.42	1 565.07
总计	8.销售量（台）	12 000	12 720	13 486	14 300	15 166
	9.销售收入（万A元）	2 385.72	2 781.42	3 243.45	3 782.7	4 412.26

一年为99.9万A元，并按5%逐年递增。建厂初期购置设备、建造厂房所发生的固定资产总值为1 600万A元，采用直线法按5年计提折旧（假设不考虑报废后的净残值），每年折旧费320万A元。按以上资料求得各年成本费用总计，编制成本费用预算表（如表4-12所示）。

表4-12　　　　　　　　　　　　**成本费用预算表**

项目 \ 年份	第一年	第二年	第三年	第四年	第五年
1.生产量（台）	12 000	12 720	13 486	14 300	15 166
2.当地单位变动成本（A元）	1 000	1 100	1 210	1 331	1 464
3.当地变动成本总额（万A元）	1 200	1 399.20	1 631.8	1 903.33	2 220.3
4.进口单位变动成本（人民币元）	3 000	3 330	3 696	4 103	4 554
5.进口变动成本总额（万元人民币）	3 600	4 235.76	4 984.43	5 867.3	6 906.6
6.汇率	8.0800	8.1608	8.2424	8.3248	8.4081
7.进口变动成本总额（万A元）	445.54	519.04	604.73	704.8	821.42
8.变动成本总计（3+7）（万A元）	1 645.54	1 918.24	2 236.53	2 608.13	3 041.72
9.许可证费（万A元）	119.28	139.07	162.17	189.14	220.61
10.销售和行政管理费（万A元）	99.9	104.9	110.15	115.66	121.44
11.折旧费（万A元）	320	320	320	320	320
12.成本费用总计（万A元）	2 184.72	2 482.21	2 828.85	3 232.93	3 703.77

（3）损益预算。根据表4–11销售预算表和表4–12成本费用预算表的有关资料编制子公司的预计利润表（如表4–13所示）。

表4–13 **预计利润表** 单位：万A元

项目＼年份	第一年	第二年	第三年	第四年	第五年
销售收入	2 385.72	2 781.42	3 243.45	3 782.7	4 412.26
成本费用	2 184.72	2 482.21	2 828.85	3 232.93	3 703.77
息税前利润	201	299.21	414.6	549.77	708.49
利息	40	32.8	25.6	18.4	11.2
税前利润	161	266.41	389	531.37	697.29
所得税（20%）	32.2	53.28	77.8	106.27	139.46
税后利润	128.8	213.13	311.2	425.1	557.83

4.现金流量预算

（1）子公司的现金流量预算。

根据子公司原始投资费用、成本费用和利润预测表等资料可编制子公司现金流量预算表（如表4–14所示）。

表4–14 **子公司现金流量预算表** 单位：万A元

项目＼年份	当年	第一年	第二年	第三年	第四年	第五年
一、现金流入量						
1.税后利润		128.8	213.13	311.2	425.1	557.83
2.折旧		320	320	320	320	320
3.第五年末收回的净营运资本						662
4.第五年末终值						3 929
合计		448.8	533.13	631.2	745.1	5 468.83
二、现金流出量						
5.原始投资（固定资产）	1 600					
6.追加运营资本	300	58	59	70	80	95
7.终值利得税（30%）	—					1 179
合计	1 900	58	59	70	80	1 293
三、净现金流量	–1 900	390.8	473.13	561.2	665.1	4 175.83

为了确定表4-14子公司现金流量预算中的第3项和第6项，需先编制营运资本预算表（如表4-15所示）。营运资本需要量（占用额）一般可按销售收入的一定百分比计算。

表4-15　　子公司营运资本预算表　　单位：万A元

项目＼年份	当年	第一年	第二年	第三年	第四年	第五年
1.销售收入		2 385.72	2 781.42	3 243.45	3 782.7	4 412.26
2.营运资本需要量（按销售收入的15%计算）		358	417	487	567	662
3.年追加营运资本		158	159	170	180	195
4.资本来源						
（1）中国母公司提供	200					
（2）由子公司A追加筹资						
①短期银行借款	100	100	100	100	100	100
②子公司A内部资本		58	59	70	80	95

表4-14子公司现金流量预算表的第3项和第6项根据表4-14子公司营运资本预算表填列。

表4-15第3项年追加营运资本第一年为：358-200=158（万A元）；第二年为：417-200-58=159（万A元）；第三年为：487-200-58-59=170（万A元）；第四、五年的计算以此类推。第4项资本来源的短期银行借款，假设当年年末借100万A元，第一年年末偿还，第二至第五年每年借100万A元，都是年初借年末还。子公司内部资本是子公司将留用利润和部分折旧用于增加营运资本。

表4-14子公司现金流量预算表的第4项第五年年末终值是第五年年末将子公司卖给A国的投资者，按一定方法评估确定的价值。第五年的净现金流量为：557.83+320-95=782.83（万A元），预计子公司出售后尚能经营10年，假设今后每年都能获得净现金流量782.83万A元，按15%报酬率折现，10年期年金现值系数为5.0188，据此可求得各年净现金流量的现值之和为：782.83×5.0188=3 929（万A元），以此作为第五年年末的终值。

表4-14子公司现金流量预算表的第7项终值利得税是出售子公司所得的收入3 929万A元减去资产折旧后账面净值（本例固定资产折旧后的账面净值为零）后的差额乘以税率30%求得。根据表4-14子公司现金流量预算表，假设A国的基准收益率为15%，由此可计算投资项目子公司A的净现值（NPV）和内含报酬率（IRR）。

$$NPV=-1\,900+\frac{390.8}{(1+15\%)}+\frac{473.13}{(1+15\%)^2}+\frac{561.2}{(1+15\%)^3}+\frac{665.1}{(1+15\%)^4}+\frac{4\,175.83}{(1+15\%)^5}$$

=1 624.39（万元）

IRR的计算：

$$-1\,900+\frac{390.8}{(1+K)}+\frac{473.13}{(1+K)^2}+\frac{561.2}{(1+K)^3}+\frac{665.1}{(1+K)^4}+\frac{4\,175.83}{(1+K)^5}=0$$

解上式得：K=35.2%，即内含报酬率（IRR）为35.2%。

分析计算表明，无论是用净现值法还是内含报酬率法，该项目都可得到满意的结果。按基准收益率15%作为折现率，可获得净现值1 624.39万A元，其IRR为35.2%，也大大超过了15%的最低报酬率。

（2）CHE公司（母公司）与子公司有关的现金流量预算。

上述实例中，子公司的税后利润80%交母公司，20%归子公司留用，用于追加营运资本，当留用利润小于追加营运资本时，可将部分折旧用于追加营运资本。这就是说，子公司的净现金流量（包括税后利润的80%和折旧的大部分以及第五年年末收回的营运资本和子公司终值）每年都交母公司。此外，母公司还可以从子公司得到许可证收入和与子公司有关的净贡献等。母公司与子公司有关现金流出包括从子公司得到利润和许可证收入时应向中国缴纳的所得税，以及向A国投资举办子公司向中国保险公司支付的投资保险费（见表4-16）。

表4-16　　母公司（CHE公司）与子公司有关的现金流量预算表

项目 \ 年份	当年	第一年	第二年	第三年	第四年	第五年
一、现金流入量						
1.子公司净现金流量（万A元）	−1 900	390.8	473.13	561.2	665.1	4 175.83
2.许可证收入（万A元）		119.28	139.07	162.2	189.14	220.61
3.现金流入量合计（万A元）	−1 900	510.08	612.20	725.4	854.24	4 396.44
4.A国预扣税（万A元）		11.11	15.48	20.56	26.46	33.34
5.净现金流入量（万A元）	−1 900	498.97	596.72	704.82	827.78	4 363.1
6.汇率	8.000	8.0800	8.1608	8.2424	8.3248	8.4081
7.净现金流入量（万元人民币）	−15 200	4 031.68	4 869.71	5 809.41	6 891.10	36 685.38
8.与子公司有关的净贡献（万元人民币）		360	431.52	515.75	615.08	731.99
9.现金流入量合计（万元人民币）	−15 200	4 391.68	5 301.23	6 325.16	7 506.18	37 417.37
二、现金流出量（万元人民币）						
10.向中国缴纳所得税		203.21	244.43	293.01	350.39	413.26
11.投资保险费		20.00	20.00	20.00	20.00	20.00
12.现金流出量合计		223.21	264.33	313.01	370.39	433.26
三、净现金流量（万元人民币）	−15 200	4 168.47	5 036.9	6 012.15	7 135.79	36 984.11

表4-16的第1项子公司净现金流量根据表4-14填列；第2项许可证收入根据表4-12的第9项填列；第4项A国预扣税根据表4-17第3项和第10项之和填列；第6项汇率根据表4-10填列；第8项与子公司有关的净贡献根据表4-18第5项填列；第10项向中国缴纳所得税根据表4-17第14项填列。

表4-17 母公司（CHE公司）从子公司所得应缴税额计算表

项目　　　　年份	第一年	第二年	第三年	第四年	第五年
一、汇回母公司股利（万A元）					
1.子公司的税后利润	128.80	213.13	311.2	425.1	557.83
2.付给母公司的股利（1）×80%	103.04	170.5	248.94	340.08	446.26
3.A国预扣税（2）×5%	5.15	8.52	12.45	17.00	22.31
4.汇回母公司股利净额	97.89	161.97	236.51	323.08	423.95
二、股利应缴税额（万A元）					
5.在中国可抵免税额	30.91	51.15	74.69	102.02	134.43
6.应纳所得税税额	128.80	213.13	311.2	425.1	557.83
7.母公司应纳所得税税额（6）×25%	32.20	53.28	77.80	106.28	139.46
8.实际应缴税（7）-（5）	1.29	2.13	3.11	4.26	5.03
三、许可证收入应缴税额					
9.许可证收入（万A元）	119.28	139.07	162.2	189.14	220.61
10.A国预扣税（9）×5%（万A元）	5.96	6.95	8.11	9.46	11.03
11.母公司应缴所得税（9）×25%-（10）（万A元）	23.86	27.81	32.44	37.83	44.12
12.在中国应缴税额（8）+（11）（万A元）	25.15	29.94	35.55	42.09	49.15
13.汇率	8.0800	8.1608	8.2424	8.3248	8.4081
14.应缴税额（万元人民币）	203.21	244.33	293.01	350.39	413.26

在表4-17母公司应缴税额计算表中的第5项可抵免税额的计算（以第一年为例）：

32.20×103.04÷128.80+5.15=32.20×80%+5.15=30.91（万A元）

表4-17的第6项应纳所得税税额的计算（以第一年为例）：

103.04÷（1-20%）=128.80（万A元）

表4-16母公司与子公司有关的现金流量预算表的第8项与子公司有关的净贡献是指中国母公司（CHE公司）在A国设立子公司，一方面可以向其子公司销售原材料、零部件获得利润，另一方面减少了原来直接由母公司向B国出口产品的利

润，两者抵销后获得的净利。假设原材料、零部件及产品的边际利润率为15%，原来中国母公司向B国的销售额每年为400万元人民币，在考虑中国母公司所得税后，可计算出每年与子公司有关的净贡献（如表4-18所示）。

表4-18 **与子公司有关的净贡献表** 单位：万元人民币

项目 \ 年份	第一年	第二年	第三年	第四年	第五年
1.向子公司销售原材料、零部件的利润	540	635.36	747.66	880.1	1 035.99
2.母公司向B国出口产品的利润减少（每年出口额400万元×15%）	60	60	60	60	60
3.贡献额（1）-（2）	480	575.36	687.66	820.1	975.99
4.中国所得税（25%）	120	143.84	171.92	205.03	244
5.净贡献额（3）-（4）	360	431.52	515.75	615.08	731.99

在表4-18与子公司有关的净贡献表中，第1项是根据表4-12成本费用预算表的第5项乘以15%求得的（以第一年为例）：

3 600×15%=540（万元）

根据表4-15的净现金流量可计算中国CHE公司向A国投资办子公司的净现值（NPV）和内含报酬率（IRR）如下：

$$NPV=-15\,200+\frac{4\,168.47}{1+14\%}+\frac{5\,036.90}{(1+14\%)^2}+\frac{6\,012.15}{(1+14\%)^3}+\frac{7\,135.79}{(1+14\%)^4}+\frac{36\,984.11}{(1+14\%)^5}$$

=19 825.32（万元）

IRR的计算：

$$-15\,200+\frac{4\,168.47}{1+K}+\frac{5\,036.90}{(1+K)^2}+\frac{6\,012.15}{(1+K)^3}+\frac{7\,135.79}{(1+K)^4}+\frac{36\,984.11}{(1+K)^5}=0$$

解上式得：K=44.33%

可见，从中国母公司角度考察，该项目也是可行的，在基准收益率为14%时，其净现值为19 825.32万元人民币，内含报酬率为44.33%，高于基准收益率14%。

以上的实例分析是在可能性最大的假设下做出的，实际上具有许多不确定性，特别是向国外投资存在着政治风险和外汇风险，这些风险对投资项目报酬率的影响，还要进一步进行敏感性分析。

5.投资风险对投资项目报酬率（效益）影响程度的敏感性分析

对外投资项目敏感性分析主要是测算某种变量发生变化引起的投资方案净现值和内含报酬率变化的程度。对外直接投资存在着政治风险和外汇风险，使得投资方案所产生的现金流量具有不确定性，在决策分析中需要将这些风险对投资项目净现值和内含报酬率的影响进行敏感性分析。

（1）外汇管制影响的敏感性分析。前述国外投资项目效益分析案例是假定A国政府对外汇没有管制，子公司的净现金流量可以自由汇回中国CHE公司（母公司），母公司决定子公司的税后利润80%汇回母公司，20%归子公司留用，折旧费的大部分和许可证费每年都可以及时汇回中国母公司。现在A国情况突然发生重大变化，预测在5年以内A国政府将会出现外汇危机，采取全部外汇管制，子公司A的税后利润、许可证费和折旧费在5年内都不能汇出，必须在A国再投资，假设再投资税后利润为3%，这些被管制的资本只允许在5年以后将子公司出售给A国投资者时才能汇回中国母公司。这是一种转移风险。在税后利润、许可证费和折旧费全部被管制的情况下，子公司的现金预算表如表4-19所示。

表4-19　**子公司的现金预算表**　单位：万A元

项目 \ 年份	当年至第一年	第二年	第三年	第四年	第五年
一、现金流入					
1.息税前利润	201	299.1	414.6	549.77	708.49
2.税后许可证费	95.42	111.26	129.76	151.31	176.50
3.折旧	320	320	320	320	320
4.合计	616.42	730.47	864.36	1 021.08	1 204.99
二、现金流出					
5.支付利息	36	28.8	21.6	14.4	7.2
6.偿还借款本金	220	120	120	120	120
7.缴纳所得税	33	54.06	78.6	107.07	140.26
8.追加营运资本	58	59	70	80	95
9.合计	347	261.86	290.2	321.47	362.46
三、现金余额					
10.本期现金流入流出差额	269.42	468.6	574.16	699.61	842.53

表4-19第2项税后许可证费根据表4-12第9项的数字计算，以第一年为例：119.28×（1-20%）=95.42（万A元）；由于A国政府实行全部外汇管制，子公司对母公司不交利润、许可证费和折旧费，资金有多余，因而从第一年起不从银行取得短期贷款，而且当年年末借的短期借款100万A元在第一年年初就偿还。表4-18第5项是支付长期贷款利息，第6项是偿还长期借款本金120万A元和第一年年初偿还的短期借款本金100万A元。第5、6项根据表4-8的数据填列；第7项缴纳所得税的数字是在没有短期贷款利息的情况下计算的，以第一年为例：（201-36）×20%=33（万A元）；第8项追加营运资本根据表4-14第6项填列。子公司超量现金余额和再投资报酬测算表如表4-20所示。

表4-20　　子公司超量现金余额和再投资报酬测算表　　单位：万A元

项目＼年份	当年至第一年	第二年	第三年	第四年	第五年
1.期初现金余额	100	377.5	867.88	1 480.98	2 240.82
2.本期现金流入流出差额	269.42	468.6	574.16	699.61	842.53
3.期末现金余额（1）+（2）	369.42	846.1	1 442.04	2 180.59	3 083.35
4.预计现金余额	100	120	144	172.8	207.36
5.超量现金余额（3）-（4）	269.42	726.1	1 298.04	2 007.79	2 875.99
6.超量现金再投资报酬（5）×3%	8.08	21.78	38.94	60.23	86.28

在表4-20中，每年期初现金余额的计算以第二年期初现金余额为例：369.42+8.08=377.5（万A元）。第三、第四、第五年同理。

根据表4-14、表4-15、表4-16、表4-19和表4-20的有关数据编制外汇管制情况下母公司与子公司有关的现金流量表（见表4-21）。

表4-21　　外汇管制情况下母公司与子公司有关的现金流量表　　单位：万元人民币

项目＼年份	当年	第一年	第二年	第三年	第四年	第五年
一、现金流入						
1.子公司偿还A国银行借款本息		2 068.48	1 214.33	1 167.12	1 118.85	1 069.51
2.与子公司有关的净贡献		360	431.52	515.75	615.08	731.99
3.营运资本收回						5 566.16
4.超量现金收回						24 181.61
5.终值收回						33 035.42
6.合计		2 428.48	1 645.85	1 682.87	1 733.93	64 584.69
二、现金流出						
7.原始投资	15 200					
8.投资保险		20	20	20	20	20
9.资本利得税						9 933.15
10.合计	15 200	20	20	20	20	9 933.15
三、净现金流量	-15 200	2 408.48	1 625.85	1 662.87	1 713.93	54 651.54

表4-21第1项偿还银行借款本息根据表4-19和表4-20汇率预测表计算填列，以第一年为例：（220+36）× 8.0800=2 068.48（万元人民币），在第一年至第五年

中，由子公司偿还A国银行借款本息，等于是中国母公司投资的报酬，所以列作中国母公司的现金流入；第3项营运资本收回，根据表4-15第2项第五年数乘以预测汇率计算，即662×8.4081=5 566.16（万元人民币）；第4项超量现金收回，根据表4-20第5项数乘以预测汇率计算，即2 875.99×8.4081=24 181.61（万元人民币）；第5项终值收回，根据表4-14第五年年末终值和预测汇率计算，即3 929×8.4081=33 035.42（万元人民币）；第9项资本利得税，根据表4-14第7项数和预测汇率计算，即1 179×8.4081=9 913.15（万元人民币）。

从中国母公司角度考察，该项目也是可行的，在基准收益率为14%时，根据表4-21计算净现值为18 663.76万元人民币，内含报酬率为37.19%。

上述分析说明在A国投资办子公司虽然遭遇外汇管制的转移风险，使利润、许可证费和折旧费等资金不能及时汇回中国母公司，但由于在A国再投资可获得一定利润，而且在第五年年末全部汇回母公司，净现值和内含报酬率与前面的预测值分别降低1 161.56万元人民币（19 825.32-18 663.76）和7.14%（44.33%-37.19%），但其内含报酬率仍超过基准收益率很多。因此，可以认为在上述情况下，该投资项目在财务上还是可行的。

（2）外汇汇率变动的敏感性分析。母公司与子公司有关现金流量不仅可能受前述外汇管制（转移风险）的影响，还可能受汇率变动（外汇风险）的影响。母公司从子公司收到的现金流量（以子公司所在国的货币表示）要按汇率折算为以母公司所在国的货币表示。如果当时子公司所在国（东道国）的货币贬值，则货币折算将使母公司的现金流入量减少，反之则增加。

①汇率变动对子公司成本、利润和现金流量的影响。前例表4-12第5项进口变动成本总额（万元人民币）要按汇率折合为A元，例中假定A元对人民币升值，会使折算后的A元成本减少，反之，如果A元贬值，则使A元成本增加（见表4-22）。

表4-22　**汇率变动对子公司的成本、利润和净现金流量的影响**

项目 \ 年份	当年	第一年	第二年	第三年	第四年	第五年
1.进口变动成本总额（万元人民币）		3 600	4 235.76	4 984.43	5 867.3	6 906.6
2.A元对人民币汇率每年递增1%	8.0000	8.0800	8.1608	8.2424	8.3248	8.4081
3.进口变动成本总额（万A元）		445.54	519.04	604.73	704.8	821.42
4.如果A元对人民币汇率每年递减1%	8.0000	7.9200	7.8408	7.7624	7.6848	7.6079
5.进口变动成本总额（万A元）		454.55	540.22	642.12	763.49	907.82
6.成本增加（5）-（3）（万A元）		9.01	21.18	37.39	58.69	86.4
7.税后利润减少（6）×（1-20%）（万A元）		7.21*	16.94	29.91	46.95	69.12
8.子公司A的净现金流量（万A元）		390.8	473.12	563.2	665.1	4 175.83
9.调整后的净现金流量（8）-（7）（万A元）		383.59	456.18	533.29	618.15	4 106.71

注：*税后利润减少7.21万A元就会使现金流量减少7.21万A元。

②汇率变动对母公司在中国应缴纳税款的影响。前例表4-17第12项在中国应缴税额（万A元）应按汇率折合为人民币数额，如果A元升值，会使母公司现金流出量增加，反之则减少（见表4-23）。

表4-23 汇率变动对母公司应缴税额的影响

项目 \ 年份	第一年	第二年	第三年	第四年	第五年
在中国应缴税额（万A元）	25.15	29.94	35.55	42.09	49.15
A元对人民币汇率每年递增1%	8.0800	8.1608	8.2424	8.3248	8.4081
在中国应缴税额（万元人民币）	203.21	244.33	293.02	350.39	413.26
A元对人民币汇率每年递减1%	7.9200	7.8408	7.7624	7.6848	7.6079
在中国应缴税额（万元人民币）	199.19	234.75	275.95	323.45	373.93
应缴税额减少（万元人民币）	4.02	9.58	17.07	26.94	39.33

根据表4-10、表4-12、表4-14、表4-16、表4-17、表4-22和表4-23编制A元贬值情况下母公司与子公司有关的现金流量表（见表4-24）。

表4-24 A元贬值情况下母公司与子公司有关的现金流量表

项目 \ 年份	当年	第一年	第二年	第三年	第四年	第五年
1.子公司的净现金流量（万A元）	-1 900	390.8	473.13	563.2	665.1	4 175.83
2.A元贬值使现金流量减少（万A元）	—	-7.21	-16.94	-29.91	-46.95	-69.12
3.（1）+（2）（万A元）	-1 900	383.59	456.19	533.29	618.15	4 106.71
4.许可证收入（万A元）		119.28	139.07	162.2	189.14	220.61
5.现金流入量合计（3）+（4）（万A元）		502.87	595.26	695.49	807.29	4 327.32
6.A国预扣税（万A元）		11.11	15.47	20.56	26.46	34
7.净现金流入量（5）-（6）（万A元）		491.76	579.78	674.93	780.83	4 293.98
8.汇率	8.0000	7.9200	7.8408	7.7624	7.6848	7.6079
9.净现金流入量（万元人民币）	-15 200	3 894.74	4 545.94	5 239.08	6 000.52	32 668.17
10.与子公司有关的净贡献（万元人民币）		360	431.52	515.75	615.08	731.99
11.现金流入量合计（9）+（10）（万元人民币）	-15 200	4 254.74	4 977.46	5 754.83	6 615.6	33 400.16
12.向中国缴纳所得税（万元人民币）		203.21	244.33	293.01	350.39	413.26
13.A元贬值使纳税额减少（万元人民币）		-4.02	-9.58	-17.07	-26.94	-39.33
14.（12）+（13）（万元人民币）		199.19	234.74	275.94	323.45	373.93
15.投资保险（万元人民币）		20	20	20	20	20
16.现金流出量合计（14）+（15）（万元人民币）		219.19	254.74	295.94	343.45	393.93
17.净现金流量（11）-（16）（万元人民币）	-15 200	4 035.55	4 722.72	5 458.89	6 272.15	33 006.23

表4-24的第1项根据表4-14，第2项根据表4-22，第4项根据表4-12，第6项根据表4-17第3项和第10项，第10项和第15项根据表4-16，第8项根据表4-10，第12项根据表4-17，第13项根据表4-23得出。

根据表4-24计算净现值为16 499.04万元人民币，内含报酬率为39.74%。在A元贬值每年递减1%的情况下，净现值比原预测数减少3 326.28万元人民币（19 825.32-16 499.04），内含报酬率比原预测数降低4.59%（44.33%-39.74%）。同样可以计算在A元贬值每年递减2%的情况下对净现值和内含报酬率的影响。

国外投资方案的敏感性分析通常采用模拟法，即通过一系列假设来模拟净现值和盈余可能发生的变化和结果。由于影响净现值的各种变量较多，各种变量的可能值的组合也较多，计算的程序和步骤将不断地重复，计算工作量相当大，因此，在进行投资项目敏感性分析时，常借助于计算机完成对各个因素变化所产生的不同结果的计算和分析。

6. 对外投资项目的净现值调整法

由于上述分析中采用的一般净现值法不能充分反映跨国投资项目面临的各种复杂情况，因此，应该在考虑影响国际投资项目决策各种因素的基础上对净现值进行调整，即采用净现值调整法。

净现值调整法的计算公式如下：

$$ANPV=-X_0C_0+X_0BF+\sum_{t=1}^{n}\frac{(X_tCF_t-LS_t)(1-T)}{(1+K_e)^t}+\sum_{t=1}^{n}\frac{X_tDA_tT}{(1+K_a)^t}+\sum_{t=1}^{n}\frac{i_mBC_0T}{(1+K_b)^t}+$$

$$X_0\left[CL_0-\sum_{t=1}^{n}\frac{LR_t}{(1+K_c)^t}\right]+\sum_{t=1}^{n}\frac{TD_t}{(1+K_d)^t}+\sum_{t=1}^{n}\frac{RF_t}{(1+K_f)^t}+\frac{TV_n}{(1+K_e)^t}$$

式中，X_0——0年的即期汇率；X_t——t年的即期汇率。

第1项：C_0——以外币表示的原始投资成本；X_0C_0——以本币表示的原始投资成本。

第2项：BF——以外币表示的先前被冻结可用于项目的资本额；X_0BF——以本币表示的可用于项目的资本额。

第3项：CF_t——以外币表示的预期可汇出现金流量；LS_t——以本币表示的因项目上马而导致的公司总体其他部分的利润损失，T——公司所在国与投资项目所在国税率较高者的边际税率；n——项目预计的经济年限，$X_tCF_t-LS_t$——公司可得实际现金流量，再乘以（1-T）即为税后实际现金流量；K_e——所有资本均为权益资本假定下的现金流量的折现率；$\sum_{t=1}^{n}\frac{(X_tCF_t-LS_t)(1-T)}{(1+K_e)^t}$——按$K_e$水平计算的可合法汇出的现金流量的现值。

第4项：DA_t——以外币表示的折旧；K_a——折旧的折现率；$\sum_{t=1}^{n}\frac{X_tDA_tT}{(1+K_a)^t}$——以本币表示的按$K_a$水平计算的折旧税收额现值。

举例说明上述第3项和第4项中的CF_t和DA_t：某项目投产后第1年销售收入

3 000万元，成本费用2 400万元（其中折旧300万元），税前利润600万元，所得税税率30%，税后利润420万元。营业现金流量=420+300=720（万元），通过以下两项表示：（1）项目投产后销售带来的税后现金流量=（600+300）×（1-30%）=630（万元）；（2）折旧的税收减免额=300×30%=90（万元）。公式中的CF_t是指例子中的税前利润600万元加上折旧300万元共900万元，DA_t是指例子中的折旧300万元。

第5项：BC_0——以外币表示的项目债务成本；K_b——适用于债务所抵销的税额的折现率；i_m——公司所在国的贷款市场利率；$\sum_{t=1}^{n}\frac{i_m BC_0 T}{(1+K_b)^t}$——按$K_b$水平计算的利息费用的税收减免额的现值。

第6项：CL_0——以外币表示的优惠贷款的面值或本金；LR_t——以外币表示的优惠贷款的偿付额；K_c——适用于优惠贷款的利息所抵销的税额的折现率；$X_0\left[CL_0-\sum_{t=1}^{n}\frac{LR_t}{(1+K_c)^t}\right]$——以本币表示的优惠贷款的利息补贴价值。

举例说明第6项：某对外投资项目获得东道国优惠贷款200万元，5年期利息率10%，每年年末等额还本并付当年利息，而本国贷款市场利率为15%。具体计算见表4-25。

表4-25 **贷款还本付息现值计算** 单位：万元

年份	贷款本金余额	年末还本	付息	总偿付	偿付现值（折现率15%）
1	200	40	20	60	52.200
2	160	40	16	56	42.336
3	120	40	12	52	34.216
4	80	40	8	48	27.456
5	40	40	4	44	21.868
合计	—	200	60	260	178.076

例子中的CL_0为200万元，$\sum_{t=1}^{n}\frac{LR_t}{(1+K_c)^t}$为178.076万元，优惠贷款利息补贴价值=200 −178.076=21.924（万元）。

第7项：TD_t——通过递延和转移价格等方式获得的税收减免额；K_d——适用于递延和转移价格等方式获得的税收减免的折现率；$\sum_{t=1}^{n}\frac{TD_t}{(1+K_d)^t}$——按$K_d$水平计算的通过递延等方式所获得的减免的现值。

第8项：RF_t——预期非法可以汇出的利润额；K_f——适用于非法汇出利润的折现率；$\sum_{t=1}^{n}\frac{RF_t}{(1+K_f)^t}$——按$K_f$水平计算的非法汇出现金现值。

第9项：TV_n——项目预期税后残值；$\frac{TV_n}{(1+K_e)^t}$——按K_e水平计算的预期税后残

值的现值。

☆案例　　360私有化与借壳上市

（一）360私有化阶段

1.2015年6月发起私有化要约

2015年6月17日，奇虎360宣布接到由公司董事长周鸿祎等人发起的初步非约束性私有化要约。据了解，由周鸿祎牵头的买方财团中还包括中信国安、金砖丝路资本、红杉资本、华晟资本等投资机构。

2.360私有化与买家联盟达成协议

2015年12月，360才与买家联盟达成最终私有化协议，周鸿祎、中信国安、金砖丝路资本、红杉资本中国、泰康人寿、平安保险、阳光保险、New China Capital、华泰瑞联和Huasheng Capital，及其附属机构以77美元／ADS现金收购其尚未持有的奇虎已发行普通股，私有化交易估值约93亿美元。93亿美元的收购款中，除了各成员自筹的资金外，还包括了高额的银行贷款。

3.获得私有化银团贷款

2016年1月，招商银行和另外两家股份制商业银行作为牵头行，为本次360私有化交易提供总额为34亿美元（超过220亿元人民币）的债务融资。这是迄今为止最大规模的中概股私有化交易，同时也是最大的私有化银团贷款项目。

这笔贷款包括价值30亿美元的7年期贷款和价值4亿美元的过桥贷款，借款人为一家国内公司。因为负责为这起贷款交易提供担保的是中国公司，所以该贷款交易将在中国完成。360私有化项目主要由华泰联合证券承销。360计划2015年底确定私有化资金，2016年3月中旬资金全部到位，并完成360私有化下市。7年期30亿美元贷款的偿还方式为分期偿还，第一笔偿还发生在贷款发放后第30个月的第21天，此后每6个月偿还一次。每笔偿还金额应占总额的比例为：前3年每次偿还总额的5%，第4年至第5年每次偿还总额的15%，第六年每次偿还总额的12.5%，第7年每次偿还总额的2.5%。

4.奇虎360私有化协议获得了股东的批准

2016年3月30日，奇虎360在集团总部召开特别股东大会，对公司之前达成的私有化协议进行投票表决，协议获得股东批准，奇虎360私有化进程迈出了关键一步。

根据2016年3月30日特别董事会批准的相关交易条款，除创始人翻转股票以及异议股东股票外，奇虎360全部已发行的普通股将以每股51.33美元（相当于每股美国存托股77美元）的价格被现金收购并注销。值得注意的是，在私有化完成后，周鸿祎持有的奇虎360股份将从17.3%提升到22.3%。

5.360私有化获国家发改委审批通过

2016年4月19日，奇虎360私有化项目获国家发展和改革委员会审批通过，进入公示阶段。项目法人单位为天津奇信通达科技有限公司。公司经营范围包括：科学研究和技术服务业；信息传输、软件和信息技术服务业；商务服务业；批发和零售业。公司三大股东分别为自然人周鸿祎、自然人齐向东、企业法人天津奇睿众信科技合伙企业。

天津奇信通达科技有限公司成立于2015年11月16日，注册资本为1 000万元人民币，法定代表人为周鸿祎，三大股东分别为自然人周鸿祎、齐向东和企业法人天津奇睿众信科技合伙企业（有限合伙）。

6.换汇阶段

境内出资，境外收购，中概股私有化进程中，换汇是一大重点。根据360此前提交美国证监会（SEC）的材料，360在美国上市的主体是在开曼群岛注册的控股公司，持有该开曼控股公司股权的多是美元资金方，因此周鸿祎牵头的私有化财团必须先从美元资金方手中买下360上市主体的其余股权，才能实现360退市的交易，而这一交易需要在境外资本市场完成，也就是说，私有化财团在境内筹集的资金需要换汇出境。

“外汇局在4月末5月初收到了奇虎360买方团90亿到95亿美元的外汇申请，但当时未能立即同意。”原因在于，360买方团在美国证监会（SEC）的申请文件中表明，已拥有27%左右的公司股票，并用来作为股本投资，外汇局要求在换汇额中剔除这些；后来，360买方团和360董事长周鸿祎与外汇局反复沟通后，同意外汇局要求，剔除周鸿祎自己和其他买方团的股权部分，其余加上手续、律师和退市费用，换汇约70亿到75亿美元。

“与其他中概股不同，360属于网络安全业务，且业务已经深入到政府和军队，国家相关层面出于网络安全考虑和经济开放考虑，在360私有化一事上并无分歧，一直支持360回归国内资本市场。”

7.收到私有化最新进展的通知函

2016年6月28日，奇虎360宣布已接到买家联盟关于私有化最新进展的通知函。买家联盟在通知函中称，正在积极采取措施以满足之前达成的私有化协议中所规定的尚未完成的条件。奇虎360预计，该私有化交易将在2016年8月中旬前完成。按照最初的计划，奇虎360预计该交易将于2016年上半年完成。

8.超预期提前完成私有化

原本计划在8月中旬完成私有化的奇虎360（NYSE：QIHU）将其时间表缩短了近1个月。北京时间7月16日凌晨，美国东部时间7月15日，奇虎360宣布私有化交易完成，同时宣布其在纽约证券交易所交易的美国存托凭证将最晚于同个交易日下午4点停止交易。

9.完成境外股权交割

2016年7月18日，中信国安晚间发布公告，称奇虎360拟向美国证监会提交相应文件完成纽交所退市，其境外股权交割事项也已完成。

公告显示，日前奇虎360已要求纽交所向SEC提交相关文件，暂停其ADS股份在美国纽交所的交易。此后，奇虎360拟及时向美国证监会另行提交相关文件，以终止其在美国1934年证券交易法项下的报备义务，并完成正式从纽交所退市。

公告同时显示，奇虎360已根据合并协议完成合并，该公司私有化交割完成。目前奇虎360方已按照交易安排完成天津奇信志成科技有限公司以及天津奇信通达科技有限公司境外股权交割事项。

（二）回归A股上市阶段

1.借壳上市方案出炉：作价504亿注入江南嘉捷

2017年11月2日，A股上市公司江南嘉捷电梯股份有限公司（601313，江南嘉捷）发布资产重组公告，正式披露了三六零科技股份有限公司（360）重组上市的方案。

方案分为两个部分，一是资产出售及置换，上市公司江南嘉捷将现有业务和资产以现金及置换的方式置出；二是发行股份购买资产，江南嘉捷向360全体股东发行股份购买其持有的360的股权。这场交易对360的作价为504亿元。

2.周鸿祎回应360回归A股：需要和国家利益保持一致

2017年11月6日下午，在奇虎360宣布将借壳江南嘉捷（601313.SH）回归A股4天后，周鸿祎出现在上海证券交易所的重大资产重组媒体说明会上。

谈到为什么退出美股回归A股市场时，周鸿祎说："我们在美国上市，在美国我们收购一些安全技术的时候会碰到很多障碍，他们会把我们当成中国公司，但是当时我们是一家美国上市公司。"回到国内，360则无需担心自己的"身份"问题，周鸿祎表示，回到国内后，360公司虽然还是一家民营企业，但已经成为国家网络安全战略很重要的成员，是"网络安全的国家队"。

3.360完成股权过户手续

2018年2月22日晚间公告称，公司已完成标的资产三六零科技有限公司的100%股权过户手续及相关工商变更登记，三六零已成为公司全资子公司，聘任周鸿祎担任公司总经理，新证券代码（301360）和新证券简称（三六零）将于2月28日正式启用，公司于2月22日至2月27日继续停牌，2月28日复牌。

4.360正式回归A股

2018年2月28日，三六零安全科技股份有限公司（以下简称"360"）正式在上交所敲锣上市，这也标志着历时近三年的运作，360成功回归国内A股。

（三）重组过程整理如下

1.上市公司江南嘉捷全部资产作价18.72亿元，通过资产置换和现金转让方式置出。

2.360公司的100%股权作为本次拟置入资产作价504.16亿元，与拟置出资产中的置换部分以等值置换方式抵消后，置换资产与置入资产差额部分由上市公司以发行股份方式向360公司全体股东处购买。

3.交易完成后，360公司实现重组上市，奇信志成将持有总股本的48.74%，为本公司控股股东。周鸿祎直接持有本公司12.14%的股份，通过奇信志成和天津众信间接控制，合计控制63.70%的股份，成为实际控制人。上市后预计2017、2018、2019年扣非后净利润不低于22、29、38亿元。如图4-16所示：

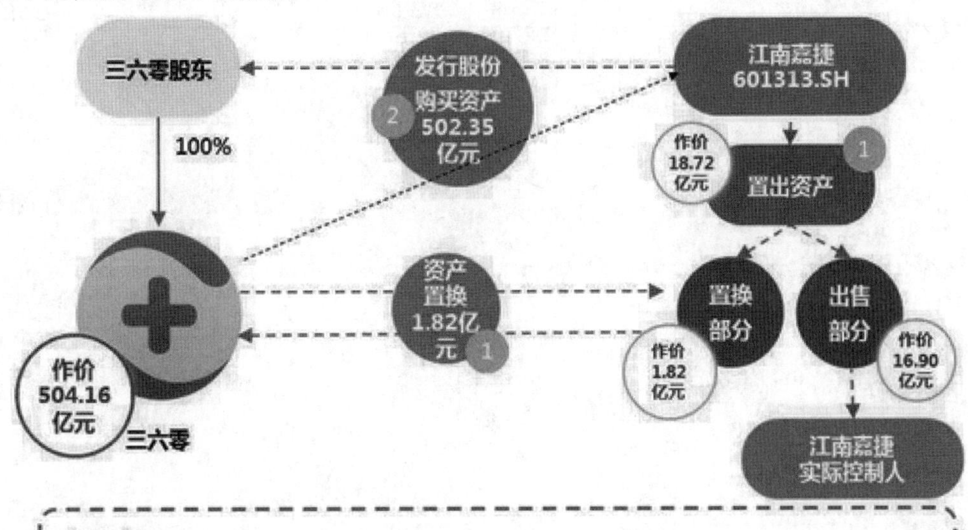

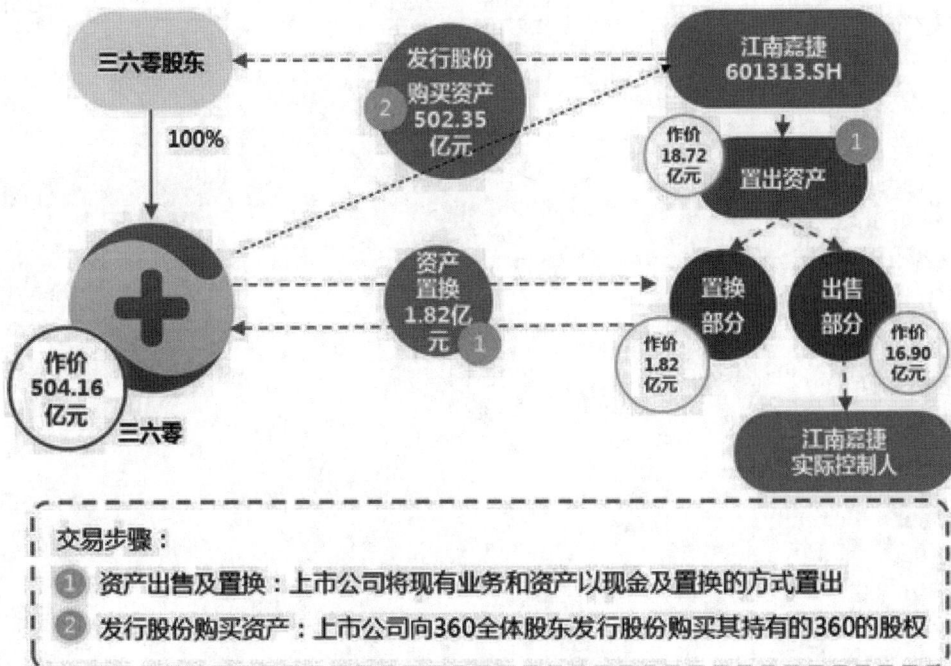

图4-16 360私有化与股权机构

（四）参与投资人与后续股价表现

据媒体公开报道，360股东众多，结构复杂。在这些纷繁股东中，出现了卢志强、张玉良、马明哲、傅盛等大佬的身影，以及中信国安、光线传媒（300251.SZ）等多家上市公司。不仅如此，此次360私有化财团中还有5家险资身影，分别为中国平安、阳光人寿、泰康保险、太平保险以及珠江人寿。

360回归A股的第一天并没有出现开门红的情况，虽然是以65.67元/股开盘，开盘涨幅3.84%，市值达4 442亿元，但是没过多久就开始止升回跌，盘内数度触及跌停板，收盘的时候360报56.92元，下跌10%。截至2019年2月1日收盘，三六零股价为20.06元/股，总市值为1 357亿元，相较三六零上市后峰值4 442亿，市值已蒸发69.45%。作为2018年的明星借壳案，360的股价好像并不是很给力。360借壳上市后的月度股价表现如图4-17所示。

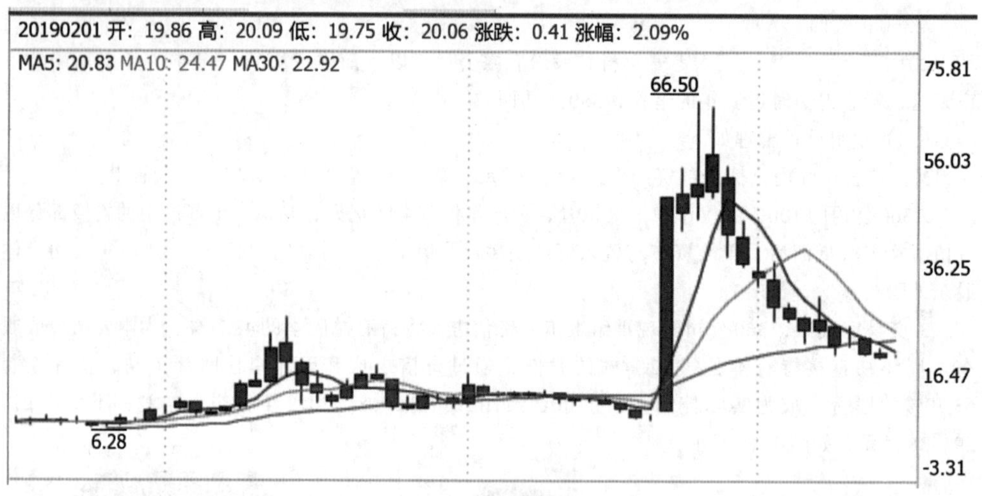

图4-17　360回归后的股价表现

第5章 资本周转

第1节 资本周转的内涵与加速资本周转的意义

资本是能够给其所有者带来增值的价值。它只有在不间断的运动中才能保存自己并生产和实现价值增值。资本的运动表现为资本形态的连续转化，处于不同形态的资本，其功能和对资本增值的作用是不同的。要达到资本增值的目的，就必须首先明确资本的运动过程经过哪些阶段、有哪些表现形态、这些不同的形态在资本增值中的功能和作用以及它们之间的关系如何。因此，在本节我们首先探讨有关资本周转的理论。

一、资本循环过程

要系统地理解资本的周转首先应明确资本的循环过程，马克思以产业资本的循环和周转为对象对资本的循环与周转作了细致的分析和论述。产业资本是指按照资本主义方式经营的物质生产部门的资本，即投在工业、矿业、农业、交通运输业和建筑业等的资本。他指出：产业资本运动是包括三个阶段的循环过程，如果以G代表货币，W代表商品，A代表劳动力，P_m代表生产资料，P代表生产过程，虚线代表资本流通过程的中断，W′代表包含着剩余价值的商品，G′代表包含着剩余价值的货币，资本循环就可以用以下公式表示：

$$G-W\left\langle\begin{matrix}A\\P_m\end{matrix}\right.\cdots P\cdots W' - G'$$

其中，$G-W\left\langle\begin{matrix}A\\P_m\end{matrix}\right.$代表购买阶段，此时，资本家作为买者出现于商品市场和劳动市场；他的货币转化为商品，取得商品生产所必需的物的因素和人的因素；购买阶段的直接结果是形成生产和创造剩余价值的条件，并使以货币形式预付的资本价值的流通中断，由货币资本转化为生产资本，资本价值取得了实物形式，这种形式的资本不能继续流通，而必须进入生产消费。因此，购买阶段的结束使得资本运动进入第二阶段，即资本的生产阶段。在此阶段，资本家用购买的商品从事生产消费，其结果产生了一种商品，这种商品的价值大于它的生产要素的价值。商品生产的目的不是个人消费，而是出售赚钱。生产阶段所生产的蕴含了价值增值的商品必须实现销售。因此，生产阶段的结束使得生产资本转化为商品资本，资本运动过程进入出卖阶段，在此阶段，资本家作为卖者回到市场，他的商品转化为货币，或者说，完成W′-G′这个流通行为。

与资本的运动过程相适应，资本依次采取货币资本、生产资本、商品资本三种形式，执行着三种不同的职能：货币资本的职能是为生产剩余价值准备条件；生产资本的职能是创造新的商品、创造新价值、创造剩余价值；商品资本的职能是实现预付资本的价值和剩余价值。通过资本循环，预付资本不仅保存了自己，也实现了增值。

资本循环的第一阶段和第三阶段是流通过程，第二阶段是生产过程，资本循环是流通过程和生产过程的统一。资本的循环，就是不间断地由流通过程进入生产过程，再由生产过程进入流通过程。在整个循环过程中，生产过程起着决定性的作用，但也不能没有流通过程。资本的循环只有不停顿地从一个阶段转入另一个阶段，才能正常进行。如果资本在第一阶段停顿下来，货币资本就会凝结为贮藏货币；如果资本在第二阶段停顿下来，生产资料和劳动力就会处于闲置状态；如果资本在第三阶段停顿下来，卖不出商品就会堵塞流通渠道。另外，资本的循环运动又要求资本在各个循环阶段，在一定时间内相对稳定下来，只有在完成一种同它的形式相适应的职能后，才可以转化为进入下一个新的转化阶段的形式。

资本的循环就其是连续的、不间断的过程来看，运动的每一个阶段既可能是循环的出发点，也可能是循环的中间环节，又可能是循环的终点。资本的每一种职能形式都要通过循环的三个阶段，回到原来的出发点。因此，资本的循环就有三种不同的形态：货币资本的循环、生产资本的循环和商品资本的循环。其公式如下：

G-W…P…W′-G′·G-W…P…W′-G′·G-W…P…W′-G′等等

在货币资本的循环（G-W…P…W′-G′）中，货币资本是循环的起点和终点，资本家预付一定量的货币，取得了更多的货币，运动的过程明白地表明资本主义生产的动机和目的就是赚钱，生产过程不过表现为两个流通阶段的中间环节。从这里产生一种假象，仿佛价值增值是货币本身所具有的一种能力，货币资本表现得好像是能够孵生货币的货币，所以马克思说："货币资本的循环，是产业资本循环最片面，从而最明显和最典型的表现形式。"[①]在生产资本的循环（P…W′-G′-W…P）中，生产资本周期地、反复地执行职能，体现资本主义的再生产，即剩余价值的周期再生产。流通过程成为生产过程的媒介。在流通过程中，如果剩余价值全部作为资本家的个人消费同预付资本分离，进入一般流通过程，生产资本的运动过程就表现为简单再生产的过程；如果剩余价值一部分转化为资本并同预付资本价值合并，作为预付资本继续运动，生产资本的循环则表现为扩大再生产过程。生产资本的循环进一步揭示了资本的来源和资本家收入对于资本循环的依赖。在商品资本的循环（W′-G′-W…W′）中，包含着剩余价值的商品资本是这个过程的起点和终点，流通过程在循环中占首要地位，产品被全部消费（包括生产消费和个人消费）是资本循环得以正常进行的首要条件。

资本循环的三种形态既共同地表明资本的循环是连续的运动，都通过生产过程和流通过程，价值增值是资本运动的目的和动机，又从各个侧面反映了产业资本循环过程的特点：货币资本的循环显示出资本循环的目的是价值增值，生产资本的循

① 马克思．资本论［M］//马克思，恩格斯．马克思恩格斯全集：24卷．中共中央马克思恩格斯列宁斯大林著作编译局，译．北京：人民出版社，1974：71页．

环表明资本循环是一个再生产过程，商品资本的循环表明资本循环包含着生产消费和个人消费，归根到底，商品的消费是实现增值了的资本价值的根本条件。因此，只有把资本循环的三种形态统一起来考虑，才能全面了解资本的循环过程。

产业资本的现实循环运动，既是流通过程和生产过程的统一，又是它的三个循环的统一。产业资本只有把资本同时分割为货币资本、生产资本、商品资本三种形式，而每一种形式又都必须依次通过循环的三个阶段，资本的运动才能连续地、不间断地进行。如果全部资本都处在生产资本上，流通过程就会中断；如果全部资本都处在货币资本或商品资本上，生产过程就会中断。资本的任何一部分在循环的某一阶段发生停顿，都会使整个资本循环发生障碍，只有资本的三种职能形式依次转化和同时并存，资本的运动过程才不会中断。因此，资本各职能形式之间的继起性和并存性是互为前提、互为条件的。各个阶段的继起性以三种运动形态的并存性为条件，而并列存在的本身又是相继进行的结果。没有并存性就不会有继起性；继起性受到阻碍，并存性就会受到破坏。

二、资本周转

资本在完成它的循环后，已经重新处在它原来的形式上，并能够重新开始同一过程。但是，资本价值要永久保存自己和不断增值，资本循环就要不断地重复进行，一个循环接着一个循环。这样周而复始重复的循环，便成了资本周转。“资本的循环，不是当作孤立的行为，而是当作周期性的过程时，叫作资本的周转。”[①]可见，资本的循环和资本的周转既有联系又有区别：它们同是产生资本运动的形态，但是研究资本循环着眼于产业资本在运动中所经历的各个阶段和所采取的职能形式，而研究资本周转则着眼于产业资本运动的不断重复的性质，研究资本运动所经历的时间和速度对于资本量和剩余价值量的影响。

和资本循环一样，资本周转一次的时间也是从预付一定形式的资本时起，到这个资本带着剩余价值以同样形式回到资本家手中的时间为止，包括资本处在生产领域和流通领域的时间。因此，资本周转的持续时间，“由资本的生产时间和流通时间之和决定。这个时间之和形成资本的周转时间”[②]。由于各个产业部门生产条件不同，生产时间和流通时间长短不一，资本的周转时间也就各不相同。一般来说，重工业部门资本的周转时间比轻工业长；农业由于受自然力作用时间的限制，资本周转时间比较长。

资本周转的速度（资本在一定的时间内周转的次数）通常以年为计量单位，它的计算方法是一年除以资本周转时间。“对资本家来说，他的资本的周转时间，就是他必须预付他的资本，以便使它增值并回到它原来形式的时间。”[③]而他所预付的生产资本的构成，对资本周转速度有着重大的影响。按照周转的特点不同，生产

① 马克思．资本论［M］//马克思，恩格斯．马克思恩格斯全集：24卷．中共中央马克思恩格斯列宁斯大林著作编译局，译．北京：人民出版社，1974：174页．

② 马克思．资本论［M］//马克思，恩格斯．马克思恩格斯全集：24卷．中共中央马克思恩格斯列宁斯大林著作编译局，译．北京：人民出版社，1974：174页．

③ 马克思．资本论［M］//马克思，恩格斯．马克思恩格斯全集：24卷．中共中央马克思恩格斯列宁斯大林著作编译局，译．北京：人民出版社，1974：175页．

资本可以分为固定资本和流动资本，前者指用于购置机器、设备、厂房等劳动资料所构成的那一部分生产资本，后者指用于购买原料、燃料、辅助材料等劳动对象和劳动力所构成的那一部分生产资本，二者有着不同的周转方式和周转周期。固定资本在生产过程中全部使用，但只是部分地把价值转移到产品中去，直到完全损耗，才完成它的周转期；流动资本中的不变部分（指原料、燃料、辅助材料、包装物等），则是在一次生产过程中使用就把全部价值转移到产品中去，而流动资本中的可变部分（劳动力资本）虽然它的价值不转移到产品中去，但它会由劳动者在一次再生产过程中生产出来，在商品出卖时回到资本家手中。所以，固定资本和流动资本的周转速度是不同的。固定资本周转慢，流动资本周转快。固定资本每周转一次，流动资本往往可以周转多次。由于通常所说的资本周转是指预付资本的总周转，并且固定资本和流动资本的周转速度又各不相同，因此，“预付资本的总周转，是它的不同组成部分的平均周转”①；一年的资本周转总额等于资本各个不同组成部分一年周转额的总和。生产资本不同部分的周转速度影响着预付资本的周转速度：一般来说，固定资本在预付总资本中所占的比重愈大，资本的周转速度就愈慢；流动资本在预付总资本中所占的比重愈大，资本的周转速度就愈快。

资本周转速度的快慢，对于剩余价值的生产有着很大的影响。这是因为，资本周转速度快，一笔资本可以等于许多笔资本使用，因而可以节省预付资本。尤其重要的是，流动资本中可变部分的周转速度加快，可以在一定期间内带来更多的剩余价值。比如，在剩余价值率不变的情况下，一年内周转10次的可变资本相对于一年内周转1次的同量可变资本来说，就可以生产出10倍的剩余价值。因此，即使每一次周转的剩余价值率相同，年剩余价值率也大不相同，前者为后者的10倍。

三、加速资本周转的意义

虽然马克思对于资本循环和资本周转的分析是基于资本主义生产方式而展开的，但我们在第1章中已经指出：资本具有自然属性和社会属性，资本的自然属性决定了资本自身的运动规律在任何社会制度下都是成立的，也就是说马克思关于资本循环和资本周转的论述和深刻剖析在社会主义市场经济条件下依然适用。资本循环和资本周转的理论告诉我们：资本只有在连续不停的运动中才能够增值，无论在计划创建一个企业还是在企业的经营过程中都必须将资本价值合理地分配到货币资本、生产资本、商品资本三种职能形态中，而且对于生产资本必须结合工艺特点和生产组织方式合理地划分为流动资本和固定资本两种占用形态。企业资本运营的目的在于获取最大的资本增值，因此，最大限度地加速资本周转是实现资本运营目标的关键。加速资本周转的意义可以从两个方面来看：

（一）加速资本周转可以节约预付资本量

企业要进行生产经营必须预付一定形式的资本，预付资本的大小在一定程度上决定了企业的生产经营规模，从而决定了企业获利额的大小。同时，企业在一定的

① 马克思．资本论［M］//马克思，恩格斯．马克思恩格斯全集：24卷．中共中央马克思恩格斯列宁斯大林著作编译局，译．北京：人民出版社，1974：204．

时间内可以筹集的资本量是有限的，这就决定了企业在经营过程中可以预付的资本量是一定的。因此，企业的现实经营中存在着追求盈利最大化的无限性和资本筹措的有限性之间的矛盾，加速资本周转可以使企业以较小的资本获取较大的收益，或者在获取同样收益的情况下节约预付资本。比如，在销售利润率一定的情况下，获取同样的120万元的销售收入，如果资本周转4次，则需要预付30万元（120÷4）的资本；如果资本周转5次，则只需要预付24万元（120÷5）的资本。因此，资本周转5次比周转4次可以节约6万元的预付资本，这称为资本的绝对节约。此外，如果预付资本仅为30万元，在资本周转5次的情况下可以获取150万元的销售收入，在资本周转4次的情况下，要获取150万元的销售收入则需要37.5万元（150÷4）的预付资本，由此可见，资本周转5次比资本周转4次可以节约7.5万元的预付资本，这称为资本的相对节约。

（二）加速资本周转可以扩大资本增值

资本的增值能力可以用一定时间内的资本报酬率来衡量，其计算公式为：

$$资本报酬率=\frac{利润}{资本占用量}=\left(\frac{利润}{销售收入}\times\frac{销售收入}{资本占用量}\right)=销售利润率\times资本周转率$$

由此可见，资本报酬率的大小取决于资本的周转率（资本周转速度）和销售利润率，在销售利润率一定的情况下，加速资本周转可以提高资本报酬率。比如，在销售利润率同为10%的情况下，如果资本周转率为2次，则资本报酬率为20%；如果资本周转率为3次，则资本报酬率为30%。可见资本周转率提高50%，则资本报酬率也提高50%。相反，在资本周转率不变的情况下，如果销售利润率提高50%，则资本报酬率也提高50%。这意味着资本周转率的提高和销售利润率的提高对资本报酬率的贡献是相同的，但在企业的经营过程中，提高销售利润率的难度要高于提高资本周转率的难度，也就是说，加速资本周转是企业资本运营的重要组成部分。

强调加速资本周转在我国当前情况下更具有重要意义。由于长期的计划经济的影响，推动我国企业利润增长和国民经济增长的主要因素是投资的扩张，也就是说是一种粗放式的经济增长，而这种增长方式已经明显地不适于我国企业参与国际竞争的需要。尤其是在当前企业普遍资金紧张的情况下，追加筹资本身已受到限制，强调加速资本周转以节约预付资本和扩大资本增值更为必要。因此，改进企业内部管理，采取各种措施加速资本周转，有利于推动我国企业的整体改革和经济增长方式向集约型转变。

第2节 资本周转时间

由于资本周转时间包括生产时间和流通时间，前者包括劳动期间、受自然力作用的时间和生产资料储备的时间，后者包括销售时间和购买时间，所以影响资本周转的因素很多。劳动期间的长短，要受产品本身的性质、生产规模、生产技术水平、机械化程度、劳动组织的合理化和企业管理水平等因素的影响。一般说来，重工业产品比轻工业产品的劳动期间长。受自然力作用的时间和生产资料储备的时间影响的企业，主要存在于同生物成长、化学变化或等待干燥有关的行业，比如种植业、饲养业、酿酒业、制革业、漂白业、陶瓷业、木器业等。现代生物学、化学、物理学方面新的科技成果在生产中的应用，大大缩短了这方面的时间。影响流通时间的因素有市场距离、交通运输、电信条件和信用制度。信息的卫星传播，微波通信技术的应用，航空事业、集装箱运输和高速公路的发展以及信用卡的普及，都在一定程度上缩短了流通时间。产品的畅销或滞销对流通时间的长短也大有影响。

对资本周转速度影响较大的一个因素是生产资本的构成比例。按照价值转移、流通形式、周转方式的不同，产业资本循环中的生产资本可以划分为固定资本与流动资本两类。固定资本是表现为厂房、机器、设备、工具等劳动资料的那部分生产资本。它在物质形态上全部参加生产，较长期地保持原有的形态，持续不断地在生产过程中发挥作用；而在价值形式上却一部分一部分地转移到产品上去，直至物质形态不再发挥作用为止，才完成它的一次周转。固定资本的流通形式，不是在使用价值形式上的流通，不是物质形态的转变，而只是价值的转移，并且要把转移来的这部分价值，作为折旧费保存在货币资本的形式上，直到价值全部转移才进行物质更新，即把集中在一起的货币资本再转变为生产资本。流动资本是表现为原料、燃料、辅助材料、包装材料等劳动对象和劳动力的那部分生产资本。其中的不变部分在一次生产过程中即完成它的物质形态变化，价值也同时全部转移到产品中去；其中的可变部分即劳动力价值虽然不转移到产品中去，但会在一次生产过程中再生产出来成为产品价值的一个部分。可见，固定资本与流动资本周转的速度是不同的，固定资本周转慢，流动资本周转快。固定资本中各个部分的周转速度也不一样，普通工具两三年周转一次，机器要五年至八年周转一次，厂房周转的时间更长。固定资本在预付总资本中所占的比例大，资本周转就慢；反之，流动资本所占的比例大，则资本周转就快。

资本周转率，又称资本周转次数，是指资本在一定时间内周转快慢的程度，它可以用来衡量和比较各个生产经营部门资本的周转速度。当以企业为主体来考察时，通过资本投放，企业筹措的资本在企业中形成各种职能形态的资产，资本的保值、增值便是通过对资产的运用，在资产的循环与周转中实现的。因此，资本周转速度从会计的角度来讲，可以用应收账款周转率、存货周转率、流动资产周转率、固定资产周转率、总资产周转率等指标来衡量。

一、应收账款周转率

应收账款发生在资本的流通过程W′-G′中，它是商品经济条件下商业信用的产物，也是市场竞争的客观要求。在现实经济中，商品的销售按照商品流转和货币流转的时间先后可以分为三种销售方式：①预收货款销售，是指购货方先向销货方支付价款，而后销货方再向购货方提供商品；②现款结算销售，即货币结算和商品交货发生在同一时点；③赊销，即销货方先向购货方提供商品，而后购货方再支付价款。在当前情况下，第三种方式居于主导地位，赊销的结果一方面可以扩大企业的销售额，增加资本周转量；另一方面由于W′-G′的流通过程并没有完成，只是一种资本形态的转化，即由商品转化成了债权，这会使货币资本的周转受到阻碍，因此，在以赊销为主的销售方式下，应收账款的周转速度是影响总资本周转速度的重要方面。应收账款的周转速度可以用应收账款周转率来衡量，其计算公式为：

应收账款周转率=赊销收入净额÷应收账款平均余额

式中，赊销收入净额=销售收入-现销收入-销售退回、折扣、折让

应收账款平均余额=（应收账款年初余额+应收账款年末余额）÷2

应收账款周转率是衡量应收账款周转变现能力的重要指标，它的内涵是在一定时期（一年）内应收账款转化为货币的平均次数。一般地讲，应收账款周转率高，表明企业收账速度快，资本周转快。此外，应收账款的周转速度还可以用应收账款收现期的长短来表示，即以周转一次的天数来表示，其计算公式为：

应收账款周转天数=日历天数÷应收账款周转率

通常认为应收账款的周转天数越短越好。如果企业的应收账款周转期较长，则表明企业实现某一周转额需要预付较多的资本。比如甲企业的销售全部为赊销，在应收账款周转天数为60天时，实现180万元的销售额需要在应收账款上占用30万元［180÷（360÷60）］的资本；如果周转天数为30天，则仅需15万元［180÷（360÷30）］的资本占用。从另一方面来看，如果企业应收账款的周转天数太短，则表明企业奉行了较紧的信用政策，又可能因此不适当地削减了部分周转额，使企业的资本增值受到影响。因此，对应收账款周转速度的评价应结合企业的销售政策进行，在满足资本增值最大化的前提下，缩短其周转期。

二、存货周转率

按照会计上的规定，存货是指企业为销售和耗用而储备的各种物资，包括原材料、燃料、辅助材料、包装物、低值易耗品、在产品、产成品等。从其职能形态的角度来看，有为生产经营而购入的，即由G-W这一资本流通过程形成的，如原材料、燃料、辅助材料等；有处于生产过程中发挥生产资本职能的，如在产品；有完工待销、发挥商品资本职能W′的，如产成品。由此可见，在一个生产企业中，存货的范围涵盖了商品资本和生产资本中的劳动对象部分，从资本周转过程来说，存货的周转过程的起点为流通过程G-W的完成，终点为W′的出售，其中间包括生产过程。也就是说，存货周转的起点为商品资本，终点也为商品资本。马克思指出："资本的周转时间，包含着总资本价值从一个循环周期到下一个循环周期的间隔时间，包含着资本生产过程的周期性，或者说，包含着同一资本价值的增值过程或生产过程更新、重复的时间。"[①]因此，存货的周转时间是总资本周转时间的重要部分，存货的周转速度对总资本的周转速度具有重大的影响。存货的周转速度可以用存货周转率来衡量，其计算公式为：

$$存货周转率=\frac{销货成本}{存货平均余额}$$

① 马克思．资本论［M］//马克思，恩格斯．马克思恩格斯全集：24卷．中共中央马克思恩格斯列宁斯大林著作编译局，译．北京：人民出版社，1974：174．

式中，$存货平均余额=\frac{存货年初余额+存货年末余额}{2}$

一般而言，存货周转率越高，说明存货在企业内部停留的时间越短，存货占用的资本就越少。如果存货周转率放慢，则表明企业有过多的资本在存货上滞留，可能是企业的产品不适销对路，导致产成品积压；或者原材料等储备过剩，超过了生产需求；或者企业的生产周期长，致使在生产中占用的存货增加。因此，在对存货周转率进行比较分析时，应对比率的意义加以解释。

存货周转率也可以用周转一次需要的天数来表示，称为存货周转天数，其计算公式为：

$$存货周转天数=\frac{日历天数}{存货周转率}$$

三、流动资产周转率

流动资产在企业内部主要包括货币资金、有价证券、债权资产、存货等。从价值形态上看，它包括货币资本、生产资本、商品资本三种形式，而且其周转运动既包括流通过程，也包括生产过程。因此，流动资产的周转速度是货币资本、生产资本中的劳动对象和商品资本周转速度的平均值，对总资本的周转速度具有直接影响。流动资产的周转速度可以用流动资产周转率衡量，其计算公式为：

$$流动资产周转率=\frac{流动资产周转额}{流动资产平均占用}$$

流动资产周转额可以有两种计算方式：一种是按产品的销售收入计算；另一种是按销售产品的成本计算。按第一种方式计算，流动资产周转率不仅反映企业生产经营过程中投放的流动资产的周转速度，而且反映新增价值的周转；按第二种方式计算，流动资产周转率只反映企业投入流动资产在生产经营过程中的周转速度。在企业会计实务工作中，通常采用第一种方式计算。如果从企业经营的现实来看，在一定的时间内，销售过程实现的价值增值部分也参与资本的周转，也就是说，如果销售正常收现时，货币资本总是不断地以大于预付资本的规模参与周转，而且应收账款本身就是按增值后的价值计算的，存货的价值虽然按历史成本计量，但当生产规模以不断扩大的形式展开时，存货的价值中已经包含了增值价值。因此，为了全面地反映预付流动资本和增值资本的周转，我们认为第一种方式更为合理。

流动资产周转率是反映流动资产周转情况的一个综合性指标，这一指标越高，说明流动资产周转速度越快。考核流动资产的周转情况，还可以采用完成一次周转所需的天数来表示，其计算公式为：

$$流动资产周转天数=\frac{日历天数}{流动资产周转率}$$

流动资产周转天数是反映流动资产周转速度的一个逆指标，周转天数越短，说明流动资产周转越快，利用效率越高。加速流动资产的周转对于节约流动资本和扩大资本增值具有重要意义。加速流动资产周转的资本节约额的计算公式为：

$$流动资本节约额=\frac{上期实际周转天数-本期周转天数}{计算期实际天数}\times本期实际周转额$$

比如，甲企业2015年流动资产周转天数为45天，2016年实际周转额为1 800万元，周转天数为38天，则节约的流动资本为34.52万元（（45−38）×1 800÷365）。

从流动资产周转率的计算公式中可以看出：流动资产的周转实质上是流动资本的周转，由于流动资产在实物形态上具有不同的存在形式，而且其价值的周转和使用价值的周转具有同步性。因此，流动资产的周转天数也就是流动资本的周转天数。

四、固定资产周转率

固定资产是指企业的厂房、建筑物、机器、设备等在企业中发挥生产资料职能、提供生产经营手段的资产。固定资产的价值以折旧的形式向生产经营成本转移，预付的资本价值需要用销售收入来逐期补偿。固定资产的周转速度可以用固定资产周转率来衡量，其计算公式为：

$$固定资产周转率=\frac{销售净收入}{固定资产平均占用额}$$

销售净收入是指销售收入减去销售退回、折扣、折让以后的差额；固定资产平均占用额可以采用年初年末的平均数。用这一比率和前期值以及其他企业的同期比率进行比较，可以用来分析企业固定资产的使用效率。如果这一比率较高，说明企业固定资产的使用效率较高，资本周转速度较快。如果这一比率较低，则表明企业固定资产的使用效率较低，应采取措施提高销售收入或者处置部分资产。

固定资产周转率也可以用周转天数来表示，其计算公式为：

$$固定资产周转天数=\frac{日历天数}{固定资产周转率}$$

从固定资产周转率的计算公式可以看出：固定资产的周转不是在它的实物形式上进行流通，进行流通的只是它的价值；这种流通是逐步地、一部分一部分进行的；在它执行职能的全部时间内，它的价值总有一部分固定在它的实物形态上，和它帮助生产的商品相对立，保持着自己的独立，而因损耗在实物形式上丧失的那部分价值，则作为产品的一部分价值来流通，并随着产品的销售而取得货币形式，因此，固定资产的价值在它的使用期内总是有双重存在。上面计算的固定资产的周转率本质上是指固定资本的周转率，也就是说是其价值的周转率。固定资产的实际使用寿命和其价值的周转时间是不同的概念，实际使用寿命表明固定资产的使用价值的长短，而公式中计算的价值的周转时间则表明用全部销售收入来补偿在固定资产上预付的资本所需的时间。比如，某一机器设备使用期为5年，原值10万元，每年生产的产品可以实现销售收入30万元，则表明该设备的使用价值可以持续5年，而其价值的周转天数仅为120天。固定资产周转中使用价值周转和价值周转的非同步性是它区别于流动资产周转的关键所在。此外，按上式计算的周转时间与预付固定资本的补偿时间也是不同的，固定资本的补偿采取折旧的形式以产品的销售收入来弥补，并在固定资产的折旧期内进行积累，形成固定资本更新的准备金。而且由于残余价值的存在，在固定资产退出使用过程之前形成的累计折旧只是固定资产原值的一部分，而非全部。因此，固定资本的补偿可以分为两部分：一是折旧期内计提的折旧；二是在固定资本的实物形式退出企业时回收的残值。这样，固定资本的补偿期最长为实物资产的实际使用期。

五、总资产周转率

企业资本的保值和增值是通过对企业全部资产的有效利用创造的，总资产的周转速度是各种资产周转速度的综合体现，反映企业全部资本的利用效率。其快慢可以用总资产周转率来衡量，计算公式为：

$$总资产周转率=\frac{销售净收入}{总资产平均占用额}$$

销售净收入是指销售收入减去销售退回、折扣、折让以后的差额；总资产平均占用额可以采用年初年末的平均数。

如果这一比率较高，说明企业总资产的使用效率较高，资本周转速度较快；如果这一比率较低，则表明企业总资产的使用效率较低，应采取措施提高销售收入或者处置部分资产。总资产周转率也可以用周转天数来表示，其计算公式为：

$$总资产周转天数=\frac{日历天数}{总资产周转率}$$

总资本的周转包括流动资本的周转和固定资本的周转，从运动过程来说，包括全部的流通过程和生产过程。因此，总资本的周转速度，受生产过程和流通过程中的各种因素的制约，即受各种影响生产时间和流通时间的因素的制约。总资本周转速度的快慢，对资本增值有很大影响，资本周转速度的加快，不仅可以节约预付资本，而且同量的资本可以为企业带来更多的增值。

第3节 加速资本周转的途径和措施

资本只有在不断的运动中才能增值，只有在不断的周转中才能实现增值的连续性。而资本的运动必须以预付一定形式的资本开始，也就是说资本在空间上必须表现为一定结构的职能形态，分割为货币资本、生产资本和商品资本三种形式。只有资本的三种职能形式同时并存和依次转化，资本的运动过程才不会中断。因此，加速资本周转首先包括两方面的问题：一是在一定的时期内合理配置不同形态的资本存量，解决资本形态的“并存性”；二是加速资本形态的转化，使资本不断地、快速地由一种形态向另一种形态转化，解决资本形态转化的“继起性”，加大资本增值。此外，资本的周转受影响生产时间和流通时间的因素的制约，加速资本周转也必须从影响因素中寻找有效的途径和措施。

一、优化配置资本存量，加速资本形态的转化

资本存量优化，着眼于资本在企业内部的现金、存货、应收账款等流动资产和厂房、设备、建筑物等固定资产上的合理配置；加速资本形态的转化，目的在于使资本从一种形态快速地向另一种形态转化。优化存量配置，加速资本形态转化是从资本的职能形态上为保证生产经营的持续进行和资本的增值提供基础。

（一）现金存量与加速周转

1.企业持有现金的动机

现金是流动性最强的资产，它包括库存现金、银行存款和其他货币资金（如银行汇票、本票等）。企业持有一定数额的现金，主要为了满足四个方面的需求：

（1）交易性需求。在企业的实际经营过程中会不断地发生现金的收支，而现金的收入和支出是很难同步的，为避免因现金的持有量不足而影响材料的采购、工资的支付、纳税等交易的连续性，企业需要持有一定数额的现金，这就是交易性需求，其大小与销售额相关。

（2）预防性需求。预防性需求是指企业持有一定量的现金以备意外事项之需。经济波动、商业纠纷、客户不及时付款等因素的存在，使企业的现金预算很难准确，这就需要在交易性需求的基础上加一定的预防性余额以防现金周转吃紧，影响生产经营。

（3）投机性需求。该需求是指持有现金以用于有利可图的购置机会。比如，材料的季节性降低价格、证券市场的下跌行情等。若企业持有较充足的现金，便可以逢低购入，以提高收益水平。

（4）补偿性需求。银行一般要求贷款企业在其银行账户上保留一定数额的平均活期存款余额，这称作补偿性余额。银行对此不支付利息。补偿性余额的存在不仅加大了企业的现金持有量，而且会增加企业的实际资本成本。

由此可见，每个企业都会由于特定的需求而持有一定的现金，但现金是非获利性资产，即使可以增值也很低，因此持有的现金并非越多越好。企业现金存量优化的目标就是在满足基本需求的前提下，借助资金市场不断地调整持有量，以增加收益。

2.最佳现金持有量的测定

企业持有现金的好处在于增加流动能力，满足各种需求，但现金的非（低）收益性，又使得持有现金会丧失投资获利的收益，即存在着机会成本。最佳的现金持有量是持有的收益和成本达到均衡时的数额。在资本市场和资金市场高度发展的今天，由于有价证券的变现性很强，可以作为现金的等价物，因此，考虑现金持有最佳余额时一般与有价证券一并考虑。

（1）鲍曼模型

美国经济学家威廉·鲍曼（William J. Baumol）是第一位利用机会成本和交易成本确定公司最佳现金持有量的研究者。其基本原理是将现金持有量和有价

证券联系起来衡量，即将持有现金的机会成本同现金溢缺时转换有价证券的交易成本进行权衡，以求得二者相加总成本最低时的现金余额，从而得到最佳持有量。

这一模型假设企业的现金流入和流出是稳定的，且可以预测（如图5-1所示）。

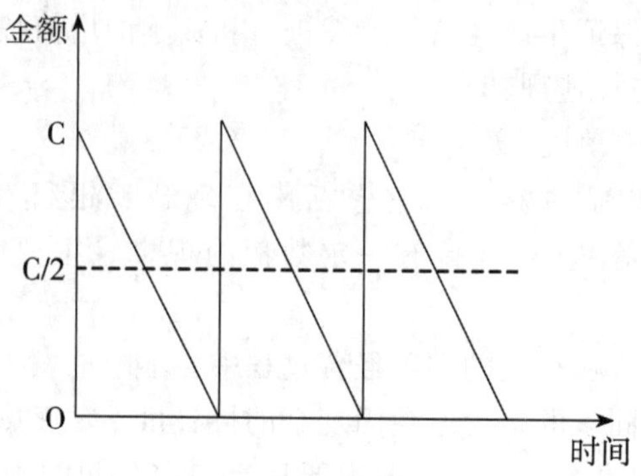

图5-1 鲍曼模型

当企业现金持有量趋于零时，就需要将有价证券转换成现金，转换过程中要发生交易费用，即存在交易成本，其大小和转换次数正相关。持有现金还存在放弃投资获利的机会成本，其大小与现金持有量成正比，则总成本为：

$$TC=\frac{X}{2}K+\frac{T}{X}F$$

式中，TC——总成本；X——现金持有量；K——有价证券利率；T——一定日期内现金总需求；F——每次转换有价证券的交易成本。

求C对X的导数，并令其为0，则最佳现金持有量为：

$$X^{*}=\sqrt{\frac{2TF}{K}}$$

例如，某企业预计每月需要现金720 000元，现金与有价证券的转换成本为每次100元，有价证券的月利率为1%，则最佳现金持有量为：

$$X^{*}=\sqrt{\frac{2\times 720\,000\times 100}{1\%}}=120\,000\text{（元）}$$

$$\text{每月有价证券交易次数}=\frac{720\,000}{120\,000}=6\text{（次）}$$

该模型是建立在未来现金流量稳定且呈周期性变化的假设基础上的，而实际工作中很难满足上述假设，通常的做法是，在上述余额的基础上加一定的安全存量。

（2）米勒-欧尔现金模型

该模型又称随机模型，它是由美国经济学家Merton Miller和Deniel Orr首先提出的。这一模型假定企业每日的现金流动是随机的，它近似地服从正态分布，这和实际更为接近，如图5-2所示。它的基本原理是制定一个现金控制区间，定出现金持有的上限（H）和下限（L）。当企业现金余额介于H和L之间时，企业可以不进行任何交易，一旦现金余额达到H时，则应买入（H-Z）数额的有价证券；如果现金余额达到L时，则应卖出（Z−L）数额的有价证券。

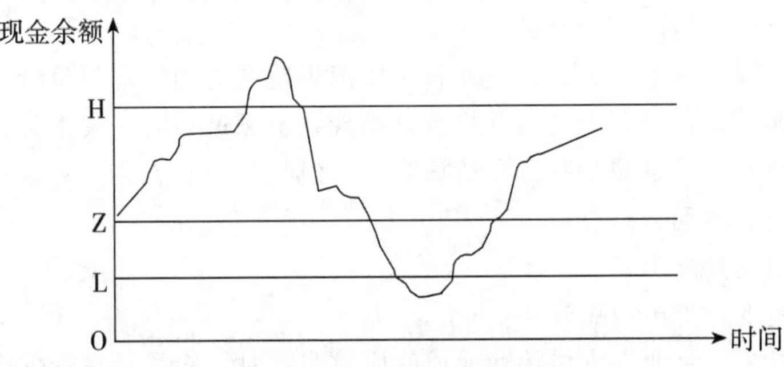

图5−2　米勒−欧尔现金模型

按照该模型，上限和目标现金余额的计算公式为：

上限：$H=L+3\sqrt[3]{\frac{3F\delta^2}{4K}}$

目标余额：$Z=L+\frac{H-L}{3}$

式中，δ^2——现金余额的日方差，由历史数据统计得出；Z——目标现金余额；其余符号与鲍曼模型一致。下限L取决于公司所能承受的现金短缺风险水平，可以设定为零，但为了保险起见，通常设定为一个与补偿性余额相符的正值。

例如，某公司现金最低余额为4 000元，现金余额的日方差为50 000元。转换有价证券的成本为100元，日利率为0.02%，则有：

$H=4\,000+3\sqrt[3]{\frac{3\times100\times50\,000}{4\times0.02\%}}=11\,970$（元）

L=4 000元

$Z=4\,000+\frac{11\,970-4\,000}{3}=6\,657$（元）

在实际工作中利用该模型时，为了减少交易成本，不必严格按上述模式操作，而应按照现金余额的变化趋势来进行。比如，当现金余额达到上限时，应预测现金收入和支出的变化，如果预期现金余额会自动下降，则可以不必采取转换有价证券的行动；但如果预期会持续超过上限，则应购入有价证券，使余额回到目标持有量。

3.加速现金的流转

加速现金周转着眼于现金的收支管理，目标在于提高现金的使用效率。有效的现金收支管理应做到加速回收，严格控制支出。

（1）加速现金回收

企业回收货款，从客户开出支付票据到企业实际收到款项一般经历邮寄时间、票据处理时间和清算时间，企业要想加速回收贷款就必须设法缩短这些延迟时间，在此可以借鉴西方企业的两种做法：

①锁箱法。它是指在销量大、客户集中的地区设置专用邮政信箱，并通知客户付款时，直接寄到该专用信箱。企业直接委托当地的开户银行每日开箱，以及时取

出客户的支付票据并办理清算。此法可以减少邮寄和处理时间，但须支付一定的委托费，在客户集中地区使用有利。

②集中与银行往来。它是指企业各主要销售地区的销售部门负责客户支付票据的收集和处理，并直接存入当地开户行，当现金余额过多时，集中将款项划入总部所在地。这种方法可以减少邮寄和清算时间，但收款中心越多，各银行的存款余额合计越大，会增加现金持有量。

（2）控制现金支出

严格控制现金支出应做到：

①推迟付款。企业在支付赊购形成的应付账款时，应尽量享受供应商给予的信用条件和现金折扣，将款项的支付推迟到折扣期或信用期的最后一天。此外，在不影响企业商业信誉的前提下，可以延迟支付，以缩短现金周转期。

②充分利用付款延迟时间。由于支付过程中邮寄延迟、处理延迟和清算延迟的存在，企业在开出支票到款项从开户银行划出要经历一段时间。企业可以充分利用这些延迟在款项未划出之前支用这笔现金，或者延迟证券的转换直到付款时点，以做到现金的充分利用。但在实际工作中，动用此部分现金应谨慎从事，事先估计好延迟时间的长短，以免透支受罚。

（3）利用闲置现金进行短期投资

出于提高企业资本获利能力和保证现金流转的需要，有价证券通常作为短期投资手段和现金的替代物存在。为提高现金的置存效益，应注重利用暂时闲置的现金进行有价证券投资，有价证券投资的关键是确定应购买哪些类型的证券。一般来说，应考虑有价证券的安全性、流动性和收益性。证券收益性的大小与投资风险的高低密切相关，因此企业欲获取高收益必须承担较大的风险。受证券流动性和安全性的约束，企业有价证券投资应注重收益与风险的均衡。通常的做法是分散投资于多种证券，即预先估计企业的未来现金支出，在可预期的时间内，根据企业不同时期现金流动的模式和规律，挑选组合不同证券的到期日，与需要支付现金的时间尽量接近，从而形成既能满足现金支付的需要，又能获取最大平均收益的组合。到目前为止，我国的货币市场仍欠发达，缺乏短期投资工具。但随着我国金融体制的改革，金融市场的逐步完善，短期融资工具将会大量涌现，在此简要介绍几种融资工具：

①短期国债。许多国家和政府都发行短期国库券，其信誉由国家担保，可以自由转让，一般采用贴现式发行。其到期日通常为91天、182天和364天。由于其收益免税，因此实际收益率较高，是一种违约风险最小、变现性最好的短期投资工具。

②银行定期存款。这是我国目前企业常用的方式，其期限通常有3个月、6个月不等。它具有收益率较高、风险较小、灵活多样的特点，且可以作为质量较高的抵押物，可随时用于短期资金的贷款抵押。

③银行承兑汇票。银行承兑汇票是商业汇票的一种，其付款由对方银行承保，

故风险较小，期限最长为9个月，可以自由转让和背书及抵押，其收益略高于短期国库券。

④临近到期的公司债券。一般来说，公司债券的收益率较高，对于临近到期的信誉好的公司债券也可以作为短期投资工具。

⑤商业承兑汇票。商业承兑汇票也是汇票的一种，其承兑人为签发的公司或企业，其风险相对于银行承兑汇票要高，但收益也较高，对于信誉较好的大公司签发的承兑汇票也可作为短期投资工具。

此外，提高现金的使用效率，不仅应注重加速收款，严格控制现金支出，适时利用闲置现金进行投资，还应做到现金收支的时间配比，采用现金流动预算的手段加以控制，只有如此，才能保证现金存量和流量的合理优化。

（二）存货存量与加速周转

存货是指企业在生产经营过程中为销售或耗用而储备的物资，对于生产企业而言，它是流动资产中比例最大的项目。存货平均存量的高低直接影响企业的流动能力，其周转速度的高低直接影响资本获利水平。

置存大量存货有利于保证生产的连续性和及时捕捉销售时机，但置存大量存货会增加资本占用，加大管理费用支出和变质、市场波动等风险。因此，存货存量优化的原则是在不妨碍生产和销售正常进行的前提下，尽可能使存货占用达到最低。

1.原材料经济采购批量、资本占用量的确定

（1）原材料经济采购批量的确定

经济采购批量是指既能满足生产需要，又能使存货费用降到最低的一次采购量。它涉及存货的采购费用和储存保管费用。

采购费用是指企业向供货方发出订单到货物运抵企业入库这一过程中发生的支出，包括订货费用、差旅费、运费、电话费等。这些费用在一定时期内其数额大小和采购次数相关。

储存保管费用是指存货入库之后发生的各种支出，包括存货的保险费、仓库租金、保管人员工资、损耗和资金占用的利息等。此项费用和平均存货量正相关。

二者之和即为采购存货的总费用支出，在一定时期内，如果存货的需用量已知，则每一次订货的数量会与储存保管费用同向变动，与采购费用反向变动，二者之和最小时的采购量即为经济订货量，其公式为：

$$Q=\sqrt{\frac{2ND}{PM}}$$

式中，Q——经济批量；N——某材料的年需用量；D——每次采购费用；M——存货存储费率；P——材料单价。

（2）保险存量的确定

上述模型假设企业在一定时期内生产需用量固定不变且消耗稳定；各项材料从订货到到货的间隔期稳定一致；不会发生存货短缺，但在实际工作中，情况并非如此。由于存货需用量的波动和交货日期的延迟等不确定因素的存在，企业必须置存

一定量的保险储备，以防止供应延迟而影响生产。

一般来说，保险存量的大小取决于存货需求量和供应间隔期的变动程度，如果存货需求量变动较大，则保险存量应加大；供应间隔期的不确定性越大，企业供应延迟的风险越大，要求的保险存量也越大。大的保险存量虽然可以减少短缺损失，但也会加大存货保管费用，因此确定最佳保险存量的原则是：使存货短缺造成的损失和置存保险存量所发生的保管费用支出之和最小。其量化的模型通常采用主观概率法来测算，现结合一简例加以说明。

设某企业计划年度耗用材料72 000千克，单价5元/千克，预计每次采购费用为1 000元，存储费率为成本的20%，则经济采购批量为：

$$Q=\sqrt{\frac{2\times 72\,000\times 1000}{5\times 20\%}}=12\,000\text{（千克）}$$

即每年采购6次，每两个月采购一次，假设经销售人员和生产人员的预测，每两个月内的生产需用量的概率分布见表5-1。

表5-1 **每两个月内的生产需用量的概率分布**

生产需用量（千克）	概率
12 000	94%
13 000	4%
14 000	2%

另外，每短缺1千克材料造成的损失为3元，据此保险存量的测算如表5-2所示。由表5-2可以看出，保险存量为1 000千克时，该企业缺货损失和储存保管费用之和最小，因此以1 000千克为保险存量数较为合适。

表5-2 **最优保险存量的确定**

保险存量（千克）	缺货概率（%）	缺货量（%）	损失（元）	保管费用（元）	合计（元）
0	4 2	1 000 2 000	6×1 000×4%×3 6×2 000×2%×3	0	1 440
1 000	2	1 000	6×1 000×2%×3	1 000×5×20%	1 360
2 000	0	0	0	2 000×5×20%	2 000

其中：缺货损失=短缺次数×缺货量×短缺概率×单位缺货损失

（3）再订货点的确定

经济订货批量加保险存量即为预定的最高存货持有量，随着生产耗用，库存量会逐渐减小，为了保证生产的连续进行，在库存降到一定程度时，必须再次订货。所谓再订货点是指在库存降到一定水平时，采购部门必须发出订单，以补足存货时的存货量。其计算公式如下：

再订货点=订货至到货的间隔期×每日耗用量+保险存量

仍沿用上例，企业的日均耗用量为72 000÷360=200（千克），假设供货期为10天，则再订货点为：1 000+10×200=3 000（千克），即企业在库存降到3 000千克时，应组织订货。

（4）库存原材料资本占用量的测算

对库存原材料资本占用量的测算目的在于有计划地组织资金调配，合理控制资本的筹集和投放，提高资本利用效益。由于企业原材料种类繁多，资本占用量的控制应从总量着手。一般来说，资本占用量的大小取决于三个因素：①各种材料的平均存量；②各种材料的耗用进度；③各种材料的单价。由于企业生产过程中各种材料的投入和耗用的时间各不相同，当某一种原材料刚入库时，另一种原材料可能刚好达到再订货点，这样从总量上控制资金占用，可以以存货原材料的最高资金占用量为基础，给予一定的折扣，该折扣率即为各种材料的平均库存与最高库存的资金占用之比，其公式为：

$$库存资本占用量=\left[\sum(第I种原材料的经济批量+保险存量)\times 单价\right]\times 折扣率$$

由上式可以看出，压缩库存资本占用的有效手段是尽量降低单价高的原材料的储备，做到高价原材料的及时供应。

2.产品经济投产批量、资本占用量的测算

（1）产品经济投产批量的确定

与存货采购批量相似，企业产品或零部件的最优投产量也受两个因素的影响：①生产准备费用，它与生产批次成正比，在年产量一定时和批量成反比；②储存保管费用，它和批量成正比。最佳投产批量是二项之和最小的投产量。

由于生产中投入产出的类型不同，其经济批量的决策模式也不同。

①产品生产一次投入，整批同时产出，其最佳批量的计算公式为：

$$Q=\sqrt{\frac{2ND}{PM}}$$

式中，Q——成批生产经济投产批量；N——年生产量；D——每批生产的准备费用；P——单位产品制造成本；M——储存保管费用率。

②成批投入，逐日产出，陆续领用消耗的零部件生产，最佳批量的计算公式为：

$$Q=\sqrt{\frac{2ND}{PM\left(1-\frac{h}{g}\right)}}$$

式中，g——日产量；h——日耗用量；其余符号同上。

（2）在产品资本占用量的测算

由于经济批量的确定模式不同，其资金占用量的测算模式也不同。

①整批投入，整批产出时：

在产品资金占用量=产品投产批量×单位在产品平均成本

其中，单位在产品平均成本视生产中成本支出情况而定：

a.生产周期短，每日支出无规律时：

$$单位平均成本=\frac{生产周期中每天发生支出的累积数之和}{生产周期}$$

b.原材料开始时一次投入，其他费用均衡发生：

单位平均成本=原材料费用+其他费用×50%

c.生产期长，原材料分批投入，其他费用均衡发生：

$$单位平均成本=\frac{\sum(各次投入原材料的金额\times距离产出的天数)}{生产周期}+其他费用\times50\%$$

②整批投入，逐日产出，同时陆续领用消耗的零部件资金占用：

$$资本占用量=投产批量\times\frac{(1-\frac{日耗量}{日产量})\times单位零部件成本}{2}$$

3.加速存货资本周转

存货存量的确定模式虽然在理论上是完美无缺的，但由于各变量的测算有一定难度，所以只能在各指标能够合理估计时运用，在日常周转中为了有效地提高存货资本的利用效率，应做到：

（1）尽量做到以销定产，以产定购。

（2）及时清理积压，以减少损失和资本占用。

（3）对于单位价值较大的存货应做到及时供应。

（4）与供应商和客户建立长期的合作关系，创造良好的供销环境。在条件成熟的情况下，推行JIT制造模式。

（三）应收账款存量与加速周转

应收账款是由赊销形成的，赊销额越大，赊销期越长，企业应收账款占用的资金越多。应收账款存量优化与加速周转的主要内容包括：合理确定赊销政策，控制应收账款的资本占用；制定合理的收账政策，加速应收账款的周转。

1.信用政策

赊销条件越宽松，销售额的增加越多，企业的会计利润越大。同时，应收账款占用的资本增加，导致坏账损失的可能性增加，导致资本减损的可能性也增加。由此，合理确定信用政策是应收账款管理的关键。

（1）信用条件

信用条件包括信用期和折扣条件。信用期是指客户从购买到必须付款之间的时间间隔，一般为30、60、90天。许多企业为了促使客户提早付款，对在信用期内提前付款的客户给予一定的折扣，如（2/10，n/30）表示信用期为30天，如果客户在10天内付款可以享受2%的折扣优惠。提供带有折扣的信用条件有两方面的好处：①可以吸引更多的客户，扩大销售额；②有利于加速货款的回收。

（2）信用标准

信用标准是指企业用以衡量客户是否有资格享受信用条件所应具备的基本素质。如果客户达不到信用标准，就不能享受信用条件或者只能享受较低的信用优惠。一般来说，信用标准的制定可以运用5C评价法：

①资本（Capital）：指客户的财务实力，包括总资产和所有者权益的大小。

②特点（Character）：指客户的信誉状况、过去的付款记录和债务的偿还情况、客户对债务的清偿是否尽力而为。

③抵押品（Collateral）：指客户为了获取信用是否提供了抵押或担保，以及抵押物的质量和担保人的信誉。

④能力（Capacity）：指客户偿付的财务实力。主要考察客户的流动资产数量和质量，以及流动负债的金额和性质。计算流动比率和速动比率，同时辅以日常观察的营运状况，进行综合评价。

⑤条件（Condition）：指社会经济环境发生变化时，客户经营状况和偿债能力可能受到的影响，对此应了解客户以往在经济窘境时期的付款表现。

这五个方面的分析评价可以判断企业的信用风险水平，但只是一种定性分析。为了防止评价中的主观影响，在此基础上还应结合从银行获取的证明材料和客户的报表进行综合分析，即首先建立客户的信用评分标准，然后将反映客户财务实力、营运状况的数据按一定的标准加以打分，然后汇总计算客户的信用分值，进行判断。这类方法有很多，但大都是非公开的商业秘密。企业应结合自身的经验加以确定。例如，美国的E.艾尔特曼（Edward Altman）运用统计方法建立了Z分值评价体系：

$$Z=0.033\times\frac{\text{息税前利润}}{\text{总资产}}+0.001\times\frac{\text{销售额}}{\text{总资产}}+0.006\times\frac{\text{权益资本市值}}{\text{负债面值}}+0.14\times\frac{\text{利润留存}}{\text{总资产}}+0.12\times\frac{\text{营运资本}}{\text{总资产}}$$

判断标准是Z=2.7，按此模型，1946—1965年，有94%的企业在财务危机前Z值低于2.7，而97%未陷入财务危机的企业分值在2.7以上。

此外，较为成功的模型还有F分数模型：

$$F=-0.1774+1.109X_1+0.1074X_2+1.927X_3+0.0302X_4+0.04961X_5$$

$$X_1=\frac{\text{期末流动资产}-\text{期末流动负债}}{\text{期末总资产}}$$

$$X_2=\frac{\text{期末留存收益}}{\text{期末总资产}}$$

$$X_3=\frac{\text{税后净利}+\text{折旧}}{\text{平均总负债}}$$

$$X_4=\frac{\text{期末股东权益的市场价值}}{\text{期末总负债}}$$

$$X_5=\frac{\text{税后净利}+\text{利息}+\text{折旧}}{\text{平均总资产}}$$

F分值以0.0274为临界点，若某一特定企业的F分数低于0.0274，则预测其易陷入财务危机，反之则可以持续经营。

总之，企业在制定信用标准时，应注重定性分析与定量分析相结合，充分考虑影响货款支付的各种因素，加以综合确定。

（3）信用决策

企业的信用条件和标准会随着经济环境的改变而有变化，那么信用决策的原则就是看由于信用政策的变更而增加的收益是否大于由此而增加的成本。这一决策可以运用现金流量分析模型（即萨拉托斯·希尔模型）加以确定：

信用决策中各符号的定义如下：

S——年销售额；VC——变动成本与销售额的比重；T——应收账款平均收账期；B——坏账损失率；R——折扣销售占总销售的比重；D——平均销售折扣率；t——所得税税率。

在某一信用政策下，应收账款的资本占用量（CF_0）为：

$$CF_0=S\cdot VC\cdot\frac{T}{365}$$

信用销售形成的税后净现金流量（CF_t）为：

$$CF_t=[S(1-VC)-S\cdot R\cdot D-S\cdot B](1-t)$$

以下标N和O分别表示新、老信用政策，则信用政策变化时所导致的增量现金流量为：

$$\Delta CF_0=\frac{S_N VCT_N}{365}-\frac{S_o VCT_o}{365}$$

$$\Delta CF_t=\{[S_N(1-VC)-S_N R_N D_N-S_N B_N]-[S_o(1-VC)-S_o R_o D_o-S_o B_o]\}(1-t)$$

设K为考虑了风险之后的税后资本报酬率，则在信用政策变化时的现金流量净现值为：

$$\Delta NPV=\frac{\Delta CF_t}{K}-\Delta CF_0$$

如果$\Delta NPV>0$，则改变信用政策可行；如果$\Delta NPV<0$，则改变信用政策不利。

［例］某企业为了促进销售，计划改变信用政策，其新、老信用政策的有关数据如表5-3所示。如果该企业变动成本占销售额的比重为60%，为满足新信用政策下销售额的增长，尚需增加4万元的存货，该企业全部采用信用销售，公司所得税税率为25%，要求的税后投资收益率为10%，则该企业的信用决策如下：

表5-3 **某企业信用政策参数**

信用条件	老信用政策 1/10，n/30	新信用政策 2/10，n/40
应收账款平均收款期（天）	16	15.5
年销售额（万元）	2 800	3 000
坏账（%）	2	3
折扣销售占总销售额的比重（%）	55	60
折扣率（%）	1	2

改变信用政策后的增量投资由两部分构成：销售增加而增加的应收账款和存货投资增加。

$$\Delta CF_0=60\%\times\left(\frac{3\,000}{365}\times15.5-\frac{2\,800}{365}\times16\right)+4$$
$$=2.79+4=6.79\text{（万元）}$$

改变信用条件后的净现金流量增量为：

ΔCF_1=［3 000×（1-0.6-3%-2%×60%）-2 800×（1-0.6-2%-1%×55%）］×（1-25%）

=19.05（万元）

改变信用条件后的净现值增量为：

ΔNPV=19.05÷10%-6.79

=183.71（万元）

由于改变信用政策后，增量净现值大于0，该企业改变信用政策有利。

2.收账政策

客户一旦超过了信用期仍未付款，就意味着已经发生了拖欠，这不仅会加大企业的资金占用，而且会增加坏账风险。因此，对于逾期账款，企业应采取有效的措施加以催收，以加速资本周转中W′-G′的实现。

一般来说，对应收账款的催账可以采用如下程序和方式：

（1）发出拖欠债务通知，要求并提请客户支付；

（2）电话联系通知有关客户付款；

（3）聘请代理收账机构催收；

（4）采取法律手段，起诉客户拖欠行为。

企业无论采取哪种方式都会导致一定的费用支出。一方面，如果催收不力或不及时，可能导致坏账风险；另一方面，如果催收手段过分强硬，经常诉诸法律，会造成客户关系的恶化，影响销售。因此，收账政策的制定也应考虑成本与收益的均衡，以制定最有利的收账政策。这要求企业财务人员和销售人员必须综合考虑客户的特定情况，保持良好的交易关系。

（四）固定资本的存量与加速周转

固定资本在企业中主要以厂房、建筑物、机器设备等形态存在，在生产经营过程中发挥生产资料的职能。由于固定资本使用价值和价值的周转具有非同步性，因此，在企业资本运营中，对于固定资本存量的优化和加速周转主要从价值的角度来考虑。

固定资本存量主要由资本预算和投资获得，因此，固定资本的初始存量优化也是在投资决策中完成的，在此不作阐述，相关内容参见资本投放一章。在经营过程中，固定资本存量的优化主要是根据生产经营需要和固定资产利用情况，采取一定的措施保证固定资产时刻处于正常的使用状态或者获利过程中。一般来说，对于处于闲置状态中或者使用不足的固定资产可以采取以下程序和措施加以盘活：

（1）分析固定资产闲置的原因。固定资产出现闲置的原因有很多，可能是季节性的暂时闲置；不符合技术、质量要求，且无改进价值的永久性闲置；效率更高的替代品的出现，使原设备遭到淘汰而出现闲置，等等。

（2）根据不同的原因采取相应的措施加以处理。对于季节性闲置的资产可以采取出租的方式来赚取收益；对于永久性闲置的资产可以采取联营、协作等方式予以盘活，或者出售变现以盘活其折余价值；对于闲置的、难以分割的剩余生产能力可以采取开发新产品、现有产品深加工、进行改造用以自制零部件等措施加以盘活。

（3）加强资产的维护、改造，使资产时刻处于最佳状态。

（4）改进生产组织方式，实行轮班制；重组工艺流程，使各工序的生产节奏尽量配合。

此外，从会计的角度来讲，具有和固定资本周转的性质相近的资产还有无形资产、递延资产两种形态，无形资产主要包括商标权、商誉、专利权、专有技术、土地使用权、特许经营权等。随着企业的竞争加剧，无形资产在企业资本增值中的重要性日益加强，运用无形资产作为资本进行投资、兼并、扩张等活动日益增多，可以说，运用无形资本盘活实物资本是提高资本使用效率的根本所在。加速无形资本周转的主要措施是缩短摊销期，以使占用的资本提早得到补偿。递延资产主要包括开办费、摊销期在一年以上的改良支出或其他费用支出。加速递延资产周转的有效途径是尽量缩短其摊销期，以使在递延资产上占用的资本尽早得到补偿。

二、缩短生产时间和流通时间

上面的论述主要是从资本自身的形态配置和转化的角度来解决加速资本周转的问题。资本的周转时间是生产时间和流通时间的总和，资本的周转速度受生产过程和流通过程中的各种因素的影响，即受各种影响生产时间和流通时间的因素的制约。因此，从影响资本周转的因素来说，加速资本周转的途径主要有：

（一）努力缩短劳动期间

劳动期间即劳动过程时间，指的是制成一件成品所需要的工作日。劳动期间的长短，是同产品的性质相联系的。产品性质不同，劳动期间也就不同。这种差别由物质生产的条件决定，在任何时候都是存在的。劳动期间的差别是影响资本周转速度的重要因素。在其他条件相同的情况下，劳动期间越长，资本的周转速度就越慢。

劳动期间的长短在一定的限度内是可以改变的。缩短劳动期间的主要方法有：应用先进的科学技术，改进生产工艺和生产流程；使用效率高的机器设备；发展合理的分工协作；提高管理水平等。这些方法可以在互相联系的生产过程中缩短劳动期间。近百年来，尤其是第二次世界大战之后，高楼大厦的建造，汽车的生产，飞机、轮船的制造等，都是因为运用先进的技术、推行合理的协作和分工，大大缩短了劳动期间。

（二）适当缩短产销距离

资本的流通时间包括购买时间和卖出时间。购买时间和卖出时间的长短是由多种因素决定的，其中一个重要因素是产销距离。一般来说，产销距离近，流通时间就短，资本的周转就快；产销距离远，流通时间就长，资本的周转就慢。

在社会主义市场经济条件下，生产力的布局需要全面考虑产销距离等多种因素，特别是当交通运输还不适应经济发展的需要时，更要考虑产销距离。国家作为社会的管理者，在投资规划中不能按行政区划人为地扩大产销距离，增加流通环节，延长流通时间。企业作为投资主体，在投资决策中就应考虑产销距离对生产经营和资本周转的影响，合理决策投资地点。

适当缩短产销距离，在经济管理学上称为“近原材料基地原则”“近市场原则”。深圳康佳电子集团进军西北和东北，分别在西安和牡丹江建立“陕康公司”“牡康公司”就是“近市场原则”的具体体现。当然，“近市场原则”和“近原材料基地原则”存在一定的矛盾，应该综合平衡、统筹兼顾。比如，荆门石化总厂的炼油装置布点就兼顾了这两个原则，炼油厂建在两个原材料供应基地——南阳油田和江汉油田之间，通过管道将原油输入荆门；同时，通过荆门铁路将成品油运往主要市场——中南和西南地区。又如，陕西、内蒙古许多大型煤矿因受运输能力的限制，大量煤炭难以运出，之后改变思路，建设坑口电站，实行“煤从空中走”的战略，将煤炭转换成电力，源源不断地送往北京等消费市场。这一战略的转变，不仅解决了地方“有煤可采，无车可运”的窘境，而且大大地节约了运输成本。这样，既体现了“近原材料基地原则”，又通过输电线路贴近市场，体现了“近市场原则”。

当今，发展先进的交通运输事业也是一种“缩短”产销距离的重要方法。大力发展铁路运输、高速公路运输、航空运输、水运和管道运输可以大大缩短流通时间，加快企业资本的周转速度。

（三）运用现代化的通信手段贴近市场，缩短流通时间

随着现代通信手段的发展，企业交易的手段已经进入电子化时代，“电子商务”“网上购物”“电视直销”已经成为商品交易和流通的主要方式。它不仅大大地缩短了交易双方找寻的时间，而且使生产者和消费者之间的沟通变得更加容易，使企业可以随时根据市场的需求变化调整生产量和组织商品的调配，不断地根据用户的要求开发新产品，改进产品的功能，更好地满足用户的需要。

因此，企业应注重现代商务手段的运用，通过网络推销自己的产品，建立自己的供应体系。这不仅可以缩短企业资本的流通时间，而且可以扩大企业的知名度，使更多的客户和供应商了解自己，从而通过网络实现交易中的“近供应商原则”和“近市场原则”。

（四）尽力缩短生产时间和劳动时间的差距

劳动时间始终是生产时间，但资本处在生产过程的全部时间，并不一定必然是劳动时间。这是因为在一些生产部门中，生产时间往往包括劳动过程中断、劳动对象受自然力独立作用的时间。在这个时间内，劳动对象要经历物理的、化学的、生物的变化，以致生产时间和劳动时间不一致。

在大部分加工工业、采矿业、运输业，生产时间与劳动时间是一致的。它们所生产的产品或者应达到的有效作用，在劳动过程结束的时候就已经完成，不必再经历一个自然力独立作用的过程。如电子行业生产计算机、机械行业生产机床、运输业运送货物等。但有些生产部门，它们的产品在劳动过程之后还要经历一段受自然力独立作用的时间，这就使得生产时间或多或少地超过劳动时间。如农作物栽植之后，要经历一个自然生长的过程；酿造行业的产品，如酒、醋、酱油等要经历自然发酵期；铸件要经过自然时效等。

生产时间和劳动时间的差距，对于流动资本的支出和固定资本的使用，从而对于资本的周转速度有相当大的影响。在劳动过程中断、生产过程受自然力独立作用的情况下，为了能使生产连续进行，往往需要追加生产资料。此外，生产时间和劳动时间的不一致，会使流动资本的回流不平衡，如农业中的流动资本只有在作物收获之后才回流；同时还会使一些固定资本的使用出现中断，如农业机械的使用，一年中总会有一定的时间间歇。流动资本回流的不平衡和固定资本的中断都会使资本的周转速度减慢。

因此，要充分运用现代科学技术，优化企业管理，尽可能缩短生产时间和劳动时间的差距，以加快资本周转速度。

三、资本周转流量控制——现金流量管理

资本周转以货币资本为起点，经过资本使用形态的不同转化过程，以增值后的货币资本为终点，即从G到G′的周转和循环。具体到单一企业来看，其核心是企业的现金流量管理问题。因此，加速资本周转、扩大资本增值的核心是管理好现金流量。

（一）现金流量的定义与内容

现金流量是现代理财学中的一个重要概念，是指企业在一定会计期间按照现金收付实现制，通过一定经济活动（包括经营活动、投资活动、筹资活动和非经常性项目）而产生的现金流入、现金流出及其总量情况的总称，即企业一定时期的现金和现金等价物的流入和流出的数量。现金流量管理是现代企业理财活动的一项重要职能，建立完善的现金流量管理体系，是确保企业生存与发展、提高企业市场竞争力的重要保障。现金流量管理中的现金，不是我们通常所理解的手持现金，而是指企业的库存现金和银行存款，还包括现金等价物，即企业持有的期限短、流动性强、容易转换为已知金额现金、价值变动风险很小的投资等，包括现金、可以随时用于支付的银行存款和其他货币资金。一项投资被确认为现金等价物必须同时具备四个条件：期限短、流动性强、易于转换为已知金额现金、价值变动风险小。现金流量的内容包括如下几项：

1.初始现金流量

初始现金流量是指开始投资时发生的现金流量，一般包括如下几个部分：

（1）固定资产上的投资：包括土地、厂房设施、机器设备等固定资产的购入或建造成本、运输成本和安装成本等。

（2）流动资产上的投资：包括对材料、在产品、产成品和现金等流动资产的投资。

（3）其他投资费用：指与长期投资有关的职工培训费、谈判费、注册费用、前期研发费用等。

（4）原有固定资产的变价收入：这主要是指固定资产更新时原有固定资产的变卖所得的现金收入。

2.营业现金流量

营业现金流量是指投资项目投入使用后，在其寿命周期内由于生产经营所带来

的现金流入和流出的数量。这种现金流量一般以年为单位进行计算。这里的现金流入一般是指营业现金收入。现金流出是指营业现金支出和交纳的税金。如果一个投资项目的每年销售收入等于营业现金收入。付现成本（指不包括折旧等非付现的成本）等于营业现金支出，那么，年营业现金净流量（简记为NCF）可用下列公式计算：

$$\text{每年净现金流量（NCF）}=\text{营业收入}-\text{付现成本}-\text{所得税}$$

或

$$\text{每年净现金流量（NCF）}=\text{净利}+\text{折旧}$$

或

$$\begin{array}{c}\text{每年净现金}\\ \text{流量（NCF）}\end{array}=\begin{array}{c}\text{营业}\\ \text{收入}\end{array}\times\left(1-\begin{array}{c}\text{所得}\\ \text{税税率}\end{array}\right)-\begin{array}{c}\text{付现}\\ \text{成本}\end{array}\times\left(1-\begin{array}{c}\text{所得}\\ \text{税税率}\end{array}\right)+\text{折旧}\times\begin{array}{c}\text{所得}\\ \text{税税率}\end{array}$$

3.终结现金流量

终结现金流量是指投资项目完结时所发生的现金流量，主要包括：

（1）固定资产的残值收入或变价收入；

（2）原有垫支在各种流动资产上的资金的收回；

（3）停止使用的土地的变价收入等。

在上述划分的基础上，又将每大类活动的现金流量分为现金流入和现金流出两类，即经营活动现金流入、经营活动现金流出、投资活动现金流入、投资活动现金流出、筹资活动现金流入、筹资活动现金流出。

（二）现金流量管理在企业资本运营中的地位

1.加强现金流量管理是企业生存的基本要求

每个企业都有其各自不同的发展阶段，其现金流量的特征也都有所不同。因此，根据其在不同阶段经营情况的特征，采取相对有效的现金流量管理措施，才能够保证企业的生存和正常的运营，否则就会给企业的生存带来致命的影响。如1975年，美国最大的商业企业之一W. T. Grant宣告破产，而在其破产前一年，其营业净利润近1 000万美元，经营活动提供营运资金2 000多万美元，银行贷款达6亿美元，1973年公司股票价格仍按其收益20倍的价格出售。该企业破产的原因就在于公司早在破产前五年的现金流量净额已经出现了负数，虽然有高额的利润，但公司的现金不能支付巨额的生产性支出与债务费用，最后导致"成长性破产"。尤其是2008年全球金融危机之后，企业现金流量风险管理更成为企业生存管理的核心工作。

2.加强现金流量管理可以保证企业健康、稳定地发展

以往对企业的发展能力进行评价的指标有利润、收入等，但由于利润的计量方法可以被人为地操纵，再加上有些企业为了增加利润，会相应地减少产品开发研究费用，这些费用的削减只会影响企业的长远利益。现金流量则弥补了这些不足。自由现金流量可反映企业总体支付能力，股权现金流量可以真实反映企业实际支付能力。两个指标综合反映了企业自身的支付能力及给予企业利益相关者的回报能力，是企业发展潜力的综合体现。

3.加强现金流量管理可以有效地提高企业的竞争力，扩大资本增值

近年来市场竞争日趋激烈，这就要求企业在生产与管理中不断求新、求快，及

时调整产品的生产工艺，以满足消费者千变万化的要求。在这种竞争背景下，现金的流动性就是决定企业运行速度的最重要的因素。而通过现金流量的管理就可以使企业保持良好的现金流动性，提高现金的使用效率，从而将企业的资金及时地转化为生产力，提高企业的竞争力。

（三）现金流量管理的过程

众所周知，现代企业作为一个资本转化增值的价值链，从企业产品的市场调研、研发设计、采购生产、库存销售至售后服务等整个工作流程中，所有环节都涉及资金的流入与流出。因此，现代财务管理的目标已不仅仅只是反映在事后的账务处理、报表分析上，而是更多地反映在企业事前全面的资金预算、决策支持，事中的监督与控制，事后的总结与调整上。因此，伴随企业整个工作流程的现金流量控制和管理就成为企业财务管理的核心任务。

1.经营中的现金流量管理

在企业的生产过程中，现金流量管理的主要作用在于保证生产经营资金的安全，缩短现金循环周期，提高资金使用效率，主要表现在以下几个方面：

（1）存货周转期的管理。在生产经营活动中，对存货周转期的管理通常采用适时制管理，可以降低库存，减少对产品的检查、残次品的返工、不必要的原材料积压。

（2）现金回收期的管理。企业从取得订单到收到货款的每一个程序都要指定专人定期检查，鼓励客户提前付款，对逾期的货款应有专人负责追踪，加速现金的回收，缩短现金的回收期。

（3）付款周期的管理。企业向外支付款项周期，并不是越长越好，如果支付过迟，会使企业丧失信用，损害与供应商的关系，可能导致企业失去潜在的折扣优惠。

2.企业筹资活动中的现金流量管理

在企业的筹资活动中，现金流量管理主要集中在以下几个方面：

（1）预测现金流量，制订筹资计划。企业以现金流量表为基础进行预测是现金预测中最常见的一种方法，能对企业短期的现金流量进行预测，有助于日常的现金管理，根据预测结果制订短期的管理计划。以资产负债表、利润表为基础的预测，是对企业长期发展的现金流量进行预测，测算出企业若干年后的资金的盈余或短缺，有助于企业长期战略计划的制订。这样企业能制订出较全面的筹资计划。

（2）掌握财务状况，判别偿付能力。企业在制订筹资计划时，要充分考虑到自身的短期与长期偿债能力，避免在筹资活动中现金的流动性出现问题，影响企业正常的生产经营活动。企业通常可以采用比率分析的方法，通过计算现金到期债务比、现金流动负债比、现金债务总额比等指标对自身的短期与长期的资金偿付能力进行测算。

3.企业投资活动中的现金流量管理

企业投资活动所形成的现金流量主要包括收回投资、分得股利、分得债券利息等所得的现金，以及购建固定资产、权益性投资、债权性投资等所支付的现金。在做出投资决策时，企业必须明确在可预见的风险下预期的未来收益是否大于当前的支出。本阶段的现金流量管理主要是：

（1）估算投资风险，保证资金安全。在企业做出投资决策时，首先对自身所需的维持日常营运的资金及对未来不确定性的支出有一个估算，在此基础上形成的现金盈余企业才会进行投资。对所选择的投资对象，通过对投资对象提供的财务资料进行分析，尤其是对企业自由现金流量的大小进行分析，可以了解被投资企业的财务政策、获利能力、持续发展能力、风险及资金的现值，可以让投资企业在判断投资对象的回报能力上有一定的了解，在客观上提高了资金的安全性。

（2）通过投资评估，保证资金效益。在做出投资决策时必须考虑到未来得到的收益是否大于投资支出，即货币的时间价值问题。正如上一章谈到的，企业可以使用很多方法来评估投资决策，但各种方法基本上都是建立在现金流量的基础上，如贴现现金流量法、净现值法等。一般来说，如果一个项目的净现值大于零，对这个项目进行投资就是可行的。

现金流量管理实际上是对货币价值和使用价值的联合管理，我们通过对货币资本形态转化过程的控制和优化，以达到货币价值增值最大化的资本运营目的。当把企业作为资本组合方式来看时，企业的现金流量管理的运作过程如图5-3所示。

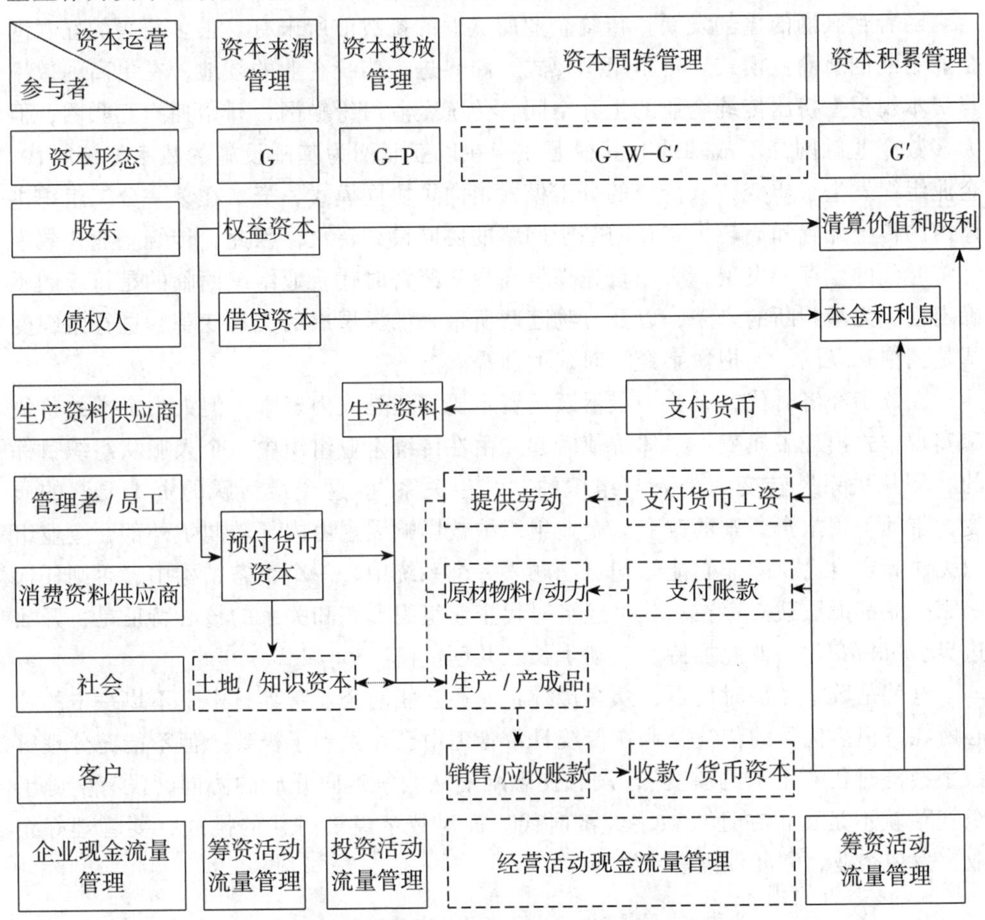

图5-3 企业现金流量管理与资本运作过程

从图5-3可以看出，营运资本流动管理，即虚线部分，也就是经营活动现金流量管理，是企业日常资本运营管理的核心，资本在货币形态、原材料形态、产成品形态、应收账款形态之间不停地转化和流动，从单一的一次周转来看，其起点是预付货币资本，终点是增值后的货币资本。无论资本的积累、分配还是新筹资和扩大投资，都必须保证增值后的货币资本大于预付货币资本。从企业实践来看，就是企业的利润必须具有“现金含量”。保证经营活动的现金流量持续稳健是企业生存和发展的关键。对于一个正常经营和发展的企业来讲，经营活动净现金流量应该大于利润加折旧，这里所说的折旧就是在特定的资本周转期（一般指一年）内投资形成的生产资料的折损价值，该价值必须在经营期内回收，才能够保证新一轮的再生产维持和扩大。目前，在我国很多企业经营活动净现金流量持续为负或者小于上述的净利润加折旧，这是非常可怕的，其最终会因“成长性缺血”而倒闭，因为，资本是一种稀缺资源，不可能向同一个企业无休止地供给，管理好营运资本的周转就是要保证企业的自身造血能力。

四、资本周转组织管理——数字时代的挑战

随着互联网的蓬勃发展，传统企业所遭遇的挑战前所未有。很多新兴的互联网企业不断创新商业模式、资本组织模式，跨界进入传统企业的领地，在更高的效率与资本规模上挤压传统企业的生存空间，传统企业纷纷触网，开始拥抱互联网，但大多数企业触网是不成功的。其根源在于在以互联网为基础设施的数字经济时代，企业组织发生了质变，从传统的分工模式走向了协同模式，资本在单一分工组织主体内的传统配置和周转模式在向基于网络的协同模式转化。因此，传统企业在数字经济时代的生存和发展，必须首先理解在数字经济时代企业组织面临的是持续的不确定性、无法判断的未来，以及万物互联所带来的深层次的交易变革，进行组织变革是拥抱互联网、拥抱数字经济时代的前提。

在数字经济时代，企业中最活跃的资本要素还是人力资本，但人力资本的价值和实现方式出现了质变：个体价值崛起。由在传统企业组织中，个人服从组织目标的“服从关系”转变为个人与组织的“共生关系”。这个最活跃的资本要素的质变，带动了资本全要素的改变：企业组织绩效影响因素由内部转向了外部，企业组织无法界定自己，除非它能够把自己融入一个系统中、一个生态结构中，否则任何一家企业都无法独立存在。数字经济时代企业组织形态和关系的核心特征是：开放边界、引领变化、彼此加持、互动生长、共创价值”①。

这就是数字经济时代下，众多传统企业在互联网企业跨界打击下不堪一击的核心所在，很多优秀的传统企业在传统日常管理中已经做到了极致，但不能充分理解数字经济时代“组织的质变”，没有在思维上从竞争走向开放的协同，没有实施组织变革就不是真正在迎接数字经济时代。面对数字经济时代的挑战，要管理好企业、发展企业，需要深度思考：

① 陈春花，赵海然. 共生：未来企业组织进化路径［M］. 北京：中信出版集团，2018.

1.建立长期主义的价值观

在一个巨变的环境当中，唯一可以超越变化的，其实是长期主义，并不是机会主义。我们现在很多人去判断风口期、红利期，或者所谓的商机，但这不能帮你，如果你认为那就是一个机会的话，那你仅仅是机会主义者。做企业经营的人，其实最重要的是要保持一件事情有价值地持续地做下去。那些能够超越时代、超越变化的优秀公司，真正有价值的部分是他们能将爱、信任和承诺交付给顾客。

在巨变的环境下的挑战和诱惑是非常多的，越是在这样的一个动荡的时候，越是要坚守。因为只有坚守企业的基本假设符合长期发展利益，保有长期主义的价值观，才会有机会。所以在今天，不是机会变多变少的问题，而是企业自己的笃定和坚持够不够的问题。

2.从预测判断转向不断进化

今天企业可能要训练自己一个能力，这个能力就叫逡从预测判断转向不断进化。任正非说过一句话让人印象深刻，他说在今天来讲，方向大致正确，关键在于执行和效率。这恰恰可以告诉我们，带领一家公司成为全球最强企业的领袖，他对于未来的选择是什么。很多人已经习惯通过预测、判断，然后再去做选择，但是今天最重要的不是做预测，而是你能不断地进化。

怎么样去调整企业不断地进化，其实非常关键。如果你过去有核心竞争力，不要停在那个地方，因为核心竞争力会成为你的障碍。在今天企业要做的一件很重要的事就是有目的、有组织地把自己的核心竞争力放掉，然后去学新的东西。当企业组织可以不断学新的东西的时候，其实就可以不断地迭代自己。

3.致力于不可替代性

很多时候会发现，能被迭代的人，绝对不是因为技术，一定是因为被顾客淘汰；绝对不是因为机会不够，而是因为自己的价值贡献不够，自己淘汰了自己。核心不是在于行业，而在于回到市场去问，顾客要的价值我们是不是创造出来了。

要做到不可被替代，就是看你怎么更好地满足顾客的需求，你是不是踏踏实实地、很专注地、心无旁骛地去为你的顾客创造价值。所谓的去库存，应该是顾客的选择，不是企业自己的选择，如果顾客已经淘汰你，那你一定是要被淘汰掉。不要认为大家没有机会，我们只需要问，我们跟顾客到底是一个什么样的关系。

4.从固守边界到伙伴开放

互联网技术带来一个我们最需要接受的变化就是平台化和云化。平台化和云化最大的特征是什么？就是开放、连接与协同。我们做任何事情，尤其是做企业的人，要懂的一件事情就是企业的边界。在边界里，组合各种要素的效率和成本比别人快，企业就有竞争力。但是今天互联网最大的变化是，组合要素的效率和成本在企业外部更快，互联网打破了边界。当你能够做到伙伴开放的时候，其实你就可以真正做连接和协同。从资本配置和周转的角度来讲，在产品被最终消费者消费之前的任何环节和资本形态都是可以共享的，无论其在哪一个共生组织内，都可以被共生态的任何一个组织所用。

有一个案例对大家的启发非常大。海尔有一个平台叫作生态伙伴开放平台，在平台上有40万个解决问题者，这40万人不是海尔的人，是全球各大研究机构科研人员。这40万人就在为海尔解决1 000个领域的问题，包括它现在所出的很多新兴的产品。试想想任何一个企业，很难在边界内拥有40万个科研人员，很难在边界内去解决1 000个领域的创新问题，但是海尔通过一个开放平台做到了。这就是今天企业要学的，从固守边界到伙伴开放。

5.构建共生态

开放边界之后要做什么？在今天，任何一个人都不能独立存在，任何一个人都没有办法独立解决问题，任何一个企业也不能够独善其身。那么为什么共生又可以变成现实？因为真正的平台技术和互联网技术使我们有能力让大家形成一个命运共同体。

当能够形成命运共同体的时候，其实我们就拥有了无限的去解决问题的可能性。当能够拥有无限解决问题的可能性的时候，我们其实就有了一个共生的概念。长久的价值创造是命运共同体带来的集体智慧结晶，共生的逻辑是让组织形成命运共同体、拥有集体智慧的重要维度。从战略上来说，共生应该解决什么问题呢？以前在竞争当中，如果用波特的理论，就是输赢的关系。如果用共生的理论，应该是一个共同成长的关系。这是一个非常大的战略逻辑的改变。

第6章　资本积累

第1节　资本积累的意义和原则

企业资本运营的目标是资本的增值，而企业资本扩张能力是影响企业资本增值的重要因素。企业资本扩张的最终资本来源不外乎两条途径：一是资本增值的再投入，即狭义的资本积累；二是外部筹资。很显然，没有资本增值就不会有资本积累，而资本没有自身积累的能力，企业的外部筹资也必然会受到限制，从而也必然影响资本的更大增值。从这个意义上讲，资本积累既是资本运营的前提和出发点，又是资本运营的结果和归宿。

一、资本积累的概念

（一）狭义资本积累

所谓资本积累，是指“把剩余价值当作资本使用，或者把剩余价值转化为资本”。[①]这是由资本主义生产方式决定的。在社会主义市场经济体制下，这种剩余价值资本化的狭义资本积累应该理解为盈利的再投资，是和扩大再生产相关的一个概念。它不再是资本家榨取更多剩余价值的手段，而只应理解为充分调动社会可用资源投入社会再生产过程，在更大程度上发展生产，推动经济增长的手段。对企业的出资者来说，是收益的再投资；而从企业的角度来讲，实质上是一种筹资行为。从企业资本运营的角度来说，资本积累是和分配相对应的一个概念，是对资本增值的处理。资本积累额是留在企业中继续发挥资本职能的资本增值中的一部分，是企业资本扩张的来源。

（二）广义资本积累

然而，在现实经济生活中，资本扩张和扩大再生产的资本来源并不局限于盈利的留存，在一定的条件下和一定的时期内，企业内部的补偿基金（如折旧）、消费基金（如计提的应付福利费）在支付或耗用之前也可以发挥资本的功能，在特定的时期内也可以成为扩大再生产的资本来源。此外，在当代经济中，资本除了有货币资本、生产资本和商品资本之分外，还有人力资本、知识资本、无形资本等职能形式，而且这些形式在当今资本增值中的重要性已经在一定程度上超过了原有的形式。因此，广义的资本积累，就是指在一定的条件下，将社会资本的一部分当作资本使用，或者更确切地说，将一切可以发挥资本功能的有价值的财物（无论是有形的还是无形的）当作资本使用，转化为扩大再生产基金。显然，广义资本积累是狭义资本积累在外延上的扩大，而狭义资本积累是广义资本积累的主体。将资本积累

---

①　马克思. 资本论［M］//马克思，恩格斯. 马克思恩格斯全集：第23卷. 中共中央马克思恩格斯列宁斯大林著作编译局，译. 北京：人民出版社，1974：635.

划分为广义和狭义，有利于挖掘现有各种资源的潜力，充分发挥现有资本的使用效果，并在一定程度上缓解企业资金紧张的局面。

广义资本积累在当前经济发展中的作用日益重要。我们用狭义资本积累，即利润的积累来看待当今的企业，会发现很多事情无法用利润积累能力来理解。比如，在金融危机中，很多企业利润大幅度下滑，或者亏损，或者已经资不抵债，按照我们对狭义资本积累的理解，这种企业不具备积累能力，也不具备再筹资能力，可现实是这种企业一样可以继续进行股权融资，其股票仍可以具有较高的价格。这说明，我们依据传统历史成本会计原则确定的积累能力，并没有将企业能力真实地表现出来，也就是我们基于狭义资本积累衍生的计量概念是失真的。从广义资本积累来看，这一现象就好理解了：企业在资本积累的过程中会运用各种形式的资本，按照我们的会计计量原则，这些被运用的资本经过周转，逐渐转化为费用，从积累的过程中扣除，得出利润，所以我们仅关注了货币概念下的可计量的资本耗费和资本增值，没有关注在历史成本概念下不可计量的无形和衍生资本积累。也就是说，在狭义资本积累的计量模式下，我们忽略了其他形式的资本循环和积累。这些广义的资本积累包括：劳动者技能和健康状况的积累，即人力资本的积累；技术和知识产权的积累，即知识资本的积累；品牌的积累，即获取客户能力的无形资本的积累；产业链上下游企业的积累，即资本在社会上其他企业的积累；环境资本的积累，即由于企业的资本投入改善了环境形成的社会共享的积累。这些广义的资本积累形式更多的是资本流出单一企业而形成的服务于全社会的资本积累，在单一企业内，该资本的一部分可能流出企业，不再参与周转和增值，但并不意味着资本灭失，只不过是以其他积累的形式参与到社会资本的周转和增值过程中去了。

因此，在经济一体化和分工普遍存在的今天，我们除了关注作为基础的狭义货币资本的积累外，作为企业更应关注人力资本、技术和知识资本、无形资本、环境和社会资本的积累形式；作为政府，应该对参与上述社会资本积累的企业给予鼓励和优惠，这样才有利于创造创新型的和谐社会。

在广义资本的概念下，企业就可以被定义为：不同资本进行组合，寻求各自周转和增值的特定"资本组合方式"。其中，出资人或者借贷人投入货币资本，不同类型的人员投入不同的人力资本，社会投入各种知识、环境资本。这些资本通过企业的组织形式，组合到一起，发挥不同形式资本的属性，共同寻求发展和增值。因此，在企业出资者实现了其货币资本增值的同时，其他形式的资本也必然要达到和满足增值的要求，不然这个资本组合形式就不会长远存在，资本组合就要解散，但这一单一的资本组合形式的解散并不意味着原有各种组合形式的灭失，它们会参与到其他新的组合形式中去。因此，广义资本积累更符合企业作为"资本组合方式"的自然属性。企业作为资本增值的载体和组合形式，必须为组合内各种资本形式带来增值的能力，否则其存在就不会长久。在一定时期内，企业作为资本组合方式，其参与者的资本积累和增值的能力大小是有差异的。也就是说，各种形式的资本积累率是不同的，这种资本积累率的差异会受到社会其他同行业、同类型资本组合形式的各种资本积累率的限制。长期来看，各种形式的资本积累率会向同类型的资本组合形式的积累率趋同。但短期积累率的偏离是企业发展的必然推动因素，也就是说，在某单一资本组合中，如果存在着高于其他组合体中资本积累率的优势资本，该组合就是优势组合，就可以快速发展。

当然，上述的资本积累是以各种形式资本的自然积累能力来衡量的，这和以货币计量的资本积累概念不同，因为在现代会计条件下，其他形态的资本是以成本而不是以产出来看待的，如果将现代的企业作为出资人的企业来看待，上述组合优势应该表述为：如果某一组合中某资本形式的自然积累率高于其他组合体的积累率，该组合就具有发展优势；或者说，出资人对某资本形式的补偿水平低于其他组合体的平均补偿水平，该组合体的出资人就可以获取超额积累。从长期来看，全社会资本的流动会使这种优势消失或者减弱，这时组合平衡就会被打破，然后重新组合。作为企业，如果长期仅关注出资者的利益，不考虑其他形式资本的增值要求，该企业就不会长久发展。

（三）资本现实积累与虚拟积累

从资本的自然属性和社会属性来考察，资本积累的概念也在扩充。资本在自然属性上的存在形式已经远远跳出了传统的货币资本、商品资本范围，更多地表现出上述的广义人力资本、无形资本、知识资本等现实存在形式；作为最原始的货币资本，其社会属性或者所有权属性随着资本市场和创新工具的发展，也进一步跳出了传统的自有资本和借贷资本的所有权形式范围，而表现为各种各样的虚拟资本。所谓虚拟资本，是指能够定期带来收入的以有价证券形式存在的资本，主要包括股票、债券、银行券、各种衍生金融工具等。当前，虚拟资本处于疯狂的扩张状态，已经脱离了现实资本的周转和积累，有些已经超越了现实资本而自身进行周转和增值。从严格意义上考察，这些虚拟资本的增值仅是现实资本积累的再分配过程，并没有带来现实资本的实际增加，如果任其扩张，就会导致全社会资本积累的歪曲和误导，其后果将是灾难性的。目前全球的经济危机不能说绝对和这些虚拟资本的疯狂扩张有关，但其绝对是重要的诱因。

在《资本论》中，马克思认为有价证券的“资本价值也纯粹是幻想的”，“股票只是对这个资本所实现的剩余价值的相应部分的所有权证书”，“所有这些证券实际上都只是代表已积累的对于未来生产的索取权或权利证书，它们的货币价值或资本价值，或者像国债那样不代表任何资本，或者完全不决定于它们所代表的现实资本的价值”；“有了这种证书，只是在法律上有权索取这个资本应该获得的一部分剩余价值，但是，作为纸制复本，这些证券只是幻想的，它们的价值额的涨落和它们有权代表的现实资本的价值完全无关，尽管它们可以作为商品来买卖，因而可以作为资本价值来流通”。①

从现实全球经济的发展来看，虚拟资本的存在的确促进了经济的高速发展。首

① 马克思. 资本论：第3卷［M］. 中共中央马克思恩格斯列宁斯大林著作编译局，译. 北京：人民出版社，1965：529-540.

先，虚拟资本为企业提供了新的融资渠道，更提供了一种全新的机制。通过该机制，一方面，企业长期性的大额资金需求得到满足；另一方面，资本主义经济的发展得到了极大的促进。正如马克思所言："假如必须等待积累去使某些单个资本增长到能够修建铁路的程度，那么恐怕直到今天世界上还没有铁路。但是，集中通过股份公司转瞬之间就把这件事完成了。"其次，虚拟资本开辟了新的资源优化配置方式。这一方式包括静态和动态两方面：其一，静态方式。虚拟资本发挥"黏合剂"功能，将潜在的生产力转变为现实的生产力。各生产要素在分离的状态下，都只是潜在的或可能的生产力。虚拟资本的出现将分离的生产要素"黏合"起来加以整合，并在此基础上以虚拟资本为载体形成一定的资本组织，从而实现了资源的优化配置。其二，动态方式。虚拟资本发挥"奖惩"功能，实现了市场的优胜劣汰。在健全的市场制度下，虚拟资本市场创设了一种"公开评价"机制：在完善的信息披露机制下，通过对企业经营现状及前景的研判，市场参与者"用脚投票"，支持甲企业或转而支持乙企业。显然，利润率高的企业因资本的流入而得到"奖励"，利润率低的企业因资本的流出而受到"惩罚"。在虚拟资本市场，价格信号引导资本流动，实现着资源的动态配置。

对于我国而言，我们必须大力发展虚拟资本，积极推进经济金融化、货币化的进程。在我国，迄今人们对虚拟资本的论述主要集中于两个层面：其一，对其负面作用如何应对；其二，在"不得已而为之"时如何防范。诚然，虚拟资本有其负面影响，对此我们需要加强防范，但仅限于此是远远不够的。因为这只是狭义的消极的研究。长期来看，我们需要大力发展虚拟资本，"发展是硬道理"，在发展的过程中进行规范。最近，宋鸿兵先生的《货币战争》一书比较流行，我们从中可以体验资本虚拟化的疯狂过程。中国经济已经融入世界经济，尤其是以美国为首的金融疯狂虚拟化导致了在更高层级的侵略和掠夺。在全球金融虚拟化的大背景下，如果我们不能有效地推进人民币的话语权、发行权，不能有效参与资本的虚拟化，我们就会在国际竞争中遭受其他发达国家滥用货币发行权的任意侵略。在当前源于发达国家金融和资本虚拟化的金融危机下，我们发现多年的外汇积累在极大贬值，发达国家用虚拟的、滥用的废纸就可以疯狂掠夺我们的现实资本。美国开着飞机撒美元来转嫁经济危机，而我们的对策却是有限的。我们在用现实资本和虚拟资本进行博弈，现实资本的积累需要时间和血汗，而虚拟资本却可以凭空创造，这种博弈是非对等、非公平的博弈。

因此，应对全球化，中国需要在有监管的、对世界经济发展负责任的前提下大力发展虚拟资本，抢夺虚拟资本的话语权，以维护现实资本积累的成果。正如2009年5月在伯克希尔·哈撒韦公司股东大会上指责了美国大发国债的"股神"巴菲特，在一场记者招待会上再次批评美国高负债的政策时指出的那样："他们（中国人）每日辛勤劳作生产产品给美国人用，而我们给他们一些纸片。当他们想用这些纸片来买优尼科石油公司的时候，却发现这些纸片不能达到他们的目的（2005年中海油竞购优尼科，因遭美国方面阻挠而失败）。"

二、资本积累的意义

在社会主义市场经济条件下，强调资本积累具有重要意义：

（一）资本积累可以推动企业发展

企业作为资本的载体，生存、获利和发展是其基本目标。企业一旦设立，就会面临竞争，并始终处于生存和倒闭、发展与萎缩的矛盾之中。企业只有获利才有存在的价值，只有生存下去才可能获利，只有不断发展才能求得生存。在现实中，企业的生产经营如“逆水行舟”，不进则退，尤其在科技不断进步的今天，产品不断更新换代，企业必须不断推出更新、更好、更受顾客欢迎的产品，才能在市场中立足；只有不断地发展才不会在激烈的竞争中被其他企业排挤出去。因此，企业的停滞是其死亡的前奏。而企业的发展集中表现为扩大收入、扩大增值。扩大收入和增值的根本途径是提高产品的质量、扩大销售的数量，这就要求不断更新技术、设备和工艺，不断提高人员的素质，也就是说，要不断地投入资本，实现资本的扩张。

前面提到，资本扩张有内部积累和外部筹资两条途径，而资本增值是资本扩张的出发点和归宿。由于资本积累的主体来源于资本增值，资本积累能力的大小可以反映企业资本增值能力的大小，而在以市场方式为主体配置资本的市场经济条件下，资本增值能力直接制约企业的外部筹资能力。因此，资本积累可以改善企业的外部筹资能力，为扩大再生产提供更为广阔的资本来源，从而推动企业的发展。同时，积累本身就使企业占有的资本得以扩张，为企业扩大再生产提供了资本保障。

（二）资本积累可以增加企业的自有资本，改善资本结构

在理论上，企业利用债务资本可以取得杠杆效应，即在债务利息率低于企业资本报酬率的情况下，加大借入资本的比重可以提高自有资本的报酬率。由于借入资本有固定的偿还期和利息负担，因此，如果管理不善，借入资本的比重过高会由于借入资本的偿还而使企业的资本占用发生周期性的波动，在一定程度上会使货币资本的周转受到阻碍，进而影响总资本的循环和周转。而资本积累所提供的是自有资本，不需要归还，可以长期为企业所用。因此，强调资本积累，就是要使企业树立自我发展、自我积累的意识，建立资本结构的自我调节机制，依靠自身的积累使企业的发展步入良性的轨道。

（三）资本积累可以推动经济增长方式的转变

企业是国民经济的细胞，企业效益增长是国民经济增长的基础。从宏观的角度来说，经济增长来源于资本投入的增长和资本产出率的提高，也就是说，一国在一定的时期内，可以采取增加资本投入和提高资本产出率两条途径来推动经济的增长或者维持某一增长率。当经济增长主要由增加资本投入来推动时，我们称为粗放型经济增长；当经济增长主要由提高资本产出率来推动时，我们称为集约型经济增长。从长期来看，第一条途径必须以第二条途径为基础，这是由于用于推动经济增长的资本投入不是无限供给的，资本只有在运动中增值才能在周转中不断地保存和扩大自己，才能够实现再生产的不断扩大。

党的十四届五中全会强调要转变经济增长方式，从粗放型转向集约型，从主要

依靠增加投入转向提高经济效益。这一思想早在改革开放之初就已经明确提出，但总体效果并不显著。其原因是复杂的、多方面的。企业缺乏资本积累的意识和自觉性是一个重要方面。积累主要来源于资本增值，强调积累本身就是强调企业要以经济效益为中心，以提高资本的使用效率为重点，以较少的投入获取较大的产出。因此，在以企业为主体的资本运营中强调资本积累有助于企业改变观念，真正树立以效益为中心实现自我积累和发展的意识，从而推动国民经济整体增长方式的转变。

最后，由于资本积累的主要来源是资本的增值，而在狭义企业理论中，企业是出资者的企业，企业占用资本的增值归于出资者，因此企业资本增值的处理权，即分配还是积累，以及多大比例用于积累也应由投资者决定。但由于出资者对收益的长短期偏好不同，这会产生决策中的矛盾。虽然现实中有很多手段（比如投票表决）可以解决这一矛盾，但矛盾的解决在一定程度上会影响意愿未满足的出资者的积极性，因此合理做出资本积累和分配的决策是最大限度地消除出资者矛盾的必然要求。而在我们前面提及的广义资本概念下，我们把企业作为不同形式的资本组合，资本积累除了包含狭义的企业出资人的资本积累外，还应包括其他资本形式的增值，这些积累包括人力资本的积累、社会资本的积累、知识资本的积累等。

三、资本积累的原则

资本积累的根源是资本增值，因此在积累问题上更多的是将其和分配一起来考虑。积累和分配的不同安排，对企业的出资者和企业的发展至关重要，在做出积累和分配的决策时应遵循如下几条原则：

（一）投资机会研究优先的原则

一般来说，留存比例的增大意味着企业占有的资本量的扩张，这必然要求企业有更好的投资或追加投资的机会，能够带来更大的收益，否则会由于资本量扩大，边际收益递减而引致资本报酬率下降，违背企业积累的初衷。因此积累方案的制订必须首先研究投资机会及资本需求。

（二）利益兼顾原则

由于不同出资者对资本收益分配的依赖程度不同，作为狭义的出资人，有的出资者依靠收益分配维持日常开支，他们要求收益分配具有长期的稳定性；而有的出资者则对收益分配无依赖，更为关注资本的价值增加。因此，积累和分配方案的制订应兼顾不同投资者的偏好，兼顾短期和长期利益的均衡。而广义的企业资本积累，还应兼顾其他形式的资本积累过程，即在狭义资本积累概念下的其他形式资本的耗费也是必须考虑的。企业出资人在考虑自身的积累过程中，还必须兼顾员工利益的提高，实现人力资本的积累；考虑社会环境的改善，实现社会资本的积累；考虑研发的投入，实现技术创新、管理创新，从而实现知识资本的积累。当然，增加其他形式的资本积累，在短期内会降低出资者资本的积累率，但从长期来看，却可以增强企业的竞争力，进而增强长期出资者资本的积累能力。作为政府，应该考虑对那些为其他形式的资本积累做出贡献的企业给予奖励，鼓励企业实现对各种形式的资本积累的兼顾。

（三）实物资本保全原则

在现行制度下，从出资者的角度看，将利润作为资本增值看待时，积累和分配的决策应慎重。这是由于利润的确定以历史成本和权责发生制为基础，在通货膨胀、技术进步、信用关系恶化的情况下，利润并不代表企业的实际资本增值。为了保持生产经营的持续性，应注意实物资本的保全，即在对利润的分配中应留存一部分，以弥补由于环境变动而导致的维持简单再生产对资本需求的增量。

（四）资本结构优化原则

积累和分配的不同策略，会同时影响企业的资本来源结构和资本形态（资产）结构。从资本来源结构来说，留存比例增大有利于增加所有者权益，反之则会减少所有者权益，这对资本来源结构有较大影响；从资产结构来说，分配比例加大，会导致企业流动资产的流出增加，会影响企业的流动比率和速动比率。因此，积累决策应兼顾资本来源结构和资本形态（资产）结构的优化，不可偏执一方。

第2节　资本增值的界定

资本增值是资本积累和分配的基础，合理界定资本增值是研究资本积累和分配的前提。无论是在出资者企业理论还是在资本组合企业理论下，资本和资本增值的关系都好比果树和果子的关系，果子是果树上生长出来的，可以用于消费，而果树则是不能被消费的，必须保护好果树，才能使其继续生产果子。这种比喻不难理解，但在实际中，资本和资本增值并不容易区分，在如何计算上存在着两个不同的概念。以下部分我们关注狭义资本概念下的资本增值。

一、会计收益观念

会计收益观念是指把本期已实现收入与其相关历史成本之间的差额作为资本增值额，它具有如下优点：

1.会计收益是根据企业实际发生的经济业务，按会计惯例、原则确认的，由于有实际经济业务作为基础，因而具有客观性和可验证性。

2.在现代企业的所有权与经营权分离的情况下，会计收益对反映企业主管人员履行经营责任的情况是非常有用的。

3.会计收益的确认以权责发生制为基础，依据收入确认原则，不将资产价值的未实现增值作为收益，因而符合稳健性原则。

会计收益观念虽然有上述优点，但也受到严厉的批评，关键在于它和制定经济决策不相关：

1.会计收益按收入实现原则，不确认未实现的资产增值，而此部分增值，从投资者角度来看，对评价企业财富状况是非常重要的。

2.由于会计收益观念下按现时价格计量收入，按历史成本计量费用，所以在通货膨胀的情况下，会导致成本补偿不足，难以做到资本的保全。

3.由于依赖历史成本计价原则，企业的资产负债表仅揭示企业尚未分摊完的资产价值余额，故难以揭示企业的实际价值。

二、经济收益观念

经济学家把企业收益称为经济收益，它是指在期初、期末企业资本没有变化的情况下，企业在本期可以消费（分配）的最大金额。显然经济收益和资本维护是密切相关的，因而有必要首先明确资本维护观念。

所谓资本维护，又称资本保全，是指在资本得到保全或成本得以全部弥补以后才能确认收益。由于对资本计量的不同选择，在观念上又存在着两种不同的理解：

（一）货币资本维护观念

这种观念主张所应保全的是货币资本，这与传统的会计实务是一致的，即以历史成本计量企业资产的价值。因而以名义货币计量时，只要保证期末净资产价值不低于期初净资产价值，即认为做到了资本维护，超出的部分即企业的资本增值。

（二）实物资本维护观念

这种观念主张应当维护的是实物资本，即企业的实际生产能力。但对实际生产能力又有以下三种不同的理解：①企业所拥有的实物资产，认为企业消耗掉的实物资产得以更新以后，才能进行收益的分配；②以后年度可以生产或提供同样数量的商品或劳务；③以后年度可以生产或提供同样价值的商品或劳务。

显然第一种生产能力概念不包括技术更新的因素，后两种概念包括了技术更新因素。三者之间的差别并不是很大，均反映了实物资本维护观念。在这一观念下，企业在生产经营过程中所发生的费用需以现实重置成本而不是历史成本计量，在企业已消耗的实物资产价值得到重置之前，不能确认收益。应该指出，这种观念对于维护企业的长远发展是很有必要的，但是按重置成本计量费用，会存在计量上的困难。

下面举一简例说明会计收益和经济收益的差别：

假设某企业期初净资产价值为20 000元，期末净资产价值为30 000元，期末维护实际生产能力的净资产为25 000元，则会计收益和经济收益的计算式为：

会计收益=30 000-20 000=10 000（元）

经济收益=30 000-25 000=5 000（元）

这一简例说明了会计收益和经济收益的差别。由于会计收益以历史成本计量所需维护的资本，而经济收益以现时成本计量所需维护的资本，因此，一般来说，在物价普遍上涨时期，会计收益会高于经济收益，其差额主要是由货币购买力下降造成的。在会计收益下仅做到了名义货币资本的维护而未做到实物资本的维护。显然，如果这一差额很大，以会计收益作为分配的基础，存在着资本维护不足的可能。这提醒我们在当前以会计收益作为分配和积累的基础的情况下，对分配和积累的量应加以关注，以保证企业生产能力的维持。也就是说，在会计收益中，会计收益与经济收益的差额部分是必须加以积累的，分配的上限不应超过经济收益。

三、资本增值的界定和计量方法——例释

由以上论述可知，对资本增值的确存在着不同的观念，因而其计算模式也有所不同。对会计收益的计量在会计学中有较多的论述，且从当前的会计系统中可以直接得到会计收益的量，故在此不做探讨，仅就经济收益的计量加以例释。

表6-1和表6-2是XYZ公司的比较资产负债表和利润表，有关补充资料如下：

表6-1 **XYZ公司比较资产负债表**

2018年12月31日 单位：元

项 目	2017年12月31日		2018年12月31日	
资产				
现金	10 000		30 000	
应收款	20 000		30 000	
存货	30 000		20 000	
土地使用权	40 000		40 000	
厂房和设备（5年）	50 000		50 000	
减：累计折旧	（10 000）		（20 000）	
资产合计	140 000		150 000	
负债和所有者权益				
公司债券（利率10%）		50 000		50 000
普通股		50 000		50 000
留存收益		40 000		50 000
合 计	140 000	140 000	150 000	150 000

表6-2 **XYZ公司利润表**

2018年度 单位：元

项 目	金 额
销售收入（5 000@40）	200 000
销售成本	54 000
期初存货（3 000@10）	30 000
进货（4 000@12）	48 000
期末存货（2 000@12）	（24 000）
毛利	146 000
减：利息	5 000
销售和管理费用	117 000
折旧	10 000
净收益	14 000

（1）企业采用后进先出法计算存货销货成本。

（2）2018年年末土地使用权的现时重置成本为70 000元，厂房和设备的现时重置成本为80 000元。

（3）商品存货是在2018年年底销售的，当时存货现时重置成本为20元/件。

（4）一般物价指数：2017年12月31日为100；

2018年12月31日为180；

2018年平均为120。

（5）除销货成本和折旧外，所有费用和收入在年度中均衡发生。

（6）存货购进日一般物价指数为150，当期购进4 000件，单价为12元/件。

则按货币资本维护观念编制的比较资产负债表和利润表见表6-3和表6-4。由表6-3和表6-4可知：按货币资本维护观念，当期实现的净收益（本期营业收益）为-35 000元，比会计收益的10 000元少45 000元，如果加计已实现的资产置存收益，则当期已实现的全部收益为10 000元，这和历史成本会计所确认的收益数额是一致的。但在这种情况下，要使生产能力维持在期初的水平上，已实现的资产置存收益45 000元是不应分配的，而应留存进行资产的重置或作为重置准备。

表6-3

XYZ公司比较资产负债表

（重置成本/名义货币）

2018年12月31日

单位：元

项　目	2017年12月31日		2018年12月31日	
资产				
现金	10 000		30 000	
应收款	20 000		30 000	
存货	60 000		40 000	
土地使用权	40 000		70 000	
厂房和设备（5年）	50 000		80 000	
减：累计折旧	（10 000）		（32 000）	
负债和所有者权益				
公司债券（利率10%）		50 000		50 000
普通股		50 000		50 000
留存收益		40 000		118 000
期初				40 000
本期营业收益				（35 000）
资产置存收益：				
已实现				45 000
未实现		30 000		68 000
合　计	170 000	170 000	218 000	218 000

表6-4 XYZ公司利润表

（重置成本/名义货币）

2018年度 单位：元

项 目	金 额
销售收入（5 000@40）	200 000
销售成本	100 000
期初存货（3 000@20）	60 000
进货（4 000@20）	80 000
期末存货（2 000@20）	（40 000）
毛利	100 000
减：利息	5 000
销售和管理费用	117 000
折旧费用	13 000
本期营业收益	（35 000）
已实现资产置存收益：	45 000
存货	
进货（4 000×（20−12））	32 000
期初（1 000×（20−10））	10 000
折旧 （13 000−10 000）	3 000
未实现资产置存收益	68 000
期末存货（2 000×（20−10））	20 000
厂房和设备	18 000
土地使用权	30 000
合 计	78 000

注：（1）其中折旧费用按年初、年末平均重置成本余额计提，即：

$$\frac{(50\,000+80\,000)\div 2}{5}=13\,000\text{（元）}$$

（2）厂房和设备的未实现置存收益：

（80 000−50 000）−30 000×2×20%=18 000（元）

（3）@表示单价。

如果按实物资本维护观念，即按重置成本/不变货币来编制会计报表，则在利润表中不应计列资产置存收益，而应将其作为资产负债表中的所有者权益项目“资本维护准备”来列示。此外，对于货币性项目，还应编制购买力利润表，相应计算货币项目的购买力损益金额，作为留存收益的一个减项。仍以上例，货币性项目购买力利润表见表6-5。

表6-5　**货币性项目购买力利润表**　单位：元

项　目	未调整金额	换算系数	调整金额
1.期初货币性项目净额	（20 000）	$\frac{180}{100}$	（36 000）
2.本期货币性收入	200 000	$\frac{180}{120}$	300 000
3.本期货币性支出			
进货	48 000	$\frac{180}{150}$	57 600
利息	5 000	$\frac{180}{120}$	7 500
销售和管理费用	117 000	$\frac{180}{120}$	175 500
小　计			240 600
4.期末调整货币性项目净额（（1）+（2）-（3））			23 400
5.期末实际货币性项目净额			10 000
6.货币性资产损益（（4）-（5））			13 400

注：（1）货币性项目净额=货币性资产总额-货币性负债总额

（2）期初货币性项目净额未调整金额：10 000+20 000-50 000=-20 000（元）

（3）期末实际货币性项目净额：30 000+30 000-50 000=10 000（元）

则在实物资本维护观念下，当期收益为-48 400元（-35 000-13 400）。

由上可见，在不同的资本维护观念下所确认的净收益，即资本增值是不同的，为了保证企业的长期发展能力，防止企业资本被侵蚀，在确定资本增值时应以传统会计下的会计收益为基础进行调整，对会计收益超过实物资本维护观念下的经济收益的差额应加以积累。

第3节　增加资本积累的途径和措施

从企业作为出资人的企业这一角度考察，现实资本积累，是指盈利的资本化，它是资本积累最直接、最简单的方式，是在企业盈利的分配决策中完成的。但我们认为，目前相当多的企业处于非盈利状态，因此，进行广义资本积累对它们更为重要。这样，资本积累的途径和措施就包括两方面的内容：一是如何扩大资本增值，以及如何在资本增值的分配中增加留存的比重，进行合理积累；二是如何强化广义资本积累。

一、增加狭义资本积累

资本积累主要来源于资本增值，扩大资本增值是增加狭义资本积累的基础。扩大资本增值的途径和措施主要有加强市场营销，强化成本管理，加速资本周转，用先进的科学技术改进工艺、技术和提高管理水平。加速资本周转已经在上一章中论述过，在此仅就其他几种主要途径和措施进行阐述。

（一）加强市场营销

资本的增值直接由生产过程本身产生，已经增值的资本价值在生产过程完成后则取得了商品资本的职能形式。“构成资本的物品，本来就是为市场而生产的，必须卖掉，转化为货币，因此要完成W-G运动。”[①]如果已经增值的资本仍保留商品资本的形式，停滞在市场上，再生产过程就会中断。这是由于“这个资本既不会作为产品形成要素起作用，也不会作为价值形成要素起作用。由于资本抛弃它的商品形式和采取它的货币形式的速度不同，或者说，由于卖的速度不同，同一资本价值就会以极不相同的程度作为产品形成要素和价值形成要素起作用，再生产的规模也会以极不相同的程度扩大和缩小”。[②]在企业内部，“一个一定量资本的作用程度，是由生产过程中的各种潜能规定的，而这些潜能在一定程度上是和资本本身的价值量无关的。流通过程推动了新的潜能，它们影响资本的作用程度，影响资本的扩张和收缩，而和资本的价值量无关”。[③]

马克思对流通过程W′-G′在资本循环和周转中的重要性的论述，深刻地揭示出企业要想维持简单再生产和进行扩大再生产必须把商品卖出去，而且必须以较快的速度卖出去才能够使资本获得和实现更大的增值，资本的扩张才能够实现。同时，“商品量W′作为已经增值的资本的承担者，还必须全部完成形态变化W′-G′。在这里，出售商品的数量，成为决定性的事情”。[④]也就是说，资本能否保全和实现增值完全取决于商品的销售情况，取决于企业对商品的营销力度。

面对市场经济下激烈的竞争，很多企业感到不知所措。因此，转变观念，加强市场营销是扩大企业资本增值的首要途径，也是扩大企业资本积累的根本。从我国企业目前的情况来说，加强市场营销要做到以下几点：

1.把企业市场营销工作放在经营工作的首位，做到生产围着经营转，经营围着市场转，建立起以市场为导向的经营机制和反馈机制。

2.建立高效运转的市场信息反馈体系，及时收集市场信息，不断改进产品的质量和功能，不断地满足顾客的需求，强化“顾客就是上帝”的市场维护和市场开拓意识。

---

① 马克思．资本论：第6卷［M］．中共中央马克思恩格斯列宁斯大林著作编译局，译．北京：人民出版社，1965：46.

② 马克思．资本论：第6卷［M］．中共中央马克思恩格斯列宁斯大林著作编译局，译．北京：人民出版社，1965：48-49.

③ 马克思．资本论：第2卷［M］．中共中央马克思恩格斯列宁斯大林著作编译局，译．北京：人民出版社，1965：48-49.

④ 马克思．资本论：第2卷［M］．中共中央马克思恩格斯列宁斯大林著作编译局，译．北京：人民出版社，1965：48-49.

3. 在资金容许的条件下，增强对企业和企业产品的推销力度，使顾客认识自己、承认自己，从而稳定和扩大企业产品的消费群体。

4. 建立专职的营销班子，研究市场的发展倾向、发展速度，明确市场在哪，市场有多大，如何进入某一新的市场，从而及时采取有效的营销策略。

（二）强化成本管理

要强化成本管理首先应明确成本的内涵。马克思是第一个赋予成本概念以科学定义的人，他说："按照资本主义生产方式生产的每一商品W的价值，用公式来表示是W=C+V+M，如果我们从这个产品价值中减去剩余价值M，那么，在商品中剩下来的只是一个在生产要素上耗费的资本价值C+V的等价物或补偿价值。商品价值的这个部分，即补偿所消耗的生产资料价格和所使用的劳动力价格的部分，只是补偿商品使资本家自身耗费的东西，所以对资本家来说，这就是成本价格。"①马克思这一经典论述，既从耗费角度指明了成本由物化劳动和活劳动中必要劳动的价值所组成，同时，又从补偿角度指出了成本是补偿商品和资本家自身耗费的东西，从理论上使成本概念完整起来。由此可知，成本是耗费和补偿的统一体，它既是生产中耗费的反映，又是生产补偿的尺度。

我国经济体制改革的目标是建立社会主义市场经济体制，市场经济是商品经济的发展，与商品经济相联系的成本，在社会主义市场经济中，仍然是隶属于经济范畴而存在的。马克思成本价值理论的基本原理同样适用于社会主义市场经济，只是V和M有了新的含义。社会主义市场经济体制下的产品价值由以下三部分组成：一是生产经营过程中耗费的物化劳动价值C，即已耗费的劳动工具和劳动对象的价值；二是劳动者为自己劳动所创造的价值V，即活劳动消耗中的必要劳动部分；三是劳动者为社会劳动所创造的价值M。其中C+V即产品价值中物化劳动转移价值和活劳动中必要劳动所创造的价值的货币表现，就是社会主义制度下成本的经济内涵，也称为"理论成本"。

在实际工作中，我们常说的成本是指会计成本，它有广义和狭义之分。广义的成本即费用，是企业在生产经营过程中为取得收入而支付或耗用的各项资产，它表明企业经济利益的减少。正如《国际会计准则》中所说的："费用是指会计期间经济利益的减少，其形式表现为由资产流出、资产递耗或是发生负债而引起的业主权益的减少。"美国财务会计准则委员会在《论财务会计概念》中对费用的定义为："费用是某一个体在其持续的、主要或核心业务中，因交付或生产货品，提供劳务，或进行其他活动，而付出的或其他耗用的资产，或因而承担的负债（或两者兼而有之）。"狭义的成本是指与一定的成本对象相联系的各种支出。它与费用的区别在于：费用和一定的期间相联系，和取得的收入相配比；狭义成本和一定的对象相联系，只有在和收入相配比时，才成为费用。

由上可见，成本的具体内涵虽然以理论成本为基础，但在表述和内容上，不同

① 马克思．资本论［M］//马克思，恩格斯．马克思恩格斯全集：第25卷．中共中央马克思恩格斯列宁斯大林著作编译局，译．北京：人民出版社，1979．

的国家、不同的人的认识是不一样的。就会计成本而言，它是从业主的角度来看待的，也就是说，是和业主权益的减少相对应的。在资本运营中，由于企业资本从来源的角度讲，既包括借入资本，又包括自有资本，而且在企业的经营中，发挥不同职能的资本的占用形态和资本的具体来源无关，权益资本的增值必须以借入资本的增值为基础，因此，在资本运营中的成本概念是指为了获取资本的增值而预先在经营过程中消耗或者转移的资本价值，它需要在资本循环和周转中由流通过程W′-G′来补偿。

加强成本管理，提高经济效益是狭义资本积累的源泉。首先，从马克思的劳动价值论看：商品的价值量取决于生产该商品所需的社会必要劳动时间，商品的交换价格由社会必要劳动时间决定。而降低成本就是追求不断减少C+V，C+V越小，就意味着生产某一商品的个别劳动时间越短，该商品的价格就越有降低的余地。因此，市场竞争的结果只能是个别劳动时间低于社会必要劳动时间的商品，在按社会必要劳动时间决定的价格出售时，才会获取高利，资本增值和积累才有可能。此外，在社会主义市场经济条件下，企业的一切经济活动都是受市场左右的，尤其是在竞争性行业，任何单个厂商都是价格的接受者，而对市场价格不能产生明显的影响。企业要有利可图，要有一定的积累，就必须在市场价格的前提下，努力优化自身的资源配置，努力降低成本。如果做不到这一点，而使成本等于或者高于市场价格，企业按市场价格出售产品就无利可图或者亏损，这必然会在竞争中败北。因此，只有努力降低成本，才能取得和保持竞争优势。邯钢公司正是抓住了成本管理这个“牛鼻子”，才使自己经过5年的努力，冲出持续亏损的困境，由一个一般的地方企业跻身全国11家特大钢铁企业行列（见案例）。从实际来看，加强成本管理，增加资本积累要做好以下几方面的工作：

1.树立现代成本观念。成本管理的中心任务是提高经济效益，因此要从战略的角度来重视成本管理工作，树立战略观念、优化观念、市场观念、竞争观念、风险观念、效率观念等，从而以锐意进取的精神、多元立体的扩展视野，指导成本管理工作，而且，必须从企业的领导到员工都树立成本观念和意识，使成本管理成为所有员工的共识。

2.硬化成本管理行为约束。应当强化企业内部管理和责任会计制度，不断建立和完善企业内部的信息网络和严格规范的管理流程体系，使成本的基础计量工作、核算工作、报告制度、分析制度等实现程序化和系统化，提高业务流程与劳动组织的标准化。

3.量化成本管理业绩。成本发生在企业的具体经济活动中，参与相关经济活动的人对成本控制的能力是最强的，也是最直接的。要想提高相关人员成本控制的主动性和积极性，除了使之增强成本意识之外，更重要的是进行相应的物质激励，量化成本管理的奖惩制度，使任何人都明确进行成本控制效果好会有什么利益、效果不好会受到什么处罚，最终使员工的利益和成本控制的绩效相挂钩。在量化成本管理业绩时，应综合考虑成本的可控性，做到成本管理中责、权、利的统一。

4.运用科学的管理方法。在成本管理受到企业日益重视的同时，一些应用性强、可操作性强，并适合我国国情的成本管理方法在不断地涌现，企业要随时借鉴和消化各种有效的成本管理方法，使自身的成本管理水平得以提高，如价值工程、目标成本管理、责任成本制度、标准成本制度、邯钢的模拟市场核算、成本否决等。此外，成本管理信息量大、业务程序复杂，应在条件许可的情况下，注重借助电子计算机实现管理手段的更新。

5.注重成本管理的全面性。成本管理必须实现全员、全过程、全方位的管理，不可只重其一，而忽视其他方面。全员管理是指成本管理必须是全员参加的，任何一个人都要对其可控的成本负责；全过程的管理是指从企业的产品开发、设计到生产、销售、售后服务的任何一个环节都必须考虑成本的大小；全方位的管理是指成本管理工作贯穿于企业经营的各个方面。

（三）注重先进科学技术的运用，不断增强科技开发能力

现代企业的竞争是技术实力的竞争，谁能在技术上领先，谁就有在竞争中获胜的可能，尤其是在当前知识经济的冲击下，企业更应注重培养自身的科技开发能力，积极吸收、运用、消化先进的科学技术。一方面，企业要不断增加对科技运用和开发的投入，尽快实现技术上的领先；另一方面，知识是由人创造出来的，增加人才的储备和促进员工知识的更新是实现技术领先的根本源泉。

（四）使资本增值向积累转化

资本增值只是为积累提供了保障和源泉，要真正实现资本积累还应做好积累和分配的决策，使资本增值向积累转化。积累和分配实质上是同一决策的两个步骤，即确定了积累的量也就相应确定了分配的量。一般来说，在资本积累和分配的决策中应考虑如下几个因素：

1.资本增值额的计量观念和方法。由上节论述可知，对资本增值额的确认有不同的观念和方法，不同的观念和方法所确认的增值额之间具有较大的差异，对资本的保全程度也是不同的。在当前以传统会计为主的情况下，以会计收益观确认的资本增值存在着资本补偿不足的可能，故在以会计利润为积累和分配的基数时应加以调整。我们认为以实物资本保全观念下的经济收益作为分配额的上限对企业的长远发展具有重大作用。

2.投资机会的多少。企业的筹资需求和投资直接相关，企业积累和分配的策略也应以满足投资资本需要为前提。如果企业有好的投资机会，应扩大积累的比率，尤其对于发展中的企业，往往外部筹资能力受限，将大比例的盈余留存用于再投资，不仅有利于企业的规模扩张，且有利于增加权益资金，改善资本结构，增强外部筹资能力。对于处于衰退期的企业，也会存在投资转向的可能，也应注意积累比例的调节。

3.企业资产的变现能力。企业资产正常周转是企业生产经营得以正常进行的

前提，企业的现金分配也应以不危及企业经营资金的流动性为基础。这就要求企业在按积累优先原则确定了分配数额之后，还应注重考察企业的变现能力。如果企业的现金较为充裕，则可进行分配，否则不应强求分配而影响企业的正常周转。

4.投资者的偏好。同一企业的出资者对收益分配的偏好很可能不同，这就要求企业积累和分配方案的决策必须使大多数出资人确信企业确有高盈利的投资机会，将更多的收益留存用于投资这些项目，会比出资者个人单独地将分配收益投资于其他机会带来更高的报酬。

5.企业控制权的影响。分配和积累政策会受到现有出资者控制要求的影响，也就是说，由现有出资人形成的控制格局会因分配政策而被打破，尤其在企业为有利可图的投资机会筹资时，现有股东（出资人）为了避免增加新股或吸收新的出资者而影响现有的控制格局，会选择高积累的内部融资。

6.法律和契约的限制。积累和分配的决策常会受到长期借款协议、债券契约、优先股协议、租赁合约和资本保全的影响，这些限制性条款的存在是为了防止公司过度分配而影响债权人的利益。

由以上分析可以看出，企业选择什么样的积累和分配政策受多种因素的制约，受各方利害关系人的利益约束。在企业的资本运营中，处理好各方主体的关系是搞好资本运营的重要条件，其本身也是资本运营的一项重要内容。

目前，对积累和分配的研究更多集中在股份公司的股利政策上，这是由于股利政策对公司股价具有重要影响，而股价在一定程度上可以反映企业资本获利能力的高低。一般来说，目前比较流行的股利政策有四种类型：

1.剩余股利政策。这种政策主张，公司的盈余首先满足盈利性投资项目的资本需求（即进行积累），在此基础上，若还有剩余，公司可将剩余部分作为股利支付给股东。这一政策依下述三个步骤进行：

（1）根据企业的投资机会计划（Investment Opportunities Schedule，IOS）获利水平和加权边际资本成本（Weighted Marginal Cost of Capital，WMCC）的交叉点决定最优资本投放水平。

（2）根据目标资本结构比例，确定投资需要量中需用权益资本支出的数额。

（3）由于盈利留存的资本成本低于新股成本，故尽可能用现有盈利满足第二步的权益资本需求。如盈余不足则发行新股，如盈余在满足第二步资本需要后还有剩余，则结合资产流动性来发放股利。

［例］某公司现有盈利1 800 000元，公司可以用于发放股利，也可以用于留存积累。公司的最优资本结构为负债：权益=3：7。根据公司的加权边际资本成本（WMCC）和投资机会计划获利水平（IOS_1、IOS_2、IOS_3）的交叉点，确定资本投放水平分别为1 500 000元、2 400 000元和3 200 000元，如图6-1所示。

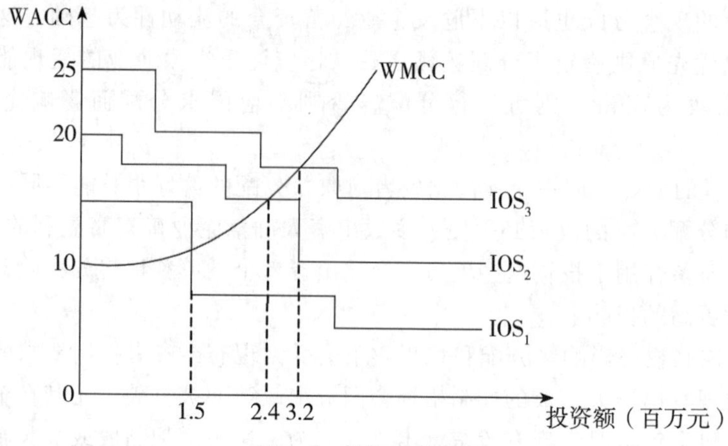

图6-1　投资额的确定

若该公司采用剩余股利政策，三种投资计划下的股利分配见表6-6。

表6-6　**剩余股利政策下股利分配的确定**　单位：元

项　目	投资机会		
	IOS1	IOS2	IOS3
（1）资本支出预算	1 500 000	2 400 000	3 200 000
（2）现有盈利	1 800 000	1 800 000	1 800 000
（3）权益资金筹资需要（（1）×70%）	1 050 000	1 680 000	2 240 000
（4）股利发放额（（2）-（3））	750 000	120 000	0
（5）股利支付率（（4）÷（2））	41.67%	6.67%	0

由表6-6可以看出，如果按照剩余股利政策，股利发放额会随着盈利额和投资机会的多寡而变动。大量的实证研究表明，绝大多数公司均力图保持一个相对稳定的股利支付记录，以增强股东对公司的信心，但这并不意味着公司在制定股利政策时可以忽视剩余股利政策。这是因为，公司可以通过以下两种方法将各年股利加以平稳化：①如果公司继续发展，它能做到在不减少股利金额的前提下，在资金需要量大时将盈余的大部分留存下来；②公司可以暂时提高负债/权益比，举借所需资金，在以后年度将盈利留存下来，借以将负债/权益比恢复到最优水平。

2.股利支付率固定的股利政策。这一政策是将某一固定比率的每年盈利作为股利支付给股东。它的问题在于如果公司的盈利各年不同，则股利也会随之波动；在盈利和现金流量背离较大时，强求按盈利的一定比率支付股利会恶化公司的财务状况，而且股利常被认为是反映公司未来前景的重要信息，这种做法对股价的稳定也有不利影响。一般这种方法仅在公司盈利和现金流量较为稳定的情况下使用。

3.稳定增长的股利政策。许多事实表明，绝大多数企业和股东理性地喜欢稳定性股利政策。长期的稳定性股利政策表现为每股股利支付额固定的形式，基本特征是：不论经济情况如何，也不论公司经营好坏，都不要降低每股股利支付额，而应将其固定在某一水平上，只有公司管理当局认为公司的盈利确已增加，而且未来的盈利足以支付更多的股利时，公司才会提高每股股利额。其基本情况如图6-2所示。

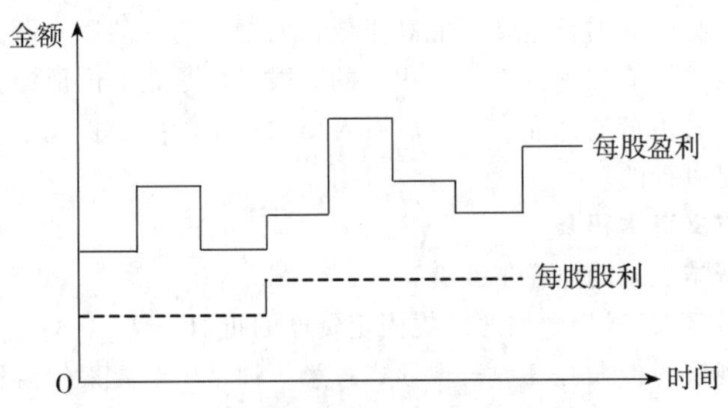

图6-2　稳定增长的股利政策

近年来，西方股份公司由于受通货膨胀的影响，逐步将股利支付政策转向稳定增长型，即为了避免股利的波动，公司在支付某一规定金额股利的基础上，制定一个目标股利增长率，依据公司的盈利水平按目标增长率逐步提高股利支付水平。其基本特征如图6-3所示。

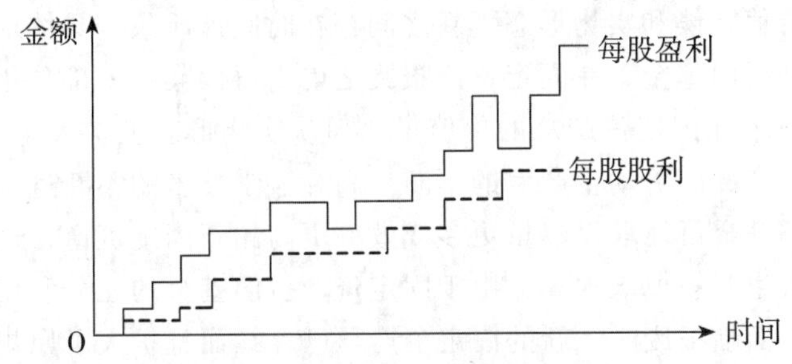

图6-3　稳定增长的股利政策

一般而言，稳定股利政策可以吸引更多的稳定投资者，如养老保险金个人投资者等，在其他因素相同的情况下，采用稳定增长的股利政策的公司股价会较高，这有利于公司的筹资，但如果预期盈利波动较大时，不易采用。

4.低正常股利加额外股利政策。它是指在一般情况下，公司每年仅支付数额较低的正常股利，只有在公司盈利较多时，在正常股利之外，才加付额外股利给股东。这种政策的优点是：①每年向股东支付正常股利，有利于增强股东对公司的信心；②给公司经营以较大的弹性。采用这种政策应注意的一点是对于支付的额外股利，不能使股东将其视为正常股利的一部分。

在现实经济中，从数量上来说，非股份制企业是占多数的，然而对非股份制企业积累和分配的研究却很少见，究其原因在于非股份制企业对资本市场的影响较小，其资本运营的决策更多表现为私人性质。非股份制企业主要是独资和合伙制，其债务责任的无限性，决定了其所有者的一切财富，均和企业的效益息息相关。就积累和分配来说，则表现为其当前消费和长远消费的决策，对一个理性的业主来说，他必须在满足当前基本生活需要的前提下，才会考虑积累；他也不希望以减少长远消费为代价而追求当前的过度消费。此外，由于非股份制企业筹资能力的有限性，资本积累是其主要的资本来源。由此，我们认为：非股份制企业的资本积累和分配决策应本着分配的增长速度不能高于效益的增长速度的原则做出。对于超过基本生活需要的资本增值应进行积累。积累的方式可以是企业内部的扩大再生产或者进行对外投资。其决策的标准为：以所有者要求的报酬率为折现率时，净现值大于零的投资机会是可行的。

二、增加广义资本积累

增加广义资本积累的途径主要有：

（一）在生产经营过程中加速计提固定资产的折旧

企业生产规模的扩大有三种表现形式：第一种是生产要素价值量的扩大；第二种是生产要素实物量的扩大；第三种是产品量即使用价值的扩大。这三种形式既具有统一性，又存在着差异。

固定资产的折旧就其性质而言，属于补偿基金，但也可以作为积累基金用在实物形态上，体现为固定资产的扩大再生产，虽然它不是第一种形式的生产规模的扩大，但能带来第二种或者第三种形式的扩大，即属于广义资本积累范畴。这主要是由固定资产的价值补偿和实物形态更新之间存在时间差所致，具体地讲：（1）逐渐回收的固定资产折旧基金，在固定资产报废之前，可以集中一部分用于广义资本积累。这虽然没有增加固定资产总的价值量，但从实物形态上扩大了生产规模。（2）随着生产资料生产部门劳动生产率的不断提高和科学技术的不断进步，按固定资产原值提取的折旧基金可能取得数量更多或效率更高的新固定资产，这可以从内涵和外延两方面扩大生产规模。这样，由于固定资产折旧基金的充分利用，当原固定资产折旧计提完毕面临报废时，新的固定资产早已存在而且扩大了原规模。在正常情况下，每年总会有一部分折旧基金可以用于扩大再生产。折旧基金的这种性质，为广义资本积累开辟了财源，而且，折旧的计提速度越快，这种广义资本积累的速度越快。因此，加速折旧可以提高广义资本积累的速度。由于加速折旧会使固定资产使用前期的费用加大，从而在广义资本积累的同时，会减少狭义资本积累的资本来源，即资本增值，但是从广义资本积累和狭义资本积累的总量上来看，由于生产规模已经扩大，会使长期的狭义资本积累的能力更快提高。从这个意义上讲，加速折旧可以被认为是资本积累的提前，即由分配过程中的积累向经营过程中的积累转化。

但是，折旧基金毕竟属于补偿基金的范畴，所以把它当作广义资本积累基金使用时，需有一定的条件和界限。总体来说，折旧用于资本积累受下列条件的限制：一是保证计划年度内固定资产的必要更新；二是保证固定资产的正常维护。这是保证简单再生产的基本条件。在满足上述条件后，折旧的剩余额就可以用于积累。具体来说，折旧基金用于资本积累的数量界限为：（1）由于生产资料生产部门劳动生产率的提高，再生产同样的产品所需的社会必要劳动时间减少，从而导致固定资产的价值量降低，这时，按固定资产原值提取的折旧在用于固定资产更新之后还有剩余，这一余额可以用于积累；（2）科学技术的不断发展和进步可以发明和创造出效率更高的劳动手段，从而使用等量的资金可以获取的生产能力更高，或者说，可以用较少的资本取得同样的生产能力，其余额则可以用于资本积累；（3）在拥有相当规模的固定资产的企业，在本期内回收的折旧基金，除去其下期内固定资产的更新之外的部分可以用于积累。

（二）建立适合企业发展的人力资源管理体系，提升人力资本的贡献

现代企业是人力资本、货币资本、自然资本、知识资本、环境资本等资本载体的特定组合形式，各种资本形式均在企业这一组合中循环、周转和增值，而这些资本载体中，人力资本是最活跃的因素，是推动其他资本载体加速循环和周转、调整其他资本的组合效率、实现更大增值的基础。因此，重视人力资本的储备、提升、保全，建立人力资本的循环和周转机制，提升人力资本的贡献是企业资本积累的核心。

在现实中，很多企业把人看成工具，不注重人力资本的健康、提升和保全，不注重员工福利的提升、保健的提升，拖欠工资、基本保险金等，更有违背基本道义和法律的黑心工厂和黑心厂主，这是对人权和人力资本的公开践踏，这类企业和企业出资人永远是被淘汰和严惩的对象。

（三）增强知识产权意识，盘活存量“无形资产”

由于长期的计划经济体制，我国的企业一直缺乏知识产权意识，缺乏对无形资产重要性的认识和对无形资产的开发和保护，更谈不上把无形资产作为资本来利用。无形资产在会计中出现只有十几年，但没有认识它，没有在企业中确认、计量和记录，并不代表无形资产不存在，尤其在当今的市场经济条件下，我国企业更应重视对已经存在的无形资产的开发和利用。无形资产只有被人们认识，才能够发挥更大的作用。比如，我国企业在计划经济体制下业已形成的销售渠道和销售网络，自行开发的一些专有技术、专有配方，已经在人们心目中根深蒂固的品牌、文化和价值观念等均是价值极高的无形资产。

在当今企业的经营中，无形资产的积累比实物资产的积累作用更为深远。实物资产的积累只表明企业现在的经营能力，而无形资产的积累则表明企业长远发展的后劲。无形资产对企业的有形资产具有乘数效应，它能使有形资产的价值翻番。因此，我国企业应增强知识产权意识，注重无形资产的开发和利用，注重无形资本的积累。此外，在竞争过程中处于领先地位的企业，更应重视无形资产的运营，用无形资产去盘活实物资产，从而也盘活无形资产存量，实现无形资本价值的积累。在这一方面，我国的一些企业已经取得了很好的经验和实效。比如，海尔集团是靠兼并壮大的，但海尔的扩张所靠的不是财力资本，而是海尔的管理、品牌和文化等无形资本。在海尔集团兼并青岛红星电器公司的案例中，海尔之所以能使一个资产负债率达143.65%、亏损1.33亿元的企业在并购后3个月就扭亏为盈，半年后只一个

月就盈利150多万元，关键是用海尔的无形资产，即品牌、管理、文化和价值观念去盘活有形资产。因此，重视无形资产的运营和开发，是实现广义资本积累的重要途径。

（四）走产、学、研联合的路子，加大投入，促进科学技术向现实生产力转化

科学技术只有运用于生产的实践时，才能转化为现实的生产力，从而推动资本更大的增值。而科学技术向生产力的转化，需要大量的资金投入。既需要基础研究的投入，又需要技术转化中应用研究和中试研究的投入。对一个企业来讲，单独承担是很难的，而且基础研究往往具有“公共物品”的性质，一般的企业不愿意投资。在我国整体科学技术水平还很落后、资金又相对匮乏的情况下，要想提高企业的资本积累能力，尽快赶超先进国家的技术水平，就必须走“官、产、学”分工协作，“产、学、研”联合的路子。具体来讲，国家要集中资金支持基础研究，以改善基础研究作为“公共物品”投资不足的现状。对于一些关系国计民生的重大应用研究，国家应采取资金或者政策支持的方式来扶持，但重点应由企业来承担；整合企业和学校各自为战的研究现状，采取措施促成企业之间、企业和学校及科研机构之间的联合，企业出资金，研究机构出人，实现科技开发上的优势互补；推动风险投资机构的建立和完善，使之成为推动技术向生产力转化的主体和后盾。

总之，推动科学技术向现实生产力转化是一个全社会的共同利益取向，也是实现广义资本积累的关键。

第3篇　资本的重组、集中和结构调整

第7章　资本重组概述

第1节　资本重组的含义与必要性

一、资本重组的含义

在前面几章，我们阐述了资本筹集、投资、资本周转和资本积累等问题。通过投资，把资本配置在不同的地区、行业和企业，各企业可运用资本进行生产经营活动。由于在实践中企业发展并不均衡，因而为追求合理的资源配置、实现企业价值最大化，有必要进行资本重组，即需要对现有存量资本进行重新配置与组合。资本重组是经济发展的客观现象。本章对资本重组进行了概述，在以后各章将研究资本重组的各种方式。

与资本重组有关的概念还有资产重组、负债重组和企业重组等。为了了解资本重组的含义，需说明资本重组与资产重组、企业重组的联系与区别。

（一）资本重组与资产重组

在第1章我们分析企业资本的来源与形态时，已经说明了资本、资产等的区别与联系。广义的资本从其来源来说，可分为自有资本（所有者权益）和借入资本（负债）；从其存在的形态来说，表现为各种资产，包括流动资产、长期投资、固定资产和无形资产等。据此我们认为资本重组的范围比较广泛，从其来源来看，包括自有资本重组、债务重组和资本来源结构（自有资本与借入资本的比例关系等）重组；从其存在形态来看，包括流动资产重组、长期投资重组、固定资产重组和无形资产重组以及资产结构（各类资产占全部资产的比例）重组。

（二）资本重组与企业重组

企业重组是指对企业原有、既存的各类资源（包括资本、劳动、技术、自然资源等，也包括企业本身）按照市场规律实施的重新组合。企业是资本的载体，资本是企业的血液，资本运用分布在企业经营中的各个领域，因此，企业重组主要是企业资本的重组，也可以说，企业重组最本质的特征是资本或产权的重组，在资本重组过程中，必然涉及企业资产的重组、负债的重组和资本结构的重组等。

资本重组主要是在不同企业之间对现有的资本进行重新组合，它只是改变资本在不同企业间的分布，重组本身并不增加社会资本总量。但资本重组不是简单的资本流动，而是为了实现一定的目标而进行的。例如，甲企业的资本基本上处于闲置状态，而乙企业的资本运营效率和效益甚好，这两个企业的生产经营有着密切联系，我们可以通过重组，由乙企业兼并甲企业，让甲企业的资本流入乙企业。如果这两个企业的资本组合在一起后，能将闲置的资本用活，使资本得到有效利用，优化资本结构，增强市场竞争能力，提高资本使用效益，就能实现1+1>2的协同效应。

企业资本重组会引起企业存在形态的改变。例如，乙企业兼并甲企业，甲企业的全部资本并入乙企业，甲企业不再存在，而乙企业的规模扩大了，它要对兼并后的生产经营业务、人员和管理组织等进行调整。又如，某国有企业进行股份制改组，公开发行股票，由国有企业变为股份有限公司，其资本由原来单一的国有资本变为国有、集体、个人和外商等多种经济成分混合的资本。

二、资本重组的必要性

过去，我们讲资本重组时，只讲国有资本重组，而忽视民间资本重组。分析资本重组的必要性时，应针对社会全部资本进行分析。要说明资本重组的必要性，必须了解和分析社会全部资本配置和运用过程中存在的问题，主要有以下三个方面：

（一）国有资本配置过于分散，国有企业股份制改革不够深入

1.国有资本配置过于分散，主要表现在我国的国有资本被分布在国民经济的各个行业和领域，从餐饮业、零售商业和社会服务业，农业、林业、畜牧业和渔业到煤炭、冶金、机械、纺织和食品工业，石油、化学、电力和电子工业等，各行业、各领域无所不包。国有资本在重要行业和关键领域集中不足，而在其他行业和领域则分布过宽。国有资本分布过于分散，平均每个企业的国有资本较少，研究、试验、发展经费投入不足，使国家重点行业和关键领域的企业的设备改造不及时，技术进步缓慢，经济效益偏低。各地方的小型国有企业种类、数量繁多，有些小型国企没有自有资本，全部靠银行贷款负债经营。国有经济布局过宽，是造成部分国有企业效率低下、经营困难的关键因素之一。发挥国有经济主导作用，不断增强国有经济活力、控制力和影响力，应主要通过放大国有资本的功能来实现，而不在于直接掌握数量庞大、分布广泛的国有企业。

2.国有企业股份制须进一步深化改革。改革开放以来，国有企业改革发展不断取得重大进展，总体上已经同市场经济相融合，运行质量和效益明显提升，在国际国内市场竞争中涌现出一批具有核心竞争力的骨干企业，为推动经济社会发展、保障和改善民生、开拓国际市场、增强我国综合实力做出了重大贡献，但也要看到，国有企业仍然存在一些亟待解决的突出矛盾和问题：一些企业市场主体地位尚未真正确立，现代企业制度还不健全，国有资产监管体制有待完善，国有资本运行效率需要进一步提高；一些企业管理混乱，国有资产流失等问题突出。国有企业进行公司制股份制改革已经很多年了，90%以上的企业已基本上完成了这一改革，建立了股东会、董事会、经理层和监事会等机构，公司治理结构逐步规范，总体上已经和市场经济融合，但至今还存在一些缺陷。例如，有些企业的公司治理结构不健全，董事会形同虚设，“一把手”说了算；有些公司对实行股权多元化，对引入非公有制资本参与国有企业改革，认识不清，犹豫不决。

（二）民间资本发展受限制

1.民间资本发展受限制，主要表现在市场准入难、融资难、合法权益得不到充分保障，限制了民间投资的发展。在市场准入方面，有些行业不准民间投资进入，或进入门槛高，民间投资不易进入，因而进入少。

2005年，国务院印发了《关于鼓励支持和引导个体私营等非公有制经济发展的若干意见》（国发〔2005〕3号），全面系统地提出了推进非公有制经济发展的36条政策，通称“非公经济36条”，对促进民间投资发展起到了十分积极的作用。但是，由于种种原因，“非公经济36条”中的一些政策措施尚未真正落实到位。在市场准入方面，“非公经济36条”明确规定，允许外资进入的行业和领域，也允许国内非公有资本进入，但根据有关方面的调研情况，目前全社会80多个行业，允许外资进入的有62个，允许民间资本进入的只有41个。民间投资领域主要集中在批发和零售业、住宿和餐饮业、居民服务和其他服务业、制造业等“下游”产业，在传统垄断行业和领域所占比重非常低。据统计，民间资本在电力、热力的生产和供应业中占13.6%，在教育业中占12.3%，在卫生、社会保障和社会福利业中占11.8%，在金融业中占9.6%，在信息传输、计算机服务和软件业中占7.8%，在交通运输、仓储和邮政业中占7.5%，在水利、环境和公共设施管理业中占6.6%，在公共管理和社会组织中占5.9%。为了进一步鼓励和引导民间投资健康发展，国务院于2010年5月发布了《关于鼓励和引导民间投资健康发展的若干意见》（国发〔2010〕13号）。

2.小型微型企业经营困难。改革开放以来，在国家政策扶持下，我国小型微型企业数量不断增加、规模不断扩大、素质不断提升，覆盖了国民经济的各个行业，在繁荣经济、吸纳就业、推动创新、改善民生等方面，发挥着越来越重要的作用。在工业类别中，2011年年末，全国共有规模以下小型微型工业企业135.3万家，从业人员2 913.5万人，全年实现主营业务收入5.18万亿元。2010年下半年以来，受国内外复杂多变的经济形势影响，我国中小企业面临着经济压力大、成本上升、融资困难和税费偏重等一系列问题，小型微型企业尤为突出。分析原因，既有国际市场下滑、出口订单减少的问题，也有原材料、劳动力成本上涨，以及汇率、利率提高，融资更加困难的问题。小型微型企业绝大多数属于非公有制经济。为帮助中小企业特别是小型微型企业应对挑战，提振信心，稳健经营，提高盈利水平和发展后劲，增强可持续发展能力，国务院于2012年4月发布了《关于进一步支持小型微型企业健康发展的意见》（国发〔2012〕14号）。

（三）产业结构不合理

1.总体上看，我国第一产业基础不稳、第二产业核心竞争力不强、第三产业发展不快的问题依然突出。我国经济结构调整进展缓慢、现代服务业发展滞后、投资和消费关系失衡、产业集中度较低、区域经济失衡等老问题依然存在。

2.在发展战略性新兴产业过程中，存在不少影响产业健康发展的突出问题。一是重复建设严重。一些地方将发展战略性新兴产业作为拉动投资的手段，不考虑产业基础、人才基础和技术基础等条件，争投资、上项目，出现了一哄而起、重复建设现象，极易造成产业结构趋同、产能过剩、资源浪费、效益低下和恶性竞争。二是大都处于产业低端。如风能产业虽然装机容量已居世界前列，但大型风机的设计能力和关键部件的制造技术较弱；虽然太阳能电池产量居世界第一，但并未掌握太阳能薄膜电池等新一代光伏电池的核心技术。

3.改革开放以来，我国工业保持平稳较快发展，结构调整取得了积极成效，2011年，我国成为世界第一制造业大国。但必须清醒地看到，我国工业发展方式仍较为粗放，自主创新能力不强，关键核心技术和装备主要依赖进口；部分“两高一资”行业污染排放强度大，资源、能源消耗高，产能过剩问题突出；规模经济行业产业集中度偏低，缺少具有国际竞争力的大企业和国际知名品牌；产业空间布局与资源分布不协调；一般加工工业和资源密集型产业比重过大，高端制造业和生产性服务业发展滞后。这些矛盾和问题已严重制约了工业持续健康发展，我国工业发展方式急需转型升级。

4.我国粗放型经济发展方式没有发生根本转变，高耗能、高污染和资源性行业依然快速增长，积累了很多矛盾和问题。一是进口大量资源、能源付出巨大经济代价。2011年我国进口原油2.54亿吨，花费1 966.6亿美元；进口铁矿石及其精矿6.86亿吨，平均到岸价格163.8美元/吨，同比增长28.1%，进口额1 124.1亿美元，同比增长40.9%，因铁矿石涨价多支出约250亿美元。原油和铁矿石两种重要产品对外依存度均超过55%，面临着巨大的产业安全风险。二是形成大量过剩产能。目前我国仍有3.7亿吨水泥、7 500万吨炼铁、4 800万吨炼钢、4 200万吨焦炭、1 000万吨造纸等过剩产能尚未减去，这些过剩产能能耗高、排放多，不利于节能减排和清洁生产。三是环境承载压力加大。我国经济总量占全球比重不到10%，消耗能源总量却占20%，粗钢产量占世界的45.5%，水泥产量占60%。高耗能、高污染和资源性行业总量继续扩张，不仅造成我国能源供应难以为继，而且加剧了环境承载压力，重金属污染事件屡次发生，给居民人身安全造成了严重威胁。我国已连续几年成为全球二氧化碳排放总量最大的国家，在应对国际气候变化中面临较大压力，日益逼近的碳标签、碳税增收也将成为制约我国经济发展的新挑战。

第2节　资本重组的方向与战略

一、资本重组的方向与战略概述

根据本章第1节所述资本重组的必要性，我们认为资本重组的方向应当是：

1.优化国有资本布局结构。国有资本应从一些次要的行业和领域适当退出，集中用于关系国家安全和国家经济命脉的行业和领域。在大力发展国有资本的同时，鼓励和引导民间投资健康发展，使民间资本顺利进入国民经济和社会需要的行业和领域。

2.国有企业进一步深化股份制改革，积极吸引非公有制资本入股，实行股权多元化。

3.促进产业结构优化升级。大力推进战略性新兴产业发展，促进传统产业升级改造，大力发展服务业，使资本向发展战略性新兴产业、改造传统产业和发展服务业方面流动。

4.大力办好大企业，使一批大型国有企业和民营企业进一步做大做强，成为更大的具有国际竞争力的大企业，同时进一步发展中型企业，支持小型微型企业健康发展，使资本向需要进一步发展的企业流动，从低效劣势的企业向高效优势的企业流动，从占用资本过多的企业向资本不足的企业流动。资本的合理流动、重组，使资本合理配置和有效利用，从而提高全社会资本运营的经济效益和社会效益。上述既是资本重组的方向，也是资本重组的战略。

二、我国资本重组的方向、战略和政策措施的回顾

1.1993年中共十四届三中全会审议并通过的《中共中央关于建立社会主义市场经济体制若干问题的决定》就指出，一般小型国有企业，有的可以实行承办经营、租赁经营，有的可以改组为股份合作制，也可以出售给集体或个人。

1995年9月《中共中央关于制定国民经济和社会发展“九五”计划和2010年远景目标的建议》(以下简称《建议》）提出了“抓大放小”的新思路，指出：“要通过存量资产的流动和重组，对国有企业实施战略性改组。”这种改组要以市场和产业政策为导向，搞好大的，放活小的，择优扶强，优胜劣汰，形成兼并破产、减员增效机制，防止国有资产流失。

在“放小”方面，要“区别不同情况，采取改组、联合、兼并、股份合作制、租赁、承包经营和出售等形式，加快国有小企业改革改组步伐”。此外，实施破产关闭政策，使一大批长期亏损、资不抵债、扭亏无望的企业和资源枯竭的矿山退出了市场，直接推动了优胜劣汰机制的建立。到2008年，各地中小企业产权改革已基本到位，在川、渝、陕等地，绝大多数中小国企已完成改制。以四川省为例，1998—2005年中小国企的户数由1.4万户降至820户，减少了94%。

在“抓大”方面，1994年11月国务院批准百家现代企业制度试点。1995年中共中央的《建议》又提出“重点抓好一批大型企业和企业集团，以资本为纽带，联结和带动一批企业的改组和发展，形成规模经济，充分发挥它们在国民经济中的骨干作用”。但是在百家现代企业制度试点中，没有更多地通过股份制等形式吸引和组织更多的民间资本，最终没有形成多元投资主体，80%的企业都转化为国有独资公司。因而试点不那么成功，政企无法分开。1997年中国共产党第十五次全国代表大会的报告指出，要“培育和发展多元化投资主体，推动政企分开和企业转换经营机制”，要调整和完善所有制结构，探索公有制的多种实现形式。后来逐步推行股份制改造，全国先后有2 000多家国有大中型企业进行了现代企业制度试点，并且有相当一部分企业逐步组建了具有国际竞争力的大型企业集团。组建大型企业集团，往往需要排除一些障碍。例如，原来分别隶属于石化总公司、化工部、纺织部以及由地方管理的扬子石化、仪征化纤、金陵石化和南京化工等四个石油化工企业，由于条块分割的隶属关系，各自都想找外国企业合资合作[①]，经过中央干预，国务院决定把这四大石化企业改造成为一个巨大的企业集团，成为强强联合的一个样板。

2.从1999年开始，国企改革进入国有经济战略调整阶段，要将国有资本向关系国家安全和国民经济命脉的领域集中，以提高国有经济的控制力、影响力和带动力为目标。当时之所以要提出战略调整，是因为国有资本在重要行业和关键领域集中不足，而在其他行业和领域则分布过宽，资源配置不尽合理，因而要有进有退。其实质，一方面是为了使有限的国有资本退出一些行业和领域，集中用于关系国民经济命脉的重要行业和关键领域；另一方面也是为了让出一些领域，鼓励民间资本的进入。

2003年10月《中共中央关于完善社会主义市场经济体制若干问题的决定》与资本重组有关的内容主要是：

（1）推行公有制的多种有效实现形式。坚持公有制的主体地位，发挥国有经济的主导作用。积极推行公有制的多种有效实现形式，加快调整国有经济布局和结构。要适应经济市场化不断发展的趋势，进一步增强公有制经济的活力，大力发展国有资本、集体资本和非公有资本等参股的混合所有制经济，实现投资主体多元化，使股份制成为公有制的主要实现形式。需要由国有资本控股的企业，应区别不同情况实行绝对控股或相对控股。完善国有资本有进有退、合理流动的机制，进一步推动国有资本更多地投向关系国家安全和国民经济命脉的重要行业和关键领域，增强国有经济的控制力。其他行业和领域的国有企业，通过资产重组和结构调整，在市场公平竞争中优胜劣汰。发展具有国际竞争力的大公司大企业集团。继续放开搞活国有中小企业。以明晰产权为重点深化集体企业改革，发展多种形式的集体经济。

（2）大力发展和积极引导非公有制经济。个体、私营等非公有制经济是促进我国社会生产力发展的重要力量。清理和修订限制非公有制经济发展的法律法规和政策，消除体制性障碍。放宽市场准入，允许非公有资本进入法律法规未禁入的基础设施、公用事业及其他行业和领域。非公有制企业在投融资、税收、土地使用和对外贸易等方面，与其他企业享受同等待遇。支持非公有制中小企业的发展，鼓励有条件的企业做强做大。非公有制企业要依法经营，照章纳税，保障职工合法权益。改进对非公有制企业的服务和监管。

（3）加快推进和完善垄断行业改革。对垄断行业要放宽市场准入，引入竞争机制。有条件的企业要积极推行投资主体多元化。继续推进和完善电信、电力、民航等行业的改革重组。加快推进铁道、邮政和城市公用事业等改革，实行政企分开、政资分开、政事分开。对自然垄断业务要进行有效监管。

（4）建立健全现代产权制度。产权是所有制的核心和主要内容，包括物权、债

① 中外合资、合作企业是中国资本与外国资本相互组合的两种方式。自1980年第一家中外合资企业成立以来，截至1994年年底，全国共设立中外合资企业14万多家，中外合作企业3.38万家。

权、股权和知识产权等各类财产权。建立归属清晰、权责明确、保护严格、流转顺畅的现代产权制度，有利于维护公有财产权，巩固公有制经济的主体地位；有利于保护私有财产权，促进非公有制经济发展；有利于各类资本的流动和重组，推动混合所有制经济发展；有利于增强企业和公众创业创新的动力，形成良好的信用基础和市场秩序。这是完善基本经济制度的内在要求，是构建现代企业制度的重要基础。要依法保护各类产权，健全产权交易规则和监管制度，推动产权有序流转，保障所有市场主体的平等法律地位和发展权利。

（5）建立健全国有资产管理和监督体制。坚持政府公共管理职能和国有资产出资人职能分开。国有资产管理机构对授权监管的国有资本依法履行出资人职责，维护所有者权益，维护企业作为市场主体依法享有的各项权利，督促企业实现国有资本保值增值，防止国有资产流失。建立国有资本经营预算制度和企业经营业绩考核体系。积极探索国有资产监管和经营的有效形式，完善授权经营制度。建立健全国有金融资产、非经营性资产和自然资源资产等的监管制度。

3.2003年国家成立了国务院国有资产监督管理委员会（国资委），具体实施国有经济战略调整，统一管理有关国有资本的事务。从此，国有企业改革和国有资本管理进入了新的阶段。

2006年11月，国资委《关于推进国有资本调整和国有企业重组的指导意见》明确提出国有资本调整和国有企业重组的主要目标：国有经济对关系国家安全和国民经济命脉的重要行业和关键领域，包括军工、电网电力、石油石化、电信、煤炭、民航和航运七大行业，保持绝对控制力。在装备制造、有色等基础和支柱性产业领域，要增强国有经济的带动力。在商贸流通等其他行业和领域保持必要的影响力，对一些影响较大的、具有特殊功能行业的排头兵企业则保持控股。

国资委成立三周年后，从以下两方面总结国企改革和资本重组的成绩：

（1）推进国有资本向关系国家安全和国民经济命脉的重要行业和关键领域集中。国有资本向能源、原材料、交通、军工、重大装备制造和冶金等行业集中的态势明显。2006年，中央企业80%以上的国有资产集中在军工、能源、交通、重大装备制造和重要矿产资源开发领域。2003年国有企业总数为15万家，2006年年末已经减少到11.9万家，减少了3.1万家（在减少的企业中，包括长期以来资不抵债、扭亏无望的国有企业，实施政策性关闭破产的有4 251家），但户均资产2.4亿元，比2003年增长84.6%。国有企业数量虽然减少了，但是大多数国有中小企业实现了放开搞活。国有经济的整体素质和竞争力不断提高，国有经济的控制力、影响力和带动力大大增强，经济效益明显提高。2006年全国国有企业累计实现销售收入16.2万亿元，比2003年增长50.9%；实现利润1.2万亿元，比2003年增长147.3%；上缴税金1.4万亿元，比2003年增长72%；截至2006年年底，全国国有企业资产总额为29万亿元，比2003年年底增长45.7%。

（2）加快国有大型企业的股份制改革，使混合所有制经济成为公有制的主要实现形式。以中央企业及其下属子企业的公司制改革来说，公司制企业户数的比重由

2002年的30.4%提高到2006年的64.2%。三年以来，已有33家中央企业首次在境内外公开发行股票并上市。石油石化、通信、运输和冶金等行业都有大型企业在境内外上市。各省（区、市）国有企业股份制改革步伐也进一步加快。

为了使国有资本适当集中，把国有企业做大做强，国资委2007年提出："中国要培育30~50家具有国际竞争力的大公司、大集团。"2003—2006年，有77家中央企业参与了41次重组，中央企业户数从2003年的196家减少到2006年的157家。2006年中央企业销售收入超过千亿元的有21家，利润超过百亿元的有13家，分别比2003年增加12家和7家。宝钢集团有限公司等13家央企进入2006年世界500强，比2003年增加7家。

4.2010年5月，国务院发布《关于鼓励和引导民间投资健康发展的若干意见》（国发〔2010〕13号），也包括36条政策规定，被称为"新36条"。当时民间投资发展存在的困难和障碍：一是行业准入存在不少障碍，特别是在一些传统垄断行业和领域，仍然存在着制约民间投资进入的"玻璃门"或"弹簧门"问题。二是融资难问题未得到根本解决，在国际金融危机影响下，银行信贷更多投向大项目和大企业，中小企业融资难问题更显突出。

针对上述问题，"新36条"在扩大市场准入、推动转型升级、参与国际竞争、创造良好环境、加强服务指导和规范管理等方面系统提出了鼓励和引导民间投资健康发展的政策措施。"新36条"的内容包括以下九个方面：

（1）进一步拓宽民间投资的领域和范围。

①深入贯彻落实国务院《关于鼓励支持和引导个体私营等非公有制经济发展的若干意见》（国发〔2005〕3号）等一系列政策措施，鼓励和引导民间资本进入法律法规未禁入的行业和领域。规范设置投资准入门槛，创造公平竞争、平等准入的市场环境。市场准入标准和优惠扶持政策要公开透明，对各类投资主体同等对待，不得单对民间资本设置附加条件。

②明确界定政府投资范围。政府投资主要用于关系国家安全、市场不能有效配置资源的经济和社会领域。对于可以实行市场化运作的基础设施、市政工程和其他公共服务领域，应鼓励和支持民间资本进入。

③进一步调整国有经济布局和结构。国有资本要把投资重点放在不断加强和巩固关系国民经济命脉的重要行业和关键领域，在一般竞争性领域，要为民间资本营造更广阔的市场空间。

④积极推进医疗、教育等社会事业领域改革。将民办社会事业作为社会公共事业发展的重要补充，统筹规划，合理布局，加快培育形成政府投入为主、民间投资为辅的公共服务体系。

（2）鼓励和引导民间资本进入基础产业和基础设施领域。

①鼓励民间资本参与交通运输建设。鼓励民间资本以独资、控股、参股等方式投资建设公路、水运、港口码头、民用机场、通用航空设施等项目。

②鼓励民间资本参与水利工程建设。吸引民间资本投资建设农田水利、跨流域

调水、水资源综合利用、水土保持等水利项目。

③鼓励民间资本参与电力建设。鼓励民间资本参与风能、太阳能、地热能、生物质能等新能源产业建设。支持民间资本以独资、控股或参股形式参与水电站、火电站建设，参股建设核电站。

④鼓励民间资本参与石油、天然气建设。支持民间资本进入油气勘探开发领域，与国有石油企业合作开展油气勘探开发。支持民间资本参股建设原油、天然气、成品油的储运和管道输送设施及网络。

⑤鼓励民间资本参与电信建设。鼓励民间资本以参股方式进入基础电信运营市场。支持民间资本开展增值电信业务。

⑥鼓励民间资本参与土地整治和矿产资源勘探开发。积极引导民间资本通过招投标形式参与土地整理、复垦等工程建设。

（3）鼓励和引导民间资本进入市政公用事业和政策性住房建设领域。

①鼓励民间资本参与市政公用事业建设。支持民间资本进入城市供水、供气、供热、污水和垃圾处理、公共交通、城市园林绿化等领域。

②鼓励民间资本参与政策性住房建设。支持和引导民间资本投资建设经济适用住房、公共租赁住房等政策性住房，参与棚户区改造，享受相应的政策性住房建设政策。

（4）鼓励和引导民间资本进入社会事业领域。

①鼓励民间资本参与发展医疗事业。支持民间资本兴办各类医院、社区卫生服务机构、疗养院、门诊部、诊所、卫生所（室）等医疗机构，参与公立医院转制改组。

②鼓励民间资本参与发展教育和社会培训事业。支持民间资本兴办高等学校、中小学校、幼儿园、职业教育等各类教育和社会培训机构。

③鼓励民间资本参与发展社会福利事业。鼓励民间资本投资建设专业化的服务设施，兴办养（托）老服务和残疾人康复、托养服务等各类社会福利机构。

④鼓励民间资本从事广告、印刷、演艺、娱乐、影视制作、网络文化、出版物发行等活动，建设博物馆、图书馆、文化馆、电影院等文化设施。鼓励民间资本开发旅游资源，建设旅游设施，从事旅游休闲活动；投资生产体育用品，建设体育场馆及健身设施，从事体育健身活动。

（5）鼓励和引导民间资本进入金融服务领域。

支持民间资本以入股方式参与商业银行的增资扩股，参与农村信用社、城市信用社的改制工作。鼓励民间资本发起或参与设立村镇银行、贷款公司、农村资金互助社等金融机构，放宽村镇银行或社区银行中法人银行最低出资比例的限制。

（6）鼓励和引导民间资本进入商贸流通领域。

鼓励民间资本进入商品批发零售、现代物流领域。支持民营批发、零售企业发展，鼓励民间资本投资于连锁经营、电子商务等新型流通业态。

（7）鼓励和引导民间资本进入国防科技工业领域。

鼓励民间资本进入国防科技工业投资建设领域。引导和支持民营企业有序参与军工企业的改组改制，鼓励民营企业参与军民两用高技术开发和产业化，允许民营企业按有关规定参与承担军工生产和科研任务。

（8）鼓励和引导民间资本重组联合和参与国有企业改革。

①引导和鼓励民营企业利用产权市场组合民间资本，促进产权合理流动，开展跨地区、跨行业兼并重组。鼓励和支持民间资本在国内合理流动，实现产业有序梯度转移，参与西部大开发、东北地区等老工业基地振兴、中部地区崛起以及新农村建设和扶贫开发。支持有条件的民营企业通过联合、重组等方式做大做强，发展成为特色突出、市场竞争力强的集团化公司。

②鼓励和引导民营企业通过参股、控股、资产收购等多种形式，参与国有企业的改制重组。合理降低国有控股企业中的国有资本比例。民营企业在参与国有企业改制重组过程中，要认真执行国家有关资产处置、债务处理和社会保障等方面的政策要求，依法妥善安置职工，保证企业职工的正当权益。

（9）鼓励和引导民营企业积极参与国际竞争。

鼓励民营企业“走出去”，积极参与国际竞争。支持民营企业在研发、生产、营销等方面开展国际化经营，开发战略资源，建立国际销售网络。支持民营企业利用自有品牌、自主知识产权和自主营销，开拓国际市场，加快培育跨国企业和国际知名品牌。支持民营企业之间、民营企业与国有企业之间组成联合体，发挥各自优势，共同开展多种形式的境外投资。

5.2012年4月，国务院发布了《关于进一步支持小型微型企业健康发展的意见》（国发〔2012〕14号）。小型微型企业分布于全国各地区、各行业，大多数属于劳动密集型行业，城乡居民绝大多数在小型微型企业就业。小型微型企业具有机制灵活、成本较低等优势，是国民经济中最活跃的部分。相当多的小型微型企业为大中型企业提供配套服务，绝大多数是非公有制经济，因此支持小型微型企业发展，在增加就业、促进经济增长、科技创新与社会和谐稳定等方面具有不可替代的作用，对国民经济和社会发展具有重要的战略意义。国发〔2012〕14号文件从8个方面提出了29条政策措施。在加大财税支持力度方面，一是改进税收制度，降低企业税负；二是增加中小企业专项资金，资金使用向小型微型企业倾斜；三是设立中小企业发展基金，主要用于支持初创期的小型微型企业；四是政府采购资金安排适当份额用于采购小型微型企业的产品；五是减免部分涉企收费，取消各种不合规收费。在缓解小型微型企业融资困难方面，一是落实支持小型微型企业发展的各项金融政策，银行等金融机构对企业增加贷款数额；二是加快发展小金融机构，增加服务网点；三是拓宽融资渠道，支持符合条件的小企业上市融资、发行债券，加快建设统一监管的场外交易市场；四是规范对小型微型企业的金融服务，禁止对企业违规收费。

小型微型企业在资本重组方面，基本上可以采用上述民营企业以参股、资产收购等多种方式参与国有企业改制重组，实行民营企业之间联合和民营企业与国有企业之间联合的方式。由于小型微型企业资本少，资本重组主要采用收购、兼并、联营和产业转移等方式，以获得新的发展机会。

6.2015年8月24日，中共中央、国务院发布《关于深化国有企业改革的指导意见》，对今后国有企业改革做了全面、系统的说明，以下只对与国有资本重组有关的问题加以叙述。

（1）国有资本布局结构优化问题。

①以管资本为主推进国有资产监管机构职能转变，重点管好国有资本布局、规范资本运作、提高资本回报、维护资本安全。要优化国有资本布局结构。

②以管资本为主推动国有资本合理流动优化配置。坚持以市场为导向、以企业为主体，有进有退、有所为有所不为，优化国有资本布局结构，增强国有经济整体功能和效率。紧紧围绕服务国家战略，落实国家产业政策和重点产业布局调整总体要求，优化国有资本重点投资方向和领域，推动国有资本向关系国家安全、国民经济命脉和国计民生的重要行业和关键领域、重点基础设施集中，向前瞻性战略性产业集中，向具有核心竞争力的优势企业集中。发挥国有资本投资、运营公司的作用，清理退出一批、重组整合一批、创新发展一批国有企业。建立健全优胜劣汰市场化退出机制，充分发挥失业救济和再就业培训等的作用，解决好职工安置问题，切实保障退出企业依法实现关闭或破产，加快处置低效无效资产，淘汰落后产能。支持企业依法合规通过证券交易、产权交易等资本市场，以市场公允价格处置企业资产，实现国有资本形态转换，变现的国有资本用于更需要的领域和行业。

（2）国有企业股权多元化问题。

①深化国有企业改革，必须坚持和完善我国特色社会主义基本经济制度，必须毫不动摇巩固和发展公有制经济，毫不动摇鼓励、支持、引导非公有制经济发展。坚持公有制主体地位，发挥国有经济主导作用，积极促进国有资本、集体资本、非公有资本等交叉持股、互相融合，推动各种所有制资本取长补短、相互促进、共同发展。

②将国有企业分为商业类和公益类。商业类国有企业按照市场化要求实行商业化运作，以增强国有经济活力、放大国有资本功能、实现国有资产保值增值为主要目标，依法独立自主开展生产经营活动，实现优胜劣汰、有序进退。

主业处于充分竞争行业和领域的商业类国有企业，原则上都要实行公司制股份制改革，积极引入其他国有资本或各类非国有资本实现股权多元化，国有资本可以绝对控股、相对控股，也可以参股，并着力推进整体上市。对这些国有企业，重点考核经营业绩指标、国有资产保值增值和市场竞争能力。

主业处于关系国家安全、国民经济命脉的重要行业和关键领域、主要承担重大专项任务的商业类国有企业，要保持国有资本控股地位，支持非国有资本参股。对自然垄断行业，实行以政企分开、政资分开、特许经营、政府监管为主要内容的改革，根据不同行业特点实行网运分开、放开竞争性业务，促进公共资源配置市场化；对需要实行国有全资的企业，也要积极引入其他国有资本实行股权多元化。

公益类国有企业以保障民生、服务社会、提供公共产品和服务为主要目标，引入市场机制，提高公共服务效率和能力。这类企业可以采取国有独资形式，具备条件的也可以推行投资主体多元化，还可以通过购买服务、特许经营、委托代理等方式，鼓励非国有企业参与经营。对公益类国有企业，重点考核成本控制、产品服务质量、营运效率和保障能力，根据企业不同特点有区别地考核经营业绩指标和国有资产保值增值情况，考核中要引入社会评价。

③推进公司制股份制改革。加大集团层面公司制改革力度，积极引入各类投资者实现股权多元化，大力推动国有企业改制上市，创造条件实现集团公司整体上市。根据不同企业的功能定位，逐步调整国有股权比例，形成股权结构多元、股东行为规范、内部约束有效、运行高效灵活的经营机制。允许将部分国有资本转化为优先股，在少数特定领域探索建立国家特殊管理股制度。

健全公司法人治理结构。重点是推进董事会建设，建立健全权责对等、运转协调、有效制衡的决策执行监督机制，规范董事长、总经理行权行为，充分发挥董事会的决策作用、监事会的监督作用、经理层的经营管理作用、党组织的政治核心作用。

（3）国有企业实行混合所有制改革问题。

以促进国有企业转换经营机制，放大国有资本功能，提高国有资本配置和运行效率，实现各种所有制资本取长补短、相互促进、共同发展为目标，稳妥推动国有企业发展混合所有制经济。（详看本章阅读资料）

7.2015年3月5日，十二届全国人大三次会议《政府工作报告》和有关文件，与资本重组有关的内容着重阐述了经济结构调整问题。

（1）要处理好稳增长与调结构的关系。要见微知著、未雨绸缪，把稳增长放在更加重要的位置，多措并举，不让经济增速滑出合理区间，防止经济出现大的起伏。同时，要以优化结构夯实稳增长的基础，做实一产，做强二产，壮大三产，提高服务业和战略性新兴产业比重，优化经济发展空间格局，培育壮大新的增长点和增长极。为此，要加快科技进步，增加研发投入，加强质量、标准和品牌建设，提高全要素生产率。还要前瞻性制定好长远发展规划，立足当前，着眼长远，实现在发展中升级，在升级中发展。

（2）深化供给侧结构性政策。发展经济必须正确处理供给与需求二者的关系，供给应该正确地满足需求，二者保持适当的平衡。1998年以来，我国宏观调控主要是需求管理，随着时间推移，需求管理产生的副作用日渐凸显。

（3）大力推进供给侧结构性改革。认为供给与需求的矛盾主要在供给这一方面。供给与需求不平衡状况主要有以下两种情况。一是供给大于需求，具体有以下三种情况：①生产资料产能过剩，主要包括炼铁、炼钢、焦炭、铁合金、电石、电解铝、铜冶炼、铅冶炼、水泥、平板玻璃、造纸、制革、印染、铅蓄电池等14个行业。②传统的中低端消费品供给严重过剩，如衣服鞋帽、玩具等传统消费品价格持续下滑。③房地产市场，自2013年以来，商品房库存出现大幅增长势头，2015年11月末全国已竣工商品房待售面积约为6.9亿平方米，同比增速16.5%，而1—11月份商品房销售面积同比仅增长7.4%。部分三四线城市商品房库存仍处高位。二是供给小于需求，具体有以下三种情况：①传统产业产能过剩，同时存在着结构性的有效供给不足，比如说国内粗钢生产过剩，但精钢、特钢却需大量进口。我国生产的平板玻璃严重过剩，但电子用的平板玻璃、电视用的大平板等我们还是不能生产。风电设备总体过剩，但控制系统和不少零部件仍需要进口。②高品质消费品供给不足，需求者从国外购买，国外代购、海淘流行，进口消费品猛增。③商品房价格太高，许多需要买房的人买不起，适合于一般居民购买力水平的住房供给不足。

2015年，中共十九大提出宏观调控从以需求管理为主转变到以供给管理为主，要在适度扩大总需求的同时，去产能、去库存、去杠杆、降成本、补短板，从生产领域加强优质供给，减少无效供给，扩大有效供给，提高供给结构适应性和灵活性，提高全要素生产率，使供给体系更好适应需求结构变化。

（1）“去产能”。推动化解过剩产能，将宝贵的资源要素从那些产能严重过剩、增长空间有限的产业和“僵尸企业”中释放出来，理顺供给侧，提高有效供给，创造新的生产力。

（2）“去库存”。解决房地产去库存问题，事关未来一段时期内我国经济社会发展大局，刻不容缓。

（3）“去杠杆”。在保持经济长期稳定增长的同时，标本兼治，逐步并有效地重组和化解债务，切实防范和化解系统性金融风险。

（4）“降成本”。大力降低实体经济成本，降低制度性交易成本，继续清理涉企收费，加大对乱收费的查处和整治力度，深化电力、石油天然气、铁路等行业改革，降低用能、物流成本。

（5）“补短板”。可以理解为供给侧结构性改革的“加法”，通过扩大要素供给，提高经济增长质量与效益。对我国来说，最基本的路径就是大力培育新动能，强化科技创新，推动传统产业优化升级，培育一批具有创新能力的排头兵企业，积极推进军民融合深度发展。

8.进一步支持民营企业发展。

2005年以来，我国非公有制经济有了很大进步和发展，但近年民营企业在经营发展中遇到市场、融资、转型等方面的困难和问题，成因是多方面的，有外部因素和内部因素、客观原因和主观原因等。2018年11月，中共中央召开民营企业座谈会，习近平总书记发表重要讲话，他强调，公有制为主体、多种所有制经济共同发展的基本经济制度，是中国特色社会主义制度的重要组成部分，也是完善社会主义市场经济体制的必然要求。我们党在坚持基本经济制度上的观点是明确的、一贯的，从来没有动摇。我国公有制经济是长期以来在国家发展历程中形成的，积累了大量财富，这是全体人民的共同财富，必须保管好、使用好、发展好。我们强调把公有制经济巩固好、发展好，同鼓励、支持、引导非公有制经济发展不是对立的，而是有机统一的。公有制经济、非公有制经济应该相辅相成、相得益彰，而不是相互排斥、相互抵消。我国基本经济制度写入了宪法、党章，这是不会变的，也是不能变的。任何否定、怀疑、动摇我国基本经济制度的言行都不符合党和国家方针政策。

习近平总书记希望广大民营企业家把握时代大势，坚定发展信心，心无旁骛创新创造，踏踏实实办好企业，合力开创民营经济更加美好的明天，为实现中华民族伟大复兴的中国梦做出新的更大贡献。

根据北京的统计数据，现在，中国民营经济贡献了50%以上的税收，60%以上的国内生产总值（GDP），70%以上的技术创新，80%以上的城镇劳动就业，90%以上的新增就业和企业数量。

习近平总书记指出，在我国经济发展进程中，要不断为民营经济营造更好发展环境，帮助民营经济解决发展中的困难，变压力为动力，让民营经济创新源泉充分涌流，让民营经济创造活力充分迸发。当前要抓好5个方面政策举措落实。

（1）减轻企业税费负担。抓好供给侧结构性改革降成本行动各项工作，推进增值税等实质性减税，对小微企业、科技型初创企业可以实施普惠性税收免除，根据实际情况降低社保缴费名义费率，清理、精简行政审批事项和涉企收费。

（2）解决民营企业融资难融资贵问题。改革和完善金融机构监管考核和内部激励机制，扩大金融市场准入，拓宽民营企业融资途径，对符合经济结构优化升级方向、有前景的民营企业进行必要财务救助，省级政府和计划单列市可以自筹资金组建政策性救助基金，纠正一些政府部门、大企业利用优势地位以大欺小、拖欠民营企业款项的行为。

（3）营造公平竞争环境。打破各种各样的“卷帘门”“玻璃门”“旋转门”，在市场准入、审批许可、经营运行、招投标、军民融合等方面，为民营企业打造公平竞争环境。鼓励民营企业参与国有企业改革。

（4）完善政策执行方式。加强政策协调性，制定相关配套举措，推动各项政策落地落细落实，让民营企业从政策中增强获得感。去产能、去杠杆要对各类所有制企业执行同样标准，在安监、环保等领域微观执法过程中避免简单化、“一刀切”。

（5）构建亲清新型政商关系。各级党委和政府要把构建亲清新型政商关系的要求落到实处，把支持民营企业发展作为一项重要任务，花更多时间和精力关心民营企业发展、民营企业家成长，经常听取民营企业反映和诉求，特别是在民营企业遇到困难和问题情况下更要积极作为、靠前服务，帮助解决实际困难。要加强舆论引导，正确宣传党和国家大政方针，对一些错误说法要及时澄清。

这次民营企业座谈会的召开，充分调动了民营企业家的积极性，民营经济发展出现了新局面。

第3节 资本重组的办法与方式

一、资本重组的办法

怎样进行企业资本重组？对此有以下两种主张：一是主要采用计划行政办法，即通过政府的计划安排和行政命令，实行“关、停、并、转”，让一些企业与另一些企业合并，或通过行政划拨方式，把国有资产从一些企业调转到另一些企业等；二是主要采用市场经济办法，即通过资本市场，让企业以募股上市、兼并、收购、出售、破产等方式，使现有资产在不同部门、企业之间合理流动，发挥市场机制在资源配置和再配置中的决定性作用。国务院提出，要“依靠市场竞争，促进现有资产合理流动和优化重组，通过存量资产的流动和重组，对国有资本和国有企业实行战略性改组”。

我们认为，第一种主张是用老办法来解决长期遗留下来的问题。前已说明，我国经济发展中资本配置不合理产生的诸多问题，是与计划经济体制分不开的。我国的国民经济包括的行业、企业数量极多，其相互关系和发展情况十分复杂，不分主次，事无巨细都由国家计划统一安排，就不可避免地会犯主观片面的错误，出现社会资源配置不合理的弊病。现在再用政府行政计划的办法来解决过去计划经济体制造成的问题，肯定不能达到预期目的，可能还会产生更多新的问题。第二种主张并不是不重视政府的作用。对全国资本重组这一关系全局的重大问题，有些事情需要而且只能由政府来做，但政企职能要分清，政府主要是进行宏观调控，制定政策法规，尊重企业的经营自主权，各企业在政府的政策指导下，按照国家法律法规的要求，通过企业改革和资本市场发育相结合，逐步实现全国企业的资本重组。

近年，我国各地主要采用市场经济办法对全国企业进行资本重组，已经出现了许多好的做法。例如，对某些企业进行股份制改造，让效益好、发展潜力大的公司发行股票和上市，有效地集中企业发展所需资本；许多企业把闲置资产剥离出售，将所得收入再用于新的必要投资；有些企业通过引进技术和资金，进行“嫁接改造”；有些企业以资本为纽带，通过市场组建同行业或跨行业、跨所有制、跨地区的大企业集团，提高竞争能力，打进国际市场；有些企业实行资本分散，把企业一分为几，利用优势与别的企业合资合作，特别是一些要“死”的企业，通过资本分散，把能活的部分与别的企业合资合作，救活一部分比全“死”要好；有些企业把自己所处的黄金地段腾出来卖出去，变现后再建，不仅扩大了规模，还使原有资产增值；有的老企业把厂房、设备、地产等固定资产转让，先收回本金，再另投资；把要“死”的企业拍卖，把能收回的价值收回来，尽量减少损失，保全部分资本再投入运营实现增值。

二、资本重组的方式

在本章第2节，回顾我国资本重组的方向、战略和政策措施时，已涉及了资本重组的各种方式。企业应根据国家关于资本重组的方向、战略和政策，遵循市场经济规律，结合具体实际情况，选择适当的资本重组方式，本节对几种主要的方式作简要说明：

（一）实行股份制

股份制是实现资本集中和资本流动的良好形式。将国有企业改组为有限责任公司或股份有限公司，吸收多种资本入股，特别是通过在证券市场上发行股票，可以迅速地集中社会各方面的资本，鼓励和引导民间资本参与国有企业改革，民营企业通过参股、控股、资产收购等多种形式参与国有企业的改制重组，合理降低国有控股企业中的国有资本比例。此外，还可以引进外资入股，将多种经济成分的资本组合到公司里，改变过去国有企业出资者单一的状况，实现股权多元化，发展国有资本、集体资本和非公有资本等参股的混合所有制经济，使股份制成为公有制的主要实现形式。股份公司的资本按《公司法》规定可以转让，特别是股份有限公司的股票上市交易，可以使资本自由流动，按照市场规律进行优化配置。国有企业实行股份制改革，吸引民间资本和国外资本入股，实现资本集中，称为“改制重组”（详见本节末的阅读资料）。

（二）企业兼并收购

企业兼并是一种有偿的企业合并形式，是指一个企业以现金、有价证券或其他形式（例如承担债务）取得其他企业的资产或所有权，使其失去法人资格的一种行为。收购是指一家公司购买其他公司的资产或股份的行为，目的在于取得对其他公司的控制权。被收购公司并不失去法人资格，但情况有所改变，它变成了收购公司的子公司。由于收购也是一个企业购买另一个企业的产权（表现为股权），只是被收购者的法人资格并不丧失，因此，一些人把收购称为控股式兼并，而认为广义的兼并（包含收购）是指一个企业购买其他企业的产权，使其失去法人资格或改变法人实体的一种行为。由于兼并和收购具有共同点，都是企业之间的产权交易行为，因而人们往往把二者合并简称为企业并购。在并购中，可以是上市公司中的优势企业并购非上市公司，也可以是非上市公司之间的并购。并购使企业之间资本重新组合，优势互补，取长补短，使并购者节省投资，加快发展，实现规模经济效益，控制购销市场，发展多种经营。企业兼并收购是资本重组的重要方式，一般称为“兼并重组”。人们认为企业兼并收购是资本运营的核心。

我们在本章第2节曾指出，我国产业结构存在着重复建设、产能过剩、规模经济行业集中度偏低、一般加工业比重过大、高端装备制造业发展滞后等缺点。为了优化产业结构，进一步推动战略性新兴产业健康发展，促进传统产业改造升级，必须大力进行企业兼并重组，控制增量，优化存量，淘汰落后产能，提高产业集中度和规模效益，建立一批核心竞争力强的大企业。

（三）企业联合、组建企业集团

为了克服国有资本过于分散、企业规模小、竞争能力弱和经济效益低等缺点，必须推进资本联合。要以市场为导向，通过强强联合，在一些重要行业或关键领域组建一批具有较强竞争力的跨地区、跨行业、跨所有制和跨国的大型企业集团，建立以资本为主要联结纽带的母子公司体制。通过组建企业集团，推动生产要素合理流动和资源优化配置，联结和带动一批企业的改组、发展，形成规模经济，增强在国内外市场上的竞争力，提高国有资本运营的效率和效益，确保国有资本的保值增值。通过企业联合，实行资本集中，称为资本的“联合重组”。

（四）企业分立

从我国当前情况来看，资本重组主要是利用股份制方式、实行企业兼并收购和组建企业集团等，促进资本的集中与联合，形成一些规模巨大的企业。但并不是说企业越大越好，在某些情况下，会产生企业分立的需要。例如，有的企业规模过于庞大，某种生产经营业务与该企业主要业务之间缺乏联系，不利于运营的统一性和灵活性，在这种情况下，实行适当的分立，有利于提高企业运营的效率。此外，为了便于企业进入新的地区或经营领域，或为了避免反垄断诉讼，也会出现企业分立的情况。分立是指一个企业分立成两个或两个以上企业的经济行为，也是资本重组的一种方式。分立的一种形式是分立后形成母公司（原企业）和子公司（分立后形成的企业），子公司的股份按比例分配给母公司的股东；另一种形式是整个公司分离成几个独立的较小的公司，原公司就不复存在了。

（五）出售变现

这种方式是指将企业的产权或资产作为商品作价出售，使之转变为货币资本，然后将它投向最需要的用途上去。出售可采取资产出售或股权出售的方式。出售变现有以下几种情况：一是为了解决目前国有资本战线过长的问题，将国家不宜介入的某些国有小型企业卖给非国有经济单位或个人，将上市公司的国有股转让给社会公众，将撤出的国有资本投向应由其发挥作用的领域；二是在组建股份有限公司、企业兼并收购和组建企业集团的过程中，在进行资产重组时，将一部分已不需要的资产剥离出来出售，收回货币用于新技术的投资；三是企业在破产清算过程中，将破产财产作价出售，收回货币用于偿还债务。

（六）合资合作

资本重组除了在本国企业之间进行以外，还可以将我国企业的资本与外国企业的资本进行组合。我国一些资本不足、技术比较落后、经济效益较低的企业，为了利用外资，引进先进技术设备，学习外国企业管理经验，可与外商共同举办中外合资、合作企业。规模较小的国有企业可以用企业的全部资本作为出资额，规模较大的国有企业可以用某一车间或分厂的厂房、设备和土地使用权等作价作为出资额，加上外商的出资额，组建成中外合资企业。我国许多中外合资企业正是由于中外资本的结合，提高了技术水平和管理水平以及经济效益。例如，大连耐火材料厂和本溪钢铁公司与意大利波罗勒钢管公司合资举办大连波罗勒钢管有限公司，在注册资本中大连耐火材料厂占54%。该合资企业自1988年投产以来，以其现代化经营理念和管理，很快就生产出具有国际一流水平的镀锌钢管、彩色压形板、异型钢管和冷弯开口型钢材等产品，并以优异的质量和信誉畅销国际市场，产品外销量占总产量的1/3。公司曾被评为辽宁省十大出口创汇先进企业，全国外商投资企业500家最大企业之一。

（七）企业租赁

租赁是指出租人将物品租给别人以获取报酬，承租人则因租用他人物品而支付费用（租金）。租赁的对象可以是企业或分厂，也可以是某种生产要素，如土地、房屋、机器设备等。企业租赁是企业所有者将企业资产的经营权在一定时期内出租给承租方，承租方按合同规定定期交纳租金的一种产权交易形式。企业通过出租，可以在企业所有权不变的情况下，调动经营者的积极性，充分利用现有资产，提高资本运营效率和效益。例如，在大连波罗勒钢管有限公司迅速发展的同时，作为大连波罗勒钢管有限公司最大股东的大连耐火材料厂却因种种原因资不抵债，濒临破产，不得已被本溪钢铁公司兼并，其中镀锌、纵剪和焊管三个分厂已被迫停产3年，5 000万元国有资产长期闲置，300多名职工下岗。这时，大连波罗勒钢管有限公司正在大力开拓国内外市场，急需扩大生产规模，于是本溪钢铁公司就将原大连耐火材料厂镀锌、纵剪、焊管三个分厂租给大连波罗勒钢管有限公司，期限5年，租赁费650万元。1998年年初，大连波罗勒钢管有限公司招回这三个分厂的部分下岗职工，投资200万元，对设备进行大修改造，生产的产品向美国出口，在美国市场得到好评，引来更多的追加订单。这一项出租盘活了多年闲置的国有资产，使国有资本绝处逢生。

（八）企业承包

企业承包是指在国有企业资本的所有权归国家拥有的前提下，由承包者行使企业经营权，负责完成合同规定任务的一种经营责任制度。承包经营责任制的主要内容是：包上缴国家利润，包完成技术改造任务，实行工资总额与经济效益挂钩。承包上缴国家利润的形式有：（1）上缴利润递增包干；（2）上缴利润基数包干，超收分成；（3）微利企业上缴利润定额包干；（4）亏损企业减亏（或补贴）包干；（5）国家批准的其他形式。

承包制在一定时期内起过一定的作用，主要表现在：（1）承包与承包以前相比，企业的活力有所提高；（2）实行承包制，可以使财政有较稳定的收入；（3）承包制的实践培养了一批企业家。但承包制有很明显的缺点：（1）承包制是不规范的经济体制，它是通过一对一的谈判，经讨价还价后才定出承包合同的；（2）承包制之下政企并未彻底分开，企业并没有完全的自主经营权；（3）实行承包制，企业行为短期化；（4）承包制之下企业负盈不负亏，盈利了，企业分利，亏损了，企业还是躺在国家身上；（5）实行承包制，生产要素很难实现跨行业、跨地区在社会范围内优化组合。由此可见，承包制的缺点是体制性的，完善承包制只可能缓和一下矛盾，而不能从根本上解决问题，因此，它只是我国企业改革的过渡形式，而不是企业改革的目标模式。

（九）企业托管

企业托管是指将经营不善、管理混乱的困难小企业委托给实力较强的优势企业经营管理。其一般程序是：委托方进行调查研究，确定被托管企业；由资产评估机构对被托管企业的国有资产进行评估，以此作为被托管企业资产保值增值的基数；通过招标择优选择受托方；由委托方和受托方洽谈托管事宜，然后签订托管合同；托管合同经公证后，由委托方向受托方颁发委托经营证书，然后到工商行政管理部门办理有关手续。

企业托管方式的提出有以下各种原因：（1）以往实行的承包、租赁等方式，虽然对促进企业发展发挥了积极作用，但存在着这样或那样的局限性；（2）企业兼并从客观上看是一种比较理想的重组方式，是小企业向大企业靠拢走向良性发展的一条捷径，但目前企业兼并存在融资难度较大等困难，因而进展不快；（3）在市场经济条件下，企业破产是一种正常的经济行为，但我国目前市场发育不完善，存在职工安置和债务处理等困难，尚不能在大范围内实行企业破产。在以上各种改革方式相继实行以后，仍有不少亏损企业由于各种原因未找到出路，于是托管作为一个新的改革方式被提出来。托管的提出还借鉴了德国对原民主德国的国有企业实行托管的经验。

企业托管的特点是在被托管企业的所有权关系不变的情况下，受托企业获得对被托管企业的实际经营权。托管的优点主要是：（1）与兼并、破产等方式相比，托管可以使被托管企业减少抵触情绪和剧烈变动引起的矛盾；（2）受托企业投入的主要是管理、技术、营销渠道、品牌等软件，基本上不需要投入资金，减少了受托企业的扩展成本。在目前企业兼并融资难度较大的情况下，托管的这一优点更加明显。我国的许多企业真正缺的不是资金，而是缺能够把资金用好的机制。托管有利于把企业的资金用好，把企业搞活。在难度较大的环境中，托管使重组易于起步。优势企业对某些经营不善的亏损企业，往往不愿意兼并，通过对这种企业进行托管，如果取得成功，把亏损企业搞活了，就会有企业愿意对它进行兼并，因此，可以说成功的托管往往是兼并的前奏。

（十）资本结构调整

资本结构包括资本来源结构和资本形态（资产）结构，前者主要是指企业自有资本与借入资本的比例关系。如果企业不使用或很少使用借入资本，就不能获得适当的财务杠杆利益，如果企业使用借入资本过多，又会面临较大的财务风险，因此，企业应注意利益与风险的适当平衡，适当调整资本结构，这也是资本重组的重要内容之一。调整企业资本来源结构，可以从以下三个方面进行：一是股权方面，企业发行新股或多保留盈利，会降低负债的比例，企业多支付股息或回购发行的股份，则会提高负债的比例；二是负债方面，举新债，会提高负债的比例，偿还已有债务，则会降低负债的比例；三是股权和负债两者结合，将债务转为资本，会使负债比例降低。资本形态结构包括各种资产之间的比例关系，以及各种资产占全部资产的比重。

（十一）企业破产

企业经营失败，出现资不抵债现象，不能清偿到期债务，应申请破产。为了减少或抑制破产带来的消极影响，并使债权人的要求得到更充分的满足，在破产程序中设置了破产预防：一是和解，债务人与债权人就到期债务的延期支付和数额减免等达成协议；二是整顿，采取措施使企业再建和振兴。如果和解不成和整顿无效，企业就进入破产清算阶段，对破产财产进行清理、评估、变现和分配。为了搞好资本运营，进行资本重组，必须实行破产制度。企业破产，使彻底失败的企业被淘汰，从而避免再发生损失；将破产企业的资产卖给其他企业，使之在国民经济中继续发挥作用，并使债权人的应收款及时得到一定的补偿，从而加速资本周转。

下面对实行股份制、企业兼并与收购、企业联合组建企业集团、企业分立与出售、资本结构调整分章进行详细阐述。

☆阅读资料　　混合所有制

中共十九大报告指出：深化国有企业改革，发展混合所有制经济，培育具有全球竞争力的世界一流企业。

混合所有制在我国并不是一个新概念，2003年10月《中共中央关于完善社会主义市场经济体制若干问题的决定》中，提出大力发展混合所有制经济。在多年混合所有制实践的基础上，2013年11月12日，党的十八届三中全会通过的《中共中央关于全面深化改革若干重大问题的决定》明确提出，要"积极发展混合所有制经济"。

2015年9月13日，中共中央国务院印发了《关于深化国有企业改革的指导意见》进一步强调，发展混合所有制经济的目标是"促进国有企业转换经营机制，放大国有资本功能，提高国有资本配置和运行效率，实现各种所有制资本取长补短、相互促进、共同发展"。

2015年9月24日，国务院印发了《国有企业发展混合所有制经济的意见》，对于国有企业混合所有制改革提供了具体的指导，并明确指出："发展混合所有制经济，是深化国有企业改革的重要举措。"

2016年12月召开的中央经济工作会议强调："混合所有制改革是国企改革的重要突破口，按照完善治理、强化激励、突出主业、提高效率的要求，在电力、石油、天然气、铁路、民航、电信、军工等领域迈出实质性步伐。"

国有资本、集体资本、非公有资本等交叉持股、相互融合的混合所有制经济，是基本经济制度的重要实现形式。发展混合所有制具有如下重要意义：

1.有利于进一步巩固和完善社会主义初级阶段的基本经济制度。社会主义初级阶段的基本经济制度是公有制为主体，多种所有制经济共同发展。基本经济制度要求充分发挥多种所有制的优势，提升经济整体的活力和创造力，推动生产力的发展。发展混合所有制有效地促进了多种所有制经济更好更快发展，使基本经济制度日趋完善。

2.有利于放大国有资本功能，提高国有资本配置和运行效率。通过发展混合所有制经济，国有资本可以带动多种所有制成分共同发展，增强国有资本或公有资本对其他资本的辐射功能，提升国有资本的活力、影响力、竞争力和抗风险能力。

3.有利于实现各种所有制资本取长补短、相互促进、共同发展。通过发展国有资本、集体资本、非公有资本等交叉持股、相互融合的混合所有制经济，既能够发挥国有资本的规模优势、技术优势和管理优势，又可以发挥非国有资本的活力和创造力，多种所有制经济相得益彰、相互促进，共同推动我国经济的不断发展。

实行混合所有制，在实践中应遵循以下原则：

1. 坚持从实际出发，根据不同情况分类施策。对通过实行股份制、上市等途径已经实行混合所有制的国有企业，要着力在完善现代企业制度、提高资本运行效率上下功夫；对于适宜继续推进混合所有制改革的国有企业，要充分发挥市场机制作用，坚持因地施策、因业施策、因企施策，宜独则独、宜控则控、宜参则参，不搞拉郎配，不搞全覆盖，不设时间表，成熟一个推进一个。

2. 支持引入非国有资本参与国有企业改革。鼓励非国有资本投资主体通过出资入股、收购股权、认购可转债、股权置换等多种方式，参与国有企业改制重组或国有控股上市公司增资扩股以及企业经营管理。实行同股同权，切实维护各类股东合法权益。在石油、天然气、电力、铁路、电信、资源开发、公用事业等领域，向非国有资本推出符合产业政策、有利于转型升级的项目。

3. 鼓励国有资本以多种方式入股非国有企业。充分发挥国有资本投资、运营公司的资本运作平台作用，通过市场化方式，以公共服务、高新技术、生态环保、战略性产业为重点领域，对发展潜力大、成长性强的非国有企业进行股权投资。鼓励国有企业通过投资入股、联合投资、重组等多种方式，与非国有企业进行股权融合、战略合作、资源整合。

4. 积极探索实行混合所有制企业员工持股。坚持试点先行，在取得经验基础上稳妥有序推进，通过实行员工持股建立激励约束长效机制。优先支持人才资本和技术要素贡献占比较高的转制科研院所、高新技术企业、科技服务型企业开展员工持股试点，支持对企业经营业绩和持续发展有直接或较大影响的科研人员、经营管理人员和业务骨干等持股。

第8章　实行股份制

第1节　股份制与资本重组

为了克服国有资本在国民经济中分布过散、战线过长、政企职责不分、出资者单一、资产负债率过高以及民间资本发展受限制等弊端，要采用多种办法，其中一个最基本也是最主要的办法，就是实行股份制。

一、股份制是企业资本组织的高级形式

股份制是适应商品经济发展和社会化大生产的需要而产生的。在小商品生产条件下，生产规模很小，技术简单，所需资本少，靠生产经营者个人就可以解决资本问题。以后随着生产规模的扩大和技术水平的提高，单个生产经营者由于资本不足，才产生了由几个人共同出资合伙经营的形式。当商品生产进入大机器生产阶段时，生产规模迅速扩大，采用大量技术设备，这时需要巨额资本，而巨额资本难以从某个人或几个人那里获得，例如铁路修建、轮船制造、矿山开采和新兴工业建立等，只靠个别资本积累，在很长时期内都难以完成，因而逐渐出现了股份制。

股份制的基本特点是公司的全部注册资本分为若干股份，由各投资者分别出资；股东依在公司中所拥有的股份参与经营，享受权益，承担风险；股份可以在规定条件下或范围内转让，但不能退股。资本通过股份（特别是通过股票）形式表现出来，是经济和企业经营的一大进步，是人们在资本运营方面的智慧达到了一个很高水平的标志。由于资本股份化、证券化，一般货币持有者就很方便地变为资本的所有者，社会公众就可以参与到企业资本运营中来，许多小资本就可以联合起来变成大资本。股份制解决了资本分散化和生产社会化的矛盾，大大地促进了生产建设的迅速发展。马克思说："假如必须等待积累去使某些单个资本增长到能够修建铁路的程度，那么恐怕直到今天世界上还没有铁路。但是，集中通过股份公司转瞬之间就把这件事完成了。"①

股份制是现代企业的一种资本组织形式，有利于所有权和经营权的分离，有利于资本集中和产权流动，有利于提高企业和资本的运作效率，资本主义可以用，社会主义也可以用。在社会主义市场经济中，公有制的实现形式可以而且应当多样化，一切反映社会化生产规模的经营方式和组织形式都可以利用。股份制既可以包容私有制，也可以包容公有制，它是公有制的一种良好实现形式。股份制企业的性质，是公有还是私有，关键要看控股权掌握在谁的手里。如果国家和集体控股，就

① 马克思．资本论：第一卷［M］．中共中央马克思恩格斯列宁斯大林著作编译局，译．北京：人民出版社，1965：688.

具有明显的公有性，有利于扩大公有资本的支配范围，增强公有制的主体作用。我国现在将一部分国有企业改组为股份制企业，吸收非国有经济成分投资入股，在国有资本控股的情况下，有利于增强国有资本的控制力，扩大国有资本的支配范围。例如，甲企业由国家投资15亿元，100%为国有资本，这时，国家支配的资本为15亿元。如果将甲企业的国有资本抽出7.5亿元，投资建立乙企业，这两个企业各发行股票筹资7.5亿元，每个企业的资本均为15亿元，国家在其中各占50%，其余为个人分散持股，控股权仍然在国家手中，这时，国家控制的资本就达30亿元。如果将甲企业的国有资本15亿元抽出2/3用于建设乙、丙两个企业，每个企业的国有资本都是5亿元，这三个企业各发行股票筹资10亿元，每个企业的资本均为15亿元，国家在其中各占33.33%，其余为个人分散持股，个人还是未掌握企业控股权，这时，国家控制的资本就达45亿元。

实行股份制，是在我国经济改革实践中提出来的，从一开始就注意了坚持以公有制为主体，保持公有资本在关系国民经济命脉的重要企业中的控股地位。据统计，1991年向社会公众发行股票试点的89家企业的股金总额中，国家股占47%，其他企业投资的法人股占29%，个人股占11%，外资股占9%。1996年年末我国的530家上市公司中，国家及国有企业控股的有373家，占70.3%；集体企业控股的有83家，占15.7%；股份有限公司和有限责任公司（股东主要由国有企业或集体企业构成）控股的有66家，占12.5%；外资企业间接控股的有8家，仅占1.5%。上述530家上市公司的股本总计1 219亿元，其中国有股占53%。实践证明，实行企业股份制，不仅没有导致私有化，反而扩大了公有资本的支配范围，有利于加强公有制在国民经济中的主体地位。

将一部分国有企业改组为股份制企业，发行股票和上市，有利于促进政企职责分开，转换企业经营机制，实现企业自主经营、自负盈亏、自我发展和自我约束；有利于开辟新的融资渠道，筹集建设资金，引导消费基金转化为生产建设资金，提高资金使用效益；有利于促进生产要素合理流动，实现社会资源优化配置；有利于提高国有资本的运营效率，实现国有资本的保值增值。

我国国有企业改组为股份制公司，实现国有资本增值有以下四种情况：一是改制时资产评估增值，资产增值率一般为33%；二是初次股票溢价发行增值，向社会公众发行A种股票的价格平均每股为6元左右，是发行前企业每股净资产的4倍，国有资产享受的增值率为84%；三是经营增值，1992—2010年，上市公司的年平均净资产利润率为12.53%；四是配股增值，上市公司配股价格一般比每股净资产高50%以上，使国有资本进一步增值。

二、股份制又是资本重组的重要方式

实行股份制，可以从以下两个方面推进资本重组：

（一）通过股份筹资，实现各种资本组合与集中

在我国实行股份制，按股份方式筹资，就是资本重新组合的一种方式。过去国有资本在国民经济中分布过散，战线过长，企业规模过小，资产负债率过高，

资本金过少，出资者单一，为了克服这些弊病，可以将一些经济效益好、发展潜力大的国有企业改组为股份公司，吸收非国有资本入股，也可以吸收其他国有企业的资本入股，使公司的资本由过去单一的国有资本组合为多种经济成分的混合资本。股份筹资，使公司的自有资本增多，从而使公司的资本结构（自有资本与借入资本的比例）得到适当调整，并优化社会资源配置。公司股份筹资的优点是：

1.股份筹资能够迅速集中巨额资本。现代社会化大生产，不仅资本有机构成不断优化，而且要求规模经营。创办和经营一个企业，需要技术、管理人才，需要巨额资本，但是单个资本、合伙资本都有局限性，一是难以提供巨额资本，二是巨额资本由某一资本所有者提供风险太大。靠银行贷款会受银行财力的限制，一般银行不愿发放长期巨额贷款，而且企业使用银行贷款，具有期限性，到期必须还本付息。采用股份筹资，能够迅速吸收社会各类资金，尤其是那些最不容易联合起来的社会闲散资金，也能够吸收国内外个人、企业单位的大量资金。通过股份方式筹集的资本，是公司的自有资本，公司对这些资本可以长期使用，不必偿还。股份公司借助于股息和红利以及股票升值的刺激，调动人们投资的积极性，有利于集中社会资金，加速资本有机构成的优化和技术进步，因此，股份筹资在促进社会生产迅速发展方面起到了其他筹资方式所难以起到的作用。

2.股份筹资能促进短期闲散资金转化为长期资本。股份有限公司发行股票的目的是要筹集长期资本，但社会上许多购买股票的投资者由于多种原因，并不希望其资金被长期占压，这就出现了资金供给的短期性与企业资本需要的长期性之间的矛盾。股票流通市场提供了股票随时变现的可能性，即股票持有者可以随时将股票卖出并收回货币。这既满足了短期资金持有者的投资意愿，又促进了短期闲散资金转化为长期建设资本，从而有效地解决了资金供给与资本需求的不对称性矛盾。

3.股份筹资能更好地使社会消费基金转化为生产基金。银行吸收储蓄存款贷给企业，或企业通过发行债券筹集资金，用于生产经营，只是将社会消费基金间接地转变为生产基金，银行和债券发行机构只起中介作用。企业归还银行贷款本息和债券本息以及银行的储蓄被提取时，资金又从生产领域退出，回到消费领域。可见，间接转化为生产基金的资金具有不稳定性。而股份筹资则是一种将消费基金直接转换为生产基金的方式。由于股票不退股，只能转卖，投资者的钱投入生产领域后，就不能抽回去了。这种直接转换对稳定经济是有很大的好处的。

4.股份筹资有利于促进高科技、新兴产业的发展。一般来说，高科技产业、新兴产业的利润率可能较高，但风险较大，而一般产业的利润率可能较低，但风险较小。假定有A、B两个企业，A属于高科技产业，B属于一般产业，这两个企业都向银行申请贷款，由于银行的资金有限，在对这两个行业贷款利息率相同的情况下，银行总是愿意贷款给B企业，因为A企业的利润率虽然较高，但与银行利益无直接关系，贷款给B企业风险较小，比较稳妥。因此，高科技产业、新兴产业的建立和发展不能主要依靠银行贷款。国外的经验证明，股份筹资是促进高科技、新兴产业建立和发展的良好方式。高科技产业、新兴产业的投资虽然风险较大，但利润率较高，采用募股筹资，谁投资、谁得利，由于投资者（股东）众多，风险分散，因而对很多投资者是有吸引力的。以美国为例，20世纪90年代，一大批科技公司进入股票市场筹集资本，促使美国信息技术产业迅猛发展，其创造的价值在国内生产总值中所占比例逐年上升。据统计，1997年6月末，在美国股票市场上市的科技类公司918家，通信类公司380家，药物与生物科技类公司328家，高科技上市公司的成长带动了整个国民经济的迅速发展。

5.股份筹资有助于加快基础设施建设。为了解决国家基础设施建设任务重而国家财政资金相对不足的矛盾，可以采取股份筹资的办法来动员社会资金用于基础设施建设，如修铁路、办电厂、建港口和修高速公路等。各地区、各企业对许多基础设施建设有较高的积极性，其原因在于：这些基础设施建成后，投资入股者可以从实现的利润中分享股息、红利；本地区经济发展可以大大加快，有利于企业降低成本，增加销售收入。

（二）通过资本合理流动，实现社会资本的优化配置

要搞活企业，迅速地发展经济，不仅需要有强有力的筹资机制，而且还需要有高效合理的资本配置机制。从全国来看，如何把有限的社会资源合理而有效地配置于国民经济的各部门和各企业，关系到国民经济发展的前途和运行效率。在市场经济条件下，社会资源的合理配置主要是通过资本的合理配置来实现的，社会资本在部门间和企业间的合理流动和优化配置，推动着其他生产要素的合理流动和优化配置，从而提高了生产要素的利用效率。实现资本配置的主要途径有商业信用、银行信用、投资机构和股份经济等。股份制在资本配置方面具有其他途径无法比拟的优越性。股份制企业由于资本股份化、商品化、货币化和证券化，有限责任公司的股份可以转让，股份有限公司的股票可以买卖，使产权可以流动，因而产生以下效应：

1.冲破各种界限，便于资本联合。过去我国企业所有制之间的界限以及地区、部门、行业之间的界限，成为企业横向联合、资产转移和资本集中的障碍。由于政企职责不分，各地区、部门的领导机构直接管理企业，决定企业的生产和投资，为了自己“出政绩”和局部利益，都向热门行业投资办企业，有一段时期几乎每个省都办电视机厂、电冰箱厂、汽车厂等，在全国出现了不少重复建设和重复生产。又由于没有形成产权流动的机制，国有资产闲置，国有企业亏损。实行股份制有助于解决上述问题。

（1）通过企业存量资产折股，各种所有制、各地区、部门、行业的企业交叉参股，购买其他企业的股票，有利于企业之间的联合，以资本为纽带组成跨所有制、跨地区、跨行业和跨国的紧密型企业集团。

（2）实行股份制，各地区和各部门行业之间可以交叉投资。例如，建立一个汽

车制造企业，可以由若干省投资入股，利益共享，风险共担，这样就可以避免重复建设、规模小等资源配置不合理的弊病。

2.股市价格变动自动地调节社会上资本的流向。公司的股票价格主要取决于公司的利润水平和股票的供求状况。如果某公司的利润水平低，该公司的股票在市场上供大于求，其价格就会下降，该公司就不可能再发行股票筹资，如果公司连年亏损，前景黯淡，就会逐渐衰落、消亡或被兼并收购；反之，如果某公司利润水平高，投资者会竞相购买该公司的股票，这种股票在市场上供不应求，其价格就会上升，该公司就能再发行股票，多筹集资本。股票市场上实时公布股票交易行情，使投资者了解各公司的经营状况和盈利水平，使他们做出合理的投资决策，进行股票买卖，从而促使资本向经营效率高、经济效益好的行业和企业流动和集中，在全社会范围内实现有限资本的合理配置和有效利用，优化生产结构，提高资本运营效益。

第2节 股份有限公司的组建

我国《公司法》所称的公司是指依法设立的有限责任公司和股份有限公司。本节主要说明股份有限公司的组建，然后说明它与有限责任公司的区别。

一、股份有限公司的设立

(一）设立股份有限公司的条件

1.发起人符合法定人数。设立股份有限公司，应当有2人以上200人以下为发起人，其中须有半数以上的发起人在中国境内有住所。

2.有符合公司章程规定的全体发起人认购的股本总额或者募集的实收股本总额。2013年修改《公司法》时，调整了此项规定，不再要求“发起人认购和募集的股本达到法定资本最低限额”（以前规定股份有限公司注册资本的最低限额为人民币500万元)。法律、行政法规以及国务院决定对股份有限公司注册资本实缴、注册资本最低限额另有规定的，从其规定。

3.股份发行、筹办事项符合法律规定。

4.发起人制订公司章程，采用募集方式设立的经创立大会通过。

5.有公司名称，建立符合股份有限公司要求的组织机构。

6.有公司住所。

(二）设立股份有限公司的方式

1.发起设立，是指由发起人认购公司应发行的全部股份而设立公司。

2.募集设立，是指由发起人认购公司应发行股份的一部分，其余股份向社会公开募集或者向特定对象募集而设立公司。

股份有限公司采取发起设立方式设立的，注册资本为在公司登记机关登记的全体发起人认购的股本总额。在缴足前，不得向他人募集股份。

股份有限公司采取募集方式设立的，注册资本为在公司登记机关登记的实收股本总额。

（三）股份有限公司的章程

股份有限公司章程应当载明下列事项：

1.公司名称和住所。

2.公司经营范围。

3.公司设立方式。

4.公司股份总数、每股金额和注册资本。

5.发起人的姓名或者名称、认购的股份数、出资方式和出资时间。

6.董事会的组成、职权和议事规则。

7.公司法定代表人。

8.监事会的组成、职权和议事规则。

9.公司利润分配办法。

10.公司的解散事由与清算办法。

11.公司的通知和公告办法。

12.股东大会会议认为需要规定的其他事项。

上述第5项发起人的姓名或者名称是指自然人发起人的姓名、法人发起人的名称。

（四）发起人的出资方式

发起人可以用货币出资，也可以用实物、知识产权、土地使用权等可以用货币估价并可以依法转让的非货币资产作价出资；但是，法律、行政法规规定不得作为出资的财产除外。对作为出资的非货币财产应当评估作价，核实财产，不得高估或者低估作价。法律、行政法规对评估作价有规定的，从其规定。以上与有限责任公司股东出资方式相同。

以发起设立方式设立股份有限公司的，发起人应当书面认足公司章程规定其认购的股份并按照公司章程规定缴纳出资。以非货币财产出资的，应当依法办理其财产权的转移手续。

发起人不依照前款规定缴纳出资的，应当按照发起人协议承担违约责任。

发起人认足公司章程规定的出资后，应当选举董事会和监事会，由董事会向公司登记机关报送公司章程以及法律、行政法规规定的其他文件，申请设立登记。

以募集设立方式设立股份有限公司的，发起人认购的股份不得少于公司股份总数的35%；但是，法律、行政法规另有规定的，从其规定。

（五）发起人向社会公开募集股份

1.制作招股说明书，载明下列事项：（1）发起人认购的股份数；（2）每股的票面金额和发行价格；（3）无记名股票的发行总数；（4）募集资金的用途；（5）认股人的权利、义务；（6）本次募股的起止期限及逾期未募足时认股人可以撤回所认股份的说明。

2.制作认股书。由认股人填写认购股数、金额、住所，并签名、盖章。认股人按照所认购股数缴纳股款。

3.发起人向社会公开募集股份，应当由依法设立的证券公司承销，签订承销协议。

4.发起人向社会公开募集股份，应当同银行签订代收股款协议。代收股款的银行应当按照协议代收和保存股款，向缴纳股款的认股人出具收款单据，并负有向有关部门出具收款证明的义务。

5.发行股份的股款缴足后，必须经依法设立的验资机构验资并出具证明。发起人应当自股款缴足之日起30日内主持召开公司创立大会。创立大会由发起人、认股人组成。

（六）公司创立大会和申请设立公司登记

1.发起人应当在创立大会召开前15日将会议日期通知各认股人或者予以公告。创立大会应有代表股份总数过半数的发起人、认股人出席，方可举行。

创立大会行使下列职权：（1）审议发起人关于公司筹办情况的报告；（2）通过公司章程；（3）选举董事会成员；（4）选举监事会成员；（5）对公司的设立费用进行审核；（6）对发起人用于抵作股款的财产的作价进行审核；（7）发生不可抗力事件或者经营条件发生重大变化直接影响公司设立的，可以做出不设立公司的决议。

创立大会对前款所列事项作出决议，必须经出席会议的认股人所持表决权过半数通过。

发起人、认股人缴纳股款或者交付抵作股款的出资后，除未按期募足股份、发起人未按期召开创立大会或者创立大会决议不设立公司的情形外，不得抽回其股本。

2.董事会应于创立大会结束后30日内，向公司登记机关报送下列文件，申请设立登记：（1）公司登记申请书；（2）创立大会的会议记录；（3）公司章程；（4）验资证明；（5）法定代表人、董事、监事的任职文件及身份证明；（6）发起人的法人资格证明或者自然人身份证明；（7）公司住所证明。

以募集方式设立股份有限公司公开发行股票的，还应当向公司登记机关报送国务院证券监督管理机构的核准文件。

3.有限责任公司变更为股份有限公司时，折合的实收股本总额不得高于公司净资产额。有限责任公司变更为股份有限公司，为增加资本公开发行股份时，应当依法办理。

4.股份有限公司应当将公司章程、股东名册、公司债券存根、股东大会会议记录、董事会会议记录、监事会会议记录、财务会计报告置备于本公司。股东有权查阅公司章程、股东名册、公司债券存根、股东大会会议记录、董事会会议决议、监事会会议决议、财务会计报告，对公司的经营提出建议或者进行质询。

二、股份有限公司的组织机构

（一）股东大会

1.股份有限公司股东大会由全体股东组成。股东大会是公司的权力机构，依照《公司法》行使职权。《公司法》第三十七条第一款关于有限责任公司股东会职权的规定，适用于股份有限公司股东大会。其职权如下：（1）决定公司的经营方针和投资计划；（2）选举和更换非由职工代表担任的董事、监事，决定有关董事、监事的报酬事项；（3）审议批准董事会的报告；（4）审议批准监事会或者监事的报告；（5）审议批准公司的年度财务预算方案、决算方案；（6）审议批准公司的利润分配方案和弥补亏损方案；（7）对公司增加或者减少注册资本作出决议；（8）对发行公司债券作出决议；（9）对公司合并、分立、解散、清算或者变更公司形式作出决议；（10）修改公司章程；（11）公司章程规定的其他职权。

2.股东大会应当每年召开一次年会。按《公司法》规定可召开临时股东大会。股东大会会议由董事会召集，董事长主持；董事长不能履行职务或者不履行职务的，由副董事长主持；副董事长不能履行职务或者不履行职务的，由半数以上董事共同推举一名董事主持。召开股东大会会议，应当将会议召开的时间、地点和审议的事项于会议召开20日前通知各股东；临时股东大会应当于会议召开15日前通知各股东。

3.股东出席股东大会会议，所持每一股份有一表决权，但是，公司持有的本公司股份没有表决权。股东大会作出决议，必须经出席会议的股东所持表决权过半数通过，但是，股东大会做出修改公司章程、增加或者减少注册资本的决议，以及公司合并、分立、解散或者变更公司形式的决议，必须经出席会议的股东所持表决权的2/3以上通过。《公司法》和公司章程规定公司转让、受让重大资产或者对外提供担保等事项必须经股东大会作出决议的，董事会应当及时召集股东大会会议，由股东大会就上述事项进行表决。股东大会应当对所议事项的决定做成会议记录，主持人、出席会议的董事应当在会议记录上签名。会议记录应当与出席股东的签名册及代理出席的委托书一并保存。

（二）董事会、经理

1.股份有限公司设董事会，其成员为5~19人。董事会成员中可以有公司职工代表。董事会中的职工代表由公司职工通过职工代表大会、职工大会或者其他形式民主选举产生。

2.《公司法》第四十五条关于有限责任公司董事任期的规定，适用于股份有限公司董事。董事任期由公司章程规定，但每届任期不得超过3年。董事任期届满，连选可以连任。

3.《公司法》第四十六条关于有限责任公司董事会职权的规定，适用于股份有限公司董事会。董事会对股东会负责，行使下列职权：（1）召集股东会会议，并向股东会报告工作；（2）执行股东会的决议；（3）决定公司的经营计划和投资方案；（4）制订公司的年度财务预算方案、决算方案；（5）制订公司的利润分配方案和弥补亏损方案；（6）制订公司增加或者减少注册资本以及发行公司债券的方案；（7）制订公司合并、分立、解散或者变更公司形式的方案；（8）决定公司内部管理机构的设置；（9）决定聘任或者解聘公司经理及其报酬事项，并根据经理的提名决定聘任或者解聘公司副经理、财务负责人及其报酬事项；（10）制定公司的基本管理制度；（11）公司章程规定的其他职权。

4.董事会设董事长一人，可以设副董事长。董事长和副董事长由董事会以全体董事的过半数选举产生。

董事长召集和主持董事会会议，检查董事会决议的实施情况。副董事长协助董事长工作，董事长不能履行职务或者不履行职务的，由副董事长履行职务；副董事长不能履行职务或者不履行职务的，由半数以上董事共同推举一名董事履行职务。

董事会每年度至少召开两次会议，每次会议应当于会议召开前10日通知全体董事和监事。

代表1/10以上表决权的股东、1/3以上董事或者监事，可以提议召开董事会临时会议。董事长应当自接到提议后10日内，召集和主持董事会会议。

5.董事会会议应有过半数的董事出席方可举行。董事会作出决议，必须经全体董事的过半数通过。董事会决议的表决，实行一人一票。

董事会应当对会议所议事项的决定做成会议记录，出席会议的董事应当在会议记录上签名。

董事应当对董事会的决议承担责任。董事会的决议违反法律、行政法规或者公司章程、股东大会决议，致使公司遭受严重损失的，参与决议的董事对公司负赔偿责任。但经证明在表决时曾表明异议并记载于会议记录的，该董事可以免除责任。

6.股份有限公司设经理，由董事会决定聘任或者解聘。公司董事会可以决定由董事会成员兼任经理。

《公司法》第四十九条关于有限责任公司经理职权的规定，适用于股份有限公司经理。经理对董事会负责，行使下列职权：（1）主持公司的生产经营管理工作，组织实施董事会决议；（2）组织实施公司年度经营计划和投资方案；（3）拟订公司内部管理机构设置方案；（4）拟订公司的基本管理制度；（5）制定公司的具体规章；（6）提请聘任或者解聘公司副经理、财务负责人；（7）决定聘任或者解聘除应由董事会决定聘任或者解聘以外的负责管理人员；（8）董事会授予的其他职权。

公司章程对经理职权另有规定的，从其规定。

经理列席董事会会议。

（三）监事会

1.股份有限公司设监事会，其成员不得少于3人。

监事会应当包括股东代表和适当比例的公司职工代表，其中职工代表的比例不得低于1/3，具体比例由公司章程规定。监事会中的职工代表由公司职工通过职工代表大会、职工大会或者其他形式民主选举产生。

监事会设主席一人，可以设副主席。监事会主席和副主席由全体监事过半数选举产生。监事会主席召集和主持监事会会议；监事会主席不能履行职务或者不履行职务的，由监事会副主席召集和主持监事会会议；监事会副主席不能履行职务或者不履行职务的，由半数以上监事共同推举一名监事召集和主持监事会会议。

董事、高级管理人员不得兼任监事。

2.《公司法》第五十二条关于有限责任公司监事任期的规定，适用于股份有限公司监事。监事的任期每届为3年。监事任期届满，连选可以连任。

3.《公司法》第五十三条、第五十四条关于有限责任公司监事会职权的规定，适用于股份有限公司监事会。监事会行使下列职权：（1）检查公司财务；（2）对董事、高级管理人员执行公司职务的行为进行监督，对违反法律、行政法规、公司章程或者股东会决议的董事、高级管理人员提出罢免的建议；（3）当董事、高级管理人员的行为损害公司的利益时，要求董事、高级管理人员予以纠正；（4）提议召开临时股东会会议，在董事会不履行《公司法》规定的召集和主持股东会会议职责时召集和主持股东会会议；（5）向股东会会议提出提案；（6）依照《公司法》第一百五十一条的规定，对董事、高级管理人员提起诉讼；（7）公司章程规定的其他职权。

监事可以列席董事会会议，并对董事会决议事项提出质询或者建议。

监事会、不设监事会的公司的监事发现公司经营情况异常，可以进行调查；必要时，可以聘请会计师事务所等协助其工作。

监事会行使职权所必需的费用，由公司承担。

4.监事会每6个月至少召开一次会议。监事可以提议召开临时监事会会议。

监事会的议事方式和表决程序，除《公司法》有规定的外，由公司章程规定。

监事会决议应当经半数以上监事通过。

监事会应当对所议事项的决定做成会议记录，出席会议的监事应当在会议记录上签名。

（四）上市公司组织机构的特别规定

1.《公司法》所称上市公司，是指其股票在证券交易所上市交易的股份有限公司。

2.上市公司在一年内购买、出售重大资产或者担保金额超过公司资产总额30%的，应当由股东大会作出决议，并经出席会议的股东所持表决权的2/3以上通过。

3.上市公司设独立董事，具体办法由国务院规定。独立董事是指不在公司担任除董事外的其他职务，并与其所受聘的公司及其主要股东不存在可能妨碍其进行独立客观判断关系的董事。其职责是按照相关法律、行政法规、公司章程，认真履行职责，维护公司整体利益，尤其要关注中小股东的合法权益不受损害。独立董事应当独立履行职责，不受公司主要股东、实际控制人或者与公司存在利害关系的单位或个人的影响。

4.上市公司设董事会秘书，负责公司股东大会和董事会会议的筹备、文件保管以及公司股东资料的管理，办理信息披露事务等事宜。

5.上市公司董事与董事会会议决议事项所涉及的企业有关联关系的，不得对该项决议行使表决权，也不得代理其他董事行使表决权。该董事会会议由过半数的无关联关系董事出席即可举行，董事会会议所作决议须经无关联关系董事过半数通过。出席董事会的无关联关系董事人数不足3人的，应将该事项提交上市公司股东大会审议。

三、股份有限公司与有限责任公司的区别

上面对股份有限公司的设立和组织机构进行了比较全面系统的阐述，在此基础上简要地说明它与有限责任公司的主要区别（见表8-1）。

表8-1　**股份有限公司与有限责任公司的主要区别**

	股份有限公司	有限责任公司
1.设立条件 （1）股东或发起人的法定人数	公司设立应有2人以上200人以下为发起人	公司由50个以下股东出资设立，可设立一人有限责任公司和国家独资公司
（2）注册资本的最低限额	人民币500万元，2013年修改《公司法》时，规定不再设最低限额	人民币3万元，2013年修改《公司法》时，规定不再设最低限额
2.资本是否划分为股份	资本划分为股份，公司股份采取股票形式，股票是公司签发的证明股东所持股份的凭证	资本不划分为股份，股东出资后由公司签发出资证明书
3.设立方式	（1）发起设立 （2）募集设立。向社会公开募集或向特定对象募集股份	由全体股东认缴出资额设立，不能向社会公开募集资本
4.组织机构	设立股东大会、董事会、经理、监事会	股东人数较少、规模较小的公司可以不设董事会，只设一名执行董事，不设监事会，只设1~2名监事
5.股份或股权转让	股东持有的股份可通过股票流通市场转让	股东持有的股权可在本公司股东之间转让，向股东以外的人转让应当经其他股东过半数同意，公司章程对股权转让另有规定的，从其规定

第3节　股票的发行、上市和退市

一、股份、股票及其种类

股份有限公司的资本划分为股份，每一股的金额相等。公司的股份采取股票的形式。股票是公司签发的证明股东所持股份的凭证。股份作为我国《公司法》中的一个基本概念，具有两层含义：（1）股份是股份有限公司资本的基本构成单位，是公司资本的计算单位。按照《公司法》第一百二十五条的规定，股份有限公司的资本划分为股份，每一股的金额相等。这样，所有股份的总额就是公司的资本总额。

(2) 股份是股东权利、义务的产生根据和计算单位。发起人、出资人只有出资缴纳股款，拥有公司股份，才能成为公司的股东。同时，股东在公司中享有权利、履行义务也与其拥有股份直接相关。股东按照其持有的股份数额行使股东权利，如表决权、分红权、剩余财产分配权、新股认购权等。

股票是公司签发的证明股东所持股份的凭证。股票的概念包括以下三层含义：(1) 股票是股份的表现形式，作为法律概念的股份在具体生活中的表现形式就是股票。股份是股票的价值内容，股票是股份的存在形式。(2) 股票是证明股东权利的有价证券。股票通过其记载事项表明其所有人或者持有人在公司中所享有的权利；股票所代表的股东权利含有财产权的内容，如分红权和剩余财产分配权等；股票可以流通并可以设置质押。因此，股票是一种有价证券，是证明股东权利的凭证。(3) 股票是一种要式证券。按照《公司法》有关条款的规定，股票必须由公司签发，由公司的法定代表人签名、公司盖章。同时，股票的形式、记载事项等必须符合法律的规定。

股票采用纸面形式或者国务院证券监督管理机构规定的其他形式。按照国务院颁布的《股票发行与交易管理暂行条例》，簿记券式股票（是指发行人按照中国证券监督管理委员会规定的格式制作的、记载股东权益的花名册）也是股票的表现形式。在电脑技术出现以前，传统的资本证券都采用纸面形式，即在纸制品上载明应当记载的事项，并以此纸制品作为证明或者设定权利的凭证。人们通常将纸面形式的证券称为实物券。随着电脑技术在证券业的应用，20世纪80年代以后，证券的无纸化逐渐发展起来。无纸化后的股票、公司债券等证券，不再采用纸面形式，而是将有关事项输入电脑，以电脑所贮存的有关信息作为股权或债权的法律凭证。由于这种通过现代信息技术手段建立起来的证券的存管、登记以及交易清算系统，具有高效、保密、费用低等特点，所以，各国的证券都在朝着无纸化方向发展。

根据证券既有纸面形式，又有电脑记载等其他形式的实际情况，法律规定证券交易当事人买卖的证券可以采用纸面形式，也可以不采用纸面形式，而采用其他形式。但采用其他形式的，该形式必须是国务院证券监督管理机构规定的形式，以防止欺诈行为的发生，保护投资者的合法权益。

股票应当载明下列主要事项：(1) 公司名称；(2) 公司成立日期；(3) 股票种类、票面金额及代表的股份数；(4) 股票的编号。

股票由法定代表人签名，公司盖章。

发起人的股票，应当标明“发起人股票”字样。

公司发行的股票，可以为记名股票，也可以为无记名股票。

公司向发起人、法人发行的股票，应当为记名股票，并应当记载该发起人、法人的名称或者姓名，不得另立户名或者以代表人姓名记名。

公司发行记名股票的，应当置备股东名册，记载下列事项：(1) 股东的姓名或者名称及住所；(2) 各股东所持股份数；(3) 各股东所持股票的编号；(4) 各股东取得股份的日期。

发行无记名股票的，公司应当记载其股票数量、编号及发行日期。

国务院可以对公司发行《公司法》规定以外的其他种类的股份，另行作出规定。

实践中，按照股份所表示的股东权利的内容不同，将股份分为普通股和特别股两种：

（1）普通股，是指公司发行的没有特别权利和特别限制的股份。普通股的股东所拥有的股东权利是没有差别待遇的，在股息或者红利分配、剩余财产分配以及表决权行使等方面，没有任何优先权或者限制。普通股股东的权利和义务一般由法律进行规定。普通股是股份有限公司发行的股份的常态，大多数股份都是普通股。

（2）特别股，是指公司发行的设有特别权利、特别限制的股份。特别股股东权利的内容一般在公司章程中予以确定，通常指其股东在公司盈余分配、公司剩余财产分配以及表决权行使等方面不同于普通股的股东。在公司某些事项上享有特别权利即优先权的特别股，称为优先股。按照优先权所针对事项的不同，优先股又可以分为表决权优先股、公司盈余分配优先股以及公司剩余财产分配优先股等。在公司某些事项上受到特别限制的特别股，一般称为劣后股，其中又包括盈余分配劣后股和剩余财产分配劣后股等。当然，这种区分只是理论上的，实践中的特别股往往兼有多种性质。例如，在公司盈余分配上享有优先权的特别股，在公司表决权的行使上往往就处于劣后于普通股的地位。

二、股份、股票的发行

（一）股份、股票发行的原则

股份有限公司股份的发行，实行公平、公正的原则，同种类的每一股份应当具有同等权利。

同次发行的同种类股票，每股的发行条件和价格应当相同；任何单位或者个人所认购的股份，每股应当支付相同价额。

我国在公司资本制度上，坚持资本充实原则，不允许股票的折价发行，因此《公司法》规定，股票发行价格可以按票面金额，也可以超过票面金额，但不得低于票面金额。同时，按照《公司法》的有关规定，股份有限公司以超过股票票面金额的发行价格发行股份所得的溢价款应当列入公司的资本公积金，用于转增公司资本。

股份有限公司成立后，即向股东正式交付股票，公司成立前不得向股东交付股票。

（二）公司新股的发行

公司在成立时发行股票的有关问题，已在本章第2节做了说明。

公司发行新股，是指在公司成立以后再次发行股份的行为。公司在成立以后，是否需要发行新股，什么时候发行新股，发行新股的数量是多少，应由公司根据自身的经营情况和资金需求情况以及市场状况等确定。股份的发行包括向社会公开募集而发行和向特定对象募集的不公开发行两种方式，对于向特定对象私募进行的新股发行，《公司法》只要求公司发行新股应当由股东大会决议，但是，向社会公开募集发行新股，应当符合《证券法》的有关规定。公司公开发行新股，应当符合下列条件：（1）具备健全且运行良好的组织机构；（2）具有持续盈利能力，财务状况良好；（3）最近三年财务会计文件无虚假记载，无其他重大违法行为；（4）经国务院批准的国务院证券监督管理机构规定的其他条件。上市公司非公开发行新股，应当符合经国务院批准的国务院证券监督管理机构规定的条件，并报国务院证券监督管理机构核准。

公司是否发行新股属于公司是否增加注册资本的事项，应当由股东大会作出决议。需要股东大会作出决议的新股发行事项包括：（1）新股种类及数额；（2）新股发行价格；（3）新股发行的起止日期；（4）向原有股东发行新股的种类及数额。

公司公开发行新股，应当向国务院证券监督管理机构报送募股申请和下列文件：（1）公司营业执照；（2）公司章程；（3）股东大会决议；（4）招股说明书；（5）财务会计报告；（6）代收股款银行的名称及地址；（7）承销机构名称及有关的协议。

依照《证券法》规定聘请保荐人的，还应当报送保荐人出具的发行保荐书。

公司经国务院证券监督管理机构核准公开发行新股时，必须公告新股招股说明书和财务会计报告，并制作认股书。

公司发行新股，可以根据公司经营情况和财务状况，确定其作价方案。

公司发行新股募足股款后，必须向公司登记机关办理变更登记，并公告。

公司对公开发行股票所募集资金，必须按照招股说明书所列资金用途使用。改变招股说明书所列资金用途，必须经股东大会作出决议。擅自改变用途而未作纠正的，或者未经股东大会认可的，不得公开发行新股。

（三）股票发行价格测算

在股票发行的实际操作中，确定股票的发行价格是一件很重要也很复杂的工作。发行价格过高，势必影响股票的顺利发行，不仅难以及时筹得资本，而且还会增加发行费用；发行价格过低，则会使企业失去本来可以筹得的资本，而且还会影响股票在股市上的信誉，因此公司在发行股票时，必须认真进行测算，找出合适的发行价格。

1.股票定价原则。我国《公司法》规定：股票发行价格可以按票面金额，也可以超过票面金额，但不得低于票面金额。以超过票面金额为股票发行价格的，需经国务院证券监督管理部门批准，超过票面金额发行股票所得溢价款列入公司资本公积金。

我国《证券法》规定：股票采用溢价发行的，其发行价格由发行人与承销的证券公司协商确定，报国务院证券监督管理机构核准。

我国《公司法》规定：公司发行新股，可以根据公司经营情况和财务状况，确定其作价方案。

2.影响股票定价的因素。发行公司与承销商在议定股票发行价格时，主要应考虑以下因素：

（1）股票的内在价值。所谓股票的内在价值，就是由发行企业的盈利情况、资产增值情况和经营管理水平等因素决定的股票价格。如果公司股利率高于银行存款利息率（市场利率），股票的价格会高于其票面金额。例如，某公司发行股票，每股票面金额10元，预测年股利2元，银行存款年利息率8%，该股票每股的内在价值为：2÷8%=25（元）。相反，如果公司的股利率低于银行存款利息率，则股票的价格会低于其票面金额。只有当公司的股利率等于银行存款利息率时，股票价格才会与其票面金额一致。

（2）其他因素。上述分析和测算仅仅表明影响股票市场价格的基本经济因素。在实际中，由于股利水平和利率高低受许多因素影响，股票价格的形成并非如此简单。一般来说，股利水平是股份公司经营状况变化的反映，一切影响企业经济效益的行为或现象，最终都会影响到企业的净收益大小和股利派发的多少，从而影响股票价格。银行利息率高低则是金融市场环境变化的结果，凡是引起国内和国际金融市场环境改变的因素，也都会引起股票价格的波动。影响股票市场价格波动的因素，除了经济因素以外，还有政治因素和心理因素等。具体应当考虑以下情况：

①股市气候。当整个股市处于熊市时，股市比较低迷，发行价格可低一点，以利于一级市场的销售和二级市场的活跃；反之，当整个股市处于牛市时，发行价格可适当高一些。

②市场需求情况。对于公开发行股票并上市的企业，如果巡回推介反应热烈，市场需求旺盛，则可适当提高发行价格；如果市场反应冷淡，则不应定价太高。

3.股票内在价值的估价模型。从理论上讲，有两种估价模型可以确定股票的内在价值。

（1）威廉-高登估价模型。威廉于1938年发表的《投资价值理论》一书和高登于1962年发表的《投资、理财和公司价格》一书都以“现值理论”为基础，根据企业持续经营的假设，提出了股票估价模型，阐明了股票的内在价值取决于其今后无限多次的收益流量的现值，即：

$$P_0 = \sum_{t=1}^{\infty} \frac{D_t}{(1+K)^t}$$

式中，P_0——发行股票的内在价值；D_t——第t期分红；K——与发行股票的公司经营风险相对应的资本收益率或折现率。

根据这个基本模型，我们可以由企业不同的分红方式，得出如下结论：

①假设企业以后每年的分红额不变，即$D_1=D_2=\cdots=D_n=D$，则因为：

$$P_0 = \sum_{t=1}^{n} \frac{D}{(1+K)^t} = \frac{\frac{D}{1+K}\cdot\left[1-\frac{1}{(1+K)^n}\right]}{1-\frac{1}{1+K}}$$

当n→∞时：

$$P_0=\frac{D}{K}$$

②假设每期的分红在原有分红的基础上，依一个固定的比例G增长，则因为：

$$P_0=\sum_{t=1}^{n}\frac{D(1+G)^t}{(1+K)^t}=\frac{\frac{D(1+G)}{1+K}\cdot\left[1-\frac{(1+G)^n}{(1+K)^n}\right]}{1-\frac{1+G}{1+K}}$$

当n→∞时：

$$P_0=\frac{D(1+G)}{K-G}=\frac{D_1}{K-G}$$

若设公司的盈利留成比例为F，公司第一年末每股盈利为E_1，则有：

$$D_1=E_1(1-F)$$

所以，

$$P_0=\frac{E_1(1-F)}{K-G}$$

值得注意的是，以上的模型和结论都是建立在一定的假设基础上，比如企业整体的经营管理风险水平不变，即K保持不变；企业持续经营；盈利增长率G不变以及分红政策稳定等。而在实际当中，要达到这些假设条件是困难的。

（2）盈利乘数模型。根据盈利乘数模型，股票的内在价值是企业预期的每股盈利和证券市场上可比较证券的市盈率的乘积，即：

$$P_0=M\times E_1$$

式中，M——可比较证券的市盈率。

所谓可比较证券的市盈率，是指同行业相似企业的市盈率或同行业平均市盈率或市场平均的市盈率。

应用此模型确立股票的内在价值，关键是确定盈利乘数即市盈率和预期每股盈利。对于预期每股盈利，可以根据企业财务报表公布的过去每股盈利进行调整或盈利预测得到。而对于市盈率的计算则比较麻烦。在威廉-高登估价模型中我们推出在分红固定增长的情况下：

$$P_0=\frac{E_1(1-F)}{K-G}$$

假设M=（1-F）÷（K-G），则威廉-高登估价模型与盈利乘数模型是一致的。因此，可推出对某一企业的股票而言，市盈率主要受如下3个因素的影响：

①企业的分红比例；

②企业的资本收益率；

③企业预期股利增长率。

若已知上式中的各项数值，即可确定企业股票的内在价值。

以上讨论了股票估价的两种重要模型，从理论上讲，其推导比较完善，计算结果使用也很方便。但实际用来估价时，却往往比较困难，因为对股利的预测以及对K、G的确定都比较困难。因而在实际当中，一般都采用盈利乘数模型的简单形式来确定企业股票的内在价值。

所谓盈利乘数模型的简单形式，是指不需要精确预测企业的分红比例、资本收益率和股利增长率去计算股票的市盈率，而只需在同行业相似企业市盈率或同行业平均市盈率的基础上，经过调整确定出企业自身的市盈率，从而预测出股票内在价值的方法。在使用时，主要确定两个因素：

①每股盈利。每股盈利的取得主要根据企业财务报表所提供的历史数据，主要反映企业过去的业绩。但是投资者买股票买的毕竟是企业的前景和未来，为此每股盈利也应当考虑企业的未来盈利预测指标。盈利预测必须是客观、真实、有依据的。

②市盈率。市盈率的高低是影响股票价值的主要因素，发行公司与主承销商在确定股票市盈率时，主要应考虑以下3个因素：

A.上市地股市的市盈率。一般来说，上市地市场市盈率高，发行公司市盈率也相对偏高；反之，则相对偏低。

B.行业平均市盈率。行业平均市盈率的高低是决定发行公司股票市盈率的重要因素，所处行业平均市盈率高，则发行公司市盈率也偏高；否则，则偏低。

C.发行公司的知名度和发展潜力。如果企业的业绩好，竞争力强，知名度高，有一定的发展潜力，对投资者的吸引力大，则可在行业平均市盈率的基础上予以调整，适当提高发行公司的市盈率。

4.股票发行价格的几种形式。

(1) 按市场价格溢价发行。当预测公司的股利率高于市场利率时，公司可以溢价发行股票。公司既可以用较少的股份筹集到较多的资本，获得高出股票面额的那一部分溢价增资收益，又可以降低股票筹资成本，使公司的资本得到低成本扩张。投资者之所以愿意溢价购买股票，一是因为溢价发行股票的公司发展潜力大，利润每年都增加，投资者可以获得较多的股利；二是溢价发行股票的公司股票市价呈上涨趋势，投资者持有这种公司的股票一段时间以后转让出去，可以获得较多的差价。我国《公司法》规定，股票发行价格不能低于票面金额，即不允许折价发行。

(2) 按票面价格发行，即按股票票面标明金额（即股票面值）发行。当公司的年股利率（年股利与股票票面金额的比率）与年存款利息率基本一致时，可采用这种方法。

(3) 按中间价格发行。它是指取新股票面额价格与市场价格的中间值作为发行价格。这种发行价格一般高于股票票面价格而低于股票市场价格。我国股份公司对老股东配股时，基本上都采用中间价发行。

5.股票发行承销价格的确定。股票承销者并不是按发行价格从股票发行者手中购买股票的，而是按低于股票发行价格从发行者手中购买股票，再按发行价格销售给投资者。承销者按低于发行价格从发行者手中购买股票的价格就是承销价格。承销价格与发行价格之间的差价就是承销商的收入。承销价格的确定有以下两种方法：

(1) 议价法，指股票发行公司直接与股票承销者协商议定承销价格。在美国，大多数公司发行新股票都采用这种方法。

(2) 竞价法，指股票承销商以投标方式，与其他购买者竞争购买发行的股票。中标的价格就是股票发行承销价格。

(四) 新股发行体制的改革

在第2章第4节讲到资本市场改革时，曾概述了新股发行体制的改革。2009年6月中国证监会曾发布《关于进一步改革和完善新股发行体制的指导意见》，时隔2年10个月之后，2012年4月中国证监会又发布《关于进一步深化新股发行体制改革的指导意见》，新股发行体制改革比较复杂，长期以来一直存在下面两个主要问题，至今仍未解决好：

一是在信息披露方面，由于发行人和各中介机构不履行职责，信息披露存在不真实、不准确、不充分、不完整等缺陷，特别是有些发行人为了上市圈钱，在信息披露时弄虚作假，对公司进行包装和粉饰业绩，一些不具备上市条件的公司混入股市，对资本市场危害极大。

二是股票发行价格询价定价机制不健全，发行人和参与各方不履行职责，特别是有些发行人为了多圈钱，力求高价发行，只与少数参与方（如承销商，高价发行对承销商也有利）商定发行价格，机构投资者处于被动地位，中小投资者更无法掌握定价权，之前的定价过程是“多数服从少数”，由于询价范围狭窄，定价总是过高。

以上两个问题是直接联系的，由于一些拟上市公司的信息披露不真实、不正确、不充分、不完整，甚至弄虚作假，投资者被假象蒙蔽，以为这些公司的价值很高，定价高是合理的。在一级市场上，投资者高价购入股票，经过一段时间后，这些公司会暴露出业绩不好等问题，股价下跌，投资者低价卖出股票，发生亏损。这种公司多了，投资者吃亏次数多了，就会对股市不满，丧失信心。

新股发行是股市的“入口”，必须强化信息披露的真实性、正确性、充分性、完整性，杜绝弄虚作假，这样才能正确反映公司的真实价值，为正确询价定价打好基础，由此可得出结论：强化信息披露，完善询价定价机制，是把握好股市入口的基础和前提。

2012年4月，中国证监会发布《关于进一步深化新股发行体制改革的指导意见》，改革的主要内容是，在过去两年减少行政干预的基础上，健全股份有限公司发行股票和上市交易的基础性制度，推动各市场主体进一步归位尽责，促使新股价格真实反映公司价值，实现一级市场和二级市场均衡、协调、健康发展，切实保护投资者的合法权益。

2013年11月30日《中国证监会关于进一步推进新股发行体制改革的意见》公布，其内容主要是：

贯彻党的十八届三中全会决定中关于“推进股票发行注册制改革”的要求，必须进一步推进新股发行体制改革，厘清和理顺新股发行过程中政府与市场的关系，加快实现监管转型，提高信息披露质量，强化市场约束，促进市场参与各方归位尽责，为实行股票发行注册制奠定良好基础。改革的总体原则是：坚持市场化、法制化取向，综合施策、标本兼治，进一步理顺发行、定价、配售等环节的运行机制，发挥市场决定性作用，加强市场监管，维护市场公平，切实保护投资者特别是中小投资者的合法权益。

1.推进新股市场化发行机制

（1）进一步提前招股说明书预先披露时点，加强社会监督。发行人招股说明书申报稿正式受理后，即在中国证监会网站披露。招股说明书预先披露后，发行人相关信息及财务数据不得随意更改。审核过程中，发现发行人申请材料中记载的信息自相矛盾或就同一事实前后存在不同表述且有实质性差异的，中国证监会将中止审核，并在12个月内不再受理相关保荐代表人推荐的发行申请。发行人、中介机构报送的发行申请文件及相关法律文书涉嫌虚假记载、误导性陈述或重大遗漏的，移交稽查部门查处，被稽查立案的，暂停受理相关中介机构推荐的发行申请；查证属实的，自确认之日起36个月内不再受理该发行人的股票发行申请，并依法追究中介机构及相关当事人责任。

（2）股票发行审核以信息披露为中心。发行人作为信息披露第一责任人，应当及时向中介机构提供真实、完整、准确的财务会计资料和其他资料，全面配合中介机构开展尽职调查。保荐机构应当严格履行法定职责，遵守业务规则和行业规范，对发行人的申请文件和信息披露资料进行审慎核查，督导发行人规范运行，对其他中介机构出具的专业意见进行核查，对发行人是否具备持续盈利能力、是否符合法定发行条件做出专业判断，并确保发行人的申请文件和招股说明书等信息披露资料真实、准确、完整、及时。会计师事务所、律师事务所、资产评估机构等证券服务机构及人员，必须严格履行法定职责，遵照本行业的业务标准和执业规范，对发行人的相关业务资料进行核查验证，确保所出具的相关专业文件真实、准确、完整、及时。中国证监会发行监管部门和股票发行审核委员会依法对发行申请文件和信息披露内容的合法合规性进行审核，不对发行人的盈利能力和投资价值作出判断。发现申请文件和信息披露内容存在违法违规情形的，严格追究相关当事人的责任。投资者应当认真阅读发行人公开披露的信息，自主判断企业的投资价值，自主做出投资决策，自行承担股票依法发行后因发行人经营与收益变化导致的风险。

（3）中国证监会自受理证券发行申请文件之日起3个月内，依照法定条件和法定程序做出核准、中止审核、终止审核、不予核准的决定。发行人首次公开发行新股时，鼓励持股满3年的原有股东将部分老股向投资者转让，增加新上市公司可流通股票的比例。老股转让后，公司实际控制人不得发生变更。老股转让的具体方案应在公司招股说明书和发行公告中公开披露。发行人应根据募投项目资金需要量合理确定新股发行数量，新股数量不足法定上市条件的，可以通过转让老股增加公开发行股票的数量。新股发行超募的资金，要相应减持老股。

（4）申请首次公开发行股票的在审企业，可申请先行发行公司债。鼓励企业以股债结合的方式融资。发行人通过发审会并履行会后事项程序后，中国证监会即核准发行，新股发行时点由发行人自主选择。放宽首次公开发行股票核准文件的有效期至12个月。发行人自取得核准文件之日起至公开发行前，应参照上市公司定期报告的信息披露要求，及时修改信息披露文件内容，补充财务会计报告相关数据，更新预先披露的招股说明书；期间发生重大会后事项的，发行人应及时向中国证监会报告并提供说明；保荐机构及相关中介机构应持续履行尽职调查义务。发行人发生重大会后事项的，由中国证监会按审核程序决定是否需要重新提交发审会审议。

2.强化发行人及其控股股东等责任主体的诚信义务

（1）加强对相关责任主体的市场约束。①发行人控股股东、持有发行人股份的董事和高级管理人员应在公开募集及上市文件中公开承诺：所持股票在锁定期满后2年内减持的，其减持价格不低于发行价；公司上市后6个月内如公司股票连续20个交易日的收盘价均低于发行价，或者上市后6个月期末收盘价低于发行价，持有公司股票的锁定期限自动延长至少6个月。②发行人及其控股股东、公司董事及高级管理人员应在公开募集及上市文件中提出上市后3年内公司股价低于每股净资产时稳定公司股价的预案，预案应包括启动股价稳定措施的具体条件、可能采取的具体措施等。具体措施可以包括发行人回购公司股票，控股股东、公司董事、高级管理人员增持公司股票等。上述人员在启动股价稳定措施时应提前公告具体实施方案。③发行人及其控股股东应在公开募集及上市文件中公开承诺，发行人招股说明书有虚假记载、误导性陈述或者重大遗漏，对判断发行人是否符合法律规定的发行条件构成重大、实质影响的，将依法回购首次公开发行的全部新股，且发行人控股股东将购回已转让的原限售股份。发行人及其控股股东、实际控制人、董事、监事、高级管理人员等相关责任主体应在公开募集及上市文件中公开承诺：发行人招股说明书有虚假记载、误导性陈述或者重大遗漏，致使投资者在证券交易中遭受损失的，将依法赔偿投资者损失。

保荐机构、会计师事务所等证券服务机构应当在公开募集及上市文件中公开承诺：因其为发行人首次公开发行制作、出具的文件有虚假记载、误导性陈述或者重大遗漏，给投资者造成损失的，将依法赔偿投资者损失。

（2）提高公司大股东持股意向的透明度。发行人应当在公开募集及上市文件中披露公开发行前持股5%以上股东的持股意向及减持意向。持股5%以上股东减持时，须提前3个交易日予以公告。强化对相关责任主体承诺事项的约束。发行人及其控股股东、公司董事及高级管理人员等责任主体做出公开承诺事项的，应同时提出未能履行承诺时的约束措施，并在公开募集及上市文件中披露，接受社会监督。证券交易所应加强对相关当事人履行公开承诺行为的监督和约束，对不履行承诺的行为及时采取监管措施。

3.进一步提高新股定价的市场化程度

（1）改革新股发行定价方式。按照《证券法》第三十四条的规定，发行价格由发行人与承销的证券公司自行协商确定。发行人应与承销商协商确定定价方式，并在发行公告中披露。网下投资者报价后，发行人和主承销商应预先剔除申购总量中报价最高的部分，剔除的申购量不得低于申购总量的10%，然后根据剩余报价及申购情况协商确定发行价格。被剔除的申购份额不得参与网下配售。公开发行股票数量在4亿股以下的，提供有效报价的投资者应不少于10家，但不得多于20家；公开发行股票数量在4亿股以上的，提供有效报价的投资者应不少于20家，但不得多于40家。网下发行股票筹资总额超过200亿元的，提供有效报价的投资者可适当增加，但不得多于60家。有效报价人数不足的，应当中止发行。发挥个人投资者参与发行定价的作用。发行人和主承销商应当允许符合条件的个人投资者参与网下定价和网下配售。具备承销资格的证券公司应预先制定上述个人投资者需具备的条件，并向社会公告。

（2）强化定价过程的信息披露要求。发行人和主承销商应制作定价过程及结果的信息披露文件并公开披露。在网上申购前，发行人和主承销商应当披露每位网下投资者的详细报价情况，包括投资者名称、申购价格及对应的申购数量，所有网下投资者报价的中位数、加权平均数，以公开募集方式设立的证券投资基金报价的中位数和加权平均数，确定的发行价及对应的市盈率等。如拟定的发行价格（或发行价格区间上限）的市盈率高于同行业上市公司二级市场平均市盈率的，在网上申购前发行人和主承销商应发布投资风险特别公告，明示该定价可能存在估值过高给投资者带来损失的风险，提醒投资者关注。内容至少应包括：①比较分析发行人与同行业上市公司的差异及对发行定价的影响；提请投资者关注所定价格与网下投资者报价之间存在的差异。②提请投资者关注投资风险，审慎研判发行定价的合理性，理性做出投资决策。

4.改革新股配售方式

（1）引入主承销商自主配售机制。网下发行的股票，由主承销商在提供有效报价的投资者中自主选择投资者进行配售。发行人应与主承销商协商确定网下配售原则和方式，并在发行公告中披露。承销商应当按照事先公告的配售原则进行配售。网下配售的股票中至少40%应优先向以公开募集方式设立的证券投资基金和由社保基金投资管理人管理的社会保障基金配售。上述投资者有效申购数量不足的，发行人和主承销商可以向其他投资者进行配售。调整网下配售比例，强化网下报价约束机制。公司股本4亿元以下的，网下配售比例不低于本次公开发行股票数量的60%；公司股本超过4亿元的，网下配售比例不低于本次公开发行股票数量的70%。余下部分向网上投资者发售。既定的网下配售部分认购不足的，应当中止发行，发行人和主承销商不得向网上回拨股票。调整网下网上回拨机制。网上投资者有效认购倍数在50倍以上但低于100倍的，应从网下向网上回拨，回拨比例为本次公开发行股票数量的20%；网上投资者有效认购倍数在100倍以上的，回拨比例为本次公开发行股票数量的40%。改进网上配售方式。持有一定数量非限售股份的投资者才能参与网上申购。网上配售应综合考虑投资者持有非限售股份的市值及申购资金量，进行配号、抽签。证券交易所、证券登记结算公司应制订网上配售的实施细则，规范网上配售行为。发行人、主承销商应根据相关规则制订网上配售具体方案并公告。方案必须明确每位投资者网上申购数量的上限，该上限最高不得超过本次网上初始发行股数的1‰。

（2）强化股票配售过程的信息披露要求。主承销商和发行人应制作配售程序及结果的信息披露文件并公开披露。发行人和主承销商应当在发行公告中披露投资者参与自主配售的条件、配售原则；自主配售结束后应披露配售结果，包括获得配售的投资者名称、报价、申购数量及配售数额等，主承销商应说明自主配售结果是否符合事先公布的配售原则；对于提供有效报价但未参与申购，或实际申购数量明显少于报价时拟申购数量的投资者，发行人和主承销商应在配售结果中列表公示。发行人、主承销商、参与网下配售的投资者及相关利益方存在维护公司股票上市后价格稳定的协议或约定的，发行人应在上市公告中予以披露。

5.加大监管执法力度，切实维护“三公”原则

（1）保荐机构与发行人签订发行上市相关的辅导协议后，应及时在保荐机构网站及发行人注册地证监局网站披露对发行人的辅导工作进展；辅导工作结束后，应对辅导过程、内容及效果进行总结并在上述网站披露。

（2）进一步提高信息披露质量。以投资者的决策需要为导向，改进信息披露内容和格式，突出披露重点，强化对发行人主要业务及业务模式、外部市场环境、经营业绩、主要风险因素等对投资者投资决策有重大影响的信息披露要求。使用浅白语言，提高披露信息的可读性，方便广大中小投资者阅读和监督。在发审会前，中国证监会将对保荐机构、会计师事务所、律师事务所等相关中介机构的工作底稿及尽职履责情况进行抽查。强化发行监管与稽查执法的联动机制。从申请文件被行政受理时点起，发行人及其董事、监事、高级管理人员及相关中介机构即需要对申请文件的真实性、准确性、完整性承担相应的法律责任。审核中发现涉嫌违法违规重大问题的，立即移交稽查部门介入调查。强化新股发行的过程监管、行为监管和事后问责。发行人和承销商不得向发行人、发行人董事及高级管理人员、承销商及上述人员的关联方配售股票。发行人和承销商不得采取操纵新股价格、暗箱操作或其他有违公开、公平、公正原则的行为；不得采取劝诱网下投资者抬高报价但不向其配售股票的行为；不得通过自主配售以代持、信托持股等方式向其他相关利益主体输送利益或谋取不正当利益。中国证券业协会应制定自律规则，规范路演推介、投资价值分析报告披露、承销商自主配售等行为，加强行业自律管理。

（3）证券交易所应进一步完善新股上市首日开盘价格形成机制及新股上市初期交易机制，建立以新股发行价为比较基准的上市首日停牌机制，加强对“炒新”行为的约束。①发行人上市后，保荐机构应严格依法履行持续督导职责，督促发行人履行有关上市公司规范运行、信守承诺和信息披露等义务，审阅发行人信息披露文件及发行人向中国证监会、证券交易所提交的其他文件。持续督导期内，保荐机构应按规定公开披露定期跟踪报告；发行人出现重大变故或事件，保荐机构应按规定公开披露临时报告。持续督导期结束后20个工作日内，保荐机构应撰写督导工作报告，在中国证监会指定网站披露，并就督导工作未尽事宜做出安排。持续督导责

任落实不到位的，依法追究保荐机构责任。②发行人上市当年营业利润比上年下滑50%以上或上市当年即亏损的，中国证监会将自确认之日起即暂不受理相关保荐机构推荐的发行申请，并移交稽查部门查处。发行人在招股说明书中已经明确具体地提示上述业绩下滑风险或存在其他法定免责情形的，不在此列。上市公司涉嫌欺诈上市的，立案查处时即采取措施冻结发行人募集资金专用账户。③进一步加大对发行人信息披露责任和中介机构保荐、承销执业行为的监督执法和自律监管力度。建立和完善中国证监会保荐信用监管系统、中国证券业协会从业人员自律管理系统与证券交易所信息披露系统之间的信息共享和互通互联，方便社会公众参与监督，强化外部声誉和诚信机制的约束功能。发行人及其董事、监事、高级管理人员未能诚实履行信息披露义务、信息披露严重违规、财务造假，或者保荐机构、会计师事务所、律师事务所等相关中介机构未能勤勉尽责的，依法严惩。

中国证监会有关部门负责人在上述文件发布答记者问时说：目前一些国家和地区实行注册的做法不完全一致，但共同的特点是，新股发行应当以发行人信息披露为中心，中介机构对发行人信息披露的真实性、准确性、完整性进行把关，监管部门对发行人和中介机构的申请文件进行合规性审核，不判断企业的盈利能力，在充分信息披露的基础上由投资者自行判断企业的价值和风险，自主做出投资决策。需要强调的是，注册制不是简单的登记生效制，不能将注册制理解为不管了，就是登记备案，自动生效，也不是说股票发行不要审了，更不是垃圾股可以随便发行，而是审核方式要改革。注册制改革需要法律的修改，需要制定一系列的配套改革措施，也需要市场逐步适应和过渡，是一个连续的、循序渐进的、不断深化的过程。我们相信，本次《关于进一步推进新股发行体制改革的意见》的实行，将为注册制改革打下良好基础。

（五）股票发行注册制改革

2015年3月5日，国务院总理在第十二届全国人民代表大会第三次会议上作《政府工作报告》，明确提出要实施股票发行注册制改革。股票发行制度从核准制转向注册制，是资本市场的重大改革，有着牵一发动全身的影响。当前，要以建立市场主导、责任到位、披露为本、预期明确、监管有力的股票发行上市制度为目标，做好《证券法》修改工作，抓紧落实注册制改革的配套政策，对可能出现的风险和问题制定好应对预案。实行“宽进严管”，放管结合，强化以信息披露为中心的审核理念。继续引导长期资金入市，适时适度增加新股供给。优化再融资审核体制。

2015年12月9日，国务院总理李克强主持召开国务院常务会议，通过提请《全国人民代表大会常务委员会关于授权国务院在实施股票发行注册制改革中调整适用〈中华人民共和国证券法〉有关规定的决定（草案）》。草案明确，在决定施行之日起两年内，授权对拟在上海证券交易所、深圳证券交易所上市交易的股票公开发行实行注册制度。待全国人大常委会授权后，有关部门将制定相关规则，在公开征求意见后实施，并加强事中事后监管，切实保护投资者合法权益。

全国人大常委会审议通过的注册制改革授权决定自2016年3月1日起施行，这并不意味着注册制改革将于3月1日起实施。“这里讲的3月1日，是指全国人大授权决定二年施行期限的起算点，并不是注册制改革正式启动的起算点，改革实施的具体时间将在完成有关制度规则后另行提前公告。”授权决定实施期间，国务院要加强对股票发行注册制改革工作的组织领导。证监会要会同有关部门加强事中事后监管，切实保护投资者合法权益，并认真总结经验，及时提出修改完善证券法有关规定的建议。全国人大法律委员会认为，落实“推进股票发行注册制改革”任务，涉及证券法相关制度的调整。证券法修订草案已经全国人大常委会初次审议，鉴于对证券法的全面修改涉及资本市场法律制度的顶层设计，目前国务院有关部门正在针对前一时期证券市场异常波动的情况，认真总结经验教训，研究在证券法修改中进一步完善相关制度，需要一个过程。全国人大法律委员会认为，股票发行注册制，没有实践经验，需要在探索中逐步完善相关制度，将实践证明可行的纳入证券法修订草案。据此，以授权决定的方式实施此项改革，是可行的。

三、股份、股票交易

（一）股份、股票的转让

股东持有的股份可以依法转让。

转让股份的场所。股东转让其股份，应当在依法设立的证券交易场所进行或者按照国务院规定的其他方式进行。

记名股票的转让。记名股票，由股东以背书方式或者法律、行政法规规定的其他方式转让；转让后由公司将受让人的姓名或者名称及住所记载于股东名册。

我国目前上市交易的公司股票，采取的是簿记券式，即以在证券登记结算机构记载股东账户的方式发行股票，不印制实物股票。这些股票的交易，按照有关法律、行政法规的规定，要依照交易者在证券公司开户、委托证券公司买卖、达成交易合同、进行清算交割、办理证券的登记过户手续等程序进行。

无记名股票的转让，由股东将该股票交付给受让人后即发生转让的效力。

转让本公司股份的限制。发起人持有的本公司股份，自公司成立之日起一年内不得转让。公司公开发行股份前已发行的股份，自公司股票在证券交易所上市交易之日起一年内不得转让。

公司董事、监事、高级管理人员应当向公司申报所持有的本公司的股份及其变动情况，在任职期间每年转让的股份不得超过其所持有本公司股份总数的25%；所持本公司股份自公司股票上市交易之日起一年内不得转让。上述人员离职后半年内，不得转让其所持有的本公司股份。公司章程可以对公司董事、监事、高级管理人员转让其所持有的本公司股份做出其他限制性规定。

禁止收购本公司股份及其例外。公司不得收购本公司股份。但是，有下列情形之一的除外：

（1）减少公司注册资本；

（2）与持有本公司股份的其他公司合并；

（3）将股份奖励给本公司职工；

（4）股东因对股东大会做出的公司合并、分立决议持异议，要求公司收购其股份的。

（二）上市公司的股票交易

上市公司是指其股票在证券交易所上市交易的股份有限公司。根据《证券法》的规定，股份有限公司发行的股票要在证券交易所进行交易，应当向证券交易所提出申请，由证券交易所依法审核同意，并由双方签订上市协议。符合以下条件的股份有限公司，可以向证券交易所申请其股票上市交易：（1）股票经国务院证券监督管理机构核准已向社会公开发行；（2）公司股本总额不少于人民币3 000万元；（3）公开发行的股份总数达到公司股份总数的25%以上，公司股本总额超过人民币4亿元的，公开发行股份的比例为10%以上；（4）公司最近3年内无重大违法行为，财务会计报告无虚假记载。除上述条件外，证券交易所可以规定其他上市条件。证券交易所规定的条件应当报国务院证券监督管理机构批准。股份有限公司的股票上市交易申请经证券交易所依法核准后，其股票即在证券交易所挂牌交易，该股份有限公司即成为上市公司。

（三）禁止非法交易

1.禁止内幕交易。这是指禁止证券交易内幕信息的知情人和非法获取内幕信息的人利用内幕信息从事证券交易活动。证券交易内幕信息的知情人包括：（1）发行人的董事、监事、高级管理人员；（2）持有公司5%以上股份的股东及其董事、监事、高级管理人员，公司的实际控制人及其董事、监事、高级管理人员；（3）发行人控股的公司及其董事、监事、高级管理人员；（4）由于所任公司职务可以获取公司有关内幕信息的人员；（5）证券监督管理机构工作人员以及由于法定职责对证券的发行、交易进行管理的其他人员；（6）保荐人、承销的证券公司、证券交易所、证券登记结算机构、证券服务机构的有关人员；（7）国务院证券监督管理机构规定的其他人。

证券交易活动中，涉及公司的经营、财务或者对该公司证券的市场价格有重大影响的尚未公开的信息，为内幕信息。下列信息皆属内幕信息：（1）《证券法》第六十七条所列重大事件，包括：公司的经营方针和经营范围的重大变化；公司的重大投资行为和重大的购置财产的决定；公司订立重要合同，可能对公司的资产、负债、权益和经营成果产生重要影响；公司发生重大债务和未能清偿到期重大债务的违约情况；公司发生重大亏损或者重大损失；公司生产经营的外部条件发生的重大变化；公司的董事、1/3以上监事或者经理发生变动；持有公司5%以上股份的股东或者实际控制人，其持有股份或者控制公司的情况发生较大变化；公司减资、合并、分立、解散及申请破产的决定；涉及公司的重大诉讼，股东大会、董事会决议被依法撤销或者宣告无效；公司涉嫌犯罪被司法机关立案调查，公司董事、监事、高级管理人员涉嫌犯罪被司法机关采取强制措施；国务院证券监督管理机构规定的其他事项。（2）公司分配股利或者增资的计划。（3）公司股权结构的重大变化。

（4）公司债务担保的重大变更。（5）公司营业用主要资产的抵押、出售或者报废一次超过该资产的30%。（6）公司的董事、监事、高级管理人员的行为可能依法承担重大损害赔偿责任。（7）上市公司收购的有关方案。（8）国务院证券监督管理机构认定的对证券交易价格有显著影响的其他重要信息。

证券交易内幕信息的知情人和非法获取内幕信息的人，在内幕信息公开前，不得买卖该公司的证券，或者泄露该信息，或者建议他人买卖该证券。内幕交易行为给投资者造成损失的，行为人应当依法承担赔偿责任。

2.禁止操纵证券市场。禁止任何人以下列手段操纵证券市场：（1）单独或者通过合谋，集中资金优势、持股优势或者利用信息优势联合或者连续买卖，操纵证券交易价格或者证券交易量；（2）与他人串通，以事先约定的时间、价格和方式相互进行证券交易，影响证券交易价格或者证券交易量；（3）在自己实际控制的账户之间进行证券交易，影响证券交易价格或者证券交易量；（4）以其他手段操纵证券市场。操纵证券市场行为给投资者造成损失的，行为人应当依法承担赔偿责任。

3.禁止编造、传播虚假信息。禁止国家工作人员、传播媒介从业人员和有关人员编造、传播虚假信息，扰乱证券市场。

禁止证券交易所、证券公司、证券登记结算机构、证券服务机构及其从业人员，证券业协会、证券监督管理机构及其工作人员，在证券交易活动中做出虚假陈述或者信息误导。

各种传播媒介传播证券市场信息必须真实、客观，禁止误导。

4.禁止欺诈行为。禁止证券公司及其从业人员从事下列损害客户利益的欺诈行为：（1）违背客户的委托为其买卖证券；（2）不在规定时间内向客户提供交易的书面确认文件；（3）挪用客户所委托买卖的证券或者客户账户上的资金；（4）未经客户的委托，擅自为客户买卖证券，或者假借客户的名义买卖证券；（5）为牟取佣金收入，诱使客户进行不必要的证券买卖；（6）利用传播媒介或者通过其他方式提供、传播虚假或者误导投资者的信息；（7）其他违背客户真实意思表示，损害客户利益的行为。

欺诈客户行为给客户造成损失的，行为人应当依法承担赔偿责任。

5.禁止法人从事证券交易。禁止法人非法利用他人账户从事证券交易；禁止法人出借自己或者他人的证券账户。

6.禁止违规资金入市。依法拓宽资金入市渠道，禁止资金违规流入股市。

7.禁止挪用公款买卖证券。禁止任何人挪用公款买卖证券。

8.国有或国有控股企业买卖股票。国有企业和国有资产控股的企业买卖上市交易的股票，必须遵守国家有关规定。

9.报告禁止交易行为。证券交易所、证券公司、证券登记结算机构、证券服务机构及其从业人员对证券交易中发现的禁止的交易行为，应当及时向证券监督管理机构报告。

四、上市公司现金分红制度

融资和分红，是资本市场永恒的两大主题，但是如今，两大主题已然演变成了两大对立面，凸显了产业资本和投资者的矛盾。产业资本的索取永无止境，对投资者的回报却吝于出手，这已经严重影响到A股市场的正常运行。2010年，我国上市公司共有854家未进行现金分红，占全部公司总数的39%，2008—2010年连续3年未进行现金分红的有522家，2006—2010年连续5年未进行现金分红的有422家。2012年1—5月，共有94家公司公布了增发预案，预计募集资金合计2 129.67亿元，而这94家公司分红却十分吝啬，2011年合计派发现金额仅有153.07亿元，不足计划募资金额的一成。

证监会于2012年5月发布了《关于进一步落实上市公司现金分红有关事项的通知》，从制度上确立了强制分红制度。要求立即从首次公开发行股票的公司开始，在公司招股说明书中细化回报规划、分红政策和分红计划，并作为重大事项加以提示，提升分红事项的透明度。要求上市公司在定期报告等相关文件中详细披露现金分红政策的制定和执行情况，提高现金分红透明度。要求所有投资者重视、关注拟上市公司和已上市公司的红利政策，根据自身需要，研判公司的长期价值和即时回报情况，做出审慎和符合逻辑的判断和选择。证券监管机构要在监管中关注上市公司是否切实履行分红承诺，对未按回报规划履行承诺的公司，要采取必要的监督检查措施。

强制分红，特别是实施现金分红，将发挥以下作用：

1.有力杜绝上市公司造假。A股市场上，一直存在着诸多粉饰报表、虚增利润等不合理现象，一些新股为了上市虚增利润。这些公司都有一个共同点，就是在利润分配时，更多的是送红股、转增股份，而很少有现金分红，甚至是不进行现金分红。有很大的一种可能就是公司在造假，因为公司发生了亏损，或利润很少，没有现金可分红。

2.使上市公司优胜劣汰。高成长的蓝筹股公司业绩增长带来的现金分红额逐年上升，这样的公司更具有长期投资价值，使投资者更坚定了持有蓝筹股的信心。而一些效益差的垃圾股公司长期不进行分红，将被投资者所抛弃。

3.恢复股市造血功能。由于融资的额度远远高于现金分红，加之A股市场长期处于熊市中，投资A股将处于绝对的负回报之中。根据统计，2011年股民人均亏损近4.2万元。

随着强制分红制度的确立，A股投资者相当于获得了来自上市公司的现金补贴，未来整体分红的比例将进一步提升。分红将有助于抵消二级市场的损失，并减轻投资者的亏损面，甚至给投资者带来正的收益，也将有助于恢复A股市场的造血功能，使得融资和分红打破对立的格局。

五、我国新股发行的成就和股市的异常波动

2015年，中国股市大起大落。上半年股市大起，很多公司以IPO方式发行股票和上市，筹集了巨额资本。7月初，股市出现大落，中国证监会暂停IPO，采取了一系列维稳措施。11月，股市趋稳，证监会宣布完善新股发行制度，重启新股发行。从全年来看，股市在企业筹资、推动新兴企业发展方面发挥了巨大作用。2015年全年，A股市场有219宗IPO交易，共筹资1 586亿元人民币，与2014年比较，

IPO宗数上升了75%，筹资额上升了102%。A股市场新股回报率（以发行股价和2015年12月24日收市价计算）高达473%，中国香港的新股回报率只有126%，而美国为-1%。为什么中国A股市场比中国香港、美国股市强劲许多?原因是：（1）2015年中国内地股市整体上是向上走的趋势，特别是上半年A股的强劲走势；（2）中国内地股民对新股的投资热情持续高涨；（3）中国内地的投资渠道比较少，股市投资是不少人的主要投资途径。

2015年，中国股市异常波动。2015年6月12日以前，上证指数快速上升。2013年8月13日，上证指数为2 100点。2013年11月30日，证监会发布《关于进一步推进新股发行体制改革的意见》。2014年，停滞超过一年之久的A股市场新股首次发行得到恢复。与此同时，证监会还发布了退市新政，提出健全上市公司主动退市，明确实施重大违法公司强制退市的政策。此外，证监会还修订了并购重组政策以及推出了沪港通。同样是在这一年，A股“牛市”慢慢显现，连续8个月上涨。至12月31日，上证综指报收于3 234.68点，全年涨幅近53%。2015年上半年，A股上涨极快，6月12日，沪指冲上了七年最高点：5 178点。不过，从6月15日至9月17日，A股进入了快速下跌模式，沪指从5 178点快速跌落至2 850点。其间，A股多次出现千股跌停、千股停牌、千股涨停等现象。

2015年9月6日，中国证监会认为股市剧烈异常波动时，政府不会坐视不管，研究制定实施股市指数熔断机制。所谓熔断机制，是指在股票交易中，当股票价格波幅触及所规定的水平时，交易随之停止一段时间的机制。例如，美国股市“熔断机制”是在标准普尔500指数下跌5%时，暂时停盘15分钟；当暴跌10%时，暂时停盘1小时；当暴跌20%时，关闭股市1天。上述暂时停盘或关闭股市的目的是避免股价剧烈异常波动，防止发生系统性风险。2016年1月4日，中国股市出现暴跌，第一次启动熔断机制，提前收盘近一个半小时，1月7日，开市仅29分钟，A股再度触发熔断休市。4天时间里，沪深股市年初以来的累计跌幅分别高达11.96%和15.16%。2016年1月8日，证监会宣布熔断机制暂停，但股指仍止不住下滑，至1月28日，上证综指滑落至2 638点。这次实施股市指数熔断机制，未达预期效果，需进行分析研究。

中国证监会主席深刻反思2015年股市异常波动的原因和教训，认为：（1）股市过快上涨是多种因素综合作用的结果，既有市场估值修复的内在要求，也有改革红利预期、流动性充裕、居民资产配置调整等合理因素，还有杠杆资金、程序化交易、舆论集中唱多等造成市场过热的非理性因素。（2）这次股市异常波动充分反映了我国股市的不成熟，不成熟的交易者、不完备的交易制度、不完善的市场体系、不适应的监管制度等，也充分暴露了证监会监管有漏洞、监管不适应、监管不得力等问题。（3）要做好监管工作，必须正确处理好虚拟经济与实体经济、发展与监管、创新与规范、借鉴国际经验与立足国情等几个关系。发展资本市场，必须牢固坚持服务实体经济的宗旨，着力发挥好市场配置资源和风险管理等功能，遏制过度投机，决不能“脱实向虚”。（4）就监管部门而言，必须强化监管本位，紧跟市场变化，保持监管定力，在鼓励创新的同时必须加强风险管理，使创新与风险管控能力相匹配。如果任由股市断崖式、螺旋式下跌，造成股市崩盘，股市风险就会像多米诺骨牌效应那样跨产品、跨机构、跨市场传染，酿成系统性风险。

正是在这个背景下，才有了后来一系列稳定市场的举措。2016年2月末，国家发展改革委、中国证监会、中国人民银行、中央文明办、最高人民法院、工业和信息化部、公安部、财政部、环境保护部、交通运输部、商务部、国资委、海关总署、税务总局、工商总局、质检总局、食品药品监管总局、国家网信办、银监会、保监会、外汇局、全国总工会等22家单位联合签署了《关于对违法失信上市公司相关责任主体实施联合惩戒的合作备忘录》（见本节阅读资料）。国家发展改革委、证监会联合另外20家单位共同召开新闻发布会，介绍《备忘录》有关情况。

此次签署的《备忘录》主要针对上市公司，在中国尚属首次，因此也有人称之为中国版本的《萨班斯-奥克斯利法案》，美国的《萨班斯-奥克斯利法案》的内容见第8章的阅读资料。

2018年股市低迷的原因和对策。2018年全球股市创10年最差纪录，这一年里，美国道琼斯指数下跌5.6%，标准普尔500指数下跌6.2%，纳斯达克指数下跌4%。这是自2008年金融危机以来股市表现最差的一年，也是道指和标普500指数在过去10年里第二次出现下跌的年份。12月是一个尤为可怕的月份：标普500指数下跌9%，道指下跌8.7%——这是自1931年以来股市表现最糟糕的一个月。7天内道指下跌6次，跌幅达350点甚至更多。驱使股市波动的是全球经济放缓、政治机能失调、人们对货币政策的担忧、对通胀的担忧以及对科技部门加强监管的担忧。

2018年中国股市的表现尤为低迷。上证指数在6月份进入熊市，自2018年年初以来已下跌近25%。同期内，深证指数下跌超过33%。香港的恒生指数也下跌14%。股市波动下滑的原因主要有：

（1）外部原因。一是主要国家央行加息后，使企业借款难，成本升高，社会经济发展放缓，全球股市都开始波动下滑。例如，美国美联储2018年四次调高利率，使股市指数下跌，亚洲股市随之下跌。二是中美贸易战以及美国对中国投资设限制，对股市发展也造成了坏的影响。

（2）内部原因。一是中国经济结构正在破旧立新的过程中，必然对股市带来影响；二是市场预期发生变化，未来经济环境的种种不确定性，影响了投资者行为；三是股市管理存在一些错误行为，例如证监会工作人员进行证券非法交易，上市公司的财务会计报表虚假不实等，对股市的影响很坏。

我国政府对促进股市健康发展的举措如下：

（1）在稳定市场方面，允许银行理财子公司对资本市场进行投资，要求金融机构科学合理做好股权质押融资业务风险管理，鼓励地方政府管理的基金、私募股权基金帮助有发展前景的公司纾解股权质押困难。

（2）在市场基本制度改革方面，制定《证券期货经营机构私募资产管理业务管理办法》，完善上市公司股份回购制度，深化并购重组市场化改革，推进新三板制度改革，加大对科技创新企业上市的支持力度等。

（3）在鼓励市场长期资金来源方面，加大保险资金财务性和战略性投资优质上市公司力度，壮大机构投资者力量，巩固市场长期投资的基础。

（4）在促进国企改革和民企发展方面，加快推出一系列新举措，包括推动国有企业在资本市场进行混合所有制改革，支持行业龙头民营企业进行产业兼并重组，推出民营企业债券融资支持计划以及股权融资支持计划等。

（5）在扩大开放方面，继续全方位扩大开放，按照习近平总书记博鳌讲话精神，加快银行、证券、保险等领域的开放。

（6）坚持两个毫不动摇，充分发挥公有制和非公有制经济发展的积极性，努力提高质量，提高效益，为股市稳定发展奠定基础。

（7）进一步建立和健全企业上市、筹资、投资和财务会计报告的规章制度，严格把好企业上市的关口，严格执行股市的规章制度。

（8）国家对股市的运行应该认真严格监督管理，发现非法违规行为，必须严格处理。2018年经查发现证监会原副主席姚刚违反政治纪律和廉洁纪律，滥用职权为他人谋取利益并收受巨额财物，违法犯罪，情节严重，报经领导批准，决定开除党籍和公职处分，同时还发现几名干部因进行非法内幕交易，给予了应得的处分。又例如，证监会发现长生生物科技股份有限公司有违法行为，财务会计报告有虚假情况，就对该公司和相关人员进行处罚，给予警告，处以60万元罚款，对4名有关人员采取终身市场禁入措施。

自2019年1月以来，北京推出的支持性政策已经帮助股市增加了约9 000亿美元市值，提振了金融、消费、医药、太阳能和教育领域的企业。市场观察人士说，2019年将是中国股市的“牛市”。中国股市最近的表现好于美国股市。中国股市的上涨才刚刚开始。

六、上市公司退市制度

（一）完善上市公司退市制度的必要性

2014年8月修订的《证券法》规定：

1.上市公司有下列情形之一的，由证券交易所决定暂停其股票上市交易：（1）公司股本总额、股权分布等发生变化不再具备上市条件；（2）公司不按照规定公开其财务状况，或者对财务会计报告作虚假记载，可能误导投资者；（3）公司有重大违法行为；（4）公司最近三年连续亏损；（5）证券交易所上市规则规定的其他情形。

2.上市公司有下列情形之一的，由证券交易所决定终止其股票上市交易：（1）公司股本总额、股权分布等发生变化不再具备上市条件，在证券交易所规定的期限内仍不能达到上市条件；（2）公司不按照规定公开其财务状况，或者对财务会计报告作虚假记载，且拒绝纠正；（3）公司最近三年连续亏损，在其后一个年度内未能恢复盈利；（4）公司解散或者被宣告破产；（5）证券交易所上市规则规定的其他情形。

经过多年的实践，退市制度在完善市场机制方面发挥了积极的作用并积累了一定的经验。但是随着资本市场发展改革的逐步深化，逐渐暴露出原有上市公司退市制度不够完善，加上执行不严，未充分发挥市场优胜劣汰的功能，已不能完全适应资本市场发展的需要。

上市公司退市是股市的一个“出口”，如果应该退市的公司不退出，使股市成员不纯，好坏不分，将危害极大。这好比一个水池，很多鱼（其中有些是病鱼）被放进来，而且持续不断地放，但病鱼、死鱼却没被拖出去，久而久之恶臭难闻，好鱼也会得病。上市公司退市制度是资本市场一项基础性制度。改进和完善上市公司退市制度，有利于提高上市公司的整体质量，保护投资者的合法权益，提高投资者的风险意识，促进市场规范、健康、稳定发展。

为了进一步完善上市公司退市制度，中国证监会总结过去退市制度的经验教训，于2014年10月发布《关于改革完善并严格实施上市公司退市制度的若干意见》。

（二）改革完善并严格实施上市公司退市制度的内容

上市公司退市是指公司股票在证券交易所终止上市交易。上市公司退市制度是资本市场重要的基础性制度。一方面，上市公司基于实现发展战略、维护合理估值、稳定控制权以及成本效益法则等方面的考虑，认为不再需要继续维持上市地位，或者继续维持上市地位不再有利于公司发展，可以主动向证券交易所申请其股票终止交易。另一方面，证券交易所为维护公开交易股票的总体质量与市场信心，依照规则要求交投不活跃、股权分布不合理、市值过低而不再适合公开交易的股票终止交易，特别是对于存在严重违法违规行为的公司，证券交易所可以依法强制其股票退出市场交易。

要充分尊重并保护市场主体基于其意思自治做出的退市决定，而不是将退市与否作为评判一家公司好坏的绝对标准。进一步改革完善并严格执行退市制度，有利于健全资本市场功能，降低市场经营成本，增强市场主体活力，提高市场竞争能力，有利于实现优胜劣汰，惩戒重大违法行为，引导理性投资，保护投资者特别是中小投资者合法权益。为贯彻落实《国务院关于进一步促进资本市场健康发展的若干意见》的有关要求，根据《证券法》的有关规定，按照市场化、法治化、常态化的原则，现就退市制度改革实施有关事项提出如下意见：

1.健全上市公司主动退市制度

（1）确立主动退市的途径和方式。上市公司通过对上市地位维持成本收益的理性分析，或者为充分利用不同证券交易场所的比较优势，或者为便捷、高效地对公司治理结构、股权结构、资产结构、人员结构等实施调整，或者为进一步实现公司股票的长期价值，可以依据《证券法》和证券交易所规则实现主动退市。①上市公司在履行必要的决策程序后，可以主动向证券交易所提出申请，撤回其股票在该交易所的交易，并决定不再在交易所交易。②上市公司在履行必要的决策程序后，可以主动向证券交易所提出申请，撤回其股票在该交易所的交易，并转而申请在其他交易场所交易或者转让。③上市公司向所有股东发出回购全部股份或者部分股份的要约，导致公司股本总额、股权分布等发生变化不再具备上市条件的，其股票按照证券交易所规则退出市场交易。④上市公司股东向所有其他股东发出收购全部股份或者部分股份的要约，导致公司股本总额、股权分布等发生变化不再具备上市条件的，其股票按照证券交易所规则退出市场交易。⑤除上市公司股东外的其他收购人向所有股东发出收购全部股份或者部分股份的要约，导致公司股本总额、股权分布等发生变化不再具备上市条件的，其股票按照证券交易所规则退出市场交易。⑥上市公司因新设合并或者吸收合并，不再具有独立主体资格并被注销，其股票按照证券交易所规则退出市场交易。⑦上市公司股东大会决议解散的，其股票按照证券交易所规则退出市场交易。

（2）明确主动退市公司的内部决策程序。上市公司拟决定其股票不再在交易所交易，或者转而申请在其他交易场所交易或者转让的，应当召开股东大会作出决议，须经出席会议的股东所持表决权的2/3以上通过，并须经出席会议的中小股东所持表决权的2/3以上通过。在召开股东大会前，上市公司应当充分披露退市原因及退市后的发展战略，包括并购重组安排、经营发展计划、重新上市安排等。独立董事应当针对上述事项是否有利于公司长远发展和全体股东利益充分征询中小股东意见，在此基础上发表独立意见，独立董事意见应当与股东大会通知一并公布。上市公司应当聘请财务顾问为主动退市提供专业服务、发表专业意见并予以披露。全面要约收购上市公司股份、实施以上市公司为对象的公司合并、上市公司全面回购股份以及上市公司自愿解散，应当按照上市公司收购、重组、回购等监管制度及公司法律制度严格履行实施程序。

（3）规范主动退市申请与决定程序。申请其股票退出市场交易，或者转而申请在其他交易场所交易或者转让的上市公司应当在股东大会做出终止上市决议后的15个交易日内，向证券交易所提交退市申请。退市申请至少应当包括股东大会决议、退市申请书、退市后去向安排的说明、异议股东保护的专项说明及证券交易所规定的其他材料。证券交易所应当自上市公司提交退市申请之日起5个交易日内，做出是否受理的决定并通知公司；决定受理的，应当自受理上市公司提交的退市申请之日起15个交易日内，重点从保护投资者特别是中小投资者权益的角度，在审查决策程序合规性的基础上，做出同意或者不同意其股票终止上市交易的决定。①因全面要约收购上市公司股份、实施以上市公司为对象的公司合并、上市公司全面回购股份以及上市公司自愿解散，导致公司股票退出市场交易的，证券交易所应当在上市公司公告回购或者收购结果、完成合并交易、做出解散决议之日起15个交易日内，做出终止其股票上市的决定。②建立上市公司主动退市的专门报告制度。证券交易所应当在做出同意或者不同意上市公司主动退市决定之日起15个工作日内，以及上市公司退出市场交易之日起15个工作日内，将上市公司主动退市情况报告证监会。

(4) 健全主动退市的配套政策措施。完善上市公司收购制度，丰富要约收购履约保证形式，研究建立包括触发条件、救济程序等内容的余股强制挤出制度。完善上市公司股份回购制度，允许上市公司公开发行优先股以回购发行在外的普通股。制定上市公司吸收合并专门制度规范。研究丰富并购融资工具。完善非上市公众公司并购重组制度，对包括退市公司在内的非上市公众公司并购重组的条件、程序、披露要求等做出规范。①上市公司在出现股价低于每股净资产等情形时部分乃至全面回购股份，导致公司股票退出市场交易的，公司可以申请再次公开发行证券，或者向其选择的证券交易所申请重新上市。存在强制退市可能的上市公司在触及强制退市指标前，实施主动退市，在消除可能导致强制退市的情形后，可以重新申请上市。涉嫌欺诈发行的公司或其控股股东、实际控制人，在受到证监会行政处罚前，按照公开承诺回购或者收购全部新股，赔偿中小投资者经济损失，及时申请其股票退出市场交易的，可以从轻或者减轻处罚。②证券交易所可以通过设定差异化的上市年费、提高信息披露要求等经济或者自律方式，加大存在强制退市可能的上市公司维持上市地位的成本，引导其主动退出交易所市场。

2.实施重大违法公司强制退市制度

(1) 对欺诈发行公司实施暂停上市。上市公司因首次公开发行股票申请或者披露文件存在虚假记载、误导性陈述或者重大遗漏，致使不符合发行条件的发行人骗取了发行核准，或者对新股发行定价产生了实质性影响，受到证监会行政处罚，或者因涉嫌欺诈发行罪被依法移送公安机关的，证券交易所应当依法做出暂停其股票上市交易的决定。

(2) 对重大信息披露违法公司实施暂停上市。上市公司因信息披露文件存在虚假记载、误导性陈述或者重大遗漏，受到证监会行政处罚，并且因违法行为性质恶劣、情节严重、市场影响重大，在行政处罚决定书中被认定构成重大违法行为，或者因涉嫌违规披露、不披露重要信息罪被依法移送公安机关的，证券交易所应当依法做出暂停其股票上市交易的决定。

(3) 对重大违法暂停上市公司限期实施终止上市。对于上述因受到证监会行政处罚，或者因涉嫌犯罪被依法移送公安机关而暂停上市的公司，在证监会作出行政处罚决定或者移送决定之日起一年内，证券交易所应当做出终止其股票上市交易的决定。

(4) 重大违法暂停上市公司终止上市的例外情形。对于上述因受到证监会行政处罚被暂停上市的公司，在证券交易所作出终止公司股票上市交易决定前，该行政处罚决定被依法撤销，且证监会不能重新做出本《关于改革完善并严格实施上市公司退市制度的若干意见》第（五）条、第（六）条规定的行政处罚决定，或者因对违法行为性质的认定发生根本性变化，被依法变更的，公司可以向证券交易所申请恢复上市。对于上述因涉嫌犯罪被依法移送公安机关而暂停上市的公司，在证券交易所作出终止公司股票上市交易决定前，公安机关决定不予立案或者撤销案件，或者人民检察院做出不予起诉决定，或者司法机关做出无罪判决或者免于刑事处罚，而证监会不能依法做出《关于改革完善并严格实施上市公司退市制度的若干意见》第（五）条、第（六）条规定的行政处罚决定的，公司可以向证券交易所申请恢复上市。在证券交易所作出终止公司股票上市交易决定后，出现上述规定情形的，公司可以向证券交易所申请重新上市。对于上述因信息披露违法被暂停上市的公司，在证券交易所作出终止公司股票上市交易决定前，全面纠正违法行为、及时撤换有关责任人员、对民事赔偿责任承担做出妥善安排的，公司可以向证券交易所申请恢复上市。证券交易所应当在规定期限内做出同意其股票恢复上市的决定。

3.严格执行不满足交易标准要求的强制退市指标

证券交易所应当在继续严格执行其上市规则等文件中已经规定的各项相关退市指标的基础上，及时补充并适时调整完善以下指标：

（1）关于股本总额、股权分布的退市指标。因股本总额发生变化不再具备上市条件，在证券交易所规定的期限内仍不能达到上市条件的上市公司，证券交易所应当依法终止其股票上市交易。证券交易所可以针对不同板块，在上市条件中规定不同的股本总额要求。社会公众持股比例不足公司股份总数25%的上市公司，或者股本总额超过人民币4亿元，社会公众持股比例不足公司股份总数10%的上市公司，在证券交易所规定的期限内仍不能达到上市条件的，证券交易所应当终止其股票上市交易。证券交易所应当制定基于单一股东最低持股量及股东人数最低要求等能够动态反映股权分布状况的退市指标。

（2）关于股票成交量的退市指标。上市公司股票流动性严重不足，已经不再适合公开交易，证券交易所应当及时终止其上市交易。证券交易所可以针对不同板块，在综合分析该板块股票交易总体情况的基础上，对于一定期限内股票累计成交量的最低限额做出具体规定，并根据实施效果，适时予以调整。

（3）关于股票市值的退市指标。公司股票连续20个交易日（不含停牌交易日）每日收盘价均低于股票面值的，证券交易所应当终止其上市交易。

4.严格执行体现公司财务状况的强制退市指标

证券交易所应当在继续严格执行其上市规则等文件中已经规定的各项相关退市指标的基础上，及时补充并适时调整完善以下指标：

（1）关于公司净利润、净资产、营业收入、审计意见类型的退市指标。上市公司因净利润、净资产、营业收入、审计意见类型或者追溯重述后的净利润、净资产、营业收入等触及规定标准，其股票被暂停上市交易后，公司披露的最近一个会计年度经审计的财务会计报告存在扣除非经常性损益前后的净利润孰低者为负值、期末净资产为负值、营业收入低于证券交易所规定数额或者被会计师事务所出具保留意见、无法表示意见、否定意见的审计报告等情形之一的，证券交易所应当终止其股票上市交易。

（2）关于未在规定期限内依法如实披露的退市指标。公司在证券交易所规定的期限内，未改正财务会计报告中的重大差错或者虚假记载的，证券交易所应当终止其股票上市交易。法定期限届满后，公司在证券交易所规定的期限内，依然未能披露年度报告或者半年度报告的，证券交易所应当终止其股票上市交易。公司因净利润、净资产、营业收入、审计意见类型或者追溯重述后的净利润、净资产、营业收入等触及规定标准，其股票被暂停上市交易，不能在法定期限内披露最近一个会计年度的年度报告的，证券交易所应当终止其股票上市交易。

5.完善与退市相关的配套制度安排

（1）严格执行恢复上市程序。证券交易所应当明确暂停上市公司提出恢复上市申请及证券交易所作出相应决定的时限要求。在规定期限内未提出恢复上市申请或不符合恢复上市条件的，证券交易所应当终止其股票上市交易。提交的申请材料不全且逾期未补充的，证券交易所应当及时做出终止其股票上市交易的决定。

（2）限制相关主体股份减持行为。上市公司首次公开发行股票申请或者披露文件，存在虚假记载、误导性陈述或者重大遗漏，被证监会立案稽查的，在形成案件调查结论前，上市公司控股股东、实际控制人、董事、监事、高级管理人员、持有首次公开发行股票前已发行股份的股东及其他持有法律、行政法规、证监会规定、证券交易所规则规定的限售股的股东或者自愿承诺股份限售的股东，应当遵守在公开募集及上市文件或者其他文件中做出的公开承诺，暂停转让其拥有权益的股份。上市公司发行新股申请或者披露文件，或者构成借壳上市的重大资产重组申请或者相关披露文件出现上述情形的，在形成案件调查结论前，上市公司控股股东、实际控制人、董事、监事、高级管理人员、重组方及其一致行动人、上市公司购买资产对应经营实体的股份或者股权持有人，及其他持有法律、行政法规、证监会规定、证券交易所规则规定的限售股的股东或者自愿承诺股份限售的股东，应当遵守在信息披露文件或者其他文件中做出的公开承诺，暂停转让其拥有权益的股份。证券交易所和证券登记结算机构应当采取相应措施，确保控股股东、实际控制人、重组方及其他承诺主体切实履行上述承诺。

（3）设立“退市整理期”。对于股票已经被证券交易所决定终止上市交易的强制退市公司，证券交易所应当设置“退市整理期”，在其退市前给予30个交易日的股票交易时间。在股票被证券交易所决定终止上市交易前，经董事会决议通过并已公告筹划重大资产重组事项的强制退市公司应当召开股东大会，对公司股票是否进入“退市整理期”交易进行表决，证券交易所应当按照股东大会决议对公司股票是否进入“退市整理期”交易做出安排。“退市整理期”公司的并购重组行政许可申请将不再受理；已经受理的，应当终止审核。证券交易所应当建立参与“退市整理期”股票交易的投资者适当性制度。

（4）明确公司退市后的去向及交易安排。主动退市公司可以选择在证券交易场所交易或者转让其股票，或者依法做出其他安排。强制退市公司股票应当统一在全国中小企业股份转让系统设立的专门层次挂牌转让。

（5）明确重新上市条件及程序。主动退市公司可以随时向其选择的证券交易所提出重新上市申请。强制退市公司在证券交易所规定的间隔期届满后，可以向其选择的证券交易所提出重新上市申请。退市公司拟申请重新上市的，应当召开股东大会，对申请重新上市事项作出决议，股东大会决议须经出席股东大会的股东所持表决权的2/3以上通过。证券交易所应当制定退市公司重新上市的具体规定，在条件、程序、信息披露、交易安排等方面，可以区分主动退市公司与强制退市公司，以及强制退市公司所触及强制退市指标的不同做出差异化安排。

6.加强退市公司投资者合法权益保护

（1）认真贯彻执行投资者保护的总体性要求。保护投资者特别是中小投资者合法权益，是退市制度的重要政策目标，也是退市工作的重中之重。要在退市工作的各个环节，认真落实《国务院办公厅关于进一步加强资本市场中小投资者合法权益保护工作的意见》的要求。

（2）强化上市公司退市前的信息披露义务。证券交易所应当依照《证券法》及其配套的证券监管规定，有针对性地完善主动退市公司、强制退市公司的信息披露规则。上市公司退市前应当及时、准确、完整地持续披露其股票可能暂停或者终止上市交易的提示性公告。严厉打击虚假陈述、内幕交易、操纵市场等违法行为。

（3）完善主动退市公司异议股东保护机制。主动退市公司应当在其公司章程中对主动退市股东大会表决机制以及对决议持异议股东的回购请求权、现金选择权等做出专门安排。

（4）明确重大违法公司及相关责任主体的民事赔偿责任。上市公司存在《关于改革完善并严格实施上市公司退市制度的若干意见》规定的重大违法行为，公司及其控股股东、实际控制人、董事、监事、高级管理人员等相关责任主体，应当按照《证券法》《国务院办公厅关于进一步加强资本市场中小投资者合法权益保护工作的意见》的规定，赔偿投资者损失；或者根据信息披露文件中的公开承诺内容或者其他协议安排，通过回购股份等方式赔偿投资者损失。

7.进一步落实退市工作责任

（1）认真做好政策配套和监测应对工作。证监会及其派出机构要按照简政放权、监管转型的要求，积极稳妥推进股票发行注册制改革和公司并购重组制度改革，营造与退市市场化、法治化、常态化要求相适应的政策环境。要鼓励依法开展并购方式、并购工具创新。要加强舆论宣传，引导各类市场主体正确认识和理解退市的本质及其基本功能，树立退市的正确理念。要针对有条件、有意愿实施主动退市的上市公司，做好政策说明与指导工作。要在上市公司日常监管中，密切关注上市公司的财务状况、交易状况、合规状况，持续跟踪存在强制退市可能的上市公司，通过实地走访、现场检查等方式，及时掌握情况，有效形成预判，提前制定上市公司退市风险应急处置预案。要与证券交易场所、国务院有关部门、地方政府建立更为顺畅的信息通报、共享机制，对于存在强制退市可能的上市公司，应当提前将有关情况通报地方政府。

（2）切实加强退市实施工作的统筹和协调。要建立健全退市工作协调机制，及时制定各方联动的工作方案。要进一步加强与地方政府、国务院有关部门的沟通协调，积极推动地方政府将上市公司退市维稳工作有机纳入地方维稳工作机制和工作体系，配合地方政府妥善做好职工、债权人、股东及其他利益相关方的安置安抚、解释疏导与纠纷处置等工作，维护上市公司的经营秩序、财产安全与社会稳定。要高度重视舆情监测和舆论引导，及时掌握媒体及市场各方的反应，并通过有理有据、务实高效的措施综合应对处理。要及时分析、研判退市制度执行过程中出现的新情况、新问题，采取有效措施，切实加以解决。

（3）证券交易所应当依法履行退市工作职责。证券交易所是实施退市制度的责任主体，应当按照《关于改革完善并严格实施上市公司退市制度的若干意见》的要求，及时完善上市规则及其配套规则，并严格执行。对于应当退市的公司，必须采取有效措施，“出现一家、退市一家”，坚决维护退市制度的严肃性和权威性。证券交易所应当督促退市公司依法及时、准确、完整地披露与退市有关的信息。证监会要切实加强对证券交易所的监督检查，确保《关于改革完善并严格实施上市公司退市制度的若干意见》各项工作要求的严格执行和落实。

2015年1月30日，上海证券交易所根据中国证监会《关于改革完善并严格实施上市公司退市制度的若干意见》和《上海证券交易所股票上市规则（2014年修订）》，对《上海证券交易所退市公司重新上市实施办法》《上海证券交易所退市整理期业务实施细则》《上海证券交易所风险警示板股票交易暂行办法》3项退市配套规则进行了修订。同时，深圳证券交易所根据中国证监会《关于改革完善并严格实施上市公司退市制度的若干意见》《深圳证券交易所股票上市规则（2014年修订）》等规定，制定《深圳证券交易所退市公司重新上市实施办法（2014年修订）》。

☆阅读资料　　关于对违法失信上市公司相关责任主体实施联合惩戒的合作备忘录

为了贯彻党的十八届三中、四中全会精神，落实《国务院关于促进市场公平竞争维护市场正常秩序的若干意见》（国发〔2014〕20号）、《国务院关于印发社会信用体系建设规划纲要（2014—2020年）的通知》（国发〔2014〕21号）、《国务院办公厅关于进一步加强资本市场中小投资者合法权益保护工作的意见》（国办发〔2013〕110号）等文件关于“褒扬诚信、惩戒失信”的总体要求，发展改革委、证监会、人民银行、中央文明办、最高人民法院、工业和信息化部、公安部、财政部、环境保护部、交通运输部、商务部、国资委、海关总署、税务总局、工商总局、质检总局、食品药品监管总局、国家网信办、银监会、保监会、外汇局、全国总工会等部门依据有关法律法规、规章及规范性文件等规定，就针对违法失信的上市公司及相关机构和人员实施联合惩戒措施达成如下一致意见：

一、联合惩戒对象

联合惩戒对象为被中国证监会及其派出机构依法予以行政处罚、市场禁入的上市公司及相关机构和人员等责任主体（以下简称违法失信当事人），包括：（1）上市公司；（2）上市公司的董事、监事、高级管理人员等责任人员；(3) 上市公司控股股东、实际控制人、持股5%以上的股东及其董事、监事、高级管理人员等责任人员；(4) 上市公司收购人、上市公司重大资产重组或者发行股份购买资产的交易各方（含一致行动人）及其董事、监事、高级管理人员等责任人员。其中，以违法失信的上市公司控股股东、实际控制人、董事、监事、高级管理人员等责任人员为主。

二、信息共享与联合惩戒的实施方式

(一) 关于中国证监会提供的上市公司相关主体违法失信信息

中国证监会及其派出机构依照《证券法》《公司法》《证券市场禁入规定》等法律法规及规章，依法处理上市公司及相关机构和人员的违法失信行为，作出行政处罚、市场禁入决定，并依法公开违法失信当事人的行政处罚和市场禁入决定信息，记入证券期货市场诚信档案。中国证监会在作出行政处罚和市场禁入决定后，及时通过全国统一的信用信息共享交换平台、光盘传递或者网络专线等方式向各单位通报违法失信当事人的上述失信信息。根据执法工作的需要，各单位也可以向证监会书面查询特定机构或者人员的违法失信信息。

各单位将证监会提供的信息作为依法履职的重要参考，对失信主体依法实施行政管理，也可以视违法失信行为情节的轻重，依法对违法失信的当事人实施惩戒。对于失信主体主动纠正违法行为，消除违法后果的，根据有关法律法规、规章及规范性文件的规定，各单位可酌情处理。各单位实施惩戒后，定期将有关惩戒结果反馈中国证监会和国家发展改革委。

(二) 关于各单位提供的上市公司相关主体违法失信信息

中国证监会定期向备忘录各签署单位报送属于联合惩戒对象范围的相关机构和人员的身份基本信息，各单位根据上述基本信息将对相关机构或者人员做出的行政处罚信息汇总提供给中国证监会。中国证监会也可以在行政许可等监管执法工作中根据监管工作需要书面查询各单位对特定机构或者人员做出的行政处罚信息以及人民法院被执行人和失信执行人信息。

中国证监会在行政许可审核、日常监管检查以及行政处罚、市场禁入的情节认定等工作中，根据各单位提供的失信信息实施失信惩戒或者重点监管，定期将失信信息使用情况和惩戒结果反馈各单位，并汇总后反馈国家发展改革委。

三、惩戒措施

(一) 限制发行企业债券

对违法失信当事人，特别是上市公司控股股东、实际控制人，在一定期限内限制其发行债券。

(二) 限制在银行间市场发行债券

对违法失信当事人，特别是上市公司控股股东、实际控制人，在一定期限内限制其在银行间市场发行债券。

(三) 禁止参加政府采购活动

对违法失信当事人，特别是上市公司控股股东、实际控制人及各机构相关责任人员，在一定期限内禁止作为供应商参加政府采购活动。

(四) 设立商业银行或者分行、代表处以及参股、收购商业银行审批参考

对违法失信当事人，特别是上市公司控股股东、实际控制人及各机构相关责任人员，将其违法失信记录作为设立商业银行或者分行、代表处以及参股、收购商业银行的审批参考。

(五) 设立证券公司、基金管理公司、期货公司审批参考

对违法失信当事人，特别是上市公司控股股东、实际控制人及各机构相关责任人员，将其违

法失信记录作为设立证券公司、基金管理公司、期货公司审批的依据或者参考。

（六）设立保险公司审批参考

对违法失信当事人，特别是上市公司控股股东、实际控制人及各机构相关责任人员，将其违法失信记录作为设立保险公司审批的依据或者参考。

（七）限制境内上市公司实行股权激励计划或者限制成为股权激励对象

对违法失信的境内上市公司，限制其实行股权激励计划；对违法失信的境内上市公司董事、监事、高级管理人员等责任人员，限制其成为股权激励对象。

（八）外汇管理行政审批参考

在合格境外机构投资者（QFII、RQFII）、合格境内机构投资者（QDII）等额度审批和管理中，将失信状况作为参考依据。

（九）限制补贴性资金支持

对违法失信当事人，特别是上市公司控股股东、实际控制人及各机构相关责任人员，限制补贴性资金支持。

（十）限制成为海关认证企业

当事人申请适用海关认证企业管理的，海关不予通过认证。

（十一）加强日常监管检查

对违法失信当事人，特别是上市公司控股股东、实际控制人及各机构董事、监事、高级管理人员等相关责任人员，相关单位可在市场监管、公共服务、现场检查等工作中予以参考。

（十二）在国有独资公司董事、监事的任免及国有资本控股或者参股公司董事、监事的建议任免工作中予以参考

对违法失信机构相关责任人员，在国有独资公司董事、监事的任免及国有资本控股或者参股公司董事、监事的建议任免工作中予以参考。

（十三）通过“信用中国”网站和企业信用信息公示系统向社会公布

将违法失信信息通过“信用中国”网站、企业信用信息公示系统向社会公布。

……

2015年12月24日

第4节　创业板市场股票的发行、上市和退市

上节阐述的股份有限公司的股票发行、上市和退市的原则、制度和办法，对创业板上市公司来说也是必须遵行的，但由于创业板是国家为了鼓励和促进创业创新成长型企业发展设立的，这些公司与一般的股份有限公司相比，具有较大的风险，公开发行股票在创业板上市的公司，具有业务不稳定、经营风险高、退市风险大的特点，购买股票的投资者面临较大的市场风险（投资风险）。因此，制定创业板股票发行、上市和退市制度，必须考虑创业板的特点。

为了规范首次公开发行股票并在创业板上市的行为，促进自主创新企业及其他成长型创业企业的发展，保护投资者的合法权益，维护社会公共利益，中国证监会根据《证券法》《公司法》制定了《首次公开发行股票并在创业板上市管理暂行办法》，于2009年3月31日发布，自5月1日起施行。深圳证券交易所制定了《深圳

证券交易所创业板股票上市规则》，于2009年6月5日发布，自7月1日起施行。紧接着，中国证监会又制定了《创业板市场投资者适当性管理暂行规定》，深圳证券交易所制定了《深圳证券交易所创业板市场投资者适当性管理实施办法》，中国证券业协会制定了《创业板市场投资风险揭示书必备条款》等相关配套文件。2014年5月14日，证监会公布《首次公开发行股票并在创业板上市管理办法》，自2014年5月14日起施行，而《首次公开发行股票并在创业板上市管理暂行办法》同时废止。

一、中国证监会《首次公开发行股票并在创业板上市管理办法》

1.基本原则

（1）《首次公开发行股票并在创业板上市管理办法》适用于在中华人民共和国境内首次公开发行股票并在创业板上市的公司。

（2）发行人申请首次公开发行股票并在创业板上市，应当符合《证券法》《公司法》《首次公开发行股票并在创业板上市管理办法》规定的发行条件。

（3）发行人依法披露的信息，必须真实、准确、完整、及时，不得有虚假记载、误导性陈述或者重大遗漏。

发行人作为信息披露第一责任人，应当及时向保荐人、证券服务机构提供真实、准确、完整的财务会计资料和其他资料，全面配合保荐人、证券服务机构开展尽职调查。

（4）发行人的控股股东、实际控制人、董事、监事、高级管理人员等责任主体应当诚实守信，全面履行公开承诺事项，不得在发行上市中损害投资者的合法权益。

（5）保荐人及其保荐代表人应当严格履行法定职责，遵守业务规则和行业规范，对发行人的申请文件和信息披露资料进行审慎核查，督导发行人规范运行，对证券服务机构出具的专业意见进行核查，对发行人是否具备持续盈利能力、是否符合法定发行条件做出专业判断，并确保发行人的申请文件和招股说明书等信息披露资料真实、准确、完整、及时。

（6）为股票发行出具文件的证券服务机构和人员，应当严格履行法定职责，遵守本行业的业务标准和执业规范，对发行人的相关业务资料进行核查验证，确保所出具的相关专业文件真实、准确、完整、及时。

（7）中国证券监督管理委员会（以下简称中国证监会）依法对发行人申请文件的合法合规性进行审核，依法核准发行人的首次公开发行股票申请，并对发行人股票发行进行监督管理。

证券交易所依法制定业务规则，创造公开、公平、公正的市场环境，保障创业板市场的正常运行。

（8）中国证监会依据发行人提供的申请文件核准发行人首次公开发行股票申请，不对发行人的盈利能力、投资价值或者投资者的收益做出实质性判断或者保证。

投资者自主判断发行人的投资价值，自主做出投资决策，自行承担股票依法发行后因发行人经营与收益变化或者股票价格变动引致的投资风险。

（9）创业板市场应当建立健全与投资者风险承受能力相适应的投资者准入制度，向投资者充分提示投资风险，注重投资者需求，切实保护投资者特别是中小投资者的合法权益。

2.发行条件

（1）发行人申请首次公开发行股票应当符合下列条件：

①发行人是依法设立且持续经营3年以上的股份有限公司。有限责任公司按原账面净资产值折股整体变更为股份有限公司的，持续经营时间可以从有限责任公司成立之日起计算。

②最近2年连续盈利，最近2年净利润累计不少于1 000万元；或者最近1年盈利，最近1年营业收入不少于5 000万元。净利润以扣除非经常性损益前后孰低者为计算依据。

③最近一期末净资产不少于2 000万元，且不存在未弥补亏损。

④发行后股本总额不少于3 000万元。

（2）发行人的注册资本已足额缴纳，发起人或者股东用作出资的资产的财产权转移手续已办理完毕。发行人的主要资产不存在重大权属纠纷。

（3）发行人应当主要经营一种业务，其生产经营活动符合法律、行政法规和公司章程的规定，符合国家产业政策及环境保护政策。

（4）发行人最近2年内主营业务和董事、高级管理人员均没有发生重大变化，实际控制人没有发生变更。

（5）发行人的股权清晰，控股股东和受控股股东、实际控制人支配的股东所持发行人的股份不存在重大权属纠纷。

（6）发行人具有完善的公司治理结构，依法建立健全股东大会、董事会、监事会以及独立董事、董事会秘书、审计委员会制度，相关机构和人员能够依法履行职责。

发行人应当建立健全股东投票计票制度，建立发行人与股东之间的多元化纠纷解决机制，切实保障投资者依法行使收益权、知情权、参与权、监督权、求偿权等股东权利。

（7）发行人会计基础工作规范，财务报表的编制和披露符合企业会计准则和相关信息披露规则的规定，在所有重大方面公允地反映了发行人的财务状况、经营成果和现金流量，并由注册会计师出具无保留意见的审计报告。

（8）发行人内部控制制度健全且被有效执行，能够合理保证公司运行效率、合法合规和财务报告的可靠性，并由注册会计师出具无保留结论的内部控制鉴证报告。

（9）发行人的董事、监事和高级管理人员应当忠实、勤勉，具备法律、行政法规和规章规定的资格，且不存在下列情形：

①被中国证监会采取证券市场禁入措施尚在禁入期的；

②最近3年内受到中国证监会行政处罚，或者最近1年内受到证券交易所公开遣责的；

③因涉嫌犯罪被司法机关立案侦查或者涉嫌违法违规被中国证监会立案调查，尚未有明确结论意见的。

（10）发行人及其控股股东、实际控制人最近3年内不存在损害投资者合法权益和社会公共利益的重大违法行为。

发行人及其控股股东、实际控制人最近3年内不存在未经法定机关核准，擅自公开或者变相公开发行证券，或者有关违法行为虽然发生在3年前，但目前仍处于持续状态的情形。

3.发行程序

（1）发行人董事会应当依法就本次发行股票的具体方案、本次募集资金使用的可行性及其他必须明确的事项作出决议，并提请股东大会批准。

本次发行股票时发行人股东公开发售股份的，发行人董事会还应当依法合理制定股东公开发售股份的具体方案并提请股东大会批准。

（2）发行人股东大会应当就本次发行股票作出决议，决议至少应当包括下列事项：

①股票的种类和数量；

②发行对象；

③发行方式；

④价格区间或者定价方式；

⑤募集资金用途；

⑥发行前滚存利润的分配方案；

⑦决议的有效期；

⑧对董事会办理本次发行具体事宜的授权；

⑨其他必须明确的事项。

（3）发行人应当按照中国证监会有关规定制作申请文件，由保荐人保荐并向中国证监会申报。

（4）保荐人保荐发行人发行股票并在创业板上市，应当对发行人的成长性进行尽职调查和审慎判断并出具专项意见。发行人为自主创新企业的，还应当在专项意见中说明发行人的自主创新能力，并分析其对成长性的影响。

（5）中国证监会收到申请文件后，在5个工作日内做出是否受理的决定。

（6）中国证监会受理申请文件后，由相关职能部门对发行人的申请文件进行初审，由创业板发行审核委员会审核，并建立健全对保荐人、证券服务机构工作底稿的检查制度。

（7）中国证监会自申请文件受理之日起3个月内，依法对发行人的发行申请做出予以核准、中止审核、终止审核、不予核准的决定，并出具相关文件。发行人根据要求补充、修改发行申请文件的时间不计算在内。

发行人应当自中国证监会核准之日起12个月内发行股票，发行时点由发行人自主选择；超过12个月未发行的，核准文件失效，须重新经中国证监会核准后方可发行。

（8）发行申请核准后至股票发行结束前，发行人应当及时更新信息披露文件内容，财务报表过期的，发行人还应当补充财务会计报告等文件；保荐人及证券服务机构应当持续履行尽职调查职责；其间发生重大事项的，发行人应当暂缓或者暂停发行，并及时报告中国证监会，同时履行信息披露义务；出现不符合发行条件事项的，中国证监会撤回核准决定。

（9）股票发行申请未获核准的，发行人可自中国证监会做出不予核准决定之日起6个月后再次提出股票发行申请。

4.信息披露

（1）发行人应当以投资者的决策需要为导向，按照中国证监会的有关规定编制和披露招股说明书，内容简明易懂，语言浅白平实，便于中小投资者阅读。

（2）中国证监会制定的创业板招股说明书内容与格式准则是信息披露的最低要求。不论准则是否有明确规定，凡是对投资者做出投资决策有重大影响的信息，均应当予以披露。

（3）发行人应当在招股说明书显要位置作如下提示："本次股票发行后拟在创业板市场上市，该市场具有较高的投资风险。创业板公司具有业绩不稳定、经营风险高、退市风险大等特点，投资者面临较大的市场风险。投资者应充分了解创业板市场的投资风险及本公司所披露的风险因素，审慎做出投资决定。"

（4）发行人应当在招股说明书中分析并完整披露对其持续盈利能力产生重大不利影响的所有因素，充分揭示相关风险，并披露保荐人对发行人是否具备持续盈利能力的核查结论意见。

（5）发行人应当在招股说明书中披露已达到发行监管对公司独立性的基本要求。

（6）发行人应当在招股说明书中披露相关责任主体以及保荐人、证券服务机构及相关人员做出的承诺事项、承诺履行情况以及对未能履行承诺采取的约束措施，包括但不限于：

①本次发行前股东所持股份的限售安排、自愿锁定股份、延长锁定期限或者相关股东减持意向的承诺；

②稳定股价预案；

③依法承担赔偿或者补偿责任的承诺；

④填补被摊薄即期回报的措施及承诺；

⑤利润分配政策（包括现金分红政策）的安排及承诺。

（7）发行人及其全体董事、监事和高级管理人员应当在招股说明书上签名、盖章，保证招股说明书内容真实、准确、完整、及时。保荐人及其保荐代表人应当对招股说明书的真实性、准确性、完整性、及时性进行核查，并在核查意见上签名、盖章。

发行人的控股股东、实际控制人应当对招股说明书出具确认意见，并签名、盖章。

(8) 招股说明书引用的财务报表在其最近一期截止日后6个月内有效。特别情况下发行人可申请适当延长，但至多不超过1个月。财务报表应当以年度末、半年度末或者季度末为截止日。

(9) 招股说明书的有效期为6个月，自公开发行前招股说明书最后一次签署之日起计算。

(10) 发行人申请文件受理后，应当及时在中国证监会网站预先披露招股说明书（申报稿）。发行人可在公司网站刊登招股说明书（申报稿），所披露的内容应当一致，且不得早于在中国证监会网站披露的时间。

(11) 发行人及保荐人应当对预先披露的招股说明书（申报稿）负责，一经申报及预披露，不得随意更改，并确保不存在故意隐瞒及重大差错。

(12) 预先披露的招股说明书（申报稿）不能含有股票发行价格信息。

发行人应当在预先披露的招股说明书（申报稿）的显要位置作如下声明："本公司的发行申请尚未得到中国证监会核准。本招股说明书（申报稿）不具有据以发行股票的法律效力，仅供预先披露之用。投资者应当以正式公告的招股说明书作为投资决定的依据。"

(13) 发行人及其全体董事、监事和高级管理人员应当保证预先披露的招股说明书（申报稿）的内容真实、准确、完整、及时。

(14) 发行人股票发行前应当在中国证监会指定网站全文刊登招股说明书，同时在中国证监会指定报刊刊登提示性公告，告知投资者网上刊登的地址及获取文件的途径。

发行人应当将招股说明书披露于公司网站，时间不得早于前款规定的刊登时间。

(15) 保荐人出具的发行保荐书、证券服务机构出具的文件及其他与发行有关的重要文件应当作为招股说明书备查文件，在中国证监会指定网站和公司网站披露。

(16) 发行人应当将招股说明书及备查文件置备于发行人、拟上市证券交易所、保荐人、主承销商和其他承销机构的住所，以备公众查阅。

(17) 申请文件受理后至发行人发行申请经中国证监会核准、依法刊登招股说明书前，发行人及与本次发行有关的当事人不得以广告、说明会等方式为公开发行股票进行宣传。

5.监督管理和法律责任

(1) 证券交易所应当建立适合创业板特点的上市、交易、退市等制度，加强对相关当事人履行公开承诺行为的监督和约束，督促保荐人履行持续督导义务，对违反有关法律、法规、交易所业务规则以及不履行承诺的行为，及时采取相应的监管措施。

（2）证券交易所应当建立适合创业板特点的市场风险警示及投资者持续教育的制度，督促发行人建立健全保护投资者合法权益的制度以及防范和纠正违法违规行为的内部控制体系。

（3）自申请文件受理之日起，发行人及其控股股东、实际控制人、董事、监事、高级管理人员以及保荐人、证券服务机构及相关人员即对发行申请文件的真实性、准确性、完整性、及时性承担相应的法律责任。

发行人的发行申请文件和信息披露文件存在自相矛盾或者同一事实表述不一致且有实质性差异的，中国证监会将中止审核并自确认之日起12个月内不受理相关保荐代表人推荐的发行申请。

（4）发行人向中国证监会报送的发行申请文件有虚假记载、误导性陈述或者重大遗漏的，中国证监会将终止审核并自确认之日起36个月内不受理发行人的发行申请，并依照《证券法》的有关规定进行处罚；致使投资者在证券交易中遭受损失的，发行人及其控股股东、实际控制人、董事、监事、高级管理人员以及保荐人、证券服务机构应当依法承担赔偿责任。

（5）发行人不符合发行条件以欺骗手段骗取发行核准的，发行人以不正当手段干扰中国证监会及其发行审核委员会审核工作的，发行人或其董事、监事、高级管理人员、控股股东、实际控制人的签名、盖章系伪造或者变造的，发行人及与本次发行有关的当事人违反《首次公开发行股票并在创业板上市管理办法》规定为公开发行股票进行宣传的，中国证监会将终止审核并自确认之日起36个月内不受理发行人的发行申请，并依照《证券法》的有关规定进行处罚。

（6）保荐人出具有虚假记载、误导性陈述或者重大遗漏的发行保荐书的，保荐人以不正当手段干扰中国证监会及其发行审核委员会审核工作的，保荐人或其相关签名人员的签名、盖章系伪造或变造的，或者不履行其他法定职责的，依照《证券法》和保荐制度的有关规定处理。

（7）证券服务机构未勤勉尽责，所制作、出具的文件有虚假记载、误导性陈述或者重大遗漏的，中国证监会将自确认之日起12个月内不接受相关机构出具的证券发行专项文件，36个月内不接受相关签名人员出具的证券发行专项文件，并依照《证券法》及其他相关法律、行政法规和规章的规定进行处罚；给他人造成损失的，应当依法承担赔偿责任。

（8）发行人、保荐人或证券服务机构制作或者出具文件不符合要求，擅自改动招股说明书或者其他已提交文件的，或者拒绝答复中国证监会审核提出的相关问题的，中国证监会将视情节轻重，对相关机构和责任人员采取监管谈话、责令改正等监管措施，记入诚信档案并公布；情节严重的，给予警告等行政处罚。

（9）发行人披露盈利预测，利润实现数如未达到盈利预测的80%的，除因不可抗力外，其法定代表人、财务负责人应当在股东大会及中国证监会指定网站、报刊上公开做出解释并道歉；情节严重的，中国证监会给予警告等行政处罚。

利润实现数未达到盈利预测的50%的，除因不可抗力外，中国证监会还可以自确认之日起36个月内不受理该公司的公开发行证券申请。

注册会计师为上述盈利预测出具审核报告的过程中未勤勉尽责的，中国证监会将视情节轻重，对相关机构和责任人员采取监管谈话等监管措施，记入诚信档案并公布；情节严重的，给予警告等行政处罚。

二、《深圳证券交易所创业板股票上市规则》

2009年5月以来，创业板市场发展迅速，据2012年4月23日统计，创业板上市公司已达308户，总股本442.27亿元，总市值7 707.52亿元，平均市盈率31.50(倍)。创业板市场经过实践，积累了一些经验，同时发现了一些问题与缺点，主要是创业板上市公司退市制度不够完善，制约了创业板市场的顺利发展。深圳证券交易所于2011年11月提出《关于完善创业板退市制度的方案》，向社会公开征求意见，经修改后，于2012年2月正式发布。同时，对2009年发布的《深圳证券交易所创业板股票上市规则》进行修订，主要是将退市制度方案的内容落实到创业板股票上市规则的具体条款中，《深圳证券交易所创业板股票上市规则（2012年修订）》自2012年5月1日起施行。

2014年7月，为了贯彻落实中国证监会《关于改革完善并严格实施上市公司退市制度的若干意见》，深圳证券交易所对2012年修订过的创业板股票上市规则进行再一次修订，制定了《深圳证券交易所创业板股票上市规则（2014年修订）》，经中国证监会批准，自2014年11月16日起施行。

2018年11月，对《深圳证券交易所创业板股票上市规则》又一次进行了修订。

☆案例　　乐普医疗深交所创业板上市

乐普（北京）医疗器械股份有限公司（下称“乐普医疗”）是经国防科工委、国务院国资委及商务部批复，以公司原股东中国船舶重工集团公司第七二五研究所、中船重工科技投资发展有限公司、WP Medical Technologies，Inc.、Brook Investment Ltd.、蒲忠杰先生、苏荣誉先生作为发起人，2007年12月整体变更设立的股份有限公司。2009年9月17日经中国证监会创业板发审委审核通过，公司首次公开发行股票并在深圳证券交易所创业板上市。

乐普医疗主要从事冠状动脉和先天性心脏病介入医疗器械的研发、生产和销售，是国内高端医疗器械领域能够与国外产品形成强有力竞争的为数较少的企业之一。自成立以来，公司相继完成了支架、导管等多项介入医疗核心产品的研制开发和产业化工作，在业内第一个获得国家药监局颁发的“冠状动脉支架输送系统”产品注册证（III类）、第一个研发并试制成功抗感染“药物中心静脉导管”。公司位于中关村科技园区昌平科技园，被认定为“北京市高新技术企业”，被评为“2006年度新材料产业最具成长性企业”，并成为中国医疗器械行业协会外科植入物专业委员会常务理事，2009年1月，公司被《福布斯》中文版评为“2009中国潜力企业”第三名，2009年6月，公司荣获“北京市著名商标”。

乐普医疗的创始人蒲忠杰拥有金属材料学博士学位，1993年赴美从事生物材料和介入医学方面的研究。1998年11月，美国WP公司在美国佛罗里达州注册成立，唯一股东是蒲忠杰的妻子张月娥。1999年6月，蒲忠杰回国创业，成立了北京乐普医疗器械有限公司（系乐普医疗前身，下称“北京乐普”）。北京乐普由中国船舶重工集团公司第七二五研究所和美国WP公司合资成立。前者以现金出资882万元，后者以专利技术作价378万元，蒲忠杰出任北京乐普的技术总监。当年7月，北京乐普成功生产出第一批冠状动脉金属支架，并获得卫生部门认可。11月，蒲忠杰以现金实物出资29万元，与苏荣誉共同成立了北京天地和协科技有限公司，主要从事麻醉监护用品和介入配件两类产品的研究开发和生产经营。

在2003年之前，蒲忠杰未在北京乐普担任任何管理职务，也没有领取任何报酬，直到2003年引入中船重工科技投资发展有限公司（下称“中船投资”）对北京乐普进行增资扩股。应中船投资的增资要求，蒲忠杰全职参与北京乐普的经营管理；同时，公司全资收购并整合天地和协(2008年10月完成)。随后，蒲忠杰将6项专利交付给北京乐普，董事会以150万元作为对他的补偿。2004年8月，北京乐普完成增资至5 000万元。

2006年，美国华平投资集团（Warburg Pincus）通过Brook投资北京乐普。华平投资集团于1971年成立，投资遍及全球500多家公司。Brook于2006年4月在毛里求斯共和国路易港注册成立，华平集团拥有Brook的100%股权。Brook以8 689万元取得北京乐普10%的股权。2007年2月，Brook再次出资取得约10%的股权。

2007年12月，北京乐普以2007年7月31日经审计的账面净资产额297 590 370.28元为基础，按照1：0.999998756的比例折股，折合股本29 759万股，整体变更为乐普（北京）医疗器械股份有限公司。2008年1月，乐普医疗正式设立，注册资本为人民币29 759万元。中国船舶重工集团公司第七二五研究所所长孙建科出任公司董事长，蒲忠杰任董事、总经理、技术总监。5月，乐普医疗将资本公积和未分配利润转增股本，变更后的注册资本为人民币36 500万元。同年，乐普医疗收购了上海形状记忆合金材料有限公司和上海形记科工贸有限公司全部股权；向血管造影机医疗设备的国内主要生产商北京卫金帆医学技术发展有限公司增资1 000万元，所占权益比例为36.85%。

乐普医疗2006年、2007年和2008年的销售毛利率分别为70.95%、75.18%和78.58%。加权平均净资产收益率分别为75.46%、55.19%和44.96%。2009年1—6月营业收入为28 089.77万元，利润为16 740.06万元。2006—2008年，公司研发投资分别为354.67万元、1 900.08万元和2 295.34万元，占主营业务收入比例分别为2.02%、6.36%和5.83%。截至2009年6月30日，公司及控股子公司的在职员工人数为510人，其中生产人员177人。

2009年9月，乐普医疗经过证监会审核通过，拟在创业板公开发行4 100万股人民币普通股，发行后总股份40 600万股，每股面值1元，发行股本占发行后股本比例为10.10%。本次发行采用网下向股票配售对象询价配售与网上向社会公众投资者定价发行相结合的方式，其中网下配售820万股，网上定价发行3 280万股，发行价格为29.00元/股。股票代码为“300003”；其中本次公开发行中网上定价发行的3 280万股股票于2009年10月30日起上市交易。保荐人（主承销商）为信达证券股份有限公司。此次募资将用于心血管药物支架及输送系统生产线技术改造建设项目等4个主要项目，需投资约5.17亿元。

2009年9月29日，乐普医疗完成首次公开发行股票并在创业板上市网下配售，有效申购资金为2 761 380万元，有效申购数量为95 220万股。乐普医疗获得的有效配售机构数高达173家，居首批10家创业板上市公司榜首，远高于其他9家上市公司平均83家的机构参与配售数量。2009年10月30日，在创业板首个交易日中乐普医疗备受追捧，开盘价61元，收盘价为63.4元，较发行价29元上涨118.62%，根据买卖前五席位资金流向统计，乐普医疗获得主力资金净流入6 924万元，居当日首位。按照发行价计算，乐普医疗此次可募集资金11.89亿元，首日市值

117.74亿元。截至11月2日，收盘价为54.81元。

发行人股权结构如图8-1所示。

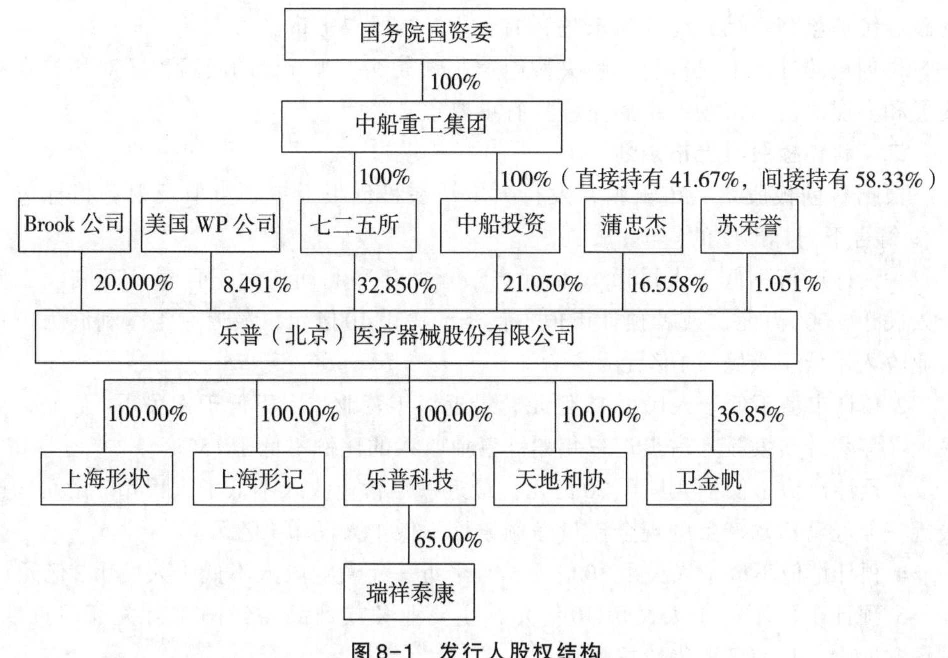

图8-1 发行人股权结构

资料来源：作者根据新浪网相关资料编写。

第5节 科创板市场股票的发行、上市和退市

一、科创板的设立与特点

2018年11月5日，中国国家主席习近平在上海首届进博会上宣布上海证券交易所设立科创板。2019年1月30日晚间，证监会发布了《关于在上海证券交易所设立科创板并试点注册制的实施意见》，备受瞩目的科创板正式落地。3月1日，证监会发布《科创板首次公开发行股票注册管理办法（试行）》，证监会主动放弃权力，将在主板和创业板实行的核准制改为科创板实行的注册制；上海证券交易所则公布包括了上市规则、发行上市审核规则、发行承销实施办法、股票交易特别规定、上市委员会管理办法、科技创新咨询委员会工作规则等配套业务规则，另外一些配套规则还在制定中。截至4月7日，上交所已经受理或问询了81家拟在科创板上市公司。据估计，6月将会有首批企业在科创板正式发行上市，有外资机构更乐观地估计2019年会有一百多家公司在科创板上市。

允许尚未盈利企业IPO是科创板的典型特征，是科创板的立足之本。众所周知，处于初创阶段的科技企业往往难以很快盈利。即使技术过关，但是商业化仍旧失败的例子也很多，如协和超音速飞机的停飞、铱星公司的破产等。监管机构如果过于强调盈利指标，一方面导致很多具有市场前景的科技企业难以满足上市条件，前期投资者没有退出的路径；另一方面，导致财务造假流行、公司一旦上市、往往就会露出亏损的马脚。实际上、这类盈利指标设置并不科学。科创板的设立，必须突破传统的盈利指标，允许尚未盈利的企业发行股票上市。

科创板的推出不仅有利于解决科创企业融资难、融资贵的问题，还对科技企业发展和多层次资本市场体系的完善具有重要意义。

二、科创板股票上市规划

根据科创板股票上市规则，发行人申请在科创板上市，市值及财务指标应当至 少符合下列标准中的一项：

1. 预计市值不低于人民币10亿元，最近两年净利润均为正且累计净利润不低于人民币5 000万元，或者预计市值不低于人民币10亿元，最近一年净利润为正且营业收入不低于人民币1亿元。

2. 预计市值不低于人民币15亿元，最近一年营业收入不低于人民币2亿元，且最近三年累计研发投入占最近三年累计营业收入的比例不低于15%。

3. 预计市值不低于人民币20亿元，最近一年营业收入不低于人民币3亿元，且最近三年经营活动产生的现金流量净额累计不低于人民币1亿元。

4. 预计市值不低于人民币30亿元，且最近一年营业收入不低于人民币3亿元。

5. 预计市值不低于人民币40亿元，主要业务或产品需经国家有关部门批准，市场空间大，目前已取得阶段性成果。

在科创板公布的五项市值及财务指标中，只有标准一提到“净利润为正”的要求，其余标准都只对市值和营业收入提出要求。相比净利润指标易于操作而言，此处的市值（等于发行价乘以发行后的总股本）指标和营业收入指标则比较客观，易于考察。

三、科创板的退市标准

注册制减少了科技公司在科创板上市的难度，打开了进口大门。与此同时，必须采取“宽进严出”的措施，将不合格的公司及时赶出去。科创板列示了四类强制退市的标准：

第一类为重大违法强制退市，如存在欺诈发行、重大信息披露违法、危害国家及公众安全等违法行为。

第二类为交易强制性退市，如累计股票成交量过低、收盘价连续低于面值、股票市值过低、股东人数过少等。

第三类为财务类强制退市，如主营业务停滞、收入来自关联交易或与主营业务关系。

第四类为规范类强制退市，如财务会计差错未及时更正、未及时披露年报或半年报、财务报告被出具无法表示意见或者否定意见的审计报告等。

科创板退市流程更为精简，取消了主板、中小板、创业板退市流程中暂停上市和恢复上市的阶段，科创板企业一旦触及退市标准，股票直接终止上市，不再进行暂停上市和恢复上市的程序。但与此同时，科创板吸收了NASDAQ的成功经验，在退市流程中设立了听证和复核阶段，允许相关企业进行合理的申诉。

第6节 股票的境外发行、上市和退市

一、境外主要的股票市场

（一）美国的股票市场

1.纽约证券交易所（NYSE）。它成立至今已有200多年历史，目前有来自全球的3 600多家公司在该所上市融资，其中来自国外的企业有470多家。本国公司在该所上市的条件主要有：（1）公司最近一年的税前盈利不少于250万美元；（2）社会公众手中拥有该公司的股票不少于110万股；（3）公司至少有2 000名投资者，每个投资者拥有100股以上的股票；（4）普通股的发行额按市场价格计算不少于4 000万美元；（5）公司的有形资产净值不少于4 000万美元。

纽约证券交易所接受外国公司挂牌上市的条件较美国国内公司更为严格，主要有：（1）社会公众持有的股票数目不少于250万股；（2）持有100股以上的股东数不少于5 000名；（3）公司的股票市值不少于1亿美元；（4）公司必须在最近3个财政年度里连续盈利，且在最后一年盈利不少于250万美元，前两年每年盈利不少于200万美元或在最后一年盈利不少于450万美元，3年累计盈利不少于650万美元；（5）公司的有形资产净值不少于1亿美元；（6）对公司管理和操作方面的多项要求；（7）其他有关因素，如公司所属行业的相对稳定性、公司在该行业中的地位、公司产品的市场情况、公司的前景、公众对公司股票的兴趣等。

2.纳斯达克市场（NASDAQ）。为了管理证券场外交易，1971年美国场外交易市场的证券商成立了全国证券交易商协会（NASD）。1971年以前，由于柜台交易十分分散，这些交易的行情是用电话通知全国报价局用印刷品（股票行情报单用粉红色纸，债券行情报单用黄色纸）公布的，不便于投资者及时掌握时刻变动的市场行情。为了解决柜台交易市场中信息不灵和价格不透明等问题，经过多年的研究设计，1971年美国利用电子计算机系统建立了一个全国证券交易商协会自动报价系统，其英文全称为“The National Association of Securities Dealers Automated Quotation System”，缩写为NASDAQ，中文直译为纳斯达克。纳斯达克使柜台市场业务发生了根本性变革，它彻底改变了以前完全依靠电话报价的做法，通过计算机网络及时提供准确的行市，将股票经纪人、做市商、投资者和监管机构联系起来，形成了全球第一家电子化证券市场，是目前世界最大的证券交易市场。它服务的主要对象是中小企业和高科技企业，它对公司上市的最低要求为：（1）净有形资产400万美元；（2）上市前每年税前收益不少于40万美元；（3）公众持股不少于50万股；（4）无经营期限要求；（5）股东400个以上；（6）公众持股市值300万美元；（7）每股股价不低于5美元。

纳斯达克市场由NASDAQ全国市场（NNM）和NASDAQ小型资本市场（SM）

组成。[①]许多知名的大公司如Microsoft、Intel、Yahoo、Apple、Dell等都在NNM上市，外国企业如Toyota、Ericsson、Canon、NEC、英国路透社，中国中华网、新浪网、百度公司也在此上市。SM于1992年建立。NNM和SM的主要区别在于对公司资本额的要求，在NNM上市的公司需有1 000万美元净资本额，而在SM上市的公司仅需有400万美元净资本额。在最兴旺时期，NNM的上市公司达5 000多家，SM的上市公司达1 800多家。纳斯达克已成为全世界支持高新技术企业和有成长潜力的中小企业融资的重要市场，是创业板市场的旗帜。现在的纳斯达克已不再是传统意义上的创业板市场，它不仅超越了国界的限制，也不再局限于中小企业和高新技术企业的范围。

3.电子公告板市场、粉红单市场和地方性的柜台交易市场。1990年6月，为了加强OTC市场的透明度和交易的便利性，美国SEC根据《低价股改革法案》强令要求NASDAQ为既达不到NASDAQ全国市场上市标准，也达不到NASDAQ小型资本市场上市标准的其他OTC股票开设了OTCBB电子公告板市场（Over The Counter Bulletin Board）。一些初创业的公司想要上市，但未符合纳斯达克市场条件，退而求其次，只能选择在条件较低的OTCBB市场挂牌上市，随着公司的成长而升级，最著名的例子是微软公司（Microsoft Corp.）在创业初期经过OTCBB上市融资，不断成长升级进入纳斯达克市场，而有今日的辉煌成就。我国的中国汽车配件公司2003年3月在OTCBB挂牌，股票价格由7.5美元涨到18美元，2004年8月升板进入NASDAQ市场。北京科兴生物公司2003年9月在OTCBB挂牌上市，私募融资475万美元，2004年12月升板进入美国证券交易所(AMEX)。粉红单（Pink Sheet）市场是比OTCBB更低一级的报价系统，由美国全国报价局管理。公司在此市场挂牌上市，不需要注册会计师审计财务报告，可省数万美元的审计费，挂牌上市的条件也较松。这个系统不用电子报价，而是由市场管理者每周对交易公司用纸单报价。目前在粉红单市场挂牌上市的公司约有5 000家。

（二）欧洲的证券市场

欧洲的证券市场主要有伦敦证券交易所、巴黎证券交易所、法兰克福证券交易所等。

1.伦敦证券交易所。其成立至今已有200多年历史，是欧洲最大的证券交易所，也是世界上最大的国际证券交易中心之一。兴旺时期，在该交易所挂牌交易的各种证券达7 000多种，其中股票4 000多种，债券3 000多种，挂牌的外国公司2 500多家。然而，由于经济全球化带来的资本市场之间的激烈竞争，尤其是美国证券市场的压力，伦敦证券交易所不得不在变中求胜，把目标主要对准各国的中小企业。1995年该所成立了另类投资市场（Alternative Investment Market，AIM），是继美国纳斯达克市场之后在欧洲成立的第一家二板市场，已有1 000多家公司在

① 2006年2月，纳斯达克宣布将股票市场分为三个层次：NASDAQ全球精选市场、NASDAQ全球市场（即原来的“NASDAQ全国市场”）以及NASDAQ资本市场（即原来的“NASDAQ小型资本市场”）。

AIM上市，融资达数百亿美元。2005年伦敦证券交易所吸引了来自29个国家的129家公司在该所上市，至2006年3月，在该所上市的公司有3 100多家。AIM的特点是：（1）专为中小型、成长型企业提供融资支持，主要对象是市值在5 000万英镑以下的企业，相对于英国主板而言，其入市标准非常宽松，对上市公司规模、公司收益、公司股份转让及公众持股的最低要求都没有规定和限制。（2）它是一个定位于全球性的创业板市场。2008年该市场上市公司达1 173家，其中海外公司达268家，中国公司21家。（3）该市场上市公司的行业结构多元化，不再强调公司的高科技特性，这有利于扩大上市公司的范围，并有利于降低市场的系统风险。

2.巴黎证券交易所。该所将公司证券上市分为两类市场：（1）一级市场，主要吸引大企业上市融资；（2）二级市场，为满足中型企业上市融资，于1983年建立。该所于1996年3月设立了“新市场”，相当于许多国家和地区的二板市场，为新兴中小型高新技术企业和具有高成长性的企业上市融资提供服务，与主板市场相比上市条件相对宽松。同时，德国、比利时、荷兰等国也建立了新市场，可以相互挂牌上市，统称为欧洲新市场（Euro-New Market）。

3.法兰克福证券交易所。其又称德意志证券交易所，简称德交所，成立于16世纪，在欧洲仅次于伦敦证券交易所，在最兴旺时期，在该所挂牌上市的公司达6 670多家，被誉为世界第四大证券交易所。该所于1997年3月设立了“新市场”（New Market），上市公司最多时超过300家，2000年后，德国新市场股指持续走低，上市公司造假丑闻暴露，一些公司的股价暴跌，新市场于2003年6月关闭，所剩的企业被纳入法兰克福证券交易所的主板。近年，该所成立了名为“自由市场”的上市三部，上市条件较为宽松。如果企业能够在这个“自由市场”上市，企业进入欧洲主板上市将会更加容易。

西班牙《国家报》网站2016年3月16日报道，伦敦证券交易所和德意志证券交易所达成合并正式协议，两家证券交易所的市值总和250亿欧元（约合280亿美元），上市公司超过3 200家，合并后总部设在伦敦，两家证券交易所分别成为合并后的集团总部在伦敦和法兰克福的子公司。在总部的股份总数中，伦敦证券交易所占45.6%，德意志证券交易所占54.4%。

4.欧洲伊斯达克（EASDAQ）市场。它是欧洲证券交易商协会自动报价（The European Association of Securities Dealers Automated Quotation）系统，总部设在比利时首都布鲁塞尔。1994年欧洲创业资本协会提议模仿美国纳斯达克，建立一个独立的欧洲股票市场，在欧盟委员会和比利时政府的支持下，1996年11月EASDAQ正式开始运作，宣告欧洲第一个为高成长性和高科技企业融资的独立电子化股票市场的诞生，它的操作方式与美国的纳斯达克基本相同。

5.统一的欧洲证券市场。西欧和东欧有20多个国家性证券市场，欧元出现以后，这些国家的证券市场之间已达成了一些合并和交易的协议，但还没有形成一个能包括所有欧洲国家证券市场的统一的欧洲证券市场。现已达成的协议——Euronext可以看成接近欧洲证券市场的一种形式。

（三）澳大利亚的证券市场

1.澳大利亚证券交易所（ASX）。其是全球第五大股票市场，有2 000多家上市公司，交易体系和法规监管与伦敦证券交易所相似，但上市门槛比伦敦的主板、创业板（AIM）都低。已有一些中国公司在该所上市交易。

2.澳大利亚国家证券交易所（NSX）。由于该所上市门槛低，更适合于创新企业。

3.亚太证券交易所。2008年宝泽金融集团收购澳大利亚太平洋证券交易所，改名为亚太证券交易所。该所的首席运营官于2012年7月来中国进行宣传，欢迎中国公司去该交易所上市融资。

（四）亚洲的证券市场

1.东京证券交易所。它建立于1878年。在世界前十名证券交易所中曾排名第二，仅次于纽约证券交易所（按1997年9月末各证券交易所上市公司股票市值大小排列）。该所内部设第一部和第二部，后者的上市标准低于前者，1998年模仿美国NASDAQ市场在OTC市场的基础上建立佳斯达克（JASDAQ）市场，1998年年末大阪证券交易所创设创业板新市场，1999年6月美国NASDAQ市场宣布进入日本，于2000年6月创立日本NASDAQ市场，1999年12月东京证券交易所创立新市场“Mothers”。由于上述四个市场对资源定位趋同，互相竞争，市场交易量不断萎缩，日本NASDAQ市场于2002年关闭。

2.新加坡的证券市场。

（1）新加坡证券交易所（简称新交所）。它成立于1973年5月，经过几十年的发展，已经成为亚洲最国际化的交易所和亚太地区各国公司首选的上市地之一。外国公司在新交所上市公司总市值中占了40%，来自中国内地的企业占了外国企业总数的32%。公司在新交所上市首先需满足税前盈利的要求，近3年累计税前盈利需要超过新加坡元750万元，并在这3年里每年税前盈利不低于新加坡元100万元，如果近两年累计税前盈利超过新加坡元1 000万元，也能达到上市要求。

（2）SESDAQ——新加坡股票交易自动报价市场，于1987年建立。其目的是使那些具有良好发展前景的中小企业能筹集到资金以支持其业务发展。它对申请上市的公司的税前盈利、上市市值、资本额等都没有量的要求，只要求公司具有发展潜力，有3年以上连续、活跃的经营记录，公众持股至少为50万股，至少有500个公众股东。

3.中国香港的证券市场。

（1）香港联合交易所。中国香港的证券交易可追溯至1866年，先后建立数家交易所，1986年3月香港证券交易所与九龙、远东、金银三家证券交易所合并组成香港联合交易所，一些大型、基础性产业的企业及有较好盈利记录的企业可以选择在香港联合交易所主板上市，公司必须要有3年业务经营记录，3年利润合计要达5 000万港元。在主板上市后，公司股票市值应达到1亿港元，公众股票市值不能低于5 000万港元或不能低于已发行总股本的25%。如果股票市值超过40亿港元，则最低公众股票可降至10%以下。

(2) 中国香港创业板市场。中国香港创业板设立于1999年11月，市场定位于中国港、澳、台地区和中国内地的高科技企业、民营企业和中小型企业。截至2008年4月11日，香港创业板上市公司59家，总市值677.4亿港元。香港创业板存在着上市公司行业集中、质量参差不齐、没有实行股票买卖的经纪人制度和做市商制度、市场流通性缺乏保证的缺点。2000年12月29日创业板指数高达3 243点，2008年4月11日跌至862.2点。

近年，香港联合交易所对香港创业板上市规则作了相应修订。香港联合交易所明确指出，香港创业板是为增长企业而设的市场。创业板接纳各行业中具有增长潜力的公司上市，规模大小均可。其中，科技行业的公司是优先考虑的对象。创业板以专业的及充分掌握资讯的投资者为对象。由于创业板上市的公司表现得好坏存在极大的不确定性因素，风险较大，创业板的规则、要求和设施是以满足那些有兴趣投资于有增长潜力的公司的专业投资者和充分了解市场的投资者的需要而设定的。创业板促进了创业资金投资的发展。对于创业资本家，创业板是出售投资的渠道，也是进一步筹集企业发展资金的地方，有助于鼓励创业资本家更多地投资和在更早的阶段向企业投资。

创业板的基本运作理念是：通过严格的信息披露制度配合，要求上市公司资料披露高度透明，中介机构对公司资料的真实性负责，强调“买者自负”和“由市场决定”。

4.韩国证券市场。它包括韩国证券交易所（KSE）、KOSDAQ市场、ECN、OTC（第三市场）。其中ECN处理KSE和KOSDAQ收市后的交易，OTC市场给未在KSE和KOSDAQ上市的有价证券提供交易场所。KOSDAQ市场成立于1996年，得到韩国政府的大力支持，放松了上市标准，而且给予这些上市公司纳税优惠，近年这一市场比较活跃。

二、股票境外发行和上市的利弊

20世纪90年代以来，我国一些公司发行股票筹集和利用外资已取得了良好效果。利用国际股票筹资具有以下优点：

1.可以为公司发展筹集更多外汇资金。我国经济正处在迅速发展时期，资金不足是制约经济增长的一个重要因素，利用外资是解决资金不足问题的一条重要渠道。过去，我们采取吸收外商直接投资，借用外国政府贷款和国际商业贷款，以及对外发行债券等方式利用外资。随着国内股票市场的建立和发展，我国一些公司开始积极运用股票方式吸收外资。1993—2010年，我国企业在境外发行股票和上市共筹资12 374.11亿元（外汇折合为人民币），利用筹集到的大量资本从国外引进设备和技术，扩大生产经营规模，大大提高了经济效益。

2.有利于改善企业财务结构。据统计，1993—1995年我国内地到中国香港和外国发行股票和上市的企业，发行股票筹资前，平均资产负债率在70%以上，发行股票后，企业增加了自有资本，资产负债率明显下降，1997年年末工业类上市公司平均资产负债率为47.7%，1998—2010年公司资产负债率进一步下降，改善了财务结构，资产负债率趋于合理水平，有利于企业正常运行和发展。

3. 可以扩大公司的股票投资者群，增加对其股票的需求，从而提高该公司股票的价格和流动性。

4. 可以提高公司在国际资本市场上的知名度，为向这些市场的投资者进行新的债务和股权融资铺平道路，而且有助于公司营销活动的开展。

5. 与借外债相比，发行股票筹集外资风险较小。因为发行股票筹集的资金是公司的自有资本，可以长期使用，股票可以转让，不退股，无须还本，股息红利发放由公司根据盈利情况决定。发行股票吸收的外资，不形成国家债务负担，即使公司破产，也不需要国家偿还。而借入外债必须按期还本付息，还容易受国际金融市场上利率和汇率变化的冲击，可能陷入债务的泥潭。

6. 与从国外银行借款相比，发行股票筹集外资具有广泛性、公开性（公布公司财务经营状况）和灵活性（投资金额可多可少，股票可随时在流通市场转让变现）等特点，对国外投资者具有较大的吸引力，便于广泛吸收外国企业、单位、个人手中的闲散资金。因此，发行股票对我国企业和海外投资者来说，都是一种更为便捷、更为灵活的形式。

7. 可以弥补中外合资经营企业的弱点。创办中外合资企业时，往往存在着外资到位率低、现汇投入少，外商在以实物和无形资产出资时虚报价格，以及外商利用各种手段转移利润等问题。利用国际股票融资，由于企业收到的是现汇且资金一次性到位，不存在设备、技术作价折股问题，可解决中外合资企业存在的上述问题。

8. 有利于促进企业的国际化经营。我国企业走出去，到境外发行股票和上市前，要深入了解上市地政治、经济、金融等情况，向境外投资者公布经营、财务情况，上市后，要按照上市地的规则定期披露企业财务信息，使我国企业了解世界，使世界了解我国企业，为我国企业开拓国际市场创造条件。同时，股票发行者和境外投资者共担企业经营风险，境外股东必然关心企业的经营成果，帮助企业改善经营管理。

但是，企业股票在境外发行和上市也存在着一些不利之处，主要表现如下：

1. 与举借外债相比，在境外发行股票融资成本较高。对外借款和发行债券，对投资者而言风险较小，故要求的报酬率也较低；利息费用税前列支，可获得节税利益，故借外债成本较低。而在境外发行股票筹资，因普通股股东投资风险较大，要求的报酬率也较高；股利在税后支付，无节税利益；境外发行股票的发行费用较高，一般为股票面额的2.5%~6.5%（欧洲债券发行费用一般为债券面额的2%~2.5%）；股票发行后，还要承担信息披露成本，因而在境外发行股票融资的成本较高。

2. 与发行国际债券相比，发行国际股票在技术上相对较难，所费时间较多。

3. 与外商直接投资相比，办中外合资企业不仅可以利用外资，还可以同时引进先进技术，而发行股票筹集外资，则不能同时引进技术。当然，有了足够的外汇资金就不愁买不到先进技术，只是要另外引进，成本可能会高一些。

4.与其他利用外资的方式相比，公司在境外发行股票融资是以出让部分股权换取外方投资的，要允许境外投资者拥有公司的部分所有权，分享我国公司的部分利润。

综上分析，企业股票在境外发行和上市既有利也有弊，但就整体而言，还是利大于弊。它的不利之处也正是我们在受益的同时所必须付出的一种代价，而这种代价远远小于企业从中所得到的益处。一些财务专家认为，发股和发债是国际资本市场融资的双翼，是公司财务平衡必不可少的两极，从战略上看，从长远观点看，公司必须在债与股之间取得适当的平衡。

三、股票境外发行和上市的方式

企业在境外发行股票和上市可采取多种方式，按不同的标准可进行多种分类。

（一）按股票是否向社会公开发行，可分为私募和公募两种方式

由于我国公司到境外发行股票是为了筹集尽可能多的外汇资金，并提高公司在世界上的知名度，因而大都愿意选择公募方式。

（二）按是否以本公司的名义上市，可分为直接上市方式和间接上市方式

1.直接上市，是指我国内地企业直接以本公司的名义到我国香港特区和国外股票市场发行股票并上市。利用这种方式，企业不仅可以筹集到大量资金，而且有利于转换经营机制，提高知名度和促进企业的国际化经营，因而国家鼓励采用这种国际股票上市方式。

2.间接上市，是指我国内地企业以在我国香港特区或外国有关公司的名义发行股票和上市。由于直接到境外发股上市，会因证券法律、公司管理和会计制度等方面的差异而遇到障碍，而采用间接方式则可绕过某些障碍，达到境外上市的目的。间接上市具体又可分为买壳上市、造壳上市和借壳上市等几种情况。与一般企业相比，上市公司的最大优势是能在证券市场上大规模筹集资金，促进公司规模迅速扩大，因此，上市公司的上市资格已成为一种“稀有资源”，所谓壳，就是指上市公司的上市资格。间接上市可分为以下几种方式：

（1）买壳上市，是指国内企业购买一家已在我国香港特区或国外上市、盈利水平较低、筹资能力已经弱化的上市公司，取得对该公司的全部股权或控股权，加以整顿、重组，注入国内业务和资产，扩展上市公司的规模，然后利用该公司的上市资格在国际股票市场上筹集资金，以达到国内企业境外上市的目的。买壳上市方式简便，能较快上市，但购买壳公司要支出大量外汇，如果购买不当，就会造成损失，风险较大。

（2）造壳上市，是指国内公司股东在境外离岸中心（如巴哈马、百慕大群岛、开曼群岛、英属维尔京群岛等国家或地区）注册建立一家离岸公司，然后以现金收购或股权置换方式取得对国内公司的资产控制权，最后以该离岸公司的名义在境

外目标证券市场融资上市。上述离岸中心的一些国家或地区以法律手段建立特别宽松的经济区域，称为离岸管辖区，允许外国企业或个人在区内建立国际业务公司，被称为离岸公司。它的优点是：①享受免税待遇。它只交年管理费，免缴一切税款。②享受保密权。公司的股东资料、股权比例和盈利状况可以不对外披露。③国际大银行都承认这类公司，可以在这些银行开立账户。④与世界发达国家都有良好的贸易关系。⑤便于实现境外间接融资上市。此外，企业还可选择直接在美国通过OTCBB市场注册建立壳公司，借以在美国上市融资，因为美国公司受美国法规监管，对投资者来说风险较小，也较能得到投资者的信赖。

（3）借壳上市，是指国内母公司通过将资产注入境外已上市的子公司，然后以该子公司的名义在境外募股上市。

（三）按股东持有股票的形式，可分为纸面形式的股票、电脑记载形式的股票和股票的替代形式——存托凭证

1.纸面形式的股票。这是股票的基本形式，公司发行股票时，投资者购买股票交款，公司将股票交给投资者。现在，这种形式的股票一般只在采用私募方式时使用。

2.电脑记载形式的股票。采用公募方式发行时，公司一般不发给投资者纸面形式的股票，而是委托证券公司或股票交易所利用电脑为股东开设账户，股东买入和卖出股票数都记入该账户。

3.股票的替代形式——存托凭证。存托凭证（Depository Receipt，DR），又称存券收据或存股证，是指在一国证券市场流通的代表外国公司有价证券的可转让凭证，属于公司融资业务范畴的金融衍生工具。存托凭证的含义和分类在第3章第3节已说明。美国存托凭证出现最早，运作最规范，流通量也最大，而且我国一些公司曾经采用这种方式，因此它是一种进入美国资本市场的有效途径。

四、美国存托凭证（ADR）

ADR于1927年由摩根保证信托银行推出，现在办理ADR业务的美国银行主要是纽约银行、花旗银行和摩根保证信托银行等。ADR市场发展很快，到2002年年末，共有2 200种ADR项目，代表80多个国家公司发行的股份。

（一）ADR的含义、种类和特点

ADR即美国存托凭证，它是由美国银行签发的一种代表外国公司股权的证券，使外国公司的股票可在美国筹资和上市，其实质是外国公司股票的一种替代交易形式。根据外国公司与美国银行有无委托关系，可将ADR分为委托ADR和非委托ADR两种。委托ADR是由希望在美国上市的外国公司委托美国托管银行发行的，外国上市公司要付给托管银行一定的托管费，目前新发行的ADR都是委托发行的。过去发行的ADR中，有些是非委托的ADR，它不是根据外国公司的委托，而是为了满足美国投资者的需要由银行主动发行的，托管费由投资者支付。委托ADR的优点是外国公司直接参与ADR的发行，与美国银行签订托管协议，协议明确了发行公司、托管银行和ADR持有人之间的权利和义务关系。与非委托ADR相比，一

方面，委托ADR使发行公司直接参与美国股票市场，为其今后可能在美国市场筹资做准备；另一方面，委托ADR明确表达了股票发行公司对境外投资者的承诺，有利于提高公司在境外投资者中的知名度，赢得海外股东的信任，加强公司与股东的交流和联系。

委托ADR根据能否公开交易以及交易市场的类型和能否募集资金又可分为一级ADR、二级ADR、三级ADR和私募ADR四种。

1.一级ADR。它是外国公司进入美国资本市场的最简便方法之一，是将公司现有已发行的股票通过一家托管银行，采用ADR方式在美国的场外交易市场（粉红单市场或电子公告板市场）交易。它有以下特点：（1）不必遵循美国公认会计准则（US GAAP），不需要改变其目前的会计报表编制方法；（2）不必完全符合美国证券交易委员会（SEC）的公开性要求，企业可避开美国证券法的严格要求，方便其股票在美国交易；（3）一级ADR本身作为证券在SEC注册登记，而ADR所代表的实际股票则不必在SEC注册登记，也不必服从其报告要求；（4）企业今后只要向SEC呈递年度报告表，获准之后便可升为二级ADR。

2.二级ADR。它与一级ADR相同，也是将现有已发行的股票通过一家托管银行，由其根据托管协议签发ADR。与一级ADR相比，它具有以下特点：（1）它可以在美国全国性的证券交易所和纳斯达克市场公开上市交易，部分遵循美国公认会计准则的要求和编报会计报表的方法，还要符合全国性股票交易所或NASDAQ市场的上市条件；（2）不仅ADR本身作为证券要向SEC注册登记，而且实际股票也要在SEC注册登记；（3）股票报价系统可随时报告上市证券的价格，提高了二级ADR的流通性，也提高了企业在美国金融界的知名度，为公开发行股票筹资打下了基础。

3.三级ADR。它是可以在美国公开发行股票筹资，并在美国全国性证券交易所和纳斯达克市场上市的存托证券。因为三级ADR涉及增资发行新股，美国证券法对其要求比较严格，具有以下特点：（1）它是可以在美国初级市场公开发行股票筹资的ADR，这一点是一级ADR和二级ADR都不具有的；（2）完全遵循US GAAP的规定和上述对二级ADR的要求，还需向SEC呈交注册申请表，主要内容是陈述ADR公开发行股票和上市的条款；（3）可使股票发行公司更广泛地接触投资者，允许投资者向公司管理层提出问题，最大限度地提高公司的声誉。

4.私募ADR。它是在《144A规则》下私募筹资的ADR。《144A规则》规定：在发行人向投资者提供一定信息的条件下，允许发行人不通过注册登记而向合格的机构投资者发行证券，与其他形式的ADR相比，私募ADR是对注册登记呈交报告要求最低的融资手段。私募ADR具有以下特点：（1）不必遵循US GAAP的要求，不改变其编制会计报表的方法；（2）不必向SEC申请任何注册登记，其信息披露可向现有和潜在投资者提供一定的信息；（3）在发行后两年内不能进入美国公开市场，但可以在合格的机构投资者之间转让。

（二）ADR的发行和上市程序

我国甲公司在美国采用三级ADR方式募股上市的程序如图8-2所示。

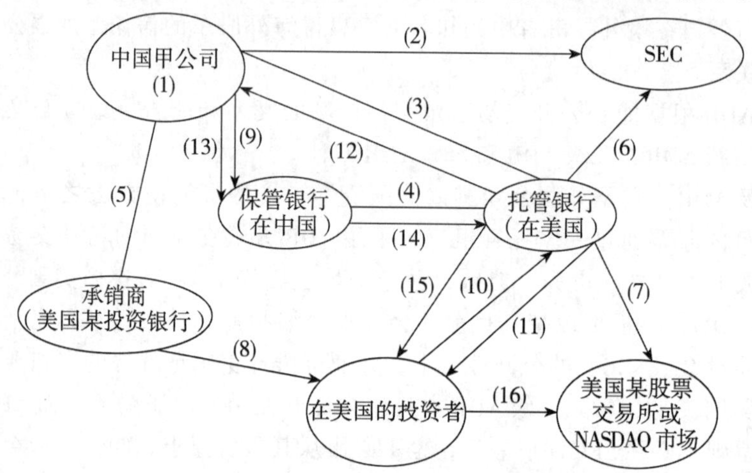

图8-2 我国甲公司采用三级ADR方式募股上市的程序

图中：（1）中国甲公司做募股上市前的准备工作；（2）向美国证券交易委员会（SEC）登记注册；（3）中国甲公司与美国某银行签订托管协议；（4）托管银行在中国指定一家保管银行；（5）中国甲公司与承销商签订承销协议；（6）托管银行向SEC登记注册；（7）托管银行向美国全国性股票交易所或NASDAQ市场递交上市申请；（8）承销商向美国投资者做巡回推介；（9）中国甲公司将实际股票存入保管银行；（10）投资者交款，购买中国甲公司股票；（11）托管银行向投资者签发ADR；（12）托管银行将募股款项交给中国甲公司；（13）中国甲公司定期将股利付给保管银行；（14）保管银行将股利转交托管银行；（15）托管银行向投资者支付股利；（16）ADR在股票交易所或NASDAQ市场上市交易。

（三）ADR方式的优点

1.外国公司到美国发行股票和上市，一般都需符合美国证券法规的一系列要求，而采用ADR方式，外国公司可以避开美国证券法规在公司注册、信息披露、会计准则等方面的某些要求，比较容易进入美国资本市场募股上市。

2.外国公司通过美国信誉高的银行办理ADR业务，有利于提高投资者购买股票的信心，促进有效融资。

3.外国公司的股票在美国发行和上市交易，由ADR代替，可以减少发行和交易实际股票时可能发生的一些风险、延误、不便以及费用。

4.采用ADR方式，既便于外国公司的股票在美国发行和上市交易，又便于美国投资者买卖外国公司的股票。

5.外国公司先采用ADR方式进入美国资本市场，扩大影响，积累经验，创造条件，可为今后在美国直接发行股票和上市奠定基础。

五、股票境外发行和上市的费用成本

（一）股票的发行费用和上市费用

1.股票的发行费用。它主要包括以下几项：（1）承销费用，是指支付给股票承销机构的佣金；（2）其他中介机构费用，如支付给会计师事务所的审计费、律师事务所的律师费等；（3）印刷费用，为发行股票印刷各种文件而支付的费用；（4）宣传广告费，其中包括股票发行路演中发生的费用；（5）其他费用，如支付给代收款银行和股票登记托管机构的费用等。

2.股票的上市费用。它主要包括以下两项：（1）支付给交易所的上市费，包括入市费、上市年费和附加上市费；（2）支付给各类中介机构（包销商、律师、会计师、银行、股票登记机构）的费用。

（二）股票筹资成本

股票筹资成本是发行费用总额与筹资总额的比率，即单位资金筹资成本。

$$单位资金筹资成本=\frac{发行费用总额}{发行股票筹资总额}\times100\%$$

（三）股票的资金成本

公司在境外发行股票，筹集和使用外汇资金，其成本的测算方法与在境内发行本币股票的成本测算基本上相同，所不同的是将发行外币股票所收入的外汇按发行时的汇率折算为本币。下面以外币普通股股票为例加以说明。

如果预期每年股利固定，则可按以下公式计算：

$$K_e=\frac{D}{P_0(1-f)r_0}$$

式中，K_e——股票成本率；P_0——股票销售价格；D——每年股利；f——筹资费率[①]；r_0——发行时的汇率。

如果预期每年股利按一定百分比递增，则可按以下公式计算：

$$K_e=\frac{D_1}{P_0(1-f)r_0}+g$$

式中，D_1——第一年股利；g——股利每年增长率。

［例］某公司某年3月在纽约股票市场发行普通股股票，4月上市，每股价格15美元，共发行800万股，总计金额1.2亿美元。发行和上市费用为720万美元，发行时汇率为1美元=8.10元人民币。预计第1年每股股利人民币14元，以后每年股利递增5%。

$$K_e=\frac{14}{15\times\left(1-\frac{720}{12\,000}\times100\%\right)\times8.10}+5\%=17.26\%$$

六、我国公司发行和上市股票的种类

（一）在内地发行和上市的股票

1.A股。A股的正式名称是人民币普通股票，它是由我国内地的公司发行，供投资者以人民币认购和买卖，在内地（上海、深圳）证券交易所上市交易的普通股股票。它的投资者最初限于内地机构、组织或个人（不含我国港、澳、台地区的投资者），2002年年末我国实行合格境外机构投资者（QFII）制度，允许合格境外机

① 筹资费包括股票发行费用和入市费。由于上市年费是在以后各年支付的，不宜在发行时从筹资总额中扣减，可像股利一样列入公式的分子中。

构投资者买卖A股。

2.B股。B股的正式名称是人民币特种股票，由我国内地公司发行，以人民币标明面值，供投资者以外汇认购和买卖，在内地证券交易所上市交易的股票。它的投资者最初限于外国自然人、法人和其他组织，我国港、澳、台地区的自然人、法人和其他组织，定居在国外的中国人。

（二）在境外发行和上市的股票

1.H股。H股是指在中国内地注册的公司在香港特区上市的外资股，1993年6月，青岛啤酒股份有限公司在香港发行上市，成为中国内地首家在香港上市的H股。[①]

2.N股。N股是指那些在中国内地注册、在纽约上市的外资股。1994年8月，山东华能发电股份有限公司在纽约证券交易所发行上市，成为中国内地首家在纽约上市的N股。

3.L股。L股是指那些在中国内地注册，在伦敦证券交易所挂牌上市的外资股。1997年3月，北京大唐发电股份有限公司在伦敦证券交易所挂牌上市，成为中国内地首家在伦敦上市的L股。

4.S股。S股是指那些在中国内地注册，在新加坡上市的外资股。1997年5月，天津中新药业在新加坡证券交易所发行上市，成为中国内地首家在新加坡上市的S股。

5.红筹股。红筹股是指由中资企业控股、在中国境外注册、在香港特区上市的公司的股票。红筹股这一概念产生于20世纪90年代初期的香港股票市场。中华人民共和国在国际上有时被称为“红色中国”，因此香港和国际投资者把在境外注册在香港上市的那些带有中国内地概念的股票称为“红筹股”。

早期的红筹股，主要是一些中资公司收购香港中小型上市公司后改造而形成的。例如，中信公司于1990年以7亿港元收购香港泰富发展公司，之后逐步注入资产，泰富发行了14.9亿股新股，每股1.35元，共筹资20亿港元，此后更名为中信泰富。还有内地一些省市将其在香港的窗口公司改组为股份有限公司，如上海实业、北京控股等公司在香港发行和上市的股票都被称为“红筹股”。现在红筹股已经成为除B股、H股外内地企业进入国际资本市场筹资的一条重要渠道。根据香港交易所的数据，截至2007年5月末，共有89家红筹股公司在香港上市。从2007年年初开始，人们不断呼吁红筹股公司回归A股市场，因为很多红筹股公司都是非常优秀的大公司，其中包括中国移动、中国网通、联想等，它们回归在国内发行A股，投资者将有更多的好股可选，大量资金将投入到这些优质公司上，对充实国内资本市场、提高国内上市公司整体质量都有积极的作用。中国证监会发布的文件中提出境外红筹股回归A股市场的一些条件，主要包括：股票在香港证券交易所上市一年以上；股票市值不少于200亿港元；最近3个会计年度累计净利润不

① 1997年香港已回归祖国，我国内地企业的股票到香港上市，理应不再称为境外上市，但现在人们还沿用以前的概念。

少于20亿港元；公司50%以上的经营性资产在境内，或50%以上的利润由境内业务贡献。

七、我国企业境外上市的几种模式

（一）大型国企经改组改制境外上市融资

我国大型国有企业在境外上市主要采用以下两种方式：一是境内企业经改组改制直接到我国香港特区、纽约、新加坡和伦敦等地上市；二是内地公司在境外注册成立公司在我国香港特区上市，这就是红筹股方式。

在境外上市的国企大多是一些老企业，它们经过改组改制直接到境外上市。例如，青岛啤酒公司是第一家赴海外上市的国企，它是1993年6月以青岛一啤（国有青岛啤酒厂）作为发起人，与二啤（一啤与六家企业共建的合资公司）、三啤（一啤与香港华青公司共建的合作企业）、四啤（一啤的全资子公司）合并，经过股份制改造，建立青岛啤酒股份有限公司在香港联合交易所发行股票和上市（H股）的。又如，鞍山钢铁集团公司是我国最大的钢铁综合生产企业之一，由于规模特大，生产经营、财务情况复杂，不宜于整体上市。鞍钢仅轧钢系统就有十多个工厂，后决定选择冷轧厂、厚板厂和线材厂三个生产技术比较先进和效益优良的轧钢厂加以组合，经过股份制改造建立鞍钢新轧钢股份有限公司，于1997年7月在香港联合交易所发行股票和上市。

在境外上市的国企也有一些新企业。中国移动通信公司是新国企海外上市的典型。1997年广东、浙江两省的移动通信资产注入中国移动（香港）有限公司，在香港和纽约两地上市。2000年国家组建中国移动通信集团公司，按照整体上市、分步实施的计划，经过8年8次资本运作，先后收购全国各省区的通信资产，至2005年6月完成整体上市后，中国移动成为首家在中国内地经营电信业务的境外上市公司。

（二）优质民企绕道海外上市融资

我国民营企业在海外上市主要采取以下两种方式：一是境外注册企业上市；二是海外买壳上市。民企倾向于这两种方式，主要是因为国内审批严格复杂，而且给民企海外上市机会不多。

国内第一家采用上述第一种方式上市的民企是裕兴电脑公司，1999年该公司在百慕大注册“裕兴计算机科技控股有限公司”，将国内资产注入该壳公司，于2000年1月在香港创业板成功上市，募集资金4.2亿港元。

在境外买壳上市的企业以国美电器公司为典型，该公司先在英属维尔京群岛注册成立一家离岸公司Ocean Town，然后通过海外离岸公司购买香港上市公司京华自动化（0493）的股票，逐步提高持股比例，最终控制了该上市公司，这家公司后来成为国美电器在香港上市的壳公司。

（三）新技术公司与海外资本共成长

新技术公司从创建的风险投资到最终境外上市，始终与国外资本共舞。例如，我国的新浪公司于1999年先后获得多家风险投资公司包括华登国际投资集团

(Walden)、软银集团(Soft Bank)、高盛集团(Goldman Sachs)、戴尔(Dell)等的风险投资。2004年4月，新浪在纳斯达克市场正式挂牌上市，股价定为17美元，当日收盘价20美元以上，公司上市获得了很高的溢价。新浪上市后，风险资本开始择机退出，获得了超常规投资回报。2004年多家风险投资公司(包括全球最大的搜索引擎公司Google和美国前三大风险投资商之一的DFJ)完成了对百度公司的风险投资，2005年8月百度公司在纳斯达克市场正式挂牌上市，股票发行价定为27美元，收盘价122.45美元，公司的市场价值达40亿美元。

(四)大型银行、企业上市融资A+H股模式

我国大型企业、银行是到境外上市还是留在内地上市，是一个争论了几年的问题。20世纪90年代，内地证券市场规模容量很小，市场不发达，承载不了大型国企上市融资，一些大型国企陆续到境外上市，争议不大。后来有些企业先在内地A股上市，然后到境外上市，还有企业先到境外上市，然后回归内地A股上市，争议少了。2000年以来许多大型国企只在境外上市，大型银行也计划到美国上市，过去一些企业境外上市暴露出一些缺点，于是争议又起，认为大型企业、银行只到境外上市，不利于内地证券市场的发展，而且到境外上市对企业、银行也有一些不利之处。随着我国经济的快速发展，内地A股市场经过深入改革，市场规模扩大，尤其是流动性不断改善；近几年香港股市有了很大发展，越来越多的国际资本流入香港，香港正在成为世界上首次公开募股(IPO)的最大市场。中国证监会鼓励企业在内地上市，融资额较大的企业在内地和香港上市。A+H股模式成为我国大型企业和银行的选择，招商银行、交通银行分别于2002年4月、2005年6月实行了A+H股模式。2006年6月1日中国银行在香港上市，首次公开募股(H股)融资100亿美元，7月5日在内地A股上市。2006年10月中国工商银行A股和H股同步发行上市，在香港首次公开发行H股，筹资160亿美元，在上海A股上市筹资60亿美元。2007年4月中信银行在上海和香港同步上市，“绿鞋”前合计融资达54亿美元。预计今后我国将有不少企业、银行陆续在内地和香港上市。

八、我国企业境外上市的程序

我国企业申请境外上市，不仅要遵守中国证监会规定的一些基本条件，还要符合上市地证券交易所规定的条件。上市程序一般分为以下几个阶段：

(一)企业改组和改制阶段

1.企业改组。企业改组又称企业重组，是指经过分析研究确定将原企业的哪些业务、资产、负债和人员划归将要建立的股份有限公司，哪些车间、分厂或子公司归属于将要建立的股份有限公司，从而确立股份有限公司的基本框架和业务、资产范围，因为主要是资产的划分与组合，故又称资产重组。

企业改组的主要方法是：(1)将一部分经济效益好、发展潜力大的业务和资产划归拟建的股份有限公司，把不宜进入股份有限公司的非经营性资产和不良资产按照企业改革的要求加以处理，以提高拟建股份有限公司的资本利润率；(2)合理划分和妥善处理债务，适当减少拟建股份有限公司的负债，降低资产负债率；(3)合

理分配和安置职工，让部分素质良好的职工进入拟建的股份有限公司，提高劳动生产率。这样做的目的在于提高拟建股份有限公司的资本利润率，使它在资产规模、股权结构、负债水平和盈利水平等方面达到法规对股票发行和上市的要求，尽可能提高股票发行价格，最大限度地筹集资本，并使公司具有良好的发展前景。

2.企业改制。企业改制是指将经企业改组确定拟建的股份有限公司按照《公司法》规定的条件、要求和程序改建为股份有限公司。为了使公司的股票能在境外发行和上市，1994年8月国务院发布了《关于股份有限公司境外募集股份及上市的特别规定》和《到境外上市公司章程必备条款》，这是企业改制的具体依据。至于境外上市地的公司条例与我国有差异的，应与上市地证券管理机构协商，将双方的法律衔接问题专门写在一份章程必备条款中，据此将企业改造成为既符合国内要求，又符合上市地规则的股份有限公司。

（二）申请及审批阶段

内地企业经改组和改制为股份有限公司并符合上市条件的，均可自愿向中国证监会提出境外上市申请，由有办理上市业务资格的证券公司进行辅导、推荐，向社会公布，听取对申请上市公司的意见。公司申请到境外上市，需按规定向中国证监会报送有关文件，经证监会审核批准后到境外发行股票和上市。

（三）境外募股和上市阶段

下面以企业到美国公开发行股票和上市为例加以说明。

1.准备注册登记表。外国公司（非美国公司）到美国发行股票，应根据美国《1933年证券法》第五节的要求注册登记。如果外国公司的会计准则不同于美国公认会计准则，美国证券交易委员会（SEC）允许采用股票发行公司当地国可理解的会计准则，但必须就美国公认会计准则与股票发行公司当地国会计准则的重要区别进行说明。外国企业首次在美国发行股票，必须按F1、F2或F3表格登记注册。

2.美国证券交易委员会审核。SEC的公司财务部对公司提交的注册登记表进行审查，就其不足之处发出一份意见书，指出需要修改或补充的地方，股票发行公司和承销商对注册登记表进行修改、补充和澄清，达到要求后，SEC才宣布注册登记表生效。

3.听证。由主承销商召开股票承销会议，对注册登记表和募资说明书中的信息披露进行检查，承销商的律师向股票发行公司的经理、董事或其他高级职员提出有关问题，检查草拟注册登记表的有关内容和股票发行公司的经营管理情况，审查股票发行公司的有关合同等。发行公司的董事会和高级管理人员对提出的问题予以解答，并对注册登记表的错误信息或重要信息遗漏或听证的事项负法律责任。承销商通过听证可了解注册登记表的真实可靠性。

4.根据《蓝天法》（Blue Sky Laws）注册。在美国发行股票，除了接受SEC的管制外，许多州还采用《蓝天法》保护投资者利益。该法律要求发行公司按规定进行证券发行登记，并向投资者提供必要的商业和财务信息，着重审查证券质量优劣。有时即使是SEC的公司财务部认为合格的注册登记表，如果不符合《蓝天法》

的要求，这一证券也不能在相应的州发行。

5.国际推介，又称为“路演”（Roadshow）。为了搞好股票发行，发行公司和主承销商应制订股票销售计划，制作销售备忘录，分发初始募资说明书和组织投资推介会。推介是否成功，对是否能达到股票发行的目的有着极为重要的意义。发行公司的高级管理人员应参加推介，回答投资者提出的有关问题。推介一般应在主要的国际金融中心进行。

6.组织承销团。由主承销商选择几个销售能力强的证券承销商参与股票分销。承销方式一般分为包销（Firm Commitment）和尽力销售（Best Efforts）两种。

7.股票定价。股票定价的协商会一般在注册生效日之前的一天举行。参加协商会的人员包括主承销商的经理、高级财务代表和发行公司的高级职员，讨论股票发行规模、发行价格和承销折扣；根据协商的决定修改注册登记表，向SEC递交修改后的注册登记表；在SEC宣布修改后的注册登记表有效后，签署承销协议。承销团的每个成员都必须根据承销协议按规定的价格发售股票。

8.“绿鞋”条款（The Green Shoe Option）。这一条款规定，包销商在发行公司的许可下，可以在原定的股票发行规模基础上，视市场具体情况，超额发售一定数量的股票。股票上市后，如果股价下跌至发行价，包销商就按发行价购回超额发售的股票，以防止股价下跌，达到支持和稳定二级市场交易的目的。“绿鞋”条款一般在市场气氛不佳、对发行结果不乐观或难以预料的情况下使用。“绿鞋”是美国一家公司的名称，该公司最早采用包销商超额发售方式，故把这种方式称为“绿鞋”条款。

9.收款银行。发行公司可以在境外委托一家银行收存股票发行款，该银行可以是中国银行的国外分支机构，如果是外国银行，最好该银行在中国内地有分支机构。我国内地企业在境外发行股票，应当在外汇资金到位后10天内将所筹外汇资金全部调入中国内地，存入批准开立的外汇账户。

10.股票在境外上市的申请。非美国公司在美国发行的股票，在交易所上市之前，必须按《1934年证券交易法》的规定注册。公司要求上市时，应向股票交易所提供有关资料，由上市审核委员会对公司进行上市资格评审。上市资格确认后，申请者可以向上市委员会提交正式上市申请。

九、境外股票筹资和上市的决策

境外股票筹资和上市决策包括股票市场选择、上市时机选择、上市方式选择和股票发行价格决策等。关于上市方式问题在前面已有详细说明，下面对股票市场和上市时机的选择以及发行价格决策问题加以说明。

（一）股票市场选择

公司境外上市，在选择股票市场时，主要应考虑股票市场规模、主板和二板（创业板）的上市条件、股市流动性、上市成本、市盈率、再融资、法律影响、文化等因素。

我国内地企业在境外发行股票和上市，首选香港市场。因为香港是我国的领土，是世界十大证券市场之一，具有完善的市场体系和自由的投资环境，是亚太地区流动性最高的资本市场，也是国外资金进入内地的前哨站和内地企业进入国际市场的跳板。1991年我国证券管理部门就开始研究国有企业到香港发行股票和上市的可行性，认为这对内地和香港都大有好处。1993—2005年，我国内地已有322家企业（其中国有企业172家，民营企业150家），2006年有56家企业（包括中国银行、中国工商银行等），2007年有70家企业在香港发行股票和上市。截至2012年9月8日，在香港上市的内地公司已有390家，其中在香港证交所上市的有319家，在香港证交所和深圳证交所同时上市的有13家，在香港证交所和上海证交所同时上市的有58家。①

美国有世界上最发达的股票市场，具有规模大、技术先进、管理严密、资金富裕、市盈率高、稳定性好、行业齐全和知名度高等优势，是我国企业境外股票筹资优先选择的主要市场。1993—2001年，我国内地到美国证券市场发行股票和上市的企业逐年迅速增加。2002年7月美国国会通过了《萨班斯-奥克斯利法案》②，由于该法案要求极为严格，并使上市成本上升，许多外国企业纷纷改选美国以外的证券交易所，中国企业到美国上市的明显减少，2003年为3家，2004年为3家，2005年只有1家，2006年4家，2007年19家。截至2007年12月末，我国已有180多家公司在美国上市融资，其中51家在纽约证券交易所上市（39家企业来自中国大陆，7家企业来自中国香港，5家企业来自中国台湾），54家公司在纳斯达克市场上市，80多家公司在OTCBB市场上市。截至2012年9月8日，在美国上市的中国公司已有256家，其中在纽约证券交易所上市的有86家，在纳斯达克上市的有151家，在美国证券交易所（AMEX）上市的有19家。2015年中国证监会鼓励本国企业在国内市场发行股票和上市，这一年共有531家国内企业进行IPO，共筹资1 059亿元人民币（约合170亿美元），因此，到美国进行IPO的中国企业大为减少，只有14家，筹资额只有6.66亿美元。

我国企业到新加坡发行股票和上市有很多有利因素：新加坡是亚洲美元的中心，股票市场发达；78%的新加坡人具有华人血统，能更好地理解中国企业的经营理念；在新加坡发行股票和上市的门槛较低，上市费用不高，且上市过程短。2002年以前，我国内地大型国有企业一般以S股形式在新加坡证券交易所主板上市，以后多种成分的中小企业在新加坡SESDAQ上市。截至2012年9月8日，在新加坡上市的中国企业已有191家，其中在新加坡证券交易所主板上市的有175家，在SESDAQ上市的有16家。

在前几年中国企业掀起的境外上市热潮中，多数企业都将上市目的地选在中国香港、美国和新加坡，而忽视了英、德、日等国的证券市场。伦敦证券交易所是世界上历史最悠久的证券交易所，它的规模很大，有十分成熟的主板和创业板

① 2012年9月8日在中国香港、美国、新加坡、英国、德国、日本的上市公司数根据中国国泰安CSMAR数据统计。

② 《萨班斯-奥克斯利法案》的产生和内容见本节阅读资料。

市场，接受多种会计标准，上市程序比较简单，费用较低。但几年前只有少数中国企业在伦敦上市。自美国实行《萨班斯-奥克斯利法案》以来，欧洲一些国家特别是英国趁机来中国寻找、培育和争取优质企业到该国去上市，因此，到伦敦上市的中国企业明显增多，截至2012年9月8日，中国内地企业在英国上市的有57家，其中5家在主板上市，其余在创业板（AIM）上市。德国法兰克福证券交易所是世界第四大证券交易所，它以规范、稳健、发达而著称，该所为了吸引中国企业上市，提供了一些优惠条件，如上市门槛要求较低、上市程序较简单、监管不像美国那样严厉、上市成本较低、上市成功率很高。该所CEO曾来华积极推动中国企业到德国上市，2007年3月山东工友集团股份有限公司在法兰克福证券交易所正式上市，中国企业在德国上市实现了零的突破。截至2012年9月8日，共有3家中国企业在法兰克福证券交易所上市。东京证券交易所虽然是世界上最大的交易所之一，但直到2007年4月亚洲传媒公司在东京证券交易所上市，才实现中国企业在日本上市的零突破。截至2012年9月8日有3家中国公司在东京证券交易所上市。

现在，欧盟证券市场正处于一体化的进程之中，在几年之内将基本实现一体化。统一的欧盟证券市场将为欧盟区外各国的筹资者提供更加广阔的资金来源。只要能够进入欧盟一个成员国的证券市场发行股票和上市，就相当于进入了整个欧盟的证券市场，就能筹集到更多资金，并降低筹资成本。一体化的欧盟证券市场将是我国可选择的最佳境外证券市场之一。

许多跨国公司同时在多个国家的市场发行股票，这样可以避免全部股票在一国市场发行时产生的降价压力，可按一定价格发行更大数量的股票。一些跨国公司的股票同时在世界上许多股票交易所上市广泛交易。例如，可口可乐公司的股票在美国、法兰克福和瑞士的股票交易所交易，TRW公司的股票在美国、伦敦和法兰克福股票交易所交易，CPC跨国公司、联合信号公司和很多美国跨国公司的股票在境外5个以上不同的股票交易所上市。

（二）股票发行时机选择和价格决策

经验和教训证明，在境外发行股票和上市，必须选择经济繁荣、本行业持续发展、资本市场景气、资金供给充分、股市二级市场活跃、行情上升的有利时机。时机选对了，股票的发行和上市才能顺利进行，达到预期的目的，反之就会遭到失败。1993—1997年上半年由于市场时机好，内地42家企业在中国香港和美国等市场发行股票都很顺利，筹资96亿多美元。而在1997年9月至1999年年末，受亚洲金融危机影响，许多国家经济不景气，我国内地企业在境外上市的股票二级市场行情低迷，在这种情况下，我国有3家公司发行H股招股失败。例如，中国海洋石油股份公司1999年招股路演时只得到2张订单，被迫推迟上市。2000年宏观形势变好，中国一些巨型企业掀起境外募股上市高潮，获得巨大成功。又例如，同是互联网视频企业，且主要财务数据非常相似的优酷和土豆，因为选择的上市时间不同，股票发行当日表现差异极大。优酷于2010年12月8日在纽约证券交易所挂牌上市，当日股票大涨187.34%；而土豆2011年8月17日在纳斯达克上市，时值中概股危机爆发，土豆上市当日开盘即破发，收盘时较发行价下跌了11.86%。可见宏观经济和资本市场整体行情对个股发行的影响之大。

股票发行价格决策是否正确，关系到发行股票募集资金数额，甚至影响股票发行的成败。例如，2004年6月华润上华半导体公司（生产半导体芯片）在香港发行股票和上市时，由于股票发行价格定得过高，而且不愿根据市场情况进行适当调整，认为在市场情况较好的时候，可以把价格抬高一点，结果投资者不愿购买该公司的股票，该公司最终被迫取消股票发行计划。

十、在美国上市的中国公司遭遇信任危机[①]

2010年在美国上市的中国公司，被停牌的有3家，2011年美国股市刮起了一阵停牌风，有41家中国公司被停牌或退市，2012年上半年又有19家中国公司在纽约股市被停牌。在美上市的中国公司被停牌、退市的主要原因是：

（1）中国在美上市公司的质量参差不齐。20世纪90年代初，中国股市初建，由于股市尚不发达，选送了大批优秀的公司到美国上市。若干年后，中国股市崛起，中国已不再将其最优秀的公司送到海外上市。2008年金融危机之后，美国证券交易所致力于吸引中国公司在美上市，当时其认为在赢取新业务与维持上市标准之间存在矛盾，上市标准有所放宽，美国券商、律师事务所为了从办理中国企业上市中获得收益，往往教唆公司造假，有时甚至一手包办，有些存在问题的中国公司乘机进入美国上市融资。以后，在美国严格的监管制度下，中国这些公司存在的问题就暴露出来了。

（2）中资反向收购的企业出现问题较多。反向收购又称“买壳上市”，即非上市公司通过收购一家上市的壳公司，然后再反向收购非上市公司，达到变相上市的目的。2010年中国企业在美买壳上市达349家，是2004年的10倍。2007年至2010年初，在美国上市的215家中国公司中，有161家是通过买壳上市的。与IPO上市相比，买壳上市费用低、审查松、上市快，还可通过转板实现主板上市的目的，但买壳上市更容易出现问题。SEC的官员曾指出，提供虚假数据、夸大营业额和利润是一些中国在美买壳上市企业的通病。

（3）在美上市的某些中国公司治理不严和信息披露失真。有些公司在上市时，公司治理和信息披露方面就存在一些问题。上市后，以为万事大吉，不认真进行公司治理，不按要求披露信息。2011年4月美国SEC委员Luis Aguilar表示，虽然大部分中国公司可能是合法经营，但越来越多的中国公司被证明治理结构不完善，存在财务数据造假行为，如虚增资产、隐藏债务，从而虚增所有者权益；掩饰重大交易或事实，虚构交易事项；虚增销售收入，虚降产销成本，虚增利润等。按规定，在美国股票交易所上市的公司，必须由在美国上市公司会计监管委员会（PCAOB）注册的审计公司进行审计，但买壳上市的340多家中国公司大多数是请不知名的小

---

① 见《国际融资》月刊2011年第9期第17~27页孙海泳、俞亚星、陶长高、朱伟一、蓝裕平的文章。

审计公司或会计师事务所进行审计的，有些审计公司并不进行真实审计，只是出卖它们的“名字”。因此，为了重建投资者对中国在美上市公司的信心，必须更加注重公司信息的真实披露，保持公司财务状况的透明度，按规定聘请合格的高素质的审计公司进行认真审计。

中国公司在美上市融资，出现不少财务数据造假行为，被停牌、退市，付出惨痛代价，一个重要的原因是以前对美国资本市场的监管机制缺乏认识。在资本市场上，上市公司应该讲诚信，不造假。为此，必须强调自律。怎样才能做到自律?就是要让造假者（违规者）付出巨大的代价。

中美两国的资本市场监管机制存在差异。中国证监会对公司申请上市，重视审批过程，IPO和买壳上市都需要经历漫长和烦琐的程序，工作量大、费用多。之后，上市公司如被发现有造假行为，对造假者的惩罚较轻。而美国证券交易委员会（SEC）对公司申请上市，在审核环节上比较宽松，实行注册制，基本上是拟上市公司和有关的中介机构自己说了算，但之后如有人举报该公司的信息不实，SEC就会派稽查人员去查，一经确定，造假者就要付出巨大代价，身败名裂，甚至倾家荡产。近年，在美上市的中国公司出现一些造假情况，有人就说中国人喜欢造假，其实不然，美国有时也发生造假案，只是美国的造假案通常较少，但曝出来的都是特大的。例如，以前的安然公司、世界通信公司造假金额高达数十亿美元，安然公司被判罚赔偿60亿美元，安然案中的几位主角选择自杀身亡。美国人不是不喜欢作假，而是作假的代价实在太大了，只有超大的利益才能让少数人冒极大风险去搏。美国资本市场对上市公司的违规行为进行监督主要包括以下几个方面：

第一，舆论监督。媒体对上市公司违规行为的曝光，直接导致这些公司的股价下跌，使公司股东的利益遭受损失。媒体曝光还可能引起证券监管机构的重视，派稽查人员去检查。

第二，审计监督。为了加强审计监督，美国成立了独立的上市公司会计监管委员会（PCAOB），制定了严格科学的审计制度，2002年颁布了《萨班斯-奥克斯利法案》，对上市公司进行严格审计，对违规者进行严厉惩罚。

第三，集体诉讼机制。上市公司违规使其股东（投资者）的利益受到损失，当股东靠自己的力量无法维权时，他们会联合起来委托律师事务所向法院起诉违规的上市公司，要求其赔偿损失。赔偿金额一般为数千万美元，极少数的大案可能达数十亿美元，律师事务所可从中获得酬劳，一般为赔偿金的20%~30%。

第四，做空机制。投资者还可以通过做空机制来维护自己的利益。所谓做空机制，是指投资者如果看到某上市公司违规操作，其股票价格将下跌，就买入该公司的股票（采用“做空”方式买入股票暂不付款），在市场上卖出，等低价位时买回股票平仓，以赚取差价。如果以后该公司遭受集体诉讼，股价大幅下跌，投资者就能在股价大跌中获得暴利。这种做空机制使集体诉讼机制的作用进一步放大。

美国资本市场的监管体制是经过长期实践并反复修改形成的，值得参考借鉴。中国企业到美国或其他海外市场上市融资，必须了解和遵循海外市场的规则及其要求，树立务实态度：一是要重视信息披露的真实性，不能有任何虚假，实践表明，信息作假等于自掘坟墓。二是要按规定聘请高素质的中介机构。在上市策划时，如果聘请缺乏专业知识和经验的中介机构，尽管它们收费比较便宜，但服务质量差，容易出现差错，甚至帮助作假，以后被发现就会遭受惩罚。

☆阅读资料　　美国《萨班斯-奥克斯利法案》

《萨班斯-奥克斯利法案》（Sarbanes-Qxley Act，简称《SOX法案》）的产生源于2001年最大的能源公司安然（Enron）申请破产保护，使国际资本市场遭受了巨大的经济损失，次年世通公司的财务欺诈案件，以及此后美国338家上市公司，总计4 093亿美元的资产申请破产保护，使投资者进一步丧失了对美国资本市场的信心，引起了美国股市剧烈动荡，投资者纷纷抽逃资金。为了保证上市公司财务丑闻不再发生，美国参议院银行委员会主席Sarbanes和众议院金融服务委员会主席Oxley联合提出了一项法案，该法案即以他们的名字命名。

《SOX法案》共分11章，其主要内容包括：(1) 设立独立的上市公司会计监察委员会，负责监管执行上市公司审计工作的会计师事务所；(2) 特别加强执行审计工作的会计师事务所的独立性；(3) 特别强化了公司治理结构，并明确了公司的财务报告责任，同时增强了公司的财务状况披露义务；(4) 大幅度加重对公司管理层违法行为的处罚措施；(5) 增加经费拨款，强化SEC的监管职能。该法案中最严厉的是302条款和404条款。302条款主要强调上市公司财务报告的真实性，要求CEO和CFO对公司财务报告的真实性负责并宣誓。如果公司CEO和CFO在明知公司向SEC报送的财务报告存在不真实的财务信息的情况下仍然签字，将被处以高达100万美元的罚款和上至10年的监禁；如果属于“有意欺诈”性质的提供虚假财务报告，将被处以高达500万美元的罚款和最长20年的监禁。404条款规定，在美国上市的公司要建立健全内部控制体系，包括控制环境、风险评估、控制活动、信息沟通以及监督5个部分。它涵盖企业运作的各个领域，一旦投入实施，必将引起整个企业控管流程的改变。由于该条款的复杂性和难操作性，实施时要花费大量的人力、物力和财力。例如，通用电气公司为了达到404条款标准，花费3 000万美元才完善了内部控制系统。从外部聘请注册会计师进行达标审计又构成企业的一笔庞大开支，据调查估计一个年销售额30亿美元的公司，其在审计上的费用可能从以前的200万美元增加到现在的600万美元。

由于《SOX法案》的严苛和使上市成本大增，许多外国公司对到美国上市望而却步，从而放弃了美国的资本市场，转而到中国香港、伦敦等地上市。2004年从美国股市中退市的外国公司多达135家。2006年中国内地共有86家公司在境外上市，近90%的公司在中国香港、新加坡和伦敦上市，在纽约证券交易所上市的公司只有3家，在纳斯达克上市的公司只有6家，说明美国股市吸引力下降，至2007年3月末，欧洲股市的总市值（15.72亿美元）已超过了美国股市总市值（15.64亿美元）。

从长期看，《SOX法案》为了提高上市公司的质量，更好地保护广大投资者权益，对上市公司进行严格监管，其方向是正确的，对提高本国资本市场的国际竞争力是有利的。但是短期内，必然会导致本国资本市场上现有上市公司退出和新增上市公司较少，对本国资本市场的国际竞争力造成不利影响。这就需要在严格监管与提高上市吸引力之间进行权衡。美国有关方面表示，要总结经验教训使《SOX法案》趋于完善，这对中国具有重要的借鉴意义。

资料来源：赖斌. 萨班斯法案生效之后［J］. 国际融资，2006（10）：40-42.吴秀波.《萨班斯法案》影响美国资本市场竞争力［J］. 国际融资，2007（5）：58-60.

☆案例1 中国人寿保险股份有限公司在纽约、中国香港同时上市

一、中国人寿保险公司重组与改制

2002年中国人寿保险公司分为中国人寿保险集团公司和中国人寿保险股份有限公司。股份公司负责经营没有利差损包袱的新业务及对应资产，引进战略投资者，建立现代企业制度，用重组后的优良资产上市；集团公司代表国家对股份公司行使股东的权利，除了负责经营存在利差损的老保单业务及对应资产外，还负责开拓财产保险、保险代理、保险经纪等业务。经国务院批准，2002年8月中国人寿保险集团公司和中国人寿保险股份有限公司正式成立。

中国人寿保险股份有限公司认真进行了股份制改造，建立健全了股东代表大会、董事会和监事会制度，不断改善经营管理，营业收入和利润逐年迅速增加。《财富》杂志2003年7月揭晓全球500强企业排行榜，中国人寿保险公司跻身其中，营业收入排名第290位，利润排名第351位，资产排名第224位；在中国企业500强中排名第8位。中国人寿保险股份有限公司成立后，经过业务和资产评估，公司的净资产、利润、偿付能力、盈利能力和回报水平等指标均具有较强的竞争能力，具备了走向国际资本市场的条件。

二、中国人寿保险股份有限公司海外上市工作

1.全面评估。通过公开招标，聘请了具有国际知名度和权威性的审计师、精算师、资产评估师、土地评估师和律师等中介机构对公司进行全面评估，2003年5月分别完成了中国会计准则项下的审计、精算、评估工作。然后，根据美国和中国香港会计准则编制出审计报告、精算报告和法律协议等文件。

2.会计准则转换。中国人寿保险公司一直遵循中国会计准则，为了实现在中国香港、纽约上市，完成了与中国香港会计准则和美国会计准则的转换，建立了两套利润测试模型，即年度化保费（APE）和内部收益率（IRR）模型，以便向投资者提供准确的精算结果和盈利情况。

3.编写招股说明书。通过招标聘请了境外发行股票的联系协调人、簿记管理人和主承销商等中介机构，他们对公司进行了详细调查，与中国人寿有关人员一起拟定了境外上市申请所需的招股说明书。中国人寿决策层回答了审计师、精算师、律师、保荐人提出的各种问题。

4.申报。2003年8月28日中国人寿分别向美国证券交易委员会和香港联合交易所提出申请报告，回答了美国证券交易委员会和香港联合交易所提出的许多问题，先后3次修改了招股说明书。11月20日美国和中国香港证券交易机构同意中国人寿正式登记。

5.股票价格决策。中国人寿决策层经过慎重研究，与主承销商反复认真协商后，将股票发行的价格区间确定为2.98~3.65港元之间，公开发行最终定价为：全球机构投资者每股3.625港元，香港公开发售每股3.59港元；美国存托凭证（ADR）18.68美元；给投资者留下了0.025港元的盈利空间。

6.路演。2003年12月1日到8日中国人寿总经理和副总经理分别率领两支路演队伍，先后到中国香港、新加坡、伦敦、爱丁堡、米兰、巴塞罗那、佛罗里达、纽约、洛杉矶和旧金山等21个城市进行路演，拜访了102家机构的投资者，与他们举行了一对一的说明会，其中有101家下

单认购，有一家认购了3亿美元股票。

7.正式上市。中国人寿保险公司2003年12月17日在纽约证券交易所上市，高开于23.34美元，比发行价高出5.04美元。18日在香港联合交易所上市，高开于4.55港元，比招股价高出24%。此次共融资34.75亿美元。

8.上市后。中国人寿保险股份有限公司在纽约和香港上市后，落实经营机制转换，完善法人治理结构，狠抓管理，控制风险，充分合理地运用资金，几年来获得了良好效益，较好地实现了路演时对投资者的承诺，于2006年又在国内股市完成了A股的发行和上市。

资料来源：佚名. 中国人寿保险股份有限公司在纽约、香港上市［J］. 国际融资，2004（9）：10-19.

☆案例2　富途证券赴美上市

腾讯参投的互联网券商富途证券母公司富途控股有限公司，于北京时间2019年3月8日晚间在美国纳斯达克交易所正式挂牌上市（NASDAQ：FHL）。富途控股此次IPO发行750万股美国存托凭证，上市首日开盘价为14.76美元，较发行价12美元高开23%，盘中一度冲高至17.39美元，截至收盘，富途控股涨27.67%，报15.32美元，募资逾1亿美元，市值为17.09亿美元，此次IPO的承销商为高盛、瑞银、瑞信、汇丰和中银国际。富途控股成为中国互联网券商赴海外上市第一股，标志着中国投资者开始掀起分享全球顶级上市公司成长红利的投资浪潮。

富途控股为集团母公司，旗下有富途证券、富途网络、Futu Inc、富途信托等下属公司。富途证券于2012年4月在香港注册成立，主要为客户提供港股、美股证券开户和交易服务，持有香港证监会认可第1/2/4/5/9类牌照（中央编号：AZT137）以及美国Finra颁发的证券经纪牌照。

移动技术和在线交易的日益普及为富途提供了发展契机。Wind数据显示，国内互联网理财用户规模和使用频率不断增加。截至2018年6月，用户使用互联网理财的频率达21%，用户规模达1.69亿人。新一代的投资理财渠道正在向线上转移，数字化券商平台推动富途各项业务迅猛发展，用户与交易额收获强势增长。招股书显示，截至2018年12月31日，富途拥有560万名注册用户，其中包括超过50.2万名已开户客户及超过13.2万名有资产客户，2018年全年交易额达9 070亿港元。

区别于传统的投资平台和其他在线券商，富途将数字化平台嵌入社交媒体工具，创建以用户为中心的网络体系，连接投资者、公司、分析师、媒体和意见领袖，有效促进了信息的自由流动，减少了信息不对称，支持了投资决策过程。2017年以来每季度的付费客户留存率达到97%；用户及客户群体保持强劲增长，用户、客户与2017年相比分别增长了43.0%、75.4%。在2018年12月，活跃用户平均每交易日在平台停留近半小时。

招股书显示，截至2018年12月31日，富途以8.11亿港元的营收实现扭亏为盈，2016年至2018年收入复合年增长率达205%，净利润则从2016年的亏损9 847万港元收窄至2017年的亏损810万港元，并在2018年实现净利润1. 385亿港元（合计1 769万美元）。

富途控股与战略投资者腾讯始终保持密切合作，曾于2014年获得千万级A轮融资，2015年获得6 000万美元的B轮融资，2017年获得1.455亿美元的C轮融资，此三轮融资皆由腾讯、经纬、红杉投资，腾讯三轮连续领投。2018年12月，双方达成战略合作框架协议，腾讯将通过其在线平台为富途提供更多战略支持。值得一提的是，富途证券创始人兼董事长李华在2000年加入腾讯，成为公司的第18号员工，同时是QQ最早的研发参与者之一。2012年，李华从腾讯离职，随后创立富途证券。腾讯CEO马化腾曾表示，“富途团队有着良好的互联网基因和产品技术能力，关注用户体验，在金融方向上也表现出很好的学习能力”。

资料来源：罗辑. 富途控股美国纳斯达克上市 首日涨幅27%［N］. 中国经营报，2019-03-09. 周蕾. 富途证券赴美上市喜迎开门红，盘中一度大涨近45%［EB/OL］.［2016-03-09］. https://www.leiphone.com/news/201903/xktp99sKHzWRhjiK.html.

☆案例3 阿里巴巴公司在美国上市

阿里巴巴于1999年由马云与17位合伙人在中国杭州创立，是一家企业对企业（B2B）在线进行商品贸易交易的平台公司。创立仅三年，其国际交易市场业务（B2B）就实现盈利。2003年，马云投资1亿元人民币，成立个人网上贸易市场平台——淘宝网；次年发布为交易安全作保障的在线支付系统——支付宝。2005年，集团与雅虎美国建立战略合作伙伴关系，同时收购雅虎中国。2008年9月，阿里巴巴与淘宝合并。2011年6月，为更精准有效地服务客户，阿里巴巴集团将淘宝网分拆为三个独立公司：淘宝网（taobao.com）、淘宝商城（tmall.com）和一淘网（etao.com）。2013年1月，阿里巴巴集团对现有业务架构组织进行相应调整，重组为25个事业部。2013年1—9月，阿里巴巴在中国国内零售收入334.6亿元人民币，国内外贸易B2B 46亿元人民币，国际商业零售6.53亿元人民币，云计算5.6亿元人民币，其他11.9亿元人民币，共计404.63亿元人民币。最引人注目的，仅在2013年11月11日一天，淘宝网和天猫销售总额就达到350. 18亿元，其全年销售额更高达1.1万亿元人民币。阿里巴巴已成为全球最大的电子商务企业。

阿里巴巴于2014年5月7日向美国证券交易委员会提交了IPO招股说明书。阿里巴巴集团上市范围内的主要业务如下：淘宝和天猫及聚划算（中国国内网上零售平台）、1688.com和Alibaba.com（国内外贸易B2B的网上交易平台）、Aliexpress（国际零售业务）、阿里云计算（以数据为中心的云计算服务）、其他（主要为小卖家提供的微金融服务）等。2014年9月19日，全球最大的电子商务企业阿里巴巴在美国上市，刷新了史上最大的IPO交易纪录。按照第一天收盘价计算，阿里巴巴的市值超出2 300亿美元（约合1.4万亿元人民币），甚至超过了中国最大的银行——中国工商银行的总市值（约1.3万亿元人民币）。马云在记者会上说：“今天如果是成功的话，那么，它是小企业的成功，是中国经济的成功，是互联网的成功，是那些小客户们的成功。”

阿里巴巴为什么选择赴美上市，放弃在境内A股市场上市，很大原因在于其主要架构为VIE模式。VIE模式，即通常所说的协议控制模式，主要涉及两个实体：相分离的境外离岸控股公司与境内的业务运营实体，境外控股公司通过协议来对境内实体进行控制，成为境内实体公司的资产控制人和实际收益人。现在上市的阿里巴巴就是这样一家在开曼群岛注册的离岸公司，并不是设立在中国的本体公司。招股说明书披露的阿里巴巴集团VIE架构非常复杂，大量业务的VIE结构都多达四层。以淘宝为例，在开曼群岛注册的离岸公司阿里巴巴集团，100%控股同在开曼群岛注册的淘宝控股有限公司，后者又100%控股在中国香港注册的淘宝中国控股有限公司，香港淘宝100%控股在中国境内注册的淘宝（中国）软件有限公司，以上都是股东为纯外资的控股公司。而在中国境内，真正负责淘宝业务运营的实体公司为浙江淘宝网络有限公司，这是由马云、谢世煌持股的内资公司，和淘宝（中国）软件有限公司签订了协议控制合同。在这样的VIE架构下，如果要在A股上市，阿里巴巴就必须将境外权益转到境内，涉及一系列协议的终止、废除等诸多法律问题。还由于国内A股市场当时还不是一个完全国际化的市场，对外资交易有诸多限制，不利于阿里巴巴向国际公司发展的未来趋势。

阿里巴巴通过上市实现了企业资产的证券化，其资产流动性大大增强，不仅为公司股东提供出售股权获得巨额收益的渠道，未来还可以利用股票期权作为对人才的中长期激励手段，保证企业人力资本的相对稳定。此外，其在美国纽约证券交易所实现有史以来规模最大的IPO，市值超越Facebook成为仅次于Google的第二大互联网公司，这将给阿里巴巴带来极大的关注效应，提高其在海外的声誉，提升品牌价值，积累无形资产，为其进一步开拓国际市场创造了有利条件。

与机遇相伴随的是成功上市后阿里巴巴将面临的诸多挑战。主要是，阿里巴巴的主要业务淘宝、天猫和聚划算，当时都存在严重的出售假货问题。据凤凰网消息，直到2012年底，美国政府才宣布淘宝网从年度“恶名市场”名单中删除。该名单一年发布一次，汇集了全世界最严重的侵权和假冒伪劣产品销售渠道。在注重知识产权保护的美国，售假这样的负面新闻会严重影响阿里巴巴的市场形象，进而造成股价下跌。所以，解决网络商城存在的假货问题是阿里巴巴的当务之急。

阿里巴巴赴美上市的启示：(1) 阿里巴巴认为，中国企业赴美上市，首先必须明确，美国资本市场有十分严格的监管和信息披露制度，上市申请时和上市后都不能弄虚作假，否则就会丧失信誉，被迫退市。(2) 必须选择合适的上市时机。资本市场行情依赖于宏观经济形势，经验证明，宏观经济形势好时，资本市场整体行情就好，公司股票上市时股票价格上涨，反之，则股票价格下降。2014年9月，纳斯达克股票综合指数达到14年来的最高点，阿里巴巴选择此时在纽约证券交易所挂牌上市，预测发行价每股68美元，开盘后上涨为92.7美元，上涨36.3%，可见选择合适的上市时机十分重要。(3) 必须确立企业持续、稳定、长久的盈利模式。阿里巴巴在美上市后，十分重视加强公司的经营管理，其营业收入持续增长，利润增长更快，并认识到唯有良好业绩才能支撑上市公司股票价格的良好表现。

资料来源：根据《国际融资》2014年第11期第28页，吴媛丽、蓝裕平文《阿里巴巴美国上市——典型的市场现象》编写。

第9章　企业兼并与收购

第1节　并购的内涵与发展

企业兼并和收购是市场经济发展中的必然现象，是资本集中的必然要求和主要实现形式。自19世纪末20世纪初以来，在西方发达国家出现了多次并购高潮，人们早已司空见惯，而在我国，随着市场经济的发展，并购已经成为一个热门话题，并如火如荼，在理论和实务上引起了业界的高度重视。

一、并购的内涵与意义

（一）并购的内涵

在今天，无论是国外还是国内，产权变动和交易都十分活跃。从企业产权变动来说，其形式是多种多样的，如兼并、收购等聚变型产权变动；剥离、出售、分立等裂变型产权变动；交叉换股、股票回购等股东结构变动型产权变动，这种变动可以称为内变型。因此可以说，聚变、裂变、内变是企业产权变动的三种最基本类型。无论哪一种形式的产权变动都是为了更大限度地满足资本增值的需要。

兼并作为聚变型企业产权变动的一种形式，由来已久，通常有两层含义：从狭义上讲，兼并是指一家企业以现金、有价证券或其他形式（如承担债务）有偿取得其他企业的资产或产权，使被兼并的企业丧失法人资格，并取得对这些企业经营决策控制权的经济行为。从广义上讲，兼并相当于我国《公司法》中的企业合并，它包括吸收合并和新设合并两种形式：吸收合并是指两个以上的企业经过一定程度联合、合并后，其中一个保持其原有法人资格，继续存在，而其他企业不保留法人资格，宣布解散；新设合并是指两个或两个以上企业经过协商后，都放弃原有的法人资格，宣布解散，然后联合组成一个具有新的法人资格的企业。

收购是指一家公司对其他公司资产或股份的购买行为，目的在于取得对其他公司的控制权。它有收购股权和收购资产两种形式：前者是指购买一家公司的股份，收购方将成为被收购方的股东，拥有股东权利；后者仅仅是一般的资产买卖行为。一般来说，收购股权不以收购目标企业的全部股权为限，只需占有优势股份就可以对被收购方实施控制。这也说明，收购行为并不一定导致被收购企业的解体，但由于收购方控制权的存在，在实质上，收购结束后，收购方和被收购方将按统一意志行动。

综上所述，兼并与收购的共同点都是最终形成一个经济联合体，但兼并是由两个或两个以上单位形成一个新的实体，而收购则是被收购方纳入到收购方公司体系之中。但在实际中，很少有被收购方进入收购公司体系后不发生重大结构变化的，所以在此把收购和兼并均作为资本集中的方式，简称为并购。

企业并购具有如下特点：（1）并购是一种具有独立法人资格的企业的经济行为，是企业对市场竞争的反应，是由资本追求增值的本质决定的，是一种市场行为，而不是政府行为；（2）并购是一种有偿的交易，而不是无偿的调拨；（3）并购的结果会导致资本的集中，并使资本在统一控制下联合行动。

（二）企业并购在我国的现实意义

从市场的角度上看，企业并购是一种多功能的经济活动，它对于我国市场经济发展和参与国际经济竞争有着十分重要的意义：（1）促进存量资产重组。企业并购能够推动资产存量的合理流动，优化资源配置，改善投资结构，从而促进经济增长。企业并购可以使资源从低效率领域流向高效率领域，从管理比较弱的地方向管理水平高的地方、从资本比较少的企业向资本比较多的企业流动，从而在全社会范围内优化资源配置，提高资源利用效率。（2）推动产业结构调整。企业并购能够促进产业结构的合理调整，推动产业升级和资本在全社会范围内的优化配置。企业并购不但可以调整行业内部、地区之间的不合理布局，促进产业结构升级，避免恶性竞争，同时也能促进科学技术转化为生产力，使产业结构适应现代科技飞速发展的要求，从而有利于促进我国向集约型经济增长方式的转变。（3）取得规模经济效益。企业并购能够加速资本的集中、增值和资本规模的扩张，提高企业的规模经济效益。按照现代经济学的观点，企业的生产只有达到一定的规模才能把各方面积极因素调动起来，产生理想的效益，即规模经济效益。目前我国的企业相对来说都是中小企业，数量众多、规模过小、分散程度大，与发达国家的企业相比，尚未形成规模经济效益。企业并购直接吸收目标企业的资源，可在短期内迅速实现资本集中，形成更大的生产规模，从而取得规模经济效益。并购正是我国促进巨型、超巨型以及跨国大公司、大集团产生和发展的理想选择。（4）企业并购是中国企业走向世界，建立具有国际竞争力的企业的必由之路。随着世界经济的一体化，跨国公司的兴起和跨国并购越来越成为世界经济的特征。一些大企业借并购而在海外设厂，进行跨国生产与经营，同时出售某些国内企业股权，从而使资本在国际范围内转移和优化配置。

达不到规模经济是我国企业难以同国际大企业集团相竞争的症结之一，我国经济要与国际接轨，提高在国际上的竞争力，经得起国际大企业集团的挑战，组建产业集团、扩大规模化生产是势在必行的。如果说“船小好掉头”，十多年的“让利放权”是对多年传统的、缺乏活力的计划经济的否定的话，那么，“船大顶风浪”，经过资本积累而追求规模力量，则是对无序化的小生产的否定。这是一个否定之否定的过程。企业并购正是实现这一过程的重要方法，是中国企业走向世界、迎接国际竞争的必由之路。尤其在今天，中国经济经历改革开放40年的积累，消费市场已经从改革开放初期的“短缺经济”走向了相对“过剩经济”时代，消费市场的扩张和升级放缓，消费市场自然高增长的红利基本释放完毕，市场增速的放缓对所有企业组织来讲，都是压力巨大的，更需要整合、并购、淘汰落后的产能。

二、并购的类型

并购的形式是多种多样的，按照不同的分类标准，可以将并购划分为多种类型。

（一）按并购双方所在行业分

1.横向并购。这是指企业对提供同一种商品或服务的其他企业进行并购。它的结果会使资本在同一生产领域或部门集中，有利于扩大生产规模，减少竞争。如中国第一汽车集团兼并收购吉林轻型车厂、长春发动机厂和沈阳金杯股份有限公司等。

2.纵向并购。这是指企业对与其生产经营相关的原材料、零部件供应、销售厂商等的并购。其结果会导致某一产品、劳务生产的研、产、供、销纵向一体化。如某钢铁公司为保证铁矿石的供应而兼并其上游的铁矿厂，齐鲁石化公司兼并淄博化纤厂和丙烯烃厂等。

3.混合并购。这是指企业对与其供、产、销均无直接关系的其他企业的并购。如首钢兼并锦州电子计算机厂，汉阳带钢厂兼并武汉东方皮鞋厂。

（二）按并购的具体运作方式分

1.承担债务式并购。这是指并购方以承担被并购方全部债务为条件，取得被并购方的资产所有权和经营权，从而达到并购目的。如齐鲁石化公司对淄博两厂的并购。

2.购买式并购。这是指并购方出资购买被并购方的资产。该方式一般以支付现金为购买条件，将目标企业的整体产权买断，并购后被并购企业的法人主体地位消失。如TCL收购德国施奈德。

3.吸收股份式并购。这是指被并购企业的所有者将其净资产评估作价后以股金的形式投入并购企业，成为并购企业的股东。

4.控股式并购。这是指一个企业通过购买其他企业的股权达到控股，实现兼并。被并购企业作为经济实体仍然存在，具有法人资格，但要被改造成股份制企业，并购企业作为被并购企业的新股东，对被并购企业的原有债务不负有连带责任，其风险责任仅以控股出资的股金为限。这种并购不是以现金或债务的转移作为交易的必要条件，而是以所占企业股份份额为主要特征，以达到控股目的，实现对被并购企业的产权占有。

5.托管式并购。这是指先将一些效益差的中小企业委托给搞得好的大企业来经营，由其提供技术和管理，利用优势企业的综合优势使被托管企业走出困境，待时机成熟后再进行并购。

6.破产式并购。对于一些债务沉重的企业，倘若简单地由优势企业实施并购，可能会影响优势企业的继续发展，可以首先按照法律程序进行破产清算，解除其包袱，再由优势企业整体收购其资产。

7.经理层融资收购（Management Buy-Out，MBO）。这是指管理层通过融资购买目标公司的股权，改变公司所有者结构，并实际控制该公司。由于其能促进法人治理结构的完善，提高企业的经营效率，在西方曾是风行一时的并购方式，而在中国，MBO已迈出了试探性的脚步，如四通公司、深方大、TCL均运作了MBO。

（三）按并购是否取得目标企业的同意与合作分

1.友好并购。它又称善意并购，是指被并购企业同意并购方提出的并购条件并承诺给予协助，双方的高层领导通过协商决定并购中的具体安排，如支付方式、价位、人事安排、资产处置等。这种方式由于有双方合作的基础，故成功率较高。

2.敌意并购。它也称强制性并购，是指并购方不顾被并购方的意愿而采取非协商性购买的手段，强行并购对方公司。对此，被并购方可能会采取一些反并购措施阻挠。这种方式常由于对方反并购措施的存在使并购成本过高而失败。

（四）按并购过程中的出资方式分

1.用现金支付并购。并购公司用现金支付，以取得目标公司的资产或股权。在用现金支付并购价款时，由于并购金额一般较大，所以企业必须采取一定的方式筹集大量的资金。筹资可以划分为自有资本筹集方式和借入资本筹集方式两大类，即以增发股票的方式筹集并购资金和以增加负债的方式筹集并购资金。在西方国家比较盛行的“杠杆收购”和我国目前实行的并购贷款就是以负债筹集并购资金的一种方式。“杠杆收购”（Leveraged Buy-Out，LBO）是指并购公司通过大量向金融机构借贷或发行风险债券筹集资本收购目标公司的行为。杠杆收购的负债比率一般在1∶20~1∶5之间。通常在10年内分期偿还，在筹资过程中，债权人和债务人之间要签订“股权回购协议”，即在收购方向金融机构借款或者向机构投资者发行债券时，这些投资者为保证投资的安全性，要求先以这部分投资作为一种权益，待收购成功并进行结构调整和资产处置后，收购者再向其贷款者以原来的贷款额加上一定比例的利息购回贷款者在收购中所占的股权份额。比较典型的杠杆收购包括三个阶段：筹集资金—收购、重整—重新上市并择机出售。①筹集资金。收购公司在确定目标公司后，先筹集收购价格10%左右的资金，作为收购行动的自有资本，然后向银行借入相当于整个收购价格50%~70%的资金，其余资金空缺通过发行“垃圾债券”来筹集。②收购、重整。在筹资阶段完成后，筹资者购入上市流通和股东手中的股份，开始收购目标公司的行动。公司并购阶段完成后，收购者开始拍卖被并购公司的资产，裁减多余的机构，并将此收入用于偿还筹资时借入的资金，同时，对目标公司进行大规模的重组，努力改善目标公司的经营状况。③重新上市并择机出售。重组后的目标公司裁减了多余的机构，而对财务状况良好、盈利能力和发展潜力较强的部分进行精简职员、改进管理，使公司的生产经营日益改善，经营成本大幅降低，盈利能力日趋增强，公司形象得以改观，信誉得以提高。这时，收购者将重组后的公司重新上市，由于重新上市的目标公司经营业绩良好，投资者对该公司的发展前景充满信心，开始购买该公司的股票，促使该公司股价上升，收购者趁机将该股票售出，从而获取相当丰厚的投资收益。

2.股权交换式并购。这是指并购企业通过增加发行本公司的股票，以新发行的股票交换目标公司的股票，达到并购目标公司的一种并购方式。当收购交易完成之后，目标公司被纳入并购公司，并购公司扩大了资产规模，并购后的公司的股东由并购公司股东和目标公司股东共同组成，但是并购公司的股东在经营控制权上占据主导地位。对于这种并购方式，并购公司不需要支付大量的现金，因而不会影响并购公司的财务状况，也避免了收益征税的问题，但这种并购方式会改变企业的股权结构。

（五）按并购是否跨越国界分

1.国内企业间并购。其主要指国内跨行业、跨地区的并购。

2.跨国并购。并购双方在两个国家，如首都钢铁公司以控股方式兼并美国加州麦斯塔工程设计公司，深圳迈瑞公司收购美国Datascope公司病人监护业务部门等。跨国并购相对于国内企业间并购来说，其风险更大、决策的难度更高，对企业的发展影响更深远。无论在经营环境上、资金筹集上、法律事务上，还是在具体的并购方式、支付方式上，以及并购后整合中的文化差异、经营管理上的人事协调等都会出现许多和国内并购不同的问题。我国企业的跨国并购还处于起步阶段，但进行跨国并购是我国企业参与国际竞争的必然趋向，它比直接到国外投资建厂要快捷、迅速得多，而且通过并购国外的企业可以获取必要的管理资本和员工，减少因不熟悉环境带来的麻烦。

三、并购的历史与现状

并购作为资本集中的方式，随着商品经济的产生、发展，经历了由低级到高级的发展过程。以美国为首的西方发达资本主义国家，经历了多次并购的浪潮，每一次浪潮都有其自身的特点和背景，都给市场经济的发展带来了新的变化和特征。

（一）第一次企业并购浪潮（19世纪末至20世纪初）

第一次并购浪潮发生在19世纪末至20世纪初，其高峰时期是1898—1903年。它是五次并购浪潮中最短的一次。在18世纪末，以蒸汽机和各种机器的发明创造为特征的产业革命使世界进入了大机器工业时代。随着科学技术的进步，到了19世纪下半叶，由电力发明和广泛应用所推动的第二次产业革命，使世界跨入了电气化时代。这些变革大大地推动了生产方式的转变，使社会化大生产成为可能，单靠个别企业的内部积累已不能满足当时社会化大生产的要求，资本集中成为必然的趋势。所以资本间的相互并购就成了形成大资本，以适应当时生产社会化、科学技术进步的必然产物。

美国证券市场的形成和发展以及投资银行的穿针引线作用是形成第一次并购浪潮的重要原因。据统计，在并购浪潮高峰的几年中，差不多60%的并购案是在股票交易所进行的，有1/4的并购活动是由投资银行的推动完成的。

在这一时期，英、法、德等资本主义国家也发生了大规模的企业并购，造就了一大批实力雄厚、产品市场覆盖面广的大垄断企业，如联合碱制品公司、毫国烟草公司（英）、法国钢业联盟。

西方国家的第一次并购浪潮在一定程度上代表了地区性企业向全国性企业的转变，它具有如下特征：（1）以横向并购为主，使同一产品生产迅速集中，具有“为垄断而兼并”的色彩。（2）使大企业的地位日益强大，推动了生产专业化、系列化和大规模生产的发展。（3）以国内兼并为主，即资本或资产存量的流动还局限于本国国内。（4）银行在并购中发挥了重要作用，尤其是投资银行的作用不容忽视。它一方面提供并购所需资金，另一方面又充当中介人的角色从中牟利。（5）并购的非规范性。由于是第一次并购浪潮，故政府未能制定相应的规范加以引导。其结果是造成了大量的破产和失业，加之交易方式的不正常，并购之中的巧取豪夺、威逼利诱，出现了“大鱼吃小鱼”的残酷现象。（6）促进企业组织形式的变革。其促成了企业最终所有权和法人所有权的分离，现代公司进入了一个管理结构上的委托代理阶段，职业经理逐渐占据公司的重要地位。

（二）第二次企业并购浪潮（20世纪20年代）

第二次并购浪潮发生在20世纪20年代，始于1922年商业活动的上升时期，终结于1929年严重的经济衰退初期。在这一时期，西方各主要资本主义国家的经济都有了比较大的发展。美国的工业生产1929年比1920年提高了39%以上，法国提高了近27%。这一时期的经济增长，在很大程度上是科技的发展和实行“产业合理化”的结果。科学技术的发展，造就了一批新兴工业部门，如汽车工业、化学工业、电气工业、化纤工业等。这些产业很快成为国民经济发展中举足轻重的部门。“产业合理化”即尽可能采取各种形式的机器设备，采用自动传送装置，实行标准化大生产，其标志是“福特制”的诞生和推广。这两个方面从软、硬件上均需要大量补充资本，从而促进了资本的进一步集中。

此外，这一时期，运输、通信事业和零售推销的重大发展成为推动并购的主要激励因素。使用汽车的新型运输体系，使销售者得以扩大其销售区域，使消费者具有更大的流动性，从而打破了狭小的以生产地为中心的地区市场界限。家用收音机的出现，通过为全国性的商品品牌做广告，促进了产品的差异化，大规模分销成为商品零售的新方法，这大大促进了经营规模的扩大，从而鼓励了并购。

第二次并购浪潮具有如下特征：（1）以纵向并购为主，主要是在某一产品生产上具有优势的企业将与本企业生产的前后道生产工序、工艺过程紧密相关的生产企业并购过来，从而形成纵向生产一体化。这与当时商业界所欣赏的“一体化”优点相关，如缩短流程或从机械操作的角度减少无用动作，或在市场不完善的情况下保证及时供应和产品的快速销售。（2）出现了以产业资本和银行资本互相渗透为特征的并购。产业资本与银行资本融合，形成实力雄厚的金融资本，使之更有力量兼并和控制其他企业。（3）国家出面并购。资本主义国家出面投巨资兼并一些关系国家经济命脉的行业企业，或投资参股改造一些企业，在这一时期有了较大的发展。（4）从动机上看，以产品扩张和市场扩张为动机的并购有了一定程度的发展。

（三）第三次企业并购浪潮（20世纪五六十年代）

第三次企业并购浪潮发生于1954—1969年间，尤以60年代后期为高峰。第二次世界大战后，西方市场经济国家的政治、经济出现了一个相对稳定的时期，加之战后重建的因素，刺激了经济的增长。科学技术的进步和新兴现代产业的兴起，使产业结构由重工业向高加工化方向发展。作为资本集中、资产存量调整的重要形式的企业并购则迎合了产业结构调整和企业多元化发展战略的需要。

这次并购浪潮比上次要猛烈得多。美国仅在1967—1969年3年高峰期就完成并购10 858起，而且较大的并购事件扮演了主要角色。资产在1 000万美元以上的大公司被并购，1960年有51家，1965年为62家，1968年达173家，这样大规模的并购，不到10年的时间猛增2倍多。从被并购企业的资产额来看，从1960年的15.3亿美元增加到1968年的125.5亿美元，增加7.2倍。

在20世纪60年代，西欧共同体国家也同样掀起了企业并购的浪潮。如法国，1900—1945年，平均每年被并购的企业仅18家，而在1960—1970年间，则多达1 850家，平均每年有185家，相当于第二次世界大战前的10倍以上。

这一次的并购浪潮具有如下特征：（1）属于混合并购，主要是优势企业并购那些与其生产和职能无多大联系或毫无联系的其他部门的企业，以谋求生产经营多样化，降低经营风险。据统计，在美国，1967—1968年间，重型制造业和采矿业的361起并购案中有217起为混合并购，占总并购资产的50%。企业并购形式向以混合并购为主发展，不仅受反托拉斯法的影响，而且与以计算机的应用为特征的现代管理手段的发展有直接关系。（2）这些并购不仅是“大鱼吃小鱼”，而且更多地出现了“大鱼吃大鱼”的情况。如1967年，通用电气公司以21.7亿美元兼并了犹塔国际公司，莫比尔石油公司以10亿美元兼并了马考尔公司。（3）银行间兼并加剧，使得银行在经济中的作用日益增强。到1970年，在美国拥有10亿美元以上资产的银行已达80家，并有7家银行资产超过100亿美元。

（四）第四次企业并购浪潮（1975—1992年）

第四次企业并购浪潮发生在1975—1992年间，其中以1985年为高潮。

这次并购浪潮延续的时间较长，而且较以往的并购浪潮规模更大，方式更为多样化。进入20世纪80年代后，美国企业再次掀起并购浪潮，从并购案的数量上看，1975年并购总数为2 297起，而1985年则达到3 000起；从交易金额上看，并购规模达到了空前的程度，1978年以前，10亿美元以上的大型并购是很少见的，但从1979年起，此类交易开始增多，1983年有6起，1984年增至18起，1985年达到31起。1975年全年并购总金额不到120亿美元，1984年则达到了1 220亿美元。这种超大规模的并购在石油、化工行业造就了一批巨型公司，如1986年初，皇家荷兰壳牌石油公司集团设在美国的子公司——壳牌石油公司，以365亿美元购进美国贝里奇石油公司的全部资产；1981年7月，美国最大的化学公司——杜邦公司，以87亿美元购进在美国石油开采中名列第六位的石油垄断企业——大陆石油公司等。其次在通信、广告业中大规模并购也时有发生。如1985年通用电气公司以60亿美元买下美国无线电公司；1986年4月，纽约三家广告公司通过并购创立了资产达50亿美元的世界上最大的广告公司。

在欧共体内部，自20世纪80年代以来，各成员国出于为欧洲统一市场积极准备的考虑也刮起了并购之风，其中英国占主体地位。在1988年欧共体内共发生26起并购，有23起发生在英国。在欧共体其他国家，企业并购的情况与英国大体相同，但出现了许多私人企业主并购国有企业的现象，如联邦德国的大众汽车公司、汉莎航空公司、德国工业装备公司、联合工业企业股份公司等均被私人企业主并购。意大利私营企业主以控股方式取得中南银行24%的股份。这些私人企业主并购国有企业的现象，成为西欧并购史上的一大特色。

这一次并购浪潮的主要特征有：（1）并购范围广泛、形式多样化。从行业分布来看，从食品、烟草生产到汽车、化工、医药、石油、钢铁、通信、广告等各行业均发生了不同程度的并购。在并购方式上，横向、纵向、混合三种方式均有发生，并购的对象不仅有国内企业，还有海外企业。（2）出现了“小企业并购大企业”的现象。（3）借债并购成为主要形式。据测算，在20世纪80年代的并购高潮中，公司并购资金90%是借入资金。（4）投资银行在企业并购中的作用越来越大。在整个并购活动中，差不多有1/4是由银行促办完成的。

（五）第五次企业并购浪潮（1994—2008年）

西方国家的企业并购在20世纪90年代以后的第五次浪潮中，规模更大、金额更大、范围更广。据联合国欧洲委员会统计数据显示，1996年西方发达国家涉及大、中规模的企业并购达2.3万多件，总金额达11 400亿美元，尤其是1996年12月15日，世界最大的航空制造公司美国波音公司，宣布兼并世界第三大航空制造公司美国麦道，更把并购的浪潮推向高潮。每一麦道股份变成0.65波音股份，总价值133亿美元。兼并以后，除了保留100架MD-95的麦道品牌，民用客机已改姓了“波音”。有76年飞机制造历史、举世闻名的麦道公司将不复存在。波音时任总经理，1997年2月出任新波音的主席和总经理，2/3以上的管理层由波音派出。新波音拥有20万员工，500亿美元资产，净负债仅仅10亿美元，成为世界最大的民用和军用飞机制造企业。这次并购浪潮的产生有多方面的原因：（1）随着冷战的结束，东西方的政治、军事、经济对抗转向单一的经济竞争。经济发展成为全球瞩目的头等大事，谁能够在经济上取得优势地位，谁就能在未来世界新秩序中处于有利位置。这种国家间的竞争体现在微观层次上，就是各大企业之间的竞争。而对企业而言，通过并购进行资本集中，是其扩充实力、淘汰对手的快捷方式。（2）在国际经济一体化的趋势下，争夺全球市场份额成为发达国家的经济战略目标。这样对各国的企业而言，其所面对的不再是相对狭小的国内市场，而是一个全球市场。为了能够在全球市场上争夺份额，互相联合是各国企业共同的利益取向，这为大规模并购扫清了主体观念上的障碍，而且随着全球市场的产生，相对于在他国投资建厂而言，并购更加快捷、有利，这有利于推动跨国并购。（3）随着科技的发展，技术进步成为决定企业生死存亡的重要因素。而要保持在技术上的领先地位，必须有较强的科研和技术能力，而这种能力的大小与企业的规模是有关系的。（4）产业结构的调整是推动本次并购浪潮的重要原因。第三产业规模迅速扩张，成为新的经济增长点，尤其是发达国家第三产业产值占到2/3以上。同时，第三产业相对于工农业而言具有高额的利润，并且具有产业带动作用。因而，发达国家纷纷调整本国产业结构，将大量加工业转移至发展中国家，而将重点放在第三产业的投资建设上。为此导致了第三产业竞争加剧，围绕第三产业的强强并购大量发生。

这次并购浪潮的主要特征有：（1）更多地表现为强强联合，即并购公司和目标公司均是经营状况良好的优势公司，如1995年日本东京银行和三菱银行合并成日本东京三菱银行，总资产达到7 014亿美元，一跃成为世界第一大银行。1996年美国波音公司和麦道公司两大飞机制造业巨头宣布合并，使得其获得65%的世界市场份额。（2）政府的积极支持是本次并购的主旋律。在本次并购浪潮中，各国政府一改过去对大规模企业限制的态度，纷纷对并购采取支持态度。如美国放松对电信业的管制，日本着力于简化企业兼并手续的法律修改。（3）企业并购一般以投资行为为主。在20世纪80年代的第四次并购浪潮中，并购企业纷纷以举债方式并购其他企业，多以投机为出发点，在完成并购之后，便将并购的公司分割出售，在股市上大捞一把。这对企业经营机制的转换无益。进入20世纪90年代，在全球竞争压力下，并购多以投资行为为出发点，目的是有效地参与全球竞争，争夺市场份额。

纵观西方发达国家的五次并购浪潮，显著的特点是时间间隔越来越短、规模越来越大，企业并购方式也越来越多。这表明，并购是市场济条件下的必然现象，它对提高劳动生产率具有推动作用。因此，对以营利为目的的企业而言，只要有利于资源的优化配置和产业结构调整，有利于提高资本的使用效率，并购就必然存在。

（六）金融危机后至今的并购发展趋势

进入2008年，全球金融危机爆发，并购出现了新的变化，归纳来看：（1）并购规模、数量快速增加，但由于金融危机后企业估值的下降，并购金额缩水。（2）由于在金融危机中，投资银行纷纷倒闭，金融业陷入困境，金融业的并购规模和数量大幅度增加，传统的投资银行业务在金融领域大幅度衰退。贝尔斯登被摩根大通收购，美林被美国银行收购，雷曼兄弟倒闭，高盛和摩根士丹利转为银行，标志着上百年的投资银行业的终结，也为金融创新的滥用画上了句号。（3）由金融危机导致的发达国家实体经济遭受重创，国际资源价格大幅下降，为发展中国家的对外资源型并购提供了条件，发展中国家，尤其是中国的对外并购步伐加快，成为国际并购的主流。（4）实体经济和金融领域的重组、整合日益加强，呈现出强者更强的趋势，多个行业出现寡头垄断的重组格局。尤其在2015—2018年之间，国际上启动和完成的重大并购多达上百起，仅在2018年完成的上百亿美金的并购就达18起。其中，拜耳收购孟山都，AT&T收购时代华纳，林德与普莱克斯合并，依视路和陆逊梯卡合并，不仅收购价值大，而且从公布到最终完成，持续的时间都很长。这四大并购，基本上是2018年完成的并购中最具有代表性的几起。

拜耳完成收购孟山都：2016年9月，德国化学品暨医疗保健用品制造商拜耳（Bayer）和美国种子公司孟山都（Monsanto）宣布，双方已签署最终合并协议，对孟山都股票的总估值为560亿美元，给予孟山都股东的总收益将高达660亿美元。

拜耳收购孟山都将成为自1998年汽车制造商戴姆勒-奔驰（Daimler-Benz）收购克莱斯勒（Chrysler）以来，德国企业史上最大的对外收购交易。合并完成后将诞生一家全球最大的种子和农用化学品厂商，占领全球逾1/4的种子和杀虫剂市场。若该交易被反垄断机构驳回，拜耳同意为交易失败支付20亿美元的分手费。

2018年6月，在经过各国监管部门严格的审核，以及各种限制条件后，拜耳公司终于完成了对孟山都的收购。孟山都将不再是一个公司名称，所收购的产品将保留其品牌名，并成为拜耳资产中的一个组成部分。包括孟山都待偿还债务在内，收购金额约为630亿美元。加上孟山都并减去将要剥离的业务，2017年拜耳在健康与农业领域总销售额估算约450亿欧元，其中合并后的作物科学销售额约为200亿欧元。

AT&T完成收购时代华纳：2016年10月，美国电话电报公司（AT&T Inc.）达成以854亿美元收购时代华纳公司（Time Warner Inc.）的协议。包括时代华纳的净负债在内，该交易总价值大约为1 087亿美元。AT&T将通过该交易与旗下资产涵盖了华纳兄弟公司以及TBS和CNN等有线电视网络的娱乐巨头时代华纳合为一体，从一家电信公司变身为一家媒体巨头。两家公司的合并将成为康卡斯特（Comcast）收购NBC Universal以来媒体和电信行业最具雄心的一宗内容和分销业务的联姻。对于AT&T来说，这笔交易可能会帮助该公司找到新的增长领域，该公司的核心无线业务已经饱和。对于时代华纳来说，付费电视分销商正掀起整合热潮，越来越多的观众放弃了价格昂贵的有线电视套餐而转向更加便宜的在线流媒体服务。

2018年6月，美国哥伦比亚特区地方法院法官裁定，AT&T Inc.收购时代华纳的交易合法。法官拒绝了司法部提出阻止这项收购的请求，称政府未能证明合并会导致付费电视用户价格上涨。法官对这笔交易没有附加条件。美国司法部对法院的这一判决结果感到失望。随后，美国电话电报公司宣布完成收购时代华纳，该现金加股票收购交易的价值约为810亿美元，美国电话电报公司净负债将超过1 800亿美元，合并后的公司将成为负债最高的公司债发行人之一。

林德与普莱克斯完成合并：2016年12月，德国公司林德（Linde）与美国竞争对手普莱克斯（Praxair）就潜在的合并达成一致。2017年6月，林德与普莱克斯宣布，两家公司已经正式签署了持股对等的全股票合并协议。合并后的公司将成为全球工业气体行业的领导者，按2016年业绩的合并营收约为290亿美元，股票市值超过700亿美元。新的控股公司将命名为林德，在爱尔兰注册，包括董事会议在内的多数公司治理活动将在英国进行。林德和普莱克斯的股东将分别拥有合并后公司约50%的股权。

2018年10月，在美国和欧洲反垄断官员批准林德与普莱克斯的合并后，满足了该交易的最终成交条件。两家公司10月31日完成合并交易。除了此前宣布林德出售其在美国的大部分业务外，与美国联邦贸易委员会达成的协议，还要求林德出售其在美国的七家氢工厂。林德必须在2019年1月29日前完成资产剥离。合并后的公司Linde plc在纽约和法兰克福上市，将拥有全球领先的工业气体市场，总市值约900亿美元。

依视路和陆逊梯卡完成合并：2017年1月，法国镜片制造商依视路（Essilor International S.A.）和意大利眼镜架制造商陆逊梯卡集团（Luxottica Group S.p.A.）同意合并。该交易将缔造一家市值约为463亿欧元（约合490亿美元）的眼镜行业巨头。陆逊梯卡81岁的创始人兼执行董事长Leonardo Del Vecchio所有的意大利控股公司Delfin将持有合并后新公司31%~38%的股权。陆逊梯卡旗下拥有Ray-Ban和Oakley等品牌。合并后的公司将在巴黎证券交易所上市。两大眼镜巨头强强联手，将能够通过更好的整合镜片和镜架的上下游供应链，来应对眼镜行业的发展变化。

2018年10月，陆逊梯卡和依视路宣布完成合并，合并后的公司为EssilorLuxottica集团。10月2日开始，EssilorLuxottica SA在巴黎证券交易所交易。双方完成余下股份的强制转让后，陆逊梯卡将在2019年1月28日至3月4日从意大利证券交易所退市。合并后的公司年销售总额超过150亿欧元，在全球有14万名员工，商品在150多个国家和地区销售。

此外，2012年后，全球市场智能手机得到了高速的普及，通讯系统高速进入4G时代，知识和信息的传播速度达到了人类历史上前所未有的高度。影响现实世界交易成本的核心因素是信息不对称，在移动互联网时代，信息不对称得到了充分压缩，信息获取成本空前降低所导致的交易成本大幅度降低，首先对流通业产生了颠覆性影响，大幅度压缩了流通环节。这一影响随着大数据、云计算、人工智能、5G时代的高速发展，正在向研发、制造、供应链、支付信用体系等传统交易环节全面嵌入和改造，产业互联使得人类正在高速进入数字经济时代。所以，自2012年后，互联网公司成为市场增长最快的公司，并高速发展成为规模巨大的公司，并购市场出现了大量的以互联网公司为收购方的并购，推动互联网和传统产业的融合。

概括来说，发达国家的多次并购浪潮为我国企业并购的发展提供了许多有益的启示：（1）并购作为资本集中的重要形式，是经济发展的必然要求。当今，并购已不仅仅是一种微观层次上的企业现象，它已经上升为国家宏观层次的竞争，是提高综合国力的必然要求。这说明，并购的发展需要政府的支持和企业的努力。政府的支持不应是盲目干预，而应是通过创造好的环境，通过制定和修改法律、法规的方式为企业间的并购创造条件，依赖政府的立法、执法手段来消除企业并购中的地区封锁、行业封锁、市场封锁等障碍。（2）发展社会中介机构和投资银行业。在企业并购过程中，从目标公司的选择直至并购的完成，都需要社会中介机构的参与，需要会计师事务所进行审查、评估和评价，需要律师事务所协调有关的法律问题。此外，并购需要大规模的资金注入，大力发展金融业有助于并购的完成。（3）大力推进企业的股份制改造，完善上市公司并购机制。通过股票市场进行并购是西方发达国家企业并购的有效途径，而我国目前的企业股权结构中仍有大比重的股份不能上市流通，使得通过股票市场的并购行为受到很大的限制。近一年来，我国在外资并购方面的政策正在出现明显的变化，首先允许内地中外合资企业上市，其次允许外资企业上市，最后跨国公司可以在境内上市。这表明，我国资本市场将逐渐掀起外资并购热潮。(4) 积极鼓励强强联合，组建和发展一批具有国际竞争能力的大企业。随着我国改革开放进程的加快，越来越多的国际大企业正加快抢滩中国市场的步伐，在这种形势下，我国企业只有通过强强联合才能迅速提高竞争能力，迎接国际大企业的挑战。(5) 积极推进市场经济的配套改革，完善社会保障机制。并购是一种优胜劣汰的经济现象，任何一项并购的完成都会伴随着大规模的重组，其中包括人员安排的重大调整和部分人员的下岗，这必然会造成一些不稳定因素。因此，尽快完善社会保障和再就业机制，提高企业家的管理能力是当务之急。

四、我国企业并购

(一) 跨国公司并购中国企业步伐加快，关于外资并购的立法和安全审查等法律体系建立

近年来，并购距离我们很近，从全球并购中心可以看到大量的并购案例，这表明通过资本市场的并购在我国已经全面展开。归纳来看，跨国公司并购中国公司的途径如下：(1) 外国投资者购买境内非外商投资企业的股权或认购境内非外商投资企业增资，使该境内企业变更为外商投资企业。(2) 外国投资者购买境内外商投资企业中方股东的股权，或认购境内外商投资企业增资。(3) 外国投资者设立外商投资企业，并通过该外商投资企业协议购买境内企业资产且运营该资产，或通过该外商投资企业购买境内企业股权。(4) 外国投资者直接购买境内企业资产，并以该资产投资设立外商投资企业，运营该资产。

跨国公司对中国企业的并购完成后，往往有两种做法：一是终止企业运营，以达到消灭竞争对手、获取国内市场份额的目的；二是把并购获得的企业转变为其下属的加工企业，作为跨国公司全球生产链条上的一个环节，"既没有知识产权，也没有核心技术"，这种以消灭本土企业为主要出发点的并购是我国在利用外资过程中应该关注的。外国投资者取得实际控制权，是指外国投资者通过并购成为境内企业的控股股东或实际控制人，包括下列情形：(1) 外国投资者及其控股母公司、控股子公司在并购后持有的股份总额在50%以上。(2) 数个外国投资者在并购后持有的股份总额合计在50%以上。(3) 外国投资者在并购后所持有的股份总额不足50%，但依其持有的股份所享有的表决权足以对股东会或股东大会、董事会的决议产生重大影响。(4) 其他导致境内企业的经营决策、财务、人事、技术等实际控制权转移给外国投资者的情形。

近年来，随着经济全球化的深入发展和我国对外开放的进一步扩大，外国投资者以并购方式进行的投资逐步增多，促进了我国利用外资方式多样化，在优化资源配置、推动技术进步、提高企业管理水平等方面发挥了积极作用。随着国际经济的一体化，用立法手段保护产业安全、规范外资并购已经逐渐引起中国政府的重视。

为了促进和规范外国投资者来华投资，引进国外的先进技术和管理经验，提高利用外资的水平，实现资源的合理配置，保证就业、维护公平竞争和国家经济安全，依据外商投资企业的法律、行政法规及《公司法》和其他相关法律、行政法

规，商务部颁布了《关于外国投资者并购境内企业的规定》，对外资并购境内企业的基本规范、审批与登记程序、以股权作为支付手段并购境内企业的条件、申报文件和程序、特殊目的公司等做了详尽的规定。其中关于特殊目的公司并购境内企业的规定为红筹公司的发展制定了规范。其主要内容如下：

特殊目的公司系指中国境内公司或自然人为实现以其实际拥有的境内公司权益在境外上市而直接或间接控制的境外公司。特殊目的公司为实现在境外上市，其股东以其所持公司股权，或者特殊目的公司以其增发的股份作为支付手段，购买境内公司股东的股权或者境内公司增发的股份的，适用本节规定。当事人以持有特殊目的公司权益的境外公司作为境外上市主体的，该境外公司应符合本节对特殊目的公司的相关要求。特殊目的公司境外上市交易，应经国务院证券监督管理机构批准。特殊目的公司境外上市所在国家或者地区应有完善的法律和监管制度，其证券监管机构已与国务院证券监督管理机构签订监管合作谅解备忘录，并保持着有效的监管合作关系。本节所述权益在境外上市的境内公司应符合下列条件：（1）产权明晰，不存在产权争议或潜在产权争议；（2）有完整的业务体系和良好的持续经营能力；（3）有健全的公司治理结构和内部管理制度；（4）公司及其主要股东近3年无重大违法违规记录。

从审批程序来讲，境内公司在境外设立特殊目的公司，应向商务部申请办理核准手续。办理核准手续时，境内公司除向商务部报送《关于境外投资开办企业核准事项的规定》要求的文件外，另需报送以下文件：（1）特殊目的公司实际控制人的身份证明文件；（2）特殊目的公司境外上市商业计划书；（3）并购顾问就特殊目的公司未来境外上市的股票发行价格所做的评估报告。

获得中国企业境外投资批准证书后，设立人或控制人应向所在地外汇管理机关申请办理相应的境外投资外汇登记手续。特殊目的公司境外上市的股票发行价总值，不得低于其所对应的经中国有关资产评估机构评估的被并购境内公司股权的价值。

特殊目的公司以股权并购境内公司的，境内公司除向商务部报送该规定第三十二条所要求的文件外，另需报送以下文件：（1）设立特殊目的公司时的境外投资开办企业批准文件和证书；（2）特殊目的公司境外投资外汇登记表；（3）特殊目的公司实际控制人的身份证明文件或开业证明、章程；（4）特殊目的公司境外上市商业计划书；（5）并购顾问就特殊目的公司未来境外上市的股票发行价格所做的评估报告。

如果以持有特殊目的公司权益的境外公司作为境外上市主体，境内公司还需报送以下文件：（1）该境外公司的开业证明和章程；（2）特殊目的公司与该境外公司之间就被并购的境内公司股权所做的交易安排和折价方法的详细说明。

该规定的第四十五条到第五十条规定了具体的审批时限、程序、批准文件、外汇管制等，这一规范的出台，为境内企业借助红筹方式出海融资，提供了制度保障。

此外，国务院办公厅《关于建立外国投资者并购境内企业安全审查制度》的通知等系列规范的发布也为规范外资并购提供了法律依据。并购安全审查范围主要包括：外国投资者并购境内军工及军工配套企业，重点、敏感军事设施周边企业，以及关系国防安全的其他单位；外国投资者并购境内关系国家安全的重要农产品、重要能源和资源、重要基础设施、重要运输服务、关键技术、重大装备制造等企业，且实际控制权可能被外国投资者取得。

并购安全审查内容主要包括：（1）并购交易对国防安全，包括对国防需要的国内产品生产能力、国内服务提供能力和有关设备设施的影响。（2）并购交易对国家经济稳定运行的影响。（3）并购交易对社会基本生活秩序的影响。（4）并购交易对涉及国家安全关键技术研发能力的影响。

对于并购安全审查程序，主要内容包括：（1）外国投资者并购境内企业，由投资者向商务部提出申请。对属于安全审查范围内的并购交易，商务部应在5个工作日内提请联席会议进行审查。（2）外国投资者并购境内企业，国务院有关部门、全国性行业协会、同业企业及上下游企业认为需要进行并购安全审查的，可以向商务部提出进行并购安全审查的建议。联席会议认为确有必要进行并购安全审查的，可以决定进行审查。（3）联席会议对商务部提请安全审查的并购交易，首先进行一般性审查，对未能通过一般性审查的，进行特别审查。并购交易当事人应配合联席会议的安全审查工作，提供安全审查需要的材料、信息，接受有关询问。一般性审查采取书面征求意见的方式进行。联席会议收到商务部提请安全审查的并购交易申请后，在5个工作日内，书面征求有关部门的意见。有关部门在收到书面征求意见函后，应在20个工作日内提出书面意见。如有关部门均认为并购交易不影响国家安全，则不再进行特别审查，由联席会议在收到全部书面意见后5个工作日内提出审查意见，并书面通知商务部。如有部门认为并购交易可能对国家安全造成影响，联席会议应在收到书面意见后5个工作日内启动特别审查程序。启动特别审查程序后，联席会议组织对并购交易进行安全评估，并结合评估意见对并购交易进行审查，意见基本一致的，由联席会议提出审查意见；存在重大分歧的，由联席会议报请国务院决定。联席会议自启动特别审查程序之日起60个工作日内完成特别审查，或报请国务院决定。审查意见由联席会议书面通知商务部。（4）在并购安全审查过程中，申请人可向商务部申请修改交易方案或撤销并购交易。并购安全审查意见由商务部书面通知申请人。（5）外国投资者并购境内企业行为对国家安全已经造成或可能造成重大影响的，联席会议应要求商务部会同有关部门终止当事人的交易，或采取转让相关股权、资产或其他有效措施，消除该并购行为对国家安全的影响。

此外，对于外资并购形成经营者集中的，还要按照《国务院关于经营者集中申报标准的规定》、中华人民共和国商务部令2009年第11号《经营者集中申报办法》进行申报审批。

（二）经理层融资收购越来越多

在中国，一家由公司管理人员出资设立的“四通投资有限公司”，分期分批收购四通有关IT产业的资产，以此实现公司的产权明晰；四通集团就是用绕着走的并购方式完成了还很不彻底的“产权归位”，被称为“中国首例经理层融资收购”。在西方国家，MBO的主要模式如下：（1）收购上市公司。这类的MBO目标为股票在交易所上市的公司，通常公司被收购后即转为私人控股，股票停止交易。（2）收购集团的子公司或分支机构。20世纪80年代以后，一些多种经营的集团逆向操作，出售其累赘的子公司或分支机构，甚至从某些特定行业完全退出，以便集中力量发展核心业务，这时候最愿意购买公司的人，往往是内部管理者。

公营部门私有化的MBO，通常会有这样几种情况：将国有企业整体出售；将国有企业整体分解为多个部分，再分别卖出；多种经营的庞杂的公众集团公司出售其边缘业务，继续保留其核心业务；地方政府或准政府部门出售一些地方性服务机构。

（三）中国企业通过并购发展将越来越广泛，法律法规体系越来越完善

金融危机之后，在国务院相继出台十大产业振兴规划和国资委《企业国有产权无偿划转工作指引》等诸多利好政策的推动下，2009年国有企业之间的大规模并购重组浪潮正在暗流涌动。该指引的发布带来了央企与地方国企并购和跨区域跨省市重组的机会。该指引出台后，同行业间或者行业上下游间央企并购地方国企和同一央企旗下不同区域的上市子公司之间重组将变得更为便利。首先，危机不仅压低了资产价格，而且令不少企业难以维持并寻求被收购；其次，中国外汇储备充足，足以支持国内企业进行大规模海外并购；最后，相关政策也开始为国内的并购融资放行。即便没有这次席卷全球的金融风暴以及随之而来的全球经济衰退，中国的很多产业也已经到了需要通过并购实现大规模整合的时候。近年来，联想收购IBM个人电脑业务、上汽收购韩国双龙汽车以及TCL并购阿尔卡特和汤姆逊等案例，说明中国企业参与并购已经成为发展的主流。

2009年，执行了12年的“不得用贷款从事股本权益性投资”的规定，被最新出台的《商业银行并购贷款风险管理指引》所取代。这也意味着，企业在并购过程中，将获得银行贷款的大力辅佐，“过桥资金”此后将名正言顺地参与企业并购活动。2008年11月5日，国务院常务会议提出，要加大金融对经济增长的支持力度，加大对重点工程、“三农”、中小企业和技术改造、兼并重组的信贷支持。这也成为该指引选在此刻出台的重要原因。该指引的出台，将进一步推动我国企业的并购重组，通过并购快速做大做强。该指引的基本思路是，符合条件的商业银行在开展并购贷款业务时，要在满足市场需求和控制风险之间取得最佳平衡。既要体现以信贷手段支持战略性并购，支持企业通过并购提高核心竞争能力，推动行业重组的政策导向，又要有利于商业银行科学有效地控制并购贷款风险。因此，为防范必要的风险，该指引对并购贷款申请人进行了一定约束：首先，并购方需依法合规经营，信用状况良好，没有信贷违约、逃废银行债务等不良记录；其次，并购交易合法合规，涉及国家产业政策、行业准入、反垄断、国有资产转让等事项的，应按适用的法律法规和政策要求，取得有关方面的批准和履行相关手续；最后，并购方与目标

企业之间具有较高的产业相关度或战略相关性，并购方通过并购能够获得目标企业的研发能力、关键技术与工艺、商标、特许权、供应或分销网络等战略性资源，以提高其核心竞争能力。此外，按照循序渐进、控制风险的指导思想，银监会鼓励商业银行在现阶段开展并购贷款业务时主要支持战略性的并购，以更好地支持我国企业通过并购提高核心竞争能力，推动行业重组。由于并购贷款的风险程度较高，因此，在鼓励银行开展并购贷款业务的同时，监管部门自然也不会忽视风险防控。

此外，由于不采取审批制批准并购贷款，该指引对可以从事该项贷款业务的银行设定了必要条件，包括：有健全的风险管理机制和有效的内控机制；贷款损失专项准备充足率不低于100%；资本充足率不低于10%；一般准备金余额不低于同期贷款余额的1%；有并购贷款尽职调查和风险评估的专业团队。该指引规定，商业银行开办并购贷款业务后，如发生不能持续满足以上所列条件的情况，应当停止办理新发生的并购贷款业务。该指引要求，商业银行应按照本行并购贷款业务发展策略，分别按单个借款人、企业集团、行业类别对并购贷款集中度建立相应的限额控制体系，同一借款人的并购贷款余额占同期本行核心资本净额的比例不应超过5%。商业银行全部并购贷款余额占同期本行核心资本净额的比例不应超过50%。并购贷款期限一般不超过5年。该指引规定，原则上，商业银行对并购贷款所要求的担保条件应高于其他贷款种类。以目标企业股权质押时，商业银行应采用更为审慎的方法评估其股权价值和确定质押率。商业银行还应根据并购贷款风险评估结果，审慎确定借款合同中贷款金额、期限、利率、分期还款计划、担保方式等基本条款的内容。当并购贷款出现不良时，商业银行应及时采取贷款清收、保全，以及处置抵（质）押物、依法接管企业经营权等风险控制措施。该指引要求，商业银行应至少每年对并购贷款业务的合规性和资产价值变化进行内部检查和独立的内部审计，对其风险状况进行全面评估。

随着并购的大力发展，一系列关于并购重组的重大法律法规出台，对规范并购行为起到了保障作用。主要法律法规如下：

1. 随着上市公司的兼并收购行为越来越广泛，《上市公司收购管理办法》于2006年5月17日由中国证券监督管理委员会第180次主席办公会议审议通过，并根据市场的发展，分别于2008年8月27日、2012年2月14日进行修订，对上市公司收购的权益披露、要约收购、协议收购、间接收购、豁免申请、财务顾问、持续监管、监管措施与法律责任等做出了明确规范。

2. 为了规范并购行为，促进公平竞争，《中华人民共和国反垄断法》已由中华人民共和国第十届全国人民代表大会常务委员会第二十九次会议于2007年8月30日通过，自2008年8月1日起施行。该法对垄断协议、滥用市场支配地位、经营者集中、滥用行政权力排除、限制竞争、对涉嫌垄断行为的调查、法律责任等进行了定义和规范，对保护竞争、规范并购中的垄断行为、和国际接轨推动经济一体化发展起到了保障作用。

3.《国务院关于经营者集中申报标准的规定》（于2008年8月1日由国务院第

20次常务会议通过）和中华人民共和国商务部令2009年第11号《经营者集中申报办法》等对经营集中的申报标准、方法程序等做了进一步明确，更具操作性。通过并购可以获取经营优势，但要注重经营者集中的申报和管理。经营者集中是指下列情形：①经营者合并；②经营者通过取得股权或者资产的方式取得对其他经营者的控制权；③经营者通过合同等方式取得对其他经营者的控制权或者能够对其他经营者施加决定性影响。经营者集中达到下列标准之一的，经营者应当事先向国务院商务主管部门申报，未申报的不得实施集中：①参与集中的所有经营者上一会计年度在全球范围内的营业额合计超过100亿元人民币，并且其中至少有两个经营者上一会计年度在中国境内的营业额均超过4亿元人民币；②参与集中的所有经营者上一会计年度在中国境内的营业额合计超过20亿元人民币，并且其中至少有两个经营者上一会计年度在中国境内的营业额均超过4亿元人民币。营业额的计算，应当考虑银行、保险、证券、期货等特殊行业、领域的实际情况，具体办法由国务院商务主管部门会同国务院有关部门制定。经营者集中未达到本规定第三条规定的申报标准，但按照规定程序收集的事实和证据表明该经营者集中具有或者可能具有排除、限制竞争效果的，国务院商务主管部门应当依法进行调查。

4.为贯彻落实“走出去”的发展战略，促进境内机构境外直接投资的健康发展，对跨境资本流动实行均衡管理，维护我国国际收支基本平衡，根据《中华人民共和国外汇管理条例》等相关法规，国家外汇管理局制定了《境内机构境外直接投资外汇管理规定》(以下简称《规定》)，自2009年8月1日起施行。《规定》在整合近年来境外直接投资外汇管理政策、措施的基础上，结合国家外汇管理局直接投资外汇管理信息系统的上线运行，对境外直接投资外汇管理方式和程序进行了简化和规范，主要体现在以下几个方面：一是简化审核程序，改革境外直接投资外汇资金来源事前审查为事后登记，并取消了境外直接投资资金汇出核准。二是扩大境内机构境外直接投资的外汇资金来源。境内机构可使用自有外汇资金、符合规定的国内外汇贷款、人民币购汇或实物、无形资产、留存境外利润等多种资产来源进行境外直接投资。三是允许境内机构在其境外项目正式成立前的筹建阶段，经外汇管理局核准汇出投资总额一定比例的前期费用。四是建立全口径境外直接投资外汇管理体系，明确并规范境内金融机构境外直接投资的外汇管理。五是完善与健全境外直接投资项下跨境资金流出入统计监测机制。《规定》将使境外直接投资外汇管理更加规范化、系统化，有利于境内机构及时把握投资时机，提高境外直接投资的效率。同时，也有利于进一步完善境外直接投资的统计监测，促进我国国际收支基本平衡。

5.为进一步贯彻落实《国务院关于鼓励和引导民间投资健康发展的若干意见》(国发〔2010〕13号)，鼓励和引导民间资本境外投资健康发展，就完善境外投资促进和保障体系所涉外汇管理有关问题规定如下：①简化境外直接投资资金汇回管理，境内企业已汇出投资总额与注册资本差额部分的对外直接投资资金，经所在地外汇管理局登记后，可以直接汇回境内，无须办理减资、撤资登记手续。②简化境外放款外汇管理，放宽境外放款资金来源，允许境内企业使用境内外汇贷款进行境外放款。取消境外放款资金购付汇及汇回入账核准，境内企业开展境外放款业务，经所在地国家外汇管理局分局、外汇管理部核准放款额度并办理相关登记手续后，可直接到外汇指定银行办理境外放款专用账户资金收付。③适当放宽个人对外担保管理，为支持企业"走出去"，境内企业为境外投资企业境外融资提供对外担保时，允许境内个人作为共同担保人，以保证、抵押、质押及担保法规允许的其他方式，为同一笔债务提供担保。境内个人应当委托同时提供担保的境内企业，向境内企业所在地外汇局提出担保申请。若外汇局按规定程序批准境内企业为此笔债务提供对外担保，则可在为企业办理对外担保登记的同时，为境内个人的对外担保办理登记。外汇管理局不对境内个人的资格条件、对外担保方式和担保财产范围等具体内容进行实质性审核。外汇管理局在为境内企业办理对外担保登记时，可在该企业对外担保登记证明中同时注明境内个人为同一笔债务提供对外担保的情况。境内个人办理对外担保履约时，所在地外汇管理局凭履行债务的相关证明文件办理。

6.随着境内企业在境外资本市场上市和发展，越来越多的跨境收购和员工激励问题成为企业迫切需要解决的问题，法律也在进一步完善。国家外汇管理局《关于境内个人参与境外上市公司股权激励计划外汇管理有关问题的通知》进一步明确了境外上市公司股权激励计划的外汇管理方法、程序、审批路径等，使得利用特殊目的公司实现境外上市融资的企业的员工激励计划能够有法可依，这将极大促进跨境收购兼并的发展。

7.《关于鼓励和引导民营企业积极开展境外投资的实施意见》。党中央、国务院提出实施"走出去"战略至今，在短短10多年的时间内，我国企业紧紧抓住国家综合国力稳步提高、经济实力不断增强和对外开放不断深入的有利时机，结合经济全球化条件下带来的机遇与挑战，积极稳妥地开展境外投资合作，取得了显著成效。初步统计，截至2011年底，我国对外直接投资累计3 823亿美元，当年共对全球132个国家和地区投资651亿美元，居发展中国家首位。"十一五"期间，我国对外直接投资累计2 289.2亿美元，年均增速34.3%。通过境外投资，我国企业在拓展国际化业务、提高经营管理水平、开拓企业发展空间的同时，也在促进国民经济持续快速发展和产业结构优化升级、密切我国与世界各国的经济交往方面发挥了积极作用。在这一过程中，民营企业已经成为中国企业"走出去"的重要力量，有其独特的竞争优势和重要意义。民营企业通过境外投资参与国际竞争，增强了自身核心竞争力和国际影响力，也为促进我国经济发展、调整产业结构发挥了积极作用。据有关部门统计，近年来非国有企业占我国企业境外投资流量的比重不断上升，2011年已经达到约44%。但同时也要看到，我国企业境外投资还面临着一些突出的困难和问题。比如，境外投资中介服务体系还不成熟，与境外投资的要求和国际竞争者相比，境内企业相对规模小、实力弱，国际化专业人才匮乏，跨国经营经验和企业文化融合能力不足，缺乏长远规划，无序竞争甚至恶意竞争现象时有发生。此外，随着我国经济实力增强和对外投资规模增加，国际上对我国企业正常投资活动的疑虑日渐增多，面临的限制性措施和政府干预风险也有所增加，境外投资风险防范和权益保护问题也愈发突出。

为此，2012年8月，国家发展改革委会同外交部、工业和信息化部、财政部、商务部、人民银行、海关总署、工商总局、质检总局、银监会、证监会、保监会和外汇管理局等12家国务院有关部门研究制定和联合发布了《关于鼓励和引导民营企业积极开展境外投资的实施意见》(以下简称《实施意见》)，明确提出要鼓励和引导民营企业“走出去”积极参与国际竞争。这是从全局和战略的高度对鼓励和引导民营企业境外投资进行部署和安排，对于全面做好民营企业境外投资的服务保障和风险防范，保障境外人员和资产安全，具有十分重要的现实意义。《实施意见》从大力加强宏观指导、切实完善政策支持、简化和规范境外投资管理、全面做好服务保障和加强风险防范、保障人员和资产安全等5个方面提出了鼓励和引导民营企业开展境外投资的18条政策措施，具体包括：对民营企业境外投资要加强规划指导和统筹协调，做好境外投资投向引导，促进企业提高自主决策水平，指导和规范境外经营行为；落实和完善财税支持政策，加大金融保险支持力度，深化海关通关制度改革；健全境外投资法规制度，简化和改善境外投资管理，改进和完善外汇管理政策；提升经济外交服务水平，健全多双边投资保障机制，提高境外投资通关服务水平，全面提升信息和中介等服务，引导民营企业实施商标国际化战略；健全境外企业管理机制，完善重大风险防范机制，强化境外人员和财产安全保障。《实施意见》是我国首次制定和发布的鼓励、引导民营企业开展境外投资的综合性政策文件，可以用三个字来形容它的特点：一是“广”，涵盖了鼓励和引导民营企业境外投资的各个主要方面。对于民营企业比较关心的规划指导和投向引导，按照国际惯例的财税、金融和保险支持政策，简化和规范审批手续，做好投资保障和综合服务，加强风险防范和安全保障等方方面面的问题，都在深入研究的基础上作了全面的阐述。二是“新”，体现了积极结合新形势、新情况，以开拓创新的态度来促进民营企业境外投资发展的工作思路。比如，积极探索以境外股权、资产等为抵押，为民营企业境外投资提供项目融资；对符合条件的高资信民营企业的通关货物办理快速验放手续等。三是“实”，根据民营企业在境外投资过程中遇到的实际困难和问题，针对性地提出了具体工作措施。比如，文件中比较全面地介绍了国家鼓励民营企业投资的重点方向，有利于民营企业结合国家政策导向和经营发展需要开展境外投资；结合人民币国际化进程，提出支持重点民营企业结合境外投资项目需要在境外发行人民币债券，继续扩大人民币在企业境外投资中的使用。再如，在创新投资方式方面，提出指导和推动有条件的企业和机构成立涉外股权投资基金，发挥基金对促进企业境外投资的示范和带动作用。

(四)“十三五”规划后的并购市场

“十三五”规划逐渐明晰，“互联网+”、“一带一路”、金融深化改革、产业转型升级等国家战略，使得市场的脉络也随之明确。而并购作为市场资源优化配置的重要手段，将在未来较长一段时间里，成为资本市场最为激荡的主旋律。

1.国务院印发“双创意见”，推动多主题并购

2015年9月23日，国务院印发《关于加快构建大众创业万众创新支撑平台的指导意见》，这是对大力推进大众创业万众创新和推动实施“互联网+”行动的具体部署，是加快推动众创、众包、众扶、众筹等新模式、新业态发展的系统性指导文件。由于国家的政策引导和扶持，促使大规模的主题并购和创新创业实践层出不穷。“互联网+”“传统企业转型”“工业4.0”“智能硬件”等主题成为并购市场的热门方向。

2015年作为“十三五”规划的谋定之年，也是中国经济进入新常态的起始之年，国家经济已经全面进入新常态局面，GDP增速首次达到7%以内的平缓增长水平。这说明了，中国的市场经济已经进入了一个经济发展结构与增长模式深化调整的阶段。而这一阶段，最为深刻的变化就是产业经济发展动力的转变，将从改革开放以来爆发的政府投资主导拉动方式转变为市场行为主导拉动方式。这意味着在各行各业都会出现，从市场行为倒逼国家政策提升、重视、改良的现象。

2.“十三五”产业转型升级，产业协同并购渐成主流

“十三五”规划年新一轮企业并购浪潮来临。从宏观而言，传统经济面临严峻转型，通过并购方式进行转型整合，可以有效地形成社会资源的优化配置。从产业角度而言，通过并购能够有效地完善产业布局，优化产业结构，推动中国产业格局走出较为散乱、冗杂的局面。从新的增长角度来看，“十三五”期间中国的产业结构调整将更加剧烈和常态化，新经济、新业态快速涌现，会大量引发战略性新兴产业的跨产业交叉性需求，如中国铁塔收购三大运营商、海航的频繁整合等，都是开始通过并购的方式形成产业协同和发展共赢，从而达成更好的产业链条和多元化生态发展。而这种基于满足产业协同需求的并购方式，已经成为产业转型升级的主流。

在“十三五”阶段，能够利用政策引导，进一步完善产业布局和转型成熟速度，应该是资本和产业企业进行筹划的核心。全面深化改革在“十三五”期间，将对产业转型、金融开放、法律监管等核心方面进行深入调整。在这个局面之下，对于协同产业的整合与并购，是形成有效抵御资本风险和产业风险的有力武器，而并非盲目地追求政策红利中的热点方向，这应该成为这一时期的重要共识。

3.“互联网+”催动互联网行业整合并购

“互联网+”概念提出以来，互联网行业迅速成为市场的宠儿。2015年中开始，互联网行业并购呈井喷式增长。2015年，全行业并购宣布9 701例，环比增长24.3%，披露交易金额7 233.28亿美元，环比增长81.65%。其中，互联网行业并购宣布836例，环比增长54.24%，披露金额共518.69亿美元，环比增长197.38%。各大传统行业通过并购互联网企业调整企业的产业结构，突破传统的企业发展观念，积极寻求转型，实现与“互联网+”的融合。其中，无论是BAT等互联网巨头，还是像洋河、思念、万达这样的传统企业，都开始在互联网行业进行并购整合，布局O2O、生态圈等。而互联网融合也随之形成产业链条升级和企业转型的主要任务。

在“互联网+”主题不断升温的当下，虽然拥抱互联网有利于产业经济转型升级和新兴产业快速发展，但我们需要冷静的是，太多的互联网公司存在估值过高、布局偏激、融资虚假、商业模式模糊、盈利能力局限等问题，而这些问题极可能成为未来一段时间内行业过渡发展的核心后遗症，P2P和O2O行业已经率先显露端倪。因此对于“互联网+”行业的投资和产业布局，需要更加提高警惕，以免心急吃不了热豆腐。

（五）利用A股资本市场功能实施产业并购成为主流

这主要有三种模式：

一是上市公司作为收购主体直接对标的企业进行收购，典型者有蓝色光标、华谊兄弟等。此类上市公司通过频繁的外延式扩张，实现规模的扩大以及股价的上升，但与此同时有可能造成实际控制人持股比例的不断摊薄。为规避实际控制权发生转移，大股东纷纷出高招，比如签署一致行动协议、增大现金收购比例、修改章程对董事会变动进行限制等。

二是“上市公司+PE”的方式。大致的模式是上市公司作为LP，某投资管理公司作为GP，联合成立产业并购基金。该基金负责寻找、评估、收购与上市公司有产业关系的标的企业，在培育成熟后，再由上市公司进行收购。从优点来看，这个模式可以将上市公司的资本优势和投资机构的项目判断优势结合起来，并且通过培育，在降低上市公司并购风险的同时，让投资机构获得一个比较通畅的退出通道，实现双赢。这个模式已经流行多年并野蛮生长。据统计，自2014年以来，“PE+上市公司”案例就已达194个，所涉基金规模逾2 000亿元。

不过，这一模式也日益受到质疑和挑战，比如借产业并购之名，行市值管理、内幕交易、操纵股价之实等，并且上市公司和投资机构之间的矛盾也逐渐显现出来。2015年，身为PE的硅谷天堂将曾经的合作者大康牧业起诉至杭州中院，理由是大康牧业在双方共同管理的并购基金天堂大康中违约。虽然最终双方和解，但如何更好地平衡投资机构和上市公司的利益、做好衔接，如何更好地配合上市公司战略调整以及收购后的整合等都值得反思和总结。2016年1月，证监会经过调查，决定对硅谷天堂内部工作人员及其客户、亲属进行处罚，发现其所利用的“内幕”正是硅谷天堂与上市公司的合作信息。

三是借壳上市。采取借壳上市方式进行重组的，大多数是原实际控制人希望从上市公司退出，并获得一笔不菲的壳费。在IPO受阻的情形下，2015年A股市场涌现出了许多借壳上市案例，或者采取各种方式规避借壳与IPO标准趋同的审核，曲线实现上市。

据统计，2015年A股市场发生了以借壳为目的的重大资产重组77起，涉及交易总金额高达4 061亿元，占全部资产重组案例交易金额的21.75%。在这其中，交易金额超100亿元的就有金丰投资、七喜控股、海岛建设、美罗药业、艾迪西、世纪游轮、*ST金路和大橡塑8起。

对于本来就具备较强盈利能力的企业而言，在借壳上市时大可以按照IPO的方式走个完整流程。但对于某些企业而言，不得不采取各种变通方法来规避重组行为被认定为借壳上市，从而快速实现上市。规避的方法还是围绕规避借壳上市认定的三项标准展开：一是上市公司控制权是否发生变化；二是在控制权变化后，上市公司向收购人购买的资产总额占控制权变更前一个会计年度资产总额的比例是否达到100%以上；三是看所收购资产的所有人与收购后上市公司的控制人之间是否存在关联关系。由于借壳上市判断标准比较“呆板”，市场上已出现多种手法来规避这一障碍。

上述三种模式，无论实施哪一种，都面临收购资金来源及整合成本的问题。在上市公司并购中，除了资产置换、资产换股、协议转让等形式之外，解决资金来源的主要方式则是靠非公开发行。据统计，2015年采用了发行股份购买资产方式进行的并购重组，涉及交易金额9 244.93亿元，接近全年并购重组事项涉及金额的一半。

产业并购的火爆，反映的是中国经济结构转型升级的内在需求，这里面既有产业整合，逐步形成寡头格局的行业发展规律，更有形成中国“创造”的发展动力；不仅中小板和创业板的企业积极参与进来，出现了很多十亿、百亿级别的并购整合，而且很多大型国企也积极投身于这场大潮。比如，引爆A股火热行情的中国南车、北车的合并，中国五矿和中国中冶的合并，招商蛇口和招商地产的合并等，都是百亿乃至千亿以上规模的整合。

（六）跨境并购日益成熟

在“一带一路”战略的助推下，中国上市公司境外并购的热情也日益高涨。其间有两大逻辑：一是成长，用中国动力对接全球资源，利用中国的消费增长动力，通过收购境外的优势企业或有影响力的品牌，并将其引入中国及其他新兴国家，满足消费需求，实现共赢；二是估值套利，利用A股的高估值去收购低估值的境外企业。随着人民币加入SDR，国际化进程逐步深化，上市公司境外并购也将会日趋深化。

1.从近年，尤其是2015年后跨境并购情况来看，与以往有以下几个不同之处

一是热点发生了转移。与往年以矿业并购为主有所不同，随着资源价格的下跌，以及反腐工作的深入，以央企、国企为核心的主力在进行收缩。但与此同时，以民企为主，对TMT、中高端制造企业及其掌握的技术、金融服务等行业企业的境外并购日益成为热点，主要目的也从简单获得资源逐渐向寻求资源、扩大市场、引进技术、获得渠道转变。

二是国家资金的支持。在国家层面，不仅有宏观的战略指导，政策的松绑，渐次成立的国字号产业基金也成为上市公司海外并购的一大“金主”。在长电科技收购星科金朋一案中，长电科技需动用高达7.8亿美元的收购资金，但长电科技仅出资了2.6亿美元，收购资金的主要来源是国家集成电路产业投资基金股份有限公司（下称“产业基金”），其出资额在3亿美元，并且同有国资背景的芯电半导体（上海）有限公司也出资2.2亿美元。三方通过一系列复杂的交易架构设计，在长电科

技出资较少的情况下，依旧保持了对收购项目的控制权，同时也创造了一个国资和民资合力实施国家战略，开拓海外市场的范例。

三是海外上市公司逐渐成为中国买家青睐的对象，这其中的主要原因或许在于上市公司信息披露的及时性和全面性，能够有效降低买家尽调的成本和风险。

从上市公司实施境外并购的方式来看，大体上可以分为两类：一是上市公司以自有资金辅之以一定债务杠杆、通过非公开发行募集资金或与第三方联合直接收购境外标的公司；二是先由上市公司大股东先行收购，作为一个过渡，待条件成熟时再注入上市公司。在实际运作过程中，上市公司采取哪种方案，需要根据自身的资金实力、收购完成时间预判、股价走势等综合考虑，不能一概而论。值得关注的是，如果采取先由大股东收购，再向上市公司注入的方式，由于涉及关联交易，势必要大股东做出盈利预测和业绩承诺，这也将增加重组的难度。而且由大股东先行收购，一般需要付出一定的资金成本，大股东能否及时收回成本也是在方案设计中需要加以考虑的事情。

在实施境外并购时，同样需要善用第三方机构的力量，也可以将“上市公司+PE”这一模式应用到境外并购中去。与国内收购模式一样，关键是要做好利益平衡和投资机构退出通道设计。

2.估值溢价，导致大量的中概股回归

多年来，由于境外资本市场规模和筹资能力、上市条件的吸引，众多的企业络绎不绝地走在去中国香港、美国、新加坡等国家和地区资本市场的道路上。

或许是受暴风科技毅然决然拆除VIE架构，放弃海外上市，并成功登陆A股后股价一飞冲天的刺激，诸多已经上市或准备上市的中概股纷纷表示要回归A股，这其中甚至包括了刚刚在美股上市半年的陌陌科技。

A股高估值的诱惑确令人难以抵抗。以360为例，当前的市盈率30倍左右。若按目前70美元/股左右的股价计算，其市值在86亿美元左右，折合人民币500亿元。如果360回归创业板，按照创业板平均约100倍的市盈率计算，360的市值将直接翻3倍。而且基于360的盈利能力，100倍的市盈率对其而言只是偏低。这也就意味着，即使360维持现状，只不过更换一下上市地点，其市值和股东个人财富将会大幅攀升，并且还可以进一步打开融资通道。

面对如此巨大的诱惑，各路资本理所当然会采取行动。但对中概股回归而言，在技术层面上却异常复杂。如果将中概股回归的路径进行分解，其实质上是由私有化境外上市公司、借壳A股上市公司两大步骤组成，如果涉及VIE架构，还要多一项拆除VIE架构的事情。从监管来看，涉及境外投资、外汇登记、税收、私有化资金筹措、应对境外上市公司小股东可能发起的诉讼等事项，交易安排异常复杂。

从2015年中概股回归的方式来看，大体有四种方式：

第一种方式是先私有化，然后借壳上市。这是一种比较典型的方式，其代表就是分众传媒借壳七喜控股。

2005年3月分众传媒在纳斯达克上市，经过短暂的风光后，遭遇业绩下滑和机构的做空。2012年8月，分众传媒正式启动私有化工作，历时约9个月，最终耗资38.23亿美元，折合人民币245亿元。私有化之后，分众传媒的经营业绩仍旧保持了一定增长，收入从2012年的61.72亿元上涨到2014年的75亿元左右，并且向股东分配了巨额的股息。

经过一系列的内部架构重组，分众传媒迅速启动上市工作，最终将壳选定为七喜控股。从借壳时的估值来看，分众传媒的估值高达457亿元，较当初私有化时的估值翻了将近一番。而借壳后七喜控股的股价也从借壳前的不足20元一度攀升到超过60元。分众传媒从2012年开始私有化到2015年实现A股上市，耗时3年有余，而其间为搭建上市平台，江南春等分众传媒股东也前后付出了数十亿元的税务成本。

第二种方式是由上市公司进行非公开发行，引入境外上市公司股东，并用非公开发行所募集的资金对境外上市公司进行私有化，将境外私有化和境内上市同步实施。这一方式的典型代表就是银润投资收购学大教育。

或许是先私有化再借壳上市耗时较长，期间不可控因素太多，比如私有化后万一企业经营出现亏损等，将会导致再次上市失败，学大教育采取了股东先入股境内上市公司，再由其私有化学大教育的方式进行。在学大教育方案中，为了规避借壳上市与IPO审核标准趋同的影响，加快私有化进程，学大教育还在银润投资控制权设计上颇费苦心，最终形成了公之于众的方案。

第三种方式是现金加换股方式实现私有化并同步在A股上市，其代表是如家。2015年12月7日晚间，如家在美国发表声明，宣布与A股上市公司首旅酒店进行战略合作，由首旅酒店对如家进行私有化。

这种方式与第二种方式本质上是一致的，都是通过A股上市公司对境外上市公司进行私有化，不同之处在于两点：

一是对境外上市公司主要股东没有造成资金压力。学大教育主要股东需要先以现金方式参加上市公司的非公开发行，而如家主要股东则只在后期参与非公开发行，而且认购的对价是持有的股权，整个过程基本上没有发生现金支出。按照首旅酒店对如家的110亿元估值，如果采取学大教育模式，如家原主要股东需要先掏出近40亿元现金。

二是境外上市公司主要股东的主动性不一样。如果私有化不成功，学大教育的股东就需要考虑如何从上市公司抽身而退，上市公司如何宣布终止非公开发行；而如家的股东则不需要考虑这些问题，即使首旅酒店刚开始时私有化如家不成功，也不会对其造成比较大的负面影响，主动性也相对比较强。

但实施这种模式有一个比较烦琐之处，在首旅酒店向携程等如家原主要股东发行股份购买其持有的34.87%股权时，由于不涉及现金支付，相当于跨境换股。虽然从交易本身而言并无根本障碍，但直接跨境换股在作者印象中尚属首次。

第四种方式是境外上市公司剥离部分业务在境内上市，比较典型的是搜房分拆部分业务回归A股。

搜房于2010年登陆纽交所，主要业务包括房产及家居广告营销业务、金融业务、交易业务、研究业务四大板块，此次剥离出来准备在境内上市的是前两项业务，主要分布在丽满万家、搜房媒体、北京搜房网络、拓世寰宇、宏岸图升5家公司。搜房这些业务拟注入的境内上市平台是万里股份。

从交易结构上看，这项交易并不复杂，也是直接采取境内上市公司直接收购的方式。万里股份以不低于7亿元现金，向现任实际控制人出售全部资产及负债，将自己变成一个"净壳"；并以23.87元/股非公开发行6.78亿股，合计作价161.8亿元收购上述5家公司100%股权；同时拟以23.87元/股非公开发行股份募集配套资金不超过31.6亿元。这次重组标的企业股东都位于境内，属于境内重组，操作相对比较便捷，重组后，万里股份的实际控制人变更为搜房的控股股东莫天全。

由于搜房依旧是纽交所上市公司，因此，在万里股份完成对搜房部分业务的收购后，搜房依旧保持了上市公司地位，而且还多了一个A股上市平台，其结果等于是美国上市公司下面套了一个A股上市公司。分拆上市对大型多元化公司而言非常常见，可以利用不同区域资本市场的不同估值、不同偏好和不同规则来帮助公司实现融资，实施战略。对于搜房而言，在美股之外又获得了A股的融资渠道，资本运作空间大大拓展。

考虑到中概股有着如此之高的市值体量，如果实现回归，也必将极大推升A股的总市值。或许，从构建更加强大资本市场体系的国家战略角度出发，中概股的回归将会越来越受到国家的鼓励，回归的通道也将会越来越顺利。

☆案例　　TCL进行MBO的运作过程

一、TCL的MBO之路

（一）1997年以前

TCL集团早在1993年就在深华、华通等下属生产性公司和销售系统开始了股权多元化、经营者持股的尝试，经营者的积极性被很好地调动起来，企业业绩也大幅增长。

（二）1997—2002年4月

TCL集团层面上的MBO则始于1997年惠州市政府与TCL集团管理层签订的授权经营合同。该合同规定：TCL集团从创建伊始到1996年的数亿元资产全部归惠州市政府所有，创业者不得有任何异议；1997年后，以净资产年增长率为标准予以奖惩，如果TCL集团的净资产年增长率超过10%（为当时假设的彩电行业平均资本报酬率5%的2倍），其超出部分按一定比例以现金形式奖励给管理层，但奖励只能用于认购公司增发的股份；如果增长率达不到10%，则管理层应受到相应的处罚。合同期为5年。这种股票期权方式，成功地保证了TCL集团中国有资产的保值增值，同时又大大激发了管理层的积极性和经营潜能。因业绩突出，TCL集团的管理层连年得到奖励用于认购公司股权。到2002年4月TCL集团改制时，包括管理层在内的TCL集团内部员工持股已达到42%，国有股则从100%下降到58%，即TCL集团的股权结构为：惠州市投资控股有限公司持股58%；包括管理层在内的TCL集团内部员工持股42%。

（三）2002年4月至今

2002年4月16日，TCL集团召开了创立大会暨首届股东大会，在原有限责任公司的基础上将原“TCL集团有限公司”变更为“广东TCL集团股份有限公司”，注册资本仍为人民币159 193.52万元，发起人股东为：代表市政府的惠州市投资控股有限公司（简称“惠州投资”）；新引进的五大战略性股东，即日本的东芝、住友，中国香港的金山、Pentel和南太电子（深圳）有限公司；李东生等42名自然人。自此，TCL集团的MBO宣告完成。纵观TCL集团的MBO，有几个突出的特点：

第一，在增量的基础上开展MBO，实现了各方利益主体的利益平衡和共赢。

TCL集团MBO的具体操作采取的是管理层以现金认购、增资扩股的方式，而现金的来源则是净资产年增长率超过10%以上的部分。这种增量基础上的改革是可以达到多方利益平衡和共赢的“帕累托改进”。

李东生说：“1997年的改革很及时，改晚了难度就很高，为什么春兰改制的方案不成功，因为要动存量资产。所以，要在增量资产那里动脑筋。因为最敏感的问题是国有资产有没有流失。只要我没有动你的，那何来流失呢？应该让国家得大头，个人得小头。”

第二，引进了战略投资者，将MBO与改善公司治理结构、优化产业结构以及实施国际化战略有机地结合在一起。

第三，为整个TCL集团上市打造了一个良好的平台，也为战略投资者的退出提供了一条较好的途径。

二、TCL实施MBO的成功经验

TCL集团的改制相当成功，也恰到好处，同时也带来了值得借鉴的MBO经验。

（一）实现各方利益的绝妙平衡是MBO成功的关键

只有在原大股东（国有企业中一般是政府）、管理层、一般员工、企业本身、战略投资者等各方利益主体之间寻求一种绝妙的平衡，才能获得MBO的最大成功。在TCL集团的MBO案例中，各方的利益都得到了较好的保护和体现，实现了平衡、多赢的目标。

惠州市政府从1997年开始，以合同的形式，对TCL集团管理层授权经营、放权让利，结果是收获了一个龙头企业、数十亿元的利税、数万人的就业、国有资产的巨额回报和增值。除了每年获得1亿多元分红外，据评估，TCL集团2002年4月改制时国有股权价值比1996年增长了2倍。

管理层获得了他们所期待的经济利益，且其利益得到了法律意义上的规范和保证，管理层团队的稳定性也得以“制度性”提高（李东生“保位”成功，避免了调任他职的无奈）。

企业本身更是获得了长足的发展，且为今后的发展奠定了良好的制度基础。

与TCL集团合作，战略投资者也获得了深入中国市场、分享中国成长的机会。

（二）安全第一，规范操作，将MBO安放于经得起考验的制度基础之上

李东生总结出TCL集团MBO的实施法则是：恪守政治安全的底线、对合法性的坚持和寻找利益共赢的智慧。这无疑对其他企业的MBO具有意义重大的参考价值。李东生要求TCI集团所进行的一切股权改革都要按章出牌，不钻政策的空子，保证“一百年有效”。比如，用奖励的现金购买公司的股份，是否要交税？按照广东的“红股”惯例可以不交税，但如果占这个便宜，不交税，将来的股权可能不保。于是，TCL集团的员工奖励购股全部交税。另外，管理层全部以自然人的身份持股，没有匿名持股，也是安全、规范可以得到法律保护的做法。

（三）引进战略投资者，将产业升级及企业的国际化战略与MBO有机结合

创建世界级的中国企业是李东生作为TCL集团当家人的梦想，于是他在MBO改制的同时引进了境外战略投资者。TCL集团的国际化走的是“以农村包围城市”的道路。在与中国文化背景比较相近的东南亚市场小有收获后，李东生尝试着把成功模式克隆到欧洲、日本、美国去，战线在悄无声息中被拉长，而李东生和TCL集团的风险系数也在不知不觉中加大。五大战略投资者在各自的领域都是技术研发能力很强、与TCL互补性很好的国际性大公司，如东芝的国际竞争力和创新能力很强，而住友与TCL早就有很好的合作，南太电子在数码、信息产品方面较强，金山在相关的电子产品、零部件上能力较强。加盟后，它们会加强与TCL集团在研发、生产、销售、采购甚至渠道等方面的互利合作，有助于解决TCL集团在国际市场上的营销网络优化、企业文化兼容等问题，提升TCL集团的国际竞争力与创新能力。

（四）改善公司治理结构是MBO的着眼点，也是MBO的目标之一

TCL集团由一个地方政府全资拥有、绝对控股的国有企业，演变成地方政府相对控股、外资战略投资者加盟、管理层持股的国际化企业，标志着其多元化股权结构的初步建立和法人治理结构的初步完善，对公司的长远发展意义非常重大。

惠州市政府还有意在将来根据情况进一步减持、稀释所持TCL集团的股份，进一步增加管理层持股的范围，更加激励其工作积极性；扩大外资股东的股份，进一步增强外资参与公司管理和技术支持的幅度。另外，TCL集团的改制也为其在国内发行A股整体上市打下了良好的基础。

MBO在中国的悄然兴起是历史的必然。在世界经济一体化的趋势下，对中国企业产权改革的要求愈发强烈，而一些产权不清的企业更是面临着厘清产权、实现所有者回归的迫切需求；国有企业退出一般竞争性行业的战略导向，为实现管理层融资收购奠定了政策基础；昂贵的企业制度和廉价的企业家也是催生中国管理层收购的重要因素。转换企业的经营机制，培育中国真正的企业家阶层，将是中国企业与世界对话不可或缺的条件。

第2节　并购理论

并购作为资本集中的方式，在历史上出现了多次浪潮，每一次浪潮的产生都有其特殊的历史背景和特征，都对社会经济的发展和生产力的进步产生了一定的影响，并在一定程度上推动了社会和经济政策的变革。因此有必要研究并购的理论，对企业的并购策划和并购企业的估价等实践活动做出指导，并对有关并购活动可供选择的商业、经济、社会政策进行评估。从大量的研究文献和实践需求来看，并购理论的研究重点集中在三个问题上：第一，并购的动机，与之相关的问题是为什么企业会采取并购的方式而不是自我积累的方式来寻求发展。第二，理论应该能够预测到参与并购活动的企业的类型，即哪一种企业有可能进行并购，哪一种企业有可能被并购。第三，理论应该包括关于整个并购活动的内容，能够解释为什么在某些时期的企业并购活动比其他时期多。在西方国家，目前人们已经提出了许多理论来解释为什么大量的并购活动会发生，但从实践观察来看，并购的推动因素很多，而且，不断变化的经济和金融环境可能在某个特定时期内促进某些类型的并购活动，而在另外的环境下又会推动另外一些类型的并购活动，因此要得到对并购活动的一般化结论是十分困难的。我国企业并购的历史较短，相关的理论研究也刚处于起步

阶段，而且有大量的兼并行为并非企业的自主行为，而是政府撮合的产物。但我们相信我国企业的并购必将走向规范化的轨道。下面首先对在西方国家比较盛行的有关并购活动的各种理论解释作简要阐述，以期有利于指导我国企业的并购活动。

一、效率理论

该理论认为并购活动除了能给参加者带来经济收益外，还能带来社会效益。它通常包括管理能力的充分发挥和提高，以及获取某种形式的协同效应。该理论具有不同的解释，包含了不同的理论模式。

（一）差别效率理论

该理论表明，如果A公司的管理层比B公司更有效率，在A公司收购了B公司之后，B公司管理层的效率便可以提高到A公司的水平。因此，并购不仅会给参加者（并购双方）带来利益，而且会因整个经济效率水平的提高而带来社会效益。也就是说，两公司间的并购具有管理协同效应，它将被收购公司非管理性的组织资本（一般的含义是指生产工人在生产过程中借助经验积累起来的协作能力）与收购公司过剩的管理资本结合在一起。这一理论表明从事相似经济活动的企业最有可能成为潜在的收购者，这是由于它们具有对低于行业平均水平或未充分发挥经营潜力的公司进行清查的背景，并且懂得如何改善被收购公司的经营业绩。这一理论假设收购企业的管理层作为一个整体受不可分性或规模经济的制约，并且假设受行业需求状况和竞争的影响，收购企业在其自身的基础上进行扩张是不可行的，但可以通过并购相关行业内的另一家企业，在不改变行业产品总供给的情况下利用其过剩的管理能力，提高竞争能力。给定这些条件，那些低管理效率或业绩不佳的企业最有可能成为被收购者。

（二）无效率的管理者理论

该理论认为被收购企业的管理者未能充分发挥其所控制的资产的经营潜力，而另一管理团体可能会更有效地对该资产进行管理。或者从纯粹的意义上讲，无效率的管理者仅仅是指不称职的管理者。如果是这样的话，这将为混合并购提供理论基础。有关这一理论，几个值得注意的问题是：第一，该理论假设被收购企业的所有者无法更换它们自己的管理者，因此，必须通过代价高昂的并购来更换无效的管理者。在现实中，所有者不更换无效率的管理者可能出于多种原因：可能是所有者的学力不足；可能是市场有能力的管理者稀缺；还有可能是管理者与具有控制权的大股东的合谋，因而把并购作为解决无效管理问题的措施并不一定具有说服力。第二，从该理论得到的一个明显预测是：并购完成后，被收购企业的管理者将被更换。但经验表明实际情况并非如此。在马克汉姆对30起混合并购的调查中，发现仅有16%的兼并企业更换了两个或更多个管理人员，在60%的情况下，所有高级管理人员均被留了下来。这一结果表明把更换无效的管理者作为并购的唯一动因是不具有普遍说服力的。

此外，这一理论的变形还有“自负假说”（Hubris Hypothesis）。这一假说认为：那些雄心勃勃但又缺少自知之明的经理人员总认为自己的能力超群，似乎目标公司一旦被他们接管，其价值将会魔术般地提高，因而为使并购尽快完成，他们不惜向目标公司的股东支付极高的溢价。Brealey 和 Myers 曾经引用一段非常精彩的话语来描述并购企业经理人员的自信和乐观：“显然，对许多经理人员来说，孩童时代的一个故事对他们影响深远。这个故事是说：一个癞蛤蟆的肚子里囚禁着一个英俊的王子，一位美丽的公主吻了一下这只癞蛤蟆，王子便得以释放。这些经理人员确信他们的‘管理之吻’能使目标企业的盈利能力发生奇迹般的变化……此类‘吻’我们见的很多，但极少有奇迹出现。尽管如此，这些‘公主’们仍然确信其‘管理之吻’的未来潜能，即使她们自己的公司已经深陷于那些无动于衷的癞蛤蟆体内。”

鉴于上述问题，可以认为：虽然在某些并购活动中，可能会有更换能力低下的管理者的情况发生，但无效率的管理者理论并不是并购活动的一般性解释。对参与并购的企业而言，在并购完成后，对被收购企业的管理人选应在现在的基础上进行适当调整，而不能“一刀切”；在进行并购之前，并购企业的管理者也不能对自己的能力过于自信和乐观，对并购的决策应谨慎行事。

（三）经营协同效应理论

该理论认为在行业中存在着规模经济，并且在并购之前，公司的经营活动水平达不到实现规模经济的潜在要求，即有效的经济规模。所谓规模经济，其基本含义是指在投入增加的过程中，产出增加的比例超过投入增加的比例，单位产品的平均成本随着产量的增加而降低。处于平均成本最低时的生产规模称为经济规模。

在理论与实践中，我们可以清楚地知道：经营中的投入是多种多样的，它包括管理、技术、工艺、生产、营销等各个方面，要想获取规模经济收益必然要求各投入要素保持相应的比例关系，即使资本的配置和占用形态满足生产经营的需要。对未达到经济规模的企业而言，其各投入要素的比例是不均衡的。这其中隐含了某些企业对其部分现存的投入要素并未充分利用，而对其他一些经营要素却投入不足。这样通过企业间的并购，就可以实现存量投入要素的溢缺互补，有可能实现和获取规模经济收益。

另一个可获得经营协同效应的是企业间的纵向并购，通过纵向并购将产、供、销结合在一起，可以减少相关的联络、谈判等交易费用，从而获取收益。从实质上说，为获取经营协同效应而进行的企业并购也是要实现资源利用效率上的互补，也必然承认存在着经营中对投入资源利用效率的差异，因此，这一理论也属于效率理论的范畴。

（四）纯粹多样化经营理论

这一理论主要为那些进行混合并购、寻求多样化经营的并购行为提供理论基础，它认为企业分散经营本身之所以有价值是许多原因造成的，其中包括管理者和其他雇员分散风险的需要，以及在财务、税收方面的好处等。

首先，从现实来看，股东可以通过分散投资降低风险水平，而企业的雇员分散其劳动收入来源的机会却非常有限。公司的雇员具有的大部分知识是在为公司工作的过程中获取的，而这些知识是具有专属性的，不能全部移入其他公司。因此企业的雇员更看重工作的稳定性以及更多地获取专业知识和提升的机会，这在其他条件不变的情况下，有助于劳动力成本的降低。

其次，公司中有关雇员和工作经验的资料是长时间积累的结果，在某种程度上属于公司的无形资产，这些依附于员工工作中的知识在组织被破坏（公司清算）时会消失。如果公司进行分散经营的话，员工队伍和知识体系便会从没有利润的活动向有发展和盈利的业务活动中转移。因而分散经营可以保证公司业务活动的平稳、有效过渡，以及保证公司特有知识、文化的连续性。

最后，分散经营的企业有利于保护公司的商誉和品牌，使公司形象得以延续和拓展。在现实中，依靠品牌扩张实现多样化经营的企业不胜枚举。虽然分散经营可以通过内部发展和外部并购来完成，但在特定的情况下，并购要优于内部发展。因为并购不仅能获取相关经营所必需的资产，还能够以较快的速度获取新领域管理所必需的知识和熟练工人。

纯粹多样化经营理论的根源也在于并购企业和被并购企业之间存在效率差异，这种差异可以理解为雇员能力利用方面或者无形资产利用效率方面的差异。如果没有这种差异，纯粹多样化经营的分散风险效应也难以实现。

（五）财务协同效应理论

该理论与纯粹的混合并购相关。它认为混合企业相当于一个小型的资本市场，可以把属于资本市场的资金供给和分配职能内部化，这种内部资本市场的资金供给在股利、税收、交易费用等方面存在着优惠，因而通过并购形成混合企业可以提高公司资本配置的效率。与该理论相关的一些经验研究也发现收购公司的现金流量较大而被收购公司的现金流量较小时，支付给被收购公司的作为兼并收益近似值的溢价也较高，这意味着资本从收购公司所在行业向被收购公司所在行业重新分配。此外，财务协同效应还表明合并之后公司的负债能力要大于合并前两公司负债能力之和，这将给公司的投资收入带来节税收益。目前存在着大量的经验资料证明合并后企业的杠杆率有了显著的提高。财务协同效应理论与经验证明的结论具有一致性，对混合企业的并购具有一定的指导意义。但其核心仍离不开两公司的效率差异，在此是资本投放机会和负债能力等方面的差异。

（六）价值低估理论

一些研究将收购动机归因于目标企业价值的低估。价值低估的一方面原因可能是被收购企业的管理层无法使企业的经营潜力得以充分发挥，这也是无效率管理者理论的一个方面；另一方面可能是信息的不对称，即收购者有内幕消息，他们如何获得该内幕消息可能因具体情况的不同而不同，但如果竞价者有一般市场上所没有的消息，他们就可能会给股票以一个高于一般市场价格的估价。价值低估理论的另一方面是资产的市场价值与其重置成本间的差异。美国经济学家托宾于1969年提出了一个著名的系数，即“托宾Q”。该比率是公司股票市场价值与代表这些股票的资产的重置价值之间的比率（即Q=企业的市场价值/该企业资产的重置成本）。托宾等人通过研究发现：如果某公司想要提高生产特定产品的能力，它可以通过购买一家生产此类产品的公司来达到目的，而不用从头做起，因为前者更便宜。如果A公司欲提高其生产能力，从经济决策的角度来说，这一活动意味着Q比率要大于1（即这一活动将会增加股东的财富，市场价值减去重置成本为正值）。如果同行业现有的其他公司的平均Q比率均低于1，A公司通过并购其他企业来提高生产能力就是非常有效的，比如市场平均Q比率为0.6，则以支付的溢价为50%的收购价格并购另一家企业，Q比率也只有0.9（1.5×0.6），仍低于1，这说明并购比重置可节约10%的成本。价值低估理论是从数据的角度解释并购行为的，但如果考虑一下为什么一个企业要在公司资产市价普遍低于其重置成本时来收购以提高生产能力呢？这必然是因为收购企业有更高的管理效率，因而价值低估理论不可能单独存在，它也必须有效率差异方面的基本原理的支持。

纵观上述几个理论，它们共同的出发点均在于用效率的差异解释并购行为，这种差异可能体现在管理能力、财务协同、资本利用效率以及规模经济效应等各方面。也就是说，只要在企业间存在着与生产经营和资本增值相关的一切要素上的效率差异，无论这种差异体现在哪一方面，都存在着并购的可能。并购的动机在于寻求与资本增值有关的因素上的效率互补和充分发挥。价值低估理论以最简单的模式解释了并购优于重建的优势，如果把并购作为一种投资来看待的话，价值低估理论具有广泛的应用前景，它从经济的角度解释了并购的优势。

二、代理理论

两权分离是现代公司的一大优点，但管理者与所有者各自的利益取向可能会不一致，管理者会因工作中缺乏动力，或进行额外的消费来满足自身的利益要求而损害股东财富的最大化，从而产生代理问题。代理问题产生的原因在于管理者和所有者之间的合约不可能无代价地签订和执行，由此会产生代理成本。它包括：(1) 构造一系列合约的成本；(2) 委托人对代理人的行为进行监督和控制的成本；(3) 保证代理人做出有利于委托人的最优决策，否则将就次优决策的后果保证委托人得到补偿的契约签订成本；(4) 剩余损失，即由合约的完全履行成本超过其所带来的收益而给委托人带来的损失。

代理问题在并购公司和目标公司都会存在，因此，用代理问题来解释并购也有两方面的内容：一方面，代理问题是客观存在的，虽然它可以通过一些组织结构和市场方面的机制来控制，比如对公司决策权的重新安排可以限制代理人的权力，管理者的报酬制度和聘用的长期制，外部管理者的市场竞争，以及股票市场的价格变动压力等，但当所有这些机制不足以控制代理问题时，外部的并购将为这一问题的解决提供最后的控制手段。并购可以使外部管理者战胜现有的管理者和董事会，从而取得对目标企业的决策控制权。这说明如果企业的管理层因为无效率或代理问题而导致经营潜力得不到充分发挥的话，企业就可能面临被并购的威胁。因此，代理问题严重的企业会成为并购的对象，而认识到被并购企业的经营效率低下是因代理问题而导致的那些企业将成为并购者。直观的结论是，被并购企业的代理问题可能推动企业间的并购。另一方面，从现实来分析，在通常情况下，并购企业的并购行为并不是由股东发起的，而是由并购公司的董事会或者经理代表股东策划完成的，因此，经理人员往往是直接的“行动派”，而股东则扮演相对被动的角色。由于代理问题的存在，经理人员在做出并购决策时能否代表股东的利益就是值得怀疑的。在并购的历史上，有不少的并购公司股东对经理人员提出诉讼，其理由就在于：经理人员的并购决策“肥”了自己，“亏”了股东。因此，从并购公司的角度看，并购公司的管理者所提出的并购从动机上来说也可能是代理问题的表现，这类并购将更多地体现管理者的利益要求。在西方学者的研究文献中，对这一方面代理问题引致的并购提出了许多假说来解释，主要有：

（一）“帝国大厦”假说

该理论认为：对高层管理者而言，经营大企业当然比经营小企业更有权势、声望和地位，薪水也可能更高。因为兼并与收购比内部投资更容易、更迅速地使企业规模得以扩大，许多经理人员便热衷于通过并购建立自己的“帝国大厦”。有时，他们为了达到此目的，不惜向目标公司的股东支付极高的溢价。因此，我们有理由怀疑：许多混合型大企业的形成可能与经理人员的权力扩张欲望有关。

（二）“滥用自由现金流量”假说

该理论认为：经理人员和股东对如何处置“自由现金流量”存在冲突（自由现金流量是指在一定时期内企业的现金持有量超过投资需求和正常周转所需的部分）。在股东看来，如果企业的内部和外部均不存在可行的投资机会，那么“自由现金流量”应该支付给股东。但对经理人员来说，将这部分现金支付给股东会减少他们所控制的资源，从而削弱他们的权力。所以经理人员可能将“自由现金流量”用于收购和兼并其他企业——而不管这种并购是否会增加股东财富。这一假说还认为，企业的多元化经营策略很可能出于经理人员的上述动机。

（三）“成长-提升”假说

Donaldson认为：一个公司若处于不断成长之中，那么其中下层经理人员就有更多的提升机会。因此，一个处于成熟阶段的企业往往通过并购正在成长中的企业来吸引和挽留年轻的经理人员。这种纯粹以创造提升机会为动机的并购可能会有损股东的利益，因为并购公司往往需要向目标公司支付很高的溢价，从而使这项投资很难取得“正”的净现值。

（四）“分散雇佣风险”假说

如前在效率理论中所述，混合并购的主要意义在于通过多元化经营达到分散经营风险的目的。但这样做对股东未必有益，因为股东个人可以通过调整自己的投资组合——证券组合多元化——来达到分散风险的目的。尽管如此，公司的多元化经营对经营人员可能具有实质和深远的意义。经理人员的主要“资产”是他们的“人力资本”。如果公司因经营不善而破产或者被接管，其经理人员很可能被解雇——这就是“雇佣风险”。但是遗憾的是“无雇佣风险”的市场，换言之，经理人员不可能像股东那样，可以凭自己的“多样化”策略来消除其人力资本上的风险。这样，经理人员消除或分散其雇佣风险的唯一途径是使公司业务“多元化”。因为多元化经营可以降低公司经营收益和现金流量的易变性，从而有利于降低企业的破产风险；多元化经营使公司规模迅速扩大，因而使其变得不易被其他公司所吞并——这都会有效地降低经理人员被解雇和失业的风险。

美国西北大学戴维·拉克尔（David Larcker）对此做过专门的研究，并指出：这种代理问题最有可能发生在“经理控制型公司”。这种公司具有以下特征：经理人员拥有的股份不多，股权高度分散，缺少大机构投资者（即大股东）。戴维所做的实证研究证实了他的上述观点。他发现，与其他类型的公司相比，“经理控制型公司”的经营业务更倾向于多元化。有时仅仅为了实现多元化，这些公司就可能愿意向目标公司支付极高的溢价——这当然是以牺牲股东的利益为代价的。

（五）“激励方案”假说

公司对经理人员的激励方法也可能会促使他们致力于并购活动。例如，直到今天很多企业仍以EPS作为最重要的业绩计量标准，经理人员根据当年EPS的实际增长情况领取奖金。在这种激励机制下，经理人员会想方设法提高企业EPS，而不问其结果是否对股东有利。例如，一个公司可以通过不断兼并市盈率较低的公司来提高其本身的EPS。这种并购行为虽然能使经理人员从中获益，但在资本市场有效的情况下，却未必会增加股东的财富，因为EPS的增长不一定会引起股票市价的提高。如果经理人员主要是以领取固定薪金的方式从公司得到报偿，那么其地位则与领取固定利息的公司债券持有者极为相似。此时，经理人员在进行投资决策时，很可能从“债权人”的角度出发，选择那些能降低公司现金流量可变性的方案——比如通过混合并购实现多元化经营。

戴维对公司激励机制与并购行为之间的关系做过较为详细的研究。他的研究企图回答下列问题：（1）对经理人员的激励方法是否影响并购活动和股东财富？（2）激励机制不同的公司在向公众宣布它们的并购方案时，资本市场是否做出了不同的反应？为此，他对43家并购公司进行了调查。戴维首先将公司激励机制分为两大类：一是“短期、会计导向型”的激励机制，如年度奖金计划、利润分享计划，这种机制通常根据短期的会计利润来奖励经理人员；二是“长期、市场导向型”激励机制，如股票选择权计划等，这种机制通常根据长期的市场业绩来激励经理人员。通过对43家公司所做的调查研究，他发现了一个令人吃惊的现象：大部分企业的激励方案都是“短期、会计导向型”，而“长期、市场导向型”的激励方案极为少见。戴维认为：如果经理人员的报酬主要根据短期的会计利润来确定，那么他们很可能致力于那些能够提高本公司EPS的并购行为。其实证研究的结果表明：并购公司的激励机制越是倾向于“短期、会计导向型”，股票市场对其并购行为所做出的反应越是悲观——表现为并购公司股票市价的下跌。这说明投资者已经认识到：很多并购虽然能提高公司的会计利润和EPS，但却不一定增加股东财富。

作为代理问题解决办法的并购理论仅说明了存在严重代理问题的企业将会被收购，但收购之后并不一定能保证代理问题会消失。因而与之相对的观点认为并购只是代理问题的一种表现形式，而不是最终的解决办法。

三、市场势力论

该理论认为：并购可以增强企业对市场的控制，减少竞争对手，增加企业长期获利的机会。并购的收益是资本集中要求的必然结果，它会导致企业间的共谋和对市场的垄断，从而获取垄断利润。以增强市场势力为动机的并购活动，可以通过以下途径来完成：（1）通过横向并购提高行业集中程度，改善竞争结构；（2）纵向一体化并购，增强与供应商和客户的讨价还价能力，提高企业在市场上的竞争地位；（3）通过混合并购拓展品牌的影响领域，影响消费者的观念，从而提高企业的市场知名度。很显然，市场占有率的提高以及由此可能带来的垄断利润对推动并购是有作用的。虽然增强市场势力，获取垄断利润是并购的一个重要原因，但市场份额的提高将如何实现协同效应并不清楚。也就是说，提高市场份额的真正含义是相对于同行业内的其他企业而言扩大了本企业的规模，但这并没有说明为什么扩大企业的相对规模会带来经济效益或其他方面的社会效益。如果并购活动真的存在因市场势力增强而带来的经济效益的话，为什么要通过对其他公司的外部收购而不是内部发展来实现呢？因而用此理论来解释并购活动也不完善。即使可以用垄断利润来解释收益来源，也必须对垄断所带来的社会效益的提高及对社会的影响做出评价。

四、税赋效应论

该理论认为：一些并购活动可能是出于税收负担最小化方面的考虑而采取的行动。但税收负担最小化能否推动并购活动取决于政府税法中是否存在能获取税收优惠的机会。一般来说，在西方国家有三条途径可以为并购活动的税赋效应提供机会：

1.净营业亏损和税收抵免的递延。一个有累计税收亏损和税收减免优惠的企业可以使与其联合的有纳税收益的企业进行合法避税。但是收购企业若想继承被收购企业有利的纳税条件，必须满足“利益连续性的要求”，这种利益的连续性包括两方面：一是投资者的连续性，是指在收购过程中，收购公司大部分是以其股票来交换目标公司的股票而完成收购的；二是公司的连续性，是指收购是出于合法的业务目的，能使目标公司的经营继续下去。当利益的连续性满足后，合并后的企业变成一个免税的组织，在该组织中，目标企业的资本利得和损失可以延续下去，且目标企业的纳税属性可以得到继承。

2.利用逐渐增加资产税基的方法来获取税赋效应。在美国的税法中，如果公司间进行的现金或准股票、有价证券的交易超过了总购买价格的50%，则被认为不存在利益的连续性而将其作为应税交易。在资产或股票出售给买入公司后，卖出公司要在12个月内将其全部资产分配给股东，卖出公司股东的收益为其所分配到的资产的公允市价与其调整后的股票价值之间的差额，这一收益应该纳税。这样，收购公司可以提高或逐渐将其资产税基增加至公允市价，并在这一新的基础上提取折旧费，从而获取避税效应。

3.用资本利得代替一般收入。对一个内部投资机会较少的成熟企业来说，可以收购一家成长型的企业，从而用资本利得税来代替一般所得税。这是由于成长型企业没有或只有少量股利支出，但要求有持续的资本性开支，收购企业则可以为被收购企业提供必要的资金，否则这些资金就必须作为应缴纳一般所得税的股利支出。过一段时间收购企业便可以将被收购企业卖出以实现资本利得。类似地，当一个企业的成长速度放慢，其收益的留存过大而被税务机关认定为不正当时，也会有出售给其他企业的动机。

用税赋效应来解释并购也是不完全的，它不能解释所有的并购行为，但税赋效应的确是并购决策中的一个重要考虑因素，它涉及并购后重组企业的现金流量。

五、财富重新分配论

证券市场的发展以及大量股权收购的产生，引起了人们对并购所获收益来源的重新考察。财富重新分配论者认为：股东对于企业管理者不必承担义务，他们可以在证券市场上选择更高价值的投资机会，而随时放弃低价值和无价值的投资机会。因此，该理论认为资本市场上的股票投资是一种财富的分配。当并购的消息宣布后，各股东和其他潜在投资者掌握的信息不对称或者对信息的看法不一致，将会导致股东对股票价值的不同判断，从而引起并购公司和目标公司股价的变动，影响各股东和投资者的财富。而这种价格波动对股东财富的影响不是源于公司业绩的好坏，仅是各股东现有财富的相互转移。这种转移会使投资者以并购公司的市盈率来考察和判断目标公司的市盈率，引起目标公司股价的上涨，从而增加现有股东的财富。这种预期效应的存在会推动以股东最大化为目的的并购。更为广泛一些的财富重新分配论认为：并购活动中价值增加的来源是财富在公司利害关系人间的再分配。这种分配可能发生在债权人和股东之间，以及员工和股东之间，或者公司和消费者之间等，但经验研究所发现的这种转移迹象并不显著。

由上可见，企业并购是由多因素推动的，用一个一般化的理论来解释所有的并购是困难的，企业处于不同的环境下，可能有各种动机参与到并购活动中，对于现实中的并购应注意研究实际情况，具体问题具体分析。一般的规律是并购和企业的发展目标相一致，并购所能带来的效益至少应该大于内部重建。

六、我国企业的并购理论问题

并购活动是市场经济条件下的一种普遍和正常现象，它是企业为了生存与发展而自愿做出的战略选择。西方国家的并购理论虽然多种多样，但无论从哪一个角度来看，一切符合企业长远发展目标的并购都应该能够使企业的资本增值，符合企业的长远发展战略。虽然现实中存在一些因“代理问题”和“管理之吻”而进行的非理性或者盲目的并购，但它们一定不是我们进行资本运营所倡导的。在我国企业的并购中，很多是好的，是符合企业资本增值最大化的理性要求的，并在实际中取得了良好的经济效益，带来了企业的飞速发展，使并购真正成为企业资本扩张的重要途径。为此，西方的并购理论可以用于指导和分析我国企业的并购实践。但在我国进行国民经济战略性调整的今天，企业并购在一定程度上并非企业的纯粹微观行为，其中不可避免地包含政府的行为，也不可避免地含有一些非理性的动机。对这些动机进行分析，有助于趋利避害，发现问题，寻找措施，最终使我国企业的并购走上规范化和理性化的轨道。

（一）第一阶段：以国有企业改革的目的为主

我国企业的并购发源于国有企业改革，在并购的动机、目的上存在着历史性的错位，这种错位主要发生在20世纪80年代初。

1.“拉郎配”的“包办婚姻”：政府的动机代替了企业的动机

自20世纪80年代初期开始的企业并购浪潮，是在解决亏损企业问题的政策背景下掀起的。“长官意志”对并购活动有深刻的影响，主要表现在：政府出于尽快消灭亏损、摆脱财政负担的动机，鼓励甚至强制“优势企业”并购“劣势企业”。当然，如果劣势企业仍有潜力可挖，而优势企业的管理当局也具有“挖潜”的非凡本领，这种并购还是具有积极意义的。但问题在于：许多劣势企业已经到了不可救药的地步，而优势企业的经营者也不具备“妙手回春”的能力。这种以政府的强制撮合为特征的兼并，使优势企业的厂长、经理们叫苦连天，但也只好唯命是从。“政府动机”介入并购活动，带来了许多负面效应，最明显的有两个：(1) 政府的干预违背了市场规律，人为规定了生产要素的流向，不利于社会资源的优化配置；(2) 破坏了优势企业自身的发展战略，削弱了其竞争实力和发展势头。这些负面影响的存在，导致了并购活动中的大量败笔。诸如此类的“拉郎配”兼并，其实质是行政部门在企业之间搞“均贫富”。此种“短期行为”可能会使整个社会付出沉重的代价。

2.买壳上市

20世纪90年代以后，我国的企业并购活动所呈现的一个重要特征是：“拉郎配”的“包办婚姻”开始减少，“自主择偶”的企业并购大幅度增加，尤其是证券市场上的并购活动此起彼伏，激动人心。这表明市场机制在优化资源配置中的作用日益增强。近年来，我国证券市场上出现了一种引人注目的并购现象——买壳上市。与一般的企业并购相比，买壳上市具有特殊的动机和程序。

所谓买壳上市，是指非上市公司通过购买上市公司的股份，获取对上市公司的控股权，实现间接上市。典型的买壳上市由以下两项交易组成：交易之一：“买壳”。“买壳”可以通过股票二级市场来实现，也可以通过内部协议转让的方式来实现。前者是指非上市公司直接在股票市场上收购上市公司的流通股，后者则指非上市公司协议受让上市公司的国家股和法人股，这种方式因成本较低和操作便利而成为目前买壳上市的主要途径。交易之二：“注资”。上市公司反向收购非上市公司资产，其实质是：非上市公司将自身的有关业务和资产注入上市公司中。

对非上市公司来说，“买壳”仅仅是手段，而通过“注资”实现间接上市才是其最终目的。显然，这两项交易属于典型的“关联交易”。因此，买壳上市这一动机在我国当前的企业兼并中体现的较多。这有其特殊的背景：在目前的中国，“上市”是一种名副其实的“紧缺资源”。受证券市场资金供给的限制，有上市要求的公司与能够上市的企业之间存在极大的缺口，且为了保证上市公司的整体素质，我国《公司法》对公司上市规定了严格的审批和限制条件。因而，对绝大多数企业来讲，获取上市资格绝非易事。在这种情况下，“买壳上市”为企业获取“上市资格”提供了一条终南捷径。另外，国有资产经营部门盘活存量资产的巨大压力也给寻求“买壳上市”的企业提供了“买壳”（转让国家股和法人股）的机会。

可见，在买壳上市交易中，买家看重的往往不是“壳公司”的有形资产，而是它所具有的上市资格和身份。只要获取“壳公司”的控制权，就可以利用上市所带来的种种便利。在我国当前情况下，企业规模过小是一个很突出的问题，通过买壳交易实现企业之间的联合与重组可以扩大企业的规模，且利用上市公司的“筹资”功能和相关的“注资”交易可以实现国有企业的整体改造，推动国有企业的整体战略性重组。因此，由“买壳上市”这一动机所推动的并购活动我们认为是有效的。但也应注重对交易中的操作进行规范，尤其是内部的各种关联交易应进行严格的披露和审查，以防止小股东和债权人的利益受损，影响我国资本市场的发展。

3.“内部人控制”下的“管理之吻”

由于计划经济的影响，我国国有企业内部存在着“所有者缺位”和严重的“内部人控制”问题。在企业管理者“指派制”和考核行为“短期化”的双重推动下，有很多并购行为是为了显示“政绩”，而不是为了企业的长远发展和资本增值。在管理能力和企业承受能力还不足以驾驭大企业的情况下，迷信“管理之吻”，盲目进行多元化和集团化经营，迷信并购这一“低成本扩张”的资本扩张方式的企业在我国是不鲜见的。这种并购动机的存在，有其制度背景，应该从健全企业领导者的产生机制和考核机制入手，改进企业的内部治理结构，加快企业的改制步伐，引入外部监督，从而从内部和外部两方面彻底解决这种盲目的兼并行为。

4.“寻租”动机

“寻租”是一个经济学术语。“租”是指在特定的制度安排下采取某一行为或不采取某一行为的相对经济利益。在并购中的“租”是指在采取并购行动与不采取并购行动的情况下所能获取的额外好处。比如，可以获取低息贷款、获得上市和配股资格、减免税优惠、提高企业管理人员和企业的知名度等等。“寻租”是指相关的主体采取特定的行动以获取“租”的行为。“寻租”是由资本追求增值的属性决定的。任何主体（无论是企业还是个人）都会有追求“租”的倾向。在我国企业的并购中，寻租的倾向更为严重，表现得更为彻底。并购中的寻租具有特殊的推动因素，有的是企业追求资本增值的客观要求，这是我们所倡导的；有的是企业的管理者追求自身的利益而推动的；有的是政府的鼓励政策推动的，这一方面的影响更为深远，是由我国国有经济战略性调整的要求决定的，从这一点上说，并购中的“寻租”在我国当前情况下属于“政策导向寻租”。

从广义上看，任何并购，无论我国的还是国外的都存在“寻租”的倾向。对此，我们应该正确对待，客观评价。“寻租”可以推动政策的变革，同时，国家的不同政策可以鼓励或限制相应的寻租行为，从而可以推动相关政策的执行，实现资源的优化配置和产业结构的调整。也就是说，微观的“寻租”行为和宏观的政策之间是相辅相成的，如果“寻租”行为不存在，政府的宏观管理将变得难以实施。因此，对当前并购中的寻租动机应客观地评价：首先，要看并购中的“寻租”行为是“肥”了企业还是“肥”了个人，或者更准确地说，是更多地“肥”了企业还是更多地“肥”了个人；其次，要看并购是否符合国家的产业政策、符合资源的优化配置，是否有利于产业结构的调整、有利于国有经济的战略性重组；最后，还要看在并购中参与交易的主体是否有“公平”的寻租机会，并购是否有利于社会的公平和稳定。由于制度更多地表现为政府的意志，因此，政府是否在制度安排上提供寻租机会也应以上述的标准来评价。

（二）第二阶段：百花齐放，以做大做强为目的

随着国有企业改革任务的初步完成，进入20世纪90年代后期，我国企业并购逐渐走向规范化的路径，并购的目的、动机、实现手段均走向正规。企业间的并购更多地基于企业战略考虑，主要体现在提升市场份额、扩大财务实力、控制原料供应、实现资本的整合效应等方面。当前的很多并购可以用传统的理论进行解释，目标是明确的。参与的主体已经不局限于国有企业，大量民营企业也参与其中，并购和被并购主体极大丰富；并购涉及国民经济的所有行业，大到金融银行，小到小吃连锁，各行各业均出现了以做大做强为目的的并购活动。此外，并购不仅限于中国本土企业，大量企业尤其是在国内市场具有优势地位的大企业开始走出国门，出于寻找资源、技术、管理、市场、原料供应等明确目的，参与国际并购。总之，在我国当前情况下，并购的动机有很多特殊性，我们不能抛开我国的现实环境来生硬地套用西方的理论评价我国企业的并购动机，而应采取实事求是的态度，在借鉴西方有益理论的基础上，评价我国企业的并购实务和制定相应的并购政策、法规和制度。

（三）第三阶段：“十三五”后的战略整合并购

1.政策不断松绑，环境日趋宽松

2014年5月，国务院发布了《关于进一步促进资本市场健康发展的若干意见》。在随后的2014年10月，证监会对上市公司有关重大资产重组、非公开发行的法规进行了修订，一举改变了上市公司的并购模式。比如，取消上市公司重大资产购买、出售、置换行为审批（构成借壳上市及发行股份收购资产除外）；实施并联式审批，避免互为前置条件；实行上市公司并购重组分类审核等。该等修订大大简化了并购重组的流程，提高了效率，上市公司并购重组的热情顿时“高涨”。

2015年4月，证监会进一步放宽了政策限制，对《〈上市公司重大资产重组管理办法〉第十四条、第四十四条的适用意见——证券期货法律适用意见第12号》进行修订。这次修订主要集中在两方面：一是扩大募集配套资金比例，明确并购重组中配套资金募集比例可以超过拟购买资产交易价格的100%；二是明确募集配套资金的用途，可用于支付并购交易的现金对价及交易税费、人员安置费用、并购整合费用等。此举大大增强了上市公司利用并购重组募集现金、改善企业资金状况、降低整合风险的能力。

此外，发改委、商务部、外管局、国税总局等国家部委也分别从自身分管领域出发，出台了一系列有助于降低并购重组交易成本的法规。

2.产业并购，助力转型升级

产业并购，以传统的工业思维方式来看，就是产业链上下游整合或者产业横向整合，以时髦的互联网思维方式来看，就是从用户出发，整合企业以满足用户需求的“生态圈”。无论是哪一种方式，都被A股上市公司娴熟地加以运用。据统计，2015年A股产业并购的交易额接近1.5万亿元，占全年2.2万亿元交易额的68%以上。

2015年9月23日，国务院印发《关于加快构建大众创业万众创新支撑平台的指导意见》，这是对大力推进大众创业万众创新和推动实施“互联网+”行动的具体部署。在“互联网+”行动计划下，无论是在传统行业，还是在前沿的互联网行业，越来越多的企业都意识到依靠发挥资本市场功能来帮助企业实施战略转型升级的重要性。对于长期在传统行业中依靠自身缓慢积累的企业家来讲，这是一个质的飞越。

经过几年的调整和积累，尤其进入2018年，中国及香港特区资本市场和并购市场迎来了一些标志性的重大变化：（1）富士康速度。2018年2月1日，富士康递交招股说明书，6个工作日后，证监会予以公示并同步反馈审核意见，5个工作日后，即春节后首个工作日，证监会公布更新后的招股书，又过了7个工作日，证监会宣布3月8日富士康上会。从递交申报材料到上会，富士康仅耗时22个工作日，基本与月平均工作天数持平，可谓是“1个月拿下IPO”。（2）同股不同权。小米没有在A股上市，却在港股创造了一个记录，它成为港交所首家以同股不同权形式上市的公司。2013年，阿里巴巴一度拟于港交所上市，因为一直坚持同股不同权架构被港交所拒绝，最终远走美股。2018年4月24日，港交所发布IPO新规，允许双重股权结构公司上市。新规则自4月30日起正式生效。不少业内人士认为，这是港交所25年来意义最为重大的上市制度改革，港股资本市场将会以更加开放的怀抱来迎接创新型公司。在新规生效后的第3天，小米集团正式向港交所递交了上市申请，7月9日，小米集团正式登陆港交所。随着港交所的新规生效以及小米成功上市，后续美团、比特大陆明星公司也选择以同股不同权架构赴港上市。（3）科创板与注册制。在2018年11月初于上海召开的首届进博会上，将在上海证券交易所设立科创板并试点注册制的消息传来。随即，上交所有关负责人向媒体表示，这次设立科创板并试点注册制，对于完善多层次资本市场体系，提升资本市场服务实体经济的能力，促进上海国际金融中心、科创中心建设，具有重要意义，为上交所发挥市场功能，弥补制度短板，增强包容性提供了至关重要的突破口和实现路径。上交所明确，科创板是独立于现有主板市场的新设板块，并在该板块内进行注册制试点。目前，上交所正在证监会的指导下，紧锣密鼓地研究制订科创板和注册制试点方案。2018年11月14日，在上交所与上海浦东新区政府共建的长三角资本市场服务基地揭牌仪式上，上交所发行上市部总经理魏刚曾透露，科创板“争取在明年上半年见到成效”。地方政府已开始“排查家底”，为之后的科创板开板输送新鲜血液。近日，上海市经信委发布了《关于征集推荐上交所科创板企业名单的通知》，为做好上海证券交易所设立科创板并试点注册制的准备工作，请各有关部门及单位，按照相关要求，梳理推荐拟挂牌上交所科创板的优质企业名单。除了上海，还有一些地区也开始征集辖区内的科创板后备企业，包括安徽、江苏、浙江、湖北等地。近日，浙江省创投协会发文，要求协会的会员单位在投资的企业中，推荐拟挂牌科创板的优质企业。目前，浙江省创投协会已收到100多家拟申报科创板的企业名单推荐。科创板渐行渐近，未来充满想象。

二级市场的变化必然会推动并购市场的快速发展，资本市场在推动产业升级上的功能将进一步释放。

第3节　并购的战略、原则与程序

一、并购战略

并购是事关企业发展的重大战略抉择，它必须服从于企业的发展战略。就战略而言，有的人强调它是一种思维方式，而有的人强调它是一个行动指南，但无论如何定义，战略都应和企业的重要决策相联系。其核心是要决定企业向哪一方向发展。而企业长期的发展又离不开近期的行为和结果，因此作为企业战略之一的并购战略应包括三个层次的内容：一是是否应选择并购的途径来寻求发展，与之相关的考虑是并购后的企业发展取向；二是并购的手段及实施，以完成并购活动；三是并购后的整合和有效管理以达到并购的预期目标。从实际的情况来说，迈出第一步，即形成以并购寻求发展的思维是关键，因此在此部分主要讲述并购战略的形成，而把第二、第三层次的内容放在并购程序中去阐述。

（一）可供选择的企业发展战略模式

可以认为，只要一个组织的产出有市场需求，那么这个组织无论其资本规模多大都有可能获利，但受各种因素的制约，资本的获利率在不同的企业之间却存在着差别，这种差别随着时间的推移会影响企业的发展前途，因此无论处于哪一层次、哪一行业的企业都必须时刻评价周围的环境以及自身的状况，为自身的发展取向定位。很显然，企业发展是一个战略性决策，应由企业的高层领导做出，那么，明确能使企业长期发展的可供选择的模式就成为一个关键问题。无论走并购的外部增长道路还是内部增长道路，企业的发展取向都有如下几种模式：

1.纵向一体化战略

这种战略又称垂直式整合战略，它是指对与本企业有投入产出联系的企业进行投资（自建或并购），以获得稳定的生产原料供应点和产品的销售点，实现生产经营过程的连续化，取得规模经济效应或协同效应。企业在不同的生产阶段推行纵向一体化有很多原因，可能是技术经济方面的，比如石化企业并购腈纶厂，就可以避免再加热成本和运输成本，炼钢企业前向并购炼铁厂的情况也是如此；也可能是管理方面的，当不同的阶段处于同一企业内部时，信息的更高效流动会改进存货计划和生产计划，从而节约资金的投入；还可能是竞争的需要，当一个企业的产出专属于另一个企业时，后者就可能采取多种手段压低进价进而会产生讨价还价的成本，为了避免这些成本，让它们结合在一起可能是最有利的；还可能是市场的交易成本降低的需要，市场的供应者以及消费者是众多的，要想达成满意的交易必须付出代价，而通过纵向一体化就可以以内部交易取代市场交易，从而可以消除搜寻价格、签订合同、收取货款以及做广告等交易成本，并且还可以减少协调的成本。此外，当纵向一体化企业所控制的最终产品市场份额很大时，还可以提高该产品的进入壁垒，增加进入成本，从而有效地减少竞争。这些效应的综合，可以为企业的长期发展提供保障。但是值得注意的一点是：纵向一体化需要大量的资本投入在某一特定行业里，降低了未来转换为其他产业的弹性，这样，纵向一体化有可能会使企业的投资风险集中于某一产业，在该产业严重衰退时，会影响其生存与发展，这是其不利的一面。

2.横向集中战略

横向集中战略又称水平整合战略，是对市场上（无论是国内还是国外）从事同一产品或同种产品经营的企业进行投资，以强化市场地位。从并购来说，能够获取目标公司现成的生产技术、工艺设备、营销渠道、熟练的员工和市场信誉，对于迅速扩大市场是有利的。横向集中最有可能实现管理能力、技术能力、营销能力的互补和协同效应，生产规模的扩大也为获取规模经济效应提供了可能。此外，横向集中还有可能带来市场上的操纵甚至垄断，因而具有反竞争的色彩，这会遭到政府和其他企业的攻击。与纵向一体化类似，它也存在着投资集中难以转向的危险。

3.中心式多角化战略

中心式多角化战略又称同心圆式扩张战略，它是围绕企业某个可转移到其他行业中的核心能力进行投资（自建或并购），以此核心能力为基础扩展到众多领域或部门，从而分散风险、促进企业的长远发展。这一核心能力可能是具有广泛应用前景的技术，或其他特殊管理职能（研究、制造、财务、营销、人事等），也可能是企业的品牌或文化。中心式多角化经营不仅可以分散投资，获取投资组合降低风险的效应，而且有助于核心能力的拓展使用，能够把获取核心能力的支出分摊到大量的经营活动中去，从而获取规模经济效益，并降低原主业的成本。基于此，可以预期同心圆式的公司潜在的获利能力和效率更高。中心式多角化战略虽然可以降低经营风险，但核心能力的可转移性以及多领域、多行业、多工厂管理的困难是决策中必须谨慎的。

4.复合多角化战略

这一战略是把企业的资本实力界定在多个主要产业内发展，最终形成多个核心事业。从理论上讲，这一战略可以更有效地降低投资风险，实现财务协同和管理协同效应。这一战略的实施必然要求企业具有多业管理的能力，有一个高效的管理团队和严格的控制机制，否则不仅不能带来预期的收益，反而会因某一事业的失败而累及其他，影响总体的发展。在介入新的事业时，必须遵循渐进的原则，注意如下问题：（1）跨入的新产业，应该成长较快，前景较好；（2）尽可能分析环境变动（社会、经济、法律等）对新产业的冲击；（3）新事业与原事业具有一定的相关性，是现有管理能力所能承受的或者易于了解的。

（二）可供选择和参考的战略制定方法

对于战略的制定，有许多不同的方法，在美国有三种：波士顿顾问小组、波特方法、适应性方法。

1.波士顿顾问小组（BCG）

这一顾问小组对企业战略的制定强调三个概念：经验曲线、产品生命周期和投资组合平衡。

经验曲线代表产量-成本关系，它认为，由于专业化分工、经验的积累和规模效应的存在，随着累积的历史产量的增加，单位成本将会以几何速度下降。因此，累积产出最大的企业生产成本是最低的，这意味着企业应该采取"先入为主"的战略和扩大销售量的价格政策。从并购来说，则可以节省进入时间，提早占领某一市场，且有扩大产出的可能。

产品生命周期理论认为：每种产品或生产线都要持续经过四个阶段：进入期、成长期、成熟期和衰退期。在前两个阶段，销售增长很快，进入该市场也比较容易，但随着企业的增多以及在后两个阶段销售增长的放慢，加上进入者已具备成本优势，因此，进入变得困难，尤其到了衰退期，销量和价格都会大幅下降，那些未在经验上获得有利地位的企业将变得无利可图，于是要么进行并购，要么退出该行业。

与产品生命周期理论相关的是投资组合平衡的概念。在产品生命周期的早期阶段，销售的迅速增加可能会需要大量的投资，资金需求的增长可能会超过盈利所能赚取的资金，从而产生资金需求的缺口。投资组合平衡就是试图将有吸引力的投资领域（处于生命周期早期）与产生现金的部门（处于成熟期）结合起来，并清除那些前景黯淡的部门（处于衰退期）。这样整个公司的现金在总体上将会与公司的总投资大致持平。按此理论，并购最有可能发生在成长期与成熟期的企业之间。

2.波特方法

美国管理学家迈克尔·波特的方法可以总结为三部分内容：（1）选择一个有吸引力的行业；（2）利用成本领先和产品差异化来发展竞争优势；（3）发展有吸引力的价值链。

有吸引力的行业具有这样的特性：进入壁垒是很高的；供应商与购买者只有有限的讨价还价能力；替代品或替代服务几乎没有；竞争者之间的竞争关系是稳定的。就竞争优势的获取来说，可以通过细致的内、外环境研究以成本领先或产品差异化为基础来获得。成本领先或产品差异化可以集中在某一市场，它可能是少量的高档消费市场，也可能是广阔的低价消费市场。

价值链，是一个将支持性活动与主要活动的完成联系起来的矩阵。支持性活动包括基础设施、人力资源管理、技术进步、研究与开发等活动，主要活动包括内部物资流动、经营、外部物资流动、市场营销以及服务活动。价值链分析的目的是以最少的支出来增加产品被顾客认为有价值的特性。波特方法对选择并购对象和确定并购动机来说是有益的，并且对并购后的整合，可以从价值链的详细研究中得到启示。

3.适应性方法

这是一种折中的方法，它认为战略是一种适应性过程或一种思维方式，企业管理的任务就是在时间、竞争和其他变化使企业价值发生变动时，对管理工作进行调整和更新。其核心是在环境不确定或竞争对手的行为和反应不确定时，把企业的各种资源与可能的投资机会匹配起来，并且这种匹配是不间断的。因此战略的制定是在分析企业环境中各种变动因素的过程中形成的，是一个解决问题的过程。

这三种方法之间的共性是战略的制定必须分析各种因素，如果从并购来说，如下几个方面的要素是必须详细考虑的：（1）对本企业能力和局限性的评估；（2）对目标公司能力和局限性的评估；（3）对利害关系人（顾客、股东、债权人、雇员、政府、社区、媒体、政治团体、教育机构、金融机构以及国际组织等）态度的评估；（4）本公司所在行业、目标公司所在行业的发展前景；（5）现实和潜在竞争者的实力、长处与短处；（6）并购后可能的风险来源及可能的治理措施；（7）并购失败时，可能的减少损失的方法；（8）人事安排与组织方式，以及文化的整合措施等。

（三）实施并购战略的有利因素

一般来说，通过并购来实现企业发展的有利因素包括：（1）通过外部并购可以更迅速地实现企业的某些目标；（2）企业依靠自身筹资和投资新建一个企业的成本可能会超过收购的成本，从效益的角度来说，并购可能更划算；（3）通过并购实现增长或多样化经营可能风险更小、成本更低或者获取一定的市场份额所需的时间更短；（4）由于政府的支持或其他原因的推动，企业可以通过扩大证券的发行来获取目标企业，而此时，它可能没有足够的资金来源以内部发展的方式获取等价的资产或生产能力；（5）其他企业可能不具备收购公司的管理能力或经验，因而收购可能会改进目标公司的资产运营效率；（6）可能会获取一定的税收优惠，增加企业的现金留存；（7）可能存在着能力互补或者协同效应；（8）在一定程度上满足经济发展的要求。

当并购可能获取这些好处时，它便成为经营决策中可以考虑的战略方案，但这并不意味着并购是企业发展的主要形式。这些有利因素本身就是推动并购的可能动因。

二、并购原则

并购从微观上说是资本集中的客观要求，是竞争机制发挥作用的必然结果；从宏观角度讲，并购是优化产业结构与资源配置的重要内容。因此，企业并购既要遵循市场规律，又要满足社会经济发展的需要。企业并购应遵循如下原则：

（一）效益原则

在企业并购中，效益是头等重要的问题。一切应以效益为中心，但这并不等于仅考虑企业的经济效益。由于并购对企业和社会经济的发展均有重大影响，在并购中，企业应兼顾社会效益与企业效益，兼顾经济效益和非经济效益，兼顾短期效益和长期效益；必须从企业生存和发展的长期观点出发，去评价并购的效益问题。

（二）自愿、互利与有偿的原则

并购是资本运动的客观要求，是资本占有主体的自愿行为。法人企业间的并购则是资本占有群体的行为，它应该在自愿、互利的原则指导下，在竞争过程中实现优胜劣汰。此外，并购作为一种交易，它涉及资本权力的变动，必然影响不同资本占有主体的利益，如果把资本作为商品来看待，并购也就必须遵循商品交易的一般原则，即有偿原则。只有在自愿、互利和有偿基础上进行的并购才能使其行为的发生有一个合作的基础，为并购后企业的长期发展提供一个坚实的保障。

（三）稳健原则

并购把两个或多个企业组合在一起，并购各方能否形成协同效应，能否互补互利，将决定它们的命运和发展前景。而在并购的过程中，这一切都是不确定的，存在着极大的风险，无论是并购对象的选择、并购中的谈判，还是并购后的整合与重组，都有可能受到限制和挫折，使并购失败。因此，在企业并购中应当避免草率行事，力求使并购建立在科学分析、预测和决策的基础上，使并购稳妥进行。

（四）市场机制和宏观调控相结合的原则

并购作为一种经济行为，应该在自愿的基础上，由市场机制发挥基础性作用。从兼并对象的选择，到并购的条件、并购形式的确定都应遵循市场规律。但这并不是说不要政府的调控，关键在于二者如何分工与协作。由于市场机制和政府的全面干预均有缺陷，在我国当前法制不健全、市场体系不完善的情况下，在并购中市场机制和政府的调控相结合更为重要。在这之中，政府的调控在于制定合理的国民经济发展战略和产业政策；健全法制、法规；以政府的力量对兼并行为进行规范，打破企业间的行业封锁、地区封锁；建立健全市场体系和社会服务、中介组织，使企业并购有法可依、有章可循，使并购的发生有一个公平、公正、有序的外界环境。从长远发展来说，目前并购中的政府强行"拉郎配"是不可取的。

（五）以人为本的原则

并购的效益来自于人对资本的有效管理，无论是并购的发生，还是并购后的整合都需要人的参与，并购的效益是建立在全体员工通力合作基础上的。因此，并购过程中应充分调动各方人员的积极性，注重以人为本的原则，做好职工的思想工作。

三、并购程序

企业并购是一个非常复杂的交易过程，会涉及许多政策和法律问题。在我国目前还没有规范并购行为的专门法，但一些相关的法律，如《关于企业兼并的暂行办法》《公司法》《股票发行与交易管理暂行条例》等对并购行为做了规定。

（一）企业兼并的一般程序

1.通过产权交易市场或直接洽谈，初步确定兼并及被兼并企业。

2.对兼并双方中的国有企业，要先报有关部门审批。股份公司的兼并决议应由公司的股东做出，还必须经国务院授权部门或者省级人民政府批准。

3.对被兼并企业现有资产进行评估，清理债权、债务，确定资产或产权转让底价。

4.以底价为基础，通过招标、投标确定成交价，自找对象的可以协商议价。被兼并的国有企业的成交价，要经产权归属的所有者代表确认。

5.兼并双方的所有者签署兼并协议。国有企业的所有者代表为负责审核批准兼并的机关。

6.通知债权人。被兼并的企业债权、债务一般由兼并方承继。股份公司合并时，合并各方的债权、债务，应当由合并后存续的公司或者新设的公司承继。兼并协议签署以后，应及时通知原公司的债权人，由兼并方承担原债务。

7.办理产权转让的清算及法律手续。股份公司因兼并登记事项发生变更的，应当依法向公司登记机关办理变更登记；公司解散的，应当依法办理公司注销登记；设立新公司的，应当依法办理公司设立登记。

（二）我国上市公司的收购程序

随着我国上市公司的逐渐增多和证券市场的发展，上市公司的兼并案例逐渐增加，成为并购领域的热点。我国上市公司收购的一般程序是：

1.选择目标公司，聘请有关专家和中介机构担任顾问，做出收购决策和计划，筹措相应的资金，并做好保密工作。

2.收购目标公司不超过5%的发行在外的普通股。

3.报告及公告。当直接或间接持有目标公司发行在外的普通股达到5%时，自该事实发生之日起的3个工作日内，向目标公司、证券交易所和证监会做出书面报告并公告。自做出此报告及公告之日起，不得再直接或间接买入或卖出该种股票。之后，持有目标公司股票的增减变化每达到该种股票发行在外总额的2%，应当自该事实发生之日起3个工作日内，向目标公司、证券交易所和证监会做出书面报告并公告。自做出此报告并公告之日起2个工作日内和做出报告前不得再直接或间接买入或卖出该种股票。

4.在发出收购要约前向证监会做出有关收购的书面报告。

5.当持有目标公司发行在外的普通股达到30%时，自该事实发生之日起45个工作日内，向目标公司所有股票持有人发出收购要约（要约，是指向特定人或者非特定人发出购买或者销售某种股票的口头或者书面的意思表示），并以货币付款方式收购股票，购买价格取收购要约发出前12个月内收购要约人购买该种股票所支付的最高价格，与在收购要约发出前30个工作日内该种股票的平均市场价格之中的较高者，在发出收购要约前，不得再购买该种股票。

6.在发出收购要约的同时，向受要约人、证券交易所提供本身情况的说明和与该要约有关的全部信息，并保证材料真实、准确、完善，不产生误导。收购要约的有效期自收购要约发出之日起计算，不得少于30个工作日。自收购要约发出之日起30个工作日内，收购要约人不得撤回其收购要约，而且，收购要约的全部条款适用于同种股票的所有持有人。

7.收购要约发出后，主要要约条款有改变的，收购要约人应当立即通知所有受要约人，通知可采用新闻发布会、登报或者其他传播形式。收购要约人在要约期满后30个工作日内不得以要约规定以外的任何条件购买该种股票。预受（是指受要约人同意接受要约的初步意思表示，在要约期满前不构成承诺）收购要约的受要约人有权在收购要约失效前撤回对该要约的预受。

8.收购要约期满，收购要约人持有的普通股未达到目标公司发行在外的普通股总数的50%，为收购失败。

9.收购要约人除发出新的要约外，其后每年购买的该公司发行在外的普通股，不得超过该公司发行在外的普通股总数的5%。

10.收购要约期满，收购要约人持有的普通股达到该公司发行在外的普通股总数的75%以上的，该目标公司的股票应当在证券交易所中止交易。

11.收购要约人要约购买股票的总数低于预受要约的总数时，收购要约人应当按照比例从所有预受收购要约的受要约人中购买该股票。

12.收购要约期满，收购要约人持有的股票达到该公司股票总数的90%时，其余股东有权以同等条件向收购要约人强制出售其股票。

13.办理各种必需的手续后，对目标公司进行重组和改造，或做任何其他合法的处置。

☆ 案例1　京东方海外收购TFT-LCD业务

2003年2月12日，京东方科技集团股份有限公司（000725、200725）正式对外宣布，以3.8亿美元收购韩国现代半导体株式会社（Hynix）下属韩国现代显示技术株式会社（Hydis）的TFT-LCD（薄膜晶体管液晶显示器件）业务，资产交割于2003年1月22日全部完成。至此，国内上市公司最大的一起高科技产业海外收购案尘埃落定。

1.收购细节

早在2002年9月，京东方（000725、200725）就已发出公告称，公司拟出资3.8亿美元收购韩国现代显示技术株式会社的TFT-LCD业务，并随后在韩国注册京东方科技集团股份有限公司的全资子公司BOE-Hydis技术株式会社，代表京东方负责此次资产收购。但是，由于京东方与Hydis在收购价格上存在分歧，直至2002年11月，双方才签订最终协议。当时，Hynix的主要债权银行也曾表示，将向京东方提供2.1亿美元的银团贷款，帮助其完成此次收购。但是，就在2002年底并购双方将按照最终收购协议准备进行资产交割时，Hynix的一家债权银行由于未得到满意的贷款偿还条件，而拒绝为京东方的收购提供融资，收购面临流产的危险。然而，几天后事情有了转机。Hynix的主要债权人之一韩国外换银行同意向京东方安排总额达1.883亿美元的银团贷款以完成对Hynix下属子公司业务的收购。2003年1月22日，京东方TFT-LCD事业韩国子公司BOE-Hydis技术株式会社正式成立，TFT-LCD业务也顺利实现由韩国现代显示技术株式会社向BOE-Hydis的过渡。京东方对韩国现代显示技术株式会社TFT-LCD业务的收购采取“全部资产+营运资金”的模式，此次支付的3.8亿美元，仅用于收购Hydis的全部资产，包括Hydis用于TFT-LCD生产的所有固定资产以及技术、工艺和其全球营销网络等无形资产。

2.背景和动因

京东方科技集团股份有限公司是一家创立于1993年的民营股份制上市公司，创业之初，公司就将自己的核心业务定位在了显示领域，公司先后通过独资以及与国际领先的显示技术企业合资或合作等形式，不断扩大自己在这一领域的作为，其各种主要产品均在各自领域保持国内或世界领先地位。京东方拥有中国北方最大的CRT（彩色显像管）显示器生产基地，但是，液晶显示器是未来显示器发展的主流。

由于价格方面的原因，目前国内液晶显示器的销量所占比例不到5%，但是，据有关数据统计，液晶显示器在全球的销量已占到显示器全球总销量的13%~14%，而且，液晶显示器的使用正从电脑向电视等多个领域推进。国内彩电业巨头已明确提出将液晶电视作为具有战略意义的产业来发展。因此，作为生产液晶显示器的最重要部件——TFT屏的市场前景被普遍看好。然而，国内的TFT-LCD产业刚刚起步，各项技术还不成熟，再加上液晶行业本身是一个资金、技术双密集型产业，市场风险较大，大大提高了后来者的进入门槛。京东方自20世纪70年代，当时还是北京电子管厂的时候就开始研究TFT-LCD技术，后来京东方在显示器领域逐渐站稳脚跟，除开发生产显示器件外，还推出了以“京东方”为品牌的移动数码产品。随着京东方及其合作伙伴对TFT-LCD面板需求的持续增加，以及公司关于TFT-LCD业务相关配套工作的完成，正式启动TFT-LCD业务，已是万事俱备，只欠东风了。

韩国现代半导体株式会社是全球主要芯片制造商之一，受20世纪90年代末以来全球存储芯片需求下降的打击，订单量巨减，现金严重短缺。公司自2000年起就一直在进行产业、产品结构调整，出售旗下TFT-LCD业务是其进行调整的举措之一。自两年前，公司宣布出售TFT-LCD业务以来，已引起了业内的广泛关注。台湾剑度公司更是曾以4亿美元的价格与Hynix达成收购协议，但最终由于剑度未按协议进度付款，而使收购流产。但是，此时Hynix出售TFT-LCD业务已是箭在弦上，不得不发了。

☆案例2 英博依靠并购在中国攻城略地，快速成长

2011年2月14日，百威英博啤酒集团正式宣布，百威英博与大连大雪集团有限公司和麒麟（中国）投资有限公司达成协议，收购辽宁大连大雪啤酒股份有限公司100%的股权。

大连大雪啤酒股份有限公司始建于2001年，为辽宁省市场份额高居前三位的酒厂之一。大雪酒厂主要生产、销售和推广“大雪”“小棒”“大棒”等啤酒品牌，2010年年销量逾20万吨。

百威英博亚太区总裁傅玫凯先生表示，中国是全球啤酒销量最大、发展最快的市场，百威英博啤酒集团对中国市场的投资和发展有着长期承诺和坚定信心。辽宁省是中国第四大啤酒消费省，收购大雪将加强百威英博在辽宁啤酒市场的战略地位，并进一步完善公司在华的业务格局。现今，百威英博在中国13个省份拥有超过33家现代化酿酒厂，管理超过25个啤酒品牌，包括百威啤酒、哈尔滨啤酒、雪津啤酒等全国重点品牌。

这场并购的主角——百威英博，在中国的业务以并购作为武器，攻城略地，快速成长。让我们看一下英博在中国的并购史：1997年，通过收购南京金陵啤酒厂，正式进入中国市场。2002年，投入1.6亿元持有珠江啤酒股份有限公司24%的股份。2003年，收购以浙江为基地的KK酿酒集团70%的股份。2004年1月和9月，以2.6亿美元、分两次收购马来西亚金狮集团在华的啤酒业务，拥有其在华12家啤酒生产厂的外方股权；此后，又对其中的部分企业股份进行增持。2005年3月，与金可达集团、金狮啤酒集团再次达成合资协议，中外方共同追加投资3 000万元人民币，将浙江雁荡山金狮啤酒有限公司变更为中外合资经营企业，英博控股55%。2005年6月，英博收购湖北宜昌当阳雪豹啤酒厂，并成立独资企业——英博啤酒（宜昌）有限公司。2006年1月，英博啤酒收购福建最大啤酒企业雪津啤酒有限公司100%的股份，耗资58亿元人民币，成为当时外资在中国最大的啤酒并购案例。2008年11月19日，英博完成对另一啤酒巨头A-B公司的合并，成立百威英博公司，从而将A-B公司在中国区域拥有的青岛啤酒（27%）、哈尔滨啤酒（99%）股份收入囊中（备注：由于受政策限制的影响，2009年百威英博将27%的青岛啤酒股份中的19.9%出售）。2011年2月，收购辽宁大连大雪啤酒股份有限公司100%的股权。

收购大雪啤酒之前，百威英博2010年以突破500万千升的销量占据约11%的市场份额，名列第四，销量与第二、第三名非常接近。这样的成绩，归功于百威英博的资本优势和成功的并购策略。若不是受外资收购政策的限制，百威英博很有可能成为中国啤酒行业的老大。在过去的十年，中国的酿酒行业处于规模化集聚阶段，面对不可阻挡的整合浪潮，只有沿着产业演进曲线发展才是企业成功的战略。对英博来说，是在产业整合浪潮中运用了正确的方法，才使其在中国得到快速发展。

☆案例3　洛阳钼业海外收购——或有支付机制

一、事件

2016年4月28日和5月9日，在12天之内，洛阳栾川钼业集团股份有限公司（简称“洛阳钼业”）这家市值75亿美元的沪港两地上市公司，宣布了两起重大海外矿业并购，交易总额41.5亿美元，收购后，洛阳钼业将跻身世界级矿业公司。

根据Freeport-McMoRan公司和洛阳钼业之间的协议，除了支付26.5亿美元之外，如果在2018年到2019年之间的24个月内，铜的月平均市场价格超过了3.5美元/磅，则洛阳钼业将向Freeport-McMoRan公司再行支付6 000万美元的或有价款；如果在上述时间内，钴的月平均市场价格超过了20美元/磅，则洛阳钼业将向Freeport-McMoRan公司再行支付6 000万美元的或有价款。Freeport-McMoRan公司能否拿到这1.2亿美元的或有支付，就完全要靠交易完成之后铜和钴的价格走势了。

二、关注点：洛阳钼业的或有支付

值得注意的是，交易的协议中，双方设定了盈利支付（Earn-out）机制的条款。在国际并购交易中，当买卖双方对交易标的估值存在差异，对话陷入僵局时，往往引入盈利支付机制来消除差异，重新搭建谈判基础。或有支付就是并购交易双方在对目标资产或目标公司的价值无法达成一致时采用的灵活方法，而Earn-out机制就是或有支付的一种。

Earn-out机制，又叫盈利支付机制，是国际并购交易中在买卖双方对出让资产或者出让公司价值评估存在差异的情况下，采取的一种由买方在交割后根据规定进行或有支付的一种机制。

Earn-out机制的目的是为了解决买卖双方之间在对价值评估上有差异的前提下达成交易，将一部分可能的支付和出让资产或出让公司的交割后表现挂钩。

洛阳钼业在交易中采取的无疑是较为简单的一种，直接将或有支付和大宗商品的价格表现挂钩，以此来决定是否在交割之后对卖方进行进一步的支付。

从卖方角度看，卖方通常不愿意在交易中采用盈利支付机制，因为买方交割后按照目标资产或者目标公司的表现来进行后续支付具有不确定性。

当然，从某种角度看，盈利支付机制对卖方也是有利的。一方面，盈利支付机制可以促成交易；另一方面，在高增长的行业中，如果出让资产或者出让公司表现好，甚至可能给卖方带来超额收入。

从买方角度看，采用盈利支付机制对自身有利，毕竟在交易完成的时候不用支付更多现金而将其延后进行支付（可能），强化了对交易风险的控制（特别是过高支付价款的风险）。

盈利支付机制对买方也有不利因素，尤其是在交割后，卖方要求对出让资产或者出让公司的某些事项有控制，以便能监控盈利支付的标准是否实现或者度量是否准确的时候，会给买方对资产或公司的运营带来不便。

三、国际并购交易中在何种情况下使用盈利支付机制？

1.目标公司/目标资产的价值具有不确定性。比如目标公司和目标资产的价值基于太多不确定性的假设，而卖方和买方对这些假设的看法有着巨大的差异时，就可能触发对Earn-out机制的使用。

2.未来经营情况具有不确定性。未来经营情况可能依靠某些产品研发、某些审批的获得、某些纠纷的解决。

3.行业变化。比如在大宗商品走势不明朗、行业变化难以捉摸的时候，买卖双方可能会考虑采用。

四、盈利支付机制的8个谈判要点

盈利支付机制在谈判过程中，需要买卖双方注意如下主要谈判点（过于技术性的细节本文不做介绍）：

1.界定清楚盈利支付的对象。清楚地界定好出让资产或者出让公司是使用盈利支付机制的前提。买卖双方首先要对盈利支付对象进行界定：究竟是公司，还是产品线，或者是其他资产。

2.衡量盈利支付的指标。一般来说，衡量指标分为财务指标和非财务指标两种：财务指标通常是营收、利润、EBIT/EBITDA等，非财务指标通常是产品研发、新药批准、诉讼胜诉、雇员维持率等目标式的标准。

3.确定盈利支付期间。盈利支付的期间，从何时起算、何时支付、支付的次数和方式，买卖双方均需要在并购交易文件中进行明确约定。一般来说，盈利支付的期间以1~5年较为常见。

4.制定盈利支付的计量方式。财务指标一般来说可以用会计准则进行计量；对于非财务指标来说，如何确认目标是否达到标准，买卖双方应当客观地对标准进行描述。

5.盈利支付期间的运营和控制权。盈利支付机制是在交易完成交割后进行度量的或有支付机制，买方往往会要求按照交割后运营的需要对目标资产/目标公司的计划、策略、产品、营销模式进行调整；卖方则会要求交割后资产或者公司应当按照交割之前卖方运营的方式进行运营，不能随意改变资产或者公司的计划、策略、产品、营销模式。

6.盈利支付是否需要有限额。买方是希望盈利支付机制能有限额，将后续支付的风险固定在一个具体数额；而卖方则希望在资产和公司有超预期的表现时，能够从中分到更多。从实践的常见惯例看，盈利支付部分一般在交易价金的20%左右。

7.盈利支付的灵活处理。可以在交易文件中设置好其他可能性，比如在盈利支付期结束之前，如果买方需要处置目标资产和目标公司的时候，可以采用一次性买断的方式了结义务。

8.盈利支付机制的形式。盈利支付从实质上看，也是属于交易对价的一部分，因此采用何种形式（现金/股票/现金+股票的形式）对盈利支付机制进行处理，有很重要的税务后果，应当在此时咨询专业的税务顾问。

五、盈利支付机制容易产生的争议点

1.买方在交割后是否有最大努力义务去实现盈利支付的门槛？是否需要承诺相关的资本开支去实现盈利支付？

2.盈利支付的标准是否达到？

3.盈利支付标准未能达到的原因是什么？是由哪一方的原因造成的？

卖方通常在盈利支付未能达到标准时，指责买方故意操纵资产或公司的运营致使达不到盈利支付的标准。买卖双方均应在交割后，按照有关善意及公平交易的原则行事，不能故意致使达不到盈利支付的标准。在就并购交易中的盈利支付机制产生争论之后，买卖双方往往会提交专业顾问——比如独立的会计师事务所进行判定。

国际并购交易中，盈利支付作为一项能够有效搭建估值差异的工具被经常使用。而盈利支付在交易后或有支付的属性，也容易在运用中带来一定的争议风险，因此在使用该机制的时候，尽量在文本中注意机制中谈判要点的明确、客观和可度量，这是避免交割后产生争议的关键。

☆案例4　平安收购深发展

一、交易过程

第一阶段：传闻与行动

2008年7月23日：有报道称，深发展控股股东新桥已经启动退出计划。业内有猜测称平安可能接手部分深发展股份，但平安拒绝表态。2008年8月21日：在半年报业绩发布会上，深发展董事长兼首席执行官法兰克·纽曼称：如果平安投资，相比其他银行，我们会成为一个更好的投资对象。2009年3月4日：对于坊间一度流传的平安拟收购的传闻，平安银行行长理查德·杰克逊明确予以否认。2009年3月20日：深发展年报显示，一直盛传有意收购深发展的中国平安，其旗下公司在2008年第4季度继续增仓深发展，巩固第二大股东地位。2009年6月1日：中国平安涨停，市场再次传出猜测。

第二阶段：正式启动

2009年6月8日：平安A、H股早盘同时临时停牌，深发展A股亦同时停牌。2009年6月12日：中国平安公告将最多认购深发展5.85亿股，并受让美国新桥投资集团持有的深发展5.2亿股；交易耗资不超过221.27亿元，交易完成后平安将成为深发展最大股东。此项交易涉及金额为当时A股之最。平安同时约定与新桥投资集团的股权收购的最后终止日为2009年12月31日。

第三阶段：审批程序

2009年6月29日：在新桥投资与平安人寿作为关联方回避表决的情况下，深发展拟向中国平安定向增发股票的议案仍获得93.5%以上的赞成票通过。这使备受关注的中国平安收购深发展方案顺利闯过第一关。2009年8月7日：中国平安战略投资深发展H股增发事宜获得其股东大会通过，标志着中国平安收购深发展的步伐又向前迈进一步。2009年12月25日：中国平安宣布推迟入股深发展相关协议的最后终止日期，将股权收购的最后终止日由原来的2009年12月31日变更为2010年4月30日。2010年4月29日：深发展将与中国平安之间股权收购协议附录一“截止日”改为2010年6月28日。2010年5月26日：深发展董事会审议通过《关于聘任理查德·杰克逊（Richard Jackson）先生为深圳发展银行股份有限公司行长的议案》。

第四阶段：批准与执行

2010年6月28日：深发展非公开发行A股股票申请获得证监会核准。深发展向中国平安发行37 958万股股份，已于2010年6月28日收到平安人寿缴纳的非公开发行股份认购资金人民币6 931 130 800元，扣除发行费用后，公司此次非公开发行募集资金净额为人民币6 907 268 538.40元。2010年6月30日：因拟筹划与中国平安控股子公司平安银行整合的重大无先例资产重组事项，深发展停牌。2012年1月19日：深发展和中国平安同时公告，深发展董事会审议通过深发展吸收合并平安银行方案并同意两行签署吸收合并协议。完成吸收合并后，平安银行将予以注销，深圳发展银行股份有限公司将更名为平安银行股份有限公司。

第五阶段：整合阶段

2012年6月14日晚，深圳发展银行宣布，已完成吸收合并平安银行的所有法律手续，深发展和平安银行正式合并为一家银行。此举意味着中国金融史上最大金融并购案完美收官。平安银行于6月13日收到深圳市市场监督管理局出具的“企业注销通知书”，深圳市市场监督管理局核准平安银行于2012年6月12日注销登记。深发展股东大会已经通过了合并后的银行名称为“平安银行股份有限公司”，尚待相关工商行政管理机关和银行业监管机构审批，后续更名相关事项将按照法律法规及时予以公告。

深发展表示，两行的整合是国内金融史上史无前例的巨大工程，在整合中银行高度重视客户体验。目前，两行已实现绝大多数业务的互联互通、产品和服务的基本一致，原两行的特色业务也基本实现了共享。原两行信用卡在产品、服务、定价、服务渠道、账务和额度等方面已实现完全统一，在合并后银行更名之前仍将继续分别发行平安银行和深发展的信用卡。

未来在公司业务方面，将着重推动深发展具有优势的贸易融资业务，着力拓展供应链金融上下游企业，大力推行交叉销售。零售业务方面，则搭建大零售协同经营平台，有组织地实施“一个客户、一个账户、多个产品”的综合经营策略。银行还将借力平安集团旗下的约7 000万个人客户、200余万公司客户以及50万销售队伍，最终实现银行的“最佳银行战略”。

深圳发展银行是在深圳证券交易所挂牌的首家股份制上市公司。截至2012年3月31日，总资产1.37万亿元人民币。作为深市第一股，合并后的银行将仍然在深圳证券交易所上市，对资本市场和股东都没有任何影响。目前，中国平安保险（集团）股份有限公司及其关联子公司共持有深发展26.84亿股股份，约占深发展总股本的52.38%。

二、案例看点

1.该交易的交易规模、行业影响均堪称中国金融史上的浩大工程，必然对中国金融改革产生深远的影响，开创了通过上市公司并购实现银保合作的先河。银保合作就是银行业与保险业相互之间为了谋求共同利益、共同发展，利用资源共享而建立业务合作关系。狭义上的银保合作是指保险公司通过银行来销售保险产品、代收保险费、代付保险金等代理保险业务行为。对银行而言，就是借助良好的信用形象代替保险公司销售保险产品从中获取手续费的一种特殊中间业务行为；对保险公司而言，就是保险营销环节上的一种代理业务行为。广义上的银保合作是指银行业通过购买保险业股份的方式或保险业通过购买银行业股份的方式建立银行与保险之间相互合作、相互渗透、相互融合的关系，并成立合伙营销公司，共同建立销售策略，创新业务品种，开辟新的业务经营领域，共谋发展。目前国内的银保合作大多处于银行代理销售保险产品的初级阶段，因此当平安接手深发展后，的确会引发人们对高层次银保合作的遐想，但结果如何尚待时间的检验。

2.该交易涉及复杂的上市公司收购审批程序、资产注入程序、融资程序、小股东利益保护、同业竞争整合等，可以称为最复杂的并购交易，其周期之长、业务之复杂堪称经典。

3.在“平深恋”中，各方都是赢家。“新桥投资锁定了收益，且有中国平安H股的选择权；深发展则得到比新桥投资更有实力的股东，资本充足率迅速达到12%，背靠大树好乘凉；而对于中国平安，并购使得其总资产从1万亿元增至1.6万亿元，超过中国人寿成为国内最大的保险集团。这一切都得益于财务顾问高盛为其设立的高超且精明的并购条款。”首先，如果出现二级市场继续火爆的情况，深发展的股价暴涨至30元以上，那么中国平安可以认购高于3.7亿股的股票，比如5.5亿股，然后在二级市场或者大宗交易平台卖掉手中已持有的深发展股权，即1.5亿股深发展的股权，会稳健获利；其次，假设二级市场继续低迷，深发展股价在20元左右徘徊，那么中国平安可以选择要求深发展只对平安人寿增发3.7亿股，而其他期望得到的股份可以在二级市场直接购买；最后，这种设计不会触发要约收购，能尽量避开监管机构要求的其他公告、说明等涉及要约收购的烦琐程序。高盛为中国平安设计的交易条款狠狠抓住了新桥急于脱身、深发展欲嫁豪门的心理，展现了国际投行的智慧。

第4节　并购决策

并购活动是一项复杂的交易过程，风险极大，在并购前必须进行深入、细致的调查研究，做出正确的并购决策。一般来说，并购的决策过程包括如下两部分内容：并购的可行性研究、并购的财务决策。

一、企业并购的可行性研究

企业并购的可行性研究是在实施并购前，对企业并购所应具备的各种条件、并购后的企业的发展前景及技术、经济效益等情况，进行战略性调查和综合性论证。它是保证企业并购的科学性、提高企业并购效益的一个重要环节。它既是论证并购可行性的手段，又是优选并购方案的手段。企业并购可行性研究有三个主要步骤：

（一）机会研究

它是并购可行性研究中的一个战略性阶段，其目的在于发现投资机会。在考虑经营战略时，必须对自身的情况有一个明确的认识，进行全面的自我评估。为此要研究企业的外部环境和内部条件。外部环境主要包括经济环境、政治环境、法律环境和竞争状况；企业内部条件主要包括各职能机构的优势与不足（如推销能力、财务状况和管理水平等），企业重要的生产设备、生产能力、技术水平、资金力量、职工素质、企业文化等。自我评估的关键是要回答以下战略问题：

1.企业主要从事哪些经营活动？发展前景如何？

2.企业经营目前处于哪一发展阶段？发展潜力如何？在改革创新的基础上是否有更大的发展空间？

3.企业的竞争地位如何？今后的发展状况如何？

4.企业将面临哪些机遇和挑战？

5.在外部环境出现可预期的变动情况下，企业的经营能力将会有何变化？企业是否有扩展到其他领域的能力？

这种评估的实质，是对自己的综合评定，以确定企业的发展方向，回答是否有必要兼并其他企业和自身是否有能力并购其他企业等问题。

（二）初步可行性研究

它是指在机会研究的基础上，对企业并购进行的初步分析。实质上是为详细的可行性研究打下基础。它包括如下内容：

1.确定企业并购的战略方向，研究企业的经营战略。在确定企业并购的战略方向之前，应对企业所在行业的市场状况进行详细的研究，正确评估企业的竞争优势，为企业并购战略的拟定提供可靠依据。在市场研究中，应重点考虑如下几个问题：（1）产品的用途及发展前景。（2）客户的现状及将来的分布情况。（3）市场需求和产品的销售量怎样，今后的潜力如何？（4）企业产品的市场占有率及有无较强的新产品开发能力？（5）蕴含在产品中的特有技术是否有转移的能力？（6）企业的产品是否有替代品的威胁，其竞争情况和发展趋势如何？（7）产品的现行价格及今后的趋势如何？

在充分研究企业经营所在的市场状况之后，要分析市场的发展速度以及本企业在市场中的竞争地位，然后结合企业的经济实力确定是选择同一市场内的横向发展战略，还是选择纵向一体化、提高竞争力的发展战略，或是选择在相关的行业领域开展多样化经营的战略。经营战略的选择要视企业具体情况而定。当市场处于低速增长或衰退期时，那些处于较强竞争地位的企业往往会采取混合并购措施，渗入到与本企业技术相关的市场中，搞多种经营；而在发展速度很快的市场中，那些竞争地位很强的企业则倾向于横向并购，以追求规模经济效益，或者选择纵向并购战略，减少交易成本，增强市场竞争能力。

2.研究被并购企业的标准。当确定了企业的发展战略之后，就要对可供并购的对象做出界定，明确并购对象（或称目标企业）的标准，为选择理想的并购对象做准备。并购方的目标企业可能是经营管理不善、处于亏损状态的企业；或者是产品滞销、转产困难的企业；或者是新兴微利的企业；或者是资不抵债、濒临破产的企业；也可能是出于竞争和生存的需要，自己提出被并购的企业等等。从目前来看，目标企业应具备如下条件：（1）投资环境良好。比如供给充分的水、电条件，低价的土地使用权，优越的地理位置，优惠的政策等。（2）具有可利用价值。比如有闲置的厂房、办公设施、土地等；在产品开发、营销、售后服务、技术力量等方面具有潜在的可利用性等。(3) 规模大小适中，是企业的经济实力可以承受的。(4) 行业相同或相近，便于管理能力的转移和协同效应的实现。

在对所有目标企业充分研究和分析的基础上，根据并购的动机、自己的发展方向和实力，便可以确定相应的目标企业为理想的并购对象。

3.确定企业并购方式。企业并购方式主要有：购买式、承担债务式、参股式和控股式。选择的一般依据是：(1) 当并购双方不属于同一所有制性质时，如果并购方实力雄厚，或者虽资金不够，但经过有偿并购对企业有特殊好处时（如可以增加证券发行、获取低息贷款、享受低税优惠等），或者被并购企业的核定价格较低时，以购买式并购为宜。(2) 如果被并购方资不抵债，则以承担债务式并购为主。(3) 如果能够判定保留被并购企业的所有制性质、法人地位确实对企业有利（如能够继续享受未使用完的优惠政策、维系与供应商和客户的友善关系、能够稳定职工的情绪等），或者资金来源不足，难以一次性整体并购时，以参股的方式并购更为有利。

具体采用哪一种方式，企业应结合具体情况进行分析。

(三) 详细可行性研究

它是初步可行性研究的具体和深化。由于各企业所处的具体环境不同，并购动机和类型各异，因此，详细可行性研究没有一个固定的模式。详细可行性研究的具体内容随企业的不同而有所区别，但就一般情况而言，应包括如下基本内容：

1.研究企业并购的背景、宗旨、必要性和经济意义。首先，要分析企业所处的外部环境，如经济环境、政治环境、竞争状况等。其次，要回答企业并购的动机是什么？最后，得出主要的研究结论，阐述这一决策的必要性和经济意义。

2.双方的现状分析。企业现状分析包括概况和企业经营现状分析，主要内容为：(1) 所有制性质、隶属关系及发展概况；(2) 企业的地理位置、场地、建筑面积、占地面积；(3) 企业经营规模、营销能力、竞争地位；(4) 资产负债的构成状况，主要生产工艺、装备的生产能力和新旧状况及先进水平；(5) 企业文化状况：企业管理水平，职工队伍的年龄、职称、学历，在岗职工工种和级别状况、技术能力和团结协作的氛围；(6) 企业经营状况：历年的利润情况、经济效益情况，与行业先进水平、平均水平的差距；(7) 目前存在的主要问题及原因分析。

3.并购的方案和并购后的效益分析，以及并购后的整合策略和措施。

4.聘请的中介机构的专家意见。并购作为一种投资活动，效益问题是其决策的核心和详细可行性研究的主要方面。效益评价分析的目的就是对企业并购后的利润状况和投资回收情况做出科学的预测，以最终决定企业并购是否经济合算。但同时并购活动与普通的对外投资又有明显的区别：普通对外投资所形成的资产，全部由投资的资本组成；而并购购入的资产，其中有一部分由被并购方企业的负债形成，这部分负债要求由并购方来偿还，或者由并购后未取消法人地位的原企业负担。这种特殊性一方面能提高资产规模决定的生产经营能力，另一方面又会改变并购后企业整体的财务杠杆水平。因此，并购决策中必须对二者进行充分的评价和研究。此外，并购的方式各异，从并购的后果来说，大致有两种情况：一是并购后被并购企业消失，其全部资产、负债纳入到并购方（在后面的论述中把这种并购称为兼并）；二是并购后，被并购方成为并购企业参股、控股的全资子公司（在后面的论述中称为收购）。从并购的支付方式上看，并购的完成可以有现金支付和股票支付两种方法。就并购的决策来说，关键是并购的支付方式，在此，主要以支付方式的不同特点为主，同时考虑并购的结果来分别阐述。

二、并购财务决策分析原理

并购的财务决策同其他投资活动一样，只有当并购活动能够增加企业的价值，为企业带来净收益时，这种并购活动才是可行的。此外，并购涉及两方利害关系人的利益分配，是一种产权交易行为，这就要求并购分析时，同时考察并购行为的双方，首先分析并购是否产生了经济效益。

（一）并购的收益

并购的收益是指并购后企业的价值减去并购前并购方和被并购方作为两个单独行动的法律实体的价值之和的差额。比如，A公司并购B公司，兼并前A公司的价值为PV_A，B公司的价值为PV_B，并购后统一行动的AB联合体（可能是个新企业）的价值为PV_{AB}，则并购活动的经济收益E为：

$$E = PV_{AB} - (PV_A + PV_B)$$

如果E为正值，则并购从经济上是可行的。

（二）并购的成本

并购企业在并购其他企业时，一方面要发生各项支出，另一方面可以获得被并购方企业的价值。并购方企业发生的成本是指因并购而发生的全部支出减去所获得的被并购企业的价值以后的差额。并购方因并购而发生的全部支出包括：（1）并购过程中支付的各种费用，如咨询费、评估费、谈判过程中的支出等，记为C_1；（2）并购方企业并购被并购方企业而支付的价款（在现金支付下为支付的具体现金数额，在换股方式下为发行的新股的市场价值，或者称为约当现金数额）记为C_2。设并购中的全部支出为TC，并购成本为C，则A公司并购B公司的成本：

$$C = TC - PV_B = C_1 + C_2 - PV_B$$

对A公司来说，如果并购的收益超过了并购的成本，则并购是可行的；如果并购成本为负数，则B公司不会同意被兼并，因为从B公司的角度来说，并购活动是不经济的。

（三）并购双方的净收益

从并购方来说，来自于并购活动的净收益为：MNPV=E-C，而被并购方的净收益为$C_2 - PV_B$。假设：PV_A=200万元，PV_B=140万元，PV_{AB}=500万元，C_1=5万元，C_2=180万元，则：

并购的经济收益：

$$E = PV_{AB} - (PV_A + PV_B) = 500 - (200 + 140) = 160\text{（万元）}$$

并购成本：

C=180+5-140=45（万元）

并购方净收益：

160-45=115（万元）

被并购方的净收益：

180-140=40（万元）

由上例可以看出，并购活动的经济收益为160万元，其中A公司净收益为115万元，B公司的净收益为40万元，其余的5万元为交易费用。可见这一并购活动对A、B双方均是有利的。

三、用现金支付的财务决策

用现金进行并购的财务决策的主要内容为：为目标企业支付的最高价格和最低价格是多少？为并购筹措资金的渠道和方式是什么？后一个问题在资本筹措一章已经作了论述，在此也不会导致新的问题，因而，本节略去不谈。

（一）并购的理论价格区间

如果被并购方——B公司在兼并提出后的价值为MV_B，大于它作为独立企业的价值PV_B，则并购成本的公式为：

$$C=(TC-MV_B)+(MV_B-PV_B)$$

仍以上例，设并购后B公司的市场价值为160万元，则A公司并购B公司的成本为：

C=（185-160）+（160-140）=45（万元）

在并购成本的测算中，核心问题是确定并购价格（记为P）的区间，而并购价格是双方讨价还价的结果，是实际支付的购买价款。价格是价值的货币表现，因此，并购价格的高低要以对立企业A、B的价值PV_A、PV_B和并购后的联合企业的价值PV_{AB}为基础。前例中PV_B=140万元，显然是B公司所有者能够接受的购买价格的下限，最高价格（MAP）可以按如下方法计算：

$$C=(C_1+MAP-MV_B)+(MV_B-PV_B)=E$$

移项得：

$$MAP=E+PV_B-C_1=PV_{AB}-PV_A-C_1$$

上例中：MAP=500-200-5=295（万元）

上述计算说明，如果MAP等于295万元，并购成本达到并购收益总额，在这种情况下，A公司并购B公司的净收益为0，即并购的收益总额全部归B公司所有。对A公司来说，并购是不可行的。由此可见，并购中应付价格的区间为：

$$P\in(PV_B,PV_{AB}-PV_A-C_1)$$

也就是说，如果并购的有关信息双方均了解，并购的付款额介于该区间之内时，从理论上讲并购的实现是可能的。但具体价格应为多少，还取决于并购过程中的具体情况和双方的谈判能力。

（二）并购价值的确定

前面提到，并购价格的确定要以并购中的企业价值为基础，因此，并购中企业相关价值PV_B、PV_A、PV_{AB}的确定就是并购中的核心问题。其主要的确定方法有五种模式，即贴现模式、重置成本模式、市价模式、清算价格模式和期权价格法。

1.贴现模式

贴现模式来源于现值理论，这一理论认为企业权益的价值取决于应归属该部分权益的“未来利益”，这些“未来利益”按某一折现率折现的价值总和即该权益的价值。在企业的并购中，进行交易的是一个整体企业，购买者所要购买的是这个整体所能带来的一系列“未来利益”。因此，用贴现模式来确定企业的价值在理论上是完美的。贴现模式下的一般估价公式为：

$$V=\sum\frac{FR_t}{(1+i)^t}$$

式中，V——企业的价值（或者某部分权益的价值）；FR_t——第t年的未来回报；i——相关的折现率。未来回报有不同的理解，可以是未来的现金流量，也可以是未来的净收益。因此，贴现模式会因对未来回报的不同估计而不同，包括现金流量贴现模式和收益贴现模式。现金流量和净收益是两个不同的概念。从会计的角度来看，现金流量是按收付实现制确定的，净收益是按权责发生制确定的，二者之间会存在一定的差别。由于货币时间价值和净收益确定中的各种人为因素的存在（如折旧计提方法、存货计价方法等），在付现并购的估价中我们倾向于把未来回报理解为现金流量。但在现金流量难以较准确地估计时，以净收益代替现金流量也是可行的。

在前面我们曾经提到，并购对并购方来说实质上是一种特殊形式的投资。投资项目（即目标企业）的价值等于该项目预期未来现金流量的现值之和（见资本投放一章）。但并购所投资的是一个“企业”，是一个持续经营的实体，其寿命期一般是不可预知的，那么应如何预测它在无限的未来所产生的现金流量呢？

一个普遍的做法是：将企业的未来人为地分割为两段，即“不久的将来”和“遥远的未来”。所谓不久的将来，意指在这段时期内，现金流量能够较为准确地测定，称为“预测期”；所谓遥远的未来，意指进入此段时期，现金流量已经难以预测，所以我们只好采用某些简便的程序来估计这段时期现金流量的现值。一般做法是：估计“预测期”终了时该企业的“终值”，并将其折为现值。

根据上面的分析，折现现金流量法下的一般估价公式为：

目标企业价值（V）=“预测期”内各年现金流量现值之和+“终值”的现值

$$V=\sum\frac{CF_t}{(1+i)^t}+\frac{TV}{(1+i)^n}$$

式中，n——预测期；CF_t——第t年的相关现金流量（t=1~n）；TV——第n年末企业的“终值”；i——折现率。以此公式为基础，目标企业的估价要解决四个方面的问题：相关现金流量的预测、预测期的确定、终值的确定和折现率的确定。

（1）相关现金流量的预测。与并购决策相关的现金流量是指目标企业的贡献现金流量，即并购方并购目标企业而增加的现金流量。假设A为并购企业，B为目标企业，CF_A、CF_B表示A、B两公司未合并状态下的独立现金流量，CF_{AB}表示两者合并状态下的总现金流量，ΔCF表示并购所导致的增量现金流量，则有下式：

$$CF_{AB} = CF_A + CF_B + \Delta CF$$

式中，CF_B——目标企业的独立现金流量；$CF_B + \Delta CF$——目标企业的贡献现金流量，即A公司并购B公司所增加的现金流量。ΔCF主要来源于两个方面：并购所产生的协同效应、并购企业对目标企业所进行的重组。

在并购中，现金流量按归属对象的不同，可以有两种类型：股权现金流量和总资本现金流量。前者是指应归属于股东的现金流量，后者则指应归属于所有长期投资者的现金流量。很显然，这两种现金流量所包含的内容不一致，因此有必要对两者的具体内涵加以界定。

①股权现金流量。股权现金流量体现了股权投资者（即普通股股东）对企业某部分现金流量的要求权。这部分现金流量通常是指企业在履行了所有的财务责任(包括债务的还本付息、支付优先股股利等)，并满足了其本身投资需要之后的“剩余现金流量”，如下式所示：

$$\begin{aligned}\text{股权现金流量} &= \text{税前利润} - \text{所得税}\\ &= \text{净收益} + \text{折旧及其他非现金支出成本}\\ &= \text{来自经营活动的现金流量} - \text{优先股股利} - \text{资本支出} - \text{增量营运资本投资} - \text{偿还的债务本金} + \text{举借新债所得现金}\end{aligned}$$

式中，“资本支出”指当年所发生的全部资本支出，如厂房的新建、扩建、改建，设备的更新、购置以及新产品的试制等方面的支出。本期资本支出与折旧之间的差额即“增量资本支出”。对一个处于高速成长期的企业来说，当期的资本支出可能远远超过同期的折旧额；而对一个处于稳定发展期的企业而言，“增量资本支出”往往较少甚至为零。

式中，“增量营运资本投资”也与企业所处的发展阶段密切相关。在高速成长期，存货和应收账款等项目的资金占用水平较高，因而“增量营运资本投资”较大，在稳定发展期则相对较小。

以上分析告诉我们：在预测目标企业的未来现金流量之前，应首先对企业将要经历的发展阶段做出合理的假定。

②总资本现金流量。所谓总资本，系指由普通股股东、长期债权人和优先股股东投入企业的资本总额，它表现为企业资产总额扣除流动负债以后的余额。总资本现金流量的计算是从息税前利润（EBIT）开始的，如下式所示：

$$\text{总资本现金流量} = EBIT \times (1 - \text{税率}) + \text{折旧或摊销} - \text{资本支出} - \text{增量营运资本投资}$$

根据上式进行现金流量预测时，无须考虑企业的资本来源，换言之，总资本现金流量不受企业资本结构的影响，而直接取决于其整体资产提供未来现金流量的能力。

但是，既然普通股股东、长期债权人和优先股股东是总资本的共同提供者，他们就应分别对总资本现金流量的“某一部分”拥有“要求权”。也就是说，总资本现金流量实质上就是普通股股东、长期债权人和优先股股东各具“要求权”的现金流量的总和。如下所示：

Alfred Rapport在《折现现金流量估价》一文中，建立了一个实用性更强的总资本现金流量预测模型：

$$CF_t = S_{t-1}(1+g_t)(P_t)(1-T_t)-(S_t-S_{t-1})(f_t+\omega_t)$$

式中，CF——现金流量；S——销售额；g——销售额的年增长率；P——EBIT占销售额的比例；T——所得税税率；f——销售额每增加1元所需要的增量资本支出；ω——销售额每增加1元所需要的增量营运资本投资；t——年数。

在这个模型中，f可以根据历史数据来确定，公式如下：

$$f=\frac{\text{过去若干年（一般为5~10年）的资本支出总额}-\text{同期的折旧总额}}{\text{该段时期内销售收入的增加额}}$$

在明确了股权现金流量和总资本现金流量的内涵之后，我们就可以预测目标企业的贡献现金流量，即将公式$CF_{AB}=CF_A+CF_B+\Delta CF$做适当改写：

$$CF_{AB}-CF_A=CF_B+\Delta CF$$

上式的左右两边均表示目标企业的贡献现金流量。因而，贡献现金流量的预测有两个基本思路：“倒挤法”，即（$CF_{AB}-CF_A$）；“相加法”，即（$CF_B+\Delta CF$）。方法的选择取决于并购的结果，即是“兼并”还是“收购”。

①兼并。在“兼并”的情况下，目标企业解散，无论在法律上，还是在经营上，两个企业真正实现了“合二为一”。此时，目标企业贡献现金流量的确定一般采用“倒挤法”，具体来说：

a.预测未合并状态下并购企业A未来各年的独立现金流量CF_A。

b.设想A、B已经合并，预测联合企业未来各年的现金流量CF_{AB}。在这一过程中，应充分考虑合并完成之后管理当局所采取的“整合”措施，以及合并所可能产生的协同效应。

c.从未来各年的CF_{AB}中扣除未来各年的CF_A，得出未来各年目标企业的贡献现金流量。

目标企业贡献现金流量的预测，既可按股权基础进行，亦可按总资本基础进行，一个通用的公式是：

贡献现金流量=联合企业的现金流量-并购企业独立的现金流量

显然，将不同类型的贡献现金流量（权益现金流量和总资本现金流量）代入估价公式，所得的估价结果是截然不同的。如果以股权现金流量为基础，则代表目标企业的并购价值（即目标企业净资产的价值）；如果以总资本现金流量为基础，则代表目标企业的总价值，从中减去债务和优先股价值，才是其并购价值。

②收购。在“收购”的情况下，并购完成之后并购方与目标企业形成一种“母子关系”，两者仍然是两个独立的法人和经济实体。母公司通常要对子公司进行“重组”。在这种并购方式下，目标企业现金流量的确定以“相加法”为宜。不过，在实际运用“相加法”时，可以在理论方法的基础上略加改造。具体而言：

a.设想并购企业已取得目标企业的控制权，预测目标企业未来各年的现金流量。在这一过程中，应充分考虑并购企业对目标企业采取的各种“重组”措施。因而，在CF_B中应包括因“重组”所带来的增量现金流量。

b.预测未来各年因协同效应所产生的增量现金流量ΔCF，具体来说：

若并购方与目标企业所处的行业完全不同，两者所从事的业务也毫无关联，则一般不会存在协同效应，即ΔCF=0。

若两者处于同一行业或者同一产品的不同生产阶段，则可能存在协同效应，即ΔCF>0。

无疑，ΔCF的估计具有相当的难度，最终得出的结果具有很大的主观随意性。因而，在协同效应虽然存在但并不显著的情况下，直接假设ΔCF=0不失为一种简便而可行的策略。

c.将未来各年的CF_B、ΔCF相加，得出目标企业的贡献现金流量。

与“倒挤法”相同的是，在“相加法”下，目标企业贡献现金流量的预测，也可在股权现金流量和总资本现金流量二者的基础上进行，所得出的估价结果的内涵与上述方法相同。

（2）预测期的确定。确定预测期的通常做法是：逐期预测现金流量，直到各种不确定因素使预测变得不可能时为止。在企业估价实践中，5~10年的预测期最为普遍。

一般来说，公司的现金流量模式往往会影响预测期的选择。例如，目标企业现在正进行巨额的资本投资，致使目前及未来几年的自由现金流量很小或者为负——我们称这段时期为投资持续期；接下来，随着投资所形成的生产经营能力得以利用，自由现金流量将逐年大增——我们称这段时期为迅速成长期；最后，自由现金流量渐趋稳定，或者开始按固定的比例增长——我们称这段时期为成熟期和稳定期。在上述情况下，预测期最好能涵盖投资的持续期和迅速成长期——这种做法会简化企业终值的计算，因为预测期之后的自由现金流量可以按“永续增长模型”直接资本化。

还有人认为：预测期的长度应持续到增量投资的预期报酬等于资本成本时。也就是说，在预测期之后的现金流量可以简化到等值年金时为止。

（3）终值的确定。终值在估价模型中占有较大的比重，因此，终值的确定对并购的决策具有重大影响。但由于终值是“遥远的未来”的价值，因此其预测的难度更大。确定终值的模型和方法很多，下面简要介绍永续增长模型和市价/收益比法。

①永续增长模型。该模型假定：在预测期之后，目标企业的贡献现金流量将按一个固定的比率永续增长。据此，目标企业的终值可以按下式确定：

$$TV=\frac{CF_n(1+g)}{K-g}$$

式中，TV——企业终值；n——预测期；CF_n——预测期最后一年的贡献现金流量；K——折现率；g——永续增长比率。

利用该模型确定目标企业终值需注意以下几个问题：该公式只有在K>g的情况下才有效；g的确定尤为重要，因为计算结果对g最为敏感；如果预计预测期之后企业的发展速度比以前有所减缓，那么资本支出和营运资本的需要量会低于预测期内的水平，故预测期之后的自由现金流量将会有所增加——在确定CF_n时，若不考虑这一因素，企业终值就会被明显低估；如果预测期最后1年的现金流量CF_n中包含“非常项目”，应加以剔除。

②市价/收益比法。该方法假定：目标企业的终值等于预测期期末预计净收益的若干倍数，即：

终值=预测期最后一年的预计净收益×（市价/收益比）

式中，市价/收益比表现为企业价值（既可能是总资本价值，也可能是权益资本价值，这取决于现金流量的类型和所选择的折现率）和收益（如果从总资本考察，则为息税前利润；如果从权益资本考察，则为净利润）的比值。对于市价/收益比，可以选择当前值和未来值，从理论角度来说应该选择未来值，即预测期期末的市价/收益比。但由于预测困难，可以以当前的行业平均值为基础，在考虑盈利增长情况和预测期期末收益的稳定程度之后综合调整确定。

（4）折现率的确定。在贴现模式中，折现率的确定是一个关键因素。折现率的估计错误，或者现金流量与折现率不匹配，均将导致严重的估计错误。一般认为，在折现模式中应选择资本成本作为折现率，但在并购中，资本成本是一个有多种内涵的概念，也就是说，是加权平均资本成本，还是某一类资本的资本成本（如股权资本成本、债务资本成本）；是并购企业的资本成本，还是目标企业的资本成本；是并购前的资本成本，还是并购后的资本成本。因此，在并购估价中，资本成本的选择必须回答两个问题：选用“谁”的资本成本作为折现率，是目标企业的、并购企业的，还是并购后联合企业的？选用“何种”资本成本作为折现率，是股权成本，还是加权平均资本成本？

对于折现率的选择，历来有多种观点，有人认为应以并购企业的资本成本作为折现率；有人认为应以目标企业的资本成本作为折现率；还有人认为应在同时考虑合并双方风险的情况下，区别选择。但无论哪一种观点，折现率的选择至少应考虑如下因素：

①应区分现金流量的类型，是股权现金流量还是总资本现金流量？也就是说，所选用的折现率应该与被折现的现金流量的风险和类型相一致，风险较高的现金流量应该按较高的折现率折现。从这一点来说，股权现金流量应按股权资本成本来折现，总资本现金流量应按加权平均资本成本来折现。

②应区分并购的结果，是“兼并”还是“收购”？

③应考虑并购之后经营风险的变化，如果并购可以分散双方的经营风险，股东和债权人的风险均会降低，这样，并购完成之后的资本成本也会降低，所以用作折现率的资本成本也会降低。

④应考虑因并购而导致的财务杠杆的变化，即财务风险的变化。财务风险的变

化对股权资本成本和加权平均资本成本均有影响（见资本筹措一章中的内容）。

综合这些因素，折现率的选择应该在考虑并购结果和被贴现的现金流量类型的基础上进行。具体来说：

①兼并。如前所述，在兼并的情况下，并购双方实现了“合二为一”，此时，被贴现的现金流量采用“倒挤法”计算，即“$CF_{AB}-CF_{A}$”，这一现金流量实质上是联合企业预期总现金流量的一部分。因此，所选用的折现率也应是联合企业的预期资本成本，因为只有联合企业的资本成本才能正确反映联合企业未来现金流量的内在风险。在预测联合企业的资本成本时，应着重考虑如下几点：其一，合并之前双方的风险水平和资本成本；其二，并购融资（如发行债券、发行新股、举借长期借款等）对联合企业未来资本成本的影响；其三，合并本身对联合企业未来风险水平的影响（如因多角化经营所导致的经营风险的降低，纵向并购所导致的销售量的稳定，横向并购减少竞争，从而稳定收益等）。

这里的资本成本，可以是联合企业的加权平均资本成本，也可以是联合企业的股权资本成本，这要视被贴现的现金流量的类型而定。具体来说，若被贴现的现金流量是按股权基础计算的贡献现金流量，则应选择联合企业的预期股权资本成本作为折现率；若被贴现的现金流量是按总资本基础计算的贡献现金流量，则应选用联合企业的预期加权平均资本成本作为折现率。

②收购。在收购的情况下，目标企业仍是一个独立的法人实体，其贡献现金流量应采用“相加法”计算，即$CF_{B}+\Delta CF$。如前所述，CF_{B}表示目标企业重组之后的预期现金流量，是由目标企业独立提供的；ΔCF表示协同效应所带来的增量现金流量，是由并购双方的协同及联动共同提供的。因此，从理论上讲，两者的性质不同，应分别估计折现率。对于CF_{B}应采用并购后目标企业的资本成本为折现率；ΔCF则应采用“反映其内在风险的折现率”。但从应用的角度来看，这种双重折现率是没有必要的，因为，在目标企业的贡献现金流量中，CF_{B}占有绝大比重，而ΔCF在很多情况下很小或者可以忽略。因而在选择折现率时，可以按重组后目标企业的资本成本对贡献现金流量总额进行折现。

在此，重组后目标企业的资本成本也可以是股权资本成本，或者加权平均资本成本。若被折现的现金流量是按股权基础计算的，则采用目标企业重组后的股权成本为折现率；若被折现的现金流量是按总资本基础计算的，则采用目标企业重组后的加权平均资本成本为折现率。

2.重置成本模式

重置成本模式根据资产在全新情况下的重置成本，减去按重置成本计算的已使用年限的折旧，考虑资产功能变化、成新率等因素，评定重估价值；或者根据资产的使用年限，考虑资产功能变化等因素重新确定成新率，评定重估价值。影响成新率和功能变化的主要因素有：实体性贬值，是指由使用磨损和自然损耗造成的贬值；功能性贬值，是指由技术相对落后造成的贬值；经济性贬值，是指由于外部经济环境变化引起的贬值。这种方法更多地用于单项资产的评估，也可以在单项评估的基础上加总得出全部资产的价值，但这种做法会忽视无形资产的价值，所以在并购的评估中，必须对无形资产的价值重新估价。

在进行单项资产的评估中，对流动资产中的原材料、在制品、协作件、库存商品、低值易耗品等进行评估时，应当根据资产的现行市价、计划价格，考虑购置费用、产品完工程度、损耗等因素，评定重估价值；对有价证券的评估，应参照市场价格评定重估价值，在没有市场价格时，应考虑票面价值、预期收益等因素，评定重估价值；对无形资产中外购的，应根据购入成本及该资产的获利能力评定，自创或者自身拥有的无形资产，应根据其形成时所需实际成本及该资产具有的获利能力评定，对于自创或者自身拥有而未单独计价的无形资产，应根据资产的获利能力评定其价值。

运用重置成本计算得出的总资产价值表现为目标企业的总价值，在此基础上，还应对所有的债务进行彻底的清查，从目标企业的总价值中减去债务的价值，才是目标企业的权益价值，或者称为并购的底价。

3.市价模式

市价模式，即通过市场调查，选择一个或几个与并购对象相同或者类似的资产或者交易作为比较对象，分析比较对象的成交价格和交易条件，进行对比调整，估算出目标企业价值的方法。

运用市价模式的前提是：股票市场或者并购市场发达、有效，交易活跃。市价模式既可以用于上市公司的估价，也可以用于非上市公司的估价。在后一种情况下，需要从股票市场中寻找“参照公司”，或者从并购市场上寻找“可比案例”。

一般来说，对上市公司的估价往往采用“随行就市”的办法，以目标公司的市场价值作为并购价值的估计值。但应注意的一点是，由于上市公司的收购是针对“多数股权”进行的，而市场价格则是“少数股权”的交易价格，尤其在我国当前情况下，大量的“多数股权”体现为未进入市场流通的国家股和法人股，因此要实现对上市公司的收购，更多的是通过转让国家股和法人股的形式完成的，而其交易也是在产权交易市场进行的，交易价格的估计应以市场价格为基础，做适当调整；或者以产权交易市场中的类似交易为参照对象，以产权交易市场的类似交易价格为基础做适当调整，以确定目标企业的并购价值。如果收购是直接针对流通股进行的，则目标公司的交易价值除了“随行就市”外，还要受到我国证券交易法规的限制，尤其在发出收购要约后，一般来说并购价值就已经确定了，即在收购要约发出前12个月内收购要约人购买该种股票所支付的最高价格与在收购要约发出前30个工作日内该种股票的平均市场价格中的较高者。

我国当前的并购更多地表现为非上市公司的并购，以下对非上市公司并购价值确定的类比法和案例法做一简要介绍：

（1）非上市公司估价的一般步骤——类比法。这一方法的基本原理是：处于同一行业的某些公司应该拥有共同或类似的财务特征，所以某些公开招股公司的财务数据可以用于推断同行业内非招股公司的价值。其一般步骤为：

①确定一组“参照公司”，即与被并购企业相类似的公开招股公司。

②确定估价参数。可供选择的参数一般有盈利额、账面价值、毛收入等。

③将各参照公司的股票市价与所选参数相对比，得出其各自的估价比率。根据所选参数的不同，估价比率可能是：

股票市价与盈利额之比率，简称P/E值；

股票市价与账面价值之比率，简称P/B值；

股票市价与收入之比率，简称P/S值。

④将各参照公司的估价比率加以平均，并根据被估企业的具体情形做适当调整，得出被估企业的估价比率。估价比率的确定是类比法的关键，影响估价比率的因素从P/E值来说，主要是企业预期盈利的增长率和自身的风险程度；从P/B值来说，主要有权益资本报酬率、预期盈利增长率和风险程度；从P/S值来说，主要有销售净利率、预期盈利增长率和风险三个。综合来说，企业的经营风险、财务风险、获利能力以及盈利的增长能力是影响估价比率的关键因素，在以参照公司的估价比率为基础确定目标公司的估价比率时，应注重对这些因素的研究，寻找差异，以便确定合理的估价比率。

⑤按下列公式确定被估企业的“市场价值”（用V表示）：

V=被评估企业的P/E值×被评估企业的盈利额

V=被评估企业的P/B值×被评估企业的账面价值

V=被评估企业的P/S值×被评估企业的销售额

⑥按下式计算被评估企业的“并购价值”：

并购价值=被评估企业的市场价值+适当的市场溢价-适当的流动性折价

在第五步的计算中，我们没有考虑并购可能产生的增量价值以及由于取得目标公司控制权而可能产生的控制权溢价（统称市场溢价）问题。根据西方学者的研究，市场溢价在并购中是确实存在的，但对其具体量化是一件极为复杂的事，通常的做法是根据已经发生的并购案例的市场溢价来确定，比如西方的一些杂志报道，市场溢价一般为市场价值的20%~50%左右。

此外，在第五步的计算中，我们没有考虑参照公司和目标公司权益资本在流动性方面的差异。也就是说，上市公司的股票有自由、活跃的交易市场，其流动性和股票变现一般不成问题，而非上市公司（即目标公司）的股权则不存在自由买卖的市场，因而会存在缺乏流动性的问题。而缺乏流动性，其风险必然要大于上市公司，以上市公司的估价比率为基础所确定的估价比率会存在价值高估的问题。因此，为了客观反映目标公司的价值，应在“市场价值”的基础上酌情打一折扣。

由此可见，在类比法下，目标公司的估价不仅存在流动性折价问题，而且存在市场溢价问题。由于流动性折价和市场溢价实现量化都存在极大的主观随意性，所以也有人主张对两者都不予以考虑，即假定两者正好相互抵销。这样，目标企业的并购价值就是其“市场价值”。

（2）非上市公司估价的一般步骤——案例法。类比法参考的是各参照公司的股票在二级市场上的交易价格。而在案例法下，所要参考的是类似企业在并购市场交易中的买卖价格。其一般步骤为：

①选择一组已经实际发生的交易，即并购案例，这些交易中的被购与被并企业应该与被估企业有着类似的经营活动、财务结构、风险特征和盈利前景。我们称这一组交易为“可比交易”。

②将各“可比交易”的实际成交价与该交易中被购与被并企业的特定参数（如盈利额、账面价值、毛收入）相对比，求得一个“并购价值倍数”，如盈利倍数（成交价格/盈利额）、账面价值倍数（成交价格/账面价值）、收入倍数（成交价格/毛收入）等。

③将各“可比交易”中特定的“并购价值倍数”进行平均，并根据被估价企业的具体情况做适当调整，得出被估企业的并购价值倍数。

④按下式确定被估企业的并购价值：

并购价值=目标企业的并购价值倍数×相应的估价参数

运用案例法的一个明显难点和缺点是：很难找到可比的交易，或者即使可以找到，但由于任何并购都有其特殊的动机、背景和交易条件，而且更多地体现为“讨价还价”的结果，因此，来自并购市场的价格可能与目标公司的实际价值相去甚远，在评估中，要考虑自身的并购动机、交易条件、目标公司与案例中被并公司的差异、自身与案例中并购公司的差异等，而后进行综合决策。

4.清算价格模式

这种方法主要用于对破产企业资产的评估，根据企业破产清算时资产的可变现价值，评定重估价值。这种方法在“先破产后兼并”的并购评估中比较常用。由于企业先进入破产程序，根据我国《破产法》的有关规定，破产企业中的所有资产都要进行评估。对于固定资产中已经折旧完毕的，应对残值进行重新估价；残次变质财产应变价计算；无须变现的，按原价计算。此外，流动资产、长期投资和仍有价值的无形资产在变现之前也应进行重新估价。因此，按清算价格模式确定的目标企业价值就是所有资产的评估确认价值。

上述四种模式在实际的业务中，应注重结合实际情况采用多种方法互相验证。实际交易价格的形成应以理论区间为指导，综合考虑各因素并视谈判情况而定。

5.期权价格法

从 Black 和 Scholes 在 1973 年发表了那篇著名的“The Pricing of Options and Corporate Liabilities”之后，期权定价的方式就进入了估值的领域。在前面讲过的所有方法中，我们都暗含了一个假设：并购一旦发生就不可改变。但实际上，即使并购了目标公司，并购者仍然有权利在合适的时候把目标公司卖出去或者至少是不进一步追加投资，如果目标公司的情况比预期的情况好，并购者还可以进一步向目标公司追加投资。在创业投资行业，这一点更为明显。创业投资公司往往分阶段进行投资，从而保留了对下一个阶段不进行投资的权利。当这种选择权出现后，期权定价就有了用武之地。

从实物期权的视角分析企业价值的方法在Black和Scholes最初的论文中就提出来了。据说，当两位作者创立期权定价模型时，他们最初的论文里充满了微分方程的求解过程。愤怒的编辑们对这种类似对牛弹琴的文章非常不满，所以论文一直得不到发表。直到两位作者删掉了主要的求解过程并且加入了一大堆定价公式的应用后，文章才得以发表。在那一大堆的应用中，就有用期权来分析企业价值的方法。其中的逻辑并不复杂，如果拥有一家有限责任企业，企业未来的价值最低就是清算价值，因此，不妨把企业的价值当成一种执行价格为清算价值的看涨期权。

著名的BS公式通常写成这样：

$$C = SN(d_1) - Ke^{-rt}N(d^2)$$

其中，$d_1 = [\ln(S/K) + (r + 1/2\delta^2)t]/\sqrt{s^2t}$

$$d_2 = d_1 - \sqrt{s^2t}$$

式中，S——当前股价，可以用企业净资产的价值或者未来股权收益所带来的现金流折现值来代替；K——执行价格，可以用清算价值来代替；r——无风险利率，可以用同样年限的国债利率来代替；s^2——股票收益率的变动，可以用企业历史上利润率的变动来衡量；t——期权到期时间，可以用投资期限来代替。

BS公式的最重要价值在于它能够在估算两阶段投资的情况下估计第一阶段投资的期权价值，从而让我们能够估计到购买企业所带来的“学习和探索的价值”。简单地说，如果企业目前的发展状况不够明朗，那么投资者可以先投入一笔资金购买企业，当未来情况明朗的时候，再决定是否进行投资。比如，我们可能觉得无线宽带行业非常有发展潜力，但如果我们真的到了该行业盈利模式非常成熟的时候再进入，通常也就分享不到什么收益了。此外，先期投资一家无线宽带企业，对市场进行学习和探索就很有必要。此外，第一期投资的时候还有一个期权的价值在里面。通常，我们可以把第二期投资的现值当作S，把进行第二期投资的时间当作t，把第二阶段投资成本的现值当作K，把第二阶段投资价值的波动性当作s^2，这样我们就能计算出第一阶段购买企业时所获得的期权价值。比如说一家企业按照净现金流折现的方法所得到的价值为1 000万元，而第二阶段投资的期权价值为300万元，那么即使投资者用1 200万元的价格购买该企业，也是非常值得的。

不过，这种基于BS期权定价公式的实物期权的估值方法并不见得就多好。不明就里的人可能觉得那个看起来挺复杂的公式一定代表了某种程度上的真理。但事实上，BS公式是一种特例情况下成立的结果。在Black和Scholes的假设下，作为期权标的物的股票的价格变动服从伊藤过程，写成公式的话，就是：

$$dS(t) = \mu(t, S)dt + s(t, S)dB$$

式中，$\mu(t, S)$——漂移率；$s(t, S)$——干扰强度；dB——布朗运动。简单地说，如果股价变动服从伊藤过程的话，那么时间越长，未来的股价跟目前的股价差别越大，其中漂移率就是衡量这种变化有多快的一个参数。不过股价的变动之所以还呈现出变动性，是因为它还受到一个布朗运动的干扰，其中干扰强度就是用来衡量这种干扰大小的参数。而所谓布朗运动则是一种不规则的变动，本期的变动不受前期变动的影响，而且在每一个有限期内这种变动的大小服从正态分布，期限越长正态分布的方差就越大。这个过程的确很接近金融学家对股票价格变动方式的理解，但遗憾的是，并不是所有的研究都支持这个观点。至少对于一个并购者而言，他会尽力使目标企业的价值向正向的方向发展而不是随机地波动。但是，只有当股价波动服从伊藤过程时，BS公式的结果才成立。从这个意义上说，我们对这个看似很科学的方法所得出的结论不能太迷信。

（三）并购价值的调整

所谓价值调整，就是通过某些合同手段帮助并购者把最开始估计错误的目标公司价值调整过来，以减少估值错误所导致的损失。但有时中国资本市场的玩家缺乏风险控制的意识，当签约差不多快完成时，往往忽视一些很重要的细节。

例如，中国投资有限责任公司（CIC）从创始之初就希望成为中国的淡马锡，在正式挂牌前就斥资30亿美元投资了Blackstone Group，此后不久，淡马锡投资美林。投资后一年左右，Blackstone Group和美林受美国次贷危机影响都出现了巨额的亏损。中投公司只能默默忍受账面的“浮亏”，而淡马锡则在美林扩股时以9亿美元的对价获得了价值34亿美元的股权，成为美林单一大股东。如果说淡马锡比中投公司有什么高明的地方，从这个案例上看，主要就是淡马锡在投资中增加了一些价值调整条款，从而在巨额亏损前尽可能地挽回了损失。

1.收购价格的价值调整

在并购谈判中，尽职调查往往和谈判同时进行，而谈判的重点之一就是交易价格，所以很有可能在尽职调查完成前，双方已经达成了一个协议价格。但这个协议价格到真正成交还有一段时间，在这段时间里随着尽职调查的完成，企业的真正收购价格和协议价格之间应该会出现一些调整事项，因此，在确定协议价格的时候就应该确定收购价格的调整方式。

通常这些条款包括但不限于：

第一，审计基准日到资产移交日之间的净资产值变化。

第二，额外议定的资产减值准备或未入账的资产增值（包括存货已经包含的未实现利润）。

第三，需要剥离的资产及负债项目。

第四，对或有事项的特殊准备金。

第五，整体的折价或溢价。

2.并购后的价值调整机制——“对赌协议”

在投资完成以后，并购者还可以通过并购合同中的价值调整机制对之前的开价做出修正，即常说的对赌协议。对赌协议的实质是并购者通过协议使目标公司达到某种预先设定的标准，并以该标准为基准对目标公司或目标公司的管理层进行相应的股权奖励或股权惩罚的机制。在股权投资基金的行当里，对赌协议是一个常规。但如果并购者100%收购目标公司，对赌协议可能就没什么用了。

一个对赌协议主要包括两个部分：一是触发条件；二是股权调整数量。

在我国，触发条件主要是财务指标。比如，蒙牛的对赌协议中规定，如果2003—2006年，蒙牛乳业每年的业绩复合增长率达不到50%，则管理层应将最多7 830万股（相当于蒙牛乳业已发行股本的7.8%）转让给外资股东，或者向其支付对应的现金；反之，则由外资股东向蒙牛的管理层支付同样数量的股权。在财务指标之外还有很多非财务指标，比如是否能得到客户的正面反馈，能否在规定时间内聘请到新的CEO，企业能否回购优先股，到规定年限是否能上市，现有的管理层是否会离开等对企业价值造成影响的因素，都会成为对赌协议的触发条件。

股权调整数量通常占企业总股本的1%~2%，蒙牛那种高达7.8%的调整在通常的投资业务里非常罕见。不论是触发条件还是股权调整数量都是企业和投资者谈判的结果，而不是谁强加给谁的苛刻条件。

3.对赌协议的定价

达成协议的前提是协议对达成协议的双方都有好处，至少某一方不会因为签订了对赌协议条款而承受不必要的损失。

如果从期权的角度来理解对赌协议，我们就会发现有很多困难。当企业的管理层在触发条件达成后以一个规定的价格获得一定比例的股票时，也存在着在达不到该触发条件的时候卖出一定比例股票的义务。当然，这种情况下可以认为企业的管理层在获得一个欧式买权的同时卖出一个欧式卖权。如果直接按照期权定价公式来计算，由于执行价格相同，而且交换股权的数量也相同，那么，两个期权的期权费也相同。但事实上，对投资者而言，他是在企业的价值没有达到一定标准的情况下才获得了股权，所以，他其实并不是获得了一个正常的欧式买权，而像是出售了一个欧式卖权。但在期权中，执行价格就是触发条件，而在对赌协议中，触发条件却不是股权转移时的价格。简单地说，对投资者和管理层而言，对赌协议的触发是一种客观的状况而不是一种选择权，因此，很难把对赌协议当成一种期权。

但是，我们可以换一个角度来考虑对赌协议。如果对赌协议是公平的，那么，它对企业和投资者在当期而言都没有实际的价值。也就是说，对赌协议规定的条款给某一方所带来的可能的收益应该等于可能的损失。如果这种收益和损失不相等，那么获益的一方就应该向受损的一方在当期提供一个补偿。利用这个简单的想法，所有关于对赌协议条款的问题都能迎刃而解。

给对赌协议条款定价无非就是规定两个方面的内容：触发条件和股权交换的数量。

触发条件可能多种多样，但对投资者而言，触发条件的实质就是其手中的股权是否能够达到某个价值。如果能够达到，则给予管理层奖励，否则就会要求补偿。因此，所有的触发条件本质上是一样的。投资者从企业管理者手中所获得的关于企业的资料将用于两个部分：一方面用来确定企业的价值；另一方面则用来估计企业未来经营的成果。如果我们把这部分内容说得稍微学究气一些，不妨沿用期权定价公式对股票价格变动规律的假设。让我们来假设公司未来的价值服从一个伊藤过程 $dS(t)=\mu(t, S)dt+s(t, S)dB$，其中漂移率 $\mu(t, S)$ 实际上就是企业告诉投资者未来企业的增长速度，而干扰强度s（t，S）实际上就是企业告诉投资者未来企业经营的稳定性。根据漂移率和干扰强度，如果约定的时间t给定，那么，企业未来的价值就应该服从一个以S+μ（t，S）为均值（其中，S为初始每股股权价值）、s^2（t，S）为方差的正态分布。如果假设双方在这个对赌协议中都不吃亏，那么就要求双方的期望收益和期望损失都相同，也就是：

$$\int_0^{S_0} xf(x)\,dx=\int_{S_0}^{+\infty} xf(x)\,dx$$

其中，$f(x)=\frac{1}{\sqrt{2\pi}s}\exp\left(-\frac{(x-\mu-S)^2}{2s^2}\right)$

经过简单的计算就可以得到：

$$\frac{1}{\sqrt{2\pi}}\left[2\exp\left(-\frac{\left(\frac{S_0-\mu-S}{\sigma}\right)^2}{2}\right)-\exp\left(\frac{\left(\frac{-\mu-S}{\sigma}\right)^2}{2}\right)\right]+(\mu+S)\left[1+\phi\left(\frac{-\mu-S}{\sigma}\right)-2\phi\left(\frac{S_0-\mu-S}{\sigma}\right)\right]=0$$

式中，φ（·）——标准正态分布下的分布函数值，这样在理论上就可以求出S_0。S_0代表每股股权价值达到多少时可以触发股权交换。把S_0乘以总股数就是企业当时应该达到的价值，由此就可以制定出各种对赌协议的触发条件。

而且，这个思路还能帮助我们确定股权交换的数量。如果能求出S_0，我们就可以计算出交易双方发生一股股权交换的期望收益E（S^*）和这种收益的方差Var（S^*）。随着交换的股权数量n的上升，期望收益E（nS^*）=nE（S^*），呈线性上升；而价值的不确定性Var（nS^*）>n^2Var（S^*）。所以当股权交换数量增加时，留给交易双方的风险迅速上升。由此，交易双方不会任意提高股权交换比例，而是会在一定的偏好下将股权交换的比例控制在一个比较小的范围内。至于交换的比例到底是多大，和交易双方的风险承受能力有关系，是谈判和管理结合的产物。

4.对赌协议的价值

从上面关于对赌协议定价问题的讨论中，我们能发现对赌协议对投资至少有两方面的价值。

对于企业的管理层，对赌协议是一个激励机制。如果管理层努力工作，让企业价值确实获得提升，那么管理层就会得到额外股权的正向激励；如果管理层经营不当，则会受到股权损失的惩罚。

对于投资者，对赌协议有助于解决投资决策阶段信息不对称的问题。在投资决策阶段，投资者的信息主要来自于企业家。如果没有对赌协议条款，企业家难免会夸大企业的增长速度和增值的稳定性，让投资者做出错误的判断。对赌协议则可以帮助投资者在投资后对投资的价值做出调整。比如，在我们讨论定价的模型中，如果企业报告了一个偏高的增长率，就会导致对赌协议的触发条件中规定一个较高的S_0，这样企业的期望损失就会大于期望收益。这将对企业管理层产生约束，迫使他们最初就向投资者提供接近事实的信息。

但是，我们也知道，并不是所有的投资合同里都有对赌协议条款。因为对赌协议对于交易的双方也有不利的影响。比如，双方可能在条款的谈判上浪费时间，影响交易的速度，而且对赌协议可能会给企业管理层带来巨大的压力，对他们的工作热情起到负向激励的作用。在永乐电器被国美并购的案例中，很多人认为，永乐电器愿意被并购的原因就是其管理层已经不愿意承受来自早期财务并购者给出的对赌协议所带来的压力。

四、用股票并购的财务决策

用换股方式进行并购时，财务决策的主要内容为并购企业要发行多少新股来交换被并购企业的股票，即换股的比例问题。换股比例的决策，可以有三方面的思路。

（一）以并购对股东拥有的股票总价值的影响来决策换股比例

考虑并购分析的一般原则，只有当并购后并购双方企业的股东所拥有的股票价值大于并购前的价值时，双方才能达成并购协议，因此换股比例应使双方均得利。仍以前例，假设A公司和B公司均为股份有限公司，兼并开始前，A、B公司的有关情况如下（见表9-1）：

表9-1　**并购前后股票总价值变化情况**　单位：元

项　目	兼并前A公司	兼并前B公司	兼并后A公司
（1）每年盈利	200 000	80 000	500 000
（2）股票数量	80 000	100 000	
（3）每股股利	2.5	0.8	
（4）每股市价	25	14	
（5）市盈率	10	17.5	10
（6）企业价值	2 000 000	1 400 000	5 000 000

如果并购后每年盈利增加到50万元，且假定A公司在并购前后的市盈率保持不变，这样A公司并购B公司后的价值为500万元。由于并购后B公司的股东将成为A公司的股东，共同分享兼并收益，从而会稀释A公司原有股东的所有权。设原B公司股东持有并购后新公司的股票数占新公司股票总数的百分比为x，则并购成本为：

$$C=(x\cdot PV_{AB}-PV_{B})+C_{1}$$

式中，$(x\cdot PV_{AB})$——A公司为并购B公司而付出的股票的价值，x的数值可以按下式计算：

$$x=\frac{y\cdot N_{B}}{y\cdot N_{B}+N_{A}}$$

式中，N_A——并购前A公司的普通股总数；N_B——并购前B公司的普通股总数；y——换股比例（$N_{新股}/N_B$）。

根据并购财务分析的一般原理，并购成本的最小值为C_1，否则B公司不会同意被并购；并购成本的最大值为并购的收益总额，否则A公司不会并购B公司，则有：

$$C_1 \leqslant \frac{y \cdot N_B - PV_{AB}}{y \cdot N_B + N_A} - PV_B + C_1 \leqslant PV_{AB} - (PV_A + PV_B)$$

解该不等式得：

$$y \in \left[\frac{N_A \cdot PV_B}{N_B \cdot (PV_{AB} - PV_B)}, \frac{N_A \cdot (PV_{AB} - PV_A - C_1)}{N_B(PV_A + C_1)} \right]$$

将例题的各数代入，得换股比例为：

$$y_1 = \frac{1\,400\,000 \times 80\,000}{100\,000 \times (5\,000\,000 - 1\,400\,000)} \times 100\% = 31.11\%$$

$$y_2 = \frac{80\,000 \times (5\,000\,000 - 2\,000\,000 - 50\,000)}{100\,000 \times (2\,000\,000 + 50\,000)} \times 100\% = 115\%$$

所以，换股比例介于31.11%~115%之间都是可行的，但具体为多少则取决于市场竞争状况、双方在并购中所处的地位及谈判能力等。在某些情况下，由于竞争的推动，可能会使换股比率超过上限，这类并购主要是由并购对每股收益的影响和并购决策中对并购后协同效应的低估造成的，这在下面说明。

（二）以并购对每股收益的影响来决策换股比例

上面就并购对股东财富总值的影响做了分析，但并购过程中双方的股票持有者可能很分散，这就需要考虑并购对每股收益的影响，以满足股东对每股收益增加的要求。假设A企业和B企业并购前的财务状况如表9-2所示。

表9-2 **A、B企业并购前的财务状况**

项 目	A企业	B企业
（1）普通股股东可得盈利（万元）	200	40
（2）发行在外的普通股股数（万股）	25	4
（3）每股收益（1）/（2）（元/股）	8	10
（4）每股市价（元）	80	50
（5）市盈率（4）/（3）	10	5

1.并购对初期每股收益的影响

并购初期，两家企业一般按原状经营，盈利额不会有太大变化。并购后，普通股股东可得收益为240万元。按换股比率的区间计算方法可知（假定市盈率保持A公司的市盈率，交易费用为20万元），换股比率的区间为：

y_1=50×4×25÷［4×（240×10−50×4）］=56.82%

y_2=25×（240×10−200×10−20）÷［4×（200×10+20）］=117.57%

则不同的换股比率下初期每股收益的变化如表9-3所示。

表9-3　　　　换股比率与每股盈余

项目 \ 换股比率		0.625	0.7	0.8	0.9	1	1.1	1.17	1.25	1.4
每股盈余（元/股）	A企业	8.73	8.63	8.51	8.39	8.28	8.16	8.09	8	7.84
	B企业	5.45	6.04	6.81	7.55	8.28	8.99	9.46	10	10.98

在某一特定的换股比率下，企业A的股东每股收益为：240÷（25+4×换股比率），对B企业原有股东而言，由于按1∶换股比率换成A企业的股票，所以并购后B企业股东实际的每股收益为A企业股东的每股盈利乘以换股比率。

从表9-3可以看出，随着换股比率的提高，企业A原有股东的每股盈利下降，当达到不含交易费用的换股比率上限时（本例为1.25）与并购前一致；企业B的股东随换股比率的提高，每股盈利也增加，当达到不含交易费用的换股比率上限时（1.25）与并购前一致。在换股比率的区间内，A企业股东的每股收益均增加，而B企业股东的每股收益均减少；而当换股比率超过不含交易费用的上限时，A企业股东的每股盈余较并购前减少，而B企业股东的每股收益较并购前增加。导致这种结果的原因是企业A的市盈率与支付给B企业的市盈率（支付给B企业的市盈率的计算公式为：换股比率×A企业股票市价/B企业每股盈利）的差别。如果支付给B企业的市盈率超过了A企业的市盈率，则并购后初期A企业每股盈利会下降，而B企业股东每股盈利会增加，反之亦然。

此外，并购后初期每股盈利的变化还取决于盈利额的差别。A企业和B企业的盈利额之比越大，并购后每股盈利的变动率也越大。

2.并购对长期每股收益的影响

企业在决定是否并购另一企业时，如果只考虑并购对近期每股盈利的影响，那么只要出现每股收益下降的情况，就会做出放弃的决策。但这没有把并购后收益增大的可能性考虑在内。仍以前例，假定换股比率为1.375∶1，即企业A以相当于每股110元的价格交换B企业的股票，则并购前后每股盈余的变化如表9-4所示。

表9-4　　　　并购前后每股盈余的变化　　　　单位：元/股

股东	并购前每股盈余	并购后每股盈余
企业A	8	7.87
企业B	10	10.81

若A企业不并购B企业，每年盈利假定以5%的速度增长，而并购了B企业后，总盈利将以8%的速度增长，则并购后5年内企业A股东的每股收益变化如表9-5所示。

表9-5　**并购后5年内每股盈余变化**　单位：元/股

年份	不并购		并购	
	总盈利	每股盈利	总盈利	每股盈利
1	2 000 000	8.00	2 400 000	7.87
2	2 100 000	8.40	2 592 000	8.49
3	2 205 000	8.82	2 799 360	8.92
4	2 312 500	9.26	3 023 308	9.37
5	2 431 012	9.27	3 174 474	9.83
股票数量	250 000		305 000	

可见，尽管并购初期，企业A股东的每股收益略有下降，且换股比率超过了按市场总价考虑的理论上限，但并购后不到一年，就能恢复到并购前的水平，且以后逐年上升。这说明按1.375：1的比例换股并购B企业是可行的。一般的考虑是，在预期并购后企业的增长率较高时，即使在并购初期每股收益下降也是可行的，从长期利益来讲，并购过程中承担高的换股比率有时也是可取的，在此企业可以为每股收益的减少规定年限，以此来研究和决定最高限的换股比率。

（三）并购对股票市价的影响

股票的市价是股东财富大小的衡量标准，也是投资者判断企业内在价值的主要依据。它综合反映公司的盈利能力、股利多少、经营风险、资本结构等因素。一般来说，并购后，公司的股票价格会发生变化，成功的并购应使并购后的股价有所提高。

仍以上例，假定企业A以每股56元的价格收购B企业，即换股比率为0.7，并购后企业的总盈利不变化，市盈率维持在并购前A企业的水平上，则并购后企业的股票市价变化如表9-6所示。

表9-6　**并购后每股市价变化**　单位：元/股

股东	每股收益		每股市价	
	并购前	并购后	并购前	并购后
企业A	8.00	8.63	80.00	86.30
企业B	10.00	6.04	50.00	60.41

可见，通过并购，不仅A企业原股东的每股收益增加，且股票市价也从80元提高到86.30元；企业B原股东的每股市价也从50元提高到60.41元（86.30×0.7）。为什么即使并购没有增加总的盈利，企业A和B的股价仍能提高呢？关键在于A企业的市盈率比B企业的市盈率高，且并购后企业的市盈率仍能维持在并购前A企业的水平上。所以这种股票价格的提高，不是源于企业并购带来了经营上的效益，而

是通过并购其他公司得来的，是由于人们在心理上对并购后的企业抱有信心。这就意味着：如果买方企业在一个长时期内，买下许多市盈率低的公司，且能保持市盈率不变，股票市价将会提高，且每股收益也会稳步增长。而买方公司要想长期保持并购的好处，就必须有能力管理好被并购的企业，使各种协同效应得以实现。

在对股票收购进行财务决策时，应综合考虑上述三方面的因素，收购成功的关键在于维持高的市盈率，这又依赖于协同效应的产生。协同效应是由被并购企业在并购后所带来的现金流量的增量决定的，即并购收益为正。由此可见，用股票进行并购的财务决策也是以并购分析的一般原理为基础的，即通过现金流量分析，研究并购的收益和成本。

此外，在对现金收购进行财务决策时也应考虑对每股收益的影响，对并购的财务决策，应以现金流量分析为基础，综合各种因素进行评价。

☆案例　　新零售：AT之争

为了满足更闭环的流量变现，AT均在大力度布局新零售，2018年这两起有代表性的并购，可见一斑：

阿里95亿美元收购饿了么：互联网史上最大现金收购案

并购方：阿里巴巴

被并购方：饿了么

并购金额：95亿美元

2018年4月2日，阿里巴巴集团、蚂蚁金服集团与饿了么宣布，阿里巴巴已经签订收购协议，联合蚂蚁金服以95亿美元对饿了么完成全资收购。这是中国互联网史上最大的一笔现金收购。

阿里巴巴集团强调，饿了么将保持独立品牌、独立运营。同时，阿里巴巴集团CEO张勇宣布，待交易全部完成后，饿了么创始人兼CEO张旭豪将出任饿了么董事长，并兼任张勇的新零售战略特别助理，负责战略决策支持。阿里巴巴集团副总裁王磊将出任饿了么CEO。阿里系正式入局饿了么日常经营。

点评："新零售"战略近来被阿里不断提及。阿里定义的"新零售"，就是以消费者体验为中心的数据驱动的泛零售形态。阿里巴巴强调，此次收购完成后，饿了么将进一步得到阿里巴巴在新零售基础设施、产品、技术、组织等方面的全力支持。收购饿了么，这标志着阿里巴巴将再次启动本地生活服务体系的全新升级，从而实现新零售、新消费与新生活同步升级。而这一升级被认为将首先反映在对餐饮商家的全新赋能中。

美团27亿美元收购摩拜：战略布局与竞争

收购方：美团

被收购方：摩拜

并购金额：27亿美元

2018年4月3日晚，摩拜召开股东会议表决通过了美团收购案。摩拜的管理团队保持不变，王晓峰继续担任CEO，胡玮炜继续担任总裁，王兴出任董事长。经董事会投票，最终决定美团以27亿美元的作价全资收购摩拜。美团以35%美团股权、65%的现金进行收购，其中3.2亿美元作为未来流动性补充。

点评：腾讯愿意美团收购摩拜，一个重要的转折点很可能是阿里和蚂蚁金服95亿美元收购了饿了么，收购饿了么之后的阿里在末端配送服务上有了新的突破，那么腾讯必将给予反击，美团在城市中的短物流配送能力，是腾讯“新零售”战略布局中的重要一环。助力美团获得更好的发展，使其能与阿里的口碑、饿了么进行对抗。

第5节 企业并购后的整合

一、并购整合概述①

和很多人最初的构想相反，事实上，当并购合约签订后，并购者的麻烦才刚刚开始。在前面的章节里我们曾经读到那些自以为成功完成并购的并购者最终如何看待自己的工作成果——大部分人认为如果能重来一次，他们绝不会自找麻烦地去发起什么并购。这种悲凉的心态当然值得理解，但如果我们说这是那些并购者咎由自取，他们恐怕也无话可说。

如果说并购是一场婚姻，那么我们会发现很多中介机构（比如说投资银行）在其中的角色就是媒婆。媒婆只管“拉郎配”，至于婚后的生活怎么样，媒婆不会负责，经营婚姻的说到底还是夫妇两人。所以并购者也不能指望来自自身之外的力量让并购变得成功。

（一）并购整合中的困难

就像经营婚姻的过程中会遇到很多困难一样，并购后的整合也困难重重。

1.变革带来的困惑。一旦并购完成，并购双方的组织都会出现不可避免的变化，但问题是，并购双方做好这种准备了吗？有些并购者会抱着一种战场上胜利者的心态，认为目标公司就是战利品，而目标公司的员工就是战俘。所以，他们会认为要改变的是战俘而不是胜利者。一旦目标公司的员工感受到了这种气氛，并购者能指望这些员工继续为新的老板努力工作吗？当不安的情绪在目标公司的员工中蔓延时，一切的整合、一切的计划都无从谈起。

2.做好最关键的事。并购完成后，并购者马上面临着整合目标公司的任务。但只要想一想就能发现这个过程有多难。目标公司经过了许多年的发展，已经有了自己的一整套经营模式。当并购者进入目标公司时，它将面临一个陌生的环境。如何与目标公司那么多的员工进行交流，如何向那么多的老客户解释并购后的企业目标，如何进行某些深入人心的改革等等，都会让并购者头大。如果这个时候并购者碰巧听说目标公司的管理层在竞争对手的招募下打算集体跳槽，则心情又会郁闷一下吧，而且，这么多工作根本不可能同时完成，做什么不做什么，绝对是并购者无法避免的难题。

3.沟通与理解。并购的结果就像是结婚，夫妇在婚后虽然变成一家，但仍然不是绝对的统一。这个时候就需要并购双方相互接触，分享信息，最终理解整个新企

① 黄嵩，李昕旸. 兼并与收购［M］. 北京：中国发展出版社，2008.

业的目标。不过，这种沟通与理解的过程要比两个人的婚姻难得多。不仅仅是双方的管理层要制定相应的制度来保证彼此的沟通了解，自管理层以下，双方所有的人员恐怕都要做类似的沟通。这是一个漫长而辛苦的整合过程。

4.文化整合。每一个企业都有自己独特的文化。对一个成功的并购交易而言，文化的兼容性是最重要的决定因素。如果并购双方的文化不兼容，并购者最好学会在谈判中就放弃。要知道，文化不兼容的企业不但无法融合反而会造成混乱。即使两个企业的文化存在兼容性，也不见得双方文化上的差异可以在分享信息、求同存异的过程中消弭。如果保持并购双方的企业文化，那么至少要让不同的文化凝聚成一个整体去实现共同的目标。这需要一个精明的计划和富有成效的执行力。

5.打造新企业。并购者要意识到，即使在并购中自己是一个买家的身份，但自己的企业在并购完成后也会发生本质的变化。管理层需要尽快打造出一个新的企业，使之能够被所有的员工发自肺腑地认同，特别是目标公司的员工，并购的结果将使他们失去原有的归属感。此时，如果没有一个新的企业去填补他们归属感上的空白，员工就很有可能产生不满的情绪。但打造一个新的企业并不是一个容易的过程。虽然并购者可以通过任务说明书使目标公司的员工有事可做，但使新的企业能够被员工所信赖并产生归属感，是一个非常困难的工作。

6.决定去留。如果是财务型并购，并购者或许可以完全保留目标公司的管理层。但是，如果并购者真的需要将目标公司整合到自身企业中，就不得不考虑人事上的安排，特别是在横向并购中，并购者显然不需要保留两套同样职能的管理团队。按照“一朝天子一朝臣，本朝不用前朝人”的逻辑，减少的职位肯定来自目标公司。但是，目标公司在被收购的初期，员工多半会在恐慌中对关键领导产生一种莫名的忠诚。一旦因为某些职位被取消而导致目标公司的某些管理者被赶出管理团队，这些人有可能顺势带走自己的班底，从而使目标公司的业务分崩离析。即使决定好了管理者，新的管理团队中的每个人都需要有确定的职责范围。这也并不是一个简单的权力斗争。此外，并购者通常也不会全部保留目标公司原有的员工，大规模的并购往往同时伴随着大规模的裁员。这时，留住哪些员工，裁掉哪些员工，同时在裁员前不引起恐慌，裁员后又能不影响士气，这个工作也是非常辛苦的。

7.团队与合作。经历了裁员和人事整合之后，目标公司劫后余生的员工往往会把明哲保身作为行动的出发点，未必愿意从自身原有的企业文化中走出来，和并购者分享他们的想法。这时也就谈不上有什么团队与合作。如何消除自由交流的阻碍，如何在团队之间形成相互的信任，如何让团队中所有人能够彼此相互依赖，都是需要并购者认真思考的问题。

8.新的内部流程。有些并购者认为自身是竞争的胜利者，从而完全排斥目标公司的内部流程。通过不断地打击异己，这些并购者也可以在目标公司中树立来源于并购者自身的内部流程。有时候这一工作甚至是通过解雇目标公司全体员工的“焦土政策”得以实现的。在这种情况下，并购者蛮横的行径实际上无法吸收目标公司优秀的员工和组织流程，也无法从中获得经营价值。也有并购者相信最有实践意义的方法能带来最好的运转流程，于是可能就要跟目标公司做一次又一次的讨论，最终并不见得能够得到好结果。希望人人满意的结果可能就是人人都不满意。

9.整合产能和销售方式。并购者的价值最终还是要在目标公司产品的销售末端获得。因此，并购者要理解目标公司的生产能力和销售方式。这就要求并购者能够保留制造这些商品、提供这些服务、实践这些销售的人。因此，整合产能和销售方式的所有工作实际上就是一个留人、用人的过程。有些收购方试图用自己的员工来代替之前的员工，但很多情况下这是无法实现的。客户会拒绝跟新的人员打交道，而新的员工对整个的生产流程也未必清楚。

10.衡量绩效。尽管前面反复提到怎样做才能对并购者自身有好处，问题是这些好处并不容易衡量。如果没有一个衡量标准，并购者也就无法理解并购引致的一系列组织变化所带来的价值，更无法了解整个团队的工作成果是否值得尊重。

11.保留独立性。既然目标公司和并购者之间的文化鸿沟难以消弭，那么并购者就应该允许目标公司保留一定的独立性。但困难在于如何让这些独立性不至于造成企业的分裂，又能指向同一个战略目标。如果分歧太大，并购者也要了解在什么时候把目标公司重新拆分出去来减少伤害。这需要并购者对自身战略有深刻的理解，又能够清晰地认识到自身所处的位置。显然，这对大多数并购者而言是个很高的要求。

（二）解决困难的基本思路

在如此多的困难之下，并购者应该怎样做才能扭转不利的局面，成为并购真正的赢家呢？笔者认为，这需要并购者能够回到并购的原点，然后再从中找到解决并购整合的办法。在第2章的分析中，我们从很宏观的层面上考察了并购者的战略目标，在这里，我们不妨把并购者的战略目标更为具体地罗列出来。

1.实现组织增长。很多时候，当一个企业规模变得更大后，它就可能获得更高的声誉和知名度，从而更容易获得贷款以及资本市场的认可。这将成为并购者的一种优势。

2.扩大市场份额。在一个产品相对成熟的行业，通过营销手段迅速扩大市场份额是不太可能的事情。通过并购，并购者可以将目标公司已有的客户转化为自己的客户，而且并购者还能通过协同效应使市场份额变得比并购者和目标公司加和后的市场份额更大。

3.进入新市场或获得新的分销渠道。进入一个新市场或者获得新的分销渠道在前期需要很多投资，而且并购者本身不见得能做得更好，通过并购，可以简单地解决这个问题。

4.获得新产品。开发新产品耗时耗力，成功的机会也不一定很大，所以并购者可以通过并购目标公司来获得目标公司的新产品，缩短新产品上市的周期，从而获得更高的市场竞争力。而出于商业化的目的，目标公司也对借助并购者的力量感兴趣。

5.与变化保持同步。并购者可以通过并购使自身具有更强大的能力以保持与市场变化同步。并购不仅仅为并购者带来新的产品，也可能为并购者带来以前并不存在的业务渠道、企业文化和战略目标，从而彻底改变并购者的业务模式。在网络科技浪潮高涨的时代，我们能够看到很多企业通过并购其他网络科技企业转型到高技术行业。

6.利用或规避政策和法规。政策和法规时常变更，通过并购能够实现利用或规避政策和法规的目的。之前盛行的红筹模式实际上利用并购的方式规避了中国证监会对企业境外上市的审查。

7.减少竞争。收购一个公司的竞争对手，会在降低竞争对手市场份额的同时提高自己的市场份额，从而实现双重目标。如果反垄断法律、法规不加以限制的话，这个目标能够导致很多空前巨大的并购发生。

8.巩固声誉或获得信赖。为知名企业代工的企业一定能够体会到声誉和信赖的作用，这些无形的东西可以让知名企业获得高额利润，而负责全部工作的代工企业却只能获得极少的代工收入。通过并购把这些东西变为自己的东西是可能的，这也是并购富有魅力的地方之一。

9.对经济形势做出反应或利用经济形势。在市场低迷的时候可以通过并购来买一些便宜货，而在市场高涨的时候，一些并购者可能希望通过换股的方式获得之前无法获得的目标公司。

所有的理性并购者大体上都拥有如上九种并购目标中的一个或者几个。从这些战略目标中我们能够发现，对于不同的目标，并购者需要目标公司的部分并不相同：在买壳时，并购者需要的仅仅是目标公司作为上市公司的壳；而如果并购者仅仅需要目标公司的新产品和新技术，那么他并不一定在意目标公司原有的客户。所以，并购者要先确定自己的战略目标，然后再选择重点的整合对象，以便自己的战略意图尽可能快地实现。考虑到除了少数的情况外，并购者实际上总是需要目标企业的员工、产品和客户三种资源的一种或者几种。下面的内容将主要围绕着员工、产品和客户展开。

二、文化整合

文化，是个看似很虚无的东西，实际上可能让人们为它舍生忘死。所以，如果并购者期望能够成功整合目标公司，整合目标公司的文化是毋庸置疑的第一步。

（一）理解企业文化

在整合企业文化前我们要做的基础性工作就是要理解什么是企业文化。我们可以说文化是一种梦想、一个目标，或者说是员工们所秉持的一种信念。从整体上了解企业文化是一个很困难的过程，所以在研究中，学者们习惯上采取不同的标准来解构企业文化，以期从各个方向的深入研究中对企业文化这个名词有更深刻的理解。克莱门特和格林斯潘在《并购制胜战略》一书中把企业文化分成三个层次：结构、情感、政治。在详细介绍这三个层次前，希望读者理解这样一件事：企业文化可能被划分成这三个层次，但这三个层次并不是企业文化本身。企业文化渗透到企业的方方面面，而锻造企业文化的动因也很难准确归类。所以，我们可以从解构的方法入手分析企业文化，但在再次把解构的结果重新结构化之前，我们并不算是真正地了解了企业文化。

1.结构。这种观点认为，企业的文化部分是由其物质结构及与企业的行业和市场有关的几个因素决定的。

（1）企业规模。按照一般的想法，企业规模越大（人数越多），就越需要增加管理层级，这样才能使企业有效地运转。但这种运转的效率建立在上下级的沟通上，随着管理层级的增加，每一层都要依赖更上层的反馈，而最上层实际上要负责接收来自其下方各层的信息并做出决定。在这种情况下，组织的权威要大于个人的意见，领导的意图引导着整个组织，比较容易形成官僚主义的作风。在小企业中，官僚主义作风就要少很多，而且更具有灵活性。

（2）企业成立年限。成立年限越久的企业，其商业模式越成熟，也见识过更多的突发情况，所以也就越缺乏活力和面对问题的勇气。而在刚组建的企业中，商业模式还在摸索中，企业各层都不怕失败，敢于探索，而且，成立年限越久的企业就越会形成一种荣誉感和与其他人相区隔的动力，这样的企业从上到下都有难改的积习。而新成立的企业，员工的归属感没有那么强烈，在并购后的整合中也比较容易融入新的文化氛围中。

（3）行业。比尔·盖茨可以牛仔裤配衬衫去参加需要穿礼服参加的活动，而银行家们则在穿便装的场合着藏蓝色西装配白衬衫。从这样的事实看，行业对文化的影响确实存在。在需要技术和智力的行业中，人们显得更随意，企业文化也更有包容力；在传统的行业里，人们则显得拘束。与此同时，行业的竞争性也能影响业内企业的文化。在竞争激烈的行业，企业文化往往积极向上；而在低竞争性的行业，企业文化更偏向于四平八稳。基于这种行业上的差别，企业所招募的员工也具有与行业相适应的素质。

（4）地理位置。企业所在的地理位置也能影响企业的文化。其中的逻辑很简单：企业主要由其所在地的居民组成，并主要向其所在地周边的居民提供产品和服务。因此，企业的文化必定和它所在的地区相一致。当然，这种与所在地相一致的文化可能是希望开拓新市场的并购者所需要的东西，但有的时候，地域文化的差异仍然会导致种种冲突。

（5）多样化水平。在提供多种产品和服务的大企业中，企业的组织和结构要比提供单一服务的小企业复杂，而且提供不同产品和服务的部门之间也可能存在着显著的差异。这也就意味着在多样化水平高的企业中实际上存在着多个亚文化。对这些亚文化的识别有助于并购者理解企业复杂的内部关系，从而制定出更为合适的整合战略。

（6）关联企业。在有些情况下，目标公司本身也曾作为并购者在市场上完成过并购。并购者通过观察目标公司和其关联企业的文化整合就能够了解到自身整合目标公司的难度。如果目标公司在其发起的并购中无法整合它所并购的企业，那么目标公司实际上会存在着多种企业文化，这将进一步增加并购者整合目标公司的难度。

2.情感。在个人情感层次上，企业文化可以被定义为集体的思想、习惯以及组织雇用的员工的行为模式。简单地说，组织是一个集体，企业文化是集体的灵魂。这种说法虽然看起来有些玄妙，但事实就是这样：员工在进入组织前并没有受到企业文化的影响，只有在加入组织后，他才会受到企业文化的影响，从而形成一种气质和习惯。这说明企业文化实际上独立于个人之外，通过群体的结合起作用。通常，并购者可以通过如下十个基本的情感因素来评估目标公司的企业文化，这些因素代表了分享信念体系或文化契约建立的障碍，也代表了员工所持有的对他们自己、对工作、对企业、对他们工作环境的态度和看法。如果并购者希望成功地整合目标公司，他就需要深入地理解这些情感。

（1）企业领导。目标公司的员工可能尊重、蔑视他们的领导或者对他们的领导持中立态度。这种态度一方面对他们原来的领导有效，另一方面对于新的领导，他们往往也会持有类似的态度。

（2）管理结构和风格。每一个员工在目标公司里都会有自己的组织分工，这种分工将决定目标公司的管理结构和风格。而这种结构和风格会影响员工的归属感和行为方式。如果员工觉得自己是企业的主人，他就更愿意参与企业的各项活动。

（3）物质环境和气氛。领导办公室敞开的门能够让员工形成一种亲切感。整洁干净的办公室能够让员工有一个舒适的办公环境。一个装满冰淇淋的冰箱、一台咖啡机和几盘点心也将大幅度提升员工的归属感。

（4）舒适和信任水平。如果领导经常对员工持有怀疑态度，并经常对员工进行批评，那么员工就会产生一种挫败感和不舒适感，在这样的环境下，员工的积极性就会大为下降，而且更倾向于隐藏自己的意见。

（5）企业成功的概念。如果企业认为年底能够给出一份良好的财务报表才是成功，那么企业的作风就有可能变得保守。而如果企业中的每个员工都认为升迁或者获得高奖金才算成功，那么企业的战略也难以得到贯彻。

（6）自治。如果来自管理层的控制力过强，下层的员工就会变成完成上级目标的工具。如果下层员工愿意争取更大的权利并乐意承担责任，整个团队就会体现出更大的活力。

（7）责任心。我们能够看到，在有的企业中，员工愿意为了企业的利益而加倍努力地工作，尽管他们并不一定能够从这种努力中获得什么回报。保持员工这种责任心，是塑造企业文化的一个重要任务。

（8）全部报酬的公平性。对报酬的公平感也是一个企业文化的重要组成部分。一旦某些员工对既有的报酬分配体系感到不满，他们会影响到其他员工的积极性，这种不满不断扩大，最终将导致整个组织的解体。

（9）压力水平。每一个人忍受压力的能力不同，在某些企业里，过分宽松的工作环境会导致员工很难忍受稍大一点的压力。一旦压力超过了员工的忍受范围，很多破坏组织的行为就会发生。

（10）满意程度。前述的情感变量最终将影响到员工对他们工作的满意程度。在并购完成后的一段时间里，员工们会隐藏他们的情绪，而一旦出现利益调整，就会使员工们在某个方面负面情绪得到爆发，之前脆弱的平衡将被打破，从而给并购者带来巨大的麻烦。

3.政治。除结构和情感之外，企业的权力构成方式（也就是企业内部的“政治”）也是企业文化的一个重要组成方面。不同的政治也将影响到并购者对整合方式的选择。并购者要明白，他所主导的整合将在根本上打散企业之前的政治，在新的权力体系下，并购者需要得到来自企业最主要力量的支持来对抗一切可能的反对者。一个企业的权力分配从极端集权到极端民主之间可以被划分成如下八种类型：

（1）独裁文化。在一个独裁的氛围中，总裁做出几乎全部的决定，他有权授权给他的下属，也有权随时收回这个授权。在中国，大多数企业（不管是民营还是国有）都处在这种权力分配模式之下。对于这一类企业，并购者可以简单地通过更换独裁者实现对目标企业的有效控制。

（2）黑衣骑士文化。在这种权力分布体系中，独裁者的形象相对弱化，他会雇用一些“佣人”围绕在自己周围，然后用这些“佣人”去管理整个企业，这些“佣人”并没有独立做出决定的权力，他们所有的工作仅仅是贯彻独裁者的意志。在这种组织里，信息只有在“需要”的时候才能得到，员工往往是在迷惑中从事他们的工作，因为不理解整体目标，员工的士气往往很低落。

（3）仁爱王国文化。这也是独裁的一种变型，在这种组织里，独裁者会网罗一些合作伙伴，给他们必要的授权去从事应该从事的工作，以获得最大的利润。在整个组织中，独裁者的决定是人性化的，下级可以随时根据具体的情况来修改上级的命令。这种组织的气氛往往因为慷慨且富有亲和力的独裁者而相当融洽，员工会把他们的领导当成一个成功者、一个长辈、一个导师来崇拜，并付出自己的忠诚和信任。员工的典型心态是儿童的心态：爸爸妈妈已经把一切决定好了。

（4）规则手册文化。这种文化的特点是有一套完整的规章制度，组织内部所有人必须按照既定的游戏规则活动。在这种组织里，管理者更像一个规则的解释者而不是决策者。在我国，很多企业反复强调建立完善的企业制度，实际上就是希望用制度的独裁来取代人的独裁，这实际上是一种脆弱的幻觉。在制度独裁的环境下，企业往往变得更僵化而不是更有效。

（5）开明文化。在这种企业文化氛围中，知识就是权力。企业鼓励员工个人做出贡献，虽然员工需要接受领导的构想，但员工有解释构想和在更大的集体中最大化自己作用的自由。员工有机会接触来自高层的信息，因此他们就能参与到更高水平的事业中，这将会极大地激发员工的忠诚和热情。

（6）董事会制度文化。这种文化类似于一种寡头统治，有权力的寡头们形成董事会并负责制定各种命令，交给管理层实施。这种权力结构的实质其实就是用董事会来代替独裁型文化中的独裁者。

（7）一致通过文化。在这种文化中，每一个成员的意见都会被考虑，在目标一致的情况下才展开行动。这样的文化会让组织内每一个成员都感觉自己是企业发展必不可少的一部分。但这种权力分布模式将造成组织内部的相互扯皮，从而降低了决策的效率，也很难形成一个固定的发展目标。

（8）自治文化。在很多靠技术起家的小企业中，自治文化非常盛行。简单地说，在这种文化里，每个员工独立地完成自己的任务，并做出自己的决定。整个企业类似于一个松散的合伙人联合体。虽然学习型组织理论对这种模式的优点大加歌颂，但除去对民主制度庸俗化的崇拜外，自治文化的效率损失还是很大的。

（二）文化整合的切入点

当我们从多个角度理解了企业文化之后，我们将面对如何对企业文化进行整合的问题。让我们回到问题的出发点：为什么我们要对目标公司的企业文化进行整合？如果我们去翻阅所谓的并购教科书，则永远不会得到一个贴近事实的回答。就像我们中国人难以理解为什么美国人乐意在全球输出他们的美国梦，为什么西方人往往希望非西方民族跟他们趋同。在中国人的意识里，求同存异是基本的交往之道。我们对自己邻国的独特性从来不会感到不自在，所以我们从来不需要把自己的文化向外输出。同样的，当我们回过头来看并购后的文化整合，难道真的要像西方学者们所宣扬的那样，通过企业文化整合在整个企业中建立一个统一的企业文化吗？我们认为完全不是这样。

1.文化整合的目标。在一个企业文化的整合中，至少存在着如下三个程度不一的目标：

第一，稳定。当并购完成后，企业的员工实际上处于一种不安全的状态中。这种不安的情绪可能会摧毁目标公司的组织体系。例如，我们在不止一个并购案例中发现，当并购双方开始实质性接触的时候，目标公司就会出现相当的混乱，有些工作可能被搁置，有些客户的联系也会被中断，管理层的人员开始准备跳槽到另一个雇主的公司，所有人都等着被裁员。所以对目标公司进行文化整合的第一个目标就是要消除这些不稳定的心态，使他们相信一切都不会发生太大的改变，或者会越变越好。而第一个目标实现的效果是目标公司在交接过程中人员稳定，至少保持了并购之前的经营效率。

第二，改进。在确定第一个目标能够实现的前提下，并购者可以在认真分析目标公司企业文化特征的基础上考虑如何改进它。在第一个目标实现后，并购者应制定一些对改善目标公司员工处境有帮助的政策，让大家得到好处，在人们的潜意识中塑造新老板比过去的老板好的形象，获得员工们的进一步拥护。这一目标实现的效果是并购者能够融入目标企业中，并得到员工们的信赖和忠诚。

第三，整合。只有在前两个目标都得到实现，并购者在目标企业中已经建立相当良好的群众基础后，他才有可能把目标公司引入到自身的企业文化氛围中，使两种不同的企业文化得到融合。西方人的观点倒置了这个顺序，他们在第一步就试图通过控制目标企业来贯彻并购者自身的战略意图。而这时他们发现很难获得目标公司员工的支持，而且要经历一个漫长的动荡期。事实上，当目标公司被收购的时候正是一个重新塑造目标公司企业文化的时机，但在这个时机上，并购者要学会尊重不同的文化。从人性上看，越是紧张的外部环境就越会造成人的归属感，如果并购者下车伊始就立足于目标公司员工的对立面，并且拿出一套新的企业文化去招降纳叛，那么目标公司的员工就会产生心理上的排斥，反而使之前可能不明确的企业文化变得清晰并且难以改变。

2.如何完成文化整合的目标？以下的工作能够帮助并购者完成上述三个目标：

第一，确定目标公司的权力结构。其实，完成第一个目标并不困难。对于很多财务并购者，只要在董事会里安排一个董事并且更换一个财务总监监视目标公司的财务动向就足够了。如果并购者希望完全控制目标公司，那么他要做的无非是搞清楚目标公司里的权力结构，然后在关键的岗位上派出一些自己人，就可以控制住目标公司的管理权。这个工作看起来很简单，但在贯彻的时候却并不容易。任何一个企业经过多年的培养都会形成一个复杂的权力网络，如果切割不善，旧有的势力将对并购者在目标公司的权力构成挑战，特别是当旧有的权力所有者拥有的资源恰恰是并购者所需要的资源时，并购者就很难在不打消其积极性的情况下顺利地接管目标公司。在这个时候，一些妥协是必要的，比如可以考虑在更高层级上为其设立一个职位。而对于没有资源的旧有权力所有者，在不引起下层员工反感的情况下可以直接进行更换。这种接管思路实际上是一个斩首行动，其精髓是稳定住基层的员工，把整个接管过程控制在管理层，以避免接管对目标公司日常业务的影响。

第二，理解目标公司员工的感情。对于目标公司的员工，并购者必须理解他们的感受。西方的并购理论把目标公司当成一个商品，很少考虑人心。但企业说到底由人组成，“人心齐，泰山移”。成功的企业整合就是能够使目标公司的员工和并购者同心。事实上，当一些大企业去并购一些小企业时，小企业的员工会有忧虑和喜悦交织的心情。忧虑是因为担心自己丢掉工作，而喜悦是自己能够有机会为一个大企业工作。如果此时并购者能够给目标企业的员工一个不必担心离职的承诺，那些小企业的员工几乎能够支持并购者采取的任何变革行动，也很愿意融入新的企业文化中。并购者永远要记住，目标公司的员工是目标公司最有价值的资产，他们是一个个活生生的人，站在他们的立场去考虑问题，给他们尊重，让他们觉得周遭的情况确实得到了改善，员工们一定会站在并购者一边。据说，恺撒能够叫出麾下十几个军团中每个士兵的名字，而这些士兵为了统帅的重视总是竭尽所能地英勇战斗。如果并购者派出的接管小组能够迅速地跟目标企业的员工打成一片，彼此间的隔阂并不会像想象中那么大。真正难以摆平的是那些旧有的管理层成员，接管将使他们丧失旧有的权力。而对于基层的员工，接管仅仅是换了一些领导，如果新的领导表现得比从前的领导更亲切、更友善，自己的处境也获得了改善，那么为什么还要抵触新的领导呢？如果员工们合作，那么文化上的整合就不困难了。

第三，确定目标公司企业文化产生的结构基础。尽管并购者可以获得目标公司的领导权和员工的支持，但如果并购者想完成第二层的目标，他就需要重新考察目标公司企业文化的结构基础，并且考察在并购发生后，这些结构是否发生了变化。

然后，并购者应该主动寻求一个在既有结构下改善现有企业文化的方案。曾经有个企业在并购另一个企业之后在被收购的企业厂区建了一个干净的食堂，然后低价提供三餐，结果营造了一种非常融洽的气氛，工人们认为新的老板关心自己，从而更为努力地工作，与管理层的对立情绪也大大下降。但要记得，并购者在最初不应该试图去做根本性的变革，而是要立足于改良，使员工不断得到实惠，逐步把员工的感激升级为信任和忠诚，然后并购者才可以进行更彻底的企业文化改革，甚至是使目标公司的企业文化与并购者的企业文化一致。

此外，并购者要明白，通过更改规章制度并不能实现企业文化的完全改变，只有人心改变了，企业文化才能改变。所以，在企业文化整合中最重要的是引导而不是命令。中国有个成语“因势利导”，这个词精辟地概括了引导的精髓：因势和利导。并购者要在不断的改良中向目标企业的员工渗透变更目前的企业文化的意义。例如，如果并购者希望员工能够提高其参与企业经营的热情，他可以鼓励员工参与讨论并给予相应的奖励和表彰，由此给其他员工一个正向的示范，在员工逐渐接受这种新的模式时，顺势做出变革就是水到渠成的事情。并购者应该尽量避免通过惩罚的方法来迫使目标企业的员工接受自己的意见，而动不动以裁员为要挟就是更为笨拙的做法。

企业文化的整合是所有整合中最漫长的，最终仅能通过不断的引导在漫长的时间里逐步发生改变。并购者最好也能够了解，即使采取种种努力，这种企业文化的改变也只能在目标企业里自发地完成，而且最终也不一定能够完全和并购者的企业文化一致。不过这并不意味着企业文化整合的失败，只要目标企业的企业文化能够使目标公司有效地运营，而且目标公司信任和尊重并购者，愿意在并购者的指导下与其一道为了共同的战略目标而努力，那么即使目标企业有着和并购者不同的企业文化，并购中的企业文化整合也是成功的。

三、产品整合

当并购者购入目标企业后，他同时也就获得了目标企业的产品和产能。因此，把目标企业的产品与并购者自身的产品整合起来形成产品组合，以便在市场上形成有利的竞争态势，就成为并购者的一个基本工作，特别是当并购者和目标企业是同业竞争者时，由于财务资源无法支持全部的产品和服务，所以，对产品的组合和取舍就更需要并购者仔细考虑。产品整合需要分两个步骤进行：第一个步骤是识别并购者和目标公司的能力；第二个步骤是在对能力分析的基础上进行产品组合管理。

（一）能力评估

由于企业的财务资源有限，同时保证并购者自身的产品和目标公司的产品一起发展可能是困难的，这就需要并购者在并购后进行产品组合。产品组合的意义在于，并购者通过对自身产品和目标公司产品的取舍保证并购后的企业能够在既有资源下最大化自己的收益。那么，在做出这种取舍前，并购者就有必要深入了解自身产品和目标企业的产品，这就是能力评估的主要内容。

1.产品品质。一个企业产品的品质最能够说明该企业的经营能力。虽然现代管理理念往往是营销导向型的，但是产品的品质是一切销售活动的基础。目标公司的产品品质可以完整地表现出目标公司产品开发设计、生产工艺、生产管理、质量检测等方面的能力，这些能力对于整合后的产品组合同样重要。

2.营销计划。任何一个企业都需要一个行之有效的营销计划。对并购者而言，目标公司的营销计划将变成整合后企业的一个组成部分，因而就目标公司的营销计划本身而言，制订计划的人比计划更重要。通过营销计划的设计，就可以了解到目标公司的销售管理水平。

3.产品管理。目标公司进行产品管理的能力也是其一项重要能力。良好的产品管理意味着目标公司有能力跟上市场的变化，对自己的产品进行调整，也意味着目标公司的产品管理者与其他部门进行了有效的协调合作。

4.营销信息沟通。所谓营销信息沟通，是指公司通过广告、公共关系、促销活动和人员推销等方式向市场传递公司产品和服务信息的过程。考察这个指标可以帮助并购者理解目标公司设计营销信息的能力和把营销信息向市场推广的能力。如果并购后，目标公司需要推出新的产品，这种能力就显得非常重要了。

5.试销。一个试销过程能够涉及目标公司产品开发的各个环节。产品开发队伍的组织、产品概念的设计、对客户信息的反馈等方面的能力都能在试销过程中得到充分体现。此外，试销在一定程度上也能体现目标公司产品开发的能力，频繁的试销活动意味着目标公司在新产品开发上富有活力，而且对试销数据的分析也能够体现目标公司的信息处理能力。

6.销售支持。销售人员的成功和失败并不仅仅是销售人员能力的问题，更重要的是销售人员背后需要有一个完整且有效的销售组织。这个组织将向销售人员提供销售计划、突出产品竞争力的销售资料和竞争对手的商情等重要情报。通过对目标公司的销售人员进行调查，就可以了解到目标公司销售支持系统的优势和问题。

7.培训。一个有良好销售团队的企业会经常性地为营销人员和其他经理人员提供培训。通过这些培训，目标公司可以提升员工素质，使之更适合市场变化的需求。因此，并购者有必要考察目标公司的培训计划，以确定这些培训计划的价值和提升员工素质的能力。

8.市场研究。一个以市场为导向的企业需要不断了解市场信息和竞争对手的情报。这是目标公司情报收集能力和情报处理能力的一个综合体现。如果目标公司在市场研究方面很有能力，这种能力可以很容易地移植到新的公司中去。

9.销售预测。目标公司销售预测能力就是其收集和分析有关的市场数据和财务数据的能力。对不同的产品而言，具体的方法可能不同。有能力的销售预测团队能够通过试销等手段精确地预测新产品的销售收入和利润，也能够帮助已有产品重新定位。因此，在产品整合后，目标公司销售预测的能力也将对新的产品组合有重要的意义。

10.数据处理能力。企业通过营销实际上可以获得大量的客户信息，对这些信息的处理也是目标公司的一项重要能力。这实际上体现了公司内部有关人员对分析技术的把握能力。此外，这些数据本身对并购者也有价值。这些能力将成为并购者日后进行产品组合管理的重要依据。

（二）产品组合管理

当并购者理解了目标公司和自身的上述能力后，他就可以考虑如何进行产品组合管理的问题了。但是，在此之前，并购者需要明确公司并购后的产品战略，评估各种产品线的市场地位，从而确定应该保留哪些产品，增加哪些产品，形成什么样的产品组合。为了做出产品组合的决策，以及实施之后的产品组合管理，并购者需要考虑到如下所有方面：

1.产品生产。并购者需要了解自己在并购后所具有的生产能力。通过对自己和目标公司已有生产线的分析，并购者要确定保留哪些生产线，关闭哪些生产线或者改进哪些生产线。并购者同样要注意产品的生产管理，从目标公司和自身的业务长处出发，寻找将各自优势整合的方法，从而提高生产效率并且降低成本。

2.产品包装。当并购完成后，有些产品的包装就应该发生改变，至少目标公司的产品应该打上并购者的牌子或者并购者的产品打上目标公司的牌子。这个过程中会造成一些成本，而且在设计过程中也会浪费一些时间。除此以外，这个过程也会对生产技术、库存以及客户关系等方面产生影响。

3.产品定价。并购完成后，产品的价格也可能会做出改变。如果产品生产效率提高、成本下降，并购者可以考虑降低产品价格以增强竞争力；如果产品的配套服务得到增强，并购者也有理由提高产品的价格。但是，价格的变动会影响到包括中间商、客户、销售人员等在内的多方面的利益，也会对公司的销售收入和利润造成影响。

4.产品分销、零售及销售规划。并购完成后，并购者实际上拥有了自身和目标公司的两条产品销售渠道，因此也就可以考虑如何综合利用这两条分销渠道以提高销售效率。另外，并购者和目标公司的销售规划也要放在一个整体上进行考虑，由于并购后拥有了更为广泛的资源，销售规划也要做相应的改变。

5.物流。对制造业企业而言，并购完成后，企业需要重新协调生产中各种原材料和完工产品的整个物流过程，通过优化物流配送方式尽可能降低成本。

6.销售信息沟通。并购完成后，并购者需要将并购信息中有必要的部分尽快通过销售信息沟通渠道传递给需要得到这些信息的人（比如客户或者中间商）。这需要并购者尽快制订信息沟通计划，这个计划中需要包括把哪些信息传递给哪些人的问题。

7.树立品牌。灵活地调整品牌战略，能够给并购者带来更多利益。有些情况下，并购后，并购者和目标公司都会保留自己的品牌进行生产。但如果并购双方有一方拥有一个强大的品牌，那么合并后就可以使用这个品牌。在另一些情况下，并购者可能需要树立一些新的品牌。

8.产品定位。并购后，有些产品可能会发生产品名称、产品性能方面的变化，此时并购者需要考虑这些产品的市场定位问题。这个过程会用到销售信息沟通渠道，并购者需要向客户宣传这些产品的新特点，以便于客户理解新的产品。

9.售后服务。并购后，并购者实际上拥有了两个售后服务体系，所以并购者有必要对售后服务体系进行整合。如果售后服务由企业自己提供，那么就有必要去掉两个售后服务体系中的重叠部分，重新打造一个高效的售后服务团队；如果售后服务由独立第三方提供，那么并购后就需要考虑由谁来提供售后服务的问题。

10.客户关系。并购后，并购者也同时获得了并购双方的两个客户群。如何维护并扩大这些客户资源是在并购谈判前就应该考虑到的问题。事实上，并不是所有的企业都会注意到这一点。在很多并购案中，并购双方都有把过多精力集中在并购案本身上的问题，以至于双方的客户都有流失。除了维护和扩大客户资源以外，并购可能导致销售人员的重新组合，从而导致跟某个客户联系的销售人员发生变化，这样并购者就需要考虑如何同老客户保持顺畅的沟通和联络。

公司合并后对产品及产品管理进行的整合是一个多步骤、多程序的复杂过程，上述内容可能只是部分整合的内容，在实践中，并购者还有可能遇到其他更复杂的问题。在这个过程中几乎没有一步一步执行的余地，一旦开始整合，上述所有方面几乎需要同时调整。在理论上看起来很简单的事情，在操作上有可能困难重重。很多并购失败跟产品整合过程的失败有着直接关系，而且失败者并不仅仅是小企业，很多经验丰富的大企业也不能得心应手地处理产品整合问题。

对于这个过程，最重要的第一步还是保证1+1=2，第二步才是1+1>2。如果并购者没有完整的产品整合思路，那么他应该选择维持自身和目标企业的经营现状，不要贸然整合。

四、人员整合

在前面提到的企业文化的整合，实际上就是全体员工作为一个整体的整合；产品整合，实际上也是全体员工生产、销售能力的整合。所以，对目标企业的整合最关键的部分就是对目标企业人员的整合。在这一节中，我们主要讨论如何采取行动直接对人员进行整合。人员整合可以从相互理解（沟通）、提升能力（培训）、因势利导（激励）三个方面来进行。

（一）沟通

人员整合过程的第一步就是实现被整合人员和并购者的相互理解，也就是彼此的沟通。沟通是一个消除误会、增进联系、培养信任的过程。

1.交易前的沟通。并购者与目标公司员工的沟通从并购合同签订前就应该开始了。如果并购双方的员工从媒体上了解到并购的进程，他们就会产生非常严重的不信任感和情绪的低落。因此，尽管在并购谈判过程中，并购双方不能够把交易细节告诉每一个员工，但是，并购双方确实应该在恰当的时间把必要的内容通过合适的渠道告诉每一个员工。第一，恰当的时间。如果把信息过早地传达，显然没有什么意义；过晚，则可能让媒体抢先报道。所以，并购双方应该谨慎地把握时机。通常，在正式公开并购的新闻发布会之前一天把信息告诉员工，就是一个合适的时机。但是，对大型企业的并购而言，在其中一方刚有并购动机时就有可能受到媒体的注意和猜测，那么传递信息的时间就有可能需要提前。第二，必要的内容。对员工而言，交易的细节（比如交易价格或者财务报表）并不是必要的内容。但是他们应该知道如下内容：并购确实发生了；并购双方是谁；交易什么时候完成；为什么要进行这个并购交易。当然，员工们肯定会关心更多的信息，比如谁会被裁员，但是最初的沟通中这个信息也不是必要的。第三，合适的渠道。用什么渠道把信息传递给员工也需要考虑。简单的一个E-mail肯定显得不那么正式。并购双方最好通过公司内部比较正式的公函文件向公司全体员工传达。当员工确实知道了并购的信息后，他们会产生焦虑情绪，而焦虑的主要内容往往跟个人利益相关：我是不是会被降职；我的工资和福利是不是会下降；我是不是会被解雇；如果我被解雇，我能得到什么补偿等等。虽然我们在文化整合一节中提到，并购者最好不要急着裁员，但在很多情况下，为了提高效率、降低成本，并购者肯定会试图消除冗员（至少在一个公司里没有必要有两个总裁、两个财务部门）。这个时候，并购者难免会向员工们传递一些负面消息。问题是这些信息要如何传达给员工？召开一些有管理层参加的内部讨论会对解决这个问题很有帮助。在这样的内部讨论会上，管理层人员应该向员工们解释被并购（或者进行并购）的必要性，同时倾听员工们的意见，回答员工们的问题。尽管有些问题管理层人员不一定能够给出回答（比如谁会被裁掉之类的问题），但管理层人员需要以一种开放的、讨论式的方式跟员工沟通，尽可能地消除员工的紧张情绪。

当并购逐步接近完成，很多问题就会清晰起来：有些人会被降职，有些人则会被解雇，有些时候薪水也会被调低，福利也不如从前。这个时候，管理层需要与员工做更进一步的沟通。不过，传递坏消息要远比传递好消息困难得多。管理层需要尽极大的努力来完成这个过程。在这个传递坏消息的过程中，管理层需要始终把握以下要点：一是保持持续性的沟通。管理层切忌公式化地把坏消息一次摊牌然后甩手不管。在传递坏消息的过程中，管理层要反复而耐心地与员工（特别是那些得到坏消息的员工）保持沟通。尽管这不能解决员工的问题，但是管理层的态度会缓解员工的对立情绪。二是坏消息要向全体人员公开。如果只告诉要被裁员的人他将会被解雇，那么其他人员也会感到不安。如果把这些坏消息公开，并且明确这就是全部的坏消息，那么不安定的情绪也会逐渐稳定下来。三是要解释“为什么”并引导员工往好的方面看。虽然不能解决问题，但管理层也有必要向接受坏消息的员工解释为什么会有这样的安排，对员工表示出真诚的关切和体恤。与此同时，管理层也要提醒这些员工注意解雇协议中的有利条款，这多少会对这些员工有一定的安抚作用。随着并购的完成，新公司的人事组成基本稳定，此时沟通的重点将发生变化。

2.交易后的沟通。如果说交易前的沟通主要集中在信息发布上，那么交易后的沟通主要是一个并购者和目标公司相互学习、相互理解、相互尊重的过程。在这个过程中，双方应该就一些核心问题进行沟通，然后双方需要分析沟通的结果并向双方的员工进行公布。沟通的内容应该随着双方沟通的深入而逐步深化。在沟通早期，双方的员工对公司和自身的待遇不够了解，此时的沟通内容就应该集中在工作保障、报酬、上下级关系、激励机制、工作条件、晋升机会、公司使命、生产效率、公司福利、人际关系等方面。当公司基本稳定运行一段时间后，沟通的内容可能会转化为如何改善人际关系、如何提高生产效率等。在管理层获取了这些信息后，应该对信息进行系统的分析和研究。从定性的角度，管理层能够了解到员工所关心的问题。除了定性分析外，管理层还可以对数据进行定量分析。通过统计学和数据挖掘的技巧，管理层应该能够把握不同类型的员工对不同问题的看法。此外，如果管理层不向员工公开分析和研究结果，员工会觉得这样的沟通与自己无关。为了通过这些沟通使整个组织凝结在一起，管理层有必要对之前的调查和沟通进行反馈，从而激发团队的凝聚力。这可能需要管理层用合适的渠道和措辞向员工表述。

通过沟通应该给各个阶层的员工发出一个强烈的信号：管理层希望通过沟通使所有员工的意见都能有合适的渠道表达。这将增强员工的归属感，与此同时，也可以将员工的不满向理性的方向引导。此外，这个过程的沟通还需要并购者和目标公司协同进行，尽管两个企业可能有着完全不同的沟通方式，但通过一个统一的调查和沟通方式，使目标公司和并购者的员工意见在整个企业中传递，就有助于不同企业员工之间的相互理解。

3.长期沟通。长期沟通是一个更为漫长的过程。如果说并购前的沟通是公布信息，并购后的沟通是鼓励和劝导，那么长期沟通就是要形成一种整体文化。

长期沟通应该是一个制度化的过程，通过这种沟通使并购者和目标公司之间消除隔阂，形成整体企业文化或者至少是形成一种相互配合、共同实现企业战略目标的密切合作。为了实现这个目的，长期沟通应该努力达到如下目标：第一，确立共同的目标。长期沟通的一个基本目标就是要让所有的员工理解企业战略意图，并把这个战略意图作为行动的起点。这个目标可以是研发之前无法研究的新工艺、新产品；或者是占有更高的市场份额；或者是开辟新的市场。但不管是什么，一定要让所有的员工都明白，大家正在朝着一个更好的目标而努力，只有通力合作才能实现这个目标，让前景变得更好。第二，向员工详述公司产品和服务信息。为了让所有员工有更高的参与热情，管理者有必要向他们详细描述公司的产品和服务。通过与员工详细的沟通，管理者实际上可以获得来自生产、服务、销售等多方面的意见，从而增加管理者的决策信息，减少决策错误。与此同时，员工也因为获得了公司产品和服务的详细信息而增强了对企业的责任感，也能更清楚自己的职责，特别是两个企业要通力合作完成的工作，通过这样一个过程就可以消除双方信息的盲区，以更为紧密的姿态应对竞争者。第三，合并高效团队。对于并购双方有重复的团队，通过选拔和整合就能够形成一个更为精干的队伍。而这样的队伍越多，并购者和目标企业的关系就越紧密，双方的隔阂也就越小，企业整合得也就越充分，形成统一的企业文化的可能性也就越大。第四，分享管理信息。在大多数企业中，处于非管理层的员工很难获得管理层的信息。这使得员工认为管理和战略与自己无关。虽然在企业整合过程中，让各级员工都能够分享到管理信息不是一个必要的环节，但是分享管理信息的结果却能够有效地促进并购双方的沟通与合作。在获得管理信息的情况下，很多员工会被激发出主人翁的意识，从而对企业的决策就会有更多的理解。

（二）培训

相比于培训，沟通是一个缓慢的过程，而且沟通虽然能够分享信息，却很难使员工普遍地提高知识水平。此外，沟通也很难使员工形成统一的观念。因此，对于并购后的人员整合过程，培训是必不可少的。最恰当的培训时机是并购刚刚完成的时候，在这个时候，并购者理论上有能力对目标公司做任何调整。问题是，并购刚刚完成时，有很多工作急需处理，因此大多数的培训都会发生在并购结束一段时间后的经营稳定期。既然涉及培训，就需要了解培训谁、培训什么、怎么培训的问题。下面针对这三个问题逐个进行讨论：

1.培训的对象。培训是一个重要的工作，原则上，所有层级的员工都应该参加，如果简单划分则至少可以分为三层：一是企业高层员工。这个层级主要包括公司的高级管理人员、高级财务人员和高级技术人员。对他们的培训应该是企业最高级别的培训。他们需要了解合并公司将要采用的战略规划和特殊战术策略，他们也需要了解公司的人力资源和财力资源分配，以及组织方面的问题。尽管这些培训内容主要跟高级管理人员的工作有关，但高级财务人员和高级技术人员同样需要对这些问题有了解，从而给高级管理人员必要的配合。二是中层管理人员。中层管理人员对上要负责执行高层的决策，对下要负责督导具体业务。因此对中层管理人员的培训既包括战略方面的内容，也包括执行方面的内容。不过，在战略方面，培训重点应该是帮助其管理人员理解企业战略，而不必向其提供详细的战略信息。在执行方面，中层管理人员需要接受公司相关政策规定的培训，以帮助其督导下属完成具体的事务。三是基层员工。由于基层员工要负责具体的业务，所以应该为其提供标准化的培训，以帮助他们适应企业规程。这些培训的内容可能包括表格填写、常用计算机技术、人际沟通技巧以及书面和口头表达能力。此外，应该帮助基层员工形成“自己解决”的工作习惯。

2.培训的内容。尽管面对不同的培训对象应该有不同的培训内容，但以下这些基础内容应该包括在对各层级培训对象的培训中：第一，公司愿景。第二，并购者和目标公司的历史。第三，公司的组织结构。第四，公司的产品和服务。第五，客户群特征与客户需求。第六，市场状况。第七，管理流程。第八，信息技术。第九，人际沟通与团体间的沟通。第十，冲突的解决。第十一，福利与退休机制。第十二，个人职业生涯发展。

3.培训的方法。在确定培训内容后，培训者就应该选择合适的培训方法将培训内容教授给培训对象。常用的培训方法主要有如下五种：第一种，课堂培训。课堂培训是所有公司培训中最为常见的方法。通过为每门课指定一个老师的方式，在受训员工中形成一个培训课堂。这种方法有助于老师和员工的沟通，使学习变得简单，而且通过课堂培训可以使员工之间彼此了解，从而提高人员整合的效果。不过这种方法需要员工脱产学习，会造成工作量的下降，而且培训成本可能比较高。第二种，培训师培训。这种方法是公司首先选出一个培训师小组，然后对培训师小组进行培训，随后培训师将分布到企业的各个部门进行培训。这种方法最直接的好处就是能够大幅度降低成本，特别是公司的不同部门在地理上相当分散的情况下，这种优势就更为明显。但是这种方式所依赖的培训师并非职业教师，因此培训水平要比职业教师差一些。培训师最好来自不同的企业，以便于让更了解情况的人去讲熟悉的业务。第三种，研讨式培训。这种方法是课堂培训的一个演变版本。在研讨式培训中，精通某一领域的经理人取代了老师的位置，通过讨论的方式使员工获得知识。这种方式目前很流行，但是这种方法的实质是员工自己培训自己，不一定能够产生新的知识。第四种，自学。当前，在很多公司中存在着向员工发放录像带和培训教材促使员工自学的培训方式。这种方式的优点在于员工可以自由地安排学习时间，而且能够减少成本。但在这种方式下，员工缺少与老师的交流，未必有良好的学习效果，而且员工独立地学习也不利于人员的整合。但是如果把这个方法和研讨式培训结合起来，就能收到更好的效果。第五种，指导。这其实并不能算作一种培训方法：一个有经验的员工被指派给一个新员工作为师傅。这种方法能够帮助经验不足的员工学到很多东西，从而实现技术转移，而且这种方法能够在师生之间形成一种信任，改善员工之间的关系。

（三）激励

无数的事实证明，仅仅有精神上的鼓励和教育并不足以让人们持续性地保持努力。所以，除了沟通和培训这样的引导工作外，并购者还需要实实在在地对员工们进行激励。下面我们将讨论激励的效果、需要激励的行为以及激励的形式三个问题。

1.激励的效果。从人性上看，人本身是厌恶被限制自由的，所以员工们是痛苦的，他们之所以愿意提供服务，是因为他们能够从工作中获取他们需要的资源来满足自己的需求。所以，对员工的一切激励都是使员工获得更多的资源来满足自己的需求。这种需求可能是来自物质上的，也可能来自精神上。但不管怎样，激励的最直接目标跟管理者的意图没有关系。对管理者而言，他们只能通过设计一个良好的激励机制来使激励达到如下的效果：第一，强化企业新的愿景。第二，引导员工从事某些有价值的行为。第三，有效保留员工。第四，增强团队凝聚力。第五，抵销公司间的报酬不均衡。管理者始终要记住，他们所需要达到的效果实际上跟员工没有关系，所以管理者不能把这些效果当成激励的方式。比如，他们不能用“成为行业无可争议的龙头老大”这样的目标来激励员工。当然，这种目标能够在一段时间里提升士气，但这样的士气无法保持。

2.需要激励的行为。激励本身是中性的，如果管理者希望达到某种效果，他就应该规定需要激励的行为，一旦这些行为发生就给予相当的激励，这就可以引导员工做出这些行为，从而实现管理者期望的效果。所以，对于每一种效果，管理者都有必要设计相应的需要激励的行为。比如，管理者希望员工能够表达他们对经营战略的疑问，那么管理者就可以给发言这个行为设计某些奖励，来刺激大家畅所欲言。虽然需要激励的行为和管理者意图有关，但以下的行为总是需要奖励的：第一，计划按时完成。第二，完成销售目标和业务目标。第三，积极开展交叉销售。第四，发现新的营销和收益增长机会。第五，设计新的整合技巧。第六，发动员工集思广益以改善经营、提高生产效率。

3.激励的形式。根据需求理论，人的需求实际上是分层次的，所以为了达到激励的效果，管理者有必要设定多种激励形式。激励的形式主要包括：第一，货币奖励。第二，弹性工作时间。第三，额外的休假。第四，工作的优先选择权。第五，职位晋升。第六，荣誉奖励。第七，参与层次提升。第八，进修深造的机会等等。此外，管理者要注意这些激励形式的强度是不一样的，刺激的方向也不同，所以根据自己的意图给每一种需要激励的行为设计相应的激励形式并不是简单的工作。

五、外部沟通

除了企业内部的整合外，并购者还要面对企业之外的资源整合。这种企业外部资源的整合主要通过外部沟通来实现。在进行外部沟通时，并购者需要明白他应该跟谁去沟通（对象）、沟通什么（目标）以及怎样去沟通（渠道）的问题，而且并购者也要注意沟通的次序，以保证最重要的外部资源能够优先获得整合。

（一）沟通的对象

外部沟通的对象主要是客户、投资者、潜在客户、中间商、原料供应商以及有影响力的人和组织。由于沟通的对象不同，沟通的内容也有差别。

1.客户。在并购完成后，并购双方的老客户也仍然是新企业的衣食父母，所以应告诉客户并购后的销售信息和产品信息。这些信息可能包括公司将带来哪些新的产品或者服务，新公司将在哪些能力上有提高，以及新公司准备如何更好地为客户服务。另外，也要告诉客户产品价格、交货时间表以及支付条件等方面的信息。

2.投资者。公司（特别是上市公司）一旦完成合并，也需要在第一时间告知投资者关于并购的信息。并购者应该告诉自己和目标公司的投资者并购完成之后将给他们带来多么美好的未来。比如，并购者应该告诉投资者通过并购能够产生巨大的协同效应，能够向更多的客户提供更多也更有价值的服务，等等。由于新公司往往随后就要开始一些新的项目，投资者在这个时候就显得非常关键。

3.潜在客户。并购的发生将提升新企业的能力，从而使新公司有可能将某些潜在客户转化为真实客户。新的企业需要向潜在的客户解释企业在什么方面提升了能力，向他们展示对他们有价值的产品并在品质上做出保证。

4.中间商。对新公司的销售环节而言，中间商的作用很大，因此新公司也需要及时与中间商进行沟通。不过多数情况下，中间商所关心的内容只有两点：一是并购后新公司对他们从原来两个公司里采购的、印有原来公司标志的产品不要做太多的变化和改进；二是新公司的产品在定价和分销方面不要与之前有太大变化。

5.原料供应商。原料供应商会希望新公司能够确定将继续与自己维持原有的业务联系。此外，他们也关心未来是否能够扩大业务范围。但原料供应商也会质疑新公司是否在早期有足够的能力支付货款。如果新公司希望维持原有的业务关系，它就应跟原料供应商进行更为详细的沟通。

6.有影响力的人和组织。除了上述对象外，某些个人和组织也会对新企业有影响。例如，如果目标公司在地方上是重要的企业，那么并购者就应该将有关并购的信息反映给当地政府或者相关的机构，向它们保证新企业仍会留在当地，对当地的就业和税收不会有负面的影响等等。

（二）沟通的目标、渠道与顺序

虽然与不同的外部对象进行沟通时，新企业有着不同的目标，但总的说来，沟通的目标无外乎以下几点：第一，让公众了解到并购的发生。第二，让有关各方了解到并购后新企业的新变化。第三，减少公众对并购的负面印象。第四，建立新公司的形象。第五，增强投资者对新公司的兴趣。

为了达到这些目标，并购者需要选择合适的渠道向沟通对象传递相关信息。沟通的渠道无非是私人渠道和公开渠道两种。私人渠道的沟通所影响的范围小，但沟通的内容更深入，沟通的效果也会更好，对最重要的沟通对象（比如主要的投资者、最重要的客户等等）就应该采用私人的渠道进行沟通。公开的渠道可以迅速地传播信息，但因为缺乏互动而无法达到非常好的沟通效果。公开的渠道很多，比如公开声明或者新闻发布会等等。进行公开渠道的沟通需要注意措辞和时机，另外媒体的选择也很重要。

最后，沟通的顺序也是值得斟酌的问题。由于外部沟通的工作量很大，在多数时候，从并购发生的那一天开始，新公司可能要花费几个月的时间去进行外部沟通。这就需要有一个顺序。虽然没有现成的理论来解释应该按什么顺序进行沟通，不过显然并购者应该优先安排最急需进行的沟通，而不那么着急的沟通就可以稍微靠后再处理。通常，跟投资者的沟通和面向社会公众的信息发布应该尽快完成，以便筹集到新的资金来应付并购初期的资金紧张。与客户和供货商的沟通稍微滞后一些也没关系，进行产品整合需要一些时间，当产品整合基本完成时，再与客户和供货商沟通则会事半功倍。

☆案例　　　　中国建材，世界顶级商学院的并购整合案例

2011年10月25日在北京举行的“哈佛商学院案例发布会”上，中国建材集团旗下香港上市公司——中国建材股份有限公司（03323.HK，以下称“中国建材”）在中国水泥行业的并购整合经验入选美国哈佛大学商学院案例库。企业商业模式和管理实践成为世界顶级商学院的教学案例，这在央企队伍中还是头一家。国务院国资委副主任邵宁评价：它打开了世界经济学人了解中央企业市场化运行方式和中国市场化进程的窗口，具有非常积极的意义。

在充分竞争行业和过剩的产业经济环境下，中国建材独特的发展模式和成长路径及其创造性实施的“联合重组”“央企市营”“五化管理”“辅导员制”“价本利”等一系列崭新理念引起了一些高等学府和知名专家、学者的高度关注，其中就包括哈佛大学的约瑟夫·鲍沃（Joseph L. Bower）教授。鲍沃教授的研究团队历时近两年的时间，于2011年7月完成了“中国建材：推动中国水泥产业发展”的案例撰写工作。期间，他们跟踪调研了中国建材工业的发展历程，对中国建材以市场化方式推进大规模联合重组的商业运作模式与管理实践高度关注，并对中国建材所属企业南方水泥有限公司做了一线实地研究，逐步了解了中国建材卓越的管理团队和通过并购整合取得的显著成绩，认为这种经验值得研究和推广。鲍沃教授表示，中国建材在快速推动中国水泥行业整合的过程中面临的问题非常典型，取得的成绩为大型企业在联合重组过程中如何提高管理效率、技术水平及优化管理方法提供了重要经验，是全球商业领袖和商学院学生管理实践创新的范本。

中国建材作为中国产业结构调整的代表被收入哈佛商学院案例，成为其研究中国国有企业积极执行国家产业政策、引领行业健康发展的范例，这既是对中国建材的高度肯定，也打开了世界经济学人了解中央企业市场化运行方式和中国市场化进程的窗口，具有非常积极的意义。

5年时间，中国建材联合重组的水泥企业超过180家，其中65%是民营企业，15%是地方国企，20%左右是混合股份制企业。整合管理所有的子公司和业务线成为收购后宋志平面临的首要任务。为了实现这个目标，宋志平认为公司应该以市场为导向，走“央企市营”的发展道路。

对于“央企市营”，宋志平的理解是，首先是“央企”，必须是国有控股；其次是“市营”，即企业采用市场化经营的运作机制，成立董事会，实现产权多元化，聘用职业经理人。

除此之外，中国建材还创造性地实施了“三五”管理的整合模式和“三宽三力”的企业文化。实践证明，中国建材在并购后整合方面的独特模式是成功的。

“三五”模式包括“五化运营模式”（企业战略和企业文化一体化；采购、财务、营销、生产、技术模式化；建立上下一致、具有可操作性和国际性的制度化体系；流程化，事事有流程、人人有权责、信息能共享，产供销、财务、商务、法律要衔接；数字化，万事以数字为先，目标定数据、经营讲数据、分析看数据的数字化），“五集中管理模式”（市场营销集中、采购集中、财务集中、技术集中和投资决策集中）和“五类关键经营指标管理”（关键经营指标是基于每个人的职责分配的，对业务平台经理而言，包括价格、销量、成本费用、应收账款和库存）。在“三五”管理模式中，令鲍沃教授印象最深刻的是财务和投资决策集中。“做出集中资本支出的决定是很困难的。”宋志平表示，总部应该牢牢控制资本投资计划以及超过200万元人民币的决策过程。对于大额投资，中国建材要求每个项目在被批准之前要进行可行性研究和预算审计。

企业文化融合的好坏往往决定并购后整合的成功与否。宋志平很早就意识到中国建材收购的公司需要迅速地融入中国建材的公司文化。中国建材奉行“三宽三力”的企业文化，即对人宽厚、处事宽容、环境宽松与凝聚力、向心力、亲和力，构建了“创新、绩效、和谐、责任”的8字核心价值观。宋志平一直强调他的团队在整个重组过程中重视合作和宽容。所以，当收购一家水泥企业时，中国建材会试图保留原来的管理团队，并承诺至少保证高级管理人员的工资和福利维持在收购前的水平，在某些情况下还会提升他们的工资和福利。

这也是中国建材并购整合取得成功的原因所在。“到目前为止，还没有一家收购过来的企业‘反水’，这也说明了对中国建材企业文化的认同。”宋志平表示。

当然，地方政府的支持在中国建材的并购扩张中起到了非常重要的作用。鲍沃教授认为，让被并购企业的“老板”们留下来管理他们的企业以及继续维护多年来建立和经营的政府关系，是中国建材整合成功的一个很重要的因素。

第10章　组建企业集团

第1节　企业集团的特征与类型

以资本为纽带，通过市场形成具有较强竞争力的跨地区、跨行业、跨所有制和跨国经营的大企业集团是我国企业改革的方向，也是我国企业参与国际竞争的必然要求。推进优势企业集团化发展对于保护市场有序竞争、实现两个根本转变、提高国民经济的整体素质、迎接全球化新的机遇和挑战具有重大意义。

一、企业集团的概念

企业集团实际上就是一种大型企业联合体，或者更确切一些说，就是若干个公司联合在一起，相互有着某种直接的或间接的经济利益联系的企业组织形式。我国《企业集团登记管理暂行规定》指出：企业集团是指以通过资本纽带联结起来的母子公司为主体，由以集团章程为共同行为规范的母公司、子公司、参股公司及其他成员企业或机构共同组成的具有一定规模的企业法人联合体。企业集团不具有企业法人资格。

企业集团由母公司、子公司、参股公司以及其他成员单位组建而成，母公司应是依法登记注册，取得企业法人资格的控股企业；子公司应当是母公司对其拥有全部股权或者控制权的企业法人；企业集团的其他成员应当是母公司对其参股或者与母子公司形成生产经营、协作联系的其他企业法人、专业单位法人或者社会团体法人。

从世界上其他国家的情况来看，我们所谓的企业集团并不叫企业集团，而应该用其他称谓。比如，在日本称为株式会社、综合商社，而美国称为大型财团等。但无论称谓如何，其内涵都差不多。从历史的角度来考察，19世纪以来，作为特殊企业组织形式的联合企业有四种类型：卡特尔、辛迪加、托拉斯和康采恩。我们现在所提的企业集团与这些类型都有相近之处。理解这些类型的含义有助于我们对企业集团概念的深入把握。

卡特尔是一个法语词汇，其含义是“协议”“联盟”，是指具有明显垄断倾向的、一种初级形态的企业联合形式，是一种比较松散的企业联合体。它是生产同类产品的各个独立企业通过签订销售协定而实现的联合，这一组织侧重于统一规定价格和划分销售市场。其最大的优越性在于能够把同行业内的竞争限制在最低程度，有效地控制市场，以维持生产经营者较高的价格和利润水平。但由于成员企业的独立性，协定往往因企业间的利益冲突而被打破，所以极不稳定。

辛迪加也是一个法语词汇，其含义是“组合”。它是生产同类产品的少数大企业为了获取更大的利润而在商品销售和原材料采购方面实现的联合。参加联合的企业在生产方面仍保有独立自主权，而供销业务则由辛迪加的总部统一办理。从这个意义上讲，辛迪加的总部实际上只是充当了一个供销公司，由它来控制辛迪加各个企业的购销业务，以降低单个企业的采购和推销成本，从而获得垄断价格和利润。辛迪加的各个企业与市场没有直接的联系，在生产中仍然是一个独立的法人实体，各个成员企业为了争夺产品销售和原料供应配额，存在利益之争。

托拉斯是一个英语词汇，其含义是“信托”“托管”。它指的是企业之间通过股份形式组成的大公司。托拉斯是资本集中化和经济集约化的产物。很显然，随着生产集中程度的提高和竞争的加剧，流通领域内高度发展了的垄断联合（辛迪加）必然要向生产领域延伸，由若干生产同类型产品或彼此在生产上联系密切的企业通过实行统一生产和统一销售而结为一体，其中的各参加者实际上已失去了产销自主权，而变成持股者，企业的所有权与经营权已经分离，这就是托拉斯。

康采恩是一个德语词汇，其含义是“多种企业的集团”。它是一个企业单方面控制同行业或非同行业的企业的组织。康采恩的各个成员企业在法律上和经济上是各自独立的，各方联结的纽带是资本的所有权。在国际上，康采恩的核心往往都是大型工业企业或大银行，它们除了经营自身的业务外，一般还是控股公司，通过持有其他企业的股权，可以控制比它本身的资本额高若干倍的企业群体。形象地说，康采恩就是以资金、技术、产品实力最强的大企业为龙头，通过并购、控股、联营等途径带动若干中小企业发展的企业集团。

通过上述对各种企业联合类型的特点和发展的阐述，我们发现如下规律：

1.企业联合的类型经历了销售的联合—供、销的联合—供、产、销的联合—资本联合的发展过程。

2.企业联合的类型包含资本增值的环节和内容越多，其联合的稳定性越高，越能为其参与者带来更大的利益。

3.企业联合的高级形态——以资本为纽带的企业集团的出现和发展，是由资本追求增值这一内因和由环境变化而导致的竞争加速这一外因联合推动的必然结果。

二、现代大企业集团的特征

通过上述的分析，我们认为现代大企业集团应具备如下特征：

（一）企业集团的参与者是以资本为纽带或者以紧密的经济利益关系联合在一起的

以资本为纽带是其主要特征，也是企业集团得以稳定和发展的基础，但是不排除因紧密经济利益关系的存在而自愿联合的可能。这里所指的以资本为纽带是指企业集团的参与者之间存在着广泛的持股、控股或参股关系；紧密的经济利益关系是指参与者之间在供、产、销的各环节，或者在技术开发、产品创新、信息共享等方面的相互依存、难以分开或者分开对双方均不利。

（二）各参与者以集团章程作为共同的行为规范

集团章程是规范集团内各参与者行为的最高依据，它会载明集团的名称，母公司的名称、住处，集团的宗旨，企业集团成员之间的生产经营联合与协作方式，集团管理机构的组织和股权，集团管理机构负责人产生的程序、任期和职权，参加、退出企业集团的条件和程序，企业集团的终止，章程修改程序等重要事项，并由全体成员签署或者认可。

（三）企业集团必须具备一定的规模

规模过小的企业联合不能称为集团，我国《企业集团登记管理暂行规定》指出：组建企业集团应具备如下条件：

1.企业集团的母公司注册资本在5 000万元人民币以上，并至少拥有5家子公司。

2.母公司和其子公司的注册资本总和在1亿元人民币以上。

3.集团成员单位均具有法人资格。

（四）企业集团不具备独立的法人资格

企业集团是一个企业群体的概念，其内部组成部分有法人资格，而其自身不是法人。经核准的企业集团名称可以在宣传和广告中使用，这有利于为其所有成员带来好处，但不得以企业集团名义订立经济合同，从事经营活动。

三、企业集团的典型组织模式

一般来说，企业集团具有多层次的组织结构，其一般模式如图10-1所示。企业集团的多层次组织结构，可以从多个侧面来加以区分。比如，从企业间相互结合的地位来看，可以理解为：核心企业、骨干企业、配套企业和协作企业；以资本控制程度的不同，可以理解为：起投资中心作用的控股公司、被控股公司、被参股公司以及基本没有资本参与但可以进行资本融通的关系公司。如果核心层称为母公司，则其余三个层次可以分别理解为：子公司、孙公司及关系公司。如果从企业间相互结合的不同地位来考虑，各层次具有如下基本特征：

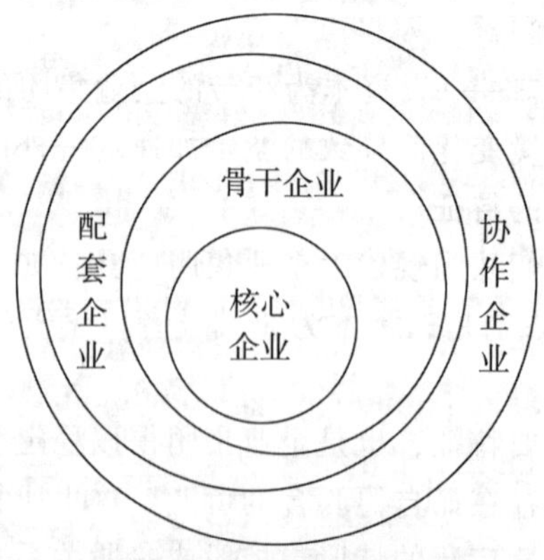

图10-1 企业集团组织模式

（一）核心企业

每个企业集团至少应有一个核心企业，它处于企业集团的核心层。其特征是：每个核心企业都是企业法人；拥有雄厚的实力；对核心层以外的企业控股（或参股）；核心企业间相互持股。

（二）骨干企业

每一个企业集团都应有一批骨干企业，共同组成企业集团的紧密层。骨干企业的特征是：每一个骨干企业都是法人企业，独立核算，自负盈亏；骨干企业与核心企业是子公司和母公司的关系；每个骨干企业的控股权掌握在某一核心企业手中；骨干企业之间可以相互持股。

核心企业对骨干企业的控股，骨干企业之间的相互持股，形成纵横交错的资本纽带，这是保证集团凝聚力的重要基础。一般来说，相互持股率越高，集团的凝聚力也就越强。

（三）配套企业

集团内某些核心企业及所有骨干企业，各自都有一批固定的配套企业，形成了企业集团的半紧密层。配套企业的特征是：专业化程度高；与某个骨干企业（有时也包括某个核心企业）有固定协作配套关系；经济上、法律上独立，是法人企业；配套企业与骨干企业一般是子公司和母公司的关系。

配套企业在集团中的影响相对前两个层次而言要小，通常是中、小企业居多，但其量大面广。

（四）协作企业

协作企业与配套企业的最大区别在于：配套企业是“固定”的，而协作企业多是“不固定”的。通常，集团很少甚至没有掌握协作企业的权（参股），集团与协作企业主要在生产技术领域发生联系，因此协作企业是集团的松散层，通常是作为非成员企业来看待的，在财务会计上也不必纳入合并报表。但协作企业是处于集团的影响范围之内的，有时出于强化协作的考虑，也会转化成配套企业。一般来说，协作企业是一些小企业，但却是高度专业化的。

上述四个层次的位置不是固定不变的，是随着生产经营的发展和相互持股量的变化而动态变化的。

四、企业集团的类型

企业集团的类型，从不同角度分析，可以有多种划分：

（一）按核心层企业的性质划分，有四种基本类型

1.产品集团型。这种企业集团一般以核心层企业生产的名优产品为“龙头”来组建。它的特点是通过契约形式进行名优产品生产经营的横向经济联合。参加联合的非核心层企业，有完全的经营管理自主权，但依据长期契约与核心层保持紧密的经济关系。为了加强集团的凝聚力，其发展取向是核心企业通过兼并、接管、收购等形式把它们之间的契约性联系转化成资本纽带。这类企业集团能够降低成本，增强市场竞争力，获取较大的规模经济效益。

2.行业集团型。它是以同行业的几个大中型骨干企业为核心，带动一批企业组成的企业集团。它具有如下特点：以同行业几个骨干企业为核心，达到一定的行业集中程度后，由骨干企业进行各自的横向经济联合；产品品种多，联合的企业多；在组织结构中，大企业集团内包含着带有独立性的小企业集团，即多个中心。这类

企业集团能够进行技术、信息互补，研究和开发新产品的速度快，有利于各自核心能力的联合，推动产品的系列化和多样化，取得范围经济效应。

3.混合集团型。这种类型是以实力雄厚的大中型骨干企业为核心，联合相关行业的工业企业、商业企业和科研单位，组成以生产为主，同时开展多种经营活动的企业集团。它的特点是集团内成员企业之间处于相关行业，彼此以资本为纽带或以契约联结起来；一业为主，多种经营。这种类型的企业集团有利于降低经营风险，但管理的难度较大。

4.职能集团型。它是由不同部门的设计、科研单位或第三产业部门的企业组成的以提供某种服务为内容的企业集团。职能集团一般不生产产品，而是向社会广泛地提供某种服务，因而其具有服务性、社会性、专业性、开发性的特点。其一般模型是不同职能的服务部门联合形成的专业横向联合体。

（二）按组成方式划分，有六种基本类型

1.生产联合型。它是以一个大型骨干企业的名优产品为龙头，通过兼并、托管、收购等形式向外扩张，联合生产，形成多层次的配套网络。这种类型的企业集团发展较早，数量较多，适用于大批量、专业化的生产企业。

2.多元配套型。它是以几个大型骨干企业及相关设计单位为主体，实行从设备成套设计、制造、供应、安装、调试到人员培训，到提供备品备件等的配套承包。这类企业集团适用于房地产开发、大型机械制造业的企业联合。

3.生产科研型。它是以同行业多个大型企业及相关的科研设计单位为主体，集中技术优势，运用系统工程，开发高技术产品，组织专业化系列生产。这种类型的企业集团适用于进行应用研究、技术开发的设计单位和技术密集型产业的横向经济联合。

4.产供销一体化型（纵向联合）。它是以一个或几个大型企业的相同产品为主体，联合上下游的企业，形成产、供、销的一体化网络。

5.售后服务型。它是由若干个工业、商业、贸易、信息企业联合起来，形成互相提供市场信息、扩大销售服务范围的企业集团。

6.资金辐射型。它是以实力雄厚的银行为核心，吸收其他金融机构参加，通过资金向外辐射，形成以国内外金融业为主的企业集团。

此外，还可以根据其组织机构设置的特点，划分为单元主体型和多元复合型。单元主体型是以一个大型企业为核心，联合众多企业所组成的企业集团；多元复合型则是以多个骨干企业为核心，联合众多企业所组成的集团。还可以根据成员企业所在行业的相关性，划分为纵向一体化集团、横向联合企业集团、混合企业集团；根据集团企业之间的结合方式，划分为契约型、股份型等等。

从这些类型的划分来看，我们可以说，无论何种行业的优势企业都有向集团化发展的可能，采取适当的方式走向集团化是提高竞争地位的客观要求。

第2节　企业集团与资本重组

在现实经济生活中，资本是以特定的企业为载体来增值的，从资本发展的历史看，资本为了达到增值的目的不断推动企业组织形式的发展和创新，而同时企业组织形式的每一次创新又为资本追求更大的增值提供了新的基础。企业组织形式的发展经历了个人业主制到合伙制，再到现代公司制的发展历程。而在这里我们所要言明的是，这种创新的历程并没有结束，资本增值的载体正由传统的单一企业向多企业联合发展，资本间的关系，正由小范围的竞争向大范围的协作联合，进而向参与更大市场的竞争的方向发展。企业集团正是资本联合以追求更大增值的特殊资本组织形式，也是资本重组的重要方式和必然取向。

一、企业集团是一种特殊形式的企业组织形式

资本具有不断追求增值的客观要求，然而增值取决于资本量的扩张和资本利用效率的提高。从现代的企业制度安排来看，资本的使用权和所有权是可以分离的，这就意味着资本扩张可以表现为多种形式：其一是资本占有量的扩张，即企业实际可以支配的资本价值量的增加；其二是企业控制的资本的扩张，即资本使用权的扩张。在企业的发展过程中，现代公司之所以优于个人业主制和合伙制企业，就在于现代公司可以更有效地使资本得以扩张。它可以把社会闲散的资本组合成大的资本，并把实物资本转化为虚拟资本，为资本的自由流动提供了机会。企业的公司化不仅为资本占有量的扩张提供了可能，而且为资本的使用权扩张提供了可能，即居于控股地位的大股东可以以其部分资本驾驭整个公司的资本。但单一的公司制企业的资本扩张仍是由单一主体展开的，实物资本所蕴含的潜能是由企业占有的资本总量决定的。基于公司制企业所有权和经营权的分离，通过法人投资、法人参股、法人控股等形式的集聚与联合，公司制企业将向集团化方向发展。通过集团化，以企业有限的资金，就可以控制数倍乃至数百倍的社会资本。比如，A公司出资200万元，占B公司有表决权股份的50%，实现了对B公司的控制，B公司资产负债率为50%，净资产总额为500万元，则A公司实质上仅以200万元就控制了B公司1 000万元资产的使用权，是A公司出资额的5倍。如果B公司又出资250万元，占C公司有表决权股份的50%，实现了对C公司的控制，而C公司的资产负债率也为50%，净资产为600万元，则A公司实质上仅以200万元的资金就控制了总值2 200万元的资产（B公司1 000万元，C公司1 200万元）的使用权，是其出资额的11倍。如果控制的层次增加，这种资本使用权的扩张效应会更大。因此，可以说企业的公司化已经为企业的集团化发展铺平了道路，企业集团的母公司实质上就是一个（或一群）控股公司，企业集团是公司化的高级形式，是资本的特殊组织形式。从微观的角度看，企业向集团化方向发展具有如下重要意义：

1.有利于发展专业化协作生产。企业集团冲破了条块分割、地区封锁和行业限制，可以在更大范围内按照企业在技术和经济上的紧密关系组成联合体，同时避免了重复建设，大而全、小而全，各自为战的生产格局。在企业集团内部发展专业化协作生产，可以迅速提高产品质量和经济效益。此外，专业化协作生产的发展，加强了企业之间长期合作的稳定性，极大地节约了交易费用，提高了稀缺资源的使用效率。

2.有利于实现规模经济效益。首先，企业集团可以发挥各成员的优势，实现资金、技术、人才的优化组合，形成单个企业难以具有的生产开发和服务的综合能力。其次，企业集团有能力开发和采用对有关资源进行综合利用的技术，扩大生产经营范围，开展多样化经营，提高资源的综合利用效率。再次，企业集团可以加强生产和科研的结合，加速适销对路的新产品的开发，加速科研成果向现实生产力的转化，进而推动科技开发和运用能力的发展。最后，企业集团可以实现信息的共享，并增强信息的收集能力。这更有利于捕捉投资机会，发现新的经济增长点。这些优势的存在必然会实现规模经济效益。

3.有利于降低经营风险。企业集团有能力开展多种经营，这有利于经营风险的分散。此外，企业集团的信息优势能够使企业强化对市场的预测，并对风险做到有效地防范。

4.有利于提高管理水平和资本运用的效率。以资本为纽带建立的企业集团，内部治理结构中可以实现资本所有权与经营权的分离，使管理工作专门化，可以聘请专门人才担任经理，扩大管理人才的选择范围，而且内部决策权、监督权和指挥权的分立和相互制约，有利于管理水平的提高，而管理水平的提高必然会推动资本运用效率的提高，进而扩大资本增值。

5.有利于品牌的保护和提高品牌的价值。以企业集团的组织形式开展大规模的生产，有利于提高品牌产品的市场占有率，增强竞争能力。此外，品牌作为重要的无形资产，具有可转移性，以品牌为资本进行投资，有利于品牌效应的扩展和品牌价值的提高。

二、组建企业集团是资本重组的重要方式

从我国的现实状况分析，国有经济从整体来讲之所以缺乏竞争力，其症结在于国有资本在企业、行业之间分布过散，战线过长，有限的国有资本难以支撑庞大的国有经济“盘子”。同时，国有经济的行业分布结构与市场经济下国家应有的功能严重错位。由于国有资本行业分布不合理，大量资本分布于一般性加工工业，许多必须由政府办的事情（比如教育、农业、基础设施）却因没有资金而无力去办。虽然经过多年的改革和重组，在金融、军工、矿产、石化、电力等领域实现了国有资本的有效集中，但由于地方保护的存在，集中之后的企业集团并没有充分发挥应有的决策集中机制。同时，由于国有资本退出的承接能力限制，国有资本能在很多竞争性行业占有存量。

国有经济的这种分布过散、战线过长、规模过小、结构不合理的局面必须采取战略性的重组，使已经存在的存量资本实现流动和重新配置。在重组的过程中，组建企业集团是盘活存量资本的重要手段，是实现竞争性行业整体改制和提高竞争能力的根本出路。作为资本重组的重要手段，组建企业集团的重大意义在于：

（一）有利于产业结构的合理调整，优化全社会资源的配置

企业集团是多企业的联合体，它主要围绕第一产业或几个相关产业而组建。这有利于存量资本的流动和重组，改变原有的大而全、小而全的落后产业结构，形成新的生产能力和新的产业部门，使国家的产业布局合理化，并进而推动供需平衡，优化资源配置，保证国民经济的持续健康发展。

（二）有利于强化政企分开和国家的宏观调控

组建企业集团，可以打破条块分割、利益分割的格局，真正体现国有企业归国家所有，而不是归哪一部门、哪一地区所有，从而避免在部门、地区利益的驱动下"铺摊子""上项目"的重复建设，有利于国家加强宏观调控和抑制通货膨胀。另外，大企业集团在国民经济关键行业中占据十分重要的地位，国家可以通过它们贯彻产业政策，引导中小企业，改变国有企业规模小、政企难分的局面。

（三）有利于产权明晰化

发展大企业集团，有利于推动经济体制的改革，加快企业改制的步伐，有利于产权的明晰化。

（四）有利于发展民族产业，提高综合国力

当前，随着世界经济发展的一体化和全球化，国与国之间的竞争体现为大企业集团之间的竞争，是综合国力的较量。我国要在世界上占有一席之地，就必须实施大企业集团的战略，组建实力雄厚、具有较强竞争力和抗衡力的大企业集团，以提高民族产业的市场竞争力。

三、目前企业集团发展中几个应注意的问题

企业集团虽然有诸多的优势和作用，但其发展有自身的规律，必须从认识上掌握其发展的规律，这样才能使企业集团顺利发展。目前，我国企业集团发展中存在着一些问题，应加以注意：

（一）企业集团发展贪大图快

企业发展和扩张可以采取两种途径：一是内部扩张，通过资本积累，凭借自身的技术优势、资本优势和管理优势，向相关产品、相关产业方向发展。二是外部扩张，通过并购、重组将别的企业拿过来。目前，不少企业和政府部门认为第一种发展太慢，过分强调第二种。这种倾向导致了有些企业进行大规模扩张，兼并许多没有优势的企业，同时有些地方政府和部门实行"拉郎配"，或实行行业建制，变成一个大集团。这样一来，确实可以在短期内把企业的资产规模、销售额"做"大，但企业集团的内涵，如科技研究与开发水平、管理水平等并没有实质性的变化，贪大图快"凑"大个儿的做法很可能造就一批"虚胖子"，导致"欲速则不达"，反而把核心企业、好企业拖垮，最后"一死一片"。

（二）把规模经济等同于经济规模

一些企业和有关部门的人员看到我国企业集团与国外大企业相比，在资产、销售额等方面规模小、规模不经济，便认为使我国企业实现规模经济的一个重要途径

就是把相关企业放在一个集团内。这实质上是误解了规模经济的含义，把规模经济等同于经济规模了。

所谓规模经济，是指在技术水平不变时，一倍的投入产生了几倍的产出，这称为递增的规模收益。如果随着产出的增加，单位产品成本逐渐降低，就说明存在规模经济。但由于边际收益递减规律的作用，当规模达到一定程度时，边际收益在下降，甚至会跌破零成为负值，这就是规模不经济。所以经济规模是规模经济和规模不经济的分界点，是规模经济的极限。规模经济大致来源于四种类型，即生产的规模经济、交易的规模经济、储藏的规模经济和专业化分工的效益。其中，在生产的规模经济情形中，规模变化一般针对单个企业而不是多个企业权益的叠加而言。

因此，集团组建一定要立足于企业，从企业利益出发，要通过市场组建企业集团，要把市场经济通行的购并方式作为基本的、主要的手段，不能搞行政化，更不能为了“甩包袱”而将一些不良企业硬塞给好企业。

（三）过分追求多样化经营

目前不少企业集团为了迅速扩张，不仅在本行业大量并购，而且纷纷进入别的行业。不少企业集团提出发展自己的几大支柱产业，并认为这可以使企业的经营风险分散，有利于企业稳定发展。这种过分追求多元化经营的做法，可能会加大经营风险。

应该说，多元化是大型企业集团发展的重要战略选择。在美国，特别是进入20世纪60年代，多元化经营被普遍采用，成为企业集团发展壮大的一种典型方式。按照多元化程度的差异，可以把实行多元化经营的企业划分为四种类型：

1.单项业务企业，指单项产品销售收入占企业销售总额95%以上的企业。

2.主导产品企业，指单项产品销售收入占企业销售总额70%~95%的企业。

3.相关联多元化企业，指多元化扩展到其他相关领域后，没有任何单项产品的销售收入能占到销售总额70%以上的企业。

4.无关联多元化企业，指企业进入与原来业务无关的领域，如化工企业进入食品行业。

但是，多元化不一定会减少企业的经营风险；相反，如果企业实行无关联多元化战略，不太熟悉所进入的行业，反而会加大风险。正如美国著名管理理论家德鲁克所言，一个企业的多元化程度越高，协调活动和可能造成的延误越多。首先，无关联多元化使企业所有者和高层经理进入全新领域，对并购对象所在行业不甚了解，往往难以做出明智的决策。同时，这种并购还会使企业分支机构迅速增多，总部的管理人员可能没有时间熟悉产品知识，无法运用既有知识恰当评价经营单位经理的建议和业绩。公司总部的这种过重负荷，往往使无关联多元化企业在并购之后无法获得预期的经济效益。国外最近的一项研究表明，与同行业并购相比，对其他行业特别是无关联行业的企业进行兼并的成功率较低。

（四）过分强调低成本扩张

并购和重组作为组建企业集团的重要途径，本身是一种风险很大的经营活动，其扩张成本是低还是高，需要全面度量。在目前的资产重组中有一种比较流行的做法，就是承债式兼并，即承揽全部或大部分债务，将一些资不抵债的企业并入企业集团。承担下来的债务又依据国家有关政策挂账停息、分期偿还。表面看来，并购时集团没出一分钱，并购后又以被并购企业的盈利归还欠债，似乎不费成本。但这之中有几方面没有考虑到：

1.前期谈判、合同的签订、执行所需要的支出。

2.被并购企业的显性或隐性支出可能未被记入，比如优秀管理人员的派驻、新注入的启动资金、转移的技术等。

3.长期利益难以确定。从短期看，经过注资，派人改善管理，投入技术，改进质量、工艺后，可能很快扭亏为盈，但从中长期看，是否有市场竞争优势就很难说。

4.只计算会计成本，而忽视机会成本。

最重要的是，企业扩张成本的高低，必须同能否实施正确的发展战略相比较。在涉及企业长远发展战略、方针的贯彻时，高成本扩张可能带来理想的收益，这种扩张的成本从长远来看就是低的；相反，如果妨碍了实施正确的战略规划，或执行了错误的战略，低成本扩张可能造成极其惨重的代价，成本是极高昂的。

（五）企业集团的功能问题

企业集团组建之后，必须夯实基础，加快自身体制改造和强化功能建设；完善集团的组织体系，按照公司法要求实行规范的公司制改组，建立决策、执行和监督体系，形成责、权、利有效制衡的治理机制。同时建立以资本为纽带的母子公司关系，强化核心层和紧密层的关系，增强集团的凝聚力。另外，要完善合同、契约、章程等规范体系，明确责、权、利关系，保证集团功能的落实。

企业集团总部应强化功能建设，建立完整的功能体系。也就是说，作为一个现代企业集团，仅具备传统的生产组织功能是不够的，集团发展需要其具有制度创新功能、金融融资功能、市场开拓功能、技术开发功能、人才培养和配置功能、贸易进出口功能等等。

第3节　企业集团的组建与管理

组建大型企业集团，既是当前我国企业改革和经济结构调整的现实需要，也是我国企业发展壮大、参与国际竞争、与国外大企业抗衡的客观需要。但企业集团的组建和管理需要遵循一定的原则，不可贪大图快，盲目组建。

一、组建企业集团的原则

要推动我国企业集团健康地向前发展，在筹建过程中，应当按照客观经济规律办事，从大局出发，坚持经济合理、自愿联合、互利互惠、讲求实效的原则。

（一）经济合理的原则

企业集团不是多个企业的简单堆砌，而是一个有机整体。它通过联合，集各方优势于一体，会产生相应的协同效应，因此，组建企业集团必须能够使协同效应得以切实实现，必须坚持经济合理原则。所谓经济合理，是指企业的联合要与生产经营的实际需要相适应，和企业的发展战略相适应，以实现诸生产要素的优化组合。因此，特别要在以下几个方面做出正确选择：

1.成员单位的选择。这是组建企业集团中颇为关键的问题，必须根据集团的宗旨和经营方向，择优选择成员单位。择优选择，一要体现成员单位生产要素的互补性，通过联合能够取长补短，使原有分散的生产要素得以优化配置；二要强调成员单位之间生产与经营的内在联系性，使组建企业集团成为各成员单位的相互需要。

2.集团规模的确定。企业集团是资本的联合，而资本能否实现最大的增值受制于边际效应递减规律。在一定范围内，扩大集团的规模可以带来规模经济效益，但规模过大，超过了有效的经济规模时，不但不能扩大资本增值，相反会使资本增值下降。因此，企业集团的规模应当是一种适度的经济规模，这种适度规模从经济角度讲，即保持规模效益递增这个变化过程内的规模；从社会的角度讲，即保持合理竞争关系、防止垄断而需要的规模。

3.组织形式的选择。集团内部成员之间的组织形式是特定经济发展水平的产物，参加集团的成员在经营方式、组织方式、所有制性质方面均不同，这就决定了企业集团的组织形式应是不同的。它既可能是以资本为纽带的股权联合，也可能是依靠生产经营契约而形成的协作联合。虽然我们倡导以股权联合为主体，但不应搞“一刀切”，从而否定其他形式联合的可能性和必要性。究竟采用哪一种组织形式，应完全根据企业集团生产发展的内在要求和所依赖的客观条件，不能离开特定的环境而抽象地肯定哪种形式或否定哪种形式，针对不同的成员也应采取区别对待的处理方法，而且随着时间和环境的变化，组织形式也不是一成不变的。

4.经营方向的选择。企业集团的经营方向无非是要在选择主导产品或主导业务和选择多样化经营问题上做出选择。实践证明，一个或几个质量高、信誉好、市场潜力大的产品，对企业集团的长远发展具有重大意义。企业集团的产品种类可能很多，关键是要选择能代表集团的技术水平和经济实力，并在市场上有竞争能力的主导产品。主导产品一般应具有以下几个特点：①适销对路，具有相当大的市场需求；②能较好地发挥集团本身生产经营条件的优势；③关联性强，能以此作为维系集团成员关系的主线，并且该产品的发展能带动整个集团生产经营水平和经济实力的提高。企业集团可以实行“一业为主，多种经营”，但必须围绕自己的主业来进行，按照“工艺相近、结构相似、原理相通、技术共享、供销共荣”的要求，向新的经营领域扩展。如果在根本不熟悉的行业经营，就会分散主业，削弱自己的优势。

（二）企业自愿联合原则

坚持自愿联合的原则，首先，要使企业切实享有自主联合权，使这种联合成为经济利益驱动下的行为，而不应是政府行为。其次，自愿联合原则要求组建企业集团能够激发各企业的活力。只有在自愿基础上的联合，才能使企业产生向外扩展的愿望，使组织起来的集团具有凝聚力。最后，也只有自愿基础上的联合，才能够同生产经营的内在要求相吻合，符合生产经营发展的客观要求。

目前，企业自主联合权不能真正落到实处的主要原因来自于主管部门不适当的行政干预。例如，由企业主管部门圈定联合的对象和范围，搞“拉郎配”式的拼凑；把劣势企业划归优势企业，搞“劫富济贫”式的合并；为了本地区、本部门的利益，搞行业封锁、地区封锁，阻碍下属企业的自愿联合等等。这些做法违背了企业自愿联合的原则，与发展市场经济的内在要求和经济体制改革的方向是背道而驰的。但我们相信随着经济体制改革的深入、市场体系的逐步完善，这些现象会逐渐减少直到消失。

此外，应该言明的一点是，坚持自愿联合，同大企业通过竞争，依靠经济实力对其他企业进行并购、参股、控股等并不矛盾。竞争必然趋向联合，是商品经济发展的普遍规律。在商品经济条件下，企业自愿联合和通过竞争趋向联合，是互为表里的同一命题。换言之，没有竞争这种外在的压力，企业自愿联合也就失去了基础，且往往是不可能的。只有把企业出于对自身经济利益的追求而产生的联合的外在动力结合起来，形成一股合力，自愿联合才有可能。在目前的经济体制转轨过程中，由于长期的计划经济思维惯性的存在，有相当一部分人还没有认识到自愿联合的必要性，还在为自愿联合设置重重障碍，因此，实力雄厚的大企业运用经济力量，对其他企业实施兼并、收购和控制，是形成企业集团的重要途径。

（三）互利互惠原则

企业集团是企业的联合体，但其中各成员单位作为独立主体的经济利益要求还是存在的。各个企业利益的满足程度，直接决定着它们参加企业集团的态度，经济利益既是推动企业集团组建的内在动力，也是维系集团稳定的主要因素。因此，贯彻互利互惠原则，正确处理集团中各方的经济利益，对组建企业集团有特别重要的意义。

首先，贯彻互利互惠原则，是在企业集团中实现物质利益目标的必要条件。因为在企业集团中，各方原有的生产要素按集团的宗旨做了重新组合和配置，生产经营组织也相应进行了调整，与此同时，它们的物质利益也不同程度地产生了转移或再分配。在这种情况下，如果不兼顾各方的利益，就势必影响它们的积极性，影响集团的凝聚力。

其次，贯彻互利互惠原则，是实现企业自愿联合的条件。很显然，如果联合的利益小于联合前各自的独立利益，自愿联合是难以实现的。

最后，贯彻互利互惠原则，也是企业集团得以巩固和发展的关键。当前，一些企业集团集而不团的重要原因，无一不是经济利益。

要做到互利互惠，其中几个问题值得注意：

1.在联合的过程中，各种资产的清理、作价和产权应合理界定。由于企业集团中各方产权的大小是其日后分配的重要依据，产权界定不清势必造成利益分配不均。

2.内部结算价格的科学合理。企业集团成员之间的交易属于集团内部交易，在理论上应按市场规律办事，以市场价格为参照。而由于专业化的分工，有时很难界定合理的价格，或者基于集团共同利益的考虑，内部价格偏离市场价格的情况是会经常出现的，这就需要在合理制定内部价格的同时，通过内部利润返还、再次分配等手段，尽可能剔除由价格因素造成的苦乐不均。

3.以长远利益的均衡为大局，以长远利益的互利互惠为着眼点。

（四）讲求实效原则

首先，要明确组建集团不是贪大求全而是为了实现优势互补、共同提高经济效益和资源利用效率，那些违背这一原则要求的盲目“堆大个儿”的做法是不可取的。

其次，组建企业集团的步子要稳，成熟一个，组建一个，不可盲目扩大规模、搞运动，更不能什么企业都往“集团”的口袋中装。从发展方向看，企业集团将是企业组织形式的重要一方，但无论何时，还会有大量的非集团企业存在，这是由生产力发展水平的客观差异决定的。

最后，组建企业集团必须以提高经济效益为中心，经济效益的大小应当是判别组建企业集团是否可行的根本标准。

二、企业集团的组建途径

组建企业集团，必须有一个强有力的核心层，而其形成方式有两种：一是企业按照市场规律不断发展壮大起来的；二是国家进行投资，重点扶持形成的。企业建成后，要扩展成企业集团，有两条路可走：一是不断投资，建立新的企业，或者与其他企业联营、合资等，通过构筑自身的子公司、孙公司体系而完成；二是采取外部扩张的战略，通过并购等方式对现存的企业进行重组，将其纳入公司的体系，或者根据自愿的原则以契约的形式进行联合，走集团化经营的路子。很显然，第一条路不太适合我国的国情，因为我国在计划经济下铺的摊子已经不少了，社会上存在着众多效率低下的企业，配置着众多的资本存量，而且这一条路面临着时间的挑战，我们已没有更多的时间和精力去新建企业了。而第二条路是我们所倡导的，是推动资本存量合理流动，优化资源配置，推动企业升级，进而提高资本的利用效率所必需的。我们倡导走第二条路但不否定第一条路在长时期内的必要性，因为计划经济时期所留下的企业摊子是非均衡的，一些技术含量高、投资大、收益不确定的新兴产业，或者对全局的发展有基础性推动作用的企业或产业还是欠缺的、不足的，这需要新的投资、新的资本注入。即使从长远的观点来看，企业集团也必须两条腿走路。

在我国当前情况下，组建企业集团的途径按政府参与的程度还可以划分为两种模式：市场方式和产权划拨方式。市场方式是指集团母公司通过投资入股、兼并收购等方式取得另一法人企业的全部或者部分产权，使其成为母公司的全资子公司或者控股子公司，从而形成企业集团的母子公司产权关系体系；产权划拨方式是指政府将一个企业的全部或者部分国有产权授权给集团母公司持有，形成母子公司的产权关系。一般来说，集团公司内部的产权关系涉及不同所有制企业时，应以市场方式为主；国有企业之间母子公司产权关系的建立既可以采用市场方式，也可以采用产权划拨方式。

概括来说，就目前的情况而言，组建企业集团可以通过以下几条来完成：

1.推进企业的改制进程，让优势企业能够借助资本市场大规模融资，并进而夯实基础。在此基础上对相关产业内的企业，或上下游企业进行并购，逐渐走集团化经营的路子。

2.实行国有资本委托授权经营，使某行业中的优势企业在自愿的基础上接管相关领域内的企业，在适当的时候，将授权的资本转化成国家对企业集团控股公司的投资、控股公司对托管企业的资本投资，以此构筑企业集团的资本纽带。

3.以企业间的“强强联合”为突破口，形成更强的大公司，并以此为核心，并购弱小企业。这种组建大公司进而组建大集团的发展模式，不仅符合中国产业发展方向，也符合中国企业的现状和国情。

4.在企业并购中，对于被并购的国有企业，如其净资本不足以偿还债务，可采取分立破产、先破产后兼并的办法，或通过返还所得税的办法，对资不抵债的部分予以补偿；对被并购企业所欠银行的债务（包括本金和利息）进行缓期归还；对并购亏损严重、负债率高、贷款本息确实难以偿还的国有企业，经核准，可免除加罚息和缓计部分或全部贷款利息，本金在一定期限内停息挂账，以此给企业的发展提供优惠。

不论采取哪一条组建企业集团，都应遵循以资本为基本纽带、经济合理、自愿联合、互利互惠、讲求实效的基本原则。

三、传统的企业集团的管理模式

在企业集团中，存在着广泛的投资与被投资、控制与被控制的关系，众多的成员单位既有自身的经济利益要求，又必须服从集团的整体利益，因此集团的管理是保证集团化效益实现的关键。

企业集团的管理包括多方面的内容，如有效的管理依托高效合理的组织机构的设置、母公司对子公司的有效控制手段、清晰的责权利划分等等。其核心是集团公司（母公司）对成员企业的产权管理。也就是说，作为集团公司控制核心的母公司的职能必须逐步从以生产管理为主转向以价值形态的管理为主。

一般来说，集团母公司对成员企业的管理，大体有三种模式，现分别加以阐述：

（一）集团高度集权管理模式

这种模式下，企业集团的决策层掌握所有企业的重大决策权，包括人事、战略、财务、投资等。各下层参与单位只承担母公司下达的计划、中期规划和年度经营计划三个层次的工作。

这种模式下，成员单位具有高度的专业化分工和协作，成员企业中多数负责生产，有专职公司负责原材料等的供应和营销；其内部成员之间存在着广泛的内部交易，往往会因价格问题造成矛盾；多数成员单位不直接对应市场，一定程度上削弱了其积极性。这种模式要求公司具有较高的管理水平。

（二）集中管理下的小分权管理模式

其主要特点是集团仍采用总公司和工厂两级管理体制，与第一种模式相比，工厂拥有较大的权限，有利于发挥中下层管理人员的作用。

（三）集团统一管理下的大分权管理模式

其主要特点是集团一般采用母公司、事业部、工厂三级管理体制。事业部负责集团内某一产业的业务，而总公司则主要负责财务控制和事业部的人事任免及总体战略的确定。

上述三种模式各有利弊，但第三种模式更符合市场经济和国际惯例的要求，尤其是以资本为纽带组建的母子公司体制更为有利。其具体体现为四种管理形式：

1.对于集团公司直接占有的资本，集团公司董事会直接做出重大经营决策，委聘经理进行日常经营管理。

2.对于具备独立法人地位、由集团公司拥有全部股权的全资子公司，由集团公司委任的子公司董事会或管理人员，按照统一决策实施经营管理。

3.对于集团公司只拥有部分股权、具备独立法人地位的控股或参股关联公司，集团公司按所持股份比例委派董事参加董事会工作，贯彻母公司的意志。

4.对于集团公司的所属二级以下公司及交叉持股公司，集团公司董事会可比照上述三种方式直接或间接控制或参与其经营决策。

上述四种管理形式表明，母公司与子公司的关系不是简单的上下级行政关系，而是一种产权关系。因此，要实现这种有效产权管理，必须明确以下三点：第一，集中决策层的资本控制权。依据一些集团公司的经验，集中决策层的资本控制权应从三方面入手：①实现各成员企业的资本一体化，在此基础上建立专业子公司，构造集团内部统一、有序的资本管理和竞争体系。②集团公司对成员企业（公司）的控制主要是资本管理，要从过去的行政控制和行政评价转变为资本控制及效益评价，并根据资本管理的尺度评价经营者的绩效，从而确定集团内部新型的运行机制。③在母公司内部建立专门行使所控资本产权管理职能的部门机构，这些产权管理部门与其他综合部门（如财务、营销、质检、科研等）分工协作，各司其职。第二，分散利润层的经营权。专业子公司（事业部）建立后，原有职能部门控制下的直线管理体系就应发生质变，一切市场经营权和主要管理权都将下放，子公司（事业部）均成为独立经营的竞争主体。集团内部形成新的控制系统、协作分工系统和服务协调系统。控制系统，主要包括财产控制、人事控制和制度控制；协作分工系统，通过在母子公司之间建立科学合理的专业化分工协作关系，使母子公司的经营活动一体化，来强化母公司对子公司的产权管理；服务协调系统，随着经营权下放给专业子公司，各专业子公司间的矛盾在所难免，需要有一个权威很高的集团综合计划部门行使部门协调权，调整全面放权后的内部矛盾。第三，强化成本层的生产管理权。在总部决策层与专业子公司利润层分离的基础上，专业子公司（事业部）

还需要与生产厂（成本层）二次分离，各成本层单纯进行生产加工，每一个专业子公司下设若干成本中心，并按同样的尺度（产量、质量、成本）进行考核以及对职工进行奖惩。各成本层具有以下具体的生产管理权：①生产组织的指挥权；②职责范围内的经营权；③本厂内干部的考核、任免权；④定员内的工人调配和工资变动权；⑤职工晋升工资、浮动工资的管理权；⑥奖金、津贴的分配权；⑦一定限额内的资金使用权；⑧非重要固定资产的购置权和处置权。

根据自愿联合、互利互惠的原则，半紧密层和松散层可以成为大型企业集团的控股或参股子公司；对于一些只与子公司有专业化协作联系的单位，可以改造成孙公司的形式；对于不能投资控股的企业，可以采取租赁、签订长期契约和合同等形式以加强生产联系和协作。总之，企业集团的管理模式应根据集团的实际情况具体分析，不可强行套用或照搬。企业集团的管理将对中国企业家的智慧提出挑战。

四、数字经济时代下“共生态”企业集团

今天颠覆企业的未必是行业内的竞争，而是来自外部的跨界挑战。数字技术的发展打破了企业的边界、产业的边界，更打破了传统企业集团组织以股权为纽带的边界。在数字经济时代下，顾客在哪里，组织的边界就在哪里，顾客不再是单纯的消费对象，而是组织的共生部分。从基于竞争目的组建和管理企业集团，到向共生逻辑过渡，搭建、运营以“共生态”为底层逻辑的企业集团是数字经济时代企业集团运营管理必须要考虑的。

以互联网为依托，数字资源为核心要素、信息技术为内生动力、融合创新为典型特征的数字经济，作为一种新的经济形态革故鼎新，大势已现。AR（增强现实技术）、AI（人工智能）、区块链等信息技术发展突飞猛进，信息技术已经成为新一轮组织竞争的制高点。

1.移动互联网的高速发展，加速了新兴组织对顾客生活的改变速度。传统组织塑造品牌需要很长时间的历练，通常需要十几年乃至更长时间，但互联网的信息传播能力，把这个时间极大压缩。越来越多的互联网年轻组织只需要几年的时间便会在世界范围内的用户心中留下品牌画像。其根源就在于顾客已经因互联网的发展而“实时在线”和“互动”。

与品牌成长速度的改变相反，产品的生命周期却出现加速缩短的趋势。不论是全面改进人们日常生活的电子消费品，还是维持基本生活需求的日常消费品，在技术驱动创新和顾客体验提升的要求下，更新换代的速度越来越快。

2.数字化驱动发展。技术的创新应用重构了组织、顾客以及合作伙伴之间的价值关系，重组了商品交易的分工模式，在更深层次上事实上重新定义了人们的工作和生活方式。人们不但可以超越时空限制，更加快捷地进行信息传递和交流、反馈，而且可以享受数字技术带来的生活便利性和参与感。

3.人工智能技术突飞猛进。在今天，人们已经不否认，同人工智能相比，人类在很多方面的表现并没有优势。人工智能可以比人类更高效、更高标准地完成很多工作：工厂的流水线交给机器、工程决策交给大数据大脑。人工智能和大数据将人

类从更多的标准化、流程化、琐碎化、重复性的工作中解放出来。

数字化带来的变化，已经不仅仅停留在技术层面，也不仅仅是商业层面，而是在本质上让人们以一种更加和谐的方式与世界共存、不被地域阻隔、不受时间限制；他让人们以更加开放的心态看待世界，更平等地理解世界的多元性和多样性；他让人们用更加包容的态度面对不同，理解和尊重每个人的权利。

这些数字经济时代的改变，使得个体与组织间的关系由传统的交易关系、服从关系，转变为共享、共创、共生关系。针对企业集团的管理和运营也是如此，要从传统的管人事、管资金、管市场等功能性管理，向管文化、管顾客体验、管数据方面延伸。企业集团以股权关系为纽带和支撑的管理与分配体系，也必然会向以“币权”（Token）关系为基础，按照为顾客共创的价值贡献而管理和分配转移。数字经济时代中持续发展的企业集团，将会是构筑在产业互联网基础上的共生体，或许用“系”来表述更为贴切，像目前高速增长的“阿里系”“腾讯系”“小米系”等等。

第4节　企业集团的资金管理

从资本运营来看，企业集团存在的最大理由是资本集中，在实务上就是放大了采取一致行动的资金的量级，因此，企业集团资金管理是发挥企业集团优势的重要方面。从国际来看，企业集团资金管理有两种方式：财务公司和结算中心。

一、企业集团财务公司

国外发达国家的财务公司发展已有100多年的历史，全球500强企业中2/3以上都有自己的财务公司。1987年5月，我国批设了第一家企业集团财务公司——东风汽车工业财务公司。目前我国已有82家财务公司，150家央企中有41家已成立了自己的财务公司，集中在能源和资源业、制造业、交通运输业。根据《企业集团财务公司管理办法》和中国银监会发布的《申请设立企业集团财务公司操作规程》，设立企业集团财务公司应具备如下条件和要求：

（一）申请设立财务公司的企业集团应当具备的条件

1.符合国家的产业政策；

2.申请前一年，母公司的注册资本金不低于8亿元人民币；

3.申请前一年，按规定并表核算的成员单位资产总额不低于50亿元人民币，净资产率不低于30%；

4.申请前连续两年，按规定并表核算的成员单位营业收入总额每年不低于40亿元人民币，税前利润总额每年不低于2亿元人民币；

5.现金流量稳定并具有较大规模；

6.母公司成立两年以上并且具有企业集团内部财务管理和资金管理经验；

7.母公司具有健全的公司法人治理结构，未发生违法违规行为，近3年无不良诚信记录；

8.母公司拥有核心主业；

9.母公司无不当关联交易。

外资投资性公司除适用上述第1、2、5、6、7、9项的规定外，申请前一年其净资产应不低于20亿元人民币，申请前连续两年每年税前利润总额不低于2亿元人民币。

凡在中国境内设立财务公司，应当报经银监会审查批准。外资投资性公司设立财务公司（外资股本占25%以上）的市场准入参照本规程执行。

（二）设立财务公司应当具备的条件

1.确属集中管理企业集团资金的需要，经合理预测能够达到一定的业务规模；

2.有符合《公司法》和本办法规定的章程；

3.有符合本办法规定的最低限额注册资本金；

4.有符合中国银行业监督管理委员会规定的任职资格的董事、高级管理人员和规定比例的从业人员，在风险管理、资金集约管理等关键岗位上有合格的专门人才；

5.在法人治理、内部控制、业务操作、风险防范等方面具有完善的制度；

6.有符合要求的营业场所、安全防范措施和其他设施；

7.中国银行业监督管理委员会规定的其他条件。

设立财务公司的注册资本金最低为1亿元人民币。财务公司的注册资本金应当是实缴的人民币或者等值的可自由兑换货币。经营外汇业务的财务公司，其注册资本金中应当包括不低于500万美元或者等值的可自由兑换货币。中国银行业监督管理委员会根据财务公司的发展情况和审慎监管的需要，可以调整财务公司注册资本金的最低限额。

财务公司的注册资本金应当主要从成员单位中募集，可以吸收成员单位以外的合格的机构投资者的股份。所称的合格的机构投资者是指原则上在3年内不转让所持财务公司股份的、具有丰富行业管理经验的战略投资者。

（三）企业集团财务公司的业务范围

财务公司可以经营下列部分或者全部业务：

1.对成员单位办理财务和融资顾问、信用鉴证及相关的咨询、代理业务；

2.协助成员单位实现交易款项的收付；

3.经批准的保险代理业务；

4.对成员单位提供担保；

5.办理成员单位之间的委托贷款及委托投资业务；

6.对成员单位办理票据承兑与贴现业务；

7.办理成员单位之间的内部转账结算及相应的结算、清算方案设计；

8.吸收成员单位的存款；

9.对成员单位办理贷款及融资租赁业务；

10.从事同业拆借；

11.中国银行业监督管理委员会批准的其他业务。

《企业集团财务公司管理办法》第二十九条规定，符合条件的财务公司，也可以向中国银行业监督管理委员会申请从事下列业务：

1.经批准发行财务公司债券；

2.承销成员单位的企业债券；

3.对金融机构的股权投资；

4.有价证券投资；

5.成员单位产品的消费信贷、买方信贷及融资租赁。

（四）企业集团财务公司对企业集团发展的推动作用

企业集团财务公司作为为企业集团自身服务的非银行金融机构，可以统一调度、使用成员企业的资金头寸，既增强了集团的凝聚力、提高了资金使用效率，又在一定程度上减少了企业集团对银行的依赖，是企业集团发展的有力支持。就一般情况而言，企业集团财务公司对企业集团的发展有如下作用：

1.拓宽企业集团的融资渠道。由于企业集团财务公司是一个非银行金融机构，其资信度较高，且“经批准可发行财务公司债券”，这样，财务公司依据政策便可以主动负债，将所筹资金根据企业集团的产业政策用于内部单位，有利于集团的发展。

2.提高企业集团的资金利用效率和报酬率。财务公司集中管理各成员单位的资金头寸，不仅可以强化企业集团的财务控制，而且由于财务公司由企业集团出资及领导，其对外放贷的收益归集团所有，还有利于提高集团整体闲置资金的报酬率。

3.为企业集团的产品拓销、技术设备更新提供信贷支持。对产品制造业企业集团的财务公司来说，为成员单位产品购买者提供买方信贷以及办理成员单位产品的融资租赁业务，具有广阔的发展前景，有利于成员单位产品的拓销。此外，财务公司了解集团的产业政策和发展战略，在资金许可的情况下，可以为公司的技术改造、基建更新等提供信贷支持，有利于调整企业集团的产品结构。

4.企业集团财务公司的管理、咨询等中介作用。财务公司作为金融机构，熟悉国家相关的金融政策，能够成为企业的金融智囊，为企业的发展提供咨询服务。此外，还可以为集团提供客户的信用评价、资信调查等服务，有利于企业降低信用风险、改进信用政策。

二、企业集团财务结算中心

结算中心是随着企业集团管理需求应运而生的内部资金管理机构，是企业集团内部设立的用于为集团内部全资子公司或绝对控股公司办理现金收付、往来结算和存贷款业务的专门机构。它不是一个独立核算、自负盈亏的经济实体，也不同于财务公司以营利为目的的运作模式，只是一个为集团下属公司提供金融管理服务的职能部门。其主要职能是集中集团资金优势，加快资金周转，防范资金风险，降低资金成本等。

（一）结算中心运作的特点

结算中心的作用主要体现为企业集团通过结算中心这个管理系统达到控制资金

流向的目的。它有利于资金的统筹安排，合理调节；有利于企业集团集中财力，减少内部的资金积压，盘活沉淀资金，减低银行贷款和贷款利息；有利于减少资金的体外循环，加快资金的周转。

各公司有自己的财务部门，有独立的账号，进行独立核算，拥有资金合理的经营权和决策权；减少因分散管理而导致的资金沉淀，加快资金的周转，提高资金的使用效率；集团公司对资金进行集中控制、管理；授信融资主要采用统借统还，下属公司在特殊情况下经同意可直接向金融机构融资，但资金仍集中管理。

（二）结算中心管理的核心内容

1.账户管理。集团下属公司的银行账号纳入结算中心的管理范围，由结算中心代为管理，并由结算中心开立内部结算账号，其结算业务通过内部账号进行。

未经集团公司许可和委托，任何人不得使用企业名义及银行账户对外开证或发生其他经济业务，亦不得使用企业名义提供经济担保或其他负有法律责任的担保。

2.结算管理。对于货币资金国内结算的管理，除现金结算范围外，企业的经济活动一律通过结算中心在开户银行进行转账结算；对于货币资金国际结算的管理，现行企业进出口贸易货款的现汇结算方式主要有三种：信用证结算、托收结算及汇付结算。

3.融资授信管理。融资业务由结算中心与各金融机构统一开展，集团下属公司根据资金状况向结算中心申请内部借款和还款，其内部融资额度由结算中心在年初根据集团和其预算情况予以确定。内资企业内部贷款额度，原则上其最高限额不超过该企业注册资本的50%；外地企业原则上仍保持其在当地银行的授信额度，如需向当地银行融资，需事前征得结算中心同意。

4.资金预算和资金计划管理。结算中心因全盘了解公司的资金状况，根据集团的生产经营、投资、科研等计划，同时依据各下属公司的资金计划和财务预算，可进行短、中、长期的资金预测和制定预算，使集团决策者能及时准确地把握信息，为其决策提供依据。

三、组建财务公司与成立结算中心的利弊分析

结算中心与财务公司本质的区别在于：财务公司是一个独立的法人，而结算中心仅仅作为企业集团的内部管理机构，不具有任何法人效应。

统计数据显示，2006年我国大企业集团数量已达到2 856家，年营业收入过千亿元的企业集团有24家，设立财务公司与成立结算中心的企业平分秋色。企业集团基本形成了三种资金管理模式：

1.单独组建财务公司。由国家批准组建企业集团财务公司，利用财务公司的各项职能促进企业集团资金的集约化管理，培养融资功能，为集团集聚资金、调节余缺、提高资金效益服务。财务公司的建立有利于增强企业内外部融资功能，有利于优化产业结构，开拓市场，提高国有企业的竞争实力。成立财务公司对集团来说，不利方面主要是增加税负，尤其对合并纳税的企业集团或享受优惠税率的企业集团而言，由于财务公司是独立法人，需按照金融企业对外纳税，势必会增加集团企业的税负；财务公司受监管的力度加强（市场准入、风险监管、效益监管、监管客体、市场退出），必须接受人民银行非银行金融机构监管司的监管，企业集团资金运作将受到限制；财务公司必须以商业化、市场化的方式去运作，相对结算中心而言，行政管理力度减弱；财务公司不能设立分支机构，不利于集团跨地区资金的集中管理。

2.成立结算中心。建立结算中心，实现资金的集中管理，调整了原有资金的分布方式，改善了资金的运行机制，盘活了存量资金，资金的使用效率显著提高，结算中心成为企业集团的资金管理中心。由于结算中心只是企业集团的内部管理机构，缺乏对外融资、中介、投资等功能，难以充分发挥其潜在的能力；受人民银行的监管有限，缺乏市场压力，相对财务公司而言，内部管理的规范较薄弱。

3.财务公司与结算中心并存。鉴于财务公司与结算中心两种机制各有千秋，目前也有企业集团同时设立了财务公司与结算中心，并根据企业集团的特点充分利用两者的优势对资金进行管理，既强化了企业集团集中资金管理的力度，又充分发挥了对外融资的渠道作用。财务公司与结算中心依赖各自的特点，为集团发挥资金规模效益、提高市场竞争力保驾护航。

随着企业集团的发展，如何加强资金管理成为至关重要的课题。积极探索财务公司与结算中心的内在规律，结合企业的实际情况建立合适的管理体制，是企业集团资金组织设计者的当务之急。依笔者之见，集团公司同时设立财务公司与结算中心，实行一套班子两块牌子，分别设置财务公司经理与结算中心主任，不失为大型企业集团资金管理和运作的良策。

第11章　企业分立与出售

第1节　企业分立

企业通过实行股份制、兼并、收购和组建企业集团，能有力地促使资本迅速集中，生产经营规模不断扩大，经济效益进一步提高。但这并不是说企业越大越好，在实践中，有些企业由于多种原因需适当分立。企业分立作为一种改制方案，主要适用于企业存在多种互不关联或者能够互相独立的经营项目，整体效益较差，如分开经营竞争力将增强而又能被分立各方普遍接受的情况。在我国国有大中型企业实施的“主辅分离，辅业改制”过程中，企业分立是经常采用的一种改制方案。

一、企业分立的含义

企业分立是指一个企业按照法律规定或合同约定分成两个或两个以上企业的经济行为。按照分立后原企业是否存续的不同，企业分立可分为两种方式：新设分立和派生分立。

1.新设分立，又称分解分立或解散分立，是企业将其全部财产和其他生产要素分割后，分别归入两个或两个以上的企业的经济行为。分立后，原企业不复存在，丧失法人资格，新设立的企业依法登记后，成为独立法人，仍然属于原所有者。原企业分立前的全部债权、债务由新设企业按所达成的协议分担。

新设分立一般采用企业整体改组模式，适用于那些“大而全、小而全”的企业，即非生产经营系统数量较多，而且盈利水平较低甚至亏损的企业。这种模式有利于建立高效的企业运行机制，能提高企业的竞争能力，不足之处是需要许多政策上的配套。

上海石油化工总厂采用的就是新设分立的模式。1993年，根据转换企业经营机制、建立以市场为导向的企业新体制的原则，原上海石油化工总厂进行了重组，完成了有关资产、负债、人员的划分、界定。重组后，原上海石油化工总厂的生产、辅助生产、经营、贸易、科技、管理部门和单位及相关资产和债务转入上海石油化工股份有限公司。原上海石油化工总厂的建设、设计、机械制造、生活服务等企事业单位和行使政府职能的部门和单位及相关资产和债务归属改组后新设的中国石化上海金山实业公司。上海石油化工股份有限公司由中国石化总公司代表国家持股，行使国家股股东的权利。中国石化上海金山实业公司是中国石化的全资子公司，是实行自主经营、自负盈亏的独立法人。因此，原上海石油化工总厂取消法人独立地位，分立出两个享有独立法人地位的公司：上海石油化工股份有限公司和中国石化上海金山实业公司。

2.派生分立，又称分支分立或存续分立，是指企业以其部分财产和其他生产要素另设立一个或更多新的独立企业的经济行为，如企业将其所属的一个部门或一个车间分立出去成为一个独立的企业。分立后，原企业存续，保留法人资格，新企业依法进行工商登记后也取得法人资格。原企业的债权、债务可由原企业与新企业按达成的协议分担，也可由原企业独立承担。

派生分立可采用整体改组和部分改组两种模式。采用整体改组，即从原企业中拿出生产性资产进行股份制改组，其余非生产性资产作为全资子公司（或其他形式）隶属于改组的控股公司（原企业变成控股公司），这一类型适用于企业集团、非生产经营系统数量多且盈利水平低的企业及地方性大企业。采用部分改组，指企业以一定比例资产（有形资产或无形资产）或业务进行重组，设立一个法人实体。这种模式主要适用于集团企业且集团企业中的生产性企业界限较为清楚。上海海运集团公司就是采用这种模式进行资产重组的。

1997年7月，经国家批准，上海海运、广州海运和大连海运等组建成立了中国海运集团。同年，中国海运集团对上海海运（集团）公司进行了资产重组和机构调整。分立前的上海海运（集团）公司是以运输业为主，兼有船舶修理、燃物料供应、通信导航、船员培训、医疗及生活服务保障等业务的集团性运输企业。1998年2月，原上海海运（集团）公司分立，成立中海发展股份有限公司油轮公司，从事国内外原油和成品油水上运输，上海海运（集团）公司继续存续，从以航运业为主的生产经营管理型企业转变为以后勤服务为主的管理服务型企业。

二、企业分立的特点

企业分立作为一种企业重组方式，有其自身的一些特点：

1.分立是单个企业的行为，不牵涉别的企业。它只需本企业的主管机关或股东做出决议即可。

2.企业分立是把一个企业分成两个或两个以上的企业，分立后的企业是独立法人，而不是企业内部的一个分支机构。原企业与分立后的企业是母子公司关系，而不是总公司与分公司的关系。

3.企业分立必须依照法定程序，按照法定要求进行，否则分立无效，属违法行为。

4.公司分立后的存续形式可以分别对待。有限责任公司分立后，新成立的公司仍为有限责任公司；股份有限公司分立后，新成立的公司可以是股份有限公司，也可以是有限责任公司。

三、企业分立的原因

企业分立的原因是多种多样的，有些直接来源于分立后将会出现的结果，归纳起来，主要有以下几种：

1.分立可通过消除“负协同效应”来提高企业的价值。有时，一个企业的某些业务对实现企业整体战略目标来说可能是不重要的，或者这些业务不适合企业其他业务的发展，这时就会产生所谓的负协同效应，即1+1<2。对一个非常大的企业来说，由于其经营的多种业务各有特点，不适合按照同样的管理模式来经营，因此，

如果按照业务特点将企业划分成两个或更多的独立实体，相应配备不同类型的管理人员进行经营，可能会营造出更好的管理环境，减少甚至消除因管理原因而造成的低效率运作。

2.分立可以满足企业适应经营环境变化的需要，提高运营效率。企业的经营因素包括技术进步、产业发展趋势、国家有关法规和税收条例的变化、经济周期的改变等。这些因素经常随着经济形势的发展而变化，一旦这些因素发生变动，企业目前的战略安排可能会失效。因此，对于规模巨大的企业，由于其运转不如小企业灵活，如果不能随经营环境的变化而适时改变战略安排，可能会带来不可估量的损失。所以，当企业规模超过适度的标准时，采取分立的策略，在保证取得规模效益的前提下增强企业的灵活性，可以大大提高资本的运营效率。

3.分立可以满足企业扩张的需要。实际上，分立也是扩张的一种重要手段。在通常情况下，企业作为一个整体要扩张进入别的经营地区或经营领域难度较大，而采用派生分立的方式，在目标地区或目标领域内设立一个新的企业，就可深入渗透进去，达到预期目的。

4.分立可以帮助企业纠正一项错误的兼并。企业实施的兼并可能会达到企业某一方面的战略目标，但兼并之后又往往出现这样那样的问题。例如，IU国际公司为了获得稳定增长的收入，相继通过收购和兼并远洋运输、金矿开采等业务来实现多元化经营。兼并之后，多元化经营的战略目标虽然达到了，但在资本市场上，由于投资者及证券分析人员无法将其归入某一特定行业，使其在证券市场表现出低的股票价格和市盈率。鉴于此，该公司决定分立为三个公司——从事石油运输的远洋运输公司、电子设备公司和金矿开采公司。分立后，该公司股票价格大幅上升，远远超过了股票市场的平均收益。

5.分立可以作为企业反兼并与反收购的一项策略。收购企业可能因为看好目标公司的某项特定资产，为了对己有利，可能要实施收购策略。如果目标公司清楚地意识到这一点，就可以通过将这一部分资产甚至某一子公司分立出去的方式避免整个公司被收购的风险。这一反收购策略通常被称作“摘掉皇冠上的明珠”。

6.分立可以使企业避免反垄断诉讼。在西方国家，也有不少企业的分立是被迫的。为了保护充分的市场竞争，许多国家都制定有反托拉斯法律。当企业规模达到一定程度、销售额占同行业的比例过大时，就有可能因涉嫌垄断而遭到公众的忌恨，甚至被告上法庭。1982年，美国电话电报公司（AT&T）就是为了平息反垄断诉讼而宣布分立成8个独立的公司，即新的AT&T公司和7个区域性的电话公司。

还有一些分立是从股东的利益出发的，分立后，因管理人员可以将精力集中于相对较少的业务，报酬也会受到一定影响，从而降低了代理成本。分立也有利于企业更好地适应和利用有关法规和税收条例，给股东带来更高的收入。如美国规定，不动产投资信托公司和特权信托公司只要把其大部分收入直接分配给股东，那么，该收入在公司一级就不用纳税，为了使收入免交税金，有些公司便通过分立的方式组建这种信托公司。

四、企业分立的程序

与企业合并一样，企业分立也应遵循一定的程序，主要包括下面几个步骤：

1.提出分立方案。分立方案通常由董事会提出，当董事会初步达成企业分立的意向后，即应着手起草分立方案草案，以便供企业股东大会讨论。

2.做出分立决议。不同类型的企业在这方面有所不同。根据《公司法》第四十三条、第六十六条和第一百零三条的规定，就有限责任公司来讲，其分立应当由股东会会议做出决议，即必须经代表2/3以上表决权的股东通过；就股份有限公司来讲，其分立应当由公司的股东大会做出决议，即必须经出席会议的股东所持表决权2/3以上通过；就国有独资公司来讲，其分立必须由国有资产监督管理机构决定，其中，重要的国有独资公司分立的，应当由国有资产监督管理机构审核后，报本级人民政府批准。

3.签订分立协议。企业分立时，应当根据股东大会做出的决议签订分立合同，以便对原企业的债权、债务、权利、义务、职工等做出安排。分立协议应采用书面形式，一般来说应当包括以下内容：

（1）分立形式，即采用何种分立形式，原企业存续与否。

（2）公司的名称、住所。公司的名称、住所包括分立前的公司名称、住所和分立后各公司拟申请的名称、住所。公司名称应当与公司登记时的名称相一致，并且该名称应当是公司的全称；公司的住所应当是公司的实际住所，即总公司所在地。

（3）分立前企业的资产负债情况、注册资本数额和股东的持股比例，分立后企业的投资总额、注册资本和股东的持股比例。

（4）拟分立企业财产的分割方案。

（5）拟分立企业债权、债务的承继方案。

（6）存续公司的公司章程是否变更、公司章程变更后的内容、新设公司的章程如何订立及其主要内容。

（7）企业职工安置办法。

（8）违约责任。

（9）解决争议的方式。

（10）分立各方认为需要载明的其他事项。

4.编制资产负债表和财产清单。资产负债表是反映企业在某一特定日期财务状况的报表。它根据资产、负债和所有者权益的相互关系，按照一定的分类标准和一定的顺序排列编制而成。企业分立时应当真实、全面地编制此表，将分立后各方拥有的资产、负债及所有者权益记载于资产负债表中，并将各方分得的全部动产、不动产、债权、债务以及其他财产一一列入财产目录，编制财产清单。财产清单应当准确、翔实，清晰地反映公司的财产状况，并要保存完好。

5.进行公告。公司应当自做出分立决议之日起10日内通知债权人，并于30日内在报纸上公告。鉴于我国近年来常常发生公司借改制的名义，将优质资产剥离出去后注册新公司，把债务留给旧公司的“金蝉脱壳”逃废债务事件，新《公司法》

第一百七十六条明确规定：公司分立前的债务由分立后的公司承担连带责任。但是，公司在分立前与债权人就债务清偿达成的书面协议另有约定的除外。因此，债权人在接到公司分立的通知或者由公告得知后，可以通过个别谈判的方式与公司以及即将成立的新公司达成债务清偿协议，按照协议的约定办理。如果债权人发现债务人借公司分立之名转移优质资产实施逃债行为，可以请求法院颁发禁令禁止其分立或者扣压资产，以维护自身的合法利益、维护市场信用和公平秩序。

6.办理工商变更登记。分立登记包括注销登记、变更登记和新设登记。如采用新设分立方式，原企业不再存续，应当到工商管理机关办理注销登记手续。如采用派生分立方式，原企业继续存续，应当到工商管理机关办理变更登记手续。新成立的企业应当到工商管理机关办理设立登记手续。公司分立只有进行登记后，才能得到法律上的承认。

五、企业分立的重大财务事项

企业分立是一种经济行为，可能出于各种不同的目的。但无论从什么目的出发，其最终都是为了企业的经济利益。所以，企业分立便涉及一些重大的财务处理。企业分立与否，以及分立后成功与否都与企业事前的财务决策及分立过程中的财务问题处理密切相关。下面就谈谈企业分立中有关财务问题的处理。

（一）财务可行性分析

企业分立作为一种资本运营方式，是企业追求资本价值最大化的一条途径，其作用可能是长期的。撇开分立的其他原因，单纯就财务角度而言，企业分立后只有获得比分立前更多的利润，分立才具有经济上的可行性。对于为谋求更大的经济利益而进行的企业分立，在进行可行性研究时，应侧重收益预测。具体可采用净现值法对分立前后的企业现金净流量进行比较，即将分立后各企业未来若干年净收益的预测值按某一折现率（如社会平均报酬率）进行折现，求出其合计数，再同企业在非分立情况下未来若干年净收益预测值的折现值进行比较。只有当分立后的企业现金净流量的折现值之和大于分立前企业的现金净流量的折现值，企业分立才是可行的，否则分立不可行。

（二）所有者权益的处理

企业分立后，由于资产的分解会引起所有者权益的变化，如果是新设分立，企业的原所有者权益因原企业的分解而需在新设企业中体现，每一个新设企业应根据其净资产额、原企业股东的股权比例向其所有者提供出资证明或股权证、股票等。如果是派生分立，原企业因部分资产剥离出去而减少注册资本的，应向所有者出具变更后的出资证明或股权证、股票等，新成立企业要按其净资产、股东股权比例向其所有者出具出资证明或股权证、股票等。

（三）资产的分割和评估

采用新设分立方式，被解散企业的资产要在新设企业中分割，新设企业间要签署协议，对资产分割情况做出明确规定；采用派生分立方式，原企业要将资产的一部分分割给新设企业，企业间也要针对资产分割情况签署协议。企业分立涉及资产的分割和变动，为明确所有者权益，对变动的资产应严格进行资产评估工作。

（四）债务的承担与偿还

企业分立前的债务是分立时需要慎重处理的问题。新设分立的，被解散企业的债务要分配给各新设企业负担，由新设企业按原定偿还日期或按同债权人达成的偿债协议还本付息；派生分立的，老企业债务可以由原企业独立承担，也可由新企业偿还。无论采用哪一种分立方式，有关各方在签署分立协议时，必须将债务分配情况在协议中明确载明并通知债权人。

第2节　企业出售

一、企业出售的含义

企业出售，是指企业所有者将其现有的某些子公司、部门、产品生产线、各种资产甚至整个企业的产权通过买卖活动向其他经营主体转让的一种经济行为。它是企业的财产所有权及其派生的占有权、使用权、收益权和处分权等各项权能的全部有偿转移的法律行为，是一种最彻底的产权转让方式。

我们知道，资本运营的重要内容是通过增量调整和存量调整不断优化资产结构，以提高资本的增值能力及其价值。企业出售作为存量调整的一种方式，分为被动、主动两种情况。被动出售往往是企业在出现资本运营危机时采取的一种保护和自救措施。在美国，曾有过一些大公司在陷入困境后，通过申请破产保护、采取出售资产等方式进行改革重组，最终得到重生的案例。按照我国国有经济有进有退、有所为有所不为的方针，在推动国有经济布局和结构调整的过程中，国有小型企业出售则被作为一种资本运营的积极方式加以利用。

二、企业出售的动因分析

从各国的实践来看，企业出售可能出于以下几方面的考虑：

1.改变公司的市场形象，提高公司股票的市场价值。一般来说，市场并不总是能够正确地认识和评价一个公司的市场价值，特别是对一些集团公司来说，由于实行多元化经营，其业务往往涉及广泛的领域，使得市场投资者以及证券分析人员对其所涉及的复杂业务可能无法做到正确地理解和接受，因此可能会低估其股票的市场价值。例如，美国的埃斯马克（Esmark）公司是一个拥有快餐、消费品生产和石油生产等业务的集团公司，但是，在投资者的印象中，它却仅仅是一个快餐和消费品生产企业，而忽视了该公司所拥有的大量的有价值的石油储备。这些石油储备在公司的资产负债表上仅以较低的价值反映出来，该公司的股票价格因此被市场低估了。公司管理人员认为从目前公司的状况来看，可能有被其他公司接管的危险，因此决定将其拥有的包括石油生产在内的非消费品生产部门出售给美孚石油公司，由此获得了11亿美元的现金收入，公司股票的市场价格也因此从19美元上升到45美元。

2.满足公司的现金需求。有时公司需要大量现金来满足主营业务扩张和减少债务负担的需要，而通过借贷和发行股票的方式来筹集资金可能会面临着一系列的障碍，此时通过出售公司部分非核心或非相关业务的方式来筹集所需的资金，则不失为一种有效的选择。例如，大陆伊利诺斯公司是美国最大的银行控股公司之一，由于轻率地向一些石油公司和发展中国家提供贷款，曾使得该公司面临破产的威胁。在此情况下，大陆伊利诺斯公司采用剥离的方式出售了一些能够盈利的部门，如租赁和信用卡业务，以便筹集资金来弥补坏账贷款的损失和满足储户提取存款的需要。在这一案例中，大陆伊利诺斯公司出售资产的目的是为了获得足够的现金，使得公司能够继续存活下去。

3.满足经营环境和公司战略目标改变的需要。任何一家公司都是在一个动态的环境中经营的，经济发展和技术进步是经济环境变化的主要原因。一个公司为了适应经营环境的变化，其经营方向和战略目标也要随之做出调整和改变，而剥离则是实现这一改变的有效手段。例如，Gould公司是一个主要从事电力设备制造和电子产品生产的公司，为了适应电子技术迅速发展的需要，公司决定将其经营重点由原来的电力设备制造转向电子产品生产。为此，该公司在数年的时间里，先后出售了拥有先进技术的电子设备制造部门，并用所获得的资金大量收购拥有先进技术的电子产品生产企业，从而在较短时间里大幅度地提高了该公司的电子产品生产技术水平。

4.甩掉经营亏损的包袱。实现利润增长是公司发展的最终目标，因此，利润水平低或正在亏损，以及达不到初期利润增长预期的子公司或部门，往往成为剥离方案的首选目标，以避免可能造成的对整个公司利润增长的影响，除非这些业务能满足公司长期发展战略的需要。对我国国有企业来说，由于长期以来计划经济的影响，形成了“大而全、小而全”的模式，要按照现代企业制度的要求进行经营机制的改革，其首要任务就是剥离掉那些长期以来给企业造成负担的“社会职能部门”，使国有企业能以新的面貌开展市场竞争，实现国有资产保值增值目标。

5.在西方国家，政府还可能根据反托拉斯法强制公司出售一部分资产或业务。如已经提到的AT&T公司，它作为一个控股集团公司已经存在100多年，是美国电信业中最大的公司。该公司除在全国各地拥有22个地方营业公司外，还拥有一家规模巨大的制造业子公司（西方电气公司）、一所著名的电子研究机构（贝尔实验室）、一个巨大的长途通信网络系统（作为母公司的一个部门）。根据美国最高法院的裁决和该公司与美国司法部在1982年达成的协议，该公司自1984年起进行改组，法院取消根据“反托拉斯法”对该公司进行的起诉。通过这次改组，公司放弃了对全国22个地方营业公司的所有权，仅保留西方电气公司、贝尔实验室和长途电信业务。

三、企业出售的类型

企业出售从不同的角度考察，可分为多种类型：

1.从出售资产的形态上看，出售可划分为有形资产出售和无形资产出售。前者是出售企业的部分厂房、机器设备等具有实物形态的资产，企业也可能将某一生产线整体出售，即将与生产某一产品相关的全部机器设备出售；后者是出售不具有实物形态但能为企业直接或间接创造效益的资产，如商标权、专利权、特许经营权、商誉等。

2.从出售的范围看，出售可分为整体产权出售和部分产权出售。前者是企业所有者将其拥有的企业全部产权都以有偿的方式卖给购买者，不再拥有对企业的所有权而收回资本；后者是指将企业中的一部分产权出售出去，企业所有者仍拥有对企业的所有权，可将收回的资本继续投入到企业的其他方面，也可将资金另作他用。

3.按是否符合企业的意愿，出售可分为自愿出售和非自愿出售。自愿出售，是指公司管理人员发现，通过出售能够对提高企业的竞争力和资本的价值产生有利影响时而进行的出售。非自愿出售，也称被迫出售，是指企业由于资不抵债或不能偿还到期债务而被债权人或抵押权人起诉，不得不进行的出售，主要指破产式出售和抵押式出售。前者是企业在资不抵债的情况下，由于未能与债权人达成债务重组协议，出于清偿债务的目的进行的，是破产清理程序中处理财产的一种方式；后者是抵押权人依法将债务人抵押担保的资产出售，以清偿债务人到期不能偿还的债务。

4.按出售资产的性质，出售可分为经营性资产的出售与非经营性资产的出售。经营性资产是指用于企业生产经营的机器、设备、厂房等，这些资产可能由于生产规模的变化、科学技术的进步等原因而在企业中闲置或配置不合理，将这部分资产出售可以增强资本的流动性，提高使用效率；非经营性资产主要指企业中的医院、职工宿舍、浴室、幼儿园、食堂、图书馆等，将这部分资产出售可以使企业集中精力加强生产经营管理，也可集中更多的资金用于生产改进。

5.按出售的形式不同，出售可分为实物资产出售和股权出售。前者是指出售可以衡量的能够加以界定的有形或无形资产，是一般的资产买卖行为，购买者不再与出售者发生任何联系。后者转让的仅是一定数量的股权，无法界定购买者究竟拥有了哪些资产，购买者行使股权不受具体资产的限制，但作为股东，其对企业的投资要承担偿还企业债务的责任。

6.企业出售可采用个别谈判或拍卖方式。选择何种方式，取决于准备出售的业务的特点、市场的效率、管理人员的期望和偏好等因素，这可根据具体情况来确定。如果选择个别谈判的方式，一般可以在能够控制的基础上同时与3~5个公司接触。前期谈判的主要目的是确定符合条件的购买者，以便在初步达成一致的基础上进入实质性的谈判阶段。如果在前期接触中发现明显不能达成一致，那么应尽快转向其他的购买者。与个别谈判方式相比，拍卖一般具有以下几个优点：一是具有较高的效率。拍卖能够在最短时间内把最大数量的、可能的购买者吸引过来，因此出售成本较低，且不易受到外界的干扰。二是简便易行。采用拍卖方式可以避免个别谈判中寻找购买者、多次谈判等过程中可能遇到的各种麻烦。三是易于控制。由于在拍卖中最后的期限是事前确定的，因此出售方能够控制出售的进程和市场竞争中的反应，从而消除了个别谈判中可能造成的时间延误。在这里，购买者如果不能及时做出反应，不但会失去一次投资机会，而且还要为此付出时间和经济上的代价，使自己付出的努力落空。四是透明度高。当然，也有一些不利影响：一是保密性差。由于在拍卖过程中需要充分地揭示公司的内部信息，因此，对一个拥有技术或其他知识产权的公司来说，要保护这些技术或其他知识产权不被泄露出去几乎是不可能的。二是容易引起公司雇员的不安。由于剥离而造成的公司未来发展的不确定性，总会引起公司雇员的不安。三是容易引起竞争性反应。采用拍卖方式，常常会给公司的竞争对手带来一个了解公司内幕的机会，这些竞争对手的动机显然不同于其他可能的购买者。四是易于引起市场反应。在某些特定的产业中，一些消费者可能会担心在剥离的过程中，公司不能保证产品和服务的正常供给，难以确定新的所有者是谁，剥离以后公司会采取什么样的政策，因此，可能会转向消费其他厂商的产品。

四、出售与兼并、分立的区别与联系

（一）出售与兼并的区别与联系

企业出售与企业兼并虽然都是企业产权转让的典型方式，但两者是有区别的。两者的区别在于：

1.转让产权的对象不同。兼并对象是一个企业或单位，兼并方与被兼并方将作为一个整体进行经营；出售不仅面向其他企业，而且可以面向个人。

2.两者成交的形式不同。对于企业兼并，财产一经评估作价，协商成交，一般不作变动；而企业出售中的成交价，则是通过公开竞争拍板的，可根据财产评估底价上下浮动，双方无须签订协议。

3.两者在成立后的义务上有所不同。企业兼并后，兼并企业一般要对被兼并企业的债务、职工安排等承担义务；而企业出售一般不承担此义务。

两者的联系在于：两者都是资产存量调整的方式，以产权转让为内容。有些情况下，兼并与出售可能是一件事情的两个方面，如在破产式出售中，就是先对债务沉重的企业按法律程序进行破产清理，解除其包袱，再由兼并企业收购其资产，这仅仅是一般的资产买卖行为，而且双方需签订协议，受协议的制约。

（二）出售与分立的区别与联系

两者的区别在于：

1.企业出售是一种产权转让行为，与另外的一方或多方发生联系，最终使转让事物的所有权属发生改变；分立行为不涉及他方利益，是所有者将资产在自身范围内的重新配置，不发生产权的变动。

2.企业出售一般意味着企业经营规模的缩小，而分立则是在单个企业生产规模缩小的基础上实现所有者整个生产规模的扩张，是一种变相的资本扩张。

3.企业出售中的整体产权出售会导致一个企业在整体上消亡，而分立则是新企业诞生的一种方式。

两者的联系在于：出售与分立都是企业资产剥离的方式，都能导致单个企业经营规模的缩小。

☆ 案例　　IBM公司出售个人电脑（PC）业务

2005年，IBM将其全球的PC业务以12.5亿美元的价格转让给中国联想集团，彻底退出了其全球的PC业务领域，转而聚焦于一些高价值产品领域。一时间，联想“蛇吞象”“鲸吞”IBM的新闻充斥了国内媒体的主要版面和时段，以至于IBM大中华区董事长不得不打破沉默，出面做出解释：不是联想收购了IBM的PC部门，而是联想与IBM相互帮助。联想和IBM谁是这次交易真正的大赢家？IBM为什么会这样心甘情愿地将自己苦心经营多年的PC部门低价拱手让人？

一、背景分析

众所周知，IBM是全球第一台PC机的缔造者（1981年），但是，全球范围内的普及带来了PC机价格的持续走低，也带来了巨大的竞争压力。继IBM之后，全球已经造就了无数的IT巨头，包括英特尔、微软、HP（以及惠普收购的康柏）、戴尔等。由于竞争的加剧，IBM这个PC机的缔造者却在PC市场上陷入了亏损的泥潭。2003年，IBM PC部门的销售收入为95.6亿美元，但净亏损却高达2.58亿美元，且在全球的排名由第一位后移到了第三位（次于戴尔和惠普）。2004年，IBM PC部门的销售额约100亿美元，虽然该总量占到IBM前一年度营收（891亿美元）的1/9，但PC对IBM而言不但没有获利，反而拖累集团利润，造成最近一年度税前2.5亿美元的亏损。

IBM公司的技术优势与戴尔、惠普的价格相比，客户似乎更青睐戴尔与惠普积极的价格策略。戴尔、惠普在商用台式机和笔记本电脑上积极的价格策略已经严重影响到了ThinkCentre和ThinkPad的销售。在此情况下，IBM如要维持PC业务，降低生产成本是关键，而随着个人电脑全球范围内的普及，劳动力成本的高低逐渐成了PC生产成本的决定因素。中国的劳动力成本很低，国务院发展研究中心贡森先生的《我国劳动力优势比较》显示，我国劳动力成本的相对水平只相当于美国等发达国家和地区劳动力成本相对水平的40%~70%，优势十分明显。因此，将PC机的生产分包出去尤其是分包给中国无疑是IBM最好的选择。

然而，美国的就业形势和政策压力却构成了IBM发包的政治屏障。发达国家将劳动密集型、技术含量较低的工作外迁已经持续了几十年，不是什么新鲜事，但让政客、媒体、工会等方方面面越来越不能容忍的是：现在流向低成本国家的工作（岗位）属于传统意义上的“高级工种”。美国各界普遍认为，外包业务加剧了美国的失业状况，并阻碍了就业市场的复苏。工作机会外流引起了美国政客的紧张。2004年3月5日，美国国会约50名议员提交的名为“2004年度美国国内工作岗位保护行动”的议案，要求国会通过法案以阻止摩托罗拉、朗讯和IBM等大公司把更多岗位外流到印度、中国和墨西哥的公司。

IBM PC的主战场——大企业市场，以及在大企业市场拼杀形成的品牌价值，使得IBM成为一种技术的象征，在这个品牌的光环下，向上游挺进，研究更快的处理器和纳米级存储、光传输等高端技术、研发软件服务无疑成为IBM的“正当职业”。靠杀价维持市场份额，无论如何也不能和IBM品牌相提并论。

出售PC业务似乎成为IBM公司的最佳战略抉择。

二、交易过程

事实上，早在2000年，也就是塞缪尔·帕米萨诺（Samuel Palmisano）刚任公司董事局主席兼首席运营官后不久，就在脑中构思了与联想进行此番交易的雏形。他制订了有关PC业务的长远计划并决定停止在零售店出售IBM的PC机。也就是在那个时候，IBM第一次与联想协商其PC业务出售一事，并打算以30亿~40亿美元的价格出手。

2002年5月，帕米萨诺让现任IBM首席财务官约翰·乔伊斯与联想高层人员会面，试探联想是否有意与其建立业务关系。联想则明确表示对此事有浓厚的兴趣，毕竟在国际舞台上树立起品牌形象，一直是联想所热切希望的。

2003年7月，帕米萨诺前往北京探讨出售其公司全球PC业务一事。但他并没有按常规去直接拜访公司的战略合作伙伴、中国最大的电脑制造商——联想集团，而是在得到母公司首肯的情况下，径直去敲开了在中国主管经济和技术的有关官员的门。帕米萨诺努力让中国政府明白，此次IBM并非单纯只为了出售其全球PC业务，而是希望在由他们提供技术、经营管理方式、市场以及销售途径的前提下，能帮助中国创建一个强大的跨国企业。

2004年3月，帕米萨诺飞抵北京，与联想高层开始接洽。

2004年6月，在IBM的PC业务总部所在地——美国北卡罗来纳州的一家酒店里，联想与IBM的首次谈判拉开了序幕。

帕米萨诺的商业创新绕开了美国方面的政治阻挠，因此，在双方正式公布谈判结果前，美国政府官员就明确表示不会限制IBM出售PC部门给中国企业。

这样，在不到半年时间内，IBM与联想就完成了这桩中国公司有史以来最大的并购交易。通过这一交易，IBM获得了联想18.9%的股份，同时该公司PC部门的1万名雇员将全部转至联想，而联想可以在5年内免费使用IBM品牌。

三、交易效果

出售PC业务使IBM直接达到了三大目的：一是放弃了一项越来越不适合自身发展的业务，减少了损失；二是直接痛击和制约了几大竞争对手；三是与联想结盟。通过采取退出战略，IBM不仅从此过程中获得了一定的利润，更降低了总体成本，提升了自身的竞争力。与前几年的业务相比，IBM的发展变得更为均衡，更有效率，实现了收益的稳定迅速增长，而且IBM的这种战略，还为它日后的战略调整做了最完美的铺垫。

当然，联想在这次并购中也得到了极大的实惠。这次并购的成功，使联想一跃成为世界第三大PC制造商。新联想公司董事局主席杨元庆认为，和IBM的合作将使联想的实力得到三方面提升：一是品牌形象得到了提升；二是企业规模扩大；三是由于实现了更大规模的采购和销售，集团的效率得到了提高。

四、案例启示

通过IBM成功出售PC业务的案例，我们可以得到这样几点启示：一是采取以退为进的策略，退出是为了集中力量在其他领域更好地发展；二是着眼于长期战略抉择，一项战略抉择不应着眼于当前的经济利益，要从长远利益考虑；三是选择合适的交易对象，交易对象选择恰当，才能达到预期目的并带来潜在的经济效益。

资料来源：本案例根据有关网络信息整理而成。

第3节　企业国有产权转让

一、企业国有产权的含义

首先明确一下企业产权的含义。企业产权是指投资主体对企业以各种形式投入所形成的应享有的权益及其他合法权益，是以财产所有权为基础，反映投资主体对其财产权益、义务的法律形式。一般情况下，产权往往与经营性资产相联系，相对于投资主体向企业注入的资本金。投资主体向企业注入资本金，就在法律上拥有该企业相应的产权，成为该企业的产权主体。

企业国有产权，则是指国家对企业以各种形式投入形成的权益、国有及国有控股企业以各种投资所形成的应享有的权益，以及依法认定为国家所有的其他权益。

二、企业国有产权转让的发展历程

我国企业国有产权转让是改革开放以后，随着社会主义市场经济的发展和国有企业改革的不断深化而逐步产生、发展的，至今已有40年，大致经历了5个阶段：

1.萌芽探索阶段（1979—1992年）。以1978年12月党的十一届三中全会为标志，到1992年社会主义市场经济体制目标确定以前。

随着改革开放序幕的拉开，国有企业改革继"放权让利""利改税"之后，一些企业出于自身的扩张需要，自发尝试兼并其他企业，企业产权交易开始萌芽。1984年7月，保定纺织机械厂和保定锅炉三厂分别兼并保定市针织器材厂和保定市风机三厂，首次实现国有企业之间的兼并。1987年10月，党的十三大明确提出："一些中小型全民所有制企业的产权，可以有偿转让给集体和个人。"1988年3月，七届人大一次会议把"企业产权有条件的有偿转让"作为深化企业改革的一项重要措施。

2.初步成长阶段（1992—1996年）。以1992年年初邓小平南方谈话和党的十四大提出建立社会主义市场经济体制的改革目标为标志，期间经历了兴起—盘整—发展三个螺旋上升的过程。

在这一阶段，产权交易迅速兴起，"为盘活国有资产存量服务"成为推动产权市场发展的强大动力。但是，在产权交易的程序还不统一、运作还不规范的情况下，产权交易的迅猛发展相应引起了一系列问题。

3.整顿规范阶段（1997—1998年）。这一阶段，某些地方国有企业改革不规范的问题比较突出，甚至出现了将国有存量资产"半卖半送"或"名卖实送"的情况，造成国有资产流失和职工利益受损。

4.快速发展阶段（1999—2002年11月）。1999年9月，党的十五届四中全会提出了"产权明晰、权责明确、政企分开、管理科学"的现代企业制度，以及"推进国有资产流动和重组，坚持有进有退，有所为有所不为"等重大决策，使各地产权交易和产权市场再趋活跃。

5.健康发展阶段（2002年11月以后）。2002年11月党的十六大明确提出，要发展产权市场，创造各类产权主体平等使用生产要素的环境。2003年3月，国务院国资委成立，促进和规范企业国有产权交易成为其重要职责之一，随后国家相继发布了一系列规范交易的政策措施，我国国有企业改制和企业国有产权交易进入规范、健康、快速发展的轨道。

三、企业国有产权转让的意义

我国国有企业在改组过程中，需要面对众多问题，资本重组方式也多种多样，从整个国家的总体状况看，国有经济占有面太宽，过于分散，同时国家在基础设施、基础建设方面资金又严重不足。通过出售部分企业国有资产，收回资金，将其重新投入到基础设施方面，成为国家的一项长期战略，这对整个产业结构的调整、国有资产的管理、生产要素的合理流动等都具有重要意义，具体说来可总结为以下几个方面：

1.有利于优化我国的所有制结构。在我国传统的计划经济体制下，盲目追求国有经济的单一发展所形成的所有制结构不尽合理。实行企业产权出售，必须打破单一的国家所有权制度，促使企业按照现代企业制度的要求进行产权界定。从目前我国各地的实际情况看，通过市场进行产权出售，会使小部分国有资产产权流向其他所有制形式，有利于多种经济成分的并存和发展，有利于改变不合理的所有制结构，促进了所有制结构的优化和经济的繁荣。

2.有利于盘活存量资产，促进生产要素的合理流动。在我国市场底层储存着近万亿元的固定资产以及数千亿元的流动资金，其中有一部分固定资产处于闲置状态。如果将这部分沉淀而不能流动的固定资产拿到产权市场上出售，使其流向那些有效益、有效率、有发展潜力的产业和企业，一方面提高了这部分资产的利用率和资本效益，另一方面也能使企业将回笼资金用于新的投资项目，在一定程度上解决了增量投资资金不足的困难。

3.有利于我国经济结构的调整。结构问题一直是制约我国经济健康、快速发展的重要因素。我国经济结构不合理表现在产业结构、产品结构、区域结构、企业组织结构等方面的失调上。具体来说，基础设备、基础产业与加工产业的比例严重失调，基础设施落后，基础产业提供的产品和服务远远满足不了加工业的需要；三次产业的比例很不合理，主要表现在一次产业基础薄弱且现代化程度很低，二次产业扩张与优化均不够，三次产业盲目发展与严重不足并存；地区之间产业结构趋同现象突出，低水平重复建设严重；产品升级换代乏力，远远不能满足消费需求的发展，产品积压与产品短缺并存；企业组织结构失调表现为企业规模的小型化，没有形成应有的规模经济，企业竞争力不足。因此，必须大力进行经济结构的调整。进行经济结构调整有两种方式：增量调整和存量调整。在我国目前的条件下，应当增量调整与存量调整并举，但以存量调整为主。其原因有两个：一是在目前我国存量结构严重畸形的情况下，按照产业发展政策进行增量投入，资产存量变动的刚性不会对结构的改善有什么积极作用，甚至会加重原有的结构扭曲；二是目前我国可用于增量投入的资金十分有限。在大量增量投入不可能的情况下，就只能依靠存量调整。我国在过去几十年的经济建设中形成了数万亿元的经营性国有资产，这部分资产中有很大比重处于闲置状态，通过重组使这部分资产重新活跃起来，对我国经济结构的调整无疑会产生巨大的作用。企业出售是使闲置资产退出经营领域的一种最直截了当的方式，同时又可以方便地将退出的国有资产转移到更有价值的用途上去，在解决经济结构问题方面具有很大潜力。

四、企业国有产权转让的原则

企业国有产权转让，涉及国有资产所有者权益，为了确保国有资产保值增值，防止国有资产流失，企业国有产权转让应遵循以下原则：

1.遵守国家法律、行政法规和政策规定，不得违规操作。

2.有利于国有经济布局和结构的战略性调整，促进国有资本优化配置，严防国有资产损失。

3.等价有偿和公开、公平、公正的原则，不得损害交易各方的合法权益。

4.在依法设立的产权交易机构中公开进行，不受地区、行业、出资或者隶属关系的限制。

五、企业国有产权转让的方式

在企业国有产权转让中，根据产权标的的具体情况和意向受让方的情况，经产权交易所与产权出让方协商后，可以采取以下几种交易方式：

1.协议转让。企业国有产权转让信息披露后，公开征集只产生一个意向受让方的，可以采取协议转让方式。对于国民经济关键行业、领域中对受让方有特殊要求、企业实施资产重组中将国有产权转让给所属控股企业的国有产权转让，经省级以上国有资产监督管理机构批准后，可以采取协议转让方式转让国有产权。

2.拍卖。当国有产权转让信息挂牌所征集的意向受让方为两个以上且出现下列情形时，一般适用拍卖的方式进行交易：

（1）产权标的为企业的土地使用权、厂房、机器设备等单一产权形态。

（2）转让标的比较清晰，标的企业和对受让方的受让条件相对简单，转让价格和支付能力是主要因素。

（3）国家法律、法规有规定必须在拍卖场所进行转让的产权。

根据拍卖时是否保留底价，可以将拍卖分为有底价拍卖和无底价拍卖两种方式。按照国资委3号令的规定，当交易价格低于评估结果的90%时，应当暂停交易，在获得相关产权转让批准机构同意后方可继续交易。因此，企业国有产权转让应当采取有底价拍卖的方式进行，拍卖物的起拍价格应当为转让标的的评估价，由竞拍人竞相应价，以不低于底价的最高叫价定槌成交。当首轮流拍时，如欲继续交易，在经相关产权转让批准机构同意后，可以大于或等于首轮拍卖底价90%的价格作为第二轮拍卖底价。

3.招投标。当信息挂牌所征集的受让方数为3个以上，标的企业和相关受让条件相对复杂，除转让价格外还有其他不定因素，且对受让方的资格和资信要综合各方面因素进行选择时，一般适用招投标的方式进行交易。

4.场内竞价。竞价交易是指产权出让方将产权转让信息通过交易所挂牌公开披露，征集产生两个及两个以上符合条件的意向受让人，由交易所会同出让方根据产权标的的具体情况，采取综合评审、电子竞价、一次报价等方式确定受让方，组织实施产权交易的行为。它是参照拍卖和招投标并结合产权交易特点的场内交易方式。

六、企业国有产权转让的程序

按照国家有关规定，企业国有产权转让应按下列程序进行：

1. 内部决策。企业国有产权转让应当做好可行性研究，按照内部决策程序进行审议，并形成书面决议。

2. 申请批准。按照国家规定，企业国有产权转让需经有权力的单位批准或者决定。

3. 清产核资。产权转让方组织转让标的企业按照有关规定开展清产核资，根据清产核资结果编制资产负债表和资产移交清册，并委托会计师事务所实施全面审计。

4. 资产评估。在清产核资和审计的基础上，转让方应当委托具有相关资质的资产评估机构依照国家有关规定进行资产评估。评估报告经核准或者备案后，作为确定企业国有产权转让价格的参考依据。

5. 转让公告。转让方应当将产权转让公告委托给产权交易机构刊登在省级以上公开发行的经济或者金融类报刊以及产权交易机构的网站上，公开披露有关企业国有产权转让的信息，广泛征集受让方。产权转让公告期为20个工作日。

转让方披露的企业国有产权转让信息应当包括下列内容：①转让标的的基本情况；②转让标的企业的产权构成情况；③产权转让行为的内部决策及批准情况；④转让标的企业近期经审计的主要财务指标数据；⑤转让标的企业资产评估核准或者备案情况；⑥受让方应当具备的基本条件；⑦其他需披露的事项。

在征集受让方时，转让方可以对受让方的资质、商业信誉、经营情况、财务状况、管理能力、资产规模等提出必要的条件。

受让方一般应当具备下列条件：①具有良好的财务状况和支付能力；②具有良好的商业信用；③受让方为自然人的，应当具有完全民事行为能力；④国家法律、行政法规规定的其他条件。

受让方为外国及我国香港特别行政区、澳门特别行政区、台湾地区的法人、自然人或者其他组织的，受让企业国有产权应当符合国务院公布的《指导外商投资方向规定》及其他有关规定。

6. 产权交易。经公开征集产生两个以上受让方时，转让方应当与产权交易机构协商，根据转让标的的具体情况采取拍卖或者招投标方式组织实施产权交易。

7. 签订合同。企业国有产权转让成交后，转让方与受让方应当签订产权转让合同，并应当取得产权交易机构出具的产权交易凭证。

企业国有产权转让合同应当包括下列主要内容：①转让与受让双方的名称与住所；②转让标的企业国有产权的基本情况；③转让标的企业涉及的职工安置方案；④转让标的企业涉及的债权、债务处理方案；⑤转让方式、转让价格、价款支付时间和方式及付款条件；⑥产权交割事项；⑦转让涉及的有关税费负担；⑧合同争议的解决方式；⑨合同各方的违约责任；⑩合同变更和解除的条件；⑪转让和受让双方认为必要的其他条款。

8.价款结算。企业国有产权转让的全部价款，受让方应当按照产权转让合同的约定支付。转让价款原则上应当一次付清。如金额较大、一次付清确有困难的，可以采取分期付款的方式。采取分期付款方式的，受让方首期付款不得低于总价款的30%，并自合同生效之日起5个工作日内支付；其余款项应当提供合法的担保，并应当按同期银行贷款利率向转让方支付延期付款期间利息，付款期限不得超过1年。

9.办理产权登记。企业国有产权转让成交后，转让和受让双方应当凭产权交易机构出具的产权交易凭证，按照国家有关规定及时办理相关产权登记手续。

七、企业国有产权向管理层转让的特别规定

管理层收购在西方国家已有20多年的历史，是市场经济发达国家在对上市公司进行杠杆收购或融资性收购基础上发展起来的一种企业产权转让手段。目前，我国只允许中小型国有及国有控股企业国有产权向管理层转让，大型国有及国有控股企业及所属从事该大型企业主营业务的重要全资或控股企业的国有产权和上市公司的国有产权不能向管理层转让。

为防止不规范行为引发国有资产流失，我国对企业国有产权向管理层转让进行了特别规定：

1.管理层的资格规定。管理层存在下列情形的，不得受让标的企业的国有产权：

第一，经审计认定对企业经营业绩下滑负有直接责任的。

第二，故意转移、隐匿资产，或者在转让过程中通过关联交易影响标的企业净资产的。

第三，向中介机构提供虚假资料，导致审计、评估结果失真，或者与有关方面串通，压低资产评估结果以及国有产权转让价格的。

第四，违反有关规定，参与国有产权转让方案的制订以及与此相关的清产核资、财务审计、资产评估、底价确定、中介机构委托等重大事项的。

第五，无法提供受让资金来源相关证明的。

2.管理层不得同时兼任企业国有产权代表。管理层通过产权交易市场收购中小企业国有产权并控股后，一般不得同时兼任企业国有产权代表，受托管理和经营国有企业。

3.必须履行规定的进场交易程序。企业国有产权向管理层转让并不是普通意义上的向一般社会法人和自然人转让，而是属于向企业“内部人”这种特殊的受让主体转让。在此过程中，由于“内部人控制”、信息不对称等种种原因，容易产生自卖自买、人为压低国有产权转让价格、隐瞒或转移资产、违规融资、损害职工合法权益等问题。因此，国家严格要求企业国有产权向管理层转让必须进场交易，这既是维护国有资产出资人、企业职工合法权益、防止国有资产流失的需要，也是保护企业管理层依法规范自身行为的需要。

☆ 案例　　中国邮政集团公司转让所属酒店项目

一、交易背景

2007年1月28日，邮政体制改革迈出标志性一步，重组后的中国国家邮政局和新组建的中国邮政集团（简称“中邮集团”）正式挂牌，标志着中国邮政体制正式实现监管和经营分离。根据国务院27号文件的要求，中邮集团第一步实现政企分开后，要抓紧推动邮政主业和邮政储蓄两项“改革”，其中邮政主业改革的一项重要内容就是实施内部重组，优化资源配置，剥离非主业和闲置资产。这是关乎邮政改革和发展大局的重要战略措施。

中邮集团根据邮政改革及长远发展的需要，针对邮政酒店的经营管理状况，做出了出售盘活酒店资产的战略决策，委托专业资产管理机构进行资产运作，并在上海联交所进行意向信息发布。此举是政企分开后，中国邮政集团面向市场，为进行战略结构调整、提高企业核心竞争力而迈出的重要一步。

中国邮政领导人员表示，出售酒店是出于三方面的考虑：一是邮政体制改革的需要，推进主辅分离、辅业改制；二是出售占用资源的辅业，把投入向主业集中，提升企业的核心竞争力；三是借鉴国外的先进经验，1988年德国邮政盘活资产获得7亿美元收益，并用这些资金收购了DHL的股权，让自己的网络从国内拓展到全球。在邮政看来，退出酒店经营一方面能减轻负担，将回收的资金集中投入主业，尤其是提升物流、快递等市场化业务的竞争力；另一方面也有利于实现酒店等非主业资产的经济和社会效益。因此，中国邮政决定从酒店领域“尽快退出，不再自营”。

二、项目操作

上海联交所对酒店资产积极发挥项目推介的功效，要求转让的酒店项目必须资料完备，转让主体明确，资产权属清晰，证照手续齐备，并做好资产评估、资产备案等工作。

2007年4月22日，中邮集团从所属的酒店资产中挑选出30家酒店作为先行转让的项目，在上海联交所进行信息发布。

这批酒店的转让信息一经发布，立即引起了各方投资者的关注，包括外资在内的多家大型酒店集团及连锁酒店集团对该转让标的显示出了收购兴趣。经过多轮磋商和谈判，其中的11家酒店最终以1.76亿元人民币的价格，由马来西亚林氏家庭旗下的香港卓越金融有限公司（简称“卓越公司”）收购，并将所受让的酒店定位为中档商务连锁酒店。

卓越公司表示，将在中国境内用巨资打造一个重要品牌——“你的客栈”，这11家酒店成为首批资产，正适合发展为经济型连锁酒店，并将引入拥有丰富酒店管理经验的丽星邮轮参与管理，推行“以人为本”的个性化、高品质的亲情式服务，追求“管理零缺陷，服务零距离”的管理标准，努力打造一个负责任的商务连锁酒店品牌，推进中国酒店业的健康发展。

三、案例启示

中邮集团首批酒店项目在上海产权交易市场公开转让，充分说明日趋成熟的上海联交所已成为国有企业改革和外商投资的重要资本平台。

这次产权转让完全采用市场化运作手段，通过产权交易市场公开发布信息、重点推介等方式，由上海联交所严格按照交易程序规范组织实施。产权交易市场公开、公平、公正的价格发现机制，不仅为国有产权转让的保值增值及规范操作提供了保证，同时通过吸引社会资金、境外资本进入市场参与交易，通过产权交易资产流转，盘活了存量资产，增强了资本市场的活力。

作为全国第一家从集团层面对酒店进行整体盘活运作的集团公司，中邮集团从战略高度进行部署，打破了地域限制，把各地零散的酒店资源更大限度地集中起来，将各类资产合理搭配，成功挖掘潜在价值；同时，中邮集团充分发挥品牌效应，借助开放、透明、公开、公正的产权交易平台，吸引大量外资、投行参与。这是中国邮政体制自政企分开、储蓄银行改革后，在主辅分离、辅业改制方面迈出的实质性一步，也是国有企业酒店类资产整体进场、规范运作的有益尝试，为日后其他酒店项目的改制推进工作创造了良好的开端和示范效应。

第12章　资本结构调整

第1节　资本结构调整的意义

一、资本结构的含义

资本结构是指企业各部分资本之间的构成及比例关系，以及部分资本占资本总额的比例。资本结构可从资本来源、资本形态和整个资本来考察。

从资本来源角度考察，资本结构包括各种负债之间、所有者权益各项目之间、负债和所有者权益之间的比例关系，以及负债、所有者权益占资本总额的比例。根据以往的经济理论，资本结构通常仅指负债与所有者权益之间的比例，或者指负债占资本总额的比例。我们将有关资本来源之间的比例包含在资本结构的含义中，是从定义本身出发的，与传统资本结构概念有所不同。

从资本形态角度考察，资本结构包括各种资产之间的比例关系，以及各种资产占资本总额的比例。

从整个资本角度来考察，资本结构还包括有关资产与有关负债之间的比例关系，如反映短期偿债能力的流动比率、速动比率、现金比率，反映长期偿债能力的资产负债率、有形净值负债率、产权比率等等。

虽然资本结构包含如此广泛的含义，但我们不需要一一加以比较研究，我们只是研究那些对企业决策有利的资本结构关系。所以，除了简单讨论资本结构的调整外，本章的重点仍是对企业财务决策有意义的资本来源结构关系，并将调整国有企业资本结构的重要方式——债务重组作为重要内容进行分析。

二、研究资本结构的目的

自1958年MM定理问世以来，资本结构问题就受到金融学家的持续关注，企业资本结构理论研究也取得了很大进展，如税收差别理论、破产成本理论、代理成本理论、权衡理论、优序融资理论、财务契约理论、产业组织理论和风险管理理论等等。归纳出了影响企业资本结构的重要因素分别是：税收、非债务税盾、破产成本、盈利能力、企业规模、有形资产、经营风险、成长机会和股权结构等。

金融学家侧重于从资本来源的角度对资本结构问题进行实证检验。而从前述关于资本结构的含义可以看出，本书不仅从资本来源角度，还从资本结构形态角度进行研究。

从资本结构形态角度研究资本结构，可以了解企业各种资产的分布是否合理，企业各项资产是否得到充分合理利用，企业有无闲置资产等等。对于企业中已经存在的问题，及时找出切实有效的方式加以解决，以便使各项资产得以充分合理地利用，加快资本的周转速度，提高整个资产的利用效率。

从资本来源角度考虑，资本结构是由企业采用各种筹资方式筹集资金形成的，各种筹资方式不同的组合类型决定着企业的资本结构及其变化。企业资本结构是企业进行筹资决策的核心问题。企业应综合考虑各种来源的资本成本，运用适当的方法确定企业的最佳资本结构，并在以后追加投资时继续保持。所谓最佳资本结构是指在一定条件下使企业的加权平均资本成本最低、企业价值最大的资本结构。从理论上讲，企业的最优资本结构是存在的，但由于企业内部条件和外部环境的变化，确定企业的最优资本结构十分困难，就要通过定量和定性相结合的方法综合考虑影响资本结构的各项因素，确定企业最佳资本结构。如果企业现有的资本结构不合理，应通过筹资活动进行调整，使其趋于合理化。

所以，不论从哪一角度研究资本结构，其目的都是发现存在的不合理因素，以便在经营过程中加以调整，使企业的所有资本都投入运营，加速周转，以提高资本的使用效率。

三、调整资本结构的意义

在资本结构理论发展的不同阶段，寻找最优资本结构始终是金融经济学家们的一个重要目标。围绕着MM定理所提出的企业资本结构与企业价值的关系问题，如何通过资本结构的调整来增加企业价值？这个问题一直困扰着理论界。

对企业资本结构的诸多实证研究结果表明，企业之间的资本结构存在着诸多差异，不同国家的资本结构之间存在着较大的差异。

迄今为止，所有资本结构理论均没有十分肯定地提供决定企业资本结构的方法，实证研究的结果也表明企业之间的资本结构存在着较大差异。因此，调整企业资本结构必须结合企业的实际情况进行合理决策。通常来说，调整资本结构会为企业带来以下好处：

（一）改善公司的财务状况，降低财务风险

对一个企业而言，在经营过程中难免要受市场风险的影响，同时又要面临其所特有的风险——经营风险和财务风险。企业的投资决策决定了它的经营风险，而如何融资则决定了它的财务风险。调整资本结构的意义就在于谋求一个公司的最佳资本结构，使融资风险与融资成本相互配合，达到公司股价最高、公司价值最大化的目标。

财务风险是指公司采用负债融资后，普通股股东需要负担的额外风险。财务风险的大小及其给公司带来的杠杆利益的程度，通常用财务杠杆系数来衡量。财务杠杆的增大可增加每股收益，但也同时增加每股收益风险和股东权益成本。因此，如何合理使用财务杠杆，如何实现最佳资本结构，是一项重要的财务决策。

用以衡量企业资本结构是否最佳的标准主要有：（1）综合的资金成本最低，企业为筹资所花费的代价最小；（2）股票价格上升，股东财富最大，企业总体价值最大；（3）企业财务风险小，筹集的资金最充分，能确保企业长短期经营和发展的需要。这就要求企业在日常经营当中，合理调整自身的资本结构，使其达到上述各项要求。

（二）盘活企业的不良资产，提高资产的利用效率

在长期的生产经营过程中，由于技术进步、企业生产项目的发展变化，以及企业生产规模的缩小等原因，一些企业积累了一批闲置不用的资产，包括固定资产和存货等，占据了企业的部分资本，影响了企业的资本周转速度。通过调整资本形态结构可以改变企业资产的分布，盘活闲置资产，提高资产的利用效率。

（三）提高企业的筹资能力，增强债权人的投资信心

通过分析企业的有关资产与有关负债的比例关系，可以判别企业的偿债能力。在企业偿债指标达不到债权人要求时，通过适当调整资产的构成，增大速动资产、流动资产等可以用于偿债的资产数额，能够增强债权人的投资信心，提高企业举债筹资的能力。

（四）降低企业的资金成本

企业可以采用多种方式筹集资本，由于财务风险的存在，通常随着企业筹资规模的变化，边际资金成本也会随之改变。为了降低企业的综合资本成本，达到企业价值最大化的目标，决策者应在最佳资本结构的基础上确定不同来源资本的筹资规模，以使企业的综合资本成本最低。

第2节　资本来源结构的调整

一、资本来源结构的种类

企业资本来源于外部融资和内部积累两种途径，所形成的资本包括债务资本和权益资本两类。债务资本包括流动负债和长期负债，权益资本包括所有者投入资本及企业留存收益等。按照资本的具体构成内容来划分，资本结构的种类包括下列几种：

（一）流动负债内部结构

流动负债一般包括短期借款、应付票据、应付账款、预收账款、应付职工薪酬、应交税费、应付利润、应付股利等。

1.短期借款比例

短期借款是企业为满足流动资金的临时需要，从银行借入的款项，其期限较短，一般随企业周转资金的收回而得到偿还。其所占比例通常具有波动性，如果企业长期占用大量短期借款，表明企业资金周转困难，流动资金不足。

2.商业信用负债比例

商业信用负债包括应付票据、应付账款、预收账款等，是企业利用其商业信用获得的，属于一种自然融资。这种负债通常是无偿占用交易对方的资本，对企业有利，因而在企业资金周转困难时期，往往成为拖欠的对象，长期以来形成困扰企业的“三角债”。对此，许多企业不得不采用债务重组的方式进行清理。在流动负债中，如果这部分负债所占比例过大，会影响企业的信誉，在信用评级中难以获得较高的信用等级，不利于企业以后的赊购活动。

3.内部负债比例

内部负债如应付职工薪酬等，是企业在日常经营活动中由于付款时间的差异产生的负债。应付职工薪酬包括应付职工的工资、应为职工交纳的“五险一金”、应上交的工会经费、尚未使用的职工教育经费等。这类负债在流动负债中的比例一般比较稳定，除非企业经济业务出现较大波动。

4.应交税费比例

应交税费是企业发生经济业务形成应交税费义务，在税费缴纳期限内尚未上交税费而合理占用的部分，在企业生产稳定的情况下，其所占比例一般也比较稳定。

5.对所有者的负债比例

应付利润和应付股利是企业对所有者的临时负债，应付利润一般在年度会计核算期末进行利润分配时发生，应付股利在企业已经宣布发放股利而尚未支付前存在，所以这类负债在企业的流动负债中一般不会占较大比重，不会影响企业的偿债能力。

（二）长期负债的结构

长期负债包括长期借款、应付债券、长期应付款等，它通常与企业的长期性投资项目有关，一般回收期较长，因而偿付期限也较长。

1.长期借款比例

长期借款是企业借入的期限在一年以上的负债，是企业进行长期项目投资的一项资金来源。在我国计划经济时期，由于国家资本金注入不足，国有企业曾长期依靠银行贷款进行资本项目的投资，这也是国有企业负债过高的一个原因。在市场经济时期，银行为避免坏账损失的发生，在进行贷款前，往往要通过项目可行性研究、信用等级评估、要求提供借款保证等一系列措施来保证贷款的安全，但其风险仍是不可避免的。当企业经营效益较好时，债权的安全性保证较大，债权人一般愿意投资，所有者也愿意加大债务比重以获得财务杠杆利益。企业经营效益差、投资利润低于债务成本时，投资者因得不到财务杠杆利益，应降低负债比例，减少财务风险。

2.应付债券比例

应付债券是企业为筹集资本而向投资者出具的、承诺按一定利率定期支付利息并到期偿还本金的债权债务凭证。它也是企业的一项长期负债，与长期借款的性质相同。我国目前仅允许一些效益较好的公司发行公司债券，发行公司应当符合《证券法》规定的发行条件，而且要经国务院授权的部门核准，所以其安全性较高，对其比例，国家也有较严格的控制。

3.长期应付款比例

长期应付款是企业为解决长期资产的需要，采用融资租赁方式租入资产时产生的，自20世纪80年代以来已成为企业的一种重要筹资方式。由于它是与企业的长期资产相对应的，而且期限较长、安全性较高，其比例大小在企业之间往往具有较大差别。

4.负债占资本总额的比例

它能够反映企业资本总额中有多少来源于负债资本，是企业筹资时考虑的重要资本结构。如果企业经营不善，长期发生亏损，会引起企业所有者不断减少，导致资本总额减少，进而影响负债在资本总额中的比例提高，甚至会因企业“资不抵债”而破产。所以，这一比例不能过高，但具体要根据企业的经营情况而定，如果企业经营效益非常好，那么高负债对企业和债权人都有利，否则，企业负债比例过高将使企业面临较高的财务风险。

（三）所有者权益的结构

所有者权益是指企业所有者对企业净资产的要求权，包括实收资本、资本公积、盈余公积、未分配利润等。其各项目在权益总额中的比例在各企业有所不同，实收资本的比例通常较高；资本公积的比例一般较低；法定盈余公积累计数额达企业注册资本的50%以上的，可以不再提取，用法定盈余公积金转增资本，所留存的余额不得少于转增前公司注册资本的25%；未分配利润由于企业的分配政策不同，在企业的不同时期会有明显的差别。

二、调整资本来源结构的方法

调整资本结构，从资本来源角度考虑，就是要改变所有者权益或债务资本的数额。

（一）改变所有者权益

具体可采用下列几种方法：

1.保留企业盈余。在企业目标资本结构的约束下，当企业面临良好的投资机会时，可以首先考虑利用企业的留存收益，因为留存收益的资本成本最低，而且筹集方便，不存在筹集不到资金的风险。对企业所有者来说，不必再出资，却增加了其名义投资额，也不影响其所占的投资比例，从心理上也容易接受。

2.发行新股。发行新股包括发行普通股和优先股。通过发行股票，可以筹集到企业所需的权益资金，增加了企业的资本总额，从而降低了企业负债的比例。这种筹资方式限于股份有限公司采用，筹资成本较高，而且影响原企业股东的持股比例。

3.吸收直接投资。企业可以接受投资者以现金、实物资产、无形资产、土地使用权等各种方式出资，增加企业的权益资金。

4.支付现金股利，减少企业的所有者权益。当企业在盈利的情况下，又不准备进行新的投资时，会选择向投资者分配现金股利，减少企业的所有者权益，从而提高负债的比例。

5.回购已经发行的股票。当企业认为其权益资金太多，想利用负债资金以获取财务杠杆利益时，可以采取回购股票的办法减少所有者权益，以提高负债的比例。

（二）改变债务资本的数额

具体可采用下列几种方法：

1.举借新债，增加债务数额。企业举债筹资的方式有多种，在筹资时，要选取那些筹资成本较低的债务资金。

2.偿还已有的债务，降低负债的比例。当企业的负债比例太高、财务风险太大时，应偿还部分债务，以改善企业的形象。

（三）两者相互结合，即将债权转变为股权

《公司法》规定，上市公司经股东大会决议可以发行可转换为股票的公司债券，债券持有人对转换股票或者不转换股票有选择权，债券持有人一旦行使转换权，公司的负债比例将下降。企业也可以通过债务重组方式将债权转换为股权，从而增加企业的所有者权益，降低企业的负债比例。

（四）企业自身的清产核资、资产评估

通过开展清产核资、资产评估，提高土地、建筑物等资产的价值，可以提高所有者权益，降低负债比例。而对已经不再发挥明显作用的商誉等无形资产通过评估予以注销，则可以减少所有者权益，提高负债的比例。

企业可以采用上述方法合理调整企业的资本来源结构，在不同的经营条件下寻求最恰当的负债规模，完成企业的经营目标。

三、我国国有企业资本结构的现状及成因

由于长期以来国有经济在我国经济中占据主导地位，现代企业绝大多数从国有企业“脱胎”而来，其现行资本结构或多或少受历史因素的影响。先回顾一下国有企业改革尤其是融资体制改革的历程，这可以帮助我们很好地理解现代国有企业资本结构的现状。

中国国有企业的融资体制大致经历了三个主要的阶段：

第一阶段是“财政主导型”融资阶段。

在1978年以前，中国的经济改革还没有起步，计划经济占绝对的主导地位。在传统的计划经济体制下，整个社会的资源配置完全是由政府统一计划安排的。企业也不例外，体现在融资体制上就是国家财政是企业资金的唯一供应渠道。企业的固定资产投资和维持日常经营所需的流动资金都是由财政部门提供。当时虽然也有银行系统，但却并不是一个完全意义上的银行系统，它们实际上是国家财政的出纳部门，并不能自主地决定贷款方向和贷款规模大小。企业也没有权力根据自身的具体情况来决定找谁融资以及融通多少资金。这个阶段国有企业的资本结构几乎千篇一律，都是完全或接近完全的股权融资企业，每个企业的负债都很小。甚至可以这样认为，即使企业有一定的负债，那也不是真正意义上的负债，因为企业的债权人是国家，国家同时也是企业的所有者。

第二阶段是“银行主导型”融资阶段。

从1978年开始，国有企业的放权让利改革逐步展开，国家的融资体制也开始随着企业的改革而相应变动。国家首先增加了企业的折旧基金和留存收益的比例，这样企业内源融资的能力越来越强。1983年银行系统逐步摆脱了国家财政出纳的角色，开始有了一部分自主贷款权力，即对企业的流动资金给予贷款。到了1985

年，所有的国有企业的固定资产投资都改为银行贷款，企业必须按贷款合同履行还款义务，这就是企业的“拨改贷”改革。在这个过程中，四大国有银行逐步取代财政部门成为国有企业的资金供应方。1997年财政预算投资占全社会固定资产投资的比例降至最低点2.7%。20世纪80年代甚至有许多新建立的国有企业纯粹是负债融资而没有任何权益资金。结果是这一期间国有企业的负债比例急速上升，有数字显示，90年代中期国有工业企业的总流动资产负债率曾达到100%以上。

第三阶段是基于银行和资本市场融资的多元化融资阶段。

随着改革的深入和社会经济的发展，由国家财政或银行向企业提供资金的单一融资格局逐渐被打破。1984年我国开始成立股份公司，以股票的形式向社会公众公开筹集资金，债券市场也开始起步。从20世纪90年代开始，中国的资本市场尤其是股票市场快速发展，为企业的融资提供了多元化的融资渠道，为企业自主调整资本结构提供了平台。

受融资体制的影响，我国国有企业资本结构总体上表现为：

（一）资金来源主要依靠银行贷款，导致企业负债过高

我国国有企业的资产负债率长期以来呈上升趋势，1984年以前还不足25%，到1993年上升到67.5%，1994—1998年资产负债率依次为79%、65.8%、61.5%、54%和65.5%，现阶段国有企业资产负债率已经趋于稳定，以规模以上国有控股工业企业为例，2013—2017年资产负债率依次为61.91%、61.98%、61.94%、61.5%、60.53%。

经过多年不断推进的企业改革，我国国有企业的资本结构在近几年来已有所改善。下面来看一组统计数据，如表12-1所示。

从表中数据可以看出，2017年国有及国有控股企业的资产负债率呈现较大的差异，最低的为烟草制品业，仅为23.51%，最高的为废弃资源综合利用业，高达74.97%，而绝大多数行业维持在50%~68%的水平内。同时我们也发现其中11个行业的国有工业企业负债水平低于本行业全国的平均水平。这表明经过多年的稳定发展，部分国有企业的资产负债水平得到了较大改善。

（二）企业盈利水平低，利息负担较重

在发达的市场经济下，企业最重要的资金来源是企业的保留盈余。但是，我国国有企业资金来源长期以来仍主要依靠外源融资，而且以银行贷款为主。据《中国统计年鉴》资料显示，2012—2016年国有控股企业利息支出仍然居高不下，利息支出分别为4 903.82亿元、5 197.98亿元、5 865.03亿元、5 688.21亿元、5 591.81亿元。

（三）流动负债过多，偿债能力较弱

统计资料显示，2016年末全国国有控股工业企业负债总额为257 235.38亿元，其中流动负债172 671.7亿元，约占负债总额的67.13%，而同期流动资产总额为147 311.79亿元，流动比率仅为0.85，与一般所公认的流动比率为2的标准差距甚远，明显加大了资本结构中的债务资本风险。

表12-1 不同行业工业企业2017年资产负债率比较（%）

行业	规模以上工业企业	国有及国有控股企业
总计	55.98%	60.53%
煤炭开采和洗选业	67.71%	68.93%
石油和天然气开采业	46.66%	44.96%
黑色金属矿采选业	59.78%	58.70%
有色金属矿采选业	52.47%	54.69%
非金属矿采选业	48.46%	51.08%
开采辅助活动	49.90%	51.15%
其他采矿业	56.25%	
农副食品加工业	50.64%	68.00%
食品制造业	45.02%	53.33%
酒、饮料和精制茶制造业	42.59%	34.51%
烟草制品业	23.73%	23.51%
纺织业	53.06%	57.09%
纺织服装、服饰业	47.21%	42.16%
皮革、毛皮、羽毛及其制品业	45.39%	38.27%
木材加工和木、竹、藤、棕、草	41.94%	68.70%
家具制造业	48.10%	71.68%
造纸和纸制品业	55.95%	62.79%
印刷和记录媒介复制业	43.15%	32.13%
文教、工美、体育和娱乐用品	50.33%	60.49%
石油加工、炼焦和核燃料加工业	63.15%	56.27%
化学原料和化学制品制造业	55.05%	65.09%
医药制造业	40.44%	40.47%
化学纤维制造业	58.15%	59.82%
橡胶和塑料制品业	48.57%	62.15%
非金属矿物制品业	51.16%	61.33%
黑色金属冶炼和压延加工业	64.94%	68.03%
有色金属冶炼和压延加工业	62.75%	69.43%
金属制品业	51.65%	64.12%
通用设备制造业	51.73%	62.74%
专用设备制造业	53.58%	66.20%
汽车制造业	59.18%	60.75%
铁路、船舶、航空航天和其他	61.16%	66.50%
电气机械和器材制造业	56.17%	69.56%
计算机、通信和其他电子设备	57.41%	53.05%
仪器仪表制造业	48.23%	67.81%
其他制造业	56.99%	68.40%
废弃资源综合利用业	62.76%	74.97%
金属制品、机械和设备修理业	54.43%	55.10%
电力、热力生产和供应业	61.87%	61.26%
燃气生产和供应业	56.20%	56.85%
水的生产和供应业	56.49%	55.89%

资料来源　国家统计局．中国统计年鉴2018［M］．北京：中国统计出版社，2018．

四、国有企业资本结构调整的策略——债务重组

（一）债务重组的内涵及目标

债务重组是指在债务人发生财务困难的情况下，债权人按照其与债务人达成的协议或法院的裁定做出让步的事项。通过债务重组，债务人原有的应该在某一时期偿还的债务会得到某些方面的缓解，如变为企业的股权，或者被允许在将来某一时刻延期偿还，或者以非货币资金的其他资产偿还等等。这有利于债务人解决资金周转困难，集中资金发展生产，提高企业经济效益，改变公司形象。

企业债务重组的目标，就是通过调整企业的债权债务关系，促进企业制度创新，优化国有资产结构和企业产权结构，重建市场运行的微观基础，使企业形成自我调整资产负债水平的机制，提高社会资源的配置效率。

（二）债务重组的方式

1.以资产清偿债务，是指债务人转让其资产给债权人以清偿债务的债务重组方式。债务人用于清偿债务的资产包括现金资产和非现金资产，主要有：现金、存货、各种投资（包括股票投资、债券投资、基金投资、权证投资等）、固定资产、无形资产等。以非现金资产清偿债务，需确定抵债资产的公允价值，重组债务的账面价值超过抵债资产公允价值的差额为债务重组收益。

2.将债务转为资本，是指债务人将债务转为资本，同时，债权人将债权转为股权的债务重组方式。其运行方式很简单，一是对重组企业进行资产评估，确定其净资产额；二是确定要转为资本的债务数额；三是确定债务转为资本所占的股权比例，如果经评估后的净资产为A，转移的负债为B，则债权人拥有的股权比例为B÷（A+B）×100%。

债务转为资本实质上是增加债务人的资本，具体来说，有以下几种情况：

（1）国家向企业注资，即国家将1983—1985年由拨款改为贷款的“拨改贷”转为“贷改投”，增加国有资本金。

（2）将企业的财政性债务、企业间的债务、非银行金融机构债务、社会零散债务、职工个人债务等转为资本，对股份有限公司而言，即将债务转为股本，对其他企业而言，即将债务转为实收资本，其结果是，债务人因此而增加股本（或实收资本），债权人因此而增加了长期股权投资。

（3）国有商业银行的债权转为股权。企业的最大债权人是国有商业银行，如果这块债权不介入转股权，则这种方式对国有企业的债务重组作用不大，但是如果搞债权转股权，又和《商业银行法》相悖。我国《商业银行法》第四十三条规定：商业银行不得向非银行金融机构和企业投资。这就需要寻找一种变通的既可实现债转股又能避开《商业银行法》限制的方式。具体思路是，通过成立金融资产管理公司等形式筹资购买商业银行不良债权，将债务沉重又符合条件的部分重点国有企业的银行债权转为金融资产管理公司对企业的股权。1999年4月，中国信达金融资产管理公司成立，从中国建设银行开始试点剥离不良贷款。1999年10月，国务院又批准建立了华融、长城、东方三家金融资产管理公司，分别剥离工商银行、农业银行

和中国银行的不良资产。四家金融资产管理公司的成立标志着我国债转股工作正式启动。

所谓债转股，即金融资产管理公司收购银行的不良资产，把原来银行与企业间的债权债务关系，转变为金融资产管理公司与企业间的股权、产权关系。

债权转为股权后，原来的还本付息就转变为按股分红。金融资产管理公司实际上成为企业阶段性持股的股东，依法行使股东权利，参与公司重大事务决策，但不参与企业的正常生产经营活动，在企业经济状况好转以后，通过资产重组、上市、转让或企业回购形式回收这笔资金。

中国首家债转股试点企业是北京水泥厂。1999年9月2日，中国信达资产管理公司与北京建材集团共同签订了北京水泥厂债转股协议书。北京水泥厂是日产2 000吨水泥的国有大型骨干企业，但该厂过去在投资建设期间，曾向建设银行贷款5.1亿元人民币，到1998年底本息总额已达9.68亿元。过重的债务负担，使这家工厂的生产经营面临着严重困难。实施债权转股后，北京水泥厂1999年就实现扭亏为盈。

3.修改债务条件，如减少债务本金、减少债务利息、延长偿债期限等。这种方式实际上是以牺牲债权人的部分利益为代价，要求债权人核销债务人的部分债务本金或利息。

4.以上三种方式的结合。例如，以转让资产、债务转为资本等方式组合清偿某项债务。再如，以转让资产清偿某项债务的一部分，并对该项债务的另一部分以修改其他债务条件进行债务重组。

除此之外，债务企业也可以通过引入社会资本的方式增加其资本金，增强流动性，降低负债率。

☆案例　郑百文股份有限公司债务重组

案例分析

1.郑百文股份有限公司的基本情况

（1）郑百文股份有限公司（以下简称郑百文）是以批发业为主营业务的商业类上市公司，其股权结构见表12-2：

表12-2　**股权结构**

项目	股数	所占比例（%）
国有股	28 877 869	14.62
法人股	61 605 050	31.18
流通股	107 099 200	54.20
股份总额	197 582 119	100.00

（2）其主营业务是以家电为主的文具百货批发业务，主要亏损是在家电批发业务。

（3）截至2000年6月30日，郑百文累计亏损18.21亿元，股东权益为-13.60亿元，每股净资产-6.88元，严重资不抵债。2000年郑百文的经营基本处于停滞状态。

郑百文1997年、1998年、1999年和2000年1—6月份的主要财务指标如表12-3所示：

2.郑百文债权债务关系的特点

（1）债权人集中，信达资产管理公司（以下简称信达公司）拥有的债权额共计20.76亿元（本金加利息）。交通银行、工商银行、广东发展银行等三家银行债权合计5 164万元，另有其他零星债权。信达公司占债权总额的90%。

（2）债权数量大，信达公司的债权达20.76亿元，而且是无担保信用贷款。

表12-3 **主要财务指标** 单位：万元

项目	1997年	1998年	1999年	2000年1—6月
主营业务收入	767 784	335 501	130 776	32 914
主营业务成本	746 781	360 564	130 680	32 950
营业利润	5 088	-50 564	-96 460	-6 263
净利润	8 129	-50 241	-95 698	-6 068
资产总额	352 976	236 607	127 772	114 098
负债	312 146	23 053	254 819	247 534
所有者权益	39 265	4 375	-129 942	-136 047

（3）严重资不抵债，2000年6月，资不抵债13.6亿元。

（4）资产质量很差，2000年6月，总资产11.4亿元，资产包括有房屋、土地等少量不动产、长期投资和几个规模不大的继续经营的分公司，以及家电批发业务的大量应收账款。

3.可供最大债权人信达公司选择的不良资产处置策略

（1）破产清算。按通常情况，资不抵债如此严重，主营业务已停止，无还款能力的企业只有破产清算。据测算，若郑百文破产清算，在安置郑百文职工，偿还有担保贷款等等之后，信达公司20亿债权能够回收的资金只有数千万元。

（2）引入战略投资人注资，对郑百文进行资产与债务重组，提高其偿债能力。但是，经过对郑百文的尽职调查和与境内外有意向投资商业批发业的投资人联系后，这一途径也不可能。由于郑百文资产质量太差，作为商业批发企业，既没有配送中心和配送网络，也缺乏仓库、运输工具等设施，而管理人员、业务人员素质极低，即使债权人给予债务减免等优惠条件，战略投资人也不愿接这个烂摊子。

（3）郑百文最重要的资源只能是上市公司的壳资源了，但是市场上“壳”的价格不过2 000万~3 000万元，简单地卖壳也值不了多少钱。

4.信达公司的外包商——中和应泰管理顾问公司设计了“债权人出卖债权，股东和债权人和解，战略投资人买壳上市的郑百文资产与债务重组方案”

（1）剥离郑百文全部的资产11亿元和人员到母公司（郑百文集团有限公司），由母公司承担对信达公司的部分债务5亿多元和其他债权人的债务1亿多元，母公司负责偿还信达公司3亿元和其他债权人的债务，信达公司豁免其余2亿多元债务。

（2）战略投资人（三联集团）以3亿元购买信达公司留在郑百文上市公司的15亿元债权。

（3）三联集团成为郑百文上市公司的债权人。

（4）债权人三联集团与郑百文全体股东按以下条件取得和解：

全体股东以其50%的股份过户给三联集团。

三联集团豁免15亿元债权，并注入优质资产4.5亿元，包括2亿元无息营运资金，从而使上市公司转亏为盈，并具有持续发展的能力。

（5）留给上市公司15亿元债权，考虑到上市公司累计亏损约14亿元，债权人豁免15亿元债权形成的资本公积金，可用以冲减上市公司累计亏损。

5.重组方案是按照市场原则进行的，即重组中利益相关方的和解是符合公平交易原则的

（1）三联集团以3亿元购买信达公司15亿元债权，并向郑百文注入2.5亿元优质资产，此外，还要向郑百文集团支付3 000万元托管费（按15倍市盈率计算，三联的2.5亿元资产市值4.5亿元，三联的成本合计约7.8亿元）。三联集团的收益是获得郑百文50%的股权，其中法人股4 500万股、流通股5 350万股。法人股按1元/股计算，流通股按13.74元/股计（这个价格与2000年沪深两市63家商业流通股的平均市价13.79元相近），两者合计与三联集团支付的7.5亿元接近。因此，三联集团是以公平的价格购买信达公司的15亿元债权，而信达公司出售债权的价格也只能是这个水平，不能再高了。

（2）剥离到郑百文母公司的信达公司的债权5亿元，上市公司的资产11亿元，而实际有效资产约5亿元，同时母公司还承担其他债权人的债务，因此，母公司偿还信达公司3亿元债务，信达公司豁免其余的2亿元债权（3亿元债权分3年偿还，并提供优质资产担保），双方都认为这是合理的和解方案。

（3）上市公司郑百文的新债权人三联集团豁免其购得的15亿元债权，并注资2.5亿元，以此为对价，上市公司全体股东以50%的股权过户给三联集团。因三联集团将约7.8亿元（3亿元支付给信达公司购买15亿元债权；注入2.5亿元优质资产，按其当年税后利润为3 000万元计算，2.5亿元优质资产的市值4.5亿元；还支付给郑百文的母公司托管费3 000万元）的代价获得50%的股权，其价格相当于法人股1元/股、流通股13.74元/股，这两种价格都是与市场价相当的，因此，三联集团与郑百文股东的和解也是公平的。

6.重组方案的效果

（1）信达公司实现了债权的最大限度回收，即收回6亿元。而破产清算只能收回3 000万元。

（2）信达公司在较短时间内收回6亿元，6亿元分3年回收，并且都有抵押物和质押物作保证，既不用派人参加重组企业的管理，也不承担重组后企业的风险。

（3）对社会和证券市场发挥了积极作用，既避免股东因破产清算而颗粒无收，又使他们都分摊了重组成本，从而增强了投资风险意识。

案例启示

1.破产与重整

一个严重资不抵债的企业是破产清算还是重整？

监管部门对郑百文管理层的造假违法行为做出了进行查处的决定；根据查处的情况进行行政和司法处理，这是对责任人的惩罚。至于郑百文破产与否，这应该由利益相关方自主决定，利益相关方为了最大限度地减少损失，选择了和解重整，政府不能干预。

从国际经验来看，资不抵债的企业采取重整的途径受到各国的普遍重视，因为重整可以避免公司破产清算可能造成的社会动荡，并降低破产清算的社会成本。

2.损失共担与公平

“损失共担”是国际上陷入困境的企业自救和债务重组通行的原则。郑百文重组遵循了市场原则，采取重组利益相关方共同承担重组成本的方式。

3.合理与合法

郑百文重组方案的合理性获得了普遍认同，有人说：重组方案做到了符合各利益相关方的根本利益，能使债权人、投资者的利益得到最大化，损失降到最低程度，避免了因公司破产给社会带来的不稳定。有人说：重组方案体现的“损失共担”原则，以及引入战略投资人并通过战略投资者的再注资重整企业，增强企业盈利和偿债能力，这些都是国际通行的债务重组原则。有人还说，郑百文市场化重组为濒临破产的上市公司走出困境提供了样本。

第3节 资本形态结构的调整

一、资本形态结构调整的内涵

企业资产是指企业过去的交易或者事项形成的、由企业拥有或控制的、预期会给企业带来经济利益的资源，包括各种财产、债权和其他权利。资产具有以下特点：（1）资产应为企业拥有或者控制的资源。资产作为一项资源，应当由企业拥有或者控制，具体是指，企业享有某项资源的所有权，或者虽然不享有某项资源的所有权，但该资源能被企业所控制。（2）资产预期会给企业带来经济利益，即资产直接或间接导致现金和现金等价物流入企业的潜力。（3）资产是由企业过去的交易或者事项形成的，即由过去的购买、生产、建造行为或者其他交易或事项形成。资产可以是有形的，如产品、设备、原材料、厂房、货币、债权等；也可以是无形的，如专利权、商标权、商誉等，只要能为企业带来经济利益，都可视为企业资产。

从各种渠道筹集的资本投入到企业中，以资产形态存在于生产过程的各个领域，所以资本形态结构的调整即是资产结构的调整，就是对企业的各项资产进行新的配置和组合，以提高资源的利用效率，实现资产最大限度的增值。从我国的现实情况来看，一方面大量存量资产闲置，另一方面一些需要发展的领域过分依赖增量的资本注入，这种状况应当通过资产结构在全社会范围内的调整加以改善。所以，资产结构的调整不仅包括对企业现有存量资产的重新组合、重新配置，也包括对增量资产的合理配置，使其与原有资产能合理搭配，在企业内部和整个社会范围内都能发挥最佳效用，达到资产的保值和增值目标。

存量资产的盘活，往往以增量资本的注入为启动方式，如果少量的增量资本注入，成为大量的存量资产盘活的启动点，这种增量资本的注入就成为必要。比如，企业要兼并、收购其他企业，甚至哪怕是购买一项其他企业的闲置资产，都需要一定的资金，企业就可能通过借债或发行股票等方式筹集资金，引起增量资本投入。所以，资产结构调整不是一项独立的活动，它通常与资本来源结构的调整相伴随。一般来说，资本来源结构的调整必然带来资产结构的变动，如借债、偿债活动通常引起货币资金的增减，有时也会引起企业其他资产，如固定资产、存货等的增减变动。但企业资产结构的调整并不必然导致资本来源结构的变动，它可能只是企业内部各种资产的相互转换，即由一种资产转换成另一种资产。外部交易引起的资产结构调整，是企业与外部其他企业之间在整个社会范围内的资产重组，是从整个社会资源配置的角度进行的产权交易。企业内部各种资产在形态上的转换是从企业自身角度进行的资源配置，目的是使企业内部资产配置更加合理，实现保值增值目标。

一个企业内部各种资产究竟应以何种比例存在，并不是一个定数，它不仅因企业而异，即使在企业的不同经营时期，也会随企业生产经营情况及外部环境的变化而对企业有不同的要求。所以，资产结构调整的实质并不是朝着一个目标去调整各种资产的数量，而是根据企业的经营管理要求确定各项资产的需要量，并通过内部调整或外部产权交易使之达到企业要求，从而实现各项资产的合理配置。

二、流动资产结构的调整

企业的流动资产是指可以在一年内或超过一年的一个营业周期内变现或者耗用的资产，包括存货、现金及各种存款、短期投资、应收及预付款项等。各项流动资产的需用量通常与企业生产规模、资产周转速度相关，在企业生产规模、资产周转速度相对稳定的情况下，各项流动资产的需用量也会大致保持稳定，使资产结构趋于平衡。下面我们就几种主要流动资产谈谈其数量的确定。

(一) 货币资金

货币资金是指企业生产经营过程中停留于货币形态的那部分资金，它具有可立即作为支付手段并被普遍接受等特点。货币资金可以用来满足生产经营开支的各种需要，也是还本付息和履行纳税义务的保证。因此，拥有足够的现金对于降低企业的风险，增强企业资产的流动性和债务的可清偿性有着重要意义。但是，货币资金属于非盈利性资产，即使是银行存款，其利率也非常低。货币资金持有量过多，它所提供的流动性边际效益便会随之下降，从而企业的收益水平也会降低。因此，企业必须合理确定货币资金持有量，使货币资金收支不但在数量上，而且在时间上相互衔接，以便在保证企业经营活动所需货币资金的同时，尽量减少企业闲置的货币资金数量，提高资金收益率。

企业持有一定数量的货币资金，主要基于三个方面的动机：

一是交易动机，即企业在正常生产经营秩序下应当保持一定的货币资金支付能力。企业为了组织日常的生产经营活动，必须保持一定数额的货币资金，用于购买原材料、支付工资、缴纳税款、偿付到期债务等。

二是预防动机，即企业为应付紧急情况需保持的现金支付能力。由于市场行情的瞬息万变和其他各种不可测因素的存在，企业通常难以对未来资金流入与流出做出准确的预计。一旦企业对未来资金流量的预计与实际情况发生偏离，必然对企业的正常经营秩序产生极为不利的影响。因此，企业在确定货币资金持有量时应当考虑这一因素，追加一定数量的货币资金余额以应付货币资金流入与流出的随机波动。

三是投机动机，即企业为了抓住各种市场机会，获取较大的利益而准备的现金余额。如利用证券市价大幅度跌落购入有价证券，以期在价格反弹时卖出证券获取资本利得；在原材料价格下跌时，大量购入以获得差价利益等。

企业在确定货币资金持有量时，一般应综合考虑各方面的持有动机，由于各种持有动机所需的货币资金可以相互调节使用，所以企业持有的货币资金数额并不等于各种动机所需保持的资金总额，并不要求必须是货币形态，可将进行短期投资所持有的能够随时变现的有价证券考虑进去，也可将企业随时能借入的银行信贷资金计算在内。

（二）应收款项

企业的应收款项包括应收票据、应收账款及其他应收款等。应收票据是指企业因赊销商品、提供劳务等而收到的商业汇票，包括商业承兑汇票和银行承兑汇票。应收账款是指企业因赊销商品、提供劳务等业务，应向购货单位或接受劳务单位收取的款项。目前，商品与劳务的赊销已成为当代经济的一个基本特征，虽然企业更希望现销而不是赊销，但迫于竞争的压力，为了稳定自己的销售渠道，也不得不向对方提供赊销这种商业信用。由此产生的应收款项是企业的一项尚未实现的债权，具有在将来某一时点收回确定数额货币的权利。但这种权利会由于购货方的信用、资金困难等原因而受到影响，面临到期收不回资金的风险。因此，在应收款项的管理中，最重要的就是正确衡量信用成本和信用风险，合理确定信用政策，以便及时收回账款。

赊销方式在强化企业市场竞争地位和实力、扩大销售、增加收益、节约存货资金占用、降低存货管理成本等方面有着较大优势。但由于拖欠资金，有可能发生坏账损失，同时还会造成资金成本和管理费用的增加。这种投资收益与风险并存的客观现实，要求企业必须对应收账款的边际收益与边际成本加以全面权衡。总的来说，目标就是在发挥赊销优势、强化竞争、扩大销售功能的同时，尽可能降低应收账款的机会成本、坏账成本和管理成本，最大限度地发挥应收账款投资的效益。

应收账款的机会成本是指资金投放在应收账款上所丧失的其他收入，如投资于有价证券便会有利息收入。其大小通常与企业维持赊销业务所需要的资金数量、资金成本率或有价证券利息有关。在正常情况下，应收账款周转率越高，维持一定赊销额所需要的资金数量就越小；应收账款周转率越低，维持相同赊销额所需要的资金数量就越大。而应收账款机会成本在很大程度上取决于企业维护赊销业务所需要资金的多少。应收账款的管理成本是企业对应收账款进行管理而耗费的开支，主要包括对客户的资信调查费用、应收账款账簿的记录费用、收账费用等。应收账款的坏账成本是指在无法收回赊销金额的情况下，给企业带来的损失。这一成本一般应同应收账款数量成正比，即应收账款越多，坏账成本也越多。企业在权衡收益与成本的基础上，制定出合理的信用政策，使应收账款的投资效益最高，应收账款的资本占用就比较合理了，由此所决定的资本结构就是企业的目标资本结构。

（三）存货

存货是指企业在生产经营过程中为生产经营耗用或为销售而储存，或停留在生产过程的各种物资。不同的行业、不同的企业，存货内容会有所不同。例如，工业企业的存货包括原材料、包装物、低值易耗品、委托加工材料、在产品、半成品、产成品等；商品流通企业的存货包括在途商品、库存商品、加工商品、出租商品、分期收款发出商品、材料物资、包装物、低值易耗品等各种商品和非商品物资。企业持有充足的存货，不仅有利于生产经营过程的顺利进行、节约采购费用与生产时间，而且能够迅速地满足客户各种订货的需要，从而为企业的生产与销售提供较大的机动性，避免因存货不足带来的损失。但是，企业存货的增加必然要占用更多的资金，将使企业付出更大的持有成本（即存货的机会成本），而且存货的储存与管理费用也会增加。因此，如何在存货的功能（收益）与成本之间进行利弊权衡，在充分发挥存货功能的同时降低成本、增加收益、实现它们的最佳组合，就成为存货管理的目标。

存货在企业生产经营过程中具有以下几个方面的作用：

（1）防止停工待料。企业要从外部购入原材料，如果供货方的生产和销售因某些原因而暂停或推迟，就会影响企业材料的采购和投产，同样，后一工序需要前一工序生产的半成品，如果前一工序不能及时供应半成品，后一工序就要随之停产，影响企业的生产效率。为此，企业要保持适量的原材料存货，以防止停工待料事件的发生，维护生产的连续性。

（2）适应市场变化。存货储备能增强企业在生产和销售方面的机动性以及适应市场变化的能力。如在通货膨胀时期适当地储存原材料存货，能使企业获得物价上涨的好处。由于产成品存货集中着生产过程中陆续投入的成本，只有产品销售实现，取得销售收入，企业的生产过程才算真正完成，而且只有取得货币资金并用于购买原材料等生产要素，再生产过程才能持续进行，所以产成品存货的储备应尽量减少。但对于畅销产品，保持一定的库存，则有利于企业抓住好的机会，获取较大的利润。

（3）降低存货成本。企业采取批量集中进货，可获得较多的商业折扣，而且，通过增加每次购货数量，减少购货次数，可以降低采购费用支出。所以，企业要综合进货成本、储存成本及缺货成本等因素确定原材料经济进货批量，使其成本总和保持最低。在日常管理中，按照所确定的经济批量购入原材料等，就能节约资本占用，并使这部分存货占用的资本数额趋于稳定，有利于企业进行资本预算，提高资本利用效率。

（4）维护均衡生产。对于那些所生产产品属于季节性产品，生产所需材料的供应具有季节性的企业，为实行均衡生产，降低生产成本，就必须适当储备一定的原材料存货。否则，就会出现忙时超负荷运转，闲时生产能力得不到充分利用的情形，这也会导致生产成本的提高。

总之，企业要根据不同时期生产的需要，结合历史资料，再考虑市场价格与销售行情等外部因素，合理确定企业各种存货的储备量，使之既能节约资本占用，又能满足企业的生产需要。

三、长期投资结构的调整

长期投资是指不准备在一年内变现的各种投资，包括股票投资、债券投资和其他投资。股票投资和其他投资构成股权投资，是我们的主要分析对象。

长期股权投资在持有期间，根据投资企业对被投资单位的影响程度及是否存在活跃市场、公允价值能否可靠取得等进行划分。其中持有的上市公司股票投资，因存在活跃市场、公允价值能够可靠计量，投资企业根据其持有目的不同划分为可供出售金融资产和交易性金融资产。

对以下两类情况应当采用成本法核算：一是企业持有的对子公司投资；二是对被投资单位不具有共同控制或重大影响，且在活跃市场中没有报价、公允价值不能可靠计量的长期股权投资。

而对合营企业投资和对联营企业投资则应当采用权益法核算。

所以，企业的长期投资因投资目的不同，投资比例也会有较大差异，长期投资在企业总资产中所占的比重就有所不同。而且随着被投资企业经济效益的好坏，投资比例会发生变动，对企业的资产构成也会产生影响。

四、固定资产结构的调整

固定资产是企业为生产商品、提供劳务、出租或经营管理而持有的使用寿命超过一个会计年度的有形资产，包括房屋建筑物、机械设备、电子设备、运输设备、办公设备等。固定资产是企业重要的生产力要素之一，是企业赖以生存的物质基础，是企业产生效益的源泉，固定资产的结构、状况、管理水平等直接影响着企业的竞争力，关系到企业的运营与发展。企业科学地管理固定资产，有利于促进企业正确评估固定资产的整体情况，提高资产使用效率，降低生产成本，保护固定资产的安全完整，实现资产的保值增值，增强企业的综合竞争实力。

（一）经营性固定资产的结构调整

（1）将那些长期未产生效益或效益低下的固定资产出售，既可以盘活这部分资产，又使其占用的资本流动起来，有利于提高资本效率。

（2）对因规模不经济而未充分利用和那些未使用的固定资产，通过联合、兼并等方式进行企业改组，扩大经济规模，提高资产利用效率。

（3）对不需用的固定资产，通过出售、出租等方式予以盘活。

总之，对经营性固定资产，要求盘活闲置资产，充分利用占用资产，使其保持合理的比例。

（二）非经营性固定资产的结构调整

（1）对于那些能够创造较好经济效益的非经营性资产，可以采用剥离政策，使其脱离原企业独立运作，创造经济效益。

（2）对于那些在短期内无法取得较好经济效益、难以独立运转的非经营性资产，可采用托管的方式，或者将其移交给地方政府部门，由它们帮助其逐步走向社会，创造社会效益。

总之，企业应摆脱过去那种“大而全”“小而全”的经营模式，走生产性道路，在市场经济体制下轻装前进。

五、无形资产的结构调整

无形资产是指企业拥有或者控制的没有实物形态的可辨认非货币性资产，包括专利权、非专利技术、商标权、著作权、特许权、土地使用权等。随着我国社会市场经济深入发展，知识创新步伐的不断加快，无形资产在企业资产中所占的比重越来越大，因此，加强对无形资产管理的重要性日益显著。

由于没有发达的交易市场，无形资产一般不容易转化成现金，在持有过程中为企业带来未来经济利益的情况不确定。因此，对无形资产的计量应严格遵循谨慎性原则。

在企业重组过程中，要求对无形资产进行严格评估，以评估价作为标准进行产权交易。有些无形资产随着时间的推移而得到增值，如商誉可能随企业经营的日益好转而得到大幅增值。所以，对企业的无形资产，企业应合理评价，尤其是在产权交易过程中，这是正确认定企业资本结构的一个重要方面。

第4节 资本结构指标分析

企业的资本结构指标有很多，有些指标对各企业的要求也不尽相同，甚至相去甚远。无论是资产内部结构，还是负债内部结构，各企业之间横向比较意义不大，从财务报表外部使用者的角度考虑，其最关心的是企业的偿债能力，即有关资产与相关负债之间的比例，本节将对这几项资本结构指标进行一番简单探讨。

一、流动负债与流动资产的结构分析

这是反映企业短期偿债能力的资本结构，是指企业流动资产对流动负债及时足额偿还的保证程度，是衡量企业当前财务能力，特别是流动资产变现能力的重要标志。

1.流动比率

流动比率是流动资产与流动负债的比率，它表明企业每一元流动负债有多少流动资产作为偿还的保证，反映企业用可在短期内转变为现金的流动资产偿还到期流动负债的能力。其计算公式为：

$$流动比率=\frac{流动资产}{流动负债}$$

在一般情况下，流动比率越高，反映企业短期偿债能力越高，债权人的权益越有保证。按照西方企业的长期经验，一般认为2的比例比较适宜。它表明企业财务状况稳定可靠，除了满足日常生产经营的流动资金需要外，还有足够的财力偿付到期的短期债务。如果比例过低，则可能难以如期偿还到期债务。但是，流动比率也不能过高，过高则表明企业流动资产占用较多，会影响资金的使用效率和企业的筹资成本，进而影响企业的获利能力。企业具体应保持何种比例的流动比率，应根据自身对待风险与收益的态度加以确定，在不同企业或同一企业的不同时期，其数值都可能不同。

2.速动比率

速动比率是企业速动资产与流动负债的比率。所谓速动资产，是指流动资产减去变现能力较差且不稳定的存货、待处理流动财产损溢等后的余额。由于剔除了不稳定资产的影响，速动比率比流动比率能够更加准确、可靠地评价企业资产的流动性及偿还短期负债的能力。其计算公式为：

$$速动比率=\frac{速动资产}{流动负债}$$

西方企业传统经验认为，速动比率为1是安全边际。因为如果速动比率小于1，必使企业面临很大的偿债风险；如果速动比率大于1，尽管债务偿还的安全性很高，但却会因企业现金及应收账款资金占用过多而增加企业的机会成本。当然，即使速动比率较低，但企业的存货流转顺畅，变现能力较强，企业仍然有能力偿还到期债务。

3.现金比率

现金比率是企业现金类资产与流动负债的比率。现金类资产包括企业所拥有的货币资金和持有的有价证券，即资产负债表中的短期投资。它是速动资产扣除应收账款后的余额。由于应收账款存在着发生坏账损失的可能，某些到期的账款不一定能按时收回，因此，现金比率最能反映企业直接偿付流动负债的能力。其计算公式为：

$$现金比率=\frac{现金+有价证券}{流动负债}$$

当然，企业不可能也不必要保留过多的现金资产，如果这一比率过高，就意味着企业流动负债未能得到合理的运用，经常以获利能力很低的现金资产保持着，导致企业的机会成本大大增加。

二、负债与企业总资产的结构分析

1.资产负债率

资产负债率又称负债比率，是企业负债总额对资产总额的比率。它表明企业资产总额中，债权人提供资金所占的比重，以及企业资产对债权人权益的保障程度。这一比率越小，表明企业的长期偿债能力越强。其计算公式为：

$$资产负债率=\frac{负债总额}{资产总额}$$

如果此比率较大，对企业所有者来说，利用较少量的自有资本投资，形成较多的生产经营用资产，不仅扩大了生产经营规模，而且在经营状况良好的情况下，还可以利用财务杠杆作用，得到更多的投资利润。但如果这一比率过大，则表明企业大部分资产来源于债权人，自有资本实力较弱，这对债权人十分不利，而且会使企业面临着倒闭的风险。

2.有形资产负债率

由于企业中的待处理财产损溢、递延资产等难以作为偿债的保证，即使在企业持续经营期间内，上述资产的摊销价值也要靠存货等资产的价值才能得以补偿和收回，其本身并无直接的变现能力，相反还要对其他资产的变现能力产生反向影响。而无形资产当中的商誉、商标权、专利权、非专利技术等能否用于偿债，也存在着极大的不确定性，所以又提出有形资产负债率。这一指标比较稳健，更能反映企业的长期偿债能力。其计算公式为：

$$有形资产负债率=\frac{负债总额}{有形资产总额}$$

有形资产总额=资产总额-（无形资产及递延资产+待处理财产损溢）

三、负债与所有者权益的结构分析

负债总额与所有者权益的比率（称为产权比率）是企业财务结构稳健与否的重要标志。其计算公式为：

$$产权比率=\frac{负债总额}{所有者权益}$$

它反映企业所有者权益对债权人权益的保障程度。这一比率越低，表明企业的长期偿债能力越强，债权人权益的保障程度越高，承担的风险越小，但企业不能充分发挥财务杠杆作用。所以，在评价企业产权比率时，应综合考虑企业的获利能力与偿债能力，在保障债务偿还安全的前提下，应尽可能提高产权比率。

产权比率与资产负债率对评价偿债能力的作用基本相同，它们的主要区别是：资产负债率侧重于分析债务偿付安全性的物质保障程度，产权比率侧重于提示财务结构的稳健程度以及自有资金对偿债风险的承受能力。

与有形资产负债率指标的设定原因相同，对产权比率进行必要的调整，得出有形净资产负债率。其计算公式为：

$$有形净资产负债率=\frac{负债总额}{有形净资产总额}$$

式中，有形净资产=净资产（或所有者权益）-无形资产

四、资本总额与所有者权益的结构分析

资本总额与所有者权益的关系（称为权益乘数），反映企业投资额相当于自有资本的倍数。其计算公式为：

$$权益乘数=\frac{资产总额}{所有者权益}$$

在总资产需要量（投资总额）既定的前提下，企业适当开展负债经营，相对减少所有者权益所占的份额，就可使权益乘数提高。在预期投资收益率高于利息率的条件下，提高负债的比例，增大财务杠杆系数，能给企业带来较大的财务杠杆利益。当然，企业同时也需要承受较大的风险压力。因此，企业既要合理使用投资形成的全部资产，又要妥善安排资本结构，使企业的风险与收益相当。